Praktische Grammatik
der koreanischen Sprache

Sang-Yi O-Rauch

Praktische Grammatik der koreanischen Sprache

Buske

Dr. Sang-Yi O-Rauch studierte Allgemeine und angewandte Sprachwissenschaft, Kommunikationsforschung und Japanologie in Bonn. Sie promovierte mit einer kontrastiven Arbeit zum Thema *Bereiche verbaler und nonverbaler Kommunikation im Koreanischen und Deutschen*. An der Universität Bonn lehrte und forschte sie von 2006 bis 2015 in den Bereichen Sprachwissenschaft und Sprachpraxis des Koreanischen sowie Koreanistik. Zurzeit arbeitet sie am Germanistischen Seminar der Universität Siegen.

Bibliografische Information der Deutschen Nationalbibliothek

Die Deutsche Nationalbibliothek verzeichnet diese Publikation in der Deutschen Nationalbibliografie; detaillierte bibliografische Daten sind im Internet über ‹http://portal.dnb.de› abrufbar.

ISBN 978-3-87548-709-1

 Umschlaggestaltung: QART – Büro für Gestaltung, Hamburg. Druck und Bindung: printingsolutions.pl. Gedruckt auf alterungsbeständigem Papier; hergestellt aus 100% chlorfrei gebleichtem Zellstoff. Printed in Poland.

Inhalt

Für meinen Mann Fritz, meine Tochter Julia und Herrn Gatuso

Vorwort

Die vorliegende „Praktische Grammatik der koreanischen Sprache" ist für deutschsprachige Lernende aller Niveaustufen konzipiert. Sie richtet sich an Lernende, die eine umfassende und systematische Darstellung der grammatischen Struktur des Koreanischen benötigen und eine praktische Anleitung zum Gebrauch der koreanischen Grammatik wünschen.

Hierzu wird neben der detaillierten Darstellung der grammatischen Strukturen anhand von zahlreichen Sprachbeispielen auch besonderer Wert auf die Erklärung der Sprachunterschiede zwischen dem Koreanischen und dem Deutschen gelegt, die bei deutschen Koranischlernenenden häufig zu Fehlern führen. Anfängern bietet das Buch eine Darstellung der grundlegenden grammatischen Strukturen und häufig gebrauchter grammatischer Konstruktionen. Fortgeschrittene Lernende finden hier weiterführende Erklärungen und eine detaillierte Darstellung der koreanischen Grammatik, die auch weniger häufige Konstruktionen und Ausnahmefälle berücksichtigt. Somit kann dieses Buch als lehrwerkunabhängiges Nachschlagewerk von Anfängern und fortgeschrittenen Lernenden in Sprachkursen und im Selbststudium sowie von Sprachlehrern genutzt werden.

Die „Praktische Grammatik der koreanischen Sprache" ist in 25 Kapitel unterteilt. Die Reihenfolge der Kapitel orientiert sich an der gängigen Einteilung der koreanischen Wortarten und wird durch weiterführende Kapitel zu den komplexeren Satzstrukturen und zum Honorativsystem ergänzt. Jedes Kapitel beginnt mit einem leicht zugänglichen Überblick und einer grundlegenden Erklärung des behandelten grammatischen Themas. Der Apparat grammatischer Begriffe und linguistischer Fachausdrücke wurde bewusst schlank und einfach gehalten und nur dort eingesetzt, wo dies zum besseren Verständnis beiträgt. Zur Beschreibung der grammatischen Strukturen des Koreanischen wurden in der Regel die Bezeichnungen und Konzepte benutzt, die deutschen Lernenden aus dem schulischen Grammatikunterricht bekannt sind. Da sich jedoch nicht alle Aspekte der koreanischen Grammatik problemlos in diesen Beschreibungsrahmen übertragen lassen, wurde an manchen Stellen auf linguistische Begriffe zurückgegriffen. Alle verwendeten grammatischen Begriffe und linguistischen Konzepte werden entweder an entsprechender Stelle im Text oder in dem beigefügten Glossar zur Terminologie erläutert. Bei der Übersetzung der koreanischen Sprachbeispiele wurde versucht, die grammatische Struktur des Koreanischen soweit wie möglich zu erhalten. In den Fällen, in denen die deutsche Übersetzung zu weit vom Wortlaut oder der grammatischen Struktur des Koreanischen abweicht, wird zusätzlich eine wörtliche Übersetzung oder ein Kommentar gegeben.

Zur grafischen Gestaltung des Texts: Termini werden an der Stelle, wo sie eingeführt werden, blau markiert. Hervorhebungen in Beispielsätzen werden ebenfalls blau markiert. Wörtliche Übersetzungen des Koreanischen werden in eckigen Klammern gesetzt, während ergänzende Erklärungen zu Beispielsätzen in runden Klammern stehen. Der Anhang enthält ein Glossar mit terminologischen und grammatischen Begriffen, ein deutsches Stichwortregister, einen Index grammatischer Strukturen sowie ein koreanisch-deutsches Vokabelverzeichnis.

Danken möchte ich Frau Anne Schwandke und Frau Diana Schlüler, die meinen Text kritisch gelesen haben. Beiden verdanke ich zahlreiche wertvolle Kommentare und Verbesserungsvorschläge. Zu danken habe ich auch Frau Maureen Grönke vom Helmut Buske Verlag für das sorgfältige Lektorat sowie für fachkundige Betreuung und technische Unterstützung des vorliegenden Buches.

Anregungen und Kritik zu dieser Grammatik sind willkommen (o-rauch@germanistik.uni-siegen.de).

Siegen, im September 2016
Sang-Yi O-Rauch

Abkürzungsverzeichnis

AKK	Akkusativ
AV	Aktionsverb
EV	Existenzverb
HON	Honorativ
IPA	internationales phonetisches Alphabet
K	Konsonant
KOP	Kopula
LOK	Lokativ
N	Nomen
N_{KONS}	konsonantisch auslautendes Nomen
N_{VOK}	vokalisch auslautendes Nomen
NK	Numeralklassifikator
NOM	Nominativ
Pl.	Plural
QV	Qualitativverb
RKG	rein-koreanische Grundzahl
Sg.	Singular
SKG	sino-koreanische Grundzahl
SPS	Sprechstufe
V	Vokal
VS	Verbstamm
VS_{KONS}	konsonantisch auslautender Verbstamm
VS_{VOK}	vokalisch auslautender Verbstamm
[ ]	wörtliche Übersetzung / IPA-Aussprache
( )	ergänzende Erklärung zu Beispielsätzen
/ /	Phonem
*	grammatisch nicht korrekter Satz/Ausdruck

Grammatische Terminologie

Deutsche Terminologie	Koreanische Terminologie
Adnomina: Adjektiv-, Demonstrativadnomina	관형사: 성상 관형사, 지시 관형사
Adverbialbestimmung	부사형(어미)
Adverbien	부사
Aktionsverb	동작동사
Aspekt: Progressiv und Retrospektiv	양상 (진행양상과 회고)
Aufforderungssatz	청유문
Aussagesatz	평서문
Demonstrativpronomina	지시 대명사
direkte Rede	직접인용, 직접화법
einfacher Satz	단문 / 단일문
Fragepronomina	의문 대명사
Fragesatz	의문문
Fragewörter	의문사
freistehende Nomina	자립명사
Futur	미래 시제
Hilfsverben	보조동사, 보조용언
höflich-formelle Sprechstufe	존대어 격식체 / 격식체 존대어
höflich-informelle Sprechstufe	존대어 비격식체 / 격식체 비존대어
gebundene Nomina (Formalnomina)	의존명사 (형식명사)
Imperativsatz	명령문
indirekte Rede	간접인용, 간접화법
Instrumentalpartikel	도구격 조사
Interjektionen	감탄사
intransitives Verb	자동사
Kardinalzahl	양수사
Kasuspartikel	격조사
Kausativ	피동 / 사동
komplexer Satz	복문 (안은문)
Kompositum	합성어
konjunktionale Adverbien	접속부사
Konjunktionalendungen	연결형 어미
Kurzform der Negation	단형 부정
Langform der Negation	장형 부정
lautsymbolische Adverbien	의성 부사, 의태부사
Lokaladverbien	장소부사

Modaladverbien	양태부사
Modifizierer	수식언
Negationsadverbien	부정부사
Nomina	명사
Numeraladnomina	수 관형사
Numeralia	수사
Numeralklassifikatoren	수량명사
Objekt	목적어
Ordinalzahl	서수사
Partikel	조사
Partizipialformen	관형형어미
Passiv	수동
Personalpronomina	인칭 대명사
Plusquamperfekt	과거 완료
Possessivpronomina	소유 대명사
Prädikat	서술어
Präfix	접두사
Präsens	현재 시제
Präteritum	과거 시제
Progressiv	진행형
Pronomina	대명사
Qualitativverb (= Adjektiv)	상태동사 (= 형용사)
Quotativ	인용문, 화법
Reflexivpronomina	재귀 대명사
regelmäßige Verben	규칙 동사
Retrospektiv	회상 (양상)
Satzadverbien	문장(수식)부사
Satzschlussendung	종결형 어미 / 어말 어미
semantische Partikel	의미(격) 조사
Sprechstufe	등급 / 상대 높임
Subjekt	주어
Suffix	접미사
Tempus	시제
transitives Verb	타동사
unregelmäßige Verben	불규칙 동사
Verb	동사
Verbendung und Verbstamm	어미와 어간
Vokativpartikel	호격조사
Zeitadverbien	시간부사

1 Einführung

Koreanisch wird weltweit von ca. 79 Millionen Menschen gesprochen. Der Großteil der Sprecher lebt auf der koreanischen Halbinsel in Südkorea (48,4 Mio.) und in Nordkorea (23,3 Mio.). Dazu kommen ca. 7 Millionen Auslandskoreaner, von denen die meisten in China (2,7 Mio.), den USA (2,1 Mio.) und Japan (0,9 Mio.) leben. Damit nimmt Koreanisch, laut *Ethnologue* 2016, den 12. Platz innerhalb der meistgesprochenen Muttersprachen der Welt ein.

Der Ursprung und die Zugehörigkeit des Koreanischen zu einer der heute anerkannten Sprachfamilien konnten bislang nicht eindeutig geklärt werden. Das Koreanische wird allerdings vielfach mit der altaischen Sprachfamilie in Verbindung gebracht, zu der Türkisch, Mongolisch und Tungusisch gehören. Zwischen diesen Sprachen und dem Koreanischen sowie dem Japanischen gibt es eine Reihe auffälliger struktureller Ähnlichkeiten, die aber auch als Ergebnis von Sprachkontakt erklärbar sind. Für den Nachweis einer genetischen Verwandtschaft, d.h. der Zurückführung auf eine gemeinsame Grundsprache, wurde bisher noch kein allgemein übezeugendes sprachliches Material vorgelegt.

Der Ausgangspunkt für die Entwicklung, die zur Herausbildung des heutigen Koreanisch geführt hat, ist die Entstehung des vereinigten Sillareichs (668–935). Diese hatte nicht nur die erste politische Einigung der koreanischen Halbinsel zur Folge, sondern auch eine sprachliche Vereinheitlichung, wofür die Bezeichnung Altkoreanisch gebraucht wird. Mit dem Niedergang des Sillareiches und dem Aufstieg des Koryŏreiches zu Beginn des 10. Jahrhunderts entstand das frühe Mittelkoreanisch, das nur fragmentarisch in chinesischer Schrift belegt ist. Erst mit Einführung der koreanischen Schrift (*Hangŭl*) im 15. Jahrhundert durch König Sejong wurden sprachliche Zeugnisse für das Koreanische in größerem Maße verfügbar. In der Folgezeit fanden lautliche und die Wortformen betreffende Veränderungen statt, die bis zum 17. Jahrhundert zu einer sich vom frühen Mittelkoreanisch erheblich abweichenden Form des Koreanischen geführt haben (Spät-Mittelkoreanisch), aus der sich dann das heutige Koreanisch entwickelt hat.

Die koreanische Sprache stand unter dem Einfluss des Chinesischen, der sich hauptsächlich lexikalisch auswirkte. So besteht der heutige Wortschatz des Koreanischen zu etwa 60% aus chinesischen Lehnwörtern, den sogenannten sinokoreanischen Wörtern. Der sinokoreanische Wortschatz umfasst u.a. abstrakte Begriffe, wissenschaftliche Terminologie und Berufsbezeichnungen und wird vorzugsweise in der Schriftsprache sowie in wissenschaftlichen Fachtexten gebraucht. Die rein-koreanischen Wörter dagegen bilden den größten Teil des Alltagsvokabulars, in dem der sinokoreanische Anteil geringer ist. In strukturell-grammatischer Hinsicht weisen das Koreanische und das Chinesische jedoch keine Gemeinsamkeiten auf und gehören auch nicht zur gleichen Sprachfamilie. Dies zeigt sich z.B. in der unterschiedlichen Grundwortstellung und in der Art, wie die grammatischen Funktionen von Wörtern im Satz ausgedrückt werden.

Die über 65 Jahre andauernde Teilung Koreas und die damit verbundene divergente politische und ideologische Entwicklung in beiden Landesteilen haben auch sprachlich ihre Spuren hinterlassen. Dies zeigt sich sowohl im Gebrauch unterschiedlicher Bezeichnungen für die koreanische Sprache als auch in der Entstehung einer ideologisch motivierten nordkoreanischen Standardsprache. Offiziell wird das Koreanische in Nordkorea als *chosŏn-mal* und in Südkorea als *hankuk-mal* bezeichnet. Seit Mitte der 1960er Jahre betreibt Nordkorea eine ideologisch motivierte Sprachpolitik, die in der Entwicklung einer eigenen Standardsprache *munhwaŏ* (wörtlich 'Kultursprache') auf der Basis des Pyongyang-Dialektes mündete. Hierdurch grenzte sich Nordkorea auch sprachlich von Südkorea ab, da bis zu diesem Zeitpunkt der Dialekt um die Stadt Seoul *p'yojunŏ* als Standardsprache in beiden Teilen Koreas galt. Die lautliche und grammatische Struktur der beiden Sprachvarietäten ist jedoch weitestgehend gleich geblieben. Im Bereich des Wortschatzes lassen sich dagegen teilweise erhebliche Unterschiede feststellen. Im südkoreanischen Wortschatz hat infolge der Globalisierung und Internationalisierung die Zahl der englischen Lehnwörter stetig zugenommen. Diese machen heute etwa 7% des koreanischen Wortschatzes aus. Der nordkoreanische Wortschatz enthält dagegen nur sehr wenige englische Lehnwörter, dafür jedoch zahlreiche politisch-ideologisch motivierte Neubildungen, die in Südkorea nicht gebräuchlich sind. Außerdem wurden chinesische und andere fremdsprachliche Lehnwörter möglichst durch rein-koreanische Entsprechungen oder Neubildungen ersetzt.

Das Koreanische verfügt über zwei Schriftsysteme, die *Hangŭl*-Schrift (koreanische Schriftzeichen) und die *Hancha*-Schrift (chinesische Schriftzeichen). Erstere ist eine Alphabet- bzw. Buchstabenschrift, die im 15. Jahrhundert von König Sejong in genauer Anpassung an das Lautsystem des Koreanischen entwickelt wurde (▶ 2 | Koreanische Schrift und Transkription). Die *Hancha*-Schrift dagegen besteht aus Wortzeichen. Diese repräsentieren jeweils ein chinesisches (Lehn-)Wort mit seiner spezifischen Bedeutung und einer dem Koreanischen angepassten Lautung. Zwar gab es Reformversuche, die *Hancha*-Zeichen abzuschaffen, was sich wegen der zahlreichen Homophone (gleichlautende Wörter mit verschiedenen Bedetungen) des sinokoreanischen Wortschatzes jedoch als nicht praktikabel erwies. Heute werden die sinokoreanischen Wörter vorwiegend in der *Hangŭl*-Schrift geschrieben, sie können jedoch auch mit chinesischen Schriftzeichen wiedergegeben werden.

Koreanisch ist eine relativ homogene Sprache mit nur geringen Unterschieden zwischen den einzelnen Dialekten. Diese zeigen sich vor allem in der Aussprache, der Intonation und der Verwendung der Satzschlussendungen. Mit Ausnahme des auf der Insel Jeju gesprochenen Dialekts können sich die Sprecher des Koreanischen untereinander weitestgehend problemlos verständigen.

Die grammatische Struktur des Koreanischen unterscheidet sich in vielen Bereichen sehr stark von der des Deutschen. Um den Zugang zur koreanischen Grammatik zu erleichtern, soll hier ein kurzer Überblick über die wichtigsten strukturellen Merkmale im Vergleich zum Deutschen gegeben werden.

1. Wortstellung und Satzstruktur

Die Grundwortstellung des Koreanischen ist SOV (Subjekt-Objekt-Verb) mit obligatorischer Endposition des Verbs im Satz. Der einfache Satz im Koreanischen hat entweder die Grundstruktur Subjekt + Verb oder Subjekt + Objekt + Verb.

Subjekt	Verb	
수미가	웃어요.	*Sumi lacht.*

Subjekt	Objekt	Verb	
수미가	책을	읽어요.	*Sumi liest ein Buch.*

Diese Wortstellung ist für die Satzarten Aussage, Frage, Imperativ und Aufforderung gleich und gilt auch in Nebensätzen. Das Verb ist das zentrale grammatische Element, es steht immer am Ende des Satzes und kann nicht ausgelassen werden. Im Koreanischen können Sätze auch aus einem einzelnen Verb bestehen. Die Stellung anderer Satzelemente wie Subjekt, Objekt oder adverbiale Bestimmungen ist relativ flexibel. Sie können zur Betonung oder aus stilistischen Gründen an unterschiedlichen Positionen im Satz auftreten oder in bestimmten Kontexten sogar ausgelassen werden.

Subjekt	Objekt	Verb		
수미가	책을	읽어요.		
Objekt	**Subjekt**	**Verb**		
책을	수미가	읽어요.		
Zeitadverb	**Subjekt**	**Objekt**	**Verb**	
지금	수미가	책을	읽어요.	
Lokaladverb	**Subjekt**	**Zeitadverb**	**Objekt**	**Verb**
도서관에서	수미가	지금	책을	읽어요.
Sumi liest jetzt ein Buch in der Bibliothek.				

2. Sprechstufe und Satzarten

Das Koreanische unterscheidet die vier grundlegenden Satzarten Aussageform, Frageform, Befehlsform und Aufforderungsform, deren Ausdruck mit dem fünfstufigen System der interpersonalen Sprechstufen (SPS) korreliert (▶ 4 | Sprechstufe und Satzarten). Die Sprechstufen sind der obligatorische grammatische Ausdruck der Beziehung zwischen Sprecher und Hörer in Bezug auf Status, Vertrautheit, Alter und Kommunikationssituation. Je nach Sprechstufe und Satzart wird eine unterschiedliche Satzschlussendung verwendet. Die Sprechstufen unterteilen sich in zwei Gruppen: informelle (1., 2. und 3. SPS) und höfliche (4. und 5. SPS) Sprechstufen. Die informellen Sprechstufen werden oft zusammengefasst als 비존대어 ('Nicht-Höflichkeitssprache') bezeichnet, während die höflichen als 존대어 bzw. 존댓말 ('Höflichkeitssprache') bezeichnet werden. Die höfliche Sprechstufe dient der Respekterweisung gegenüber dem Angesprochenen und unterscheidet wiederum zwischen höflich-informeller (4. SPS) und höflich-formeller Sprechstufe (5. SPS).

SPS / Satzart	informelle Sprechstufen			Übersetzung
	1. SPS	2. SPS	3. SPS	
Aussage	읽어. (읽 + -어)	읽는다. (읽 + -는다)	읽네. (읽 + -네)	*Ich lese.*
Frage	읽어? (읽 + -어)	읽니? (읽 + -니)	읽나? (읽 + -나)	*Liest du?*
Imperativ	읽어. (읽 + -어)	읽어라. (읽 + -어라)	읽게. (읽 + -게)	*Lies!*
Aufforderung	읽어. (읽 + -어)	읽자. (읽 + -자)	읽세. (읽 + -세)	*Lass uns lesen!*

SPS / Satzart	höfliche Sprechstufen		Übersetzung
	höflich-informell (4. SPS)	höflich-formell (5. SPS)	
Aussage	읽어요. (읽 + -어요)	읽습니다. (읽 + -습니다)	*Ich lese.*
Frage	읽어요. (읽 + -어요)	읽습니까? (읽 + -습니까)	*Lesen Sie?*
Imperativ	읽으세요. (읽 + -으세요)	읽으십시오. (읽 +-으십시오)	*Lesen Sie bitte!*
Aufforderung	읽어요. (읽 + -어요)	읽읍시다. (읽 + -읍시다)	*Lass uns lesen!*

Allerdings ist die Verwendung der Satzschlussendungen für die verschiedenen Sprechstufen im Sprachgebrauch sehr viel komplexer, als es die Zusammenfassung in der Tabelle nahelegt. Die Höflichkeitsformen funktionieren längst nicht so mechanisch wie etwa das Tempussystem. Ihre Verwendung hängt von den Parametern Alter, Status und Bekanntheitsgrad der Gesprächspartner sowie der Kommunikationssituation ab, in der eine Äußerung gemacht wird.

3. Merkmale der Verben

Anders als das Deutsche unterscheidet das koreanische Verb weder Person noch Numerus, sodass die Person oft aus dem Kontext erschlossen werden muss. Bei koreanischen Verben werden grammatische Kategorien wie Tempus, Aspekt, Modus sowie Satzart und Sprechstufe (SPS) durch Verbalsuffixe ausgedrückt, die an den Verbstamm angefügt werden. Zwischen dem Verbstamm und der obligatorischen Satzschlussendung, durch die die Satzart und die Sprechstufe markiert werden, können ein oder mehrere Verbalsuffixe eingefügt werden (▶ 6 | Verben). Die Reihenfolge der möglichen Verbalsuffixe ist nicht beliebig und folgt dem unten stehenden Muster.

VERBSTAMM +
① (KAUSATIV- oder PASSIVSUFFIX) + ② HONORATIVSUFFIX + ③ TEMPUSSUFFIX + ④ MODUSUFFIX +
SATZSCHLUSSENDUNG

Kausativ und Passiv sind Wortbildungssuffixe, d.h. sie bilden neue Verben, oft mit spezieller Bedeutung wie 먹이다 'füttern' von 먹다 'essen'.

Verbstamm	Kausativ	Honorativ	Tempus	Modus	Aussage, 5. SPS (VS-습/-ㅂ니다)
먹					먹습니다. *Sie isst.*
먹	이				먹입니다. *Sie füttert (jmdn.)*
먹	이	시			먹이십니다. *Sie füttert (jmdn.)*
먹	이	시	었		먹이셨습니다. *Sie hat (jmdn.) gefüttert.*
먹	이	시	었	겠	먹이셨겠습니다. *Sie hat wohl (jmdn.) gefüttert.*

시 + 었 wird zu 셨 kontrahiert.

Koreanische Verben lassen sich in vier Typen einteilen: (1) die Aktionsverben, (2) die Qualitativverben, (3) das Existenzverb 있다 'vorhanden sein' / 'sich befinden' / 'haben', und (4) die Kopula 이다 'sein'. Eine im Vergleich zum Deutschen auffällige Besonderheit ist die Unterscheidung zwischen Aktionsverben, die Handlungen, Bewegungen und Vorgänge bezeichnen, und Qualitativverben, die Eigenschaften und Zustände beschreiben (▶ 6.1.3 | Aktionsverben und Qualitativverben). Funktional entsprechen die Qualitativverben im Koreanischen den Adjektiven im Deutschen. Im Gegensatz zu den deutschen Adjektiven tragen die Qualitativverben jedoch die gleichen grammatischen Markierungen (Tempus, Modus usw.) wie die Aktionsverben.

Tempus	Aktionsverb 먹다 'essen'		Qualitativverb 좋다 'gut sein'	
Präsens	먹습니다.	*Ich esse.*	좋습니다.	*Es ist gut.*
Präteritum	먹었습니다.	*Ich habe gegessen.*	좋았습니다.	*Es war gut.*
Plusquamperfekt	먹었었습니다.	*Ich hatte gegessen.*	좋았었습니다.	*Es war gut gewesen.*
Futur	먹겠습니다.	*Ich werde essen.*	좋겠습니다.	*Es wird gut sein.*

Zur Wiedergabe des deutschen Satzes *Das Haus ist schön* mit 'sein' plus Adjektiv wird im Koreanischen nicht die Kopula 이다 verwendet, sondern das Qualitativverb 예쁘다 'schön sein' (siehe die folgende Tabelle). Die Qualitativverben können über ihre prädikative Funktion hinaus auch in der Partizipialform attributiv gebraucht werden (▶ 12 | Partizipialformen).

	Qualitativverb als Prädikat	Qualitativverb als Attribut	
예쁘다 *schön sein*	집이 예쁩니다. *Das Haus ist schön.*	예쁜 집	*ein schönes Haus* *[ein schön-seiendes Haus]*
높다 *hoch sein*	산이 높습니다. *Der Berg ist hoch.*	높은 산	*ein hoher Berg* *[ein hoch-seiender Berg]*

Das deutsche Verb 'sein' wird im Koreanischen durch die Kopula 이다 oder das Existenzverb 있다 wiedergegeben. Die Kopula 이다 dient dazu, zwei Nomina gleichzusetzen, indem das erste Nomen (Subjekt, N_1) mit dem zweiten Nomen (Prädikatsnomen, N_2) identifiziert bzw. durch dieses klassifiziert wird: *Max* (N_1) *ist Arzt* (N_2) (▶ 6.1.1 | Kopula). Die koreanische Kopula 이다 kann jedoch im Unterschied zum deutschen 'sein' nicht den Ort, an dem sich eine Person oder ein Gegenstand befindet, ausdrücken. Diese Funktion wird im Koreanischen durch das Existenzverb 있다 übernommen.

Das Existenzverb 있다 wird in zwei Funktionen verwendet: (1) um das Vorhandensein eines Gegenstandes bzw. Lebewesens an einem Ort zu bezeichnen: N+에 있다 'sich an einem Ort befinden', und (2) um ein Besitzverhältnis auszudrücken: N+에게/한테 있다 'X ist bei jemandem vorhanden', also 'haben' (▶ 6.1.2 | Existenzverb).

Bei den Aktionsverben lassen sich zwei Arten unterscheiden: solche, die ein direktes Objekt verlangen (transitive Verben), und solche, die kein direktes Objekt verlangen (intransitive Verben) (▶ 6.2 | Transitive und intransitive Verben). Die Grundstruktur des koreanischen Satzes für die vier Verbarten kann wie folgt zusammengefasst werden.

Satzstruktur	Beispiele	
(1) Subjekt + Prädikatsnomen + Kopula	유미는 학생이에요.	*Yumi ist Schüler.*
(2) Subjekt + Existenzverb (sich befinden)	유미가 집에 있어요.	*Yumi ist zu Hause.*
(3) Subjekt + Existenzverb (Besitz)	유미에게 책이 있어요.	*Yumi hat ein Buch.*
(4) Subjekt + Qualitativverb	유미가 똑똑해요.	*Yumi ist klug.*
(5) Subjekt + Aktionsverb (intransitiv)	유미가 자요.	*Yumi schläft.*
(6) Subjekt + Objekt + Aktionsverb (transitiv)	유미가 물을 마셔요.	*Yumi trinkt Wasser.*

4. Merkmale der Nomina

Im Vergleich zum Deutschen kennt das koreanische Nomen keine Artikel und keine Präpositionen. Die Funktionen deutscher Kasusmarkierungen und Präpositionen werden im Koreanischen durch nachgestellte Partikeln übernommen, die die grammatischen Beziehungen aller nominalen Satzteile kennzeichnen (▶ 22 | Partikeln). Partikel sind im Koreanischen grundsätzlich Nominalsuffixe, die nicht alleine stehen können und in unveränderter Form an die Nomina angefügt werden.

Im koreanischen Satz 민수가 책을 읽는다 *Minsu liest ein Buch* wird die grammatische Funktion der Nomina (*Minsu* als Subjekt, *Buch* als Objekt) durch das Anhängen einer Kasuspartikel (Nominativ 가, Akkusativ 을) markiert. Die Partikeln können in fünf Bedeutungsgruppen eingeteilt werden.

Klassifikation	Funktion	Partikel
Pluralpartikel	Markierung der Mehrzahl	들
Koordinativpartikel	Koordination von Nomen: 'und'/'oder'	와/과, 하고, (이)랑, (이)나
Kasuspartikel	Markierung von Subjekt/Objekt/Lokativ ...	이/가, 을/를, 에게, 에서 ...
Topikpartikel	Markierung des Satzthemas/Kontrastes	은/는
Semantische Partikel	Modifikation der Bedeutung von Nomen	만 'nur', 도 'auch' usw.

Das koreanische Nomen unterscheidet kein Genus (*maskulin*, *feminin*, *neutral*), die Numerusbezeichnung ist fakultativ, d.h. sie kann weggelassen werden, wenn der Kontext eindeutig ist. Die Mehrzahl eines Nomens wird durch das Pluralsuffix –들 markiert, welches im Gegensatz zum Deutschen aber nicht nur an Nomen, sondern auch an Adverbien angehängt werden kann: 조용히들 해 *Seid ruhig!* (▶ 22.1 | Pluralpartikel). Im Koreanischen gibt es weder einen bestimmten noch einen unbestimmten Artikel. Die entsprechenden Funktionen werden teilweise durch die Subjekt-/Objekt- und Topikmarkierung übernommen.

5. Elliptischer Charakter

Das Koreanische hat einen stark elliptischen Charakter, sodass besonders in der gesprochenen Sprache nominale Satzteile oder deren grammatische Markierungen ausgelassen werden können, wenn sie aus dem Kontext erschließbar sind. Dies betrifft beispielsweise die Auslassung der Personalpronomen, der Kasusmarkierungen (Nominativ 이/가, Akkusativ 을/를, Lokativ 에, 에서) und der Pluralmarkierung 들, wenn die grammatischen Beziehungen eines Satzes eindeutig sind.

Auslassung von	Beispiele	
Subjekt, Akkusativ 를	A: 수미가 무엇을 먹어요? B: (수미가) 사과(를) 먹어요.	*A: Was isst Sumi?* *B: Sumi isst einen Apfel.*
Subjekt, Lokativ 에	A: 지금 어디(에) 가요? B: 지금 학교(에) 가요.	*A: Wohin gehen Sie jetzt?* *B: Ich gehe jetzt zur Schule.*
Subjekt, Plural 들	A: 자녀가 있으세요? B: 딸(들)이 두 명 있어요.	*A: Haben Sie Kinder?* *B: Ich habe zwei Töchter.*
Subjekt, Objekt	A: 친구를 만났어요? B: 예, (친구를) 만났어요.	*A: Haben Sie Freunde getroffen?* *B: Ja, ich habe Freunde getroffen.*

6. Erweiterte Satzstrukturen

Der einfache Satz mit der Grundwortstellung SOV (Subjekt-Objekt-Verb) kann erweitert werden. Im Koreanischen gibt es zwei Arten von Erweiterungen: adnominale und adverbiale Bestimmungen.

a) Adnominale Bestimmungen (= Attributivstruktur)

Im Koreanischen stehen Adjektivattribute oder andere modifizierende Elemente, durch die Nomen näher bestimmt werden, immer vor dem zu modifizierenden Nomen. Deutsche Relativsätze werden durch attributive Partizipialformen des Verbs wiedergegeben (▶ 12 | Partizipialformen). Numeralia werden in der Regel in Verbindung mit Numeralklassifikatoren (NK, Zähleinheitswörter) attributiv verwendet. Einige wenige adjektivische Begriffe des Deutschen werden durch formal unveränderliche sog. Adjektivadnomen (= 관형사) wiedergegeben (▶ 21 | Adnomina).

Modifizierer + Nomen	Beispiele	
Demonstrativa (이/그/저) + Nomen	이 바지가 큽니다.	*Diese Hose ist groß.*
Fragewörter + Nomen	무슨 꽃을 삽니까?	*Was für Blumen kaufen Sie?*
Aktionsverb (Partizip Präsens) + Nomen	빵을 먹는 아이	*das Brot essende Kind*
Aktionsverb (Partizip Präteritum) + Nomen	어제 읽은 책	*das Buch, das ich gestern las*
Aktionsverb (Partizip Futur) + Nomen	갈 사람	*die Person, die gehen wird*
Qualitativverb (Partizip Präsens) + Nomen	큰 정원이에요.	*Das ist ein großer Garten.*
Genitivattribut 의 + Nomen	아버지의 자동차	*das Auto des Vaters*
Numeralia + Numeralklassifikatoren	책 두 권을 삽니다.	*Ich kaufe zwei Bände Bücher.*
Adjektivadnomen + Nomen	이것은 헌 옷입니다.	*Das ist alte Kleidung.*

b) Adverbiale Bestimmungen

Adverben können ein folgendes Verb näher bestimmen und ihrerseits durch ein weiteres Adverb näher bestimmt werden. Bestimmte Adverbien können am Anfang des Satzes stehen und den ganzen Satz modifizieren (▶ 15.3 | Satzadverbien).

Adverb + (Adverb) + Verb	Beispiele	
Adverb + Verb	차들이 빨리 달려요.	*Die Autos fahren schnell.*
Adverb + Adverb + Verb	차들이 아주 빨리 달려요.	*Die Autos fahren sehr schnell.*
Satzadverb + Verb	확실히 저를 믿으세요.	*Vertrauen Sie mir ganz fest!*

7. Komplexe Sätze

Im Koreanischen stehen Nebensätze immer vor den Hauptsätzen. Die eingebetteten komplexen Sätze im Koreanischen lassen sich in vier Typen einteilen:

a) Attributsätze haben kein einleitendes Relativpronomen wie im Deutschen. Sie unterscheiden sich nicht grundsätzlich von adnominalen Attributen und stehen immer vor dem Substantiv, auf das sie sich beziehen. Sie werden durch attributive Partizipialformen des Verbs oder durch das Anhängen der Attributivform −는 an die Berichtsform gebildet (▶ 4.3 | Berichtsform).

Attributsätze	Beispiele	
Partizip Präsens: VS−는	한국어를 배우는 사람이 많아요.	*Es gibt viele Menschen, die Koreanisch lernen.*
Berichtsform + Attributivform −는	민수가 온다는 말을 들었어요.	*Ich habe gehört, dass Minsu kommt.*

b) Nominalisierte Sätze sind Nebensätze, deren Prädikat aus einem Verbalnomen (▶ 18 | Verbalnomina) oder der Form −는지/은/ㄴ지 ('ob') besteht. Sie werden im Deutschen meist durch *dass*-Sätze (Subjekt-/Objektsätze) bzw. *ob*-Sätze wiedergegeben. Dazu gehören auch die indirekten Fragesätze (▶ 24.2 | Nominalisierte Sätze).

	nominalisierte Sätze	
Verbalnomen + 기	사업이 번창하시기를 바랍니다.	*Ich hoffe, dass Ihr Geschäft floriert.*
−는지/은/ㄴ지 'ob'	배가 고픈지 물어보세요.	*Fragen Sie bitte, ob er Hunger hat.*
Indirekter Fragesatz	그가 무엇을 하는지 궁금해요.	*Ich bin neugierig, was er macht.*

c) Adverbialsätze, die durch (koordinative oder subordinative) Konjunktionalformen des Verbs gebildet werden. Konjunktionalformen werden durch koordinative Verbalsuffixe wie z.B. −고 'und', −지만 'aber' oder subordinative Verbalsuffixe wie z.B. −아/어서 'weil', −(으)면 'wenn' gebildet. Koordinative Konjunktionalformen verbinden zwei unabhängige Hauptsätze miteinander. Sie werden an den Verbstamm des ersten Hauptsatzes angehängt. Subordinative Konjunktionalformen verbinden dagegen einen Nebensatz mit einem folgenden Hauptsatz. Sie werden an den Stamm des Verbs des Nebensatzes angehängt und drücken logische, temporale und konditionale Relationen des Nebensatzprädikats zum Hauptsatz aus (▶ 24.3 | Adverbialsätze).

Satz 1	+ koordinativ (*und*)	Satz 2
여름은 덥다.	VS + −고 (덥다 → 덥고)	겨울은 춥다.
여름은 덥고 겨울은 춥다. *Der Sommer ist warm und der Winter ist kalt.*		

Satz 1	+ subordinativ (*weil, da*)	Satz 2
날씨가 좋아요.	VS + −아서/어서 (좋다 → 좋아서)	산책을 해요.
날씨가 좋아서 산책을 해요. *Ich mache einen Spaziergang, weil das Wetter schön ist.*		

d) Quotativsätze sind indirekte Rede, die zur indirekten Wiedergabe der Äußerung eines Sprechers benutzt wird. Die zitierte Äußerung wird durch die Konjunktionalform −고 als Quotativmarkierung abgeschlossen. Dabei stehen die in der indirekten Rede verwendeten Verben in der Berichtsform der 2. Sprechstufe (▶ 4.3 | Berichtsform).

Äußerung	indirekte Rede		
Sumi: "배가 고파요."	Subjekt	zitierte Äußerung + −고	Prädikat
	수미는 배가 고프다고 말했어요.		
„Ich habe Hunger."	*Sumi sagte, sie habe Hunger.*		

8. Honorativsystem des Koreanischen

Entsprechend der traditionellen konfuzianischen Sozialstruktur verfügt das Koreanische über ein ausgeprägtes Honorativsystem, welches durch lexikalische Mittel wie das Honorativvokabular und honorative Anredeformen und durch grammatische Mittel wie honorative Verbalsuffixe oder Personalpronomen versprachlicht wird. Es dient dazu, die sozialen Beziehungen der Kommunikationspartner zum Ausdruck zu bringen (▶ 5 | Honorativsystem). Das Honorativsystem wird konkret ausgedrückt durch:

a) das fünfstufige System der interpersonalen Sprechstufen, die abhängig von Alter, Status und Vertrautheitsgrad zwischen den Gesprächspartnern verwendet werden. Die hierdurch ausgedrückte honorative Bedeutung ist hörerbezogen.
b) die Verwendung des Honorativsuffixes −(으)시 bei Verben, um Respekt gegenüber der Person, die durch das Subjekt des Satzes ausgedrückt wird, anzuzeigen. Die hierdurch ausgedrückte honorative Bedeutung ist subjektbezogen.
c) die Verwendung des Honorativsuffixes −님 mit Verwandtschafts- bzw. berufsbezeichnendem Titel (z.B. 교수님 'Herr Professor', 시아버님 'Schwiegervater').
d) die Verwendung bestimmter honorativer Verben und Nomen sowie honorativer Kasusendungen (z.B. 주무시다 (honorativ) von 자다 'schlafen', 연세 (honorativ) von 나이 'Alter').
e) die Verwendung 'bescheidener' Personalpronomen für die 1. Person Sg. (저) und Pl. (저희) und bestimmter Verben zum Ausdruck der Bescheidenheit (z.B. 여쭙다 'bescheidene Form' von 묻다 'fragen').

9. Lautsymbolische Adverbien

Eine auffällige Besonderheit des koreanischen Wortschatzes im Vergleich zum deutschen ist die Häufigkeit lautsymbolischer Ausdrücke, die durch Nachahmung von Geräuschen aus der Natur oder anderen Bereichen gebildet werden. Lautsymbolische Ausdrücke (meist als Adverbien) werden nicht nur zur Wiedergabe rein auditorischer Eindrücke verwendet, sondern auch auf den visuellen Bereich ausgedehnt (▶ 15.5 | Lautsymbolische Adverbien). Sie werden in zwei Kategorien eingeteilt: 1) lautnachahmende Wörter, durch die Naturgeräusche nachgeahmt werden; 2) handlungsbeschreibende Wörter, durch die Handlungen und Eigenschaften charakterisiert werden.

lautnachahmende Wörter (의성어)		*handlungsbeschreibende Wörter* (의태어)	
아이가 <u>엉엉</u> 웁니다.	*Das Kind weint laut.*	눈이 <u>펑펑</u> 내려요.	*Es schneit sehr stark.*
<u>쿨쿨</u> 코를 골며 자요.	*Er schläft laut schnarchend.*	<u>꾸벅꾸벅</u> 존다.	*Er/Sie nickt ein.*

2 Koreanische Schrift und Transkription

Das Koreanische wird seit dem 15. Jahrhundert in der *Hangŭl*-Schrift geschrieben, deren Erfindung dem König Sejong, dem vierten König der Chosŭn-Dynastie (1392–1910) zugeschrieben wird. Die *Hangŭl*-Schrift ist wie die im Deutschen verwendete lateinische Schrift eine Buchstabenschrift. Sie ist ein lautorientiertes (phonemisches) Alphabet, d.h. es besteht fast durchgehend eine 1:1-Entsprechung zwischen einem Buchstaben und einem Laut (eine Ausnahme ist der Buchstabe <ㅇ>, koreanischer Buchstabenname 이응) (▶ 3 | Lautsystem des Koreanischen). Zur Wiedergabe des Koreanischen in westlichen Sprachen werden vorwiegend zwei Transkriptionssysteme verwendet: das McCune-Reischauer-System und das offizielle Transkriptionssystem, die sog. Revidierte Romanisierung (▶ 2.2 | Transkription).

2.1 Koreanisches Alphabet und Silbenstruktur

Die heutige *Hangŭl*-Schrift hat insgesamt 40 Buchstaben: 19 Konsonanten (14 Grundkonsonanten und 5 Doppelkonsonanten) und 21 Vokale (10 Grundvokale und 11 zusammengesetzte Vokale). Die Buchstaben werden nicht wie im Deutschen in einer linearen Abfolge hintereinander, sondern in quadratischen Silbenblöcken geschrieben, die in Silbengruppen zu Wörtern angeordnet werden, wodurch sich ein dem Chinesischen ähnliches Schriftbild ergibt. Die Schreibrichtung verlief ursprünglich wie im Chinesischen in jeder Zeile vertikal von oben nach unten, während die Zeilen von rechts nach links aufeinander folgten. Heute folgt die Schreibrichtung dagegen der in der Lateinschrift üblichen. Die *Hangŭl*-Zeichen werden in einer festgelegten Strichfolge geschrieben und sind in der folgenden Tabelle zusammengefasst. Die Laute sind hier sowohl mit IPA-Symbolen (Internationales Phonetisches Alphabet) als auch in der McCune-Reischauer-Umschrift (M-R) angegeben (▶ 3 | Lautsystem des Koreanischen).

Grundvokale und Y-Vokale

	1	2	3	4	IPA	M-R
ㅏ	↓	→			[a]	a
ㅑ	↓	→	→		[ja]	ya
ㅓ	→	↓			[ɔ]	ŏ
ㅕ	→	→	↓		[jɔ]	yŏ
ㅗ	↓	→			[o]	o
ㅛ	↓	↓	→		[jo]	yo
ㅜ	→	↓			[u]	u
ㅠ	→	↓	↓		[ju]	yu
ㅡ	→				[ɨ]	ŭ
ㅣ	↓				[i]	i
ㅐ	↓	→	↓		[æ]	ae
ㅒ	↓	→	→	↓	[jæ]	yae
ㅔ	→	↓	↓		[e]	e
ㅖ	→	→	↓	↓	[je]	ye

Zusammengesetzte W-Vokale

	1	2	3	4	IPA	M-R
ㅘ	↓	→	↓	→	[wa]	wa
ㅝ	→	↓	→	↓	[wɔ]	wŏ
ㅚ	↓	→	↓		[we]	we
ㅟ	→	↓	↓		[wi]	wi
ㅞ	→	↓	→	↓↓	[wœ]	woe
ㅙ	↓	→	↓	→↓	[wæ]	wae

Diphthong ŭi

	1	2	3	4	IPA	M-R
ㅢ	→	↓			[ɨi]	ŭi

Grundkonsonanten

	1	2	3	4	IPA	M-R
ㄱ	↴				[k]/[g]	k/g
ㄴ	↳				[n]	n
ㄷ	→	↳			[t]/[d]	t/d
ㄹ	↴	→	↳		[l]/[r]	l/r
ㅁ	↓	↴	→		[m]	m
ㅂ	↓	↓	→	→	[p]/[b]	p/d
ㅅ	↙	↘			[s]/[ʃ]	s/sh
ㅇ	↻				[ø]/[ŋ]	–/ng
ㅈ	→	↙	↘		[ʧ]/[ʤ]	ch/j
ㅊ	→	→	↙	↘	[tsʰ]	ch'
ㅋ	↴	→			[kʰ]	k'
ㅌ	→	→	↳		[tʰ]	t'
ㅍ	→	↘	↙	→	[pʰ]	p'
ㅎ	→	→	↻		[h]	h

Doppelkonsonanten

	1	2	3	4	IPA	M-R
ㄲ	↴	↴			[kk]	kk
ㄸ	→	↳	→	↳	[tt]	tt
ㅃ	↓ ↓	→ →	↓ ↓	→ →	[pp]	pp
ㅆ	↙	↘	↙	↘	[ss]	ss
ㅉ	→ ↙	↘	→	↙ ↘	[ttʃ]	tch

Silbenbildungsmuster

Koreanische Silben werden in Blockform geschrieben. Jeder Silbenblock besteht aus mindestens zwei Buchstaben. Es gibt zwei grundlegende Silbenbildungsmuster, die durch 1) einen anlautenden Konsonanten und einen vokalischen Auslaut oder 2) einen anlautenden Konsonanten, einen vokalischen Inlaut und einen auslautenden Konsonanten realisiert werden:

Konsonant (Anlaut) + **V**okal (Auslaut) K+V
Konsonant (Anlaut) + **V**okal (Inlaut) + **K**onsonant (Auslaut) K+V+K

Das Wort 사람 'Mensch' besteht aus zwei Silbenblöcken mit unterschiedlicher Struktur.

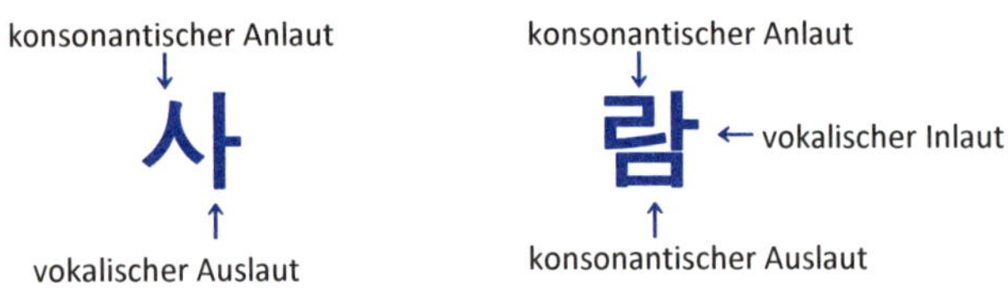

Es gibt drei grundlegende Regeln für die Anordnung der Buchstaben in Silbengruppen:

1) Silben müssen in der Schrift mit einem konsonantischen Anlaut beginnen. Bei vokalischem Silbenanlaut wird der Konsonant ㅇ, der vor vokalischem Anlaut keinen eigenen Lautwert hat, als Anfangsbuchstabe (vor den Vokal) gesetzt, um die Silbenstruktur graphisch einzuhalten.

Silbenbildung	Beispiele		
K(ㅇ)+V(ㅏ, ㅓ, ㅣ)	ㅇ + ㅣ → 이 [i] 'Zahn'	ㅇ + ㅏ → 아 [a] ㅇ + ㅣ → 이 [i]	아이 [a.i] 'Kind'

📖 IPA-Symbole für die Wiedergabe der Laute stehen in eckigen Klammern, Silbengrenzen in der *Hangŭl*-Schrift werden durch Punkte angezeigt.

Silbenbildung	Beispiele		
K (ㅇ) V (ㅗ, ㅜ, ㅛ, ㅠ)	ㅇ + ㅗ → 오 [o] ㅇ + ㅛ → 요 [yo]	ㅇ + ㅜ → 우 ㅇ + ㅠ → 유	우유 [u.ju] 'Milch'

2) Der anlautende Konsonant wird je nach Form des Vokals (vertikal oder horizontal) an eine verschiedene Position gesetzt:

a) Bei Vokalen mit einem langen vertikalen Strich ㅏ, ㅑ, ㅓ, ㅐ, ㅏ, ㅔ, ㅣ steht der Konsonant links vor dem Vokal:

Silbenmuster	Beispiele	
K + V (ㅏ, ㅑ, ㅣ, ㅔ)	ㄴ + ㅏ → 나 'ich'	ㅂ + ㅣ → 비 'Regen'
	ㄴ + ㅓ +→ 너 'du'	ㅅ + ㅐ → 새 'Vogel'

b) Bei Vokalen mit einem langen horizontalen Strich ㅗ, ㅛ, ㅜ, ㅠ, — wird der Konsonant über den Vokal gesetzt:

Silbenmuster	Beispiele	
K + V (ㅗ, ㅜ, ㅛ, ㅠ)	ㅅ + → 소 'Kuh' ㅗ	ㅁ + → 무 'Rettich' ㅜ

c) Besteht ein zusammengesetzter Vokal aus einer Kombination von Vokalen mit horizontalen und vertikalen Strichen ㅚ, ㅘ, ㅙ, ㅟ, ㅝ, ㅞ, ㅢ, steht der anlautende Konsonant über dem ersten Vokal mit dem horizontalen Strich.

Silbenmuster	Beispiele	
K V + V	ㄱ + ㅟ → 귀 'Ohr'	ㅈ + ㅚ → 죄 'Schuld'

d) Konsonanten, Doppelkonsonanten und zusammengesetzte Konsonanten wie ㅄ, ㄺ, ㄳ usw. im Auslaut einer geschriebenen Silbe stehen unter der vorausgehenden Konsonant-Vokal-Gruppe.

Silbenbildung	Beispiele	
K + V K	ㅂ + ㅏ + ㄹ → 발 'Fuß'	ㅅ + ㅓ + ㅁ → 섬 'Insel'
K + V K + K	ㄷ + ㅏ + ㄺ → 닭 'Huhn'	ㄱ + ㅏ + ㅄ → 값 'Preis'
K V K	ㄱ + ㅡ + ㅁ → 금 'Gold'	ㅅ + ㅜ + ㄹ → 술 'Alkohol'
K V K + K	ㅂ + ㅗ + ㄲ → 볶- 'braten'	ㅁ + ㅗ + ㄳ → 몫 'Anteil'

2.2 Transkription

Zur Wiedergabe der *Hangŭl*-Schrift in westlichen Sprachen werden vor allem das McCune-Reischauer-System (M-R) sowie die offizielle Revidierte Romanisierung (R-R) verwendet. Letztere wird meist innerhalb Koreas als Standardtranskription verwendet, Erstere vorwiegend außerhalb Koreas. Da das M-R-System die phonetische Aussprache des Koreanischen beachtet und als Standardtranskription in wissenschaftlichen und anderen Publikationen außerhalb Koreas weit verbreitet ist und in den meisten Lehrwerken verwendet wird, wird es auch in der vorliegenden Grammatik benutzt. Unabhängig von den beiden Transkriptionssystemen existieren auch andere Schreibweisen, besonders in Bezug auf Eigennamen bekannter Personen (Lee Myung-Bak, Kim Dae-Jung). Diese werden im Folgenden wegen ihrer weiten Verbreitung beibehalten. Im Folgenden werden die beiden Transkriptionssysteme gegenübergestellt, wobei die von dem McCune-Reischauer-System abweichende Transkription der Revidierten Romanisierung hervorgehoben wird.

Einfache Vokale			Y-Vokale			W-Vokale / ㅢ Vokal		
Hangŭl	M-R	R-R	Hangŭl	M-R	R-R	Hangŭl	M-R	R-R
ㅏ (아)	a	a	ㅑ (야)	ya	ya	ㅘ (와)	wa	wa
ㅓ (어)	ŏ	eo	ㅕ (여)	yŏ	yeo	ㅝ (워)	wŏ	wo
ㅗ (오)	o	o	ㅛ (요)	yo	yo	ㅚ (외)	we	oe
ㅜ (우)	u	u	ㅠ (유)	yu	yu	ㅟ (위)	wi	wi
ㅡ (으)	ŭ	eu				ㅞ (웨)	we	we
ㅣ (이)	i	I				ㅙ (왜)	wae	wae
ㅔ (에)	e	e	ㅖ (예)	ye	ye	ㅢ (의)	ŭi	ui
ㅐ (애)	ae	ae	ㅒ (얘)	yae	yae			

Die Konsonanten haben eigene Namen. In diesen tritt der jeweilige Konsonant im Anlaut und im Auslaut auf. Die Namen der gespannten Konsonanten, die mit zwei identischen Buchstaben geschrieben werden, enthalten das Präfix 쌍 'Doppel-'.

14 Grundkonsonanten			5 Doppelkonsonanten		
Hangŭl	M-R	R-R	Hangŭl	M-R	R-R
ㄱ (기역)	k/g	k/g	ㄲ (쌍기역)	kk	kk
ㄴ (니은)	n	n	ㄸ (쌍디귿)	tt	tt
ㄷ (디귿)	t/d	t/d	ㅃ (쌍비읍)	pp	pp
ㄹ (리을)	l/r	l/r	ㅆ (쌍시옷)	ss	ss
ㅁ (미음)	m	m	ㅉ (쌍지읒)	tch	jj
ㅂ (비읍)	p/b	p/b			
ㅅ (시옷)	S	s			
ㅇ (이응)	ø/ ng	ø/ ng			
ㅈ (지읒)	ch/j	j/t			
ㅊ (치읓)	ch'	ch/t			
ㅋ (키읔)	k'	k			
ㅌ (티읕)	t'	t			
ㅍ (피읖)	p'	P			
ㅎ (히읗)	H	h			

2.3 Alphabetische Reihenfolge der Silbenkomplexe

Die Reihenfolge des Alphabets in Wörterbüchern, Telefonbüchern usw. ist in Süd- und Nordkorea unterschiedlich. In Südkorea werden die Doppelkonsonanten unmittelbar nach den zugehörigen einfachen Konsonanten aufgelistet, in Nordkorea dagegen am Ende des Alphabets. Entsprechend unterschiedlich wird mit den komplexen Vokalen verfahren, sodass sich folgende Reihenfolgen für Nord- und Südkorea ergeben:

Südkorea	alphabetische Reihenfolge
Konsonanten	ㄱ, ㄲ, ㄴ, ㄷ, ㄸ, ㄹ, ㅁ, ㅂ, ㅃ, ㅅ, ㅆ, ㅇ, ㅈ, ㅉ, ㅊ, ㅋ, ㅌ, ㅍ, ㅎ
Vokale	ㅏ, ㅐ, ㅑ, ㅒ, ㅓ, ㅔ ㅕ, ㅖ, ㅗ, ㅘ, ㅙ, ㅚ, ㅛ, ㅜ, ㅝ, ㅞ, ㅟ, ㅠ, ㅡ, ㅢ, ㅣ

Nordkorea	alphabetische Reihenfolge
Konsonanten	ㄱ, ㄴ, ㄷ, ㄹ, ㅁ, ㅂ, ㅅ, ㅇ, ㅈ, ㅊ, ㅋ, ㅌ, ㅍ, ㅎ, ㄲ, ㄸ, ㅃ, ㅆ, ㅉ
Vokale	ㅏ, ㅑ, ㅓ, ㅕ, ㅗ, ㅛ, ㅜ, ㅠ, ㅡ, ㅣ, ㅐ, ㅒ, ㅔ, ㅖ, ㅚ, ㅟ, ㅢ, ㅘ, ㅝ, ㅙ, ㅞ

Im Folgenden sind die Kombinationen der 14 Grundkonsonanten mit den 10 Grundvokalen in der Reihenfolge des koreanischen Alphabets aufgelistet.

V / K	ㅏ	ㅑ	ㅓ	ㅕ	ㅗ	ㅛ	ㅜ	ㅠ	ㅡ	ㅣ
ㄱ	가	갸	거	겨	고	교	구	규	그	기
ㄴ	나	냐	너	녀	노	뇨	누	뉴	느	니
ㄷ	다	댜	더	뎌	도	됴	두	듀	드	디
ㄹ	라	랴	러	려	로	료	루	류	르	리
ㅁ	마	먀	머	며	모	묘	무	뮤	므	미
ㅂ	바	뱌	버	벼	보	뵤	부	뷰	브	비
ㅅ	사	샤	서	셔	소	쇼	수	슈	스	시
ㅇ	아	야	어	여	오	요	우	유	으	이
ㅈ	자	쟈	저	져	조	죠	주	쥬	즈	지
ㅊ	차	챠	처	쳐	초	쵸	추	츄	츠	치
ㅋ	카	캬	커	켜	코	쿄	쿠	큐	크	키
ㅌ	타	탸	터	텨	토	툐	투	튜	트	티
ㅍ	파	퍄	퍼	펴	포	표	푸	퓨	프	피
ㅎ	하	햐	허	혀	호	효	후	휴	흐	히

3 Lautsystem des Koreanischen

Das Lautsystem des Koreanischen ist in mancher Hinsicht anders organisiert als das des Deutschen.

a) Im Deutschen ist die Unterscheidung zwischen den stimmlosen und stimmhaften Konsonanten p/b, t/d, k/g bedeutungsunterscheidend (phonematisch), wie in Pass vs. Bass. Im Koreanischen ist dies jedoch nicht der Fall. Hier sind die stimmlosen und stimmhaften Varianten eines Verschlusslautes allophonisch, d.h. sie sind nicht bedeutungsunterscheidend, sondern werden je nach ihrer lautlichen Umgebung realisiert. So sind beispielsweise die koreanischen Konsonanten /p/, /t/, /k/ im Silbenanlaut stimmlos, werden aber zwischen Vokalen stimmhaft /b/, /d/, /g/. Das Wort 바보 */papo/* wird ausgesprochen wie [pa.bo], 가다 */kata/* wie [ka.da], 고기 */koki/* wie [ko.gi]. Ähnliches gilt für den Unterschied zwischen /s/ und /ʃ/: 시소 */siso/* wird ausgesprochen wie [ʃi.so]), sowie für den Unterschied zwischen /l/ und /r/: 사람 */salam/* wird ausgesprochen [sa.ram], 말 /mal/ wird [mal] ausgesprochen.

b) Im Koreanischen fehlen bestimmte deutsche Laute, vor allem /f/ und /v/. Sie werden im Koreanischen tendenziell durch ㅂ/p/ (für /v/) und ㅍ/ph/ (für /f/) ersetzt: 커피 [kʰɔpʰi] für *coffee*, 베토벤 [petʰoben] für *Beethoven*.

c) Im Gegensatz zum Deutschen ist im Koreanischen die Vokallänge (wie in *siezen* vs. *sitzen*) für die Unterscheidung der Bedeutung nicht relevant.

3.1 Vokale

Die Vokale werden im Koreanischen in drei Gruppen unterteilt: 8 einfache Vokale (Monophthonge) und 12 Kombinationen aus den Halbvokalen y und w und den Vokalen sowie dem Diphthong ŭi. Im Folgenden werden die 21 Vokale in *Hangŭl*-Schrift (Buchstabenname) und der McCune-Reischauer-Umschrift (M-R) dargestellt (▶ 2 | Koreanische Schrift und Transkription).

einfache Vokale		Y-Vokale		W-Vokale		Diphthong ŭi	
Hangŭl	M-R	Hangŭl	M-R	Hangŭl	M-R	Hangŭl	M-R
ㅏ (아)	a	ㅑ (야)	ya	ㅘ (와)	wa		
ㅓ (어)	ŏ	ㅕ (여)	yŏ	ㅝ (워)	wŏ		
ㅗ (오)	o	ㅛ (요)	yo	ㅚ (외)	we		
ㅜ (우)	u	ㅠ (유)	yu				
ㅡ (으)	ŭ						
ㅣ (이)	i			ㅟ (위)	wi	ㅢ (의)	ŭi
ㅔ (에)	e	ㅖ (예)	ye	ㅞ (웨)	we/woe		
ㅐ (애)	ae	ㅒ (얘)	yae	ㅙ (왜)	wae		

In der koreanischen Schrift werden *y* und *w* als Vokale (i bzw. o) betrachtet und deshalb im Silbenanlaut mit dem stummen Konsonanten ㅇ geschrieben. Dabei wird die Kombination ㅣ + ㅏ als ㅑ geschrieben.

Das koreanische Vokalsystem (hier nur einfache Vokale) kann nach den Parametern der Zungenstellung (vorne, zentral, hinten) und der Zungenhöhe (hoch, mittel, tief) wie folgt dargestellt werden.

Zungenhöhe	Zungenstellung		
	vorne	zentral	hinten
hoch	ㅣ /i/	ㅡ /ŭ/	ㅜ /u/
mittel	ㅔ /e/	ㅓ /ŏ/	ㅗ /o/
tief	ㅐ /ae/	ㅏ /a/	

Im Folgenden werden die einfachen Vokale sowie die Y-Vokale, W-Vokale und der ŭi-Diphthong mit den entsprechenden IPA-Symbolen (Internationales Phonetisches Alphabet), der lateinischen Umschrift sowie der deutschen oder englischen lautlichen Entsprechung dargestellt.

Einfache Vokale

Hangŭl	Name	IPA	M-R	R-R	lautliche Entsprechungen
ㅏ	(아)	[a]	a	a	*Ball, Vater, Karte*
ㅓ	(어)	[ɔ]	ŏ	eo	*Volk, Kork, offen*
ㅗ	(오)	[o]	o	o	*Boot, Ofen, Floh*
ㅜ	(우)	[u]	u	u	*Uhr, Kuh, Hund*
ㅡ	(으)	[ɨ]	ŭ	eu	*wie u,* ohne Lippenrundung
ㅣ	(이)	[i]	i	i	*Miete, nie*
ㅔ	(에)	[e]	e	e	*Beet, See, Telefon*
ㅐ	(애)	[æ]	ae	ae	*Äpfel, Gelände*

Y-Vokale

In den Fällen, wo es keine lautlichen Entsprechungen im Deutschen gibt, wird auf englische Beispiele zurückgegriffen.

Hangŭl	Name	IPA	M-R	R-R	lautliche Entsprechungen
ㅑ	(야)	[ja]	ya	ya	*ja, Jacke*
ㅕ	(여)	[jɔ]	yŏ	yeo	*yawn*
ㅛ	(요)	[jo]	yo	yo	*Yoga, Josef*
ㅠ	(유)	[ju]	yu	yu	*Jugend, Jubel*
ㅖ	(예)	[je]	ye	ye	*jetzt, jeweils*
ㅒ	(얘)	[jæ]	yae	yae	*Jähzorn*

W-Vokale und ŭi-Diphthong

Hangŭl	Name	IPA	M-R	R-R	lautliche Entsprechungen
ㅘ	(와)	[wa]	wa	wa	*swan, watch*
ㅝ	(워)	[wɔ]	wŏ	wo	*wonder, water*
ㅚ	(외)	[we]	we	oe	*wet, west, web*
ㅟ	(위)	[wi]	wi	wi	*we, weep, week*
ㅞ	(웨)	[wœ]/[we]	we/woe	we	*wet*
ㅙ	(왜)	[wæ]	wae	wae	*wear, where*
ㅢ	(의)	[ɨi]	ŭi	ui	gleitet von *ŭ* zu *i*

Im heutigen Sprachgebrauch lässt sich eine Tendenz zur Neutralisierung der Opposition einiger Vokale beobachten:

a) Die einfachen Vokale 에 *e* und 애 *ae* und die Y-Vokale 예 *ye* und 얘 *yae* werden in der Aussprache (besonders bei jungen Leuten) kaum unterschieden. So kann der Vokal ㅖ *ye* (außer 예 *ye*) wie *e* ausgesprochen werden, aber nicht, wenn er am Anfang steht.

ㅖ /ye/		Aussprache
Wortanfang	ye → ye [je]	예술 [je.sul], 예리 [je.ri], 예비 [je.bi]
andere Stellung im Wort	ye → ye [je] / e [e]	시계 [ʃi.kje] / [ʃi.ke], 지혜 [ʧi.hje] / [ʧi.he]

📖 IPA-Symbole für die Wiedergabe der Laute stehen in eckigen Klammern, Silbengrenzen in der *Hangŭl*-Schrift werden durch Punkte angezeigt.

b) Die beiden W-Vokale 외 und 웨 werden in der Aussprache kaum unterschieden.

W-Vokale		Aussprache
ㅚ we	we → [we], [woe]	회사 [hwesa] / [hwœsa]
ㅞ woe	woe → [woe], [we]	웨딩 [wœdiŋ] / [wediŋ]

Der Diphthong 의 *ŭi*

Der Diphthong 의 *ŭi* entsteht aus der Lautkombination 으 *ŭ* + 이 *i* und kann je nach lautlicher Umgebung unterschiedlich ausgesprochen werden:

a) Wenn der Diphthong ㅢ *ŭi* am Wortanfang oder im Silbenanlaut steht, wird er als Diphthong *ŭi* ausgesprochen, d.h. die Aussprache gleitet ohne Unterbrechung von *ŭ* zu *i*.

b) Steht der Diphthong ㅢ *ŭi* nicht im Silbenanlaut oder nach einem Konsonant, dann wird er wie *i* ausgesprochen.

c) Wenn 의 als Genitivpartikel verwendet wird, wird der Vokal ㅢ als *e* ausgesprochen.

Diphthong ㅢ *ŭi*		Aussprache
Wortanfang	ŭi → ŭi [ɨi]	의사 [ɨi.sa], 의미 [ɨi.mi], 의자 [ɨi.ʤa], 의무 [ɨi.mu]
nach Konsonant	ŭi → i [i]	희생 [hi.sæŋ], 희다 [hi.da], 씌어 [s'i.ɔ], 무늬 [mu.ni]
als Genitivpartikel	ŭi → e [e]	우리의 차 [uri.e tsʰa], 수미의 집 [sumi.e ʧip]

In dem Ausdruck 삶의 의의 'Sinn des Lebens' kommen alle drei Aussprachevarianten des Diphthongs ㅢ *ŭi* vor: 삶의 의의 [살메 의이 sal.me ɨi.i].

3.2 Konsonanten

Das koreanische Konsonantensystem besteht aus 9 ungespannten, 5 aspirierten und 5 gespannten Konsonanten. Außerdem gibt es elf zusammengesetzte Konsonantengruppen, die aus einer Kombination zweier unterschiedlicher Konsonanten bestehen. Die Konsonanten sind hier in *Hangŭl*-Schrift (Buchstabenname) und in der McCune-Reischauer-Umschrift dargestellt.

ungespannt / nicht aspiriert		aspiriert		gespannt / nicht aspiriert	
Hangŭl	M-R	Hangŭl	M-R	Hangŭl	M-R
ㄱ (기역)	k/g	ㅋ (키읔)	k'	ㄲ (쌍기역)	kk
ㄷ (디귿)	t/d	ㅌ (티읕)	t'	ㄸ (쌍디귿)	tt
ㅂ (비읍)	p/b	ㅍ (피읖)	p'	ㅃ (쌍비읍)	pp
ㅈ (지읒)	ch/j	ㅊ (치읓)	ch'	ㅉ (쌍지읒)	tch
ㅅ (시옷)	s/sh	–		ㅆ (쌍시옷)	ss
ㄹ (리을)	l/r	–		–	
ㄴ (니은)	n	–		–	
ㅁ (미음)	m	–		–	
ㅇ (이응)	ø/ ng	–		–	
		ㅎ (히읗)	h	–	

Im Folgenden werden die 19 Konsonanten mit dem entsprechenden phonetischen Symbol (IPA) und deutschen bzw. englischen Entsprechungen dargestellt. Dabei werden die wichtigsten Ausspracheregeln angegeben.

1. Ungespannte, nicht aspirierte Konsonanten

Hangŭl	Name	IPA	M-R	R-R	lautliche Entsprechungen
ㄱ	기역	[k]/[g]	k/g	g/k	*skirt / Gast, Glas*
ㄴ	니은	[n]	n	n	*Nase, Nuss, nein*
ㄷ	디귿	[t]/ [d]	t/d	d/t	*style / Dame, Dach*
ㄹ	리을	[l] / [r]	r/l	r/l	*Ratte, Rand / List, Luft*
ㅁ	미음	[m]	m	m	*Mensch, Maus, Mann*
ㅂ	비읍	[p] / [b]	p/b	b/p	*spy / Bass, Bahn*
ㅅ	시옷	[s] / [ʃ]	s	s	*Bus, Fuß / ship, fish*
ㅇ	이응	[ø] / [ŋ]	– / ng	– / ng	*Ring, Gong, Hang*
ㅈ	지읒	[ʧ] / [ʤ]	ch/j	j	*Tschüss, child / judge, gem*

Die Konsonaten *p, t, k* werden im Koreanischen vor Vokalen nicht aspiriert. Die Aussprache entspricht der von *p, t, k* in den englischen Wörtern *spy*, *style* und *skirt*.

■ ㄱ k, ㄷ t, ㅂ p, ㅈ ch

Die ungespannten und nicht aspirierten Verschlusslaute ㄱ *k*, ㄷ *t*, ㅂ *p* und ㅈ *ch* sind im Wortanlaut stimmlos, werden aber in folgenden Umgebungen stimmhaft als /g/, /d/, /b/ und /j/ ausgesprochen: a) wenn sie zwischen Vokalen oder b) nach den Konsonanten ㅁ *m*, ㄴ *n*, ㅇ *ng*, ㄹ *l* stehen.

intervokalisch, nach *m, n, ng, l*		Aussprache
ㄱ	k → g	고기 [ko.gi], 구글 [ku.gɨl], 갈비 [kal.bi], 한국 [han.guk]
ㄷ	t → d	도둑 [to.duk], 침대 [tsʰim.dæ], 만두[man.du], 알다 [al.da]
ㅂ	p → b	바보 [pa.bo], 가방 [ka.bang], 공부 [koŋ.bu], 일본 [Il.bon]
ㅈ	ch → j	자주 [ʧa.ʤu], 지지 [ʧi.ʤi], 안주 [an.ʤu], 손주 [son.ʤu]

■ ㄹ l/r

Der Konsonant ㄹ *l* wird zwischen zwei Vokalen als Zungenspitzen-r, aber ohne Vibration ausgesprochen. Ebenso wird ㄹ anlautend als vibrationsloses Zungenspitzen-r ausgesprochen. Vor dem Konsonanten ㅎ *h* gibt es zwei Varianten: 1) die sorgfältige Standardform, bei der die Silbengrenze erhalten bleibt (Aussprache [l]), 2) eine in der gesprochenen Sprache bevorzugte Variante, bei der die Silbengrenze vor dem ㄹ verläuft (Aussprache [r]). Hierbei bleibt das [h] entweder schwach erhalten oder verschwindet ganz.

Zungenspitzen-r		Aussprache
intervokalisch	l → r	사람 [sa.ram], 다리 [ta.ri], 소리 [so.ri], 바람 [pa.ram]
anlautendes l	l → r	라디오 [ra.di.o], 라면 [ra.mjɔn], 레스토랑 [re.st^{h}o.raŋ]
vor ㅎ	l → l, r^h, r	일함 [il.ham, i.r^{h}am, i.ram], 말해 [mal.hæ, ma.r^{h}æ, ma.ræ]

Im Silbenauslaut wird der Konsonant ㄹ als /l/ ausgesprochen. Folgt an einer Silbengrenze auf einen Silbenauslaut ㄹ /l/ ein Silbenanlaut mit ㄹ, wird dieser ebenfalls als /l/ ausgesprochen.

ㄹ /l/		Aussprache
Silbenauslaut	-l-	말 [mal], 일 [il], 달 [tal]
ㄹ + ㄹ	-ll-	멀리 [mɔl.li], 물론 [mul.lon]

■ ㅅ s

Der Konsonant ㅅ *s* wird vor dem Vokal /i/, Y-Vokalen und dem W-Vokal /wi/ als *sh* [ʃ] realisiert. Dabei fällt das /y/ bzw. das /w/ in der Aussprache weg. Das [ʃ] wird nicht wie das deutsche /sch/ in *Schnee*, sondern eher wie das Englische /sh/ in *fish* ausgesprochen.

ㅅ /s/		Aussprache
vor /i/	s → sh [ʃ]	신발 [ʃin.pal], 시계 [ʃi.gje], 가심 [ka.ʃim]
vor Y-Vokal	s → sh [ʃ]	마셔 [ma. ʃɔ], 샤워 [ʃa.wɔ], 숏 [ʃut]
vor /wi/	s → sh [ʃ]	쉬리 [ʃi.ri], 쉬운 [ʃi.un], 쉼 [ʃim]

■ ㅇ ng

Der Konsonant ㅇ *ng* hat vor vokalischem Anlaut den Lautwert Null (ø) und wird nicht ausgesprochen. Im Auslaut einer Silbe wird der Konsonant ㅇ [ŋ] wie in *Ri<u>ng</u>* ausgesprochen.

ㅇ *ng* [ŋ] / [ø]		Aussprache
Anlaut	[ø]	우유 [u.ju], 오이 [o.i], 이다 [i.da], 아니다 [a.ni.da]
Auslaut	*ng* [ŋ]	상 [saŋ], 방 [paŋ], 공 [koŋ], 사랑 [sa.raŋ]

2. Aspirierte Konsonanten

Hangul	Name	IPA	M-R	R-R	lautliche Entsprechungen
ㅊ	치읓	[tsʰ]	ch'	ch	*<u>ch</u>air, <u>ch</u>ili, <u>ch</u>ance*
ㅋ	키읔	[kʰ]	k'	k	*<u>K</u>arte, <u>K</u>uli, <u>K</u>amm*
ㅌ	티읕	[tʰ]	t'	t	*<u>T</u>asche, <u>T</u>orte, <u>T</u>asse*
ㅍ	피읖	[pʰ]	p'	p	*<u>p</u>arken, <u>P</u>ause, <u>P</u>anne*
ㅎ	히읗	[h]	h	h	*<u>H</u>aus, <u>H</u>offnung, <u>H</u>aare*

■ ㅎ h

a) Wenn der Konsonant ㅎ *h* den Verschlusslauten ㄱ *k*, ㄷ *t*, ㅂ *p* oder ㅈ *ch* vorangeht oder folgt, wandelt er diese in die entsprechenden aspirierten Verschlusslaute ㅋ *k'*, ㅌ *t'*, ㅍ *p'*, ㅊ *ch'* um.

ㅎ /h/			Aussprache
h + k k + h	→	k'	놓고 *noh.ko* → [노코 no.kʰo], 백화 *paek.hwa* → [배콰 pæ.kʰwa]
h + t t + h	→	t'	좋다 *choh.ta* → [조타 ʧo.tʰa], 맏형 *mat.hyŏng* → [마텽 ma.tʰjɔŋ]
h + p p + h	→	p'	급히 *kŭp.hi* → [그피 kɨ.pʰi], 잡혀 *chap.hyŏ* → [자펴 ʧa.pʰjɔ]
h + ch ch + h	→	ch'	쌓지 *ssah.chi* → [싸치 ssa.ʦʰi], 맞힘 *mach.him* → [마침 ma.ʦʰim]

Das *h* zwischen *t* und *y* in dem Beispiel 맏형 verhindert, dass *t* palatalisiert wird, wie es sonst der Fall wäre (vgl. 닫힘 [ta. ʦʰim], ▶ 3.3 | Ausspracheregeln).

b) Der Konsonant ㅎ *h* wird nicht ausgesprochen, wenn er zwischen Vokalen oder als Auslaut von koreanischen Verbalstämmen zwischen Nasal und Vokal oder zwischen ㄹ *l* und Vokal steht.

ㅎ /h/ nicht ausgesprochen	Aussprache
intervokalisch	좋아 [조아 ʧo.a], 쌓은 [싸은 ssa.ɨn]
zwischen Nasal ㄴ, ㅁ und Vokal	많이 [마니 ma.ni], 않아 [아나 a.na]
zwischen ㄹ und Vokal	옳아 [오라 o.ra], 싫어 [시러 ʃi.rɔ]

Der Konsonant ㅎ *h* wird nach den nasalen Konsonanten (ㅁ *m*, ㄴ *n*, ㅇ *ng*) in der gesprochenen Sprache oft nur schwach ausgesprochen, obwohl die Standardaussprache *h* vorsieht.

ㅎ /h/		Aussprache
Nasale	h → h (schwach)	전화 번호 *chŏn.hwa bŏn.ho* → [ʧɔn.hwa bɔn.ho]
		영화 *yŏng.hwa* → [jɔŋ.hwa], 명함 *myŏng.ham* → [mjɔŋ.ham]

c) Der Konsonant ㅎ *h* bewirkt die Verstärkung *s* zu *ss*, wenn dem Konsonanten ㅅ *s* ein ㅎ vorausgeht.

ㅎ /h/			Aussprache
h + s	→	ss	낳소 *nah.so* → [na.sso], 닿소 *tah.so* → [ta.sso]

3. Gespannte, nicht aspirierte Konsonanten

Für die fünf gespannten Konsonanten, die sog. Doppelkonsonanten ㄲ, ㄸ, ㅃ, ㅉ, ㅆ gibt es keine lautliche Entsprechung im Deutschen. Sie werden ohne Aspiration mit einer verstärkten Muskelspannung der Lippen an der Artikulationsstelle hervorgebracht.

Hangul	IPA	Name	M-R	R-R	Aussprache
ㄲ	[kk]	쌍기역	kk	kk	gespannter als s*k*y, s*k*irt
ㄸ	[tt]	쌍디귿	tt	tt	gespannter als s*t*yle, s*t*eak
ㅃ	[pp]	쌍비읍	pp	pp	gespannter als s*p*y
ㅆ	[ss]	쌍시옷	ss	ss	gespannter als si*s*ter
ㅉ	[ttʃ]	쌍지읒	tch	jj	gespannter als *j*am

3.3 Ausspracheregeln

Die *Hangŭl*-Schreibung gibt nicht immer die tatsächliche Aussprache wieder, besonders bei den Konsonanten, sodass es hier zu einer Reihe von Abweichungen kommt. Hierzu gibt es sechs wichtige Ausspracheregeln: 1) Liaison, 2) Neutralisierung, 3) Palatalisierung, 4) Assimilation, 5) Verstärkung, 6) Vereinfachung von Konsonantengruppen.

1) Liaison: Der konsonantische Auslaut einer Silbe wird in die nächste Silbe hinübergezogen, wenn der vokalische Anlaut oder der Konsonant ㅎ *h* folgt. Dabei wird der Konsonant ㅎ zwar nicht ausgesprochen, bewirkt aber eine Aspiration des nachfolgenden Konsonanten.

Schreibung	Aussprache	Schreibung	Aussprache
독일 *tok.il*	[도길 to.gil]	언어 *ŏn.ŏ*	[어너 ɔ.nɔ]
책을 *ch'aek.ŭl*	[채글 tsʰæ.gɨl]	국이 *kuk.i*	[구기 ku.gi]
꽃이 *kkoch'*.i	[꼬치 kko.tsʰi]	익히고 *ik.hi.ko*	[이키고 i.kʰi.go]
답해 *tap.hae*	[다패 ta.pʰæ]	똑똑히 *ttok.ttok.hi*	[똑또키 ttok.tto.kʰi]

2) Neutralisierung: Die aspirierten (ㅋ *k'*, ㅌ *t'*, ㅍ *p'*, ㅊ *ch'*) und gespannten Konsonanten (ㄲ *kk*, ㄸ *tt*, ㅃ *pp*, ㅉ *tch*) sowie ㅅ *s* und ㅈ *ch* werden im Silbenauslaut zu den entsprechenden ungespannten Konsonanten (ㄱ *k*, ㄷ *t*, ㅂ *p*) neutralisiert. Bei auslautenden Verschlusslauten darf keine Aspiration wie im Deutschen erfolgen.

Neutralisierung	Schreibung	Aussprache	Schreibung	Aussprache
k', kk → /k/	부엌 *pu.ŏk'*	[부억 pu.ɔk]	밖 *pakk*	[박 pak]
p', pp → /p/	잎 *ip'*	[입 ip]	앞 *ap'*	[압 ap]
t', tt → /t/	솥 *sot'*	[손 sot]	끝 *kkŭt'*	[끋 kkɨt]
ch, ch' → /t/	낮 *nach*	[낟 nat]	꽃 *kkoch'*	[꼳 kkot]
s, ss → /t/	옷 *os*	[옫 ot]	있- *iss*	[읻 it]

3) Palatalisierung: Die Konsonanten ㄷ *t* und ㅌ *t'* im Silbenauslaut werden als Palatal ㅈ *ch* / *j* und ㅊ *ch'* ausgesprochen, wenn /i/ oder /y/ folgt.

ㄷ *t* → ㅈ *ch/j*		ㅌ *t'* → ㅊ *ch'*	
Schreibung	Aussprache	Schreibung	Aussprache
맏이 *mat.i*	[마지 ma.ʤi]	밭이 *pat'.i*	[바치 pa.tsʰi]
굳이 *kut.i*	[구지 ku.ʤi]	같이 *kat'.i*	[가치 ka.tsʰi]
해돋이 *hae.tot.i*	[해도지 hæ.do.ʤi]	붙여 *put'.yŏ*	[부처 pu.tsʰjɔ]

4) Assimilation

a) Nasalassimilation: Die nicht nasalen konsonantischen Auslaute einer Silbe werden vor den nasalen Konsonanten ㅁ *m* und ㄴ *n* zu den Nasallauten *n*, *m*, *ng* assimiliert: (ㅂ *p*, ㅍ *p'*) zu ㅁ *m*, (ㄱ *k*, ㅋ *k'*, ㄲ *kk*) zu ㅇ *ng*, (ㄷ t, ㅌ *t'*, ㅅ *s*, ㅆ *ss*, ㅈ *ch*, ㅊ *ch'*, ㅎ *h*) zu ㄴ *n*.

Nasalassimilation			Beispiele
p, p'	+ m/n →	-mm-/-mn-	집문 *chip.mun* → [ʧim.mun], 잎만 *ip'.man* → [im.man]
k, k', kk		-ŋm/-ŋn-	국물 *kuk.mul* → [kuŋ.mul], 볶는 *pokk.nŭn* → [poŋ.nɨn]
t, t'		-nn-/-nm-	받는 *pat.nŭn* → [pan.nɨn], 붙는 *put'.nŭn* → [pun.nɨn]
s, ss		-nn-	옷농 *os.nong* → [on.noŋ], 있는 *iss.nŭn* → [in.nɨn]
ch, ch'		-nn-	잦는 *chach.nŭn* → [ʧan.nɨn], 꽃는 *kkoch'.nŭn* → [k'on.nɨn]
h		-nn-	낳는 *nah.nŭn* → [nan.nɨn], 닿는 *tah.nŭn* → [tan.nɨn]

b) Der Konsonant ㄹ *l* wird nach den nasalen Konsonanten ㅁ *m*, ㅇ *ng* zu ㄴ *n*.

Nasalassimilation			Beispiele
m + l	→	-mn-	담론 *tam.lon* → [tam.non], 심리 *sim.li* → [ʃim.ni]
ng + l		-ŋn-	영리 *yŏng.li* → [jɔŋ.ni], 종로 *chong.lo* → [ʧoŋ.no]

c) Wenn der Konsonant ㄴ *n* dem Konsonanten ㄹ *l* vorausgeht oder folgt, wird ㄴ *n* zu ㄹ *l*, sodass ein doppeltes ㄹㄹ *ll* entsteht.

Assimilation			Beispiele
n + l	→	-ll-	신라 *sin.la* → [ʃil.la], 진리 *chin.li* → [ʧil.li], 곤란 *kon.lan* → [kol.lan]
l + n			칼날 *kal.nal* → [k'al.lal], 달나라 *tal.na.ra* → [tal.la.ra]

5) Verstärkung: Die ungespannten Konsonanten (ㄱ *k*, ㄷ *t*, ㅂ *p*, ㅅ *s*, ㅈ *ch*) werden zu den gespannten Konsonanten (ㄲ *kk*, ㄸ *tt*, ㅃ *pp*, ㅉ *tch*, ㅆ *ss*) verstärkt, wenn sie nach den Auslautkonsonanten ㄱ, ㄷ, ㅂ, ㅁ, ㄴ, ㅇ, ㄹ stehen.

Verstärkung		Beispiele
ㄱ	k → kk [kk]	학교 *hak.kyo* → [hak.kkyo], 믿고 *mit.ko* → [mit.kko]
ㄷ	t → tt [tt]	먹다 *mŏk.ta* → [mɔk.tta], 법대 *pŏp.tae* → [pɔp.ttæ]
ㅂ	p → pp [pp]	국밥 *kuk.pap* → [kuk.ppap], 안방 *an.pang* → [an.ppaŋ]
ㅅ	s → ss [ss]	밥상 *pap.sang* → [pap.ssaŋ], 입술 *ip.sul* → [ip.ssul]
ㅈ	ch → tch [ttʃ]	한자 *han.cha* → [han.ttʃa], 곧장 *kot.chang* → [kot.ttʃaŋ]
		낮잠 *nach.cham* → [nat.ttʃam], 글자 *kŭl.cha* → [kɨl.ttʃa]

6) Vereinfachung silbenauslautender Konsonantengruppen: Im Koreanischen gibt es 11 zusammengeschriebene Konsonantengruppen, die aus zwei unterschiedlichen Konsonanten bestehen (ㄳ, ㄵ, ㄶ, ㄺ, ㄻ, ㄼ, ㄽ, ㄾ, ㄿ, ㅀ, ㅄ). Dabei wird einer der Konsonaten in der Konsonantengruppe im Silbenauslaut in wortfinaler Position ausgelassen.

a) Bei zusammengeschriebenen Konsonantengruppen im Silbenauslaut (ㄳ, ㄵ, ㄼ, ㄽ, ㄾ, ㅄ) wird meist nur der erste Konsonant ausgesprochen und der zweite ausgelassen.

b) Bei ㄺ, ㄻ, ㄿ wird der zweite Konsonant ausgesprochen und der erste ausgelassen.

Auslassung des zweiten Konsonanten		Auslassung des ersten Konsonanten	
몫 *moks* → [목 mok]	앉다 *anch.ta* → [안따 an.tta]	닭 *talk* →	[닥 tak]
넋 *nŏks* → [넉 nɔk]	넓다 *nŏlp.ta* → [널따 nɔl.tta]	삶 *salm* →	[삼 sam]
값 *kaps* → [갑 kap]	외곬 *we.kols* → [외골 we.gol]	읽다 *ilk.ta* →	[익따 ik.tta]

📖 Bei 읊다 wird die Konsonantengruppe ㄿ nicht ㅍ, sondern ㅂ ausgesprochen: [읍따 ɨp.tta].

Folgt auf eine im Silbenauslaut stehende Konsonantengruppe ein Suffix, wird der letzte Konsonant in die folgende Silbe hinübergezogen. Ist der letzte Konsonant ein ㅎ/h/, wird er vor einem vokalischen oder konsonantischen Anlaut des darauf folgenden Suffixes nicht ausgesprochen. Dabei bewirkt er aber eine Aspiration im konsonantischen Anlaut des Suffixes.

Konsonantengruppe + Suffix		Konsonantengruppe mit ㅎ/ ㅍ + Suffix	
몫이 *moks.i*	[mok.ʃi]	싫고 *silh.ko*	[ʃil.k^{h}o]
값을 *kaps.ŭl*	[kap.sɨl]	많고 *manh.ko*	[man.k^{h}o]
앉아 *anch.a*	[an.ʧa]	옳다 *olh.ta*	[ol.t^{h}a]
읽어 *ilk.ŏ*	[il.kɔ]	많아 *manh.a*	[ma.na]
젊어 *chŏlmŏ*	[ʧɔl.mɔ]	옳아 *olh.a*	[o.ra]

Bei ㄺ wird vor einer mit ㄱ/k/ anlautenden folgenden Silbe nur der erste Konsonant ㄹ/l/ ausgesprochen: z.B. 읽고 *ilk.ko* → [일꼬 il.kko], 맑게 *malk.ke* → [말께 mal.kke], 묽고 *mulk.ko* → [물꼬 mul.kko].

Die folgende Tabelle gibt einen Überblick über die Lautveränderung der Konsonanten an Silbengrenzen.

Auslautkonsonant der vorangehenden Silbe \ Anlautkonsonant der nachfolgenden Silbe	ㅂ p-	ㅍ p'-	ㄷ t-	ㅌ t'-	ㄱ k-	ㅋ k'-	ㅈ ch-	ㅊ ch'-	ㅅ s-	ㅁ m-	ㄴ n-	ㄹ l-
ㅂ -p	pp	p'	ptt		pkk		ptcc		pss	mm	mn	mn
ㄷ -t	pp	p'	tt	t'	kk	k'	tcc	ch'		nm	nn	nn
ㄱ -k	kpp		ktt		kk		kcc		kss	ngm	ngn	ngn
ㅈ -ch								ch'			nn	
ㅅ -s											nn	
ㅁ -m	mb		mtt		mkk							mn
ㄻ -lm	mb		mtt		mkk			nch'	mss			
ㄴ -n	mb	mp'	nd		ng	ngk'	nj		nss	mm	nn	ll
ㅇ -ng	ngb		ngd		ngg		ngj		ngs	ngm	ngn	ngn
ㄹ -l	lpp/ lb		ltt/ ld		lkk/ lg		lj		lss	lm	ll	ll
ㅎ -h	p'		t'		k'		ch'	ch'	ss	mm	nn	hr

3.4 Englische Lehnwörter

In jüngerer Zeit nimmt infolge der Globalisierung und Internationalisierung die Zahl der Lehnwörter aus westlichen Sprachen, v.a. aus dem Englischen, stetig zu. Diese werden dem koreanischen Lautsystem angepasst. Die allgemeinen Lautveränderungen englischer Lehnwörter bei der Übernahme in das Koreanische sind folgende:

a) Der Laut *f* im Englischen wird im Koreanischen durch ㅍ *p'* wiedergegeben.

Englisch	Aussprache	Englisch	Aussprache
coffee	커피 [kʰɔ.pʰi]	*wife*	와이프 [wa.i.pʰɨ]
fan	팬 [pʰæn]	*uniform*	유니폼 [ju.ni.pʰom]

b) Die englischen Laute *w* und *v* werden wie ㅂ *p/b* ausgesprochen.

Englisch	Aussprache	Englisch	Aussprache
vision	비전 [pi.ʤɔn]	*vitamin*	비타민 [pi.tʰa.min]
interview	인터뷰 [in.tʰɔ.bju]	*television*	텔레비전 [tʰel.le.bi.ʤɔn]

c) Bei Konsonantengruppen, die im Koreanischen nicht vorkommen, wird ein 으 *ŭ* ein- bzw. angefügt.

Englisch	Aussprache	Englisch	Aussprache
club	클럽 [kʰɨl.lɔp]	*drive*	드라이브 [tɨ.ra.i.bɨ]
Brazil	브라질 [pɨ.ra.ʤil]	*program*	프로그램 [pʰɨ.ro.gɨ.raem]

d) Bei den Lauten *l* und *r* im Englischen wird zwischen l und r am Wortanfang variiert.

Englisch	Aussprache	Englisch	Aussprache
lotion	로션 [lo.ʃɔn]	*radio*	라디오 [ra.di.o]

e) Der Laut *r* wird nach Vokal ausgelassen.

Englisch	Aussprache	Englisch	Aussprache
fork	포크 [pʰo.kʰɨ]	*dessert*	디저트 [ti.ʤɔ.tʰɨ]
mart	마트 [ma.tʰɨ]	*leisure*	레저 [le.ʤɔ]

f) Bei den englischen Wörtern mit *d-*, *s- z-*, *ʧ-*, *ʤ*-Auslaut wird der Vokal 으 *ŭ* [ɨ] oder 이 i [i] eingefügt.

Englisch	Aussprache	Englisch	Aussprache
bus	버스 [pɔ.sɨ]	*cheese*	치즈 [ʦʰi.ʤɨ]
news	뉴스 [nju.sɨ]	*sports*	스포츠 [sɨ.pʰo.ʦʰɨ]
mood	무드 [mu.dɨ]	*image*	이미지 [i.mi.ʤi]

g) Der Vokal 으 *ŭ* wird oft bei Wörtern angefügt, die im Englischen auf *p-*, *t-*, *k-* auslauten, damit deren Aspiration im Koreanischen erhalten bleibt. Heute wird jeweils die erste Variante bevorzugt.

Englisch	Aussprache	Englisch	Aussprache
cake	케익 [kʰe.ik], 케이크 [kʰe.i.k'ɨ]	*cut*	컷 [kʰɔt], 커트 [kʰɔtɨ]
tape	테입 [tʰe.ip], 테이프 [tʰe.i.pɨ]	*rocket*	로켓 [ro.kʰet], 로케트 [ro.kʰetɨ]

4 Sprechstufen und Satzarten

Im Koreanischen gibt es vier formal unterschiedene Arten von Hauptsätzen: Aussagesatz, Fragesatz, Befehlssatz und Aufforderungssatz (▶ 4.1 | Höfliche Sprechstufen). Diese kommen durch Satzschlussendungen des Verbs zum Ausdruck. Diese Endungen, die immer am Ende des finiten Verbs stehen, das den Satz abschließt, drücken gleichzeitig die jeweilige Sprechstufe des fünfstufigen Systems der interpersonalen Sprechstufen (SPS) aus, sodass sich im Prinzip 20 verschiedene Satzschlussendungen ergeben, allerdings sind einige dieser Formen gleichlautend (siehe Tabelle unten). Die Sprechstufen werden als hörerbezogene Höflichkeitsstufen bezeichnet, denn ihre Verwendung ist abhängig vom Alters- und Statusunterschied sowie dem Vertrautheitsgrad zwischen den Gesprächspartnern. Durch die Verwendung der Sprechstufen werden Respekt, Autorität, Macht sowie Nähe oder Distanz zwischen Sprecher und Hörer ausgedrückt.

Die Sprechstufen unterteilen sich in zwei Gruppen: informelle (1., 2. und 3. SPS) und höfliche (4. und 5. SPS) Sprechstufen. Die informellen Sprechstufen werden zusammengefasst als 비존대어 'Nicht-Höflichkeitssprache' bezeichnet, während die höflichen zusammengefasst als 존대어 bzw. 존댓말 'Höflichkeitssprache' bezeichnet werden. Die erste SPS wird häufig als 반말 'Halbe Sprache' bezeichnet. Manchmal wird diese Bezeichnung auch zusammenfassend für die erste und zweite Sprechstufe verwendet. Die höflichen Sprechstufen sind wiederum in eine höflich-informelle (4. SPS) und eine höflich-formelle (5. SPS) Sprechstufe unterteilt.

In der folgenden Tabelle wird ein Überblick über die Kombinationen von Sprechstufen und Satzarten gegeben, wobei die SPS nach dem zunehmenden Grad der Höflichkeit angeordnet sind.

Sprechstufe	Aussage	Frage	Imperativ	Aufforderung
1. SPS	-아/어	-아/어	-아/어	-아/어
2. SPS	-다, -는/ㄴ다	-(으)니, (-으/느냐)	-아/어라, (-(으)라)	-자
3. SPS	-네?	-나?	-게?	-세?
4. SPS	-아요/어요	-아요/어요	-아요/어요	-아요/어요
5. SPS	-습/ㅂ니다	-습/ㅂ니까	-(으)십시오	-읍/ㅂ시다

📖 Die eingeklammerten Formen -으/느냐 bei der Frage und -(으)라 beim Imperativ der 2. SPS werden in indirekter Rede anstelle von -(으)니 und -아/어라 verwendet (▶ 23.2 | Indirekte Rede).

Die Satzschlussendung -아요/어요 der vierten höflich-informellen Sprechstufe wird aus einer Kombination der Satzschlussendung -아/어 der ersten Sprechstufe mit der Höflichkeitsmarkierung -요 gebildet. Ob die Satzschlussendung -아 oder -어 gebraucht wird, hängt vom Vokal des Verbstamms ab (▶ 8.1.1 | Präsens):

VS-아 steht, wenn der letzte Vokal des Verbstamms ㅏ oder ㅗ ist (VS $_{ㅏ/ㅗ}$-아요),
VS-어 steht in allen anderen Fällen, d.h. nach ㅓ, ㅜ, ㅣ, ㅡ usw. ($VS_{OHNE\ ㅏ/ㅗ}$-어요).

Die unterschiedlichen Satzschlussendungen in der 2. und 5. SPS hängen davon ab, ob der Auslaut des Verbstamms konsonantisch oder vokalisch ist:

-는다 / -습니다 steht nach konsonantischem Auslaut des Verbstamms (VS_{KONS}),
-ㄴ다 / -ㅂ니다 steht nach vokalischem Auslaut (VS_{VOK}).

In der folgenden Tabelle werden die Sprechstufen mit der üblichen koreanischen Benennung aufgeführt. Diese ist zusammengesetzt aus der Imperativform des Verbs 하다 'tun' für die jeweilige SPS und dem Element 체, das Sprechstil (문체, 文體) bedeutet.

Satzart / SPS	Aussage	Frage	Imperativ	Aufforderung
1. SPS (해체)	해 봐 / 먹어	해 봐 / 먹어?	해 봐 / 먹어	해 봐 / 먹어
2. SPS (해라체)	한다 본다 / 먹는다	하니? 보니? / 먹니?	해라 봐라 / 먹어라	하자 보자 / 먹자
3. SPS (하게체)	하네 보네 / 먹네	하나 보나? / 먹나?	하게 보게 / 먹게	하세 보세 / 먹세
4. SPS (해요체)	해요 봐요 / 먹어요	해요? 봐요? /먹어요?	해요 봐요 / 먹어요	해요 봐요 / 먹어요
5. SPS (하십시오체)	합니다 봅니다 먹습니다	합니까? 봅니까? 먹습니까?	하십시오 보십시오 먹으십시오	합시다 봅시다 먹읍시다

봐(요) ist die Kontraktionsform von 보- 'seh-'+ –아(요).

Die erste Sprechstufe (해-Stil bzw. 반말) wird von Eltern gegenüber ihren Kindern, von Älteren gegenüber Jüngeren sowie von statusmäßig Höherstehenden gegenüber Niedrigerstehenden verwendet. Sie wird ebenfalls unter Kindern, Jugendlichen und guten Freunden sowie unter Geschwistern gebraucht. Besonders Vorschulkinder benutzen diesen vereinfachten *Panmal*-Stil (반말) ihren Eltern und Großeltern gegenüber. Die erste Sprechstufe kann je nach Kontext und Intonation sowohl Vertrautheit als auch Herablassung ausdrücken.

Die zweite Sprechstufe (해라-Stil) lässt sich im Gebrauch nicht klar von der ersten abgrenzen, sie wirkt jedoch höflicher, da ihre Formen länger und grammatisch komplexer sind. Die Wahl zwischen der ersten und der zweiten Sprechstufe hängt stark vom individuellen Sprachstil ab. Die zweite Sprechstufe wird nicht nur in der gesprochen Sprache, sondern auch in der geschriebenen Sprache als Berichtsform in der direkten und indirekten Rede, in Sprichwörtern, allgemeingültigen Aussagen und mit dem Präteritum in Zeitungsartikeln und Berichten verwendet.

Die dritte Sprechstufe (하게-Stil) wird hauptsächlich unter älteren Männern verwendet. Außerdem kann sie eine honorative Haltung gegenüber einem erwachsenen Adressaten, der jünger als der Sprecher selbst ist, ausdrücken. So wird sie z.B. von Professoren gegenüber Studierenden, aber auch von Schwiegereltern gegenüber dem Schwiegersohn verwendet. Der 하게-Stil wird heute allerdings immer seltener benutzt.

Zusammenfassend kann man sagen, dass die Sprechstufen eins bis drei symmetrisch zwischen Gleichrangigen bzw. Gleichaltrigen verwendet werden können und asymmetrisch von oben nach unten, niemals jedoch umgekehrt (▶ 4.2 | Informelle Sprechstufen).

Die vierte Sprechstufe (해요-Stil) ist die geläufigste Höflichkeitsform von jüngeren gegenüber älteren Personen und unbekannten Erwachsenen. Sie ist weniger distanziert und weniger formal als die fünfte Sprechstufe und wird auch unter Familienangehörigen oder Freunden sowie Arbeitskollegen verwendet. Diese Sprechstufe wird im Alltag am häufigsten gebraucht und drückt sowohl einen gewissen Grad an Vertrautheit als auch Respekt gegenüber dem Gesprächspartner aus.

Die fünfte Sprechstufe (하십시오-Stil) unterscheidet sich von der vierten, indem sie vor allem in formellen Kontexten verwendet wird, in denen der Ausdruck von Respekt und Hierarchie besonders wichtig ist (z.B. in Firmenmeetings, bei Präsentationen oder Vorstellungsgesprächen). Tendenziell wird sie häufiger von Männern untereinander und in der Schriftsprache verwendet. Die Verwendung dieser Form von Kindern gegenüber ihren Eltern und älteren Verwandten war früher üblich, wird heute aber meist durch die vierte Sprechstufe ersetzt.

In einigen Grammatiken wird neben den hier dargestellten Sprechstufen noch eine weitere archaisch höfliche Sprechstufe, der *Hao*-Stil (하오체) behandelt. Da dieser jedoch im heutigen Alltagssprachgebrauch nur noch äußerst selten verwendet wird und vorwiegend in Märchen und Filmen zur Wiedergabe des Zeitkolorits gebraucht wird, wird der *Hao*-Stil hier nicht weiter behandelt.

Die obige Darstellung ist im Vergleich zur alltäglichen Sprachpraxis vereinfacht. Tatsächlich funktioniert die Verwendung der Sprechstufen in Korea nicht so mechanisch wie etwa das Tempussystem. Dennoch macht die Darstellung deutlich, dass Parameter wie Alter, Sozialstatus, Vertrautheit bzw. Distanz der Gesprächspartner für die angemessene Auswahl der Sprechstufen eine wichtige Rolle spielen. Es besteht allerdings die Möglichkeit, mit zunehmender Vertrautheit der Gesprächspartner zu einer informelleren Sprechstufe überzugehen. Anders als beim Wechsel vom Siezen zum Duzen im Deutschen muss hier die Initiative vom jüngeren Gesprächspartner ausgehen, der den älteren auffordert, ihm gegenüber keine honorative Ausdrucksweise mehr zu verwenden. Der Jüngere wird aber dem Älteren gegenüber weiterhin Honorativa verwenden, besonders dann, wenn ein deutlicher Altersunterschied besteht.

4.1 Höfliche Sprechstufen

Der Aussagesatz der höflichen Sprechstufen wird durch das Anfügen der jeweiligen Verbalendung −습/ㅂ니다 (höflich-formelle SPS) oder −아/어요 (höflich-informelle SPS) an den Verbstamm gebildet.

SPS / Aussage	höflich-formelle SPS	höflich-informelle SPS	Übersetzung
VS_{VOK} ㅂ니다	저는 학교에 갑니다.	저는 학교에 가요.	*Ich gehe zur Schule.*
/ VS−아요	민수가 옵니다.	민수가 와요.	*Minsu kommt.*
VS_{KONS} 습니다	저는 빵을 먹습니다.	저는 빵을 먹어요.	*Ich esse ein Brot.*
/ VS−어요	민수가 책을 읽습니다.	민수가 책을 읽어요.	*Minsu liest ein Buch.*

📖 가요 und 와요 sind die Kontraktionsformen von 가- 'geh-' + 아요 und 오- 'komm-' + 아요.

Der Fragesatz der höflich-formellen Sprechstufen wird durch das Anfügen der Verbalendung −습/ㅂ니까? an den Verbstamm gebildet. Der Fragesatz der höflich-informellen Sprechstufen unterscheidet sich formell nicht von der Form des Aussagesatzes −아/어요?. Die Frage wird in der gesprochen Sprache durch eine steigende Intonation und in der geschriebenen Sprache durch das Fragezeichen gekennzeichnet.

SPS / Frage	höflich-formelle SPS	höflich-informelle SPS	Übersetzung
VS_{VOK} ㅂ니까?	학교에 갑니까?	학교에 가요?	*Gehen Sie zur Schule?*
/ VS−아요?	민수가 옵니까?	민수가 와요?	*Kommt Minsu?*
VS_{KONS} 습니까?	빵을 먹습니까?	빵을 먹어요?	*Essen Sie ein Brot?*
/ VS−어요?	민수가 책을 읽습니까?	민수가 책을 읽어요?	*Liest Minsu ein Buch?*

Der Imperativsatz drückt einen Befehl bzw. eine direkte Aufforderung aus. Die Imperativform wird durch Anfügen der Endung −(으)십시오 (für die höflich-formelle Sprechstufe) und −(으)세요, die Kontraktionsform von −(으)시어요 (für die höflich-informelle Sprechstufe) an den Verbstamm gebildet (▶ 5.1 | Honorativsuffix −(으)시). Gegenüber Fremden, Älteren und sozial Höherstehenden wird die Imperativform sowohl in der 5. (höflich-formellen) als auch in der 4. (höflich-informellen) Sprechstufe vorzugsweise zusammen mit dem Honorativsuffix -(으)시 gebraucht, um so die direkte Aufforderung abzuschwächen. Der Imperativ im Koreanischen wird nicht durch ein Ausrufezeichen markiert.

SPS / Imperativ	höflich-formelle SPS	höflich-informelle SPS	Übersetzung
-(으)십시오 / -(으)세요	빨리 오십시오.	빨리 오세요.	*Bitte kommen Sie schnell!*
	책을 읽으십시오.	책을 읽으세요.	*Bitte lesen Sie das Buch!*
	천천히 하십시오.	천천히 하세요.	*Bitte machen Sie das langsam!*
	여기에 앉으십시오.	여기에 앉으세요.	*Bitte setzen Sie sich hier hin!*

📖 으시 steht nach konsonantischem Auslaut des Verbstamms, 시 steht nach vokalischem Auslaut.

Der Aufforderungssatz ist im Koreanischen an die erste Person Plural gerichtet und wird zum Ausdruck einer Ermutigung, eines Vorschlags oder dessen Annahme verwendet (*Lasst uns gehen!*). Der Unterschied zum Imperativ besteht darin, dass der Sprecher die Aufforderung nicht nur an den/die Angesprochenen richtet, sondern immer auch an sich selbst (*Lass(t) uns ..., wollen wir ...*). Die Aufforderung wird mit einer gedehnt-steigenden Intonation ausgesprochen, die sich von der kurz-fallenden Intonation der Imperativform unterscheidet.

Die Aufforderungsform wird in der höflich-formellen Sprechstufe durch das Anfügen der Endung -읍/ㅂ시다 und in der höflich-informellen Sprechstufe durch -어/아요 gebildet. Der Gebrauch der Aufforderungsform in den höflichen Sprechstufen ist (auch wenn das Honorativsuffix -(으)시 eingefügt wird) auf die Verwendung unter gleichrangigen bzw. gleichaltrigen Erwachsenen beschränkt. Die mit -(으)시 erweiterte Aufforderung -(으)십시다 wird seltener gebraucht und vorzugsweise von älteren männlichen Personen verwendet. Höfliche Aufforderungen gegenüber älteren oder sozial höherstehenden Personen werden dagegen meist indirekt in Form einer Frage formuliert (▶ 5.1 | Honorativsuffix -(으)시).

SPS / Aufforderung	höflich-formelle SPS	höflich-informelle SPS	Übersetzung
-읍/ㅂ시다 / -어/아요	같이 갑시다.	같이 가요.	*Gehen wir zusammen!*
	여기에 앉읍시다.	여기에 앉아요.	*Setzen wir uns hier hin!*
-(으)십시다 / -(으)세요	같이 가십시다.	같이 가세요.	*Gehen wir zusammen!*
	여기에 앉으십시다.	여기에 앉으세요.	*Setzen wir uns hier hin!*

📖 가세요 ist die Kontraktionsform von 가 + 시 + 어요 (▶ 8.1.1 | Präsens).

Gegenüber einer Gruppe, einem Publikum oder der Öffentlichkeit werden Aufforderungen der 5. (höflich-formellen) Sprechstufe gegenüber der 4. (höflich-informellen) Sprechstufe bevorzugt.

자연을 보호합시다.	*Schützen wir die Natur!*
다 함께 노래를 부릅시다.	*Lasst uns alle zusammen singen!*
어려운 위기를 함께 극복합시다.	*Lasst uns die Krise gemeinsam überwinden!*
불우이웃을 도웁시다.	*Helfen wir bedürftigen Mitmenschen!*

Zur Negation von Imperativ- und Aufforderungssätzen werden Konstruktionen mit dem Hilfsverb 말다 'aufhören' verwendet. Die negative Imperativform von 말다 in der höflichen Sprechstufe lautet -지 마세요 (4. SPS) / -지 마십시오 (5. SPS). Die negative Aufforderungsform lautet -지 마요 (4. SPS) / -지 맙시다 (5. SPS) (▶ 7.2 | Negation von Imperativ-und Aufforderungssätzen).

SPS / Satzart	höflich-formelle SPS	höflich-informelle SPS	Übersetzung
Imperativ	걱정하지 마십시오.	걱정하지 마세요.	*Sorgen Sie sich bitte nicht!*
	울지 마십시오.	울지 마세요.	*Bitte weinen Sie nicht!*
	화내지 마십시오.	화내지 마세요.	*Seien Sie nicht wütend!*
Aufforderung	포기하지 맙시다.	포기하지 마요.	*Lass uns nicht aufgeben!*
	뛰지 맙시다.	뛰지 마요.	*Lass uns nicht rennen!*
	흥분하지 맙시다.	흥분하지 마요.	*Lasst uns nicht aufregen!*

Die Verwendung der höflichen Sprechstufen korreliert mit der Verwendung bestimmter honorativer Nomina und Verben (z.B. das honorative Nomen 진지 (← 밥 *Essen*) und das entsprechende honorative Verb 잡수시다 (← 먹다 *essen*)) (▶ 5.5 | Honorativvokabular). Sie erfordern auch die Verwendung des Honorativsuffixes -(으)시 und honorativer Kasuspartikeln (▶ 5.3 | Honorative Kasuspartikeln):

höflich: 할아버지께서 진지를 잡수세요. *Der Großvater isst.*
neutral: 동생이 밥을 먹어요. *Der jüngere Bruder isst.*

Außerdem korrelieren die höflichen Sprechstufen mit der Verwendung bescheidener Formen des Personalpronomens (z.B. 1. Person Sg. 저 'ich' als bescheidene Form statt 나 'ich' als neutrale Form) (▶ 5.6 | Bescheidenheitsausdrücke).

4.2 Informelle Sprechstufen

Die erste, zweite und dritte Sprechstufe werden in der gesprochenen Sprache in informellen Alltagsgesprächen verwendet. Die beiden ersten Sprechstufen werden zwischen guten Freunden oder engen Familienmitgliedern verwendet. Die Wahl zwischen der ersten und der zweiten Sprechstufe ist dabei Ausdruck des individuellen Sprachstils. Sie können jedoch neben Vertrautheit je nach Kontext (z. B. Streitsituation) und Intonation auch Herablassung oder Ärger ausdrücken. Der Unterschied zwischen den beiden Sprechstufen besteht darin, dass die zweite Sprechstufe – anders als die erste – auch in der geschriebenen Sprache, etwa in Zeitungsartikeln, Berichten oder im Tagebuch verwendet wird. Hier unterscheiden sich die Frage- und Imperativformen der zweiten Sprechstufe von denen der gesprochen Sprache (▶ 4.3 | Berichtsform). Dies dient dazu, Informationen neutral, d.h. unabhängig von der interpersonalen Beziehung zu vermitteln.

Die dritte Sprechstufe wird vorwiegend als informelle, aber höfliche Anrede unter älteren befreundeten Männern verwendet. In asymmetrischen Beziehungen wird sie von Älteren gegenüber erwachsenen Adressaten, z.B. vom Schwiegervater gegenüber dem Schwiegersohn verwendet.

In den informellen Sprechstufen wird auf die Verwendung honorativer Ausdrücke, wie sie für die höflichen Sprechstufen (4. und 5. SPS) typisch sind, verzichtet. Das betrifft u.a. die Honorativpartikeln, das Honorativvokabular und das Honorativsuffix -(으)시 sowie die Bescheidenheitsform der Personalpronomina der 1. Person Sg. und Pl. (저 und 저희) (▶ 5 | Honorativsystem).

Erste Sprechstufe

Die erste Sprechstufe wird für alle vier Satzarten mit der Satzschlussendung -아/어 gebildet. Die Satzarten werden deshalb nur durch Satzzeichen, Intonation und Kontext unterschieden. In der folgenden Tabelle werden die Tempusformen aufgeführt.

Satzart / Tempus	Aussage	Frage	Imperativ	Aufforderung
Präsens	-아/어	-아/어?	-아/어	-아/어
Präteritum	-았/었어	-았/었어?	-	-
Futur	-을/ㄹ 거야	-을/ㄹ 거야?	-	-

Die Futurform -을/ㄹ 거야 ist eine Abkürzung für -을/ㄹ 것이야, in der 것이 zu 거 kontrahiert ist (▶ 17.1 | Formalnomina).

Satzart / Tempus	Aussage	Frage	Imperativ	Aufforderung
Präsens	가 / 먹어	가? / 먹어?	가 / 먹어	가 / 먹어
Präteritum	갔어 / 먹었어	갔어? / 먹었어?	-	-
Futur	갈 거야 먹을 거야	갈 거야? 먹을 거야?	-	-

갔어 ist die Kontraktionsform von 가 + 았 + 어 (▶ 8.1.2 | Präteritum).

Die erste und zweite Sprechstufe werden mit einem neutralen Personalpronomen der 1. Person Sg. (나) und 2. Person Sg. (너) verwendet (▶ 20.1 | Personalpronomina).

A: 오빠, 지금 뭐 해?
B: 책 읽어.

A: Älterer Bruder, was machst du gerade?
B: Ich lese ein Buch.

A: 이 영화 봤어?
B: 아니, 아직 안 봤어.

A: Hast du diesen Film gesehen?
B: Nein, ich habe ihn noch nicht gesehen.

A: 오늘 집에 있을 거야?
B: 아니, 시내에 갈 거야.

A: Bleibst du heute zu Hause?
B: Nein, ich werde in die Stadt fahren.

Für die Negation der Imperativ- und Aufforderungsform werden Konstruktionen mit dem Hilfsverb 말다 'aufhören' verwendet. Die Imperativform von 말다 in der ersten und zweiten Sprechstufe lautet nicht *말아/*말아라, sondern 마 (1. SPS) bzw. 마라 (2. SPS). Beide negativen Imperativformen werden in der Konstruktion VS-지 마 / VS-지 마라 verwendet und sind austauschbar. Für die negative Aufforderungsform der ersten und zweiten Sprechstufe wird die Konstruktion VS-지 말자 verwendet (▶ 7.2 | Negation von Imperativ- und Aufforderungssätzen).

	Sprechstufe	Imperativ	Aufforderung
Positive Bedeutung	1. SPS: VS-아/어	앉아 / 먹어	앉아/ 먹어
	2. SPS: VS-아/어라	앉아라 / 먹어라	앉자 / 먹자
Negative Bedeutung	1. SPS: VS-지 마	앉지 마 / 먹지 마	앉지 말자 / 먹지 말자
	2. SPS: VS-지 마라	앉지 마라 / 먹지 마라	앉지 말자 / 먹지 말자

숙제 좀 해. (= 해라.) — *Mach die Hausaufgaben!*

포기하지 마. (= 포기하지 마라.) — *Gib nicht auf!*

피자 먹지 말자. — *Lass uns keine Pizza essen!*

A: 같이 영화 보러 가. (= 가자.)
B: 그래, 그러자.

A: Lass uns zusammen ins Kino gehen!
B: Ja gut, lass uns das machen!

Die Satzschlussendungen für die Kopula 이다 lauten für Aussage- und Fragesätze der ersten Sprechstufe wie folgt:

Satzart / Tempus	Aussagesatz (Kopula 이다)		Fragesatz (Kopula 이다)	
Präsens	N_{VOK} 야 친구야	N_{KONS} 이야 생일이야	N_{VOK} 야? 친구야?	N_{KONS} 이야? 생일이야?
Präteritum	N_{VOK} 였다 친구였다	N_{KONS} 이었다 생일이었다	N_{VOK} 였어? 친구였어?	N_{KONS} 이었어? 생일이었어?

A: 막스가 누구야?
B: 내 독일 친구야.

A: Wer ist Max?
B: Er ist mein deutscher Freund.

어제가 너 생일이었어? — *War gestern dein Geburtstag?*

오늘은 화요일이 아니라 수요일이야. — *Heute ist nicht Dienstag, sondern Mittwoch.*

Die Form der Kopula 이다 für die 1. SPS wird auch in Ausrufesätzen verwendet, die sich an keinen spezifischen Adressaten richten. In diesem Fall wird in der Schrift oft das Ausrufezeichen verwendet (▶ 25 | Interjektionen).

Ausrufesätze	Beispiele			
1. SPS der Kopula 이다	불이야!	*Feuer!*	좋은 생각이야!	*Gute Idee!*
	도둑이야!	*Dieb!*	나쁜 남자야!	*Was für ein böser Mann!*
	어이구 다리야!	*Aua, mein Bein!*	난 정말 바보야!	*Ich bin wirklich ein Idiot!*

Zweite Sprechstufe

Die zweite Sprechstufe (해라-Stil) wird in alltäglichen Gesprächen gebraucht. Im Unterschied zur ersten Sprechstufe sind alle vier Satzarten formal differenziert, wobei die Endungen für die Aussageform je nach Verbart verschieden sind: –다 (Kopula, Existenzverben, Qualitativverben) vs. –는/ㄴ다 (Aktionsverben). Die Tabelle zeigt die Verbalendungen der 2. Sprechstufe für die unterschiedlichen Satzarten und Zeitformen.

Satzart / Tempus	Aussage	Frage	Imperativ	Aufforderung
Präsens	–다, –는/ㄴ다	–(으)니?	–아/어라	–자
Präteritum	–았/었다	–았/었니?	–	–
Futur	–을/ㄹ 거야	–을/ㄹ 거니?	–	–

📖 Die Futurform –을/ㄹ 거야 drückt bei Qualitativverben sowie bei der Kopula 이다 eine Vermutung bzw. eine Annahme aus (▶ 8.1.4 | Futur). Daher kann die Frageform im Futur –을/ㄹ 거니? nur mit Aktions- und Existenzverben verwendet werden.

Satzart / Tempus		Aussage	Frage	Imperativ	Aufforderung
Präsens	QV	좋다	좋으니?	–	–
	EV	있다	있니?	있어라	있자
	AV	간다 / 먹는다	가니? / 먹니?	가라 / 먹어라	가자 / 먹자

Präteritum	QV	좋았다	좋았니?	–	–
	EV	있었다	있었니?	–	–
	AV	갔다 / 먹었다	갔니? / 먹었니?	–	–
Futur	QV	좋을 거야	–	–	–
	EV	있을 거야	있을 거니?	–	–
	AV	갈 거야/먹을 거야	갈 거니?/먹을 거니?	–	–

In Alltagsgesprächen werden Fragen mit der zweiten Sprechstufe bevorzugt mit der Aussageform der ersten Sprechstufe (–아/어) beantwortet. Die Aussageform der zweiten Sprechstufe wird vorwiegend als Berichtsform, in Ausrufen oder Selbstgesprächen verwendet.

Frage und Aussage

A: 너 뭐하니? — *A: Was machst du?*
B: 책 읽어. — *B: Ich lese ein Buch.*

A: 날씨가 좋았니? — *A: War das Wetter schön?*
B: 아니, 안 좋았어. — *B: Nein, es war nicht schön.*

A: 너 지금 점심 먹을 거니? — *A: Willst du jetzt zu Mittag essen?*
B: 아니, 나중에 먹을 거야. — *B: Nein, ich werde später essen.*

Imperativ und Aufforderung

어서 씻어라. — *Wasch dich schnell!*

방 좀 치워라. — *Räum dein Zimmer auf!*

얘들아, 저녁 먹자. — *Kinder, lasst uns Abend essen!*

지금 점심 먹으러 가자. — *Lass uns jetzt zum Mittagessen gehen!*

Die Imperativsätze der zweiten Sprechstufe bei den Verben 하다 'tun', 가다 'gehen' und 오다 'kommen' und den mit diesen zusammengesetzten Verben haben abweichende Formen, nämlich 하여라/해라, 가거라 und 오너라, die normalerweise statt der regelmäßigen Imperativform auf –아/어라, d.h. 하라, 가라 und 와라 verwendet werden. Diese Formen werden jedoch nicht unter Freunden verwendet. Die Imperativform auf –(으)라, d.h. 하라, 가라 und 오라 wird nur noch in der geschriebenen Sprache z.B. in Berichten verwendet (▶ 4.3 | Berichtsform).

Die Imperativform des Verbs 하다 für die zweite Sprechstufe wird durch das Anfügen der Satzschlussendung –여라 an den Verbstamm 하– gebildet: 하여라 'tu es!'. Dies wird in der gesprochenen Sprache häufig zu 해라 kontrahiert. Diese beiden Formen gelten auch für die mit 하다 gebildeten Aktionsverben wie 공부하다 'lernen', 일하다 'arbeiten', oder für Qualitativverben wie 정직하다 'ehrlich sein', 조용하다 'ruhig sein' (▶ 6.3 | Aktionsverben und Qualitativverben mit 하다).

하여라	해라	Übersetzung
열심히 공부하여라.	열심히 공부해라.	*Lern fleißig!*
깨끗하게 청소하여라.	깨끗하게 청소해라.	*Räum sauber auf!*
정직하여라.	정직해라.	*Sei ehrlich!*

Die Imperativform des Verbs 가다 'gehen' für die zweite Sprechstufe wird meist durch das Anfügen der Satzschlussendung –거라 an den Verbstamm 가– gebildet. Diese Form wird auch bei den mit 가다 zusammengesetzten Verben verwendet.

Verben	Beispiele	Übersetzung
가다 *gehen*	가-거라 → 가거라.	*Geh!*
걸어가다 *zu Fuß gehen*	걸어가-거라 → 걸어가거라.	*Geh zu Fuß!*
들어가다 *reingehen*	들어가-거라 → 들어가거라.	*Geh rein!*
따라가다 *folgen*	따라가-거라 → 따라가거라.	*Folgt ihm!*

Die Imperativform des Verbs 오다 'kommen' für die zweite Sprechstufe (와라) wird meist durch die unregelmäßige Form 오너라 ersetzt. Diese Form wird auch bei den mit 오다 zusammengesetzten Verben verwendet.

Verben	Beispiele	Übersetzung
오다 *kommen*	오-너라 → 오너라.	*Komm hierher!*
나오다 *herauskommen*	나오-너라 → 나오너라.	*Komm raus!*
들어오다 *hereinkommen*	들어오-너라 → 들어오너라.	*Komm rein!*
내려오다 *runterkommen*	내려오-너라 → 내려오너라.	*Komm runter!*

In der zweiten Sprechstufe werden statt der normalen Imperativform auf -아라/어라 häufig die abgemilderten höflicheren Satzschlussendungen -(으)려무나 und -(으)렴 verwendet. Die Endung -(으)려무나 klingt dabei vertrauter als die Endung -(으)렴. Beide Endungen werden mit der gedehnt-steigenden Intonation der Aufforderungsform ausgesprochen und nicht mit der kurzfallenden Intonation der Imperativform. Die entsprechenden negativen Imperativformen lauten -지 마려무나 / -지 말렴.

Imperativ	Beispiele	Übersetzung
VS-(으)렴 / VS-(으)려무나	물을 좀 마시렴.	*Trink bitte Wasser!*
	좀 자려무나.	*Schlaf bitte ein wenig!*
	빨리 옷을 입으렴.	*Zieh dich bitte schnell an!*
VS-지 말렴 / VS-지 마려무나	화내지 말렴.	*Sei bitte nicht wütend!*
	걱정하지 마려무나.	*Mach dir bitte keine Sorgen!*
	너무 서두르지 마려무나.	*Bitte beeil dich nicht!*

Wie der Imperativ hat auch die Aufforderungsform der zweiten Sprechstufe neben der normalen Form auf -자 eine familiär-vertraute Form, nämlich -자꾸나. Die entsprechende negative Aufforderungsform lautet -지 말자꾸나. Diese Formen werden ebenfalls mit der gedehnten Intonation ausgesprochen.

Aufforderung	Beispiele	Übersetzung
-자 → -자꾸나	같이 놀자꾸나.	*Lasst uns zusammen spielen!*
	이제 그만 가자꾸나.	*Lass uns jetzt gehen!*
-지 말자 → -지 말자꾸나	다시 거기에 가지 말자꾸나.	*Lass uns nie wieder dort hingehen!*
	더 이상 싸우지 말자꾸나.	*Lass uns nicht mehr streiten!*

Die Aussageform der Kopula 이다 in der zweiten Sprechstufe ist in Alltagsgesprächen ungebräuchlich, stattdessen wird hier die Aussageform der ersten Sprechstufe verwendet (▶ 4.2 | Informelle Sprechstufe).

A: 막스가 네 (←너의) 친구니?
B: 아니, 수미 친구야.

A: Ist Max ein Freund von dir?
B: Nein, er ist ein Freund von Sumi.

A: 이 사전 누구거니?
B: 내 거야.

A: Wem gehört dieses Wörterbuch?
B: Es gehört mir.

A: 이거 너 책이었니?
B: 응, 내 책이었어.

A: War das dein Buch?
B: Ja, das war mein Buch.

Die Besonderheit der 2. Sprechstufe besteht darin, dass sie auch in Situationen verwendet wird, in denen kein interpersonaler Bezug vorliegt, nämlich a) als Berichtsform, in Sprichwörtern und allgemeingültigen Aussagen (▶ 4.3 | Berichtsform). Die Aussage- und die Frageform der zweiten Sprechstufe kann außerdem b) als Form für Ausrufe, die nicht in erster Linie an einen Gesprächspartner gerichtet sind, und c) im Selbstgespräch bzw. in Tagebuchaufzeichnungen verwendet werden.

Verbart	Ausrufe / Selbstgespräch	
Aktionsverb VS-는/ㄴ다	찾았다!	*Gefunden!*
	맛이 죽인다!	*Das schmeckt ja supertoll!*
	세월이 참 빨리 간다!	*Die Zeit geht wirklich schnell vorbei!*
Qualitativverb VS-다 VS-은/ㄴ가?	와, 김치가 너무 맛있다!	*Oh, das Kimchi schmeckt ja super!*
	경치가 너무 아름답다!	*Die Landschaft ist wirklich schön!*
	내가 얼마나 어리석은가?	*Wie dumm ich doch bin!*
Kopula N + 이다	그는 정말 용감한 군인이다!	*Er ist wirklich ein tapferer Soldat!*
	참 나쁜 놈이다!	*Was für ein böser Kerl!*

Im Gegensatz zu den anderen Sprechstufen können Qualitativverben mit der zweiten Sprechstufe zwar formal Imperativformen bilden, diese haben jedoch keine imperativische Bedeutung, sondern werden als Ausruf verwendet (▶ 6.1.3 | Aktionsverben und Qualitativverben). Ebenso kann auch die Aussageform der zweiten Sprechstufe mit Qualitativverben als Ausruf gebraucht werden.

Imperativform der QV	Ausrufe	
춥다 *kalt sein* → 추워라	추워라! (= 춥다!)	*Es ist ja kalt!*
예쁘다 *schön sein* → 예뻐라	어머나 예뻐라! (= 예쁘다!)	*Du bist aber hübsch!*
귀엽다 *niedlich sein* → 귀여워라	아이 귀여워라! (= 귀엽다!)	*Er ist so niedlich!*
아프다 *krank sein* → 아파라	아파라! (= 아프다!)	*Es tut so weh!*

Dritte Sprechstufe

Die dritte Sprechstufe (하게-Stil) wird im heutigen Koreanisch selten gebraucht. Sie soll hier jedoch kurz behandelt werden, um die Darstellung der informellen Sprechstufen zu vervollständigen. Die dritte Sprechstufe wird hauptsächlich von älteren befreundeten Männern untereinander oder gegenüber erwachsenen Adressaten, die nicht mehr im Kindes- bzw. Jugendalter sind (z.B. von Professoren zu Studierenden oder von Schwiegereltern zum Schwiegersohn) verwendet. Sie drückt je nach Kontext eine honorative Haltung gegenüber einem erwachsenen Hörer und gleichzeitig ein Autoritätsverhältnis aus. Mit dieser Sprechstufe korreliert ein spezielles Personalpronomen der 2. Person Sg. 자네 (▶ 20.1 | Personalpronomina).

Die Aussage- und Frageform der dritten Sprechstufe sind –네 (Aussage) und –나? (Frage), die Verneinung wird mit der Langform der Negation –지 않다 gebildet: –지 않네/–지 않나?. Die Imperativ- und Aufforderungsformen der dritten Sprechstufe lauten –게 (Imperativ) und –세 (Aufforderung). Die negativen Entsprechungen sind –지 말게 und –지 마세 (▶ 7.2 | Negation von Imperativ- und Aufforderungssätzen).

3. SPS (하게–Stil)	Aussage	Frage	Imperativ	Aufforderung
positiv	가네	가나?	가게	가세
negativ (Langform)	가지 않네	가지 않나?	가지 말게	가지 마세

	Beispiele	Übersetzung
Aussage (positiv/negativ)	자네 부모님을 만나려 하네.	*Ich habe vor, deine Eltern zu treffen.*
	자네 차례네.	*Du bist dran / Du bist an der Reihe.*
	잠이 잘 오지 않네.	*Ich kann nicht gut schlafen.*
Frage (positiv/negativ)	자네 요즘 뭐하나?	*Was machst du zur Zeit?*
	무슨 생각을 하나?	*Worüber denkst du nach?*
	왜 술을 마시지 않나?	*Warum trinkst du keinen Alkohol?*
Imperativ (positiv/negativ)	이 일은 자네가 하게.	*Erledige bitte diese Arbeit!*
	빨리 먹지 말게.	*Iss das bitte nicht so schnell!*
Aufforderung (positiv/negativ)	자, 우리 한잔하러 가세.	*Also, lass uns etwas trinken gehen!*
	우리 더 이상 만나지 마세.	*Lass uns nicht mehr treffen!*

4.3 Berichtsform

In der geschriebenen Sprache wird die zweite Sprechstufe als Berichtsform gebraucht, wobei in Frage- und Imperativsätzen gegenüber der gesprochenen Sprache abweichende Formen auftreten. In Fragen wird statt der Endung –(으)니? in der Berichtsformen die Endung –는/은/ㄴ가? bzw. –(느)/(으)/냐? verwendet. In Imperativsätzen wird statt der Endung –아/어라 in der Berichtsform die Endung –(으)라 verwendet. Eine weitere abweichende Form der 2. Sprechstufe wird als Quotativform, d.h. in der indirekten Rede verwendet (▶ 23 | Quotativ). Die folgende Tabelle zeigt die unterschiedlichen Formen der zweiten Sprechstufe in Frage- und Imperativsätzen.

SPS / Satzart	2. Sprechstufe		
	gesprochen	Berichtsform	Quotativform
Aussage	–다, –는/ㄴ다 –(이)다		–다+고, –는/ㄴ다 + 고 –(이)라+고
Frage	–(으)니?	–는가?, 은/ㄴ가?, –(이)ㄴ가?	–(느)냐/(으)냐 + 고
	–(이)니?	–(느)냐?, (으)냐?, –(이)냐?	–(이)냐 +고
Imperativ	–아/어라	–(으)라	–(으)라 + 고
Aufforderung	–자		–자 + 고

Die Frageform der Berichtsform dient nur zum Ausdruck von rhetorischen Fragen. Die Satzschlussendung –(느)/(으)냐 jedoch kann sowohl als rhetorische Frage als auch als Zitat in der indirekten Rede (mit der Quotativmarkierung –고) verwendet werden. Die Imperativform der Berichtsform kommt nur als Zitat in der indirekten Rede (mit der Quotativmarkierung –고) vor.

Aussagen in der Berichtsform (2. SPS)

Im Folgenden werden die Endungen der Aussageform der zweiten Sprechstufe für die Zeitformen der vier Verbarten aufgeführt.

Verbart / Tempus	Aktionsverb	Qualitativverb	Existenzverb	Kopula
Präsens	-는/ㄴ다	-다	-다	N_{VOK} 다 N_{KONS} 이다
Präteritum	-았/었다	-았/었다	-었다	N_{VOK} 였다 N_{KONS} 이었다
Futur	-을/ㄹ 거다 (←-을/ㄹ 것이다)	-을/ㄹ 거다 (←-을/ㄹ 것이다)	-을 거다 (←-을 것이다)	N_{VOK} ㄹ 거다 N_{KONS} 일 거다

📖 -을/ㄹ 거다 ist eine Abkürzung für -을/ㄹ 것이다, in der 것이 zu 거 kontrahiert ist (▶ 17.1 | Formalnomina).

Verbart / Tempus	Aktionsverb	Qualitativverb	Existenzverb	Kopula
Präsens	간다 먹는다	좋다 싫다	있다	친구다 학생이다
Präteritum	갔다 먹었다	좋았다 싫었다	있었다	친구였다 학생이었다
Futur	갈 거다 먹을 거다	예쁠 거다 좋을 거다	있을 거다	친굴 거다 학생일 거다

📖 Die Futurform beim Qualitativverb und der Kopula 이다 bezeichnet eine Vermutung, Annahme bzw. Prognose (▶ 8.1.4 | Futur).

Die Berichtsform wird auch in Tagebüchern, Kochrezepten und Anleitungen verwendet. Außerdem wird die zweite Sprechstufe als Berichtsform in der direkten und indirekten Rede (▶ 23 | Quotativ) sowie in Sprichwörtern und allgemeingültigen Aussagen gebraucht. Hier folgen Beispiele für die Verwendung der zweiten Sprechstufe als Berichtsform:

Textbeispiel: Tagebuch

> 오늘은 하루 종일 비가 왔다. 그래서 밖에 안 나가고 집에만 있었다. 집에서 음악도 듣고 숙제도 했다. 저녁에 친구가 놀러 왔다. [...]
>
> *Heute hat es den ganzen Tag geregnet. Deshalb bin ich nicht nach draußen gegangen, sondern nur zu Hause geblieben. Zu Hause habe ich Musik gehört und Hausaufgaben gemacht. Abends ist mein Freund zu Besuch gekommen.* [...]

Textbeispiel: Kochrezept für Bulgogi: Rezepte werden im Koreanischen mit der Aussageform im Präsens verfasst, nicht wie im Deutschen üblich in der Imperativform.

> 소고기를 먹기 좋게 얇게 썬다. 그리고 간장, 설탕, 마늘, 파, 후춧가루, 참기름을 섞어서 양념장을 만든다. 이 양념장에 소고기를 넣고 30 분 정도 재워 둔다. 양념장에 재워진 고기를 센 불에서 빨리 굽는다.

Schneiden Sie das Rindfleisch dünn in mundgerechte Stücke. Machen Sie eine Marinade aus Sojasoße, Zucker, Knoblauch, Lauch, Pfeffer und Sesamöl. Legen Sie das Rindfleisch für etwa 30 Minuten in die Marinade. Braten Sie dann das marinierte Rindfleisch auf hoher Flamme kurz an.

Sprichwörter

침묵은 금이다.	*Schweigen ist Gold.*
시장이 반찬이다.	*Hunger ist der beste Koch.*
연습은 대가를 만든다.	*Übung macht den Meister.*
호랑이도 제 말하면 온다.	*Wenn man vom Teufel spricht, kommt er.*
무소식이 희소식이다.	*Keine Nachrichten sind gute Nachrichten.*

Allgemeingültige Aussagen

하루는 24 시간이다.	*Der Tag hat 24 Stunden.*
곰은 겨울잠을 잔다.	*Bären halten Winterschlaf.*
칠 빼기 삼은 사이다.	*7 minus 3 ist 4.*
독일은 유럽에 있다.	*Deutschland liegt in Europa.*
고래는 포유동물이다.	*Wale sind Säugetiere.*

Fragen in der Berichtsform (2. SPS)

Wenn die zweite Sprechstufe als Berichtsform verwendet wird, hat sie eine narrative Funktion, daher kann die Frageform eigentlich nicht verwendet werden. Wenn sie dennoch verwendet wird, drückt sie eine rhetorische Frage aus, die der Sprecher dann selbst beantwortet. Die hierbei verwendeten Verbalendungen unterscheiden sich von der eigentlichen Frageform der 2. SPS in der gesprochenen Sprache -(으)니?.

Verbart / 2. SPS	Aktionsverb	Qualitativverb	Existenzverb	Kopula
Frage in der Berichtsform	-는가? -느냐?	-은/ㄴ가? -(으)냐?	-는가? -느냐?	-인/ㄴ가? -(이)냐?
	가는가? 가느냐?	많은가? / 싼가? 많으냐? / 싸냐?	있는가? 있느냐?	사람인가? / 친군가? 사람이냐? / 친구냐?

삶이란 무엇인가? / 무엇이냐?	*Was ist das Leben?*
이 비밀을 누가 알겠는가? / 알겠느냐?	*Wer kennt dieses Geheimnis?*
언론의 자유가 있는가? / 있느냐?	*Haben wir Pressefreiheit?*
가난한 사람들이 왜 이렇게 많은가? = 가난한 사람들이 왜 이렇게 많으냐?	*Warum gibt es so viele arme Menschen?*
환경문제를 어떻게 해결해야 하는가?	*Wie soll man die Umweltprobleme lösen?*
우리는 이 주제에 대해서 어떻게 생각하고 있는가?	*Was denken wir über dieses Thema?*

5 Honorativsystem

Eine der im Vergleich zum Deutschen auffälligsten Eigenarten des Koreanischen ist die obligatorische Verwendung des Honorativsystems, das durch grammatische und lexikalische Mittel zum Ausdruck kommt. Das Honorativsystem dient dem Sprecher dazu, ein adäquates Maß an Respekt und Höflichkeit gegenüber dem Gesprächspartner und der Person, die durch das Subjekt des Satzes ausgedrückt wird, anzuzeigen. Für die angemessene Auswahl der Honorativformen sind die sozialen Parameter Alter, Sozialstatus und Vertrautheitsgrad zwischen den Gesprächspartnern von großer Bedeutung. Dabei unterscheidet man zwischen hörerbezogenen und subjektbezogenen Honorativformen. Erstere betreffen die verschiedenen Satzschlussendungen des Verbs, durch die eine bestimmte interpersonale Sprechstufe markiert wird. Letztere umfassen das verbale Honorativsuffix -(으)시, bestimmte honorative Verben und Nomina sowie honorative Kasusendungen, honorative Anredeformen und das nominale Honorativsuffix -님.

Subjektbezogene honorative Formen können vom Sprecher nicht in Bezug auf sich selbst verwendet werden. Dieser kann jedoch durch bestimmte Pronomina und Verben eine bescheidene Haltung gegenüber dem Gesprächspartner zum Ausdruck bringen (▶ 5.6 | Bescheidenheitsausdrücke).

Eine nicht angemessene Auswahl der Honorativformen führt zwar nicht zur Bildung einer ungrammatischen Form, sie kann jedoch für den koreanischen Muttersprachler in der Interaktion höchst störend wirken und unter Umständen die kommunikativen Ziele gefährden. In diesem Kapitel werden nur subjektbezogene Honorativformen behandelt, die hörerbezogenen Honorativformen wurden im vorigen Kapitel (▶ 4 | Sprechstufen und Satzarten) dargestellt.

5.1 Honorativsuffix -(으)시

Das Honorativsuffix -(으)시 wird unmittelbar an den Verbstamm angehängt, wobei -으시 nach konsonantischem Auslaut des Verbstamms (VS_{KONS}) steht und -시 nach vokalischem Auslaut (VS_{VOK}).

VS_{KONS}-으시			VS_{VOK}-시		
웃다 + -으시 → 웃으시다 *lachen*			가다 + -시 → 가시다 *gehen*		
Bedeutung	**neutral**	**honorativ**	**Bedeutung**	**neutral**	**honorativ**
lesen	읽다	읽으시다	*sein*	이다	이시다
sich anziehen	입다	입으시다	*sehen*	보다	보시다

Das Honorativsuffix -(으)시 dient zum Ausdruck des Respekts des Sprechers gegenüber dem Subjekt des Satzes, also der Person, über die gesprochen wird. Der Gebrauch des Honorativsuffixes -(으)시 ist obligatorisch, wenn das Subjekt des Satzes eine Person ist, die älter ist als der Sprecher oder sich in einer höheren sozialen Position als dieser befindet. Das Honorativsuffix -(으)시 wird nicht verwendet, wenn der Sprecher über sich selbst spricht.

수미의 할아버지께서 오십니다.	*Der Großvater von Sumi kommt.* (Großvater = Subjekt, älter als der Sprecher)
선생님, 지금 집에 가세요?	*Herr Lehrer, gehen Sie jetzt nach Hause?* (Lehrer = Subjekt/Hörer, mit höherer sozialer Position oder älter als der Sprecher)

📖 세요 ist die nur bei der Kombination des Honorativsuffixes -시 mit der 4. SPS -어요 auftretende unregelmäßige Kontraktionsform (▶ 8.1.1 | Präsens).

Die Verwendung des Honorativsuffixes -(으)시 korreliert mit bestimmten als höflich markierten Wörtern (z.B. ist 주무시다 oder 말씀하시다 die honorative Entsprechung von 자다 'schlafen' oder 말하다 'sprechen') und fakultativ mit honorativen Kasuspartikeln (-께서 für Nominativ, -께 für Dativ) (▶ 5.5 | Honorativvokabular).

-(으)시 wird unabhängig von der Sprechstufe verwendet, wenn das Satzsubjekt eine zu respektierende Person ist. Die Tabelle zeigt den Gebrauch von -(으)시 für die verschiedenen Sprechstufen.

Bedeutung / Sprechstufe	*Die Großmutter schläft jetzt.*	*Der Großvater spricht.*
1. SPS	할머니(께서) 지금 주무셔.	할아버지께서 말씀하셔.
2. SPS	할머니(께서) 지금 주무신다.	할아버지께서 말씀하신다.
3. SPS	할머니(께서) 지금 주무시네.	할아버지께서 말씀하시네.
4. SPS	할머니(께서는) 지금 주무세요.	할아버지께서 말씀하세요.
5. SPS	할머니(께서는) 지금 주무십니다.	할아버지께서 말씀하십니다.

A: 엄마, 할아버지께서는 지금 뭐하세요? B: 텔레비전(을) 보셔.	*A: Mama, was macht Großvater jetzt?* *B: Er sieht fern.*
A: 어머님이 어떤 꽃을 좋아하세요? B: 장미를 아주 좋아하세요.	*A: Welche Blumen mag Ihre Mutter?* *B: Sie mag Rosen sehr gerne.*
A: 사장님 계세요? B: 아니요, 잠시 외출하셨습니다.	*A: Ist der Chef da?* *B: Nein, der Chef ist kurz rausgegangen.*

Das Honorativsuffix -(으)시 wird auch verwendet, wenn Eigenschaften, Fähigkeiten oder ein persönlicher Besitz sowie Körperteile einer respektierten Person angesprochen werden. In diesem Fall betrifft die Höflichkeit immer die zu respektierende Person, unabhängig davon, in welchem Kasus (Nominativ, Akkusativ, Dativ) diese auftritt oder ob sie als Topik markiert ist.

할머니는 몸이 건강하십니다.	*Die Großmutter ist gesund.*
김 선생님은 눈이 예쁘십니다.	*Was Frau Kim angeht, sind ihre Augen schön.*
수미의 어머님은 요리 솜씨가 좋으세요.	*Die Mutter von Sumi ist eine gute Köchin.*
나는 유머가 많으신 우리 할아버지를 좋아한다.	*Ich mag meinen Großvater, der viel Humor hat.*
삼촌은 노래를 잘하셔서 인기가 좋으시다.	*Mein Onkel ist beliebt, weil er gut singt.*

Das Honorativsuffix -(으)시 wird in der Regel nicht in Zeitungstexten, in denen die zweite Sprechstufe erforderlich ist, verwendet, selbst dann nicht, wenn das Satzsubjekt (3. Person) eine zu respektierende Person ist. Hier sollen möglichst neutrale Informationen ohne Wertung in Bezug auf die Person vermittelt werden (▶ 4.3 | Berichtsform).

세종대왕은 한글을 창제하였다.	*König Sejong schuf die Hangŭl-Schrift.*
김대중 대통령이 노벨 평화상을 받았다.	*Präsident Kim Dae-jung hat den Friedensnobelpreis erhalten.*
박근혜 대통령은 유가족들에게 위로의 말을 전했다.	*Präsidentin Park Guen-hye sprach den Hinterbliebenen ihr Beileid aus.*

Das Honorativsuffix -(으)시 wird im Imperativsatz auch dann verwendet, wenn das Subjekt, d.h. der Angesprochene, jünger ist und/oder einen niedrigeren Status als der Sprecher hat, um einen direkten Befehl abzumildern (▶ 4.1 | Höfliche Sprechstufen). So kann z.B. ein Professor gegenüber den Studierenden oder ein Chef gegenüber den Angestellten den Imperativ mit dem Honorativsuffix -(으)시 verwenden. -(으)시 wird auch in Imperativsätzen gebraucht, die gegenüber Fremden in der Öffentlichkeit geäußert werden.

Imperativ	Beispiele	
VS-(으)십시오	큰 소리로 읽으십시오.	*Lesen Sie bitte laut!*
	안전벨트를 매(어) 주십시오.	*Legen Sie bitte die Sicherheitsgurte an!*
VS-(으)세요	어서 서두르세요.	*Beeilen Sie sich bitte!*
	조용히 하세요.	*Seien Sie bitte ruhig!*

Die Imperativformen -(으)세요 bzw. -(으)십시오 werden durch Konstruktionen mit dem Hilfsverb 말다 'aufhören' VS-지 마세요 (4. SPS) / VS-지 마십시오 (5. SPS) verneint (▶ 7.2 | Negation von Imperativ- und Aufforderungssätzen). Das Verb 말다 ist ein unregelmäßiges Verb und wird nur im Imperativ- und Aufforderungssatz verwendet (▶ 10.2 | Unregelmäßige Verben).

Imperativ	Beispiele	
VS-지 마십시오	여기에 주차하지 마십시오.	*Parken Sie bitte nicht hier!*
	잔디에 들어가지 마십시오.	*Betreten Sie bitte nicht den Rasen!*
VS- 지 마세요	여기에서 떠들지 마세요.	*Plaudern Sie bitte nicht hier!*
	복도에서 뛰지 마세요.	*Rennen Sie bitte nicht auf dem Flur!*

Das Honorativsuffix -(으)시 wird auch in Aufforderungssätzen in den höflichen Sprechstufen verwendet. Der Gebrauch der Aufforderungsform mit -(으)시 in den höflichen Sprechstufen wird meist unter gleichrangigen bzw. gleichaltrigen Erwachsenen oder unter männlichen (befreundeten) älteren Personen verwendet. Daher hat es seine honorative Bedeutung verloren. Die Aufforderungsform -(으)십시다 in der 5. SPS wird tendenziell von älteren Männern verwendet.

Aufforderung (5. SPS)	Beispiele	
VS-읍/ㅂ시다	같이 갑시다.	*Lass uns zusammen gehen!*
	여기에 앉읍시다.	*Setzen wir uns hier hin!*
VS-(으)십시다	같이 가십시다.	*Lass uns zusammen gehen!*
	여기에 앉으십시다.	*Setzen wir uns hier hin!*

Aufforderung (4. SPS)	Beispiele	
VS-아/어요	같이 가요.	*Lass uns zusammen gehen!*
	여기에 앉아요.	*Setzen wir uns hier hin!*
VS-(으)세요	같이 가세요.	*Lass uns zusammen gehen!*
	여기에 앉으세요.	*Setzen wir uns hier hin!*

Zum Ausdruck der höflichen Aufforderung gegenüber älteren oder höherstehenden Personen wird statt der Aufforderung mit -(으)세요/ -(으)십시다 häufig die Frageform mit -(으)시 verwendet.

Frageform	Beispiele	
höfliche Aufforderung	저와 같이 가실까요?	*Möchten Sie mit mir zusammen gehen?*
	저와 같이 가시겠습니까?	*Möchten Sie mit mir zusammen gehen?*
	여기 같이 앉으시겠어요?	*Möchten Sie sich mit mir hier hinsetzen?*

Die Aufforderung mit -(으)시 wird wie bei der Bildung der verneinten Imperativform durch Konstruktionen mit dem Hilfsverb 말다 'aufhören' verneint: VS-지 맙시다 bzw. VS-지 마십시다 (5. SPS). Für die verneinte Aufforderung der höflich-informellen Sprechstufe (4. SPS) wird die Konstruktion VS-마요 ohne -(으)시 verwendet (▶ 7.2 | Negation von Imperativ- und Aufforderungssätzen).

Aufforderung (negativ)	Beispiele	
VS-지 맙시다 / VS-지 마십시다	포기하지 맙시다. 포기하지 마십시다.	*Lasst uns nicht aufgeben!*
VS-지 마요	성급하게 결정하지 마요. 포기하지 마요.	*Lasst uns nicht voreilig entscheiden!* *Lasst uns nicht aufgeben!*

Das Honorativsuffix -(으)시 kann ausgelassen werden, wenn der Hörer alters- und/oder statusmäßig höher steht als das Subjekt des Satzes und beide höher stehen als der Sprecher.

ohne -(으)시	할아버지, 아버지가 와요.	*(Der Enkel sagt:) „Großvater, mein Vater kommt!"*
mit -(으)시	할아버지, 아버지께서 오세요.	

5.2 Komplexe Verbkonstruktion mit -(으)시

Das Honorativsuffix -(으)시 kann in den komplexen Verbkonstruktionen, die aus Vollverb und Hilfsverb bestehen, sowohl am Vollverb als auch am Hilfsverb oder aber auch an beiden verwendet werden.

In folgenden Hilfsverbkonstruktionen mit Formalnomina kann -(으)시 normalerweise sowohl am Vollverb als auch am Hilfsverb verwendet werden (▶ 9.3 | Hilfsverbkonstruktion). Beim Hilfsverb 싶다 'mögen'/'wollen' kann -(으)시 auch an das Voll- und Hilfsverb angehängt werden. Diese Verwendung ist höflicher als die ebenfalls mögliche Verwendung nur an einem der beiden Elemente.

neutral	honorativ -(으)시	Übersetzung
갈 수 있어요?	가실 수 있으세요?	*Können Sie gehen?*
피곤한 것 같아요.	피곤하신 것 같으세요.	*Sie sehen müde aus.*
넘어질 뻔했어요.	넘어지실 뻔하셨어요.	*Er wäre beinahe hingefallen.*
한국에 간 적이 있어요?	한국에 가신 적이 있으세요?	*Waren Sie schon mal in Korea?*
쉬고 싶어요?	쉬시고 싶으세요?	*Möchten Sie sich ausruhen?*

In Konstruktionen mit folgenden modalen Hilfsverben wird -(으)시 nur an das Vollverb angehängt (▶ 9.4 | Modale Hilfsverbkonstruktion).

neutral	honorativ -(으)시	Übersetzung
해야 해요?	하셔야 해요?	*Müssen Sie es tun?*
여기 앉아도 돼요.	여기 앉으셔도 돼요.	*Sie dürfen hier sitzen.*
안 와도 됩니다.	안 오셔도 됩니다.	*Sie brauchen nicht zu kommen.*
웃어야 돼요.	웃으셔야 돼요.	*Sie müssen lachen.*
떠나고 말았어요.	떠나시고 말았어요.	*Er ist endlich weggegangen.*
피곤한가 봐.	피곤하신가 봐.	*Scheinbar ist er müde.*
요리를 배우나 봐요.	요리를 배우시나 봐요.	*Anscheinend lernt er Kochen.*

In Hilfsverbkonstruktionen mit der Anschlussform -아/어 wird -(으)시 nur an das Hilfsverb angehängt (▶ 9.1 | Hilfsverben mit der Anschlussform -아/어):

neutral	honorativ -(으)시	Übersetzung
잊어버렸어요.	잊어버리셨어요.	*Er hat das (leider) ganz vergessen.*
젊어 보여요.	젊어 보이세요.	*Sie sehen jung aus.*
거기에 가 봐요.	거기에 가 보세요.	*Gehen Sie bitte mal dort hin!*
표를 미리 사 둬요.	표를 미리 사 두세요.	*Kaufen Sie das Ticket vorher!*
빨리 해치워요.	빨리 해치우세요.	*Machen Sie das schnell fertig!*

📖 Das Vollverb 하다 'tun' und die Hilfsverbkonstruktion -아/어 치우다 'komplett erledigen' werden als Einheit ohne Leerstelle geschrieben. Das gilt auch für die Hilfsverbkonstruktion 잊어버리다 'ganz vergessen'.

5.3 Honorative Kasuspartikeln

Um Respekt gegenüber dem Satzsubjekt (der dritten Person) anzuzeigen, werden statt der neutralen Kasuspartikeln 이/가 (Nominativ), 에게/한테 (Dativ) oder der Topikpartikel 은/는 fakultativ deren honorative Entsprechungen 께서, 께, 께서는 verwendet.

Nominativpartikel	Dativpartikel	Topikpartikel
이/가 → 께서	에게/한테 → 께	은/는 → 께서는

Nominativ		
neutral	동생이 책을 읽어요.	*Meine jüngere Schwester liest ein Buch.*
honorativ	아버지께서 책을 읽으세요.	*Mein Vater liest ein Buch.*
Dativ		
neutral	친구에게 편지를 써요.	*Ich schreibe meiner Freundin einen Brief.*
honorativ	부모님께 편지를 써요.	*Ich schreibe meinen Eltern einen Brief.*
Topik		
neutral	수미는 사과를 좋아해요.	*Sumi mag Äpfel.*
honorativ	할머니께서는 사과를 좋아하세요.	*Meine Großmutter mag Äpfel.*

교장 선생님께서 저를 칭찬하셨습니다.	*Der Schuldirektor hat mich gelobt.*
김 선생님께서는 어디(에) 가셨어요?	*Wohin ist Herr Kim gegangen?*
교수님께 갈 거예요.	*Ich werde zum Professor gehen.*
할아버지께 꼭 말해.	*Sag (es) unbedingt dem Großvater!*

5.4 Honorativsuffix -님

Das Honorativsuffix -님 ist ein nominales Suffix, das zum Ausdruck des Respekts des Sprechers an das Nomen angehängt wird. -님 wird entweder asymmetrisch in Bezug auf Alter oder Status von unten nach oben oder symmetrisch unter Gleichrangigen reziprok verwendet. In seiner Bedeutung als

Anrede entspricht das Honorativsuffix –님 ungefähr dem deutschen 'sehr geehrter Herr' oder 'sehr geehrte Frau'.

	neutral	honorativ		neutral	honorativ
Vater	아버지	아버님	*Chef*	사장	사장님
Mutter	어머니	어머님	*Professor*	교수	교수님
Eltern	부모	부모님	*Lehrer*	선생	선생님

Die Bezeichnungen 아버님 und 어머님 werden nicht zur Anrede der eigenen Eltern gebraucht, sondern meist zur Anrede der Schwiegereltern und der Eltern von Freunden verwendet.

Das Honorativsuffix –님 wird entweder mit dem vollständigen Namen oder mit einem berufs- bzw. verwandtschaftsbezeichnenden Titel kombiniert. –님 kann auch als sehr höflicher Vokativ verwendet werden (▶ 5.7 | Honorative Anredeformen).

Honorativsuffix –님	
교수님께서 말씀하십니다.	*Der (sehr geehrte Herr) Professor spricht.*
부모님께서 내일 여행을 가세요.	*Meine Eltern machen morgen eine Reise.*
안녕하세요, 김 민수님 (vokativ)	*Guten Tag, sehr geehrter Herr Kim Minsu.*

5.5 Honorativvokabular

Für bestimmte Wörter gibt es im Koreanischen höfliche Entsprechungen, die das sogenannte Honorativvokabular bilden. Dieses wird verwendet, um Respekt gegenüber dem Gesprächspartner oder der Person, über die gesprochen wird, auszudrücken. Die folgenden Tabellen zeigen einige häufig gebrauchte honorative Nomina und Verben sowie deren neutrale Entsprechungen.

Bedeutung	neutral	honorativ	Bedeutung	neutral	honorativ
Alter	나이	연세	*Haus*	집	댁
Name	이름	성함	*Essen*	밥	진지
Geburtstag	생일	생신	*Sprache*	말	말씀
Zahn	이	치아	*Krankheit*	병	병환
Person	사람	분	*Kind*	자식	자제분
Ehemann	남편	부군	*Ehefrau*	아내	부인

댁 'Haus' bezeichnet grundsätzlich nicht das eigene Haus oder das Haus der Eltern, in dem man mit den Eltern wohnt.

Bedeutung	neutral	honorativ	Bedeutung	neutral	honorativ
trinken	마시다	드시다	*sagen*	말하다	말씀하시다
schlafen	자다	주무시다	*sterben*	죽다	돌아가시다
essen	먹다	잡수시다/드시다	*sich befinden*	있다	계시다
hungrig sein	배고프다	시장하시다	*haben*	있다	있으시다

Auffallend ist hier, dass die Honorativverben fast immer länger sind als die neutralen Verben, was durch obligatorische Einfügung des Honorativsuffixes -(으)시 bedingt ist. Bei den Nomina sind die honorativen Varianten meist sinokoreanische Wörter, die gegenüber den rein-koreanischen Entsprechungen höflicher wirken.

Die höflichen Sprechstufen erfordern die Verwendung des Honorativsuffixes -(으)시 und des Honorativvokabulars. Hierbei haben auch bestimmte Kasuspartikeln eine höfliche Entsprechung. So wird im folgenden Beispiel die Nominativpartikel 가 durch 께서 ersetzt.

Sprechstufe	잡수시다 *essen/speisen (honorativ)*	
höflich-formell	할아버지께서 진지를 잡수십니다.	*Mein Großvater isst. [Der Großvater isst das Essen.]*
höflich-informell	할아버지께서 진지를 잡수세요.	

Hier folgen weitere Beispiele für honorative Nomina bzw. Verben, die neutralen Nomina bzw. Verben gegenübergestellt werden.

Honorative vs. neutrale Nomina

A: 성함이 어떻게 되세요? B: 제 이름은 김 유미입니다.	*A: Wie heißen Sie?* *B: Mein Name ist Kim Yumi.*
A: 몇 분이세요? B: 세 명이에요.	*A: Wie viele Personen sind Sie?* *B: Drei Personen.*
A: 부군께서는 무엇을 하십니까? B: 제 남편은 학교 선생님이에요.	*A: Was macht Ihr Mann?* *B: Mein Mann ist Lehrer.*
A: 할아버지, 진지 드셨어요? B: 아직 밥 안 먹었어.	*A: Großvater, haben Sie schon gegessen?* *B: Ich habe noch nicht gegessen.*
A: 할머니, 연세가 어떻게 되세요? B: 내 나이는 왜 물어?	*A: Großmutter, wie alt sind Sie?* *B: Warum fragst du nach meinem Alter?*
저희 집은 서울인데 교수님 댁은 어디세요?	*Unsere Wohnung ist in Seoul; wo ist Ihre Wohung, Herr Professor?*

Honorativverben vs. neutrale Verben

A: 할아버지, 안녕히 주무세요. B: 그래 너도 잘 자렴.	*A: Großvater, gute Nacht!* *B: Ja, schlaf du auch gut!*
A: 할아버지, 약 드세요. B: 그래, 약 먹을게.	*A: Großvater, nehmen Sie bitte die Tablette.* *B: Ja, ich werde sie nehmen.*
A: 엄마, 오늘 집에 계셔야 해요. B: 그래, 집에 있을게.	*A: Mama, du musst heute zu Hause bleiben.* *B: Ja, ich werde zu Hause bleiben.*
A: 할아버지, 시장하지 않으세요? B: 아니, 배 안 고파.	*A: Großvater, haben Sie keinen Hunger?* *B: Nein, ich habe keinen Hunger.*

5.6 Bescheidenheitsausdrücke

Im Koreanischen gibt es 'bescheidene Formen', die durch besondere Personalpronomina für die 1. Person Sg. / Pl. und bestimmte Verben zum Ausdruck kommen.

Bescheidene Pronomina 저 und 저희 (1. Person Sg. und Pl.)

Den honorativen Formen, durch die der Sprecher seinen Respekt gegenüber der angesprochenen Person ausdrückt, stehen auf Seiten des Sprechers Bescheidenheitsformen für die 1. Person Sg. und Pl. gegenüber, durch die der Sprecher seine eigene Position gegenüber dem Gesprächspartner erniedrigt (▶ 20.1 | Personalpronomina).

1. Person Sg.	*ich*	1. Person Pl.	*wir*
neutral	나	neutral	우리
bescheiden	저	bescheiden	저희

Die bescheidenen Personalpronomina zur Selbstbezeichnung 저 'ich' / 저희 'wir' korrelieren mit den höflichen Sprechstufen (4. und 5. SPS).

4. SPS (höflich-informell)	저는 지금 학교에 가요.	*Ich gehe jetzt zur Schule.*
5. SPS (höflich-formell)	저는 지금 학교에 갑니다.	
4. SPS (höflich-informell)	저희는 한국어를 공부해요.	*Wir lernen Koreanisch.*
5. SPS (höflich-formell)	저희는 한국어를 공부합니다.	

Bescheidene Verben

Respekt gegenüber der Person, die das indirekte (in einigen Fällen das direkte) Objekt der Handlung bildet, kann durch spezielle Verben ausgedrückt werden, die einen sozial niedrigeren Status des Sprechers im Vergleich zu dieser Person signalisieren. Bescheidene Verben werden auch verwendet, wenn das Objekt eine Person bezeichnet, die älter als der Sprecher ist. Dabei kann es sich um den Hörer oder eine 3. Person handeln. Es gibt nur eine geringe Anzahl solcher Verben. Zu diesen gehören die folgenden:

Bedeutung	neutrale Formen	bescheidene Formen
geben	주다	드리다
fragen	묻다 / 물어보다	여쭙다 / 여쭈어/여쭤 보다
sehen/treffen	보다/만나다	뵙다
mitnehmen/mitbringen	데리고 (가다) / (오다)	모시고 (가다) / (오다)
sprechen	말하다	말씀드리다

Für die Bedeutung 'geben' unterscheidet das Koreanische zwei Verben: 주다 'jemandem etwas geben' und 드리다 '(einer älteren oder höherstehenden Person) etwas geben'. Außerdem kann 주다 durch das Honorativsuffix -시 erweitert werden, um den Respekt des Sprechers gegenüber dem Satzsubjekt auszudrücken. Wenn der Gebende jünger und/oder sein Status niedriger ist als der des Empfängers, wird das Verb 드리다 verwendet.

Umgekehrt wird 주시다 verwendet, um in asymmetrischen Beziehungen 'geben von oben nach unten' zu bezeichnen. Das bedeutet, dass die Handlung von einem als höher Eingestuften zugunsten des als niedriger eingestuften Sprechers ausgeführt wird. Durch 주시다 drückt der Sprecher seinen Respekt gegenüber einer höherstehenden Person (dem Satzsubjekt) aus. Im Folgenden wird die Verwendung von 주시다 und 드리다 anhand von Beispielen verdeutlicht:

나는 선생님께 책을 드립니다.	*Ich gebe meinem Lehrer das Buch.*
선생님께서 내게 책을 주십니다.	*Der Lehrer gibt mir das Buch.*
나는 동생에게 책을 줍니다.	*Ich gebe meinem jüngeren Bruder das Buch.*
동생은 나에게/내게 책을 줍니다.	*Mein jüngerer Bruder gibt mir das Buch.*

Hier folgen weitere Beispiele für bescheidene Formen, die neutralen Formen gegenübergestellt werden.

아침에 선생님을 뵙고 저녁에 친구를 보려고 합니다.	*Am Morgen <u>treffe</u> ich meine Lehrerin, am Abend möchte ich meinen Freund <u>treffen</u>.*
아들에게 용돈을 주고 어머니께 선물을 드렸어요.	*Ich habe meinem Sohn Taschengeld (gegeben) und meiner Mutter ein Geschenk <u>gegeben</u>.*
친구에게 먼저 물어보고 나중에 선생님께도 여쭤 보세요.	*Fragen Sie zuerst den Freund und später (<u>fragen Sie</u>) bitte auch den Lehrer.*
친구 한 명을 데리고 오려고 해요. 교수님도 모시고 올까요?	*Ich bringe einen Freund mit. Soll ich auch den Professor <u>mitbringen</u>?*
먼저 아버지께 말씀드리고 나중에 친구에게 말하겠습니다.	*Ich <u>sage</u> (es) zuerst meinem Vater, später werde ich (es) meinem Freund sagen.*

Zur Verwendung von 주다 und 드리다 als Hilfsverben in der Bedeutung 'jmdm. einen Gefallen tun', 'etwas für jmdn. tun' ▶ 9.1.4 | Hilfsverben –아/어 주다.

In den folgenden Verbalgruppen, deren Dativobjekt eine Person ist, wird statt 하다 die bescheidene Verbform 드리다 'geben (von unten nach oben)' verwendet, wenn die Objektsperson höher steht oder älter ist als der Sprecher bzw. die Person, die das Subjekt bezeichnet (▶ 5.6 | Bescheidenheitsausdrücke).

Bedeutung	Aktionsnomen + 하다	Aktionsnomen + 드리다
ein Telefonat führen	전화를 하다	전화를 드리다
eine Bitte an jmdn. richten	부탁을 하다	부탁을 드리다
Bescheid sagen	연락을 하다	연락을 드리다
ein Versprechen geben	약속을 하다	약속을 드리다
eine Gratulation ausrichten	축하를 하다	축하를 드리다

Ebenso wie 하다 kann auch 드리다 als Suffix verwendet werden. In diesem Fall verliert das Aktionsnomen die Akkusativpartikel 을/를 und wird ohne Leerstelle mit 드리다 zusammengeschrieben (▶ 6.3 | Aktionsverben und Qualitativverben mit 하다).

Bedeutung	neutrale Formen	bescheidene Formen
telefonieren	전화하다	전화드리다
bitten	부탁하다	부탁드리다
kontaktieren	연락하다	연락드리다
sich verabreden	약속하다	약속드리다
gratulieren	축하하다	축하드리다

A: 한국에 오면 연락해요. B: 예, 꼭 연락드릴께요.	*A: Melden Sie sich, sobald Sie in Korea sind.* *B: Ja, ich werde mich bestimmt bei Ihnen melden.*
먼저 부모님께 전화를 드리세요. 그리고 동생에게 전화하세요.	*Rufen Sie zuerst Ihre Eltern an. Danach rufen Sie Ihren jüngeren Bruder an!*
저도 결혼을 축하드립니다.	*Ich gratuliere auch zur Hochzeit.*
고객님들께 두 가지 약속을 드립니다.	*Wir geben den Kunden zwei Versprechen.*
김 교수님께 교정을 부탁드렸습니다.	*Ich habe Professor Kim um eine Korrektur gebeten.*

> Anmerkung: Die Formel 잘 부탁드립니다 / 잘 부탁드려요 *'Ich bitte Sie um wohlwollende Behandlung'* (wörtl. *Ich richte meine gute Bitte an Sie*) wird oft von einem sozial niedriger Stehenden beim (gegenseitigen) Sich-Vorstellen verwendet, um der Hoffnung Ausdruck zu geben, dass die neu aufgenommene Beziehung harmonisch verläuft, oder um an einen sozial höher Stehenden eine allgemeine Bitte um freundliche und wohlwollende Behandlung zu richten.

5.7 Honorative Anredeformen

Der angemessene Gebrauch der Anredeformen ist ein wichtiger Bestandteil des koreanischen Höflichkeitssystems. Die Formen der koreanischen Anrede und ihr Gebrauch sind im Vergleich zum Deutschen komplexer. Anders als im Deutschen, wo die Anrede mit dem Namen üblich ist, wird im Koreanischen der Name, besonders der Familienname, selten in der Anrede verwendet. Bei der Anrede kann der Name von oben nach unten, also vom Älteren bzw. Höherstehenden gegenüber dem Jüngeren und sozial Niedrigstehenden verwendet werden, nicht jedoch umgekehrt. Zur höflichen und respektvollen Anrede werden dagegen nach Alter, Sozialstatus und Berufs- und Verwandtschaftsverhältnissen gegliederte Anredeformen verwendet, wobei das Honorativsuffix –님 zusätzlich eine sehr höfliche Anrede markiert.

Berufsbezeichnender Titel + 님		
사장님 *Herr / Frau Chef/in*	선생님 *Herr / Frau Lehrer/in*	교수님 *Herr / Frau Professor*
기사님 *Herr Fahrer*	목사님 *Herr Pastor*	경찰관님 *Herr Polizist*

Verwandtschaftsbezeichnender Titel + 님	
할아버지 / 할아버님 *Großvater*	할머니 / 할머님 *Großmutter*
형님 *ältere Schwester des Ehemanns* 형님 *Ehefrau des älteren Bruders des Ehemannes* 형님 *Ehefrau des älteren Schwagers*	형수님 *Schwägerin [Ehefrau des älteren Bruders]*

Namen- und Vokativsystem

Im Koreanischen steht der Familienname (FN) immer vor dem Vornamen (VN). Außerdem werden Titel entweder nach dem vollen Namen oder nach dem Familiennamen gesetzt, wobei das Honorativsuffix –님 den sehr höflichen Vokativ markiert. Ebenso wird eine Verwandtschaftsbezeichnung – sofern sie gebraucht wird – dem Vornamen nachgestellt.

Namensystem	Beispiele
Name (FN + VN)	이 수미 *Sumi Lee* / 김 유미 *Yumi Kim*
Name (FN + VN) + Titel + 님	김 민수 교수님 *Professor Kim Minsu*
Familienname + Titel + 님	이 박사님 *Dr. Lee* / 김 선생님 *Lehrer Kim*
(VN) + Verwandtschaftsbezeichnung	수자 고모 *Tante Suja* / 상호 삼촌 *Onkel Sangho*

Das Vokativsuffix wird gebraucht, um den Gesprächspartner direkt anzusprechen oder um die Aufmerksamkeit des Angesprochenen auf sich zu ziehen. Es wird i.d.R. entweder in Verbindung mit dem Namen oder der verwandtschafts- bzw. berufsbezeichnenden Anredeform verwendet. Das Vokativsystem des Koreanischen verfügt über drei dem Grad der Höflichkeit entsprechende Suffixe. Diese werden in Abhängigkeit von den jeweiligen Sprechstufen gebraucht.

Bezeichnung	Vokativsuffixe	Kombination
familiär (1. und 2. SPS)	야(N_{VOK}) / 아(N_{KONS})	Vorname + 야/아 Verwandtschaftsname + 야/아
höflich (1.–4. SPS)	씨	Name (VN + FN) + –씨 FN + –씨
sehr höflich (4. und 5. SPS)	님	Vollständiger Name + – 님 Verwandtschaftsname + – 님 (FN +) Berufsbezeichnung/Titel + – 님

a) Der familiäre Vokativ –야/아 wird symmetrisch unter Personen desselben Alters und derselben sozialen Stellung in der ersten und zweiten Sprechstufe verwendet, ebenso von oben nach unten. Mit Verwandtschaftsbezeichnungen wird der Vokativ –야/아 gegenüber vertrauten Personen verwendet.

Vorname + N_{KONS} –야	민수야, 우유 마셔.	*Minsu, trink Milch!*
Vorname + N_{VOK} –아	호준아, 학교 가니?	*Hojun, gehst du zur Schule?*
Verwandtschafts-name + 야 / 아	언니야, 언제 와?	*Ältere Schwester, wann kommst du?*
	동생아, 지금 뭐해?	*Jüngerer Bruder, was machst du jetzt?*

b) Der höfliche Vokativ mit –씨 wird meist unter Gleichaltrigen und Gleichrangigen symmetrisch, je nach Grad der Distanz bzw. Vertrautheit, mit Sprechstufe eins bis vier verwendet oder asymmetrisch von oben nach unten. Funktional entspricht das Suffix –씨 ungefähr dem deutschen 'Herr' oder 'Frau' als Anrede. Es kann aber nicht in Verbindung mit dem Familiennamen von Frauen verwendet werden, stattdessen wird das Suffix –양 verwendet. –군 ist eine spezielle Anredeform für jüngere männliche Erwachsene. Sie wird z.B. von Professoren gegenüber Studierenden gebraucht. Die Anredeform –군 wird meist mit der dritten Sprechstufe verwendet.

Honorativsuffix –씨		Herr / Frau X
Name + –씨	김 민수 씨/이 유미 씨, 도와줘서 고마워요.	*Herr Kim Minsu / Frau Lee Yumi, danke für die Hilfe.*
VN + –씨	민수 씨/유미 씨, 도와줘서 고마워요.	*(Herr) Minsu / (Frau) Yumi, danke für die Hilfe.*
FN + –씨	김씨 도와줘서 고마워.	*Herr Kim, danke für die Hilfe.*
FN + –양	김양, 도와줘서 고마워.	*Frau Kim, danke für die Hilfe.*
FN + –군	김군, 도와줘서 고맙네.	*Herr Kim, danke für die Hilfe.*

Für ausländische Namen klingt die Verwendung von –야/아 oft ungewohnt, sodass die Anrede entweder ohne den Vokativ –야/아 nur mit dem Vornamen erfolgt oder mit dem Namen (Familien- + Vorname) und dem höflichen Vokativ –씨.

Vorname	다니엘, 잘 지냈어?	*Daniel, wie geht's dir?*
Familienname + –씨	뮐러 씨, 지금 뭐하세요?	*Herr Müller, was machen Sie jetzt?*
Vorname + –씨	사라 씨, 지금 바쁘세요?	*Sarah, haben Sie jetzt viel zu tun?*

c) Der sehr höfliche Vokativ mit -님 wird entweder asymmetrisch in Bezug auf Alter oder Status von unten nach oben mit der Sprechstufe vier und fünf verwendet oder symmetrisch unter Gleichrangigen. Das Honorativsuffix -님 wird seltener als -씨 allein mit dem ganzen Namen, d.h. ohne berufs-/verwandtschaftsbezeichnenden Titel kombiniert (▶ 5.4 | Honorativsuffix -님).

원장님, 여기에 사인해주세요.	*Herr Direktor, würden Sie bitte hier unterschreiben?*
최 만식 박사님, 들어오세요.	*Herr Dr. Choi Man-sik, kommen Sie bitte herein!*

Verwandtschaftsbezeichnungen

Anders als das Deutsche verfügt das Koreanische über eine Reihe von Verwandtschaftsbezeichnungen für Tante bzw. Onkel oder Großmutter bzw. Großvater, die nach väterlicher und mütterlicher Verwandtschaftslinie differenziert sind. Diese können entweder durch unterschiedliche Bezeichnungen (고모 'Tante' väterlicherseits vs. 이모 'Tante' mütterlicherseits) oder durch die Verwendung von Präfixen 외- 'von außen'/'entfernt' bzw. 친- 'nahestehend' unterschieden werden: 외삼촌 'Onkel' mütterlicherseits vs. 친삼촌 'Onkel' väterlicherseits.

Allerdings besteht im heutigen Sprachgebrauch bei der Anrede die Tendenz, anstelle der durch Präfixe differenzierten Verwandtschaftsbezeichnungen neutrale Bezeichnungen wie 삼촌 'Onkel' oder 할아버지 'Großvater' zu benutzen. Altersunterschiede zwischen Familienangehörigen der gleichen Ordnung werden durch das Präfix 큰 'groß' bzw. 작은 'klein' differenziert: 큰삼촌 'älterer Onkel' vs. 작은삼촌 'jüngerer Onkel'. Ältere Familienangehörige und Verwandte werden grundsätzlich nicht mit den Vornamen, sondern mit der Verwandtschaftsbezeichnung angesprochen.

Bedeutung	väterlicherseits	mütterlicherseits
Großvater / Großmutter	할아버지 / 할머니	외할아버지 / 외할머니
(älterer/jüngerer) Onkel	큰삼촌 / 작은삼촌	(큰/작은)외삼촌
Ehefrau des (älteren/jüngeren) Onkels	큰숙모 / 작은숙모	(큰/작은)외숙모
Enkel / Enkelin	손자 / 손녀	외손자 / 외손녀
(ältere/jüngere) Tante	큰고모 / 작은고모	(큰/작은)이모
Ehemann der (älteren/jüngeren) Tante	(큰/작은)고모부	(큰/작은)이모부
älterer verheirateter Bruder des Vaters / der Mutter	큰아빠, 큰아버지	큰외삼촌
Ehefrau des älteren Bruders des Vaters / der Mutter	큰엄마, 큰어머니	큰외숙모
jüngerer verheirateter Bruder des Vaters / der Mutter	작은아빠, 작은아버지	작은외삼촌
Ehefrau des jüngeren Bruders des Vaters / der Mutter	작은엄마, 작은어머니	작은외숙모

Die Anredeform 아버님 bzw. 어머님 wird nicht für die eigenen Eltern verwendet, sondern für Schwiegereltern oder auch für die Eltern von Freunden. Der Schwiegersohn kann seine Schwiegereltern mit 장인, 장모님 anreden. Wenn Schwiegereltern als 3. Person erwähnt werden, wird das Präfix 시- 'Schwieger-' angefügt: 시아버님 bzw. 시어머니 / 시어머님.

anredende Person	angeredete Person	
	Schwiegervater	Schwiegermutter
Schwiegertochter	아버님	어머니 / 어머님
Schwiegersohn	아버님 / 장인어른	어머님 / 장모님

Entsprechend gibt es auch eine Anredeform der Schwiegereltern gegenüber Schwiegersohn und Schwiegertochter. So reden die Schwiegereltern den Schwiegersohn mit dem Familiennamen + 서방 (wörtl. Ehemann) oder (Name ihres Enkelkindes) + 아비/아범 'Vater (des Kindes)' + (Vokativpartikel 아) an. Die Schwiegertochter, besonders eine jüngere Schwiegertochter, wird entweder mit 아가 'Kind' / 새 아가 (wörtl. 'neues Kind') oder mit 어미/어멈 'Mutter eines Kindes + (Vokativpartikel 아) angeredet.

anredende Person	angeredete Person	
	Schwiegersohn	Schwiegertochter
Schwiegereltern	Familienname + 서방 z.B. 김 서방	아가 /새 아가
	(Name des Kindes) + 아비 (야) / 아범	어멈아

Geschwisterbezeichnung

Unter Geschwistern werden auch nach der Geschwisterbeziehung gegliederte Anredeformen verwendet, die aus der Perspektive des jeweils anderen Geschlechts differenziert werden. Die Anrede von unten nach oben erfolgt niemals mit dem Namen (FN + VN), sondern immer mit der Bezeichnung des Verwandtschaftsgrades. Von oben nach unten dagegen wird meist der Vorname plus Vokativ –야/아 verwendet. Die entsprechende Verwandtschaftsbezeichnung 동생 *'jüngerer Bruder / jüngere Schwester aus der Sicht des älteren Bruders bzw. der Schwester'* wird selten als Vokativ verwendet. Die folgende Tabelle verdeutlicht den Gebrauch der Anredeform unter Geschwistern.

anredende Person	angeredete Person	
	älterer Bruder	ältere Schwester
남동생 'jüngerer Bruder'	형	누나
여동생 'jüngere Schwester'	오빠	언니

Die oben genannten Geschwisterbezeichnungen werden auch als höfliche Anredeformen im schulischen und studentischen Bereich verwendet, wenn die Gesprächspartner miteinander gut bekannt sind und kein größerer Altersunterschied vorliegt. So werden weibliche Adressaten von jüngeren männlichen Kommilitonen mit 누나, von jüngeren weiblichen mit 언니 angeredet. Die entsprechende von einem jüngeren Studenten gegenüber einem älteren männlichen Kommilitonen verwendete Form lautet 형. Innerhalb dieses Systems ist die korrekte Anrede für einen älteren Kommilitonen, der von einer jüngeren Studentin angesprochen wird, 오빠, was heute aber vielfach ersetzt wird durch 형. Da die Anredeform 오빠 außerhalb des engen Familienkreises unter jungen Liebespaaren verwendet wird, kann eine weibliche Sprecherin mit der Anrede 형 eine gewisse Distanz zum älteren männlichen Kommilitonen zum Ausdruck bringen.

Unter Studenten gibt es auch eine Anredeform, die sich nach der Zahl der studierten Semester richtet: 선배 'Vorgänger/in' (d.h. Student höheren Semesters) und 후배 'Nachfolger/in' (d.h. Student niedrigeren Semesters): (Name) + 선배 + (님) vs. 후배 + (야)

Anredeformen in Firmen

Das typische Anredeverhalten in koreanischen Firmen besteht darin, dass der Angestellte die (älteren bzw. statushöheren) Adressaten mit deren Positionsbezeichnung in der Firmenhierarchie anredet, d.h. mit dem Titel (mit oder ohne Familienname) plus Höflichkeitssuffix –님. Dagegen erfolgt die Anrede von oben nach unten ohne –님, ggf. nur mit dem Familiennamen plus Firmentitel oder, falls ein solcher nicht vorhanden ist, mit dem Vokativ 씨. Hier folgen gängige Statusbezeichnungen.

Firmentitel	(FN +) Titel + 님		FN + Titel + ohne 님	
회장 *CEO*	민 회장님	↑	민 영기 회장	
사장 *Chef*	문 사장님		문 사장	↓
부장 *Abteilungsleiter*	김 부장님		김 부장	
차장 *Senior Manager*	송 차장님		송 차장	
과장 *Manager, Gruppenleiter*	박 과장님		박 과장	
대리 *Assistent Manager*	김 대리님		김 대리	
사원 *Mitarbeiter, Angestellter*	이 민수 사원		이 민수 씨	

Anredeformen für Unbekannte

Die in der Familie vorgeprägten asymmetrischen Anredeformen, bei denen ältere Personen mit Verwandtschaftsbezeichnungen angesprochen werden, werden auch auf unbekannte bzw. bekannte, jedoch nicht verwandte ältere Adressaten, deren sozialer Status nicht genau festzustellen ist, übertragen. So werden mit dem Sprecher nicht verwandte verheiratete Personen mittleren bzw. höheren Alters zunächst mit 아줌마/아주머니 'Tante', 아저씨 'Onkel' oder 할머니 'Großmutter', 할아버지 'Großvater' angeredet. Die beiden ersteren sind als ungefähre funktionale Entsprechungen des Deutschen *Onkel* bzw. *Tante* zu verstehen, wobei diese im Deutschen einem Unbekannten gegenüber i.d.R. nur von Kindern verwendet werden. Zur höflichen und respektvollen Anrede für sehr viel ältere Personen wird häufig die Anredeform 어르신 'älterer Herr' / 'ältere Dame' verwendet (▶ 20 | Pronomina). Wenn die angesprochene Person unverheiratet und deutlich jünger als der Sprecher ist, werden die Anredeformen 아가씨 'Fräulein', 총각/젊은이 'junger Mann' oder 학생 'Student', 꼬마 'Kind' verwendet.

	Anredeform für Unbekannte	Bedeutung
Junge / Mädchen	꼬마 + 야 (Vokativ)	*der/die Kleine*
Schüler / Studierende	학생	*Schüler / Studierende*
unverheiratete jüngere Person	아가씨 / 언니	*Fräulein / ältere Schwester*
	총각 / 젊은이	*junger Mann*
verheirate Person mittleren Alters	아주머니 / 아줌마	*Tante*
	아저씨	*Onkel*
sehr viel ältere Person	할아버지 / 할아버님 (formal)	*Großvater*
	할머니 / 할머님 (formal)	*Großmutter*
	어르신	*älterer Herr / ältere Dame*

Zur höflichen und respektvollen Anrede eines Unbekannten können außer Verwandtschaftsbezeichnungen auch Berufsbezeichnungen oder Titel gebraucht werden. Im Koreanischen wird eine unbekannte Person, die z.B. ein Restaurant, einen Supermarkt oder ein Geschäft betritt, meist mit 손님 'Gast' oder 고객 'Kunde' gemäß ihrer Funktion angeredet, wofür es im Deutschen keine Entsprechung gibt. Unbekannte Adressaten, deren Berufe eindeutig feststellbar sind, werden meistens mit deren Berufsbezeichnung (z.B. 기사님 'Fahrer') angeredet. Dabei wird die Berufsbezeichnung mit dem Höflichkeitssuffix –님 markiert. Die Anredeform 아저씨, die im Allgemeinen Unbekannten gegenüber verwendet wird, signalisiert eine stärkere Verbundenheit dem Angesprochenen gegenüber, sie wirkt aber weniger höflich als die mit dem Höflichkeitssuffix –님 markierte Anredeform.

Anredetitel	Bedeutung	Anredetitel	Bedeutung
고객님	*Sehr geehrter Kunde*	기사님 / 기사 아저씨	*Herr Fahrer / Onkel Fahrer*
의사 선생님	*Herr Doktor [Arzt]*	경찰관님 / 경찰관 아저씨	*Herr Polizist / Onkel Polizist*
선생님	*Herr/Frau verehrte/r Lehrer/in*	사모님	*Ehefrau des Lehrers*

Der berufsbezeichnende Titel 선생 'Lehrer' mit dem Höflichkeitssuffix –님 kann auch auf eine unbekannte ältere Person übertragen werden, auch wenn diese kein Lehrer ist. Diese Bezeichnung geht auf die konfuzianische Tradition zurück: Wörtlich bedeutet 선생 'Der vorher Geborene', womit impliziert ist, dass ein Älterer über mehr Lebenserfahrung und Weisheit verfügt und entsprechend geehrt werden sollte. Die Ehefrau eines Lehrers wird mit 사모님 angesprochen, auch diese Anrede kann auf die Ehefrau eines Mannes mit hohem sozialen Status übertragen werden.

Im Koreanischen fehlt eine feste Anredeform für unbekannte Gleichaltrige, deren soziale Stellung nicht eindeutig ist. In diesem Fall wird 저기요, 거기요 (deiktisches Demonstrativpronomen) gebraucht, um die Aufmerksamkeit des Angesprochenen (z.B. auf der Straße, im Restaurant) auf sich zu ziehen oder die Konversation zu eröffnen.

deiktisches Demonstrativpronomen		Ersatzform	
저기요.	*Hallo, Sie da drüben!*	저...실례하지만	*Hallo, Entschuldigung!*
거기요.	*Hallo, Sie da!*	저...죄송하지만	*Hallo, Entschuldigung!*

Anrede zwischen Eheleuten

Die Anredeformen zwischen Eheleuten variieren im Koreanischen je nach Ehejahr, Altersunterschied oder sozialer Rolle. Nach der Eheschließung bis zur Geburt des ersten Kindes wird die vor der Ehe verwendete informelle Form der Anrede beibehalten. So redet ein Ehemann, der älter ist als seine Frau, diese mit ihrem Vornamen + familiärer Vokativpartikel –야/아 an, während die Ehefrau ihren Ehemann mit seinem Vornamen + Höflichkeitssuffix –씨 oder mit der Verwandtschaftsbezeichnung 오빠 *'der Bruder aus der Sicht der jüngeren Schwester'* anspricht. Allerdings gibt es auch die neutrale Form 자기 'eigene Person, selbst' für 'du', eventuell mit der Vokativpartikel –야/아, die gewöhnlich unter jungen Eheleuten bzw. Liebespaaren verwendet wird, nicht aber von der älteren Generation. Sobald ein Ehepaar Kinder bekommt, werden die bisherigen Anredeformen durch den Namen des gemeinsamen Kindes + 아빠 'Papa' bzw. 엄마 'Mama' ersetzt. Im Laufe des Ehelebens ergibt sich ein weiterer Wechsel der Anredeformen, indem höfliche pronominale Ersatzformen wie 당신 'selbst' oder Interjektionen wie 여보 für 'Sie/du' verwendet werden.

anredende Person	angeredete Ehefrau	
Ehemann	Vorname + Vokativ 야/아	Name des Kindes + 엄마 'Mama'
im späteren Eheleben	당신 'selbst'/'Sie'	여보 'Sie'

anredende Person	angeredeter Ehemann	
Ehefrau	Vorname + Vokativ 씨	오빠 'älterer Bruder'
	자기 'selbst'/'du' + (Vokativ 야)	Name des Kindes + 아빠 'Papa'
im späteren Eheleben	당신 'selbst'/'Sie'	여보 'Sie'

Auf den eigenen Ehepartner wird gegenüber Dritten mit folgenden Bezeichnungen referiert: 아내 'Ehefrau' / 처 'Ehefrau' (sinokoreanisch), 집/안사람 'Mensch des Hauses' bzw. 남편 'Ehemann', 이이/그이/저이 'Er (Ehemann)' (▶ 20.3 | Demonstrativpronomina).

6 Verben

Im Koreanischen werden vier Arten von Verben unterschieden: Aktionsverben, Qualitativverben, das Existenzverb 있다 und die Kopula 이다. Aktionsverben bezeichnen Handlungen, Bewegungen, Vorgänge und Ereignisse, während Qualitativverben Eigenschaften und Zustände beschreiben. Das Existenzverb drückt das Vorhandensein, das örtliche Befinden oder den Besitz aus. Die Kopula 이다 entspricht funktional der deutschen Kopula 'sein'.

Durch Anfügen der Endung –다 an den Verbstamm wird die Zitierform bzw. Lexikonform von Verben gebildet, die zum Nachschlagen in Wörterbüchern gebraucht wird. Diese wird manchmal auch als Infinitivform bezeichnet, entspricht aber funktional nur in der obengenannten Verwendung der Infinitivform deutscher Verben.

Verbart	Zitier-/Lexikonform	Beispiele
Aktionsverb	가 + 다 → 가다 *gehen*	자다 'schlafen', 읽다 'lesen'
Qualitativverb	좋 + 다 → 좋다 *gut sein*	작다 'klein sein', 예쁘다 'schön sein'
Existenzverb	있 + 다 → 있다 *vorhanden sein*	N + 에 있다 'sich befinden' / N + 에게 있다 'bei jmdm. vorhanden sein' (= Besitz)
Kopula	이 + 다 → 이다 *sein*	N+이다 → 책이다 'Das ist ein Buch'

Anders als im Deutschen trägt das Verb im Koreanischen keine Personen- oder Numerusmarkierung, sodass die Person oft aus dem Kontext erschlossen werden muss. So kann ein Satz ohne Subjektmarkierung wie 학교에 갑니다 im Deutschen entweder mit '*Ich gehe in die Schule*', '*Er/Sie geht in die Schule*' oder '*Wir/Sie gehen in die Schule*' wiedergegeben werden.

Koreanische Verben bestehen mindestens aus einem Verbstamm und einer Satzschlussendung. Zwischen dem Verbstamm und der obligatorischen Satzschlussendung können in einer festen Reihenfolge ein oder mehrere Verbalsuffixe hinzutreten. Je nach Satzart und interpersonaler Sprechstufe werden bestimmte Satzschlussendungen gebraucht (▶ 4 | Sprechstufen und Satzarten). Der Verbstamm kann einfach oder durch ein Kausativ- oder Passivsuffix (Wortbildungssuffixe) erweitert sein; die danach folgenden Suffixe sind Flexionssuffixe (▶ Glossar | Flexionssuffix).

VERBSTAMM +
① (KAUSATIV- oder PASSIVSUFFIX) + ② HONORATIVSUFFIX + ③ TEMPUSSUFFIX + ④ MODUSUFFIX +
SATZSCHLUSSENDUNG

Verbstamm	Kausativ	Honorativ	Tempus	Modus	Satzschlussendung
먹 'essen'	**–이**	**–시**	**–었** 'Präteritum'	**–겠** 'Vermutung'	**–습니다** '5. SPS / Aussage'
어머니가 아이에게 밥을 먹이셨겠습니다. *Die Mutter hat das Baby wohl gefüttert.*					

📖 Kausativsuffixe sind Wortbildungssuffixe, durch die neue Verben mit der Bedeutung des Veranlassens gebildet werden, wie z.B. 먹이다 'jmdm. etwas zu essen geben' / 'füttern' von 먹다 'essen'.

📖 시 + 었 wird kontrahiert zu 셨 (▶ 8.1.2 | Präteritum).

In Nebensätzen werden die Satzschlussendungen des Verbs durch koordinative oder subordinative Konjunktionalformen (z.B. –고 'und', –아/어서 'weil') ersetzt (▶ 24.3 | Adverbialsätze).

Verbstamm	Kausativ	Honorativ	Tempus	Modus	Konj. Form	Verbform
먹					고	먹고
먹	이				고	먹이고
먹	이	시			고	먹이시고
먹	이	시	었		고	먹이셨고
먹	이	시	었	겠	고	먹이셨겠고

6.1 Verbarten

1. Kopula 이다

Die Kopula 이다 wird dazu verwendet, zwei Nomina miteinander gleichzusetzen wie in 유미는 학생입니다 *Yumi ist Schülerin*, sodass hier folgende Struktur zugrunde liegt: N_1 (유미) = N_2 (학생). Das erste Nomen (N_1) bezeichnet dabei das Subjekt des Satzes und kann daher entweder mit der Nominativpartikel 이/가 oder der Topikpartikel 은/는 markiert werden (▶ 22.3.1 | Nominativpartikel 이/가). Die Topikpartikel wird gebraucht, wenn das Subjekt als dem Hörer bekannt vorausgesetzt wird (▶ 22.4 | Topikpartikel 은/는). Ein mit der Topikpartikel 은/는 markiertes Nomen kann im Deutschen etwa mit 'was X angeht/betrifft/anbelangt' wiedergegeben werden. Das zweite Nomen (N_2, Prädikatsnomen) bildet zusammen mit der Kopula 이다 das Prädikat, das als Einheit ohne Leerzeichen geschrieben wird. Ist der Kontext eindeutig, kann N_1 ausgelassen werden.

N_1 = Topik bzw. Subjekt	N_2 + Kopula = Prädikat
N_1 + 은/는 (Topik-Markierung) N_1 + 이/가 (Subjekt-Markierung)	N_2 + 이다

In der Aussageform der höflich-formellen Sprechstufe (5. SPS) hat die Kopula die Form 입니다, die entsprechende Frageform ist 입니까. In der höflich-informellen Aussageform (4. SPS) hat sie die Varianten 이에요 und 예요. Nach konsonantisch auslautenden Nomina (N_{KONS}) steht 이에요, nach vokalisch auslautenden Nomina (N_{VOK}) 예요. Sie werden mit unterschiedlicher Intonation sowohl als Aussage- als auch als Frageform verwendet.

Sprechstufe / Satzart	Kopula 이다 *sein*		
	höflich-formell	höflich-informell	
Aussage	N 입니다	N_{KONS} 이에요	N_{VOK} 예요
Frage	N 입니까?	N_{KONS} 이에요?	N_{VOK} 예요?

Sprechstufe	Satzart	Beispiele	
höflich-formell	Aussage	저는 의사입니다.	*Ich bin Arzt.*
	Frage	대학생입니까?	*Sind Sie Student?*
höflich-informell	Aussage	저는 의사예요.	*Ich bin Arzt.*
	Frage	대학생이에요?	*Sind Sie Student?*

Die Kopula 이다 kann durch das Anfügen des Honorativsuffixes –시 zwischen dem Verbstamm und der Endung zu 이시다 erweitert werden. In der gesprochenen Sprache wird die Form 이세요 in der höflich-informellen Sprechstufe nach vokalisch auslautendem Nomen häufig zu 세요 verkürzt (▶ 8. 1.1 | Präsens): 어머니(이)세요. *Das ist meine Mutter.* / 아버지(이)세요. *Das ist mein Vater.*

Satzart \ Sprechstufe	이시다 *sein (honorativ)*		
	höflich-formell	höflich-informell	
Aussage	N 이십니다	N_{KONS} 이세요	N_{VOK}(이)세요
Frage	N 이십니까?	N_{KONS} 이세요?	N_{VOK}(이)세요?

Das Honorativsuffix -(으)시 bezieht sich auf das Subjekt des Satzes und drückt Respekt gegenüber dem Hörer (2. Person) bzw. dem Subjekt (3. Person) aus (▶ 5.1 | Honorativsuffix -(으)시).

Sprechstufe	subjektbezogen 이시다 *sein* (2. Person)	
höflich-formell	김 교수님이십니까?	*Sind Sie Professor Kim?*
höflich-informell	독일 분이세요?	*Sind Sie Deutsche?*
Sprechstufe	**subjektbezogen 이시다 *sein* (3. Person)**	
höflich-formell	수미의 아버지는 의사(이)십니다.	*Der Vater von Sumi ist Arzt.*
höflich-informell	이분은 유미의 담임 선생님이세요.	*Er ist der Klassenlehrer von Yumi.*

📖 이분 'diese Person' ist das Personalpronomen für die 3. Person Sg. (▶ 20.1 | Personalpronomina).

Negation der Kopula: 아니다

Die Verneinung der Kopula 이다 'sein' ist 아니다 'nicht sein'. In der folgenden Tabelle sind die negierten Aussage- und Frageformen der Kopula aufgeführt.

Satzart \ Sprechstufe	höflich-formell		höflich-informell	
	neutral	honorativ	neutral	honorativ
Aussage	아닙니다	아니십니다	아니에요	아니세요
Frage	아닙니까?	아니십니까?	아니에요?	아니세요?

Der verneinte Kopulasatz unterscheidet sich strukturell vom positiven Kopulasatz. In Sätzen mit der Struktur [N_1 ist nicht/kein N_2] wird nicht nur – wie im positiven Kopulasatz – das erste Nomen (N_1) mit der Topik- oder Subjektmarkierung versehen, sondern auch das zweite Nomen (N_2, inhaltlich gesehen das Prädikatsnomen), sodass grammatisch gesehen zwei Subjekte/Topiks vorhanden sind. Weil das zweite Nomen (N_2) immer mit einer Subjekt- bzw. Topikmarkierung steht, wird die verneinte Kopula 아니다 nicht mit dem zweiten Nomen zusammengeschrieben. (▶ 22.4 | Topikpartikel 은/는)

[N_1 ist nicht/kein N_2]		Beispiele
N_1 + 은/는 N_1 + 은/는 (Topikmarkierung)	N_2 + 이/가 아니다 N_2 + 은/는 아니다	그는 의사가 아닙니다. *Was ihn betrifft, er ist kein Arzt.* 그는 의사는 아닙니다. *Was ihn betrifft, er ist jedenfalls kein Arzt.*
N_1 + 이/가 N_1 + 이/가 (Subjektmarkierung)	N_2 + 은/는 아니다 N_2 + 이/가 아니다	그가 의사는 아닙니다. *Er ist jedenfalls kein Arzt.* 그가 의사가 아닙니다. *Er ist kein Arzt.*

📖 Das erste Nomen (N_1 = 그가) mit der Subjektmarkierung steht im Fokus, daher wird es hier hervorgehoben.

Am häufigsten wird allerdings das erste Nomen (N_1) als Topik und das zweite (N_2) als Subjekt markiert. In diesem Fall kann das erste Nomen ausgelassen werden, wenn es aus dem Kontext erschlossen werden kann. Wenn das erste Nomen (N_1) jedoch besonders hervorgehoben wird, also fokussiert ist, ist es durch die obligatorische Setzung der Subjektmarkierung 이/가 gekennzeichnet. In diesem Fall wird es daher nicht ausgelassen (▶ 22.3.1 | Nominativpartikel).

(N₁ 은/는) N₂ 이/가 아니다 – N₁ = *Topik*	N₁ 이/가 N₂ 이/가 아니다 – N₁ = *Fokus*
A: 학생이세요? B: 아니요, (저는) 학생이 아니에요. *A: Sind Sie Student?* *B: Nein, ich bin kein Student.*	A: 여러분 중에 누가 학생이 아닙니까? B: <u>제가</u> 학생이 아닙니다. *A: Wer von Ihnen ist kein Student?* *B: <u>Ich</u> bin kein Student.*

A: 이것이 민수 씨의 책이에요? — *A: Minsu, ist das Ihr Buch?*
B: 아니요, (이것은) 제 책이 아닙니다. — *B: Nein, das ist nicht mein Buch.*

A: 민수 씨, 아버님이 판사세요? — *A: Minsu, ist Ihr Vater Richter?*
B: 아니요, (제 아버지는) 판사가 아니십니다. — *B: Nein, mein Vater ist kein Richter.*

Die Kopula 이다 und die negierte Kopula 아니다 werden bei der Bejahung bzw. Verneinung von Fragen verwendet. Dabei kann 아니다 in der Bedeutung von 'Nein' alleine stehen, während bei 이다 in der Bedeutung von 'Ja' das Prädikatsnomen aus der Frage in der Antwort wiederholt werden muss.

A: 한국 사람입니까? — *A: Sind Sie Koreaner?*
B: 네, 한국 사람입니다. — *B: Ja, ich bin Koreaner.*
C: 아니요, (한국 사람이) 아닙니다. — *C: Nein, (ich bin kein Koreaner).*

A: 독일 사람이세요? — *A: Sind Sie Deutscher?*
B: 네, 독일 사람이에요. — *B: Ja, ich bin Deutscher.*
C: 아니요, (독일 사람이) 아니에요. — *C: Nein, (ich bin kein Deutscher).*

2. Das Existenzverb 있다

Das Existenzverb 있다 wird zur Bezeichnung des Vorhandenseins eines Lebewesens oder eines Gegenstands verwendet. Dabei kann dieses je nach Verwendung mit unterschiedlichen Partikeln entweder ein örtliches Vorhandensein im Sinne von 'sich an einem Ort befinden' bedeuten oder ein Vorhandensein bei einem Lebewesen/Gegenstand im Sinne von Besitz ausdrücken. Im Deutschen wird das Existenzverb 있다 je nach Kontext mit 'sich befinden', 'da sein', 'es gibt' oder 'haben/besitzen' wiedergegeben:

a) 있다 'vorhanden sein' = sich befinden (an einem Ort)

Das Existenzverb 있다 drückt aus, dass eine Person oder ein Gegenstand (N_1) existiert. Dabei wird diese Aussage häufig durch die Angabe des Ortes (N_{2Ort}), an dem sie/er sich befindet, ergänzt. Dieser wird durch die Lokativpartikel 에 'in'/'an' markiert. Die honorative Entsprechung des Existenzverbs 있다 'sich befinden' lautet 계시다 (▶ 5.5 | Honorativvokabular).

Struktur	Beispiele	
N_1 이/가 N_{2Ort} 에 있다	수미가 방에 있어요.	*Sumi ist im Zimmer.*
N_1 께서 N_{2Ort} 에 계시다	아버지께서 방에 계세요.	*Mein Vater ist im Zimmer.*

Die folgende Tabelle fasst die Formen des Existenzverbs 있다 und seiner honorativen Entsprechung 계시다 im Aussage- und Fragesatz für die formelle und informelle Höflichkeitsstufe zusammen.

Satzart	höflich-formelle Sprechstufe		höflich-informelle Sprechstufe	
	neutral	honorativ	neutral	honorativ
Aussage	있습니다	계십니다	있어요	계세요
Frage	있습니까?	계십니까?	있어요?	계세요?

A: 민수 씨, 지금 어디에 있어요?
B: 지금 시내에 있습니다.

A: Minsu, wo sind Sie jetzt?
B: Ich bin jetzt in der Stadt.

A: 할머니 지금 집에 계세요?
B: 아니요, 병원에 계십니다.

A: Ist Ihre Großmutter jetzt zu Hause?
B: Nein, sie ist im Krankenhaus.

Die deutschen Präpositionen wie 'unter', 'vor', 'hinter' usw. werden im Koreanischen durch eine Kombination von Ortsnomen + Lokativpartikel 에 ausgedrückt, so wird z.B. die adverbiale Bestimmung des Ortes 집 앞에 im Deutschen mit 'vor dem Haus' wiedergegeben.

Ortsnomen + Lokativpartikel 에		Ortsnomen + Lokativpartikel 에	
앞 Vorderseite	앞에 *vor/vorne*	위 Oberseite	위에 *auf/über*
뒤 Rückseite	뒤에 *hinter/hinten*	밑 Unterseite	밑에 *unter/unten*
옆 Seite	옆에 *neben*	아래 Unterseite	아래에 *unter/unten*
안 Innenseite	안에 *in/innen*	바깥 / 밖 Außenseite	바깥 / 밖에 *draußen/außen*

A: 연필이 신문 밑에 있습니까?
B: 아니요, 소파 옆에 있어요.

A: Liegt der Bleistift unter der Zeitung?
B: Nein, er liegt neben dem Sofa.

A: 우유가 어디에 있어요?
B: 우유가 냉장고 안에 있습니다.

A: Wo ist die Milch?
B: Die Milch ist im Kühlschrank.

A: 은행이 우체국 앞에 있습니까?
B: 아니요, 우체국 뒤에 있어요.

A: Ist die Bank vor der Post?
B: Nein, sie befindet sich hinter der Post.

b) 있다 'haben/besitzen'

Die Bedeutung 'haben'/'besitzen' wird durch das Existenzverb 있다 ausgedrückt, wobei der Besitzer durch die Partikel –에게/–한테 (Lokativ bei Personenbezeichnungen) markiert wird. In dieser Funktion wird die entsprechende Honorativform –께 nicht verwendet (▶ 22.3.4 | Kasuspartikeln). Wörtlich bedeutet diese Konstruktion also *'etwas ist bei jmdm. vorhanden'*.

나한테 / 나에게 표가 두 장 있어요.
Ich habe zwei Tickets.
[Bei mir sind zwei Tickets vorhanden.]

선생님한테(nicht: *께) 예쁜 딸이 있습니다.
Der Lehrer hat eine hübsche Tochter.
[Eine hübsche Tochter ist bei dem Lehrer vorhanden.]

형제가 있습니까?
Haben Sie Geschwister?
[Sind Geschwister bei Ihnen vorhanden?]

주말에 시간이 있어요?
Haben Sie am Wochenende Zeit?
[Ist Zeit am Wochenende bei Ihnen vorhanden?]

In der Bedeutung 'haben'/'besitzen' wird anstelle des honorativen Verbs 계시다 'sich befinden' das mit dem Honorativsuffix –(으)시 erweiterte Verb 있으시다 verwendet. Die folgende Tabelle fasst die Formen des Existenzverbs 있다 und seiner honorativen Entsprechung 있으시다 im Aussage- und Fragesatz für die formelle und informelle Höflichkeitsstufe zusammen.

Satzart	höflich-formelle Sprechstufe		höflich-informelle Sprechstufe	
	neutral	honorativ	neutral	honorativ
Aussage	있습니다	있으십니다	있어요	있으세요
Frage	있습니까?	있으십니까?	있어요?	있으세요?

질문이 있습니까? — *Haben Sie eine Frage?*

김 선생님은 오늘 회의가 있으세요. — *Herr Kim hat heute eine Besprechung.*

오 선생님, 오늘 약속이 있으세요? — *Frau Oh, haben Sie heute eine Verabredung?*

Im Sinne von 'haben'/'besitzen' wird auch ein transitives Aktionsverb 가지다 (die verkürzte Form ist 갖다), das ein Objekt verlangt, verwendet. Dieses Verb wird häufig in der Konstruktion mit der Verlaufsform −고 있다 verwendet, wenn ein belebtes Subjekt einen kleineren Gegenstand oder ein Abstraktum besitzt: 가지고 있다 bzw. 갖고 있다 'gerade bei sich haben'. Bei größeren Gegenständen wird durch diese Konstruktion der konkrete Besitz betont. Das Verb 가지다 kann nicht im Zusammenhang mit Personen gebraucht werden.

민수가 열쇠를 가지고 있어요. — *Minsu hat (jetzt) den Schlüssel.*
= 민수에게 열쇠가 있어요.

좋은 아이디어를 가지고 있습니다. — *Ich habe (gerade) eine gute Idee.*
= 제게 좋은 아이디어가 있습니다.

그는 집 두 채를 가지고 있습니다. — *Er besitzt zwei Wohnungen.*
= 그에게 집 두 채가 있습니다.

여동생이 있습니까? — *Haben Sie eine jüngere Schwester?*
Nicht: *여동생을 가지고 있습니까?

Negation des Existenzverbs: 없다

Bei der Verneinung des Existenzverbs 있다 zeigt sich dieselbe Bedeutungsdifferenzierung wie in der positiven Form:

a) In der Bedeutung 'sich befinden (an einem Ort)' wird die honorative Entsprechung 계시다 mit dem Negationsadverb 안 'nicht' vor dem Verb verneint: 안 계시다.
b) In der Bedeutung 'haben'/'besitzen' wird die honorative Entsprechung 있으시다 durch 없으시다 verneint.

Existenzverb	'sich (nicht) befinden'		'haben / nicht haben'	
	neutral	honorativ	neutral	honorativ
Positiv	있다	계시다	있다	있으시다
Negativ	없다	안 계시다	없다	없으시다

Beispiele in der Bedeutung 'sich befinden' vs. 'sich nicht befinden':

A: 율리아 지금 집에 있어요? — *A: Ist Julia jetzt zu Hause?*
B: 아니, 지금 집에 없어. — *B: Nein, sie ist jetzt nicht zu Hause.*

A: 어머님 집에 계세요? — *A: Ist Ihre Mutter zu Hause?*
B: 아니요, 안 계세요. — *B: Nein, sie ist nicht zu Hause.*

A: 열쇠가 가방에 있어요? — *A: Ist der Schlüssel in der Tasche?*
B: 아니요, 열쇠가 가방에 없어요. — *B: Nein, der Schlüssel ist nicht in der Tasche.*

Beispiele in der Bedeutung 'nicht vorhanden sein' / 'nicht haben':

차 열쇠가 없어요.	*Ich habe keinen Schlüssel für das Auto.*
A: 김 선생님, 오늘 시간(이) 있으세요? B: 미안해요. 오늘 시간(이) 없어요.	*A: Herr Kim, haben Sie heute Zeit?* *B: Entschuldigung, ich habe heute keine Zeit.*
A: 오늘 수업이 없으세요? B: 예, 오늘 수업이 없습니다.	*A: Haben Sie heute keinen Unterricht?* *B: Nein [Ja], ich habe heute keinen Unterricht.*

📖 Ja/Nein-Antwort auf negativ formulierte Fragen (▶ 7.1 | Negation von Aussage- und Fragesätzen)

Von dem Existenzverb 있다 können Imperativ- und Aufforderungsformen nur in der Bedeutung 'sich an einem Ort befinden' gebildet werden. Die Negation wird dabei nicht mit 없다 gebildet, sondern durch 있다 in der Konstruktion –지 말다 (▶ 7 | Negation).

Satzart	Positiv	Negativ	Übersetzung
Imperativ (1./2. SPS)	집에 있어. 집에 있어라.	집에 있지 마. 집에 있지 마라.	*Bleib (nicht) zu Hause!*
Imperativ (4. SPS)	집에 있으세요. 집에 계세요.	집에 있지 마세요. 집에 계시지 마세요.	*Bleiben Sie (nicht) zu Hause!*
Aufforderung (1./5. SPS)	집에 있자. 집에 있읍시다.	집에 있지 말자. 집에 있지 맙시다.	*Lass uns (nicht) zu Hause bleiben!*

3. Aktionsverben und Qualitativverben

Aktionsverben (AV) bezeichnen Handlungen, Vorgänge oder Ereignisse. Dazu gehören Bewegungsverben wie 가다 'gehen', 오다 'kommen' oder Handlungsverben wie 먹다 'essen', 마시다 'trinken', aber auch solche Verben, die mentale Prozesse oder Emotionen bezeichnen, wie 생각하다 'denken', 걱정하다 'sich sorgen' oder 사랑하다 'lieben'.

Qualitativverben (QV) drücken dagegen Zustände und Eigenschaften aus, z.B. 예쁘다 'hübsch sein', 춥다 'kalt sein', 아프다 'krank sein' oder 무섭다 'ängstlich sein'. Hinsichtlich ihrer Funktion werden Qualitativverben oft als adjektivische Verben oder Adjektive bezeichnet. Die koreanischen Qualitativverben unterscheiden sich jedoch von deutschen Adjektiven darin, dass sie Tempusmarkierungen tragen und prädikativ ohne die Kopula 이다 'sein' gebraucht werden.

Zur Markierung der verschiedenen Zeitformen werden bei Aktionsverben und Qualitativverben dieselben Tempusmarkierungen verwendet (▶ 8.1 | Tempus).

Verbart / Tempus	Aktionsverb 먹다 *essen*		Qualitativverb 좋다 *gut sein*	
	höflich-formell	höflich-informell	höflich-formell	höflich-informell
Präsens	먹습니다.	먹어요.	좋습니다.	좋아요.
Präteritum	먹었습니다.	먹었어요.	좋았습니다.	좋았어요.
Plusquamperfekt	먹었었습니다.	먹었었어요.	좋았었습니다.	좋았었어요.
Futur	먹겠습니다.	먹겠어요.	좋겠습니다.	좋겠어요.

Aktionsverben können Partizipialformen für alle Zeitformen bilden, Qualitativverben bilden jedoch kein Partizip Präteritum und kein Partizip Futur. Die Partizipialformen werden je nach Tempus und Verbart durch das Anhängen von unterschiedlichen Suffixen an den Verbstamm gebildet. Bei Aktionsverben z.B. Partizip Präsens –는, Partizip Präteritum –은/ㄴ, Partizip Futur –을/ㄹ und Partizip Retrospektiv –던. Bei Qualitativverben wird das Partizip Präsens mit dem Suffix –은/ㄴ gebildet (▶ 12 | Partizipialformen).

Verbart / Partizip	Aktionsverb 먹다 *essen*	Qualitativverb 좋다 *gut sein*
Partizip Präsens	빵을 먹는 사람 *ein Mensch, der Brot isst* *[ein Brot essender Mensch]*	좋은 날씨 *ein schönes Wetter* *[ein schön seiendes Wetter]*
Partizip Präteritum	빵을 먹은 사람 *ein Mensch, der Brot gegessen hat*	–
Partizip Retrospektiv	빵을 자주 먹던 사람 *ein Mensch, der oft Brot gegessen hat*	좋던 날씨 / 좋았던 날씨 *das Wetter, das schön war*
Partizip Futur	빵을 먹을 사람 *ein Mensch, der Brot essen wird*	–

Zur Bildung konjunktionaler Nebensätze werden bei beiden Verbarten dieselben Konjunktionalformen gebraucht. Im Gegensatz zu Aktionsverben können Qualitativverben jedoch nicht mit finalen Konjunktionalformen verwendet werden (▶ 24.3.7 | Finalsatz). Ebenso können Qualitativverben nicht in der Verlaufsform –고 있다 gebraucht werden.

	Aktionsverb 먹다	Qualitativverb 좋다
Konditionale Konjunktion	빵을 먹으면 [...] *wenn (er, sie, man) Brot isst [...]*	날씨가 좋으면 [...] *wenn das Wetter schön ist, [...]*
Finale Konjunktionen	빵을 먹으려고 / 먹기 위해서 [...] *um Brot zu essen [...]*	–
Verlaufsform –고 있다	빵을 먹고 있어요. *Ich esse gerade Brot.*	–

Bei Aktionsverben und Qualitativverben werden Aussagesätze und Fragesätze in der höflich-formellen Sprechstufe mit denselben Satzschlussendungen gebildelt: –습니다/–ㅂ니다 für Aussagen und –습니까/–ㅂ니까 für Fragen. In der höflich-informellen Sprechstufe werden bei beiden Verbarten alle Satzarten mit derselben Satzschlussendung –아요 bzw. –어요 gebildet (▶ 8.1.1 | Präsens).

Verbart / Satzart	Aktionsverben		Qualitativverben	
	VS_{KONS}	VS_{VOK}	VS_{KONS}	VS_{VOK}
Aussage	읽습니다.	갑니다.	좋습니다.	나쁩니다.
Frage	읽습니까?	갑니까?	좋습니까?	나쁩니까?
Imperativ	읽으십시오.	가십시오.	–	–
Aufforderung	읽읍시다.	갑시다.	–	–

Verbart / Satzart	Aktionsverben		Qualitativverben	
	VS ㅏ/ㅗ–아요	VS_{ohne} ㅏ/ㅗ–어요	VS ㅏ/ㅗ–아요	VS_{ohne} ㅏ/ㅗ–어요
Aussage	가요.	읽어요.	많아요.	적어요.
Frage	가요?	읽어요?	많아요?	적어요?
Imperativ	가요.	읽어요.	–	–
Aufforderung	가요.	읽어요.	–	–

Im Gegensatz zu Aktionsverben können die Qualitativverben weder Befehls- noch Aufforderungssätze bilden. Allerdings stellen einige mit -하다 gebildete Qualitativverben wie 정직하다 'ehrlich sein', 조용하다 'ruhig sein' eine Ausnahme dar (▶ 6.3 | Aktionsverben und Qualitativverben mit 하다).

Imperativ	höflich-formell	höflich-informell	Übersetzung
AV + -(으)시	가십시오.	가세요.	*Gehen Sie bitte!*
	앉으십시오.	앉으세요.	*Setzen Sie sich bitte!*
QV mit 하다 + -(으)시	정직하십시오.	정직하세요.	*Seien Sie bitte ehrlich!*
	조용하십시오.	조용하세요.	*Seien Sie bitte ruhig!*

6.2 Transitive und intransitive Verben

Innerhalb der Gruppe der Aktionsverben unterscheidet man zwischen transitiven und intransitiven Verben. Transitive Verben beschreiben eine Handlung, die sich auf ein direktes Objekt bezieht. Dieses wird durch die Akkusativ- bzw Objektpartikel 을/를 gekennzeichnet. Dagegen haben intransitive Verben kein direktes Objekt. Die Qualitativverben, die Zustände und Eigenschaften beschreiben, sind intransitiv. Allerdings können Qualitativverben, die einen Gemüts- oder Gefühlszustand beschreiben, transitive Aktionsverben bilden, indem sie mit dem Hilfsverb 하다 'tun' und mit der Anschlussform -아/어 verbunden werden: VS-아/어하다.

Qualitativverben (intransitiv) + -아/어하다	Aktionsverben (transitiv)
좋다 *gut sein* + -아하다 → 좋아하다	좋아하다 *etwas/jmdn. mögen*
싫다 *zuwider sein* + -어하다 → 싫어하다	싫어하다 *etwas/jmdn. nicht mögen*

Qualitativverben (intransitiv)		Aktionsverben (transitiv)	
이/가 밉다	*verhasst sein*	을/를 미워하다	*jmdn. hassen*
이/가 무섭다	*furchterregend sein*	을/를 무서워하다	*fürchten*
이/가 부럽다	*beneidenswert sein*	을/를 부러워하다	*beneiden*
이/가 그립다	*ersehnt sein*	을/를 그리워하다	*vermissen*
이/가 걱정이다	*Anlass zur Sorge sein*	을/를 걱정하다	*sich Sorgen machen*

Das Subjekt dieser Qualitativverben ist nicht die Person, die das Gefühl empfindet, sondern die Person oder der Gegenstand, die/der das Gefühl auslöst. Die empfindende Person ('Ich' in der Aussage oder 'Du/Sie' in der Frage) wird normalerweise nicht genannt. Diese Qualitativverben können nur für die 1. oder 2. Person gebraucht werden. Die Person, die den Gefühlszustand hervorruft, kann nicht durch das Honorativsuffix -(으)시 oder die honorative Nominativpartikel 께서 markiert werden. Die Person, die den Gefühlszustand empfindet, kann dagegen mit -(으)시 honorativ markiert werden, wenn sie nicht das Subjekt, sondern das Topik des Satzes ist.

좋다 (QV)	Beispiele	
이/가 좋다	(저는) 김 선생님이 좋아요. Nicht: *(저는) 김선생님께서 좋아요.	*Ich mag Herrn Kim.* *[Was mich betrifft, ist Herr Kim gut.]*
좋으시다 (honorativ)	저는 생선이 좋아요. 아버지도 생선이 좋으세요?	*Ich mag Fisch.* *Papa, magst du auch Fisch?*

📖 Die Partikel 도 'auch' hat auch eine topikalisierende Funktion.

Wenn man eine Aussage über die Vorliebe oder den Gefühlszustand einer dritten Person machen will, ist der Gebrauch eines transitiven Aktionsverbs mit 하다 erforderlich.

제 아내는 고향을 그리워해요.	*Meine Frau vermisst ihre Heimat.*
언니가 저를 부러워해요.	*Meine ältere Schwester beneidet mich.*
A: 아들이 생선을 좋아해요? B: 아니요, (아들은) 생선을 싫어해요.	*A: Mag Ihr Sohn Fisch?* *B: Nein, er mag keinen Fisch.*

Anmerkung: Das Qualitativverb 좋다 hat je nach Kontext unterschiedliche Bedeutungen: a) *X ist gut* und b) *X gefällt mir / ich mag X*. Im Gegensatz zum Aktionsverb 좋아하다 'mögen' drückt das Qualitativverb 좋다 oft spontane/vorübergehende Vorlieben aus und ist somit nicht im Sinne einer allgemeinen Aussage zu verstehen, sondern als Aussage über einen konkreten Einzelfall. 좋아하다 hingegen drückt eher eine allgemeine Vorliebe aus.

생선이 좋아요.	*Der Fisch hat eine gute Qualität. / Ich esse den Fisch gerne.*
생선을 좋아해요.	*Ich mag Fisch.* (generell)

Die oben angegebene Personendifferenzierung gilt auch für folgende Paare von Qualitativ- und Aktionsverben. Hier bezeichnet das Qualitativverb allerdings den Zustand der Person und nicht des Objekts, das den Zustand auslöst. Aber auch hier werden die Qualitativverben nur für die 1. Person (Aussage) und 2. Person (Frage) verwendet, während zum Ausdruck des Zustands einer 3. Person die entsprechenden Aktionsverben verwendet werden.

Qualitativverben (intransitiv)		Aktionsverben (transitiv)	
이/가 기쁘다	*froh sein*	을/를 기뻐하다	*sich freuen (3. Person)*
이/가 슬프다	*traurig sein*	을/를 슬퍼하다	*traurig sein (3. Person)*
이/가 반갑다	*freudig/froh sein*	을/를 반가워하다	*freuen/erfreut sein (3. Person)*

Qualitativverben (intransitiv)	Aktionsverben (transitiv)
방학해서 기뻐요. *Ich bin froh, dass ich Ferien habe.*	아빠가 아이의 탄생을 기뻐합니다. *Das Vater freut sich über die Geburt des Kindes.*
많이 슬퍼요. *Ich bin sehr traurig.*	친구가 많이 슬퍼해요. *Meine Freundin ist sehr traurig.*
만나서 반가워요. *Ich freue mich, Sie kennenzulernen.*	할머니가 저를 많이 반가워하세요. *Die Oma freut sich sehr, mich zu sehen.*

Bei einigen Qualitativverben bezeichnet dagegen das Subjekt die empfindende Person, während die Person, die die Empfindung auslöst, im Dativ (에게/한테 bzw. 께 (honorativ)) steht (▶ 22.3.4 | Kasuspartikeln).

Qualitativverben (intransitiv)	Aktionsverben (transitiv)
남편에게/한테 많이 고마워요. *Ich bin meinem Mann sehr dankbar.*	아내가 남편한테/에게 늘 고마워하고 있다. *Die Ehefrau dankt stets ihrem Mann.*
부모님께 감사해요. *Ich bin meinen Eltern dankbar.*	자식들이 부모님께 감사해합니다. *Die Kinder danken ihren Eltern.*

6.3 Aktionsverben vs. Qualitativverben mit 하다

Im Koreanischen gibt es eine Vielzahl von Aktions- und Qualitativverben, die durch die Kombination eines Nomens mit dem Verb 하다 'machen' gebildet werden. Je nachdem, ob dieses Nomen eine Handlung oder eine Eigenschaft bezeichnet, ergibt die Verbindung mit dem Verb 하다 die Bedeutung eines Aktions- bzw. eines Qualitativverbs. Die so gebildeten Verben werden als Einheit ohne Leerstelle geschrieben.

Aktionsverben und Qualitativverben mit 하다	Bedeutung
Aktionsnomen + 하다 → Aktionsverb	*N machen*
Eigenschaftsnomen + 하다 → Qualitativverb	*N sein*

Aktionsnomen + 하다 → AV		Eigenschaftsnomen + 하다 → QV	
식사 *Essen*	식사하다 *essen*	행복 *Glück*	행복하다 *glücklich sein*
공부 *Lernen*	공부하다 *lernen*	정직 *Ehrlichkeit*	정직하다 *ehrlich sein*
요리 *Kochen*	요리하다 *kochen*	피곤 *Müdigkeit*	피곤하다 *müde sein*
노래 *Lied*	노래하다 *singen*	조용 *Ruhe*	조용하다 *ruhig sein*
말 *Sprache*	말하다 *sprechen*	건강 *Gesundheit*	건강하다 *gesund sein*

Das Verb 하다 kann auch als Suffix zur Bildung intransitiver Aktionsverben verwendet werden. In diesem Fall verliert das Aktionsnomen die Akkusativ- bzw. Objektpartikel 을/를, wobei das Aktionsnomen und 하다 ohne Leerstelle zusammengeschrieben werden.

Aktionsnomen + 을/를 + 하다		Aktionsnomen + 하다 → AV (intransitv)	
일을 하다	*Arbeit machen*	일하다	*arbeiten*
운동을 하다	*Sport treiben*	운동하다	*Sport treiben*
목욕을 하다	*ein Bad nehmen*	목욕하다	*baden*
전화를 하다	*ein Telefonat führen*	전화하다	*telefonieren*
숙제를 하다	*Hausaufgaben machen*	숙제하다	*Hausaufgaben machen*

In einigen Fällen können die mit dem Suffix –하다 gebildeten Verben auch transitiv verwendet werden, d.h. ein Objekt im Akkusativ zu sich nehmen. In diesem Fall trägt das Aktionsnomen nicht die Akkusativmarkierung, sondern nur das neu hinzugekommene Objekt.

Aktionsnomen + 을/를 + 하다		Aktionsnomen + 하다 → AV (transitiv)	
청소를 하다	*eine Reinigung durchführen*	청소하다	*etwas reinigen*
요리를 하다	*Essen kochen*	요리하다	*etwas kochen*
노래를 하다	*ein Lied singen*	노래하다	*etwas singen*
산책을 하다	*einen Spaziergang machen*	산책하다	*spazierengehen*

방을 청소하고 있어요.
Nicht: *방을 청소를 하고 있어요.

Ich reinige gerade das Zimmer.

한국 음식을 요리할 거예요.
Nicht: *한국 음식을 요리를 할 거예요.

Ich werde koreanisches Essen kochen.

공원을 산책해요.
Nicht: *공원을 산책을 해요.

Er geht im Park spazieren. [Er spaziert den Park]

Wenn das Objekt von 하다 durch ein Attribut erweitert wird, muss die Konstruktion mit Aktionsnomen + 을/를 + 하다 verwendet werden.

민수는 힘든 일을 합니다.	*Minsu macht eine anstrengende Arbeit.*
어려운 숙제를 하고 있어요.	*Er macht eine schwierige Hausaufgabe.*
위험한 운동을 하지 마십시오.	*Treiben Sie keinen gefährlichen Sport!*

Bei den folgenden Verben, die eine Person als Objekt (Dativobjekt) verlangen, wird statt 하다 das Bescheidenheit ausdrückende Verb 드리다 'geben (von unten nach oben)' verwendet, wenn die Person höher steht oder älter ist als der Sprecher bzw. das Subjekt (▶ 5.6 | Bescheidenheitsausdrücke).

Bedeutung	Aktionsnomen + 하다	Aktionsnomen + 드리다
ein Telefonat führen	전화를 하다	전화를 드리다
eine Bitte an jmdn. richten	부탁을 하다	부탁을 드리다
eine Mitteilung machen	연락을 하다	연락을 드리다
ein Versprechen geben	약속을 하다	약속을 드리다
Gratulation ausrichten	축하를 하다	축하를 드리다

Wie andere Qualitativverben können auch die mit 하다 gebildeten Qualitativverben keine Imperativ- oder Aufforderungssätze bilden. Eine Ausnahme stellen Qualitativverben wie 행복하다 'glücklich sein' oder 건강하다 'gesund sein' dar. Bei diesen Verben hat die Imperativform -(으)십시오 bzw.-(으)세요 jedoch keine imperativische Bedeutung, sondern drückt einen Wunsch seitens des Sprechers aus.

QV mit 하다	Imperativ	Aufforderung
행복하다 *glücklich sein*	행복하십시오. / 행복하세요. *Ich wünsche Ihnen viel Glück.* *[Seien Sie bitte glücklich!]*	행복합시다. *Lasst uns glücklich sein!*
건강하다 *gesund sein*	건강하십시오. / 건강하세요. *Bleiben Sie gesund!*	건강합시다. *Lasst uns gesund bleiben!*

Auch von englischen Lehnwörtern werden im Koreanischen mit 하다 Aktions- bzw. Qualitativverben abgeleitet.

englisches Nomen + 을/를 + 하다		englisches Nomen + 하다 → Aktionsverb	
게임을 하다	*Spiel machen*	게임하다	*spielen*
데이트를 하다	*Date machen*	데이트하다	*ausgehen*
쇼핑을 하다	*Einkauf machen*	쇼핑하다	*einkaufen*
샤워를 하다	*Dusche machen*	샤워하다	*duschen*
사우나를 하다	*Sauna machen*	사우나하다	*saunieren*
스캔을 하다	*Scan machen*	스캔하다.	*scannen*
캠핑을 하다	*Camping machen*	캠핑하다	*campen*
바비큐를 하다	*Barbecue machen*	바비큐하다	*grillen*
다운로드를 하다	*Download machen*	다운로드하다	*herunterladen*

Aus englischen Adjektiven werden ebenfalls mit 하다 Qualitativverben abgeleitet (▶ 6.3 | Aktions- und Qualitativverben mit 하다).

englisches Adjektiv + 하다 → Qualitativverben			
쿨하다	*cool sein*	쿨한 대답	*eine coole Antwort*
스마트하다	*smart sein*	스마트한 남자	*ein schlauer Mann*
섹시하다	*sexy sein*	섹시한 여자	*eine sexy Frau*

6.4 Qualitativverben mit 있다

Es gibt im Koreanischen auch Qualitativverben, die durch die Kombination aus Nomen und dem Existenzverb 있다 gebildet werden. Genau wie 하다 wird auch das Existenzverb 있다 als Suffix zur Bildung von Qualitativverben verwendet. In diesem Fall verliert das Eigenschaftsnomen die Nominativpartikel 이/가 und 있다 wird ohne Leerstelle an das Nomen angehängt.

Nomen	Nomen + 이/가 + 있다		QV mit 있다
맛 *Geschmack*	맛이 있다.	*Es schmeckt.* *[Geschmack ist vorhanden.]*	맛있다 *Es schmeckt*
재미 *Unterhaltsamkeit/ Interessantheit*	재미가 있다.	*Es ist unterhaltsam/interessant.* *[Unterhaltsamkeit/Interessantheit ist vorhanden.]*	재미있다 *unterhaltsam / interessant sein*
관심 *Interesse*	관심이 있다.	*interessiert sein* *[Interesse ist vorhanden.]*	관심있다 *interessiert sein*

Diese Qualitativverben mit 있다 werden mit 없다 'nicht da sein' verneint (▶ 6.1.2 | Existenzverb).

Nomen + 이/가 + 없다		QV mit 없다
맛이 없다	*nicht schmecken*	맛없다 *nicht schmecken*
재미가 없다	*nicht unterhaltsam sein*	재미없다 *nicht unterhaltsam sein*
관심이 없다	*kein Interesse haben*	관심없다 *nicht interessiert sein*

A: 영화가 재미있어요?
B: 영화가 별로 재미없어요.

A: Ist der Film unterhaltsam?
B: Der Film ist nicht besonders unterhaltsam.

A: 닭고기가 맛이 없어요?
B: 예, 닭고기가 맛없어요.

A: Schmeckt das Hähnchenfleisch nicht?
B: Nein [Ja], das Hähnchenfleisch schmeckt nicht.

A: 무엇에 관심이 있어요?
B: 한국 영화에 관심있어요.

A: Woran haben Sie Interesse?
B: Ich interessiere mich für koreanische Filme.

6.5 Zusammengesetzte Verben (Verbkomposita)

Im Koreanischen gibt es vier Bildungstypen von Verbkomposita: 1) Komposita, die aus einer einfachen Zusammenrückung eines Nomens und eines Verbs bestehen, 2) Komposita, die aus zwei bzw. drei Verben mit der Anschlussform –아/어 zusammengesetzt sind, 3) Komposita, die aus einem Verbstamm und einem Verb gebildet sind, und 4) Komposita, die aus einem Adverb und einem Verb bestehen.

1a) Verbkomposita aus Nomen + Aktionsverb

Verbkomposita können aus einer Zusammenrückung eines Nomens mit einem transitiven oder intransitiven Aktionsverb bestehen. Bei transitiven Aktionsverben fällt die Akkusativ- bzw. Objektpartikel 을/를 oder bei intransitven Aktionsverben die Nominativ- bzw. Subjektpartikel 이/가 weg. In diesem Fall werden Nomina und Aktionsverb ohne Leerstelle zusammengeschrieben:

Nomen + Verb 나다 'entstehen'	Nomen + Verb 내다 'herausbringen'
화나다 *wütend sein* (← 화가 나다 Wut entsteht)	화내다 *sich ärgern* (← 화를 내다 Wut erzeugen)

Verbkomposita werden häufig aus einer Kombination von Nomina und transitiven Aktionsverben wie 하다 'tun' bzw. 내다 'herausbringen'/'erzeugen'/'hinstellen'/'verursachen' oder intransitiven Aktionsverben wie 되다 'werden' bzw. 나다 'entstehen' gebildet.

Nomen	N + Verb 나다 (intransitiv)	N + Verb 내다 (transitiv)
빛 *Licht*	빛나다 *leuchten*	빛내다 *beleuchten*
끝 *Ende*	끝나다 *enden*	끝내다 *beenden*
힘 *Kraft*	힘나다 *stark sein*	힘내다 *Kraft erzeugen*
고장 *Schaden*	고장나다 *kaputt gehen*	고장내다 *kaputt machen*
사고 *Unfall*	사고나다 *Unfall passieren*	사고내다 *Unfall verursachen*

Nomen	N + Verb 나다 / 되다 (intransitiv)	N + Verb 하다 (transitiv)
생각 *Gedanke*	생각나다 *einfallen*	생각하다 *denken*
기억 *Erinnerung*	기억나다 *sich erinnern*	기억하다 *erinnern*
준비 *Vorbereitung*	준비되다 *vorbereitet werden*	준비하다 *etwas vorbereiten*
시작 *Beginn*	시작되다 *beginnen* (Der Unterricht beginnt)	시작하다 *beginnen* (Der Lehrer beginnt den Unterricht)

Das eigentlich transitive Verb 시작하다 wird häufig auch in der intransitiven Konstruktion gebraucht: 영화가 시작해요. *Der Film beginnt.*

1b) Verbkomposita aus Nomen + Qualitativverb

Verbkomposita können auch aus einer Zusammenrückung eines Nomens mit einem Qualitativverb bestehen.

Nomen + Qualitativverb	Nomen + Qualitativverb
목 *Hals* + 마르다 *trocken sein* → 목마르다 *durstig sein* (← 목이 마르다)	값 *Preis* + 싸다 *billig sein* → 값싸다 *billig sein* (← 값이 싸다)
배 *Bauch* + 부르다 *voll sein* → 배부르다 *satt sein* (← 배가 부르다)	맛 *Geschmack* + 나다 *entstehen* → 맛나다 *lecker sein* (← 맛이 나다)
힘 *Kraft / Anstrengung* + 들다 *eintreten/kosten* → 힘들다 *anstrengend sein* (← 힘이 들다)	눈 *Augen* + 부시다 *blenden* → 눈부시다 *blendend sein* (← 눈이 부시다)

2a) Verbkomposita aus Verbstamm + Anschlussform –아/어 + Verb

Verbkomposita können auch aus dem Zusammenschluss von zwei Verben (in seltenen Fällen auch von drei Verben) bestehen, die mit der Anschlussform –아/어 oder der Konjunktionalform –고 'und' verbunden sind. Verbkomposita aus zwei Verben bezeichnen meist Handlungen, die entweder unmittelbar aufeinander folgen oder gleichzeitig stattfinden.

Verbstamm + -아/어 + Verb	Verbstamm + -고 + Verb
기다 *kriechen* + 가다 *gehen / sich fortbewegen* → 기어가다 *kriechend fortbewegen = kriechen*	파다 *graben* + 들다 *eintreten* → 파고들다 *eindringen*

VS + -아/어 + Verb 가다	VS + -아/어+ Verb 먹다
뛰다 *laufen* + 가다 *sich fortbewegen* → 뛰어가다 *laufend fortbewegen = laufen*	삶다 *kochen* + 먹다 *essen* → 삶아먹다 *kochen und (sofort) essen*
달리다 *rennen* + 가다 *sich fortbewegen* → 달려가다 *rennend fortbewegen = rennen*	굽다 *braten* + 먹다 *essen* → 구워먹다 *braten und (sofort) essen*
걷다 *zu Fuß gehen* + 가다 *sich fortbewegen* → 걸어가다 *zu Fuß gehen*	갉다 *nagen* + 먹다 *essen* → 갉아먹다 *nagen und (sofort) essen*

Besonders häufig sind Komposita mit den Richtungsverben 가다 'gehen' und 오다 'kommen'. Z.B. bedeutet 사(서)오다 'kaufen und kommen', d.h. 'etwas kaufen und mitbringen', gegenüber 사(서)가다 'etwas kaufen und damit weggehen', d.h. 'etwas mitnehmen'. Diese Bildungen sind oft auf bestimmte Situationen beschränkt und können im Deutschen nicht wörtlich wiedergegeben werden. So heißt etwa 가져가다 'etwas nehmen und damit herkommen', d.h. 'etwas mitbringen', gegenüber 해오다 'etwas (z.B. Hausaufgaben) machen und damit herkommen', d.h. '(Hausaufgaben) mitbringen'. 가다 und 오다 werden auch als Hilfsverben zum Ausdruck einer zeitlichen Entwicklung verwendet (▶ 9.1.6 | Hilfsverben -아/어 가다, -아/어 오다).

VS + -아/어 + Verb 오다	VS + -아/어+ Verb 가다
사다 *kaufen* + 오다 *kommen* → 사오다 *mitbringen*	사다 *kaufen* + 가다 *gehen* → 사가다 *mitnehmen*
가지다 *haben/nehmen* + 오다 *kommen* → 가져오다 *mitbringen*	가지다 *haben/nehmen* + 가다 *gehen* → 가져가다 *mitnehmen*
하다 *tun* + 오다 *kommen* → 해오다 *mitbringen*	하다 *tun* + 가다 *gehen* → 해가다 *mitnehmen*

Weitere Beispiele für Verbkomposita aus zwei Verben sind 들다 'eintreten', 내다 'erzeugen' oder 오르다 'aufgehen', 내리다 'aussteigen'.

VS + -아/어 + Verb 들다	VS + -아/어+ Verb 내다
스미다 *eindringen* + 들다 *eintreten* → 스며들다 *durchsickern*	하다 *tun* + 내다 *herausbringen* → 해내다 *erledigen*
모이다 *sich sammeln* + 들다 *eintreten* → 모여들다 *sich versammeln*	찾다 *suchen* + 내다 *herausbrigen* → 찾아내다 *herausfinden / heraussuchen*
녹다 *schmelzen* + 들다 *eintreten* → 녹아들다 *verschmelzen*	짜다 *ausdrücken* + 내다 *herausbringen* → 짜내다 *herauspressen / wringen*
배다 *dringen* + 들다 *eintreten* → 배어들다 *durchdringen*	캐다 *graben* + 내다 *herausbringen* → 캐내다 *ausgraben*

VS + -아/어 + Verb 내리다	VS + -아/어+ Verb 오르다
깍다 *herabdrücken* + 내리다 *herunternehmen* → 깍아내리다 *herabsetzen*	날다 *fliegen* + 오르다 *aufgehen/aufsteigen* → 날아오르다 *hochfliegen*
뛰다 *laufen* + 내리다 *herunterkommen* → 뛰어내리다 *hinunterspringen*	뛰다 *laufen* + 오르다 *aufgehen* → 뛰어오르다 *hochspringen*
흐르다 *fließen* + 내리다 *absteigen* → 흘러내리다 *herabfließen*	타다 *brennen* + 오르다 *aufgehen* → 타오르다 *aufflammen/aufflackern*

2b) Verbkomposita aus Verbstamm + Anschlussform -고 + Verb

Verbkomsposita können auch durch die Anschlussform -고 gebildet werden.

VS + 고 + Verb	VS + 고 + Verb
들다 *heben* + 뛰다 *laufen* → 들고뛰다 *mit etw. weglaufen*	밀고 *schieben* + 나가다 *rausgehen* → 밀고나가다 *vordringen*
싸다 *einwickeln/verdecken* + 돌다 *sich drehen* → 싸고돌다 *auf jmdns. Seite stehen/verteidigen*	타다 *erhalten* + 나다 *geboren werden* → 타고나다 *angeboren sein*

3) Verbkomposita aus einem Verbstamm + einem Verb

Der dritte Typ Verbkomposita besteht aus einem Verbstamm mit einem Aktionsverb oder Qualitativverb.

VS (Aktionsverb) + Aktionsverb	VS (Qualitativverb) + Qualitativverb
굶다 *hungern* + 주리다 *sich sehnen* → 굶주리다 *verhungern*	검다 *schwarz sein* + 푸르다 *blau sein* → 검푸르다 *dunkelblau sein*
날다 *fliegen* + 뛰다 *laufen* → 날뛰다 *toben /springen*	검다 *schwarz sein* + 붉다 *rot sein* → 검붉다 *dunkelrot sein*
오르다 *hochsteigen* + 내리다 *runtersteigen* → 오르내리다 *hoch- und runtersteigen*	굳다 *fest sein* + 세다 *stark sein* → 굳세다 *stark und fest sein*

4) Verbkomposita aus einem Adverb + einem Verb

Verbkomposita können auch durch den Zusammenschluss eines Adverbs mit einem Verb gebildet werden.

Adverb + Verb	Adverb + Verb
못 *nicht* + 나다 *entstehen* → 못나다 *hässlich sein / dumm sein*	잘 *gut* + 되다 *werden* → 잘되다 *gut gehen/wohl gelingen*
잘 *gut* + 하다 *tun* → 잘하다 *gut machen*	바로 *gerade/aufrecht* + 잡다 *greifen/fangen* → 바로잡다 *richtigstellen/verbessern*

6.6 Durch Suffixe abgeleitete Qualitativverben

Die Suffixe -스럽다, -롭다, -맞다, -겹다, -답다 werden vorwiegend an Nomina (ggf. an Verbstämme) angehängt und dienen dazu, aus Nomina Qualitativverben im Sinne von '*-lich sein*', '*-ig sein*', '*-wert sein*', '*-haft sein*' abzuleiten. Die so gebildeten Qualitativverben sind lexikalisiert und müssen gelernt werden.

N + 스럽다	N + 스럽다
자랑 *Stolz* + -스럽다 → 자랑스럽다 *stolz sein*	자연 *Natur* + -스럽다 → 자연스럽다 *natürlich sein*
사랑 *Liebe* + -스럽다 → 사랑스럽다 *liebenswert sein*	어른 *Erwachsene* + -스럽다 → 어른스럽다 *erwachsen sein*
여성 *Frauen* + -스럽다 → 여성스럽다 *weiblich sein*	남성 *Männer* + -스럽다 → 남성스럽다 *männlich sein*

N + -답다	N + -답다
여자 *Frau* + -답다 → 여자답다 *weiblich sein*	남자 *Mann* + -답다 → 남자답다 *männlich sein*
학자 *Mädchen* + -답다 → 소녀답다 *mädchenhaft sein*	아이 *Kind* + -답다 → 아이답다 *kindlich sein*

N + -롭다	N + -롭다
해 *Schaden* + -롭다 → 해롭다 *schädlich sein*	자유 *Freiheit* + -롭다 → 자유롭다 *frei sein*
슬기 *Klugheit* + -롭다 → 슬기롭다 *klug sein*	지혜 *Weisheit* + -롭다 → 지혜롭다 *weise sein*
평화 *Friede* + -롭다 → 평화롭다 *friedlich sein*	향기 *Duft* + -롭다 → 향기롭다 *duftend sein*

N + -맞다	N + -겹다
익살 *Witz* + -맞다 → 익살맞다 *witzig sein*	흥 *Vergnügen* + -겹다 → 흥겹다 *amüsant sein*
능청 *Heuchel* + -맞다 → 능청맞다 *gerissen/hinterlistig sein*	힘 *Kraft* + -겹다 → 힘겹다 *mühsam/anstrengend sein*
궁상 *Not/Bedrängnis* + -맞다 → 궁상맞다 *arm/schäbig sein*	눈물 *Tränen* + -겹다 → 눈물겹다 *rührend sein*

Eine Sonderstellung nimmt das Suffix -적 (的) ein, das nur an sinokoreanische Nomina angehängt wird und sich innerhalb des Kompositums wie ein Adnomen, Nomen oder Adverb verhalten kann.

Sinokoreanische Nomina + 적	Sinokoreanische Nomina + 적	Sinokoreanische Nomina + 적
공식 *Formalität* + -적 → 공식적 *förmlich*	개인 *Individuum* + -적 → 개인적 *individuell*	비교 *Vergleich* + -적 → 비교적 *verhältnismäßig*
긍정 *Bejahung* + -적 → 긍정적 *positiv*	부정 *Verneinung* + -적 → 부정적 *negativ*	가급 *Möglichkeit* + -적 → 가급적 *möglichst*

a) Sinokoreanische Nomina + -적 (Adnomen) + Nomen

부정적 생각을 가지고 있어요.	*Er hat eine negative Denkweise.*
사회적 능력이 필요합니다.	*Man braucht soziale Kompetenz.*

b) Sinokoreanische Nomina + -적 (Nomen) + Partikel 으로 / N + Kopula 이다

시간을 효율적으로 이용하세요.	*Nutzen Sie die Zeit effizient aus!*
너무 형식적이고 추상적이에요.	*Das ist zu formal und zu abstrakt.*

c) Sinokoreanische Nomina + -적 (Adverb) + Verb/Adverb

이것은 비교적 쉬운 문제입니다.	*Das ist eine relativ einfache Frage.*
가급적 빨리 오세요.	*Bitte kommen Sie möglichst schnell!*

7 Negation von Verben

Die Negation wird im Koreanischen je nach Satzart und Verbtyp unterschiedlich gebildet. Aktionsverben und Qualitativverben werden in Aussage- und Fragesätzen durch die Kurzform mit den Negationsadverbien 안 und 못 'nicht' oder durch die Langform mit den Hilfsverben –지 않다 und –지 못하다 verneint. In Imperativ- und Aufforderungssätzen dagegen werden Aktionsverben und das Existenzverb 있다 nur mit dem Hilfsverb 말다 'aufhören' durch die Konstruktion –지 말다 verneint (▶ 7.2 | Negation von Imperativ- und Aufforderungssätzen). Ausnahmen bilden die Kopula 이다 und das Existenzverb 있다 sowie einige weitere Verben, für die es jeweils eine negative Entsprechung gibt: 이다–아니다 'nicht sein', 있다–없다 'nicht vorhanden sein', 알다–모르다 'nicht wissen'/'kennen' (▶ 6 | Verben).

Verbtyp	Satztyp	Form der Negation	
		Kurzform	Langform
Aktionsverb	Aussage Frage	'안' + Verb, '못' + Verb	–지 않다 (← 아니하다)
	Imperativ Aufforderung	–	–지 말다
Qualitativverb	Aussage Frage	'안' + Verb	–지 않다 (← 아니하다)
Existenzverb 있다 'sich befinden'/ 'haben'	Aussage Frage	–	–이/가 없다
	Imperativ Aufforderung	–	–지 말다 'sich nicht befinden'
Kopula 이다 'sein'	Aussage Frage	–	–이/가 아니다
알다 'wissen/ kennen'	Aussage Frage	–	모르다 'nicht wissen'/'kennen'

Darüber hinaus gibt es einige sinokoreanische Präfixe mit negativer Bedeutung wie 금(禁)– 'Verbot' und 무(無) 'nicht vorhanden sein', 미(未)– 'noch nicht': z.B. 금주 'Rauchverbot', 무의식 'Unbewusstsein', 미완성 'Unvollständigkeit' (▶ 16.3 | Durch Präfixe abgeleitete Nomina).

7.1 Negation von Aussage- und Fragesätzen

1. Kurzform und Langform der Negation

Die Negation von Aussage- und Fragesätzen wird in Kurzform und Langform der Negation unterteilt. Die Kurzform der Negation wird gebildet, indem das Negationsadverb 안 (← 아니) oder 못 vor das Prädikat gesetzt wird. Die Langform wird durch das Anfügen von –지 않다 (← 아니하다 'nicht') oder –지 못하다 an den Verbstamm gebildet. In vielen Kontexten können beide Negationsformen gebraucht werden. Die Kurzform wird jedoch in der gesprochenen und die Langform in der geschriebenen Sprache bevorzugt.

Aktionsverb	Kurzform der Negation		Langform der Negation	
	안 + Verb	못 + Verb	VS-지 않다	VS-지 못하다
가다 *gehen*	안 가요.	못 가요.	가지 않아요.	가지 못해요.
먹다 *essen*	안 먹어요.	못 먹어요.	먹지 않아요.	먹지 못해요.
보다 *sehen*	안 봐요.	못 봐요.	보지 않아요.	보지 못해요.

Die Negation mit 안 bzw. -지 않다 unterscheidet sich in ihrer Bedeutung und ihrem Gebrauch von der mit 못 bzw. -지 못하다. Entscheidend dafür, welche Form der Negation verwendet wird, ist dabei, ob das Subjekt ein Lebewesen bezeichnet oder nicht. Bezieht sich das Verb auf ein unbelebtes Subjekt, wird die Negation mit 안 bzw. -지 않다 gebildet. Wenn 안 bzw. -지 않다 bei belebten Subjekten (Menschen, Tiere) auftritt, wird ausgesagt, dass die Handlung willentlich bzw. aus einer freien Entscheidung heraus nicht ausgeführt wird. Dagegen drückt die Kurzform 못 oder die Langform -지 못하다 aus, dass das belebte Subjekt durch einen äußeren Umstand oder aus mangelnder Fähigkeit bzw. Möglichkeit an der Ausführung der Handlung gehindert wird.

Die Negationsform 안 bzw. -지 않다 kann daher im Deutschen mit 'nicht' wiedergegeben werden und 못 bzw. -지 못하다 dagegen mit 'nicht fähig sein', 'nicht können' oder 'unmöglich sein'.

Negationsform	Beispiele	
안 + Verb	김치가 매워서 안 먹어요.	*Ich esse kein Kimchi, weil es scharf ist. (Ich mag kein scharfes Essen.)*
VS-지 않다	김치가 매워서 먹지 않아요.	
Negationsform	**Beispiele**	
못 + Verb	김치가 매워서 못 먹어요.	*Ich kann kein Kimchi essen, weil es scharf ist. (Ich vertrage das nicht.)*
VS-지 못하다	김치가 매워서 먹지 못해요.	

안 + Verb / -지 않다 (Subjekt unbelebt)	방이 크지 않아요.	*Das Zimmer ist nicht groß.*
	나무가 자라지 않아요.	*Der Baum wächst nicht.*
안 + Verb (Subjekt belebt)	저는 채식주의자예요. 그래서 고기를 안 먹어요.	*Ich bin Vegetarier. Daher esse ich kein Fleisch.*
못 + Verb (Subjekt belebt, Unmöglichkeit)	이가 아파서 못 먹어요. 이가 아파서 먹지 못해요.	*Weil ich Zahnschmerzen habe, kann ich nicht essen.*

Achtung: Die Negation der Aktionsverben 견디다 'erdulden'/'ertragen'/'aushalten' und 참다 'aushalten'/'ertragen'/'zurückhalten' wird nur durch das Negationsadverb 못 bzw. die Langform mit -지 못하다 gebildet.

화를 못 참아요. / 화를 참지 못 해요. — *Er kann seinen Ärger nicht zurückhalten.*

고통을 못 견뎌요. / 고통을 견디지 못해요. — *Er kann die Schmerzen nicht aushalten.*

Rhetorische Fragen

Die Langform der Negation -지 않다 wird in der Frageform meist in rhetorischen Fragen verwendet, um eine Bestätigung einzuholen oder einen Vorwurf auszudrücken. Die Langform der Negation -지 못하다 dagegen hat in rhetorischen Fragen die Funktion, eine direkte Aufforderung an den Hörer zu richten.

VS-지 않다

춥지 않아? — *Ist dir nicht kalt?* (Sprecher nimmt an, dass dem Hörer kalt ist)

점심 방금 먹지 않았어? — *Haben wir nicht gerade Mittag gegessen?* (Vorwurf: Du kannst doch nicht schon wieder Hunger haben.)

이것을 벌써 배우지 않았어요? — *Haben Sie dies nicht schon gelernt?* (Vorwurf: Das müssten Sie doch wissen.)

지난 번에 얘기하지 않았습니까? — *Habe ich dies nicht letztes Mal gesagt?* (Vorwurf: Das habe ich Ihnen doch schon letztes Mal gesagt.)

VS-지 못하다

유미야, 어서 가지 못해?
= 유미야, 어서 가. — *Yumi, geh schnell(er)! [Yumi, kannst du nicht (etwas) schnell(er) gehen?]*

빨리 내려오지 못해?
= 빨리 내려와. — *Komm schnell runter! [Kannst du nicht schnell runterkommen?]*

쉿, 조용히 좀 하지 못해?
= 쉿, 조용히 좀 해. — *Pst, sei ruhig! [Kannst du nicht still/ruhig sein?]*

2. Negation von Qualitativverben

Bei Qualitativverben wird die Negation in der Regel mit dem Adverb 안 oder mit der Langform VS-지 않다 gebildet, d.h. die Qualitativverben werden selten mit dem Adverb 못 oder mit der Langform VS-지 못하다 negiert.

Qualitativverben	Kurzform der Negation		Langform der Negation	
	안 + Verb	못 + Verb	VS-지 않다	VS-지 못하다
싸다 *billig sein*	안 싸요.	–	싸지 않아요.	–
많다 *viel sein*	안 많아요.	–	많지 않아요.	–
멀다 *weit sein*	안 멀어요.	–	멀지 않아요.	–
비싸다 *teuer sein*	안 비싸요.	–	비싸지 않아요.	–
아프다 *krank sein*	안 아파요.	–	아프지 않아요.	–
고프다 *hungrig sein*	안 고파요.	–	고프지 않아요.	–

Negationsform	Beispiele	
안 + Qualitativverb	배(가) 안 고파요.	*Ich bin nicht hungrig.*
	과일이 안 비싸요.	*Das Obst ist nicht teuer.*
	집이 안 멀어요.	*Die Wohnung ist nicht weit.*
Qualitativverb + VS-지 않다	수업이 많지 않아요.	*Ich habe nicht viel Unterricht.*
	날씨가 흐리지 않아요.	*Das Wetter ist nicht trüb.*
	배가 아프지 않아요.	*Ich habe keine Bauchschmerzen.*

Achtung: Einige Qualitativverben wie 좋다 'gut sein', 넓다 'breit sein' oder 옳다 'richtig/korrekt sein' können auch mit -지 못하다 negiert werden:

성적이 좋지 못해요. — *Die Note ist nicht gut.*

길이 넓지 못해요. — *Die Straße ist nicht breit.*

그의 태도는 옳지 못합니다. — *Sein Verhalten ist nicht korrekt.*

3. Negation von Aktionsverben und Qualitativverben mit 하다

Aktions- und Qualitativverben, die aus Aktionsnomina bzw. Eigenschaftsnomina und 하다 gebildet sind, können durch die Kurz- und Langform verneint werden (▶ 6.3 | Aktionsverben und Qualitativverben mit 하다). Bei der Kurzform werden die Aktionsverben mit 하다 durch das Adverb 안 bzw. 못 negiert, das zwischen Aktionsnomen und dem Verb 하다 eingeschoben wird.

Aktionsnomen + 안 하다		Aktionsnomen + 못 하다	
일 안 해요.	*Ich arbeite nicht.*	일 못 해요.	*Ich kann nicht arbeiten.*
말 안 해요.	*Ich spreche nicht.*	말 못 해요.	*Ich kann nicht sprechen.*
공부 안 해요.	*Ich lerne nicht.*	공부 못 해요.	*Ich kann nicht lernen.*
운동 안 해요.	*Ich mache keinen Sport.*	운동 못 해요.	*Ich kann keinen Sport machen.*

Bei mit 하다 gebildeten Qualitativverben steht das Negationsadverb 안 dagegen vor dem Verb.

Qualitativverben	안 + Qualitativverben mit 하다	
약하다 *schwach sein*	몸이 안 약해요.	*Er ist nicht schwach.*
피곤하다 *müde sein*	오늘은 안 피곤해요.	*Heute bin ich nicht müde.*
건강하다 *gesund sein*	유미는 안 건강해요.	*Yumi ist nicht gesund.*
용감하다 *tapfer sein*	민수는 안 용감해요.	*Minsu ist nicht tapfer.*
따뜻하다 *warm sein*	옷이 안 따뜻해요.	*Die Kleidung ist nicht warm.*

Die mit 하다 gebildeten Qualitativverben folgen bei der Bildung der Negation keiner festen Regel. Gewöhnlich werden diese Verben mit der Langform (−지 않다 bzw. −지 못하다) verneint oder mit dem Negationsadverb 안, jedoch nicht mit 못 alleine.

Qualitativverben mit 하다	Kurzform	Langform der Negation	
	안 + QV	VS−지 않다	VS−지 못하다
강하다 *stark sein*	안 강해요.	강하지 않아요.	강하지 못해요.
행복하다 *glücklich sein*	안 행복해요.	행복하지 않아요.	행복하지 못해요.
똑똑하다 *klug sein*	안 똑똑해요.	똑똑하지 않아요.	똑똑하지 못해요.
친절하다 *freundlich sein*	안 친절해요.	친절하지 않아요.	친절하지 못해요.
만족하다 *zufrieden sein*	안 만족해요.	만족하지 않아요.	만족하지 못해요.
깨끗하다 *sauber sein*	안 깨끗해요.	깨끗하지 않아요.	깨끗하지 못해요.

Transitive Aktionsverben, die einen Gefühlszustand ausdrücken, werden als Einheit betrachtet, obwohl sie mit 하다 gebildet sind (▶ 6.3 | Aktionsverben und Qualitativverben mit 하다). Ihre Verneinung ist daher wie folgt:

Aktionsverben	Kurzform	Langform
좋아하다 *mögen*	안 좋아해요.	좋아하지 않아요.
싫어하다 *nicht mögen*	안 싫어해요.	싫어하지 않아요.
미워하다 *jmdn. hassen*	안 미워해요.	미워하지 않아요.
무서워하다 *fürchten*	안 무서워해요.	무서워하지 않아요.
부러워하다 *beneiden*	안 부러워해요.	부러워하지 않아요.
그리워하다 *vermissen*	안 그리워해요.	그리워하지 않아요.

4. Negation abgeleiteter Verben und Verbkomposita

Die mit den Suffixen –겹다, –답다, –스럽다, –롭다 von Nomina abgeleiteten Qualitativverben können nur mit der Langform der Negation verneint werden. Die Kurzform mit den Negationsadverbien 못 bzw. 안 ist bei diesen Verben nicht möglich (▶ 6.6 | Durch Suffixe abgeleitete Qualitativverben).

Abgeleitete Qualitativverben	Langform der Negation	
	VS–지 않다	VS–지 못하다
흥겹다 *amüsant sein*	흥겹지 않아요.	흥겹지 못해요.
학자답다 *gelehrt sein*	학자답지 않아요.	학자답지 못해요.
여자답다 *weiblich sein*	여자답지 않아요.	여자답지 못해요.
자랑스럽다 *stolz sein*	자랑스럽지 않아요.	자랑스럽지 못해요.
자연스럽다 *natürlich sein*	자연스럽지 않아요.	자연스럽지 못해요.
자유롭다 *frei sein*	자유롭지 않아요.	자유롭지 못해요.
지혜롭다 *weise sein*	지혜롭지 않아요.	지혜롭지 못해요.

Einige Verbkomposita mit dem Bildungsmuster Verbstamm des Aktionsverbs + Anschlussform –아/어 + Aktionsverb werden als Einheit behandelt. Sie können mit der Kurz- oder Langform verneint werden (▶ 6.5 | Verbkomposita).

Verbkomposita	Kurzform der Negation		Langform der Negation	
	안 + Verb	못 + Verb	VS–지 않다	VS–지 못하다
사주다 *jmdm. etwas kaufen*	안 사주다	못 사주다	사주지 않다	사주지 못하다
사오다 *mitbringen*	안 사오다	못 사오다	사오지 않다	사오지 못하다
해오다 *mitbringen*	안 해오다	못 해오다	해오지 않다	해오지 못하다
해내다 *erledigen*	안 해내다	못 해내다	해내지 않다	해내지 못하다
가져오다 *mitbringen*	안 가져오다	못 가져오다	가져오지 않다	가져오지 못하다
다녀오다 *zurückkommen*	안 다녀오다	못 다녀오다	다녀오지 않다	다녀오지 못하다
뛰어내리다 *runterspringen*	안 뛰어내리다	못 뛰어내리다	뛰어내리지 않다	뛰어내리지 못하다
스며들다 *einsickern*	안 스며들다	못 스며들다	스며들지 않다	스며들지 못하다

인형을 못 사줬어요.	*Ich konnte keine Puppe kaufen.*
빵을 사오지 못했어요.	*Ich konnte kein Brot kaufen und mitbringen.*
숙제를 해오지 않았어요.	*Ich habe keine Hausaufgaben gemacht.*
카메라를 안 가져왔습니다.	*Ich habe meine Kamera nicht mitgebracht.*
휴가를 다녀오지 못했습니다.	*Ich konnte nicht in den Urlaub fahren.*
무서워서 뛰어내리지 못해요.	*Er kann vor Angst nicht runterspringen.*

Negation komplexer Verbkonstruktionen

Für die Verneinung von Hilfsverbkonstruktionen gibt es i.d.R. zwei Möglichkeiten: entweder durch die Kurzform mit dem Negationsadverb 안 + VS + Hilfsverbkonstruktion oder durch die Langform VS-지 않다. Bei der Langform der Negation wird meist das Hilfsverb verneint (▶ 9.1 | Hilfsverb mit der Anschlussform -아/어). Bei einigen modalen Hilfsverbkonstruktionen wie -으려고 하다 'wollen' wird das Vollverb verneint (▶ 9.4 | Modale Hilfsverbkonstruktionen).

Negation	Beispiele	
안 + VS + -아/어 보이다	안 늙어 보여요.	*Sie sehen nicht alt aus.*
VS-아/어 보이지 않다	늙어 보이지 않아요.	
안 + VS-고 싶다	안 먹고 싶습니다.	*Ich möchte nicht essen.*
VS-고 싶지 않다	먹고 싶지 않습니다.	
안 + VS-려고 하다	집에 안 가려고 해요.	*Er will nicht nach Hause gehen.*
VS-지 않으려고 하다	집에 가지 않으려고 해요.	

Antwort auf verneinte Fragen

Für die Bejahung und Verneinung von Fragen gibt es im Koreanischen höfliche und informelle Formen, die den deutschen Partikeln *Ja* bzw. *Nein* entsprechen. Älteren und anderen Respektpersonen gegenüber werden für *Ja* die höflichen Formen 예 bzw. 네 verwendet und für *Nein* die höflichen Formen 아니요 bzw. 아닙니다. Dagegen werden Jüngeren oder Gleichaltrigen gegenüber die reduzierten informellen Formen 응 für *Ja* und 아니 für *Nein* gebraucht.

Bezeichnung	Partikel *ja*	Partikel *nein*	
höfliche Formen	예 / 네	아니요	아닙니다
informelle Formen	응 / 어	아니	

A: 지금 바빠요? — *A: Sind Sie jetzt beschäftigt?*
B: 예/네, 지금 바빠요. — *B: Ja, ich habe viel zu tun.*

A: 피곤하세요? — *A: Sind Sie müde?*
B: 아니요, 피곤하지 않아요. — *B: Nein, ich bin nicht müde.*

Die Verwendung der Ja/Nein-Formen als Antwort auf negativ formulierte Fragen ist im Koreanischen und im Deutschen unterschiedlich. Im Koreanischen bedeutet 응 / 어 bzw. 예 / 네 'Ja' als Antwort auf eine negativ formulierte Frage, dass die negative Formulierung der Frage zutrifft: *'Ja, es trifft zu, dass ich heute nicht viel zu tun habe'*; 아니 bzw. 아니요 'Nein' dagegen bedeutet, dass die negative Formulierung nicht zutrifft, d.h., *'Nein, es trifft nicht zu, dass ich heute nicht viel zu tun habe'*.

A: 오늘 안 바빠? — *A: Hast du heute nicht viel zu tun?*
B1: 응, 오늘 안 바빠. / 바쁘지 않아. — *B1: Nein [Ja], ich habe heute nicht viel zu tun.*
B2: 아니, 오늘 많이 바빠. — *B2: Doch [Nein], ich habe heute sehr viel zu tun.*

7.2 Negation von Imperativ- und Aufforderungssätzen

In Imperativ- und Aufforderungssätzen werden Aktionsverben nicht mit der Kurz- und Langform der Negation verneint, sondern mit der Konstruktion VS-지 말다, die ein striktes Verbot im Sinne von 'nicht dürfen' oder ein Abraten ausdrückt (▶ 9.4 | Modale Hilfsverbkonstruktion). Das Verb

말다 'aufhören' ist ein unregelmäßiges Verb auf ㄹ, bei dem der Konsonant ㄹ im Verbstamm vor dem Konsonanten ㅅ wegfällt: 마세 / 마십시오 / 마세요 (▶ 10.2 | Unregelmäßige Verben).

Die Imperativform von 말다 der ersten und zweiten Sprechstufe lautet –지 마 (1. SPS) bzw. –지 마라 (2. SPS), aber nicht *–지 말아 / *–지 말아라. Für die höflichen Sprechstufen wird die Konstruktion –지 마세요 (4. SPS) / –지 마십시오 (5. SPS) verwendet. Diese Konstruktion bedeutet wörtlich 'Bitte hören Sie auf, X zu tun'.

Die negative Aufforderungsform der informellen Sprechstufen (1.–3. SPS) lautet –지 말자 / –지 말자꾸나 (1.–2. SPS), –지 마세 (3. SPS), während die negative Aufforderungsform der höflichen Sprechstufen –지 마요 (4. SPS) / –지 맙시다 (5. SPS) lautet (▶ 4.1 | Höfliche Sprechstufen).

SPS / Satzart	informelle Sprechstufen			höflich-informell	höflich-formell
	1. SPS	2. SPS	3. SPS	4. SPS	5. SPS
Imperativ	–지 마	–지 마라	–지 말게	–지 마세요	–지 마십시오
Aufforderung	–지 말자 / –지 말자꾸나		–지 마세	–지 마요	–지 맙시다

Imperativsätze

걱정하지 마.	*Mach dir keine Sorgen!*
얘들아, 뛰지 마라.	*Kinder, rennt nicht!*
화내지 말게.	*Ärgere dich nicht!*
여기에 쓰레기를 버리지 마세요.	*Schmeißen Sie keinen Müll hier hin.*

Aufforderungssätze

늦지 말자. / 늦지 말자꾸나.	*Lasst uns nicht spät kommen!*
더 이상 술을 마시지 마세.	*Lasst uns keinen Alkohol mehr trinken!*
우리 더 이상 싸우지 마요.	*Lasst uns nicht mehr streiten!*
포기하지 맙시다.	*Lasst uns nicht aufgeben!*

Die Konstruktion VS–지 말고 mit der Konjunktionalform 고 wird auch in adverbialen Nebensätzen verwendet und bedeutet 'X anstatt Y zu machen'.

주저하지 말고 말씀하세요.	*Statt zu zögern, sagen Sie es bitte.*
놀지만 말고 공부 좀 해.	*Lern ein wenig, statt nur zu spielen!*
가지 말고 조금 더 기다립시다.	*Lasst uns ein wenig warten, statt zu gehen!*

Die Konstruktion 말고 kann nicht nur nach Verben, sondern auch nach einem Nomen stehen. In diesem Fall bedeutet sie 'nicht X, sondern Y'. In dieser Bedeutung kann statt 말고 das Nomen 대신 (wörtl. Austausch, Ersatz) 'statt/anstatt' gebraucht werden.

커피말고 차 주세요. 커피대신 차 주세요.	*Geben Sie mir bitte keinen Kaffee, sondern Tee!* *Geben Sie mir bitte Tee statt Kaffee!*
소금말고 간장을 주세요. 소금대신 간장을 주세요.	*Bitte geben Sie mir kein Salz, sondern Sojasoße!* *Bitte geben Sie mir statt Salz Sojasoße!*

Imperativsätze und Aufforderungssätze können auch mit dem Negationsadverb 그만 'aufhören' verneint werden. 그만 steht vor dem Verb und bedeutet 'bis hierhin und nicht weiter', es drückt die äußerste Grenze einer Handlung aus.

그만 울어.	*Hör (endlich) auf zu weinen!*
술 좀 그만 마셔.	*Hör (endlich) auf zu trinken!*
담배 좀 그만 피우세요.	*Hören Sie bitte auf zu rauchen!*
이제 그만 일하고 집에 갑시다.	*Hören wir jetzt auf zu arbeiten und gehen wir nach Hause!*

7.3 Verben mit negativer Bedeutung

Einige Verben haben spezielle negative Entsprechungen. Die Negation der Kopula 이다 'sein' lautet 아니다 'nicht sein' (▶ 6.1.1 | Kopula 이다), die negative Entsprechung des Existenzverbs 있다 'vorhanden sein' lautet 없다 'nicht vorhanden sein' (▶ 6.1.2 | Existenzverben). Einige häufige Verben, die eine negative Entsprechung haben, werden hier aufgeführt.

negative Entsprechung	
알다 ↔ 모르다 *nicht wissen / nicht kennen*	필요하다 ↔ 필요없다 *nicht brauchen*
잘생기다 ↔ 못생기다 *nicht gut aussehen*	잘나다 ↔ 못나다 *nicht gut aussehen*
잘하다 ↔ 못하다 *nicht gut machen*	잘나다 ↔ 못나다 *nicht schlau/nicht toll sein*
잘되다 ↔ 안되다 *schief gehen / misslingen*	좋다 ↔ 싫다 *nicht gefallen*

Die Verben 잘생기다 / 잘나다 und deren negative Entsprechungen 못생기다 / 못나다 'hässlich aussehen' stehen nur im Präteritum, wobei diese Verben in der Regel für Männer verwendet werden. 잘나다 hat eine andere Bedeutung 'sehr schlau sein' / 'toll sein' und wird oft ironisch verwendet.

A: 안나 씨 전화번호를 알아요? B: 아니요, (전화번호를) 몰라요.	*A: Kennen Sie die Telefonnummer von Anna?* *B: Nein, die kenne ich nicht.*
A: 사전이 필요하세요? B: 아니요, 필요없어요.	*A: Brauchen Sie ein Wörterbuch?* *B: Nein, ich brauche kein Wörterbuch.*
A: 민수 씨는 노래를 잘해요? B: 아니요, 저는 노래를 못해요.	*A: Minsu, können Sie gut singen?* *B: Nein, ich singe nicht gut.*
A: 장사가 잘돼요? B: 경기가 안 좋아서 잘 안돼요.	*A: Läuft das Geschäft gut?* *B: Es läuft nicht gut, weil die Wirtschaftslage nicht gut ist.*
내 아들 잘났어요.	*Mein Sohn ist toll. / Mein Sohn sieht gut aus.*
잘난 척하지 마.	*Gib nicht so an! / Sei nicht so überheblich!*
그녀는 그렇게 못나지 않았어요.	*Sie ist nicht so hässlich.*
그가 아주 못난 짓을 했어요.	*Er hat etwas wirklich Dummes getan.*
그래 너 잘났다!	*Du bist aber superschlau! (ironisch)*

8 Tempus, Aspekt und Modus

Im Koreanischen werden durch Verbalsuffixe vier Zeitformen (Präsens, Präteritum, Plusquamperfekt und Futur), zwei Aspekte (Progressiv und Resultativ) und zwei Modi (Vermutung/Annahme/Wille und Retrospektiv) unterschieden. Tempora, Aspekte und Modi sind teilweise kombinierbar. Durch Hilfsverbkonstruktionen können weitere Aspekte wie Dauer, Wiederholung oder Gewohnheit und Modi wie Wunsch, Zwang, Fähigkeit, Möglichkeit oder Erlaubnis und Verbot in Bezug auf die durch das Verb bezeichnete Handlung ausgedrückt werden.

Tempora werden im Koreanischen durch das Einfügen unterschiedlicher Tempussuffixe zwischen dem Verbstamm und der Verbalendung –다 gebildet. Aktionsverben bilden das Präsens mit dem Suffix –는(VS_{KONS})/–ㄴ (VS_{VOK}), während das Präsens bei den anderen Verbarten nicht durch ein Suffix, sondern durch die Verbalendung –다 markiert wird. Die folgende Tabelle gibt einen Überblick über die Bildungsform der Tempora im Koreanischen.

Tempora / Verbart	Präsens –는/ㄴ, –다	Präteritum –았/–었	Plumsquamperfekt –았었/–었었	Futur –겠
Aktionsverben	간다 / 먹는다	갔다 / 먹었다	갔었다	가겠다
Qualitativverben	좋다	좋았다	좋았었다	좋겠다
Existenzverb 있다	있다	있었다	있었었다	있겠다
Kopula 이다	이다	이었다 / 였다	이었었다/였었다	–

8.1 Tempus

1. Präsens

Das Präsens drückt Handlungen, Ereignisse oder Zustände in der Gegenwart aus. Im Folgenden werden Bildung und Gebrauch der Präsensformen für die beiden höflichen Sprechstufen behandelt. In der 5. (höflich-formellen) Sprechstufe werden die Satzarten durch verschiedene Satzschlussendungen unterschieden. Hier bilden Aktions- und Existenzverben in allen vier Satzarten unterschiedliche Präsensformen. Die Aussageform wird nach konsonantischem Auslaut des Verbstammes (VS_{KONS}) mit der Satzschlussendung –습니다 und nach vokalischem Auslaut des Verbstammes (VS_{VOK}) mit der Satzschlussendung –ㅂ니다 gebildet. Die Frageform wird durch die Satzschlussendung –습니까 nach VS_{KONS} und –ㅂ니까 nach VS_{VOK} gebildet. Die Imperativ- und Aufforderungsformen werden bei Aktionsverben und Existenzverben mit –으십시오 (nach VS_{KONS}) und –십시오 (nach VS_{VOK}) bzw. –읍시다 (nach VS_{KONS}) und –ㅂ시다 (nach VS_{VOK}) gebildet. Qualitativverben und die Kopula bilden keine Imperativ- oder Aufforderungsformen.

Satzart	5. (höflich-formelle) Sprechstufe im Präsens			
	Aktionsverb	Qualitativverb	Existenzverb	Kopula
Aussage	읽습니다 갑니다	좋습니다 비쌉니다	있습니다	입니다
Frage	읽습니까? 갑니까?	좋습니까? 비쌉니까?	있습니까?	입니까?
Imperativ	읽으십시오 가십시오	–	있으십시오	–
Aufforderung	읽으십시다 갑시다	–	있읍시다	–

Das Präsens wird dazu verwendet, aktuelle, andauernd oder gewohnheitsmäßig stattfindende Handlungen oder Vorgänge sowie bestehende Eigenschaften auszudrücken. Wie im Deutschen kann das Präsens auch zukünftige Handlungen und Vorgänge beschreiben, dabei treten meist die Temporaladverbien wie 내일 'morgen', 모레 'übermorgen', 다음주 'nächste Woche' oder 내년에 'nächstes Jahr' hinzu.

Verben	aktuelle Handlung	
요리하다 *kochen*	민수가 지금 요리합니다.	*Minsu kocht jetzt.*
기다리다 *warten*	버스를 기다립니다.	*Ich warte auf einen Bus.*
Verben	**gewohnheitsmäßige Handlung**	
읽다 *lesen*	매일 신문을 읽습니다.	*Ich lese jeden Tag Zeitung.*
먹다 *essen*	아침에 늘 빵을 먹습니다.	*Ich esse immer Brot zum Frühstück.*
Verben	**andauernde Eigenschaft**	
똑똑하다 *klug sein*	율리아는 똑똑합니다.	*Julia ist klug.*
부지런하다 *fleißig sein*	안나 씨는 부지런합니다.	*Anna ist fleißig.*
Verben	**zukünftige Handlung**	
만나다 *treffen*	내일 친구를 만납니다.	*Ich treffe morgen meinen Freund.*
가다 *gehen*	모레 한국에 갑니까?	*Fliegen Sie übermorgen nach Korea?*

In der 4. (höflich-informellen) Sprechstufe werden die Präsensformen für alle Verbarten durch die gleichen Satzschlussendungen −아요/−어요 gebildet. Sie werden für alle Satzarten verwendet, wobei die Satzarten lediglich durch Intonation in der gesprochenen Sprache und Satzzeichen in der geschriebenen Sprache unterschieden werden.

Satzart	4. (höflich-informelle) Sprechstufe im Präsens			
	AV	QV	EV 있다	KOP 이다
Aussage	가요.	비싸요.	있어요.	이에요./예요.
Frage	가요?	비싸요?	있어요?	이에요?/예요?
Imperativ	가요.	–	있어요.	–
Aufforderung	가요.	–	있어요.	–

Die Endung −아요 wird verwendet, wenn der letzte Vokal im Verbstamm ㅏ oder ㅗ ist, die Endung −어요, wenn der letzte Vokal ein anderer Vokal als ㅏ oder ㅗ ist.

Verben	VS ㅏ/ㅗ−아요	Verben	VS_{ohne} ㅏ/ㅗ−어요
살다 *leben*	살 + −아요 → 살아요	읽다 *lesen*	읽 + −어요 → 읽어요
좋다 *gut sein*	좋 + −아요 → 좋아요	웃다 *lachen*	웃 + −어요 → 웃어요
알다 *wissen*	알 + −아요 → 알아요	먹다 *essen*	먹 + −어요 → 먹어요

Bei vokalisch auslautenden Verbstämmen treten häufig Kontraktionsformen von −아요 bzw. −어요 auf. Lautet der Verbstamm auf den Vokal ㅏ aus, ergibt sich durch Anfügen der Endung −아요 eine Verdoppelung des Vokals 아, der dann zu dem einfachen Vokal 아 reduziert wird. Lautet der Verbstamm auf den Vokal ㅗ aus, ergibt sich bei der Kombination des Vokals ㅗ mit der Endung −아요 die Kontraktionsform −와요.

Kontraktionsformen von -아요	Kontraktionsformen von -아요
가다 + -아요 → (가아요) → 가요	오다 + -아요 → (오아요) → 와요
자다 + -아요 → (자아요) → 자요	보다 + -아요 → (보아요) → 봐요
싸다 + -아요 → (싸아요) → 싸요	쏘다 + -아요 → (쏘아요) → 쏴요

Lautet der Verbstamm auf den Vokal ㅣ aus, ergibt sich durch Anfügen der Satzschlussendung -어요 meistens die Kontraktionsform -여요.

Kontraktionsformen von -어요	Kontraktionsformen von -어요
치다 + -어요 → (치어요) → 쳐요	마시다 + -어요 → (마시어요) → 마셔요
피다 + -어요 → (피어요) → 펴요	빌리다 + -어요 → (빌리어요) → 빌려요
시다 + -어요 → (시어요) → 셔요	시키다 + -어요 → (시키어요) → 시켜요
그리다 + -어요 → (그리어요) → 그려요	이기다 + -어요 → (이기어요) → 이겨요
가지다 + -어요 → (가지어요) → 가져요	비비다 + -어요 → (비비어요) → 비벼요

Bei der Kombination des Honorativsuffixes -시 mit der Satzschlussendung -어요 tritt eine unregelmäßige Kontraktionsform auf. Bei der Kombination von -시 mit dem Präteritumssuffix -었 ist die Kontraktionsform dagegen regelmäßig.

Honorativsuffix -시 + 어요	Honorativsuffix -시 + 었 + 어요
가시다 + -어요 → (가시어요) → 가세요	가시다 + -었 + 어요 → 가셨어요
드시다 + -어요 → (드시어요) → 드세요	드시다 + -었 + 어요 → 드셨어요
이시다 + -어요 → (이시어요) → 이세요	이시다 + -었 + 어요 → 이셨어요

Die Form 이세요 kann nach vokalisch auslautendem Nomen häufig in der gesprochenen Sprache zu 세요 kontrahiert werden: z.B. 아버지(이)세요.

Lautet der Verbstamm auf ㅜ aus, ergibt sich bei der Kombination des Vokals ㅜ mit der Endung -어요 die Kontraktionsform -워요.

Kontraktionsformen von -어요	Kontraktionsformen von -어요
주다 + -어요 → (주어요) → 줘요	배우다 + -어요 → (배우어요) → 배워요
두다 + -어요 → (두어요) → 둬요	외우다 + -어요 → (외우어요) → 외워요
추다 + -어요 → (추어요) → 춰요	싸우다 + -어요 → (싸우어요) → 싸워요
누다 + -어요 → (누어요) → 눠요	키우다 + -어요 → (키우어요) → 키워요

Lautet der Verbstamm auf den Vokal ㅐ aus, ergibt sich durch Anfügen der Endung -어요 die Kontraktionsform -애요.

Kontraktionsformen von -어요	Kontraktionsformen von -어요
보내다 + -어요 → (보내어요) → 보내요	깨다 + -어요 → (깨어요) → 깨요
지내다 + -어요 → (지내어요) → 지내요	매다 + -어요 → (매어요) → 매요
쪼개다 + -어요 → (쪼개어요) → 쪼개요	재다 + -어요 → (재어요) → 재요

Einen Sonderfall stellt das Verb 하다 'machen' dar, bei dem das Präsens durch Anhängen der Endung -여요 an den Verbstamm gebildet wird. Anstelle von 하여요 wird hier die Kontraktionsform 해요 als Präsensform gebraucht. Dies gilt auch für die mit 하다 gebildeten Aktions- und Qualitativverben (▶ 6.1.3 | Aktionsverben und Qualitativverben). Ebenso wird das Verb 되다 'werden' zu 돼요 kontrahiert.

Verben mit 하다	**Kontraktionsformen**	
하다 *machen / tun*	하 + -여요 → (하여요) →	해요
일하다 *arbeiten*	일하 + -여요 → (일하여요) →	일해요
말하다 *sprechen*	말하 + -여요 → (말하여요) →	말해요
피곤하다 *müde sein*	피곤하 + -여요 → (피곤하여요) →	피곤해요
Verben mit 되다	**Kontraktionsformen**	
되다 *werden*	되 + 어요 → (되어요) →	돼요
예약되다 *reserviert werden*	예약되 + 어요 → (예약되어요) →	예약돼요

Die Kopula 이다 wird nach vokalisch auslautenden Nomina (N_{VOK}) zu 예요 kontrahiert und nach konsonantisch auslautenden Nomina (N_{KONS}) zu 이에요 (▶ 6.1.1 | Kopula 이다).

Kopula 이다 *sein*	N_{VOK} **예요**	N_{KONS} **이에요**
	사과 + 이다 → 사과예요	책상 + 이다 → 책상이에요

Das Präsens wird prinzipiell für zeitlos gültige Aussagen verwendet, sodass allgemeingültige Sachverhalte ohne Zeitbezug häufig durch die Aussageform der zweiten Sprechstufe als Berichtsform in der direkten und indirekten Rede ausgedrückt werden (▶ 4.2 | informelle Sprechstufen). Es wird bei Aktionsverben mit dem Suffix -는(VS_{KONS})/-ㄴ (VS_{VOK}) gebildet, bei Qualitativverben, Existenzverben und der Kopula wird es nicht markiert, sondern durch die Verbalendung -다 angezeigt.

Zitierformen	***allgemeingültige Sachverhalte***	
파랗다 *blau sein*	바다가 파랗다.	*Das Meer ist blau.*
있다 *sich befinden*	서울은 한국에 있다.	*Seoul befindet sich in Südkorea.*
이다 *sein*	하루는 24 시간이다.	*Der Tag hat 24 Stunden.*
뜨다 *aufgehen*	해는 동쪽에서 뜬다.	*Die Sonne geht im Osten auf.*
돌다 *sich drehen*	지구가 돈다.	*Die Erde dreht sich.*

📖 돌다 ist ein ㄹ-unregelmäßiges Verb (▶ 10.2 | Unregelmäßige Verben).

2. Präteritum

Das Präteritum im Koreanischen drückt abgeschlossene Vorgänge, Ereignisse und Zustände in der Vergangenheit aus. Funktional entspricht es im Deutschen sowohl dem Präteritum als auch dem Perfekt. Es wird durch das Einfügen des Präteritumssuffixes -았 bzw. -었 zwischen Verbstamm und der Endung -다 gebildet. Das Suffix -았 steht, wenn der letzte Vokal im Verbstamm ein ㅏ oder ㅗ ist, -었 hingegen, wenn der letzte Vokal im Verbstamm ein anderer Vokal als ㅏ oder ㅗ ist. Eine Ausnahme stellt das Verb 하다 'tun' dar, das im Präteritum zu 했다 kontrahiert wird.

VS ㅏ/ㅗ -았 + Endung -다	**VS ohne ㅏ/ㅗ -었 + Endung -다**	**하다 → 했다**
앉다 + -았 + 다 → 앉았다	먹다 + -었 + 다 → 먹었다	운동하다 → 운동했다
좋다 + -았 + 다 → 좋았다	웃다 + -었 + 다 → 웃었다	공부하다 → 공부했다

Die folgende Tabelle zeigt die Präteritumsformen der vier Verbarten in Aussage- und Fragesätzen. In der 5. (höflich-formellen) Sprechstufe wird das Präteritum durch die Endung –았/었습니다 (Aussage) und –았/었습니까 (Frage) gebildet, in der 4. (höflich-informellen) Sprechstufe durch –았/었어요. Bei der Kopula tritt in den beiden höflichen Sprechstufen nach einem vokalisch auslautenden Prädikatsnomen (N_{VOK}) die Kontraktionsform 였습니다 / 였어요 auf.

Satzart	5. (höflich-formelle) Sprechstufe im Präteritum			
	AV	QV	EV 있다	KOP 이다
Aussage	살았습니다	좋았습니다	있었습니다	N_{VOK} 였습니다 N_{KONS} 이었습니다
Frage	살았습니까?	좋았습니까?	있었습니까?	N_{VOK} 였습니까? N_{KONS} 이었습니까?

Satzart	4. (höflich-informelle) Sprechstufe im Präteritum			
	AV	QV	EV 있다	KOP 이다
Aussage	살았어요	좋았어요	있었어요	N_{VOK} 였어요 N_{KONS} 이었어요
Frage	살았어요?	좋았어요?	있었어요?	N_{VOK} 였어요? N_{KONS} 이었어요?

Die Varianten –았/었 und deren Kontraktionsformen treten in denselben lautlichen Umgebungen auf wie die Kontraktionsformen des Präsens (▶ 8.1.1 | Präsens). Bei den Präteritumsformen einiger Verben wie 보다 'sehen', 주다 'geben' und 두다 'stellen'/'legen' werden sowohl die Kontraktionsform als auch die nicht kontrahierten Formen verwendet.

Kontraktionsformen von –았습니다	Kontraktionsformen von –았어요
가다 + –았습니다 → 갔습니다	가다 + –았어요 → 갔어요
오다 + –았습니다 → 왔습니다	오다 + –았어요 → 왔어요
보다 + –았습니다 → 봤습니다/보았습니다	보다 + –았어요 → 봤어요 / 보았어요

Kontraktionsformen von –었습니다	Kontraktionsformen von –었어요
주다 + –었습니다 → 줬습니다/주었습니다	주다 + –었어요 → 줬어요 / 주었어요
두다 + –었습니다 → 뒀습니다/두었습니다	두다 + –었어요 → 뒀어요 / 두었어요
배우다 + –었습니다 → 배웠습니다	배우다 + –었어요 → 배웠어요

Kontraktionsformen von –었습니다	Kontraktionsformen von –었어요
마시다 + –었습니다 → 마셨습니다	마시다 + –었어요 → 마셨어요
그리다 + –었습니다 → 그렸습니다	그리다 + –었어요 → 그렸어요
가지다 + –었습니다 → 가졌습니다	가지다 + –었어요 → 가졌어요

Kontraktionsformen von –었습니다	Kontraktionsformen von –었어요
매다 + –었습니다 → 맸습니다	매다 + –었어요 → 맸어요
깨다 + –었습니다 → 깼습니다	깨다 + –었어요 → 깼어요
보내다 + –었습니다 → 보냈습니다	보내다 + –었어요 → 보냈어요

Kontraktionsformen von 하다 / 되다	Kontraktionsformen von 하다 / 되다
하다 *tun* → 했습니다	하다 → 했어요
되다 *werden* → 됐습니다	되다 → 됐어요

Das Präteritum wird dazu verwendet, abgeschlossene Handlungen, Vorgänge und Zustände in der Vergangenheit auszudrücken.

A: 점심 먹었어요?
B: 아니요, 우유만 한 잔 마셨어요.

A: Haben Sie zu Mittag gegessen?
B: Nein, ich habe nur ein Glas Milch getrunken.

A: 불고기가 맛있었어요?
B: 예, 아주 맛있었습니다.

A: War das Bulgogi lecker?
B: Ja, es war sehr lecker.

A: 시험이 언제 있었어요?
B: 월요일에 있었어요.

A: Wann hatten Sie die Prüfung?
B: Am Montag hatte ich die Prüfung.

A: 학교 선생님이셨어요?
B: 예, 예전에 초등학교 교사였어요.

A: Waren Sie Lehrer?
B: Ja, ich war früher Lehrer einer Grundschule.

Das koreanische Präteritum drückt jedoch nicht nur abgeschlossene Vorgänge oder Zustände aus, sondern auch in der Vergangenheit eingetretene Handlungen, deren Folgen bis in die Gegenwart andauern, d.h. es fungiert auch als Perfekt. Dabei bestimmt die Bedeutung des Verbs, ob die Tempusmarkierung -았/었 eine abgeschlossene Handlung oder einen in der Gegenwart andauernden Zustand bezeichnet. Verben wie 늙다, 익다, 닮다 oder Verben wie 입다, 신다, die das Anziehen von Kleidung o.ä. bezeichnen, stehen im Resultativ-Perfekt (▶ 8.2.2 | Resulativer Aspekt).

Zitierform des Verbs	Beispiele	
오다 *kommen*	벌써 봄이 왔어요.	*Der Frühling ist schon da [= gekommen].*
늙다 *altern*	수미가 많이 늙었어요.	*Sumi ist sehr gealtert.*
익다 *reifen*	사과가 잘 익었어요.	*Die Äpfel sind gut gereift.*
닮다 *ähneln*	아들이 아버지를 닮았어요.	*Der Sohn ähnelt dem Vater.* *[= ist dem Vater ähnlich geworden.]*
입다 *anziehen*	수미가 치마를 입었어요.	*Sumi trägt einen Rock.* *[= hat einen Rock angezogen.]*

Das mit VS-았/었다 gebildete Präteritum, das formal der 2. Sprechstufe entspricht, wird v.a. in historischen Berichten und Zeitungstexten verwendet, da es sich hierbei nicht um konkrete interpersonale Gesprächssituationen handelt und somit keine hörerbezogenen Höflichkeitsformen erforderlich sind (▶ 4 | Sprechstufen und Satzarten). Dies gilt auch für das Plusquamperfekt.

이순신 장군이 나라를 지켰다. — *General Yi Sun-shin verteidigte das Vaterland.*

김대중 대통령이 노벨 평화상을 받았다. — *Der Präsident Kim Dae-jung hat einen Friedensnobelpreis erhalten.*

박근혜 대통령이 독일을 방문했다. — *Die Präsidentin Park Geun-hye besuchte Deutschland.*

3. Plusquamperfekt

Das Plusquamperfekt drückt eine in der Vergangenheit abgeschlossene Handlung oder einen nicht mehr bestehenden Zustand aus, die/der auf die Gegenwart keine Auswirkung mehr hat. Es entspricht nicht dem deutschen Plusquamperfekt, das die Vorzeitigkeit einer Handlung in Bezug auf eine andere vergangene Handlung ausdrückt. Dies wird im Koreanischen durch Konjunktionalformen ausgedrückt (▶ 24.3 | Adverbialsätze). Im Deutschen wird das koreanische Plusquamperfekt einfach durch das Perfekt oder Präteritum wiedergegeben.

Das Plusquamperfekt wird durch Anfügen des Suffixes −았었 bzw. −었었 an den Verbstamm gebildet, danach folgen die Satzschlussendungen der Sprechstufen (▶ 4 | Sprechstufen und Satzarten).

VS ㅏ/ㅗ−았었 + −어요	VS_{ohne} ㅏ/ㅗ−었었 + −어요	하다 → 했었 + −어요
많다 + −았었 + −어요	먹다 + −었었 + −어요	말하다 → 말했었 + −어요
→ 많았었어요	→ 먹었었어요	→ 말했었어요

VS−았었 + 어요/습니다		VS −었었 + 어요/습니다	
살았었어요	살았었습니다	길었었어요	길었었습니다
좋았었어요	좋았었습니다	읽었었어요	읽었었습니다

A: 예전에 서울에 살았었어요?
B: 아니요, 부산에 살았었어요.

A: Haben Sie früher in Seoul gelebt?
B: Nein, ich habe in Busan gelebt.

A: 예전에 술을 많이 마셨었어요?
B: 아니요, 조금만 마셨었어요.

A: Haben Sie früher viel Alkohol getrunken?
B: Nein, ich habe nur wenig getrunken.

막스는 어렸을 때 뚱뚱했었어요.
지금은 아주 날씬해요.

Als Max klein war, war er dick. Jetzt ist er sehr schlank.

옛날에는 자주 교회에 다녔었어요.
지금은 안 다녀요.

Früher bin ich oft zur Kirche gegangen. Jetzt gehe ich nicht mehr zur Kirche.

Das Plusquamperfekt wird häufig mit den Verben mit 오다 'kommen' und 가다 'gehen' verwendet, deren Bedeutung sich von der des Präteritums unterscheidet. Während es im Präteritum offen bleibt, ob die Folge einer abgeschlossenen Handlung weiterhin besteht, drückt das Plusquamperfekt explizit aus, dass dies nicht der Fall ist.

Präteritum: VS−았/었어요	Plusquamperfekt: VS−았/었었어요
막스가 한국에 갔어요. *Max ging nach Korea.* (Es ist nicht klar, ob er noch dort ist)	막스가 한국에 갔었어요. *Max war nach Korea gereist.* (Jetzt ist er nicht mehr in Korea)
막스가 왔어요. *Max kam.* (Es ist nicht klar, ob er noch da ist)	막스가 왔었어요. *Max war gekommen.* (Er ist wieder weggegangen)

4. Futur

Das Futur drückt aus, dass Handlungen, Prozesse oder Vorgänge in der Zukunft stattfinden werden. Es kann auch zum Ausdruck von Vermutungen oder Annahmen verwendet werden. Zum Ausdruck des Futurs gibt es im Koreanischen zwei Möglichkeiten: erstens mit dem Futursuffix −겠 und zweitens mit der Konstruktion −을/ㄹ 것이다, die meist in der kontrahierten Form −을/ㄹ 거다 verwendet wird. Beide Formen können auch modale Bedeutung haben. In der temporalen Bedeutung wird die Konstruktion −을/ㄹ 것이다 häufiger verwendet als das Futursuffix −겠.

Futurform mit dem Suffix -겠

Das Futursuffix -겠 wird zwischen dem Verbstamm und der Verbalendung 다 eingefügt.

VS + -겠 + -다	VS + -겠 + -다
가 + -겠+ -다 → 가겠다	먹 + -겠 + -다 → 먹겠다

Das Futur mit dem Suffix -겠 wird in folgenden Kontexten verwendet:

1) Bei Durchsagen (z.B. am Bahnhof), Ankündigungen, Prognosen und Wettervorhersagen. In diesen Fällen wird das Suffix -겠 in der Regel in der 5. (höflich-formellen) Sprechstufe gebraucht.

Durchsage / Ankündigung

기차가 곧 도착하겠습니다.	*Der Zug wird bald ankommen.*
잠시 후에 회의가 열리겠습니다.	*Die Sitzung wird in Kürze stattfinden.*
콘서트가 곧 시작하겠습니다.	*Das Konzert wird bald beginnen.*
잠시 후 대통령 연설이 있겠습니다.	*Der Präsident wird in Kürze eine Rede halten.*

Wettervorhersage / Prognose

내일은 바람이 심하게 불겠습니다.	*Morgen wird es sehr windig.*
경제가 곧 좋아지겠습니다.	*Die Wirtschaft wird sich bald erholen.*
앞으로 출산률이 줄어들겠습니다.	*Die Geburtenrate wird in Zukunft abnehmen.*

2) Werden die Personalpronomina 나/저 (1. Person Sg.) oder 우리/저희 (1. Person Pl.) als Subjekt gebraucht, drückt -겠 eine Absicht bzw. einen starken Willen des Subjekts aus, eine Handlung auszuführen.

제가 하겠습니다.	*Ich werde/will das machen.*
저희가 직접 찾아 가겠습니다.	*Wir werden Sie persönlich besuchen.*
앞으로 술을 마시지 않겠습니다.	*Ich werde/will in Zukunft keinen Alkohol trinken.*
오늘 밤까지 이 일을 끝내겠습니다.	*Wir werden/wollen diese Arbeit bis heute Abend erledigen.*

3) In Verbindung mit dem Honorativsuffix -(으)시 und einer Frage in der 2. Person ist der Gebrauch des Futursuffixes -겠 die höflichste Art, sein Gegenüber um einen Gefallen zu bitten oder nach dessen Wünschen zu fragen (wörtliche Übersetzung: 'Werden Sie wohl ...?').

A: 무엇을 주문하시겠어요? B: 불고기 일인 분 주세요.	*A: Was möchten Sie bestellen?* *B: Geben Sie mir bitte eine Portion Bulgogi.*
A: 이사를 좀 도와주시겠어요? B: 도와드릴께요.	*A: Könnten Sie mir beim Umzug helfen?* *B: Ich werde Ihnen dabei helfen.*
A: 같이 가시겠어요? B: 아니요, 집에 있겠습니다.	*A: Möchten/Wollen Sie mitkommen?* *B: Nein, ich werde zu Hause bleiben.*

4) Das Futursuffix -겠 dient auch zum Ausdruck von Annahmen oder Vermutungen des Sprechers. Es kann auch an das Präteritumssuffix -았/었 angehängt werden. Die Kombination -았겠/었겠 hat dabei keine Vergangenheitsbedeutung, sondern eine rein modale Bedeutung. Im Deutschen kann diese Bedeutung somit durch *'Ich nehme an, dass ...'*, *'Ich gehe davon aus, dass ...'* oder *'Es wird be-*

stimmt so sein, dass ...' wiedergegeben werden. In diesem Fall kann das Subjekt nicht die 1. Person, sondern nur die 2. oder 3. Person sein.

VS-았/었 + -겠 + -어요	VS-았/었 + -겠 + -습니다
먹었 + -겠+ -어요 → 먹었겠어요	먹었 + -겠 + -습니다 → 먹었겠습니다

VS-겠다 (Vermutung)

시장하시겠어요. *(Ich nehme an,) Sie haben bestimmt Hunger.*

민수 씨가 많이 피곤하겠어요. *Minsu wird bestimmt sehr müde sein.*

2 년 후에 군대에 가겠군요. *Ach so, Sie werden in zwei Jahren zum Militär gehen!*

VS-았/었겠다 (Vermutung)

상을 타서 기뻤겠어요. *Sie sind bestimmt glücklich gewesen, weil Sie den Preis gewonnen haben.*

젊었을 때 미인이셨겠습니다. *Sie waren bestimmt eine schöne Frau, als Sie jung waren.*

어제 옛 친구를 만나서 좋았겠어요. *Es ist bestimmt schön (für Sie) gewesen, weil Sie gestern einen alten Freund getroffen haben.*

5) Durch die Verwendung von -겠 kann der Sprecher seine Aussagen in abgeschwächter Form ausdrücken. In dieser Funktion kommt -겠 häufig in idiomatischen Wendungen vor.

잘 먹겠습니다. *Danke für das Essen! [Ich werde gut essen.]*

나중에 뵙겠습니다. *Bis später! [Ich werde Sie später sehen.]*

잘 알겠습니다. / 잘 알겠어요. *Ich weiß es genau. / Ich verstehe es.*

잘 모르겠습니다. / 잘 모르겠어요. *Ich weiß es nicht genau. / Ich verstehe es nicht.*

처음 뵙겠습니다. / 처음 뵙겠어요. *Es freut mich, Sie kennenzulernen. [Ich werde Sie zum ersten Mal sehen.]*

Futurkonstruktion VS-을/ㄹ 것이다 bzw. VS-을/ㄹ 거다

Die Konstruktion VS-을/ㄹ 것이다 besteht aus dem Partizip Futur -을/ㄹ und dem Formalnomen 것 'Ding'/'Sache', gefolgt von der Kopula 이다. Wörtlich bedeutet diese Konstruktion *'Es ist eine zukünftige Sache, dass ...'*. In der gesprochenen Sprache wird die Konstruktion -을/ㄹ 것이다 häufig zu -을/ㄹ 거다 gekürzt. Die Konstruktion -을/ㄹ 것이다 wird verwendet, um einen Plan, eine Absicht oder eine Vermutung bzw. Annahme in Bezug auf eine zukünftige Handlung oder einen zukünftigen Zustand auszudrücken (▶ 17.1 | Formalnomina).

VS_{KONS}-을 것이다	VS_{VOK}-ㄹ 것이다
먹다 + -을 것이다 → 먹을 것이다	가다 + -ㄹ 것이다 → 갈 것이다

Kontraktionsform	höflich-formelle Sprechstufe	höflich-informelle Sprechstufe
-을/ㄹ 것이다 → -을/ㄹ 거다	-을/ㄹ 것입니다 → -을/ㄹ 겁니다	-을/ㄹ 것이에요 → -을/ㄹ 거예요
-을/ㄹ 것이다 → -을/ㄹ 거다	한국에 올 겁니다.	한국에 올 거예요.
	한국에 있을 겁니다.	한국에 있을 거예요.

Die Futurkonstruktion VS-을/ㄹ 것이다 und ihre Kontraktionsform VS-을/ㄹ 거다 haben verschiedene Bedeutungen, je nachdem, ob das Subjekt in der 1. oder 3. Person steht. Stehen sie in Verbindung mit dem Subjekt 나/저 (1. Person Sg.) oder 우리/저희 (1. Person Pl.), drücken sie eine Handlungsabsicht des Subjekts aus. Allerdings ist diese weniger stark als eine mit dem Suffix -겠 ausgedrückte Absicht.

다음 주에 스위스에 갈 거예요.	*Nächste Woche werde ich in die Schweiz fahren.*
저희는 집에서 쉴 거예요.	*Wir werden/wollen uns zu Hause ausruhen.*
호텔도 예약할 거예요.	*Ich werde/will auch das Hotel reservieren.*
올해 차를 살 겁니다.	*Dieses Jahr werde/will ich ein Auto kaufen.*

Ist das Subjekt des Satzes jedoch eine 3. Person, kann die Futurkonstruktion VS-을/ㄹ 거다 eine Vermutung bzw. Annahme, Prognose oder eine Schlussfolgerung in der Gegenwart ausdrücken. -을/ㄹ 거다 kann auch an das Präteritumssuffix -았/었 angehängt werden. Die erweiterte Konstruktion -았/었을 거다 hat dabei wie die Konstruktion -을/ㄹ 거다 eine rein modale Bedeutung. Vermutungen, die mit -을/ㄹ 거다 ausgedrückt werden, sind dabei etwas schwächer als solche mit dem Modalsuffix -겠.

VS-었 + -을 것이다/거다	VS-았 + -을 것이다/거다
먹었 + -을 것이다	앉았 + -을 것이다
→ 먹었을 것이다 / → 먹었을 거다	→ 앉았을 것이다 / → 앉았을 거다

VS-을 것이다/거다

밤에 추울 거예요.	*In der Nacht wird es wohl kalt sein.*
우리 팀이 이길 겁니다.	*Unser Team wird wohl gewinnen.*
거짓말일 거예요.	*Das ist vielleicht eine Lüge.*
저 아이는 크면 예쁠 거예요.	*Wenn das Kind einmal groß ist, wird es sicher hübsch.*
눈이 이대로 계속 내리면 비행기가 모두 취소될 거예요.	*Wenn es weiter so schneit, werden alle Flüge abgesagt.*

VS-았/었을 것이다/거다

지금쯤 도착했을 거예요.	*Er wird (jetzt) wohl schon angekommen sein.*
민수 씨가 돈을 송금했을 겁니다.	*Minsu hat das Geld bestimmt schon überwiesen.*
수미 씨가 어제 잠을 못 잤을 거예요.	*Vielleicht hat Sumi gestern schlecht geschlafen.*

8.2 Aspekt

Der Aspekt gibt an, ob eine Handlung gerade im Verlauf (progressiv) ist oder die Folgen einer bereits abgeschlossenen Handlung noch bis in die Gegenwart andauern (resultativ). Der Zeitbezug der progressiven und resultativen Aspekte wird dabei durch das Tempus des Verbs hergestellt.

1. Progressiver Aspekt: VS-고 있다

Der progressive Aspekt wird durch die Konstruktion VS-고 있다 gebildet und gibt an, dass eine Handlung entweder unvollendet ist, momentan stattfindet oder noch andauert. Die Bedeutung entspricht der Verlaufsform des Deutschen ('*gerade dabei sein, X zu tun*').

Die Konstruktion VS-고 있다 kann nur mit Aktionsverben verwendet werden. Das Tempus sowie die Negation werden in der Regel durch das am Ende stehende Hilfsverb 있다 markiert. Das Hilfsverb 있다 kann durch das honorative Verb 계시다 ersetzt werden, wenn der Adressat sozial höher steht oder älter ist als der Sprecher: VS-고 계시다.

Tempus	progressiver Aspekt	
Präsens	수미가 공부하고 있어요.	*Sumi ist gerade dabei zu lernen.*
Präteritum	수미가 공부하고 있었어요.	*Sumi war gerade dabei zu lernen.*
Futur	수미가 공부하고 있을 거예요.	*Sumi wird wohl gerade lernen.*

Bedeutung	progressiver Aspekt	
Negation	수미가 공부하고 있지 않아요.	*Sumi lernt gerade nicht.*
	수미가 공부하고 있지 않았어요.	*Sumi lernte gerade nicht.*
Honorativ	아버지는 신문을 읽고 계세요.	*Mein Vater liest gerade Zeitung.*
	아버지는 신문을 읽고 계셨어요.	*Mein Vater las gerade Zeitung.*

Beispiele für die Verwendung der Konstruktion VS-고 있다 / VS-고 계시다:

A: 누구에게 메일을 쓰고 있어요? — *A: Wem schreiben Sie gerade eine E-Mail?*
B: 형에게 쓰고 있어요. — *B: Ich schreibe gerade meinem älteren Bruder.*

A: 유미야, 지금 숙제하고 있니? — *A: Yumi, machst du gerade Hausaufgaben?*
B: 아니요, 책(을) 읽고 있어요. — *B: Nein, ich lese gerade ein Buch.*

A: 엄마, 부엌에서 뭐하고 계세요? — *A: Mama, was machst du gerade in der Küche?*
B: 잡채 만들고 있어. — *B: Ich mache gerade Glasnudeln.*

Wird die Konstruktion VS-고 있다 mit dem Präteritum VS-고 있었다 verwendet, drückt sie Handlungen aus, die in der Vergangenheit im Verlauf waren.

A: 무엇을 하고 있었어요? — *A: Was haben Sie (vorhin / bis jetzt) gemacht?*
B: 영화를 보고 있었어요. — *B: Ich habe (bis jetzt) einen Film geguckt.*

A: 잠 자고 있었어? — *A: Hast du (bis jetzt) geschlafen?*
B: 아니요, 음악을 듣고 있었어요. — *B: Nein, ich habe (bis jetzt) Musik gehört.*

A: 무엇을 하고 계셨어요? — *A: Was haben Sie (vorhin / bis jetzt) gemacht?*
B: 청소하고 있었어요. — *B: Ich habe (bis jetzt) die Wohnung aufgeräumt.*

In gleicher Bedeutung kann VS-고 있다 durch die Konstruktion mit dem Formalnomen 중 'Mitte' VS-는 중이다 bzw. VS-고 있는 중이다 ersetzt werden (▶ 17.2.4 | Formalnomina).

공부하고 있어요. — *Ich bin gerade dabei zu lernen.*
= 공부하는 중이에요. — *Ich bin mitten im Lernen.*
= 공부하고 있는 중이에요. — *Ich bin mitten im Lernen.*

Die Konstruktion VS-고 있다 kann neben der primären progressiven Bedeutung auch mit bestimmten Verben einen resultativen Aspekt ausdrücken (▶ 8.2.2 | Resultativer Aspekt).

2. Resultativer Aspekt

Der resultative Aspekt gibt an, dass eine Handlung abgeschlossen ist, ihre Folgen aber bis in die Gegenwart andauern. Dies kann im Koreanischen durch drei Konstruktionen ausgedrückt werden: 1) VS-아/어 있다, 2) VS-았/었다 und 3) VS-고 있다.

1) Die Konstruktion VS-아/어 있다 wird in Verbindung mit intransitiven und passivischen Verben verwendet (▶ 13.1 | Durch Suffixe gebildete Passivverben).

intransitives Verb	VS-아/어 있다	resultativer Aspekt
앉다 *sich setzen*	그가 의자에 앉아 있어요.	*Er sitzt auf dem Stuhl.*
서다 *(auf)stehen*	막스가 문 앞에 서 있어요.	*Max steht vor der Tür.*
눕다 *sich hinlegen*	아기가 침대에 누워 있어요.	*Das Baby liegt im Bett.*
붓다 *schwellen*	눈이 부어 있어요.	*Die Augen sind geschwollen.*

passivisches Verb	VS-아/어 있다	resultativer Aspekt
닫히다 *geschlossen werden*	문이 닫혀 있어요.	*Die Tür ist zu.*
열리다 *geöffnet werden*	문이 열려 있어요.	*Die Tür ist offen.*
켜지다 *angeschaltet werden*	불이 켜져 있어요.	*Das Licht ist an.*
꺼지다 *ausgeschaltet werden*	불이 꺼져 있어요.	*Das Licht ist aus.*

Beispiele für die Verwendung VS-아/어 있다 mit anderen passivischen Verben:

A: 사전이 어디에 놓여 있어요?
B: 식탁 위에 (사전이) 놓여 있어요.

A: Wo liegt das Wörterbuch?
B: Es liegt auf dem Tisch.

A: 방문이 잠겨 있어요.
B: 전등도 꺼져 있어요.

A: Oh, die Zimmertür ist zu!
B: Die Lampe ist auch aus.

A: 바지가 옷장에 안 걸려 있어요.
B: 밖에 (바지가) 걸려 있어요.

A: Meine Hose hängt nicht im Schrank.
B: Sie hängt draußen.

2) Die Konstruktion VS-았/었다 (VS-았/었습니다 / VS-았/었어요) wird besonders mit Verben, die das Anziehen von Kleidung, Schmuck, Brillen oder Ähnlichem bezeichnen, gebraucht, um den resultativen Aspekt auszudrücken. In diesem Fall wird sie nur im Präteritum verwendet.

	VS-았/었어요	resultativer Aspekt
쓰다 *Brille / Mütze aufsetzen*	그가 안경을 썼어요.	*Er trägt seine Brille. (Er hat seine Brille aufgesetzt, jetzt trägt er sie.)*
끼다 *Ring / Handschuhe anziehen*	그녀가 반지를 꼈어요. 그녀가 장갑을 꼈어요.	*Sie trägt einen Ring.* *Sie trägt Handschuhe.*
차다 *Uhr / Armband anziehen*	그녀가 시계를 찼어요. 그녀가 팔찌를 찼어요.	*Sie trägt eine Uhr.* *Sie trägt ein Armband.*
신다 *Socken / Schuhe anziehen*	그가 양말을 신었어요. 그가 신발을 신었어요.	*Er trägt Socken.* *Er trägt Schuhe.*
입다 *Kleidung anziehen*	그녀가 치마를 입었어요. 그녀가 바지를 입었어요.	*Sie trägt einen Rock.* *Sie trägt eine Hose.*
매다 *Krawatte binden*	형이 넥타이를 맸어요.	*Mein älterer Bruder trägt eine Krawatte.*

In der resultativen Bedeutung kann die Konstruktion VS-았/었다 durch die Konstruktion VS-고 있다 mit den oben genannten Verben ersetzt werden (▶ 8.2.1 | Progressiver Aspekt).

VS-았/었다 vs. VS-고 있다

막스가 오늘 모자를 썼어요. = 막스가 오늘 모자를 쓰고 있어요.	*Max trägt heute eine Mütze. (Max hat seine Mütze aufgesetzt, jetzt trägt er sie.)*
수미가 결혼 반지를 꼈어요. = 수미가 결혼 반지를 끼고 있어요.	*Sumi trägt den Ehering. (Sumi hat sich den Ehering angesteckt, jetzt trägt sie ihn.)*

Der resultative Aspekt kann auch durch das als Hilfsverben verwendete Präteritum von 두다 'legen', 놓다 'stellen' in der Konstruktion -아/어 뒀다 oder -아/어 놓았다 ausgedrückt werden (▶ 9.1.5 | Hilfsverben -아/어 놓다, 아/어 두다).

자동차를 세차해 뒀어요.	*Ich habe das Auto gewaschen.*
문을 닫아 놓았어요.	*Ich habe die Tür geschlossen.*

Anmerkung: Wenn die oben genannten Verben für Anziehen/Tragen wie 쓰다, 끼다, 입다 usw. dagegen im Präsens stehen, haben sie eine habituelle Bedeutung: 'gewöhnlich stattfinden', 'grundsätzlich tun'.

민수는 안경을 써요.	*Minsu trägt (gewöhnlich) eine Brille.*
저는 보통 반지를 안 껴요.	*Ich trage normalerweise keinen Ring.*
수미는 치마를 안 입어요.	*Sumi trägt (grundsätzlich) keinen Rock.*

3) Die Konstruktion VS-고 있다 hat zwei Bedeutungen: eine progressive und eine resultative. Welche konkrete Bedeutung gemeint ist, hängt vom Kontext ab, in dem sie gebraucht wird. Die Bedeutung kann häufig aus Adverbien wie 지금 'jetzt', 막 'jetzt gerade' (progressiv) oder 또 'wieder' bzw. der Partikel 도 'auch' (resultativ) erschlossen werden.

VS-고 있다	
progressiver Aspekt	**resultativer Aspekt**
막스가 지금 안경을 쓰고 있어요. *Max setzt sich jetzt gerade seine Brille auf.*	막스가 오늘 또 안경을 쓰고 있어요. *Max trägt heute wieder eine Brille.*
수미가 지금 치마를 입고 있어요. *Sumi zieht sich jetzt gerade einen Rock an.*	수미가 오늘도 치마를 입고 있어요. *Sumi trägt heute auch einen Rock.*

Einige kognitive Verben (알다 'wissen'/'kennen', 모르다 'nicht wissen' / 'nicht kennen' oder 깨닫다 'begreifen/erkennen, 오해하다 'missverstehen') können keinen progressiven Aspekt ausdrücken. Mit -고 있다 können sie aber einen resultativen Aspekt bezeichnen:

그는 수미의 주소를 알고 있어요.	*Er kennt die Adresse von Sumi.*
그는 수미의 주소를 모르고 있어요.	*Er kennt die Adresse von Sumi nicht.*
잘못을 깨닫고 있어요.	*Er/Sie erkennt seinen/ihren Fehler.*
그가 저를 오해하고 있어요.	*Er versteht mich falsch.*

8.3 Modus

Durch den Modus kommt die Einschätzung der Aussage als tatsächlich, wahrscheinlich, möglich oder notwendig durch den Sprecher zum Ausdruck, ebenso auch die Art, wie der Sprecher von dem Sachverhalt erfahren hat. Modale Funktionen werden im Koreanischen durch verschiedene grammatische Formen ausgedrückt. So können etwa das Futur, bestimmte Hilfsverbkonstruktionen (▶ 9.4 | Modale Hilfsverbkonstruktionen) sowie die pragmatischen Satzschlussendungen modale Funktionen ausdrücken (▶ 11 | Pragmatische Satzschlussendungen). An dieser Stelle wird nur der Retrospektiv behandelt.

1. Der Retrospektiv: VS-더 und VS-았/었더

Der Retrospektiv drückt eine rückblickende Erinnerung eigener Wahrnehmungen sowie unerwartete Feststellungen des Sprechers aus, aber auch Sachverhalte, die der Sprecher durch Hörensagen erfahren hat. Dies wird durch das Retrospektivsuffix -더 in Verbindung mit den Satzschlussendungen in der folgenden Tabelle ausgedrückt. Der Retrospektiv wird i.d.R. in der gesprochenen Sprache verwendet und kommt nicht in der höflich-formellen Sprechstufe (5. SPS) vor (▶ 11 | Pragmatische Satzschlussendugen). In der 4. (höflich-informellen) Sprechstufe wird der Retrospektiv mit der Höflichkeitsmarkierung -요 gebraucht, in den informellen Sprechstufen 1. bis 3. dagegen fällt -요 weg (▶ 4 | Sprechstufe und Satzarten).

In der Tabelle ist besonders zu beachten, dass die Aussageformen in der 4. Sprechstufe immer -라구/-라고 enthalten, wobei in den informellen Sprechstufen -구/-고 ausgelassen werden können. Ebenso kann in der Frage in den informellen Sprechstufen das Element -가 ausgelassen werden.

	höflich-informelle Sprechstufe	informelle Sprechstufe
Aussage	VS-더라구요 / VS-던데요 N-(이)더라고요	VS-더라(구) / VS-던데 N-(이)더라(고) / N-(이)던데
Frage	VS-던가요? N-(이)던가요?	VS-던? / VS-디? N-(이)던? / N-(이)디?

🕮 -더라고요 bzw. -이던 sind stilistische Varianten von -더라구요 bzw. -(이)디.

VS-더라(구요) / VS-던데(요)

수미 씨 집이 아주 크더라구요.	*Das Haus von Sumi war sehr groß. (sah ich)*
막스가 한국 음식을 잘 먹던데요.	*Max isst gern koreanisches Essen. (beobachtete ich)*
가게에 두부가 없더라. 벌써 다 팔렸던데.	*Es gab kein Tofu im Laden. Es ist schon alles verkauft worden. (stellte ich fest)*

VS-던(가요)? / VS-디?

밖에 비가 많이 오던가요?	*Regnet es stark draußen? (als Sie draußen waren)*
아직도 회사에 있디? / 있던?	*Ist er immer noch in der Firma? (als Sie ihn angerufen haben)*

N-이던가요? / N-이더라고요

A: 민수 씨가 공무원이던가요? B: 예, 공무원이더라구요.	*A: Ist Minsu Beamter?* *B: Ja, er ist Beamter. (Feststellung von B auf die Frage von A)*

Die retrospektive Konstruktion VS-더라(구요) / VS-던데(요) wird normalerweise nicht verwendet, wenn es um das eigene Verhalten des Sprechers geht, sodass das grammatische Subjekt nicht die 1. Person sein kann. In diesem Fall muss statt der Retrospektivform das Präteritum verwendet werden.

나는 친구를 만났어요. Nicht: *나는 친구를 만나더라구요.	*Ich habe meinen Freund getroffen.* (Im Retrospektiv kann das Subjekt nicht die 1. Person sein)

Wenn der Sprecher allerdings die Konstruktion VS-더라(구요) / VS-던데(요) in Bezug auf seine eigenen Empfindungen/Gefühle/Emotionen bzw. den eigenen Informationsstand verwendet, hat sie die spezielle Bedeutung, dass er diesen Zustand als unerwartet konstatiert. Sie kann im Deutschen mit '*Ich stelle (rückblickend) fest, dass ..., / Ich finde ...*' übersetzt werden.

비가 오면 우울하더라구요.	*Ich stelle (rückblickend) fest, dass ich melancholisch bin, wenn es regnet.*
(저는) 영화가 슬프던데요.	*Ich finde (wenn ich zurückdenke), dass der Film traurig war.*
너무 더워서 못 나가겠더라.	*Ich merkte, dass ich doch nicht rausgehen konnte, weil es zu warm war.*
바지 주머니에 돈이 있더라구요.	*Ich habe ja noch Geld in der Hosentasche! (das hatte ich vergessen)*
한국의 여름이 안 덥던데요.	*Der Sommer in Korea war doch nicht so warm. (wie ich eigentlich erwartet hatte)*

VS-던데(요) wird auch verwendet, wenn eine negative Antwort auf eine Frage gegeben wird, auf die eigentlich eine positive Antwort erwartet wurde (▶ 11.4 | Pragmatische Satzschlussendungen).

A: 오늘 밖에 추웠지요? B: 아니요, 안 춥던데요.	*A: Es war heute kalt draußen, nicht wahr?* *B: Nein, ich finde, es war nicht kalt.*
A: 시험이 어려웠지요? B: 아니요, 쉽던데요.	*A: Die Prüfung war schwer, nicht wahr?* *B: Nein, ich finde, sie war leicht.*

Die retrospektive Konstruktion wird auch in der indirekten Rede verwendet, um etwas zu berichten, das der Sprecher aus einer anderen Quelle (die genannt werden muss) erfahren hat (▶ 23.2 | Indirekte Rede).

수미가 아프다고 민수가 말하더라.	*Minsu erzählte (mir), dass Sumi krank sei.*
수미가 중국에 간다고 말하던데요.	*Sumi hat gesagt (wie ich mich erinnere), dass sie nach China fliegt.*
교황이 독일에 온다고 신문에 났더라구요.	*In der Zeitung steht (wie ich selber gelesen habe), dass der Papst nach Deutschland kommt.*

Retrospektives -았/었더 im Präteritum

Das Retrospektivsuffix -았/었더 im Präteritum wird verwendet, um von einer zum Zeitpunkt der Beobachtung des Sprechers bereits abgeschlossenen Handlung rückblickend zu berichten. Diese Konstruktion wird ausschließlich in Verbindung mit Aktionsverben sowie mit den Qualitativverben mit 있다 verwendet.

어제 저녁에 눈이 왔더라.	*Es hat gestern Abend geschneit. (stellte ich fest)*
유미가 시험에 합격했던데요.	*Yumi hat die Prüfung bestanden. (erkannte ich)*

어제 본 공연이 재미있더라. — *Die Aufführung, die ich gestern gesehen habe, war interessant. (stellte ich fest)*

막스 씨가 얼마 전에 직장을 그만두었던데요. — *Max hat vor Kurzem den Job gekündigt. (stellte ich fest)*

2. Das Modalsuffix –겠

Das Modalsuffix –겠 drückt die Absicht und die Entschlossenheit des Subjekts aus, etwas in der Zukunft zu tun. In dieser Bedeutung ist der Gebrauch von 겠 auf die erste Person 나/저 (1. Person Sg.) oder 우리/저희 (1. Person Pl.) beschränkt.

앞으로 담배를 피우지 않겠습니다. — *Ich werde/will in Zukunft nicht rauchen.*

그와 절대로 결혼하지 않겠어요. — *Ich werde/will ihn auf keinen Fall heiraten.*

오늘 수업은 여기서 마치겠습니다. — *Ich werde/will den heutigen Unterricht hier beenden.*

저희가 빚을 가능하면 빨리 갚겠습니다. — *Wir werden/wollen die Schulden so schnell wie möglich zurückzahlen.*

Wenn aber das Modalsuffix –겠 nicht den eigenen Willen der 1. Person (Sg./Pl.) bezeichnet, kann es eine starke Vermutung oder Annahme über Handlungen, Ereignisse oder Zustände ausdrücken. In dieser Bedeutung wird es auch zum Ausdruck von Prognosen und Wettervorhersagen verwendet (▶ 8.1.4 | Futur).

올 여름도 많이 덥겠어요. — *Auch dieses Jahr wird der Sommer bestimmt sehr warm.*

앞으로 실업자 수가 줄겠습니다. — *Die Zahl der Arbeitslosen wird in Zukunft sinken.*

이민자 수가 계속 늘어나겠습니다. — *Die Zahl der Migranten wird weiter zunehmen.*

지금 떠나면 새벽에 도착하겠구나. — *Wenn du jetzt losfährst, kommst du am frühen Morgen an.*

젊었을 때 노래를 아주 잘하셨겠어요. — *Sie haben bestimmt richtig gut gesungen, als Sie jung waren.*

9 Hilfsverben

Hilfsverben sind Verben, die nicht selbstständig als Prädikat verwendet werden können. Ihre Funktion besteht darin, Vollverben hinsichtlich Tempus, Modus, Aspekt (progressiv, resultativ) (▶ 8.2 | Aspekt) und Passiv/Kausativ zu modifizieren. Viele Vollverben können auch als Hilfsverben verwendet werden. Zusammen mit einem voranstehenden Vollverb können Hilfsverben verschiedene grammatische Konstruktionen bilden. Sie folgen dabei auf ein Vollverb, das mit einer Anschlussform, meist –아/어 oder –고, –게, –나 steht. Tempus und Negation werden in diesen Konstruktionen am Hilfsverb markiert. Hilfsverbkonstruktionen können mit unterschiedlichen Verbarten kombiniert werden. In der Tabelle sind einige der geläufigsten Hilfsverbkonstruktionen aufgeführt.

Vollverb	VS + –아/어 + Hilfsverb	Bedeutung als Hilfsverb
보다 *sehen*	VS–아/어 보다	Versuch / Erfahrung
보이다 *gesehen werden*	VS (QV)–아/어 보이다	Folgerung / Anschein
내다 *abgeben*	VS–아/어 내다	Abschluss / Erreichen
버리다 *wegwerfen*	VS–아/어 버리다	Bedauern / Erleichterung
치우다 *sauber machen*	VS–아/어 치우다	komplette Beseitigung
주다 / 드리다 *geben*	VS–아/어 주다 / 드리다	Begünstigung / Gefälligkeit
두다 / 놓다 *legen, stellen*	VS–아/어 두다 / 놓다	Resultat
가다 *gehen*	VS–아/어 가다	Kontinuität in der Zukunft
오다 *kommen*	VS–아/어 오다	Kontinuität in der Gegenwart
지다 *werden*	VS (QV)–아/어지다	graduelle Veränderung
빠지다 *(herein)fallen*	VS–아/어 빠지다	negative Entwicklung / Zustand
대다 *anlegen, liefern*	VS–아/어 대다	kontinuierliche / sich wiederholende Handlung
쌓다 *anhäufen*	VS–아/어 쌓다	

Vollverb	VS + –고/–게/–나 + Hilfsverb	Bedeutung als Hilfsverb
말다 *aufhören*	VS–고 말다	Abschluss / Endgültigkeit
되다 *werden*	VS–게 되다	Folge einer Handlung
보이다 *gesehen werden*	VS–게 보이다	Schlussfolgerung / Aussehen
보다 *sehen*	VS–나 보다, VS–은/ㄴ가 보다	Vermutung / Anschein

Außerdem gibt es eine große Anzahl von Konstruktionen, die mit den Hilfverben 싶다 und 하다 gebraucht werden. 싶다 kommt nicht als selbstständiges Verb vor, sondern fungiert nur als Hilfsverb. 싶다 bedeutet je nach Anschlussform VS–나 싶다 'denken' oder VS–고 싶다 'wollen'.

Hilfsverb	VS + –나+ 싶다 / VS + –고 싶다	Bedeutung als Hilfsverb
싶다 *denken / vermuten*	VS–나 싶다, VS–은/ㄴ 가 싶다	Vermutung / tentative Meinung
	VS–지 않나 싶다, N + 이/가 아닌가 싶다/아닐까 싶다	tentative Meinungsäußerung
	VS–을/ㄹ까 싶다	Befürchtung
	VS–는/은/ㄴ 듯싶다, VS–을/ㄹ 듯싶다	Aussehen, als ob
싶다 *wollen*	VS–고 싶다	Wunsch

Das Hilfsverb 하다 folgt auch auf ein Vollverb, an das unterschiedliche Anschlussformen angehängt werden. Einige Hilfsverben, die aus den Formalnomina 듯 'Anschein', 만 'Wert', 뻔 'beinahe' oder 척/체 'Vortäuschung' und 하다 gebildet sind, haben eine modale, das Vollverb modifizierende Bedeutung.

Kombination mit dem Hilfsverb 하다	Bedeutung der Hilfsverbkonstruktion
VS-곤 하다	gewohnheitsmäßige Wiederholung von X
VS-도록 하다	jmdn. veranlassen, X auszuführen
VS-는/은/ㄴ 듯하다, VS-을/ㄹ 듯하다	Anschein machen, als ob
VS-을/ㄹ 만하다	sich lohnen, etwas zu tun
VS-을/ㄹ 뻔하다	beinahe wäre X passiert
VS-는/은/ㄴ 척/체하다	tun, als ob / unter dem Vorwand, dass ...
VS-을/ㄹ까 하다	Planung / Vermutung / Überlegung, X zu machen
VS-을/ㄹ까 말까 하다	Unschlüssigkeit / Unsicherheit, X zu machen

9.1 Hilfsverben mit der Anschlussform -아/어

1. VS-아/어 보다

Das Verb 보다 'sehen' kann als Hilfsverb einen Versuch, eine Erfahrung oder eine indirekte Aufforderung zu einer Handlung ausdrücken. Die Konstruktion -아/어 보다 modifiziert die Bedeutung des Vollverbs zu *'probieren/versuchen, etwas zu tun'*.

VS ㅏ/ㅗ-아 보다	VS$_{ohne}$ ㅏ/ㅗ-어 보다
가다 + -아 보다 → 가 보다	입다 + -어 보다 → 입어 보다

소주를 마셔 보세요. — *Probieren Sie mal Soju [zu trinken]!*

이 약을 드셔 보세요. — *Versuchen Sie einmal, diese Tablette zu nehmen.*

이 바지를 입어 봐도 돼요? — *Darf ich diese Hose anprobieren?*

김치를 만들어 볼 거예요. — *Ich werde versuchen, Kimchi zu machen.*

Die Hilfsverbkonstruktion VS-아/어 보다 wird häufig in der Imperativform VS-아/어 보세요 / VS-아/어 보십시오 verwendet, um Vorschläge, Angebote oder Aufforderungen indirekt und in abgemilderter Form auszudrücken.

한국에 가면 김치를 먹어 보세요. — *Wenn Sie nach Korea fliegen, probieren Sie einmal Kimchi.*

한국에 가면 경복궁을 방문해 보세요. — *Wenn Sie nach Korea fliegen, versuchen Sie einmal, den Kyŏngbok-Palast zu besuchen.*

독일에 가면 베를린에 가 보세요. — *Wenn Sie nach Deutschland fliegen, versuchen Sie, nach Berlin zu gehen.*

독일에 가면 독일 맥주를 마셔 보세요. — *Wenn Sie nach Deutschland fliegen, probieren Sie ein deutsches Bier [zu trinken].*

Wenn das Hilfsverb 보다 im Präteritum steht (-아/어 봤다), bedeutet es *'schon mal etwas erfahren / getan haben'*. In dieser Bedeutung kann auch die Konstruktion VS-은/ㄴ 적이 있다/없다 mit dem Formalnomen 적 'Erfahrung' verwendet werden, wobei diese durch die Hilfsverbkonstruktion VS–아/어 보다 zu VS–아/어 본 적이 있다 / 없다 erweitert wird (▶ 17.3.4 | Formalnomen 적).

한국에 가 봤어요. = 한국에 간 적이 있어요. = 한국에 가 본 적이 있어요.	*Ich war schon mal in Korea.*
외국에서 살아 봤어요? = 외국에서 산 적이 있어요? = 외국에서 살아 본 적이 있어요?	*Haben Sie schon mal im Ausland gelebt?*
이 제품을 써 봤어요? = 이 제품을 쓴 적이 있어요? = 이 제품을 써 본 적이 있어요?	*Haben Sie schon mal dieses Produkt benutzt?*

Die Konstruktion –아/어 보다 wird entweder durch die Langform –아/어 보지 않다 bzw. –아/어 보지 못하다 oder durch die Kurzform mit dem Negationsadverb 안 bzw. 못 + –아/어 보다 negiert (▶ 7.1.1 | Kurzform und Langform der Negation).

A: 불고기를 먹어 봤니? B: 아니, 아직 안 먹어 봤어.	*A: Hast du schon mal Bulgogi gegessen?* *B: Nein, ich habe [das] noch nicht gegessen.*
A: 이 책을 읽어 봤어요? B: 아직 읽어 보지 않았어요.	*A: Haben Sie schon dieses Buch gelesen?* *B: Ich habe es noch nicht gelesen.*
A: 배낭 여행을 해 봤어요? B: 아니요, 아직 못 해 봤어요.	*A: Haben Sie schon mal eine Rucksackreise gemacht?* *B: Nein, ich habe so etwas noch nie gemacht.*
A: 제주도에 가 봤어요? B: 아니요, 가 보지 못 했어요.	*A: Waren Sie schon mal auf der Insel Jeju?* *B: Nein, ich war noch nicht auf der Insel Jeju.*

2. VS–아/어 보이다 / VS–게 보이다

Das Verb 보이다 'gesehen werden' kann als Hilfsverb eine Folgerung aufgrund einer visuellen Wahrnehmung ausdrücken. Die Hilfsverbkonstruktion –아/어 보이다 wird ausschließlich mit Qualitativverben verwendet und entspricht im Deutschen etwa 'den Anschein haben' / 'Eindruck machen' oder 'so aussehen, als ob'.

김치가 맛있어 보이지요?	*Das Kimchi sieht lecker aus, nicht wahr?*
막스 씨가 오늘 슬퍼 보였어요.	*Max sah heute traurig aus.*
아주 행복해 보이세요.	*Sie sehen sehr glücklich aus.*
나이에 비해 젊어 보여요.	*Sie sehen im Verhältnis zu Ihrem Alter jung aus.*

Mit derselben Bedeutung kann die Konstruktion QV–게 보이다 mit dem Adverbialsuffix –게 verwendet werden.

수미 씨, 오늘 많이 피곤해 보여요. = 수미 씨, 오늘 많이 피곤하게 보여요.	*Sumi, Sie sehen heute sehr müde aus.*
막스 씨가 오늘 외로워 보였어요. = 막스 씨가 오늘 외롭게 보였어요.	*Max sah heute einsam aus.*
이 바지를 입으니까 날씬해 보여. = 이 바지를 입으니까 날씬하게 보여.	*In dieser Hose siehst du schlank aus.*

3. VS-아/어 내다, VS-아/어 버리다, VS-아/어 치우다

Zur Bezeichnung des Abschlusses sowie der Endgültigkeit einer Handlung können vier unterschiedliche Hilfsverbkonstruktionen verwendet werden, deren Bedeutung sich geringfügig unterscheidet: 1) VS-아/어 내다, 2) VS-아/어 버리다, 3) VS-아/어 치우다, 4) VS-고 말다 (▶ 9.2.1 | -고 말다 'Abschluss/Endgültigkeit').

1) Das Verb 내다 'abgeben' / 'erzeugen' / 'herausbringen' in der Konstruktion VS-아/어 내다 bezieht sich auf Situationen, in denen eine Handlung trotz Schwierigkeiten bzw. Hindernissen abgeschlossen werden konnte oder werden wird. Als Hilfsverb wird 내다 an Aktionsverben angefügt und steht meist im Präteritum oder im Futur.

아픔을 참아 냈어요.	*Er hat die Schmerzen ausgehalten.*
끝까지 견뎌 내십시오.	*Halten Sie bis zum Ende durch.*
경찰이 마침내 범인을 찾아 냈습니다.	*Die Polizei hat den Verbrecher endlich gefunden.*
그가 그 힘든 일을 해 낼까요?	*Meinen Sie, dass er die schwere Arbeit schaffen wird?*

2) Das Verb 버리다 'wegwerfen' / 'beseitigen' / 'zurücklassen' wird in der Konstruktion VS-아/어 버리다 i.d.R. mit dem Präteritum verwendet und hat zwei Bedeutungen.

a) Drückt das Hauptverb eine Handlung aus, die nicht den Erwartungen des Sprechers entspricht, wird hierdurch implizit ein Bedauern seitens des Sprechers augedrückt.

비행기를 놓쳐 버렸어요.	*Ich habe (leider) den Flug verpasst.*
버스에서 지갑을 잃어버렸어요.	*Ich habe (leider) im Bus mein Portemonnaie verloren.*
용돈을 다 써 버렸어요.	*Ich habe (leider) mein Taschengeld ganz ausgegeben.*
아이스크림이 다 녹아 버렸다.	*Meine Eiscreme ist (leider) ganz geschmolzen.*
전화 번호를 잊어버려서 전화를 못 했어요.	*Ich konnte nicht anrufen, weil ich (leider) die Telefonnummer vergessen habe.*

🕮 Einige Vollverben wie 잃다 'verlieren' oder 잊다 'vergessen' werden zusammen mit der Hilfsverbkonstruktion -아/어 버리다 als Einheit ohne Leerstelle geschrieben.

b) Wenn der Sprecher eine für ihn belastende Aufgabe endlich erledigt hat oder ein vom Sprecher als unerwünscht oder negativ betrachteter Zustand nicht mehr besteht, wird Erleichterung darüber impliziert.

밀린 빨래를 전부 해 버렸어요.	*Sie hat die liegengebliebene Wäsche komplett erledigt.*
무더운 여름이 지나가 버렸어요.	*Der schwüle Sommer ist [endlich] vorbei.*
통증이 완전히 사라져 버렸어요.	*Die Schmerzen sind komplett verschwunden.*
그의 사진을 모두 찢어 버렸습니다.	*Ich habe alle Fotos von ihm zerrissen.*

3) Das Hilfsverb 치우다 'entfernen' / 'beseitigen' / 'aufräumen' in der Konstruktion VS-아/어 치우다 bedeutet 'etwas/jmdn. entfernen' / 'etwas zu Ende bringen'.

어제 남은 음식을 먹어 치웠어요.	*Ich habe die Reste von gestern aufgegessen.*
상품을 싼 값에 팔아 치웠다.	*Er hat seine Waren zu einem billigen Preis verkauft.*
새로 온 사장이 과장을 갈아 치웠다.	*Der neue Chef hat die Abteilungsleiter ausgetauscht.*
단숨에 책 한 권을 읽어 치웠어요.	*Sie hat das Buch ohne Pause [in einem Atemzug] durchgelesen.*

4. VS-아/어 주다, VS-아/어 드리다

Die Verben 주다, 주시다 und 드리다 bedeuten 'geben', wobei 주다 ein neutrales Verb ist, während 주시다 und 드리다 honorative Verben sind. In den Hilfsverbkonstruktionen VS-아/어 주다, VS-아/어 주시다 und VS-아/어 드리다 bezeichnen die Verben für 'geben', dass die Handlung des Hauptverbs zugunsten einer Person ausgeführt wird, wobei die Person, für die etwas getan wird, meist im Dativ steht (▶ 5.5 | Honorativvokabular).

VS-아/어 주다	*etwas für jmdn. tun (von oben nach unten)*
엄마가 딸에게 책을 읽어 줘요.	*Die Mutter liest der Tochter ein Buch vor.*
그가 동생에게 밥을 사 줘요.	*Er lädt seinen jüngeren Bruder zum Essen ein.*

VS-아/어 드리다	*etwas für jmdn. tun (von unten nach oben)*
사장님께 와인 한 병을 사 드렸어요.	*Ich habe dem Chef eine Flasche Wein geschenkt.*
제가 엄마를 도와 드렸어요.	*Ich habe meiner Mutter geholfen.*

Die Konstruktion VS-아/어 주시다 wird oft in der Imperativform VS-아/어 주세요/주십시오 oder in der Frageform VS-아/어 주시겠어요?/주시겠습니까? verwendet, um den höherstehenden Gesprächspartner höflich um etwas zu bitten oder aufzufordern (▶ 4.1 | Höfliche Sprechstufen).

나중에 다시 전화해 주십시오.	*Rufen Sie mich bitte später zurück!*
제 숙제 좀 도와주세요.	*Helfen Sie mir bitte bei der Hausaufgabe!*
창문 좀 닫아 주시겠습니까?	*Können Sie bitte das Fenster zumachen?*
에어컨 좀 꺼 주시겠어요?	*Können Sie bitte die Klimaanlage ausschalten?*
볼펜 좀 빌려 주시겠어요?	*Würden Sie mir den Kugelschreiber ausleihen?*

Die Konstruktion VS-아/어 드릴까요? bedeutet, dass der Sprecher dem (höherstehenden) Gesprächspartner etwas anbietet bzw. für ihn tut. Im Deutschen kann man dies mit *'Kann ich etwas für Sie tun?'* / *'Erlauben Sie mir, X für Sie zu tun?'* übersetzen. Die bejahende Antwort erfolgt meist mit der Konstruktion VS-아/어 주세요/주십시오.

돈이 없으세요? 제가 돈을 좀 빌려 드릴까요?	*Haben Sie kein Geld? Darf/Soll ich Ihnen Geld leihen?*
너무 더우세요? 제가 에어컨을 켜 드릴까요?	*Ist es Ihnen zu warm? Darf/Soll ich (für Sie) die Klimaanlage anmachen?*
A: 제가 설거지를 좀 도와 드릴까요? B: 예, 좀 도와주세요.	*A: Darf/Soll ich Ihnen beim Geschirrspülen helfen?* *B: Ja, gerne [bitte helfen Sie mir]!*
A: 제가 가방을 들어 드릴까요? B: 예, 들어 주십시오.	*A: Darf/Soll ich die Tasche (für Sie) tragen?* *B: Ja, bitte [tragen Sie sie]!*

5. VS-아/어 두다 und VS-아/어 놓다

Die Verben 두다 und 놓다 bedeuten beide 'stellen' bzw. 'legen'. Sie können auch als Hilfsverben verwendet werden, um einen resultativ-durativen Aspekt, also das Andauern eines erreichten Zustandes oder die Folge einer abgeschlossenen Handlung auszudrücken (▶ 8 | Tempus, Aspekt und Modus). Die Konstruktionen VS-아/어 두다 und VS-아/어 놓다 bedeuten *'etwas tun und es so lassen, wie es ist'*. Sie sind in vielen Kontexten austauschbar. Allerdings impliziert 두다, dass die Handlung für einen bestimmten Zweck ausgeführt wurde. In der gesprochenen Sprache wird 두다 mit der Anschlussform -아/어 zu 둬 kontrahiert.

VS-아/어 두다

창문을 좀 열어 두세요.	*Lassen Sie bitte das Fenster offen (zum Lüften)!*
그냥 자게 내버려 둬.	*Lass ihn so weiter schlafen (zum Schlafen)!*
이런 것을 알아 두면 좋아요.	*Es ist gut, wenn Sie das [solches Ding] wissen.*

VS-아/어 놓다

창문을 좀 열어 놓으세요.	*Lassen Sie bitte das Fenster offen!*
친구가 제 그림을 망쳐 놓았어요.	*Mein Freund hat mein Bild kaputt gemacht.*
내일까지 자동차를 고쳐 놓겠어요.	*Ich werde das Auto bis morgen reparieren.*

Diese beiden Hilfsverben können auch die spezielle Bedeutung *'im Voraus für etwas sorgen'* / *'für etwas Vorsorge treffen'* haben. In dieser Bedeutung werden die Konstruktionen mit dem Adverb 미리 'im Voraus' ergänzt.

VS-아/어 두다

창문을 닫아 두세요.	*Schließen Sie bitte das Fenster (bevor es regnet)!*
방에 불을 켜 둘까요?	*Soll ich das Licht im Zimmer (schon mal) anmachen?*
호텔을 미리 예약해 둘 테니 걱정 마세요.	*Machen Sie sich keine Gedanken, da ich das Hotel vorher reservieren werde.*
내일 손님이 오기 때문에 음식을 미리 준비해 두었어요.	*Weil morgen Gäste kommen, habe ich das Essen bereits vorbereitet.*

VS-아/어 놓다

창문을 미리 활짝 열어 놓을까요?	*Soll ich das Fenster schon mal weit öffnen?*
커피를 많이 사 놓았어요.	*Ich habe viel Kaffee (auf Vorrat) eingekauft.*
호텔을 미리 예약해 놓겠어요.	*Ich werde im Voraus ein Hotel reservieren.*
은행에서 돈을 찾아 놓으세요.	*Heben Sie das Geld bitte (vorher) von der Bank ab!*

6. VS-아/어 가다 und VS-아/어 오다

Die Bewegungsverben 가다 'gehen' und 오다 'kommen' können als Hilfsverb gebraucht werden. Sie drücken dann den kontinuierlichen Verlauf der durch das Vollverb angegebenen Handlung bzw. des Zustands aus.

Die Konstruktion VS-아/어 가다 wird bei Handlungen und Zuständen verwendet, die in der Gegenwart beginnen und bis in die Zukunft hineinreichen. Sie wird häufig zusammen mit dem Adverb 곧 'bald' oder 거의 다 'fast zu Ende' verwendet.

사업이 잘 되어 가요?	*Läuft das Geschäft (kontinuierlich) gut?*
그 책을 거의 다 읽어 가요.	*Ich werde das Buch bald fertig gelesen haben.*
회사가 망해 가고 있어요.	*Die Firma geht (graduell) bankrott.*
밥이 다 되어 간다.	*Der Reis ist fast fertig.*
우리의 사랑이 점점 식어 가요.	*Unsere Liebe kühlt sich langsam ab.*

Die Konstruktion VS-아/어 오다 wird bei Handlungen und Zuständen verwendet, die in der Vergangenheit begonnen haben und bis in die Gegenwart hineinreichen.

슬슬 배가 고파 오는데요. — *Langsam kriege ich Hunger.*

지금까지 잘 참아 왔어. — *Bis jetzt hast du gut ausgehalten.*

저는 지금까지 혼자 살아 왔어요. — *Bis heute habe ich (durchgehend) alleine gelebt.*

평생동안 일만 해 왔어요. — *Ich habe mein Leben lang nur gearbeitet.*

📖 해오다 'mitbringen' (← machen und kommen) und 사오다 'kaufen und [kommen]' sind Verbkomposita, die aus dem Zusammenschluss von zwei Vollverben bestehen (▶ 6.5 | Zusammengesetzte Verben).

7. VS-아/어지다

Das Hilfsverb 지다 'werden' in der Konstruktion VS-아/어지다 hat je nach Verbart eine unterschiedliche Bedeutung (▶ 13.2 | Passivische Hilfsverbkonstruktion). In dieser Hilfsverbkonstruktion werden das Vollverb und -아/어지다 als Einheit ohne Leerstelle geschrieben.

1) In Verbindung mit Qualitativverben (QV-아/어지다) drückt es die graduelle Entwicklung einer Eigenschaft aus: z.B. 춥다 'kalt sein' → 추워지다 'kalt/kälter werden'.

과일이 많이 비싸졌어요. — *Das Obst ist sehr teuer/teurer geworden.*

날씨가 따뜻해 졌습니다. — *Es ist warm/wärmer geworden.*

겨울에는 낮이 짧아지고 밤이 깁니다. — *Im Winter werden die Tage kürzer und die Nächte länger.*

2) Folgt das Hilfsverb 지다 transitiven Verben, hat die Konstruktion VS-아/어지다 eine passivische Bedeutung, wobei das Objekt zum Subjekt wird.

뚜껑이 잘 안 열어져요. — *Der Deckel ist schwer zu öffnen.*

이 볼펜은 참 잘 써지네요. — *Dieser Kugelschreiber schreibt wirklich gut.*

발음이 잘 안 고쳐져요. — *Die Aussprache wird nicht gut korrigiert.*

우리의 소망이 이루어졌어요. — *Unser Wunsch wurde erfüllt.*

이 제품은 한국에서 만들어졌어요. — *Dieses Produkt wurde in Korea hergestellt.*

3) Einen Sonderfall stellt das Existenzverb 없다 in Verbindung mit der Hilfsverbkonstruktion -어지다 im Präteritum dar: 없어졌다. Diese Kombination bedeutet immer 'verschwunden sein'.

제 지갑이 없어졌습니다. — *Mein Portemonnaie ist verschwunden.*

학교 건물이 불타 없어졌어요. — *Das Schulgebäude ist niedergebrannt. [durch Feuer verschwunden]*

연극에 관심이 없어졌어요. — *Ich habe kein Interesse mehr an Theater. [Das Interesse an Theater ist verschwunden.]*

8. VS-아/어 빠지다

Das Verb 빠지다 bedeutet '(herein)fallen' bzw. 'ausfallen'. Als Hilfsverb bezeichnet es einen in Folge einer kontinuierlichen Entwicklung erreichten negativen Zustand. Die Konstruktion -아/어 빠지다 wird mit Qualitativverben und einigen intransitiven Aktionsverben verwendet. Einige Vollverben wie 닳다 'abgenutzt werden' oder 게으르다 'faul sein' werden zusammen mit der Hilfsverbkonstruktion -아/어 빠지다 als Einheit ohne Leerstelle geschrieben.

AV + -아/어 빠지다

왜 이렇게 닳아빠진 옷을 입고 계세요? — *Warum ziehen Sie so eine abgetragene Kleidung an?*

구두 굽이 다 닳아빠졌어요. — *Der Schuhabsatz ist völlig abgelaufen.*

많은 국민들이 썩어 빠진 정치에 하고 있습니다.	*Viele Bürger sind wütend auf die korrupte [verfaulte] Politik.*

QV + -아/어 빠지다

그 사람은 게을러빠졌어요.	*Er ist durch und durch faul.*
낡아 빠진 집에 살아요.	*Er wohnt in einer heruntergekommenen Wohnung.*
이 기계는 낡아 빠져서 더 이상 못 써요.	*Diese Maschine ist so veraltet, dass man sie nicht mehr benutzen kann.*
김치가 시어 빠져서 더 이상 먹을 수(가) 없어요.	*Das Kimchi ist so sauer [geworden], dass man es nicht mehr essen kann.*

9. VS-아/어 대다 und VS-아/어 쌓다

Die Konstruktionen VS-아/어 대다 und VS-아/어 쌓다 beschreiben beide eine ununterbrochene oder eine sich übermäßig wiederholende Handlung.

VS-아/어 대다

왜 그렇게 떠들어 대니?	*Warum machst du so einen Lärm?*
그가 긴장해서 다리를 덜덜 떨어 대요.	*Ihm zittern die Beine vor Nervosität.*
아이가 계속 울어 대는데 어디 아픈가?	*Das Kind weint ununterbrochen, ist es vielleicht krank?*
오빠가 여동생을 놀려 대요.	*Der ältere Bruder ärgert die kleine Schwester (andauernd).*

VS-아/어 쌓다

아이가 계속 울어 쌓니까 짜증나요.	*Ich ärgere mich, weil das Kind ständig weint.*
아침 일찍부터 개가 짖어 쌓아요.	*Ab morgens früh bellt der Hund ständig.*
단것을 너무 먹어 쌓아서 걱정이에요.	*Ich bin besorgt, weil er zu viel Süßigkeiten isst.*

9.2 Hilfsverben mit anderen Anschlussformen

1. VS-고 말다

Das Verb 말다 'aufhören' / 'beenden' in der Konstruktion VS-고 말다 drückt aus, dass eine abgeschlossene Handlung gegen den Willen oder die Absicht des Sprechers ausgeführt wurde. Dabei impliziert diese Konstruktion *'Ich wollte nicht, konnte es aber (letztendlich) nicht verhindern'*. Das Hilfsverb 말다 wird fast nur mit dem Präteritum verwendet.

그만 실수를 하고 말았어요.	*Am Ende habe ich einen Fehler gemacht.*
수미는 그와 싸우고 말았어요.	*Letztendlich hat Sumi mit ihm gestritten.*
기차를 놓치고 말았습니다.	*Am Ende hat Sumi den Zug verpasst.*
동생이 늦잠을 자고 말았습니다.	*Mein jüngerer Bruder hat verschlafen.*
우리는 시합에서 지고 말았다.	*Wir haben das Spiel am Ende verloren.*

Die Konstruktion VS-고 말다 kann nur mit Aktionsverben gebraucht werden. Um diese Konstruktion mit Qualitativverben zu verwenden, müssen diese zuerst durch die Hilfsverbkonstruktion VS-아/어지다 'werden' zu einem Vorgangsverb erweitert werden.

Qualitativverb	QV + -아/어지다	QV + -아/어지고 말다
나쁘다 *schlecht sein*	나빠지다 *schlecht werden*	나빠지고 말았다 *letztendlich schlechter geworden*

담배를 너무 피워서 건강이 나빠지고 말았어요. / Nicht *나쁘고 말았어요. — *Meine Gesundheit hat sich letztendlich verschlechtert, weil ich zu viel geraucht habe.*

흙장난으로 바지가 더러워지고 말았어요. Nicht *바지가 더럽고 말았어요. — *Die Hose ist dreckig geworden, weil er im Schlamm gespielt hat.*

Die Konstruktion VS-고 말다 kann mit dem Modalsuffix -겠 einen starken Willen, eine Entschlossenheit oder eine starke Absicht des Sprechers ausdrücken, eine Handlung auszuführen (▶ 8.3.2 | Modalsuffix -겠).

오늘까지 이 일을 끝내고 말겠습니다. — *Ich werde/will diese Arbeit bis heute erledigen.*

이번에는 꼭 합격하고 말겠습니다. — *Ich werde dieses Mal unbedingt die Prüfung bestehen.*

2. VS-게 되다

Mit Aktionsverben drückt die Konstruktion VS-게 되다 aus, dass eine Handlung in Folge äußerer Umstände, die außerhalb des Einflusses des Sprechers liegen, gegen dessen Absicht oder Erwartung ausgeführt wird bzw. wurde (▶ 13.2 | Passivische Hilfsverbkonstruktion). Das heißt, die ausgeführte Handlung und deren Folge sind nicht vermeidbar, wobei die Folgen als negativ bzw. positiv zu erwarten sind. Die Konstruktion steht i.d.R. im Präteritum -게 되었다 und deren Kurzform -게 됐다. Sie wird im Deutschen mit *'Es hat sich so ergeben, dass ...'* oder *'die Umstände haben dazu geführt, dass ...'* übersetzt.

집세가 비싸서 이사가게 됐어요. — *Weil die Miete (zu) hoch war, hat es sich so ergeben, dass ich umziehen musste.*

돈이 필요해서 차를 팔게 됐습니다. — *Weil ich Geld brauchte, war ich dazu gezwungen, mein Auto zu verkaufen.*

물건을 늦게 보내게 되어서 죄송합니다. — *Entschuldigung, dass es sich so ergeben hat, dass ich die Ware zu spät geschickt habe.*

Hat die Handlung positive Folgen, drückt die Konstruktion Bescheidenheit seitens des Sprechers aus.

과장으로 승진하게 됐어요. — *Es hat sich so ergeben, dass ich zum Abteilungsleiter aufgestiegen bin.*

아들이 장학금을 받게 됐어요. — *Es hat sich so ergeben, dass mein Sohn ein Stipendium bekommen hat.*

제가 일등을 하게 될 줄 몰랐어요. — *Ich habe nicht erwartet, dass ich den ersten Platz belege.*

In Verbindung mit Qualitativverben bezeichnet die Konstruktion -게 되다, dass die Veränderung eines Zustandes von außen herbeigeführt oder bewirkt worden ist. In dieser Bedeutung kann auch die Konstruktion VS-아/어지다 verwendet werden.

머리가 전부 하얗게 됐어요.
= 머리가 전부 하얘졌어요. — *Die Haare sind alle weiß geworden.*

햇볕에 얼굴이 까맣게 됐어요.
= 햇볕에 얼굴이 까매졌어요. — *Durch die Sonne bin ich braun geworden.*

3. VS-나 보다, VS-은/ㄴ가 보다

Das Verb 보다 'sehen' kann als Hilfsverb in den Konstruktionen VS-나 보다 bzw. VS-는/은/ㄴ가 보다 verwendet werden. Beide Konstruktionen drücken Einschätzungen und Vermutungen auf der Grundlage der Erfahrung oder visueller Wahrnehmung des Sprechers aus. Dabei ist zu beachten, dass die Konstruktion VS-나 보다 nur mit Aktions-, Existenz- oder Qualitativverben kombiniert werden kann, während VS-은/ㄴ가 보다 nur mit Qualitativverben und der Kopula kombinierbar ist. Die Konstruktion VS-나 보다 hat in Verbindung mit Aktions- und Existenzverben die gleiche Bedeutung wie die Konstruktion VS-는가 보다.

VS-나 보다, AV-는가 보다

방 안이 조용해요. 아이들이 자나 봐요. = 방 안이 조용해요. 아이들이 자는가 봐요.	*Das Zimmer ist ruhig. Vielleicht schlafen die Kinder.*

VS-나 보다, EV-는가 보다

집에 아무도 없나 봐요. = 집에 아무도 없는가 봐요.	*Es sieht so aus, als ob niemand zu Hause ist.*

VS-나 보다, QV-은/ㄴ가 보다

민수가 기분이 안 좋나 봐요. = 기분이 안 좋은가 봐요.	*Minsu sieht schlecht gelaunt aus.*

N_{KONS} + 인가 보다, N_{VOK} + ㄴ가 보다

민수 씨는 좋은 사람인가 봐요.	*Es scheint, dass Minsu eine gute Person ist.*
두 사람이 아주 친한 친군가 봐요.	*Es sieht so aus, als ob die beiden sehr gute Freunde sind.*

Das Subjekt der Konstruktionen VS-나 보다 und VS-은/ㄴ가 보다 steht i.d.R. nicht in der 1. Person. Der Gebrauch der 1. Person als Subjekt ist nur dann möglich, wenn der Sprecher auf der Grundlage der Beurteilung anderer über sich selbst spricht und dabei deren Meinung wiedergibt.

VS-나 보다	제가 강연을 잘 했나 봅니다.	*Es sieht so aus, als ob ich einen guten Vortrag gehalten habe. (So sagt man)*
	제가 너무 기대를 했나 봐요.	*Ich glaube, dass ich zu große Erwartungen hatte. (So sagt man)*
VS-은/ㄴ가 보다	제가 예쁜가 봐요.	*Ich werde für hübsch gehalten. (von anderen)*
	제가 머리가 좋은가 봐요.	*Ich werde für klug gehalten. (von anderen)*

Eine weitere Konstruktion VS-을/ㄹ까 보다 oder häufig auch ein Nebensatz mit VS-을/ㄹ까 봐(서) drücken eine Befürchtung des Sprechers aus (▶ 24.3.5 | Kausalsatz).

4. VS-나 싶다, VS-은/ㄴ가 싶다, VS-을/ㄹ까 싶다

Das Hilfsverb 싶다 mit der Grundbedeutung 'denken' (auch 'wollen', ▶ 9.4 | Modale Hilfsverbkonstruktion) kann in drei verschiedenen Konstruktionen verwendet werden. Dabei ist zu beachten, dass nicht jede Konstruktion mit jedem Verbtyp gebraucht werden kann: a) VS-나 싶다 (mit QV, AV, EV), b) VS-을/ㄹ까 싶다 (mit QV, AV, EV, KOP) und c) VS-은/ㄴ가 싶다 (mit QV, KOP).

Die drei Konstruktionen bedeuten wörtlich *'Ich denke, dass es so sein könnte.'* und drücken somit Vermutung oder Zweifel aus. Sie können auch eine tentative Meinungsäußerung bezeichnen, auf die sich der Sprecher nicht festlegen möchte.

AV–나 싶다 **AV–을/ㄹ까 싶다**	물가가 오르나 싶네요. = 물가가 오를까 싶네요.	*Die Preise könnten steigen.*
EV–나 싶다 **EV–을/ㄹ까 싶다**	이기적이여서 친구가 있나 싶어. / 친구가 있을까 싶어.	*Da er egoistisch ist, frage ich mich, ob er überhaupt Freunde hat.*
QV–나 싶다 **QV–을/ㄹ까 싶다** **QV–은/ㄴ가 싶다**	바지가 좀 크나 싶어요. = 바지가 좀 클까 싶어요. = 바지가 좀 큰가 싶어요.	*Die Hose könnte ein wenig zu groß sein.*
N + 인가 싶다 **N + 일까 싶다**	말을 너무 못해요. 정말 교수인가 (= 교수일까) 싶어요.	*Er redet so schlecht. Ich frage mich, ob er wirklich Professor ist.*

VS–나 싶다

딸이 오나 싶어서 밖에 나가 봤어요. — *Ich bin nach draußen gegangen, weil (ich dachte, dass) meine Tochter vielleicht kommt.*

음식이 맛있나 싶어 먹어 보았어요. — *Ich habe das Essen probiert, da (ich dachte, dass) es gut schmecken könnte.*

Werden die Konstruktionen VS–나 싶다 und N + 인가 싶다 bzw. N + 일까 싶다 negiert, bedeuten sie wörtlich *'Ich denke, dass es möglicherweise nicht so sein könnte.'* Diese Konstruktion kann auch eine tentative Meinungsäußerung beinhalten. Im Deutschen wird diese Bedeutung meist durch eine Frageform ausgedrückt: '*Könnte es nicht sein, dass ...?*'

negiertes Hauptverb + 싶다	Beispiele	
VS–지 않나 싶다	너무 많이 먹지 않나 싶어요.	*Ich frage mich [denke], ob er (möglicherweise) nicht zu viel isst.*
N + 이/가 아닌가 싶다	너무 많이 먹는 것이 아닌가 싶어요.	
N + 이/가 아닐까 싶다	너무 많이 먹는 것이 아닐까 싶어요.	

VS–지 않나 싶다

창의력이 부족하지 않나 싶어요. — *Könnte es nicht sein, dass ihm die Kreativität fehlt?*

고기가 너무 질기지 않나 싶어요. — *Könnte es nicht sein, dass das Fleisch zu zäh ist?*

말을 너무 빨리 하지 않았나 싶어요. — *Könnte es nicht sein, dass ich zu schnell gesprochen habe?*

N+이/가 아닌가 싶다, N+이/가 아닐까 싶다

그는 천재가 아닌가/아닐까 싶습니다. — *Könnte es nicht sein, dass er ein Genie ist?*

부부에게 중요한 것은 신뢰가 아닌가 싶어요. (= 아닐까 싶어요.) — *Ich denke, was für ein Ehepaar wichtig ist, ist das Vertrauen.*

일정을 무리하게 잡는게 아닌가 싶어요. = 일정을 무리하게 잡는게 아닐까 싶어요. — *Könnte es nicht sein, dass der Zeitplan viel zu eng ist?*

한국에서는 가을이 여행하기 가장 좋은 계절이 아닐까 싶어요. (= 아닌가 싶어요.) — *Ich denke/glaube, der Herbst ist die schönste Jahreszeit für eine Reise in Korea.*

아이의 상상력을 키우기 위해서는 독서가 제일이 아닐까 싶어요. (= 아닌가 싶어요.) — *Ich denke, das Lesen könnte für die Entwicklung der Vorstellungskraft der Kinder am besten sein.*

Die Konstruktion VS-나 싶다 oder VS-을/ㄹ까 싶다 wird auch in weiteren Funktionen verwendet.

a) In Verbindung mit der retrospektiven Satzschlussendung -더라고요 bzw. -더라구요 (▶ 8.3.1 | Retrospektiv) wird die Konstruktion VS-나 싶다 verwendet, um eine rückblickende Erinnerung des Sprechers auszudrücken, wobei ein Bedauern oder ein Bereuen einer ausgeführten Handlung impliziert ist. Das Hauptverb steht daher immer im Präteritum. Die Bedeutung der Konstruktion kann mit *'Ich frage mich im Nachhinein, warum/wie ich X tun konnte'* wiedergegeben werden.

옷을 왜 이렇게 많이 가지고 갔나 싶더라구요.	*Ich frage mich (im Nachhinein), warum ich so viel Kleidung mitgenommen habe.*
이렇게 편한데 왜 이제 샀나 싶더라구요.	*Dies ist so bequem, ich frage mich (im Nachhinein), warum ich das erst jetzt gekauft habe.*
괜히 병원에 왔나 싶더라고요.	*Ich denke (im Nachhinein), dass ich unnötigerweise ins Krankenhaus gekommen bin.*

b) Die Konstruktion VS-을/ㄹ까 싶다 drückt – ähnlich wie die Konstruktion VS-을/ㄹ까 봐(서) (▶ 24.3.5 | Kausalsatz) – eine Befürchtung des Sprechers aus und kann im Deutschen etwa mit *'Ich befürchte, dass ...'* übersetzt werden.

선물이 마음에 안 들까 싶어요.	*Ich befürchte, dass ihm das Geschenk nicht gefällt.*
수술하면 더 나빠질까 싶어요.	*Ich befürchte, dass es nach der Operation schlechter wird.*
게으름 피우다가 기차를 놓칠까 싶네요.	*Ich befürchte, dass wir den Zug verpassen könnten, während wir herumtrödeln.*

9.3 Hilfsverbkonstruktionen mit 하다

1. VS-곤 하다

Die Konstruktion VS-곤 하다 (← 고는 하다) wird verwendet, um eine gewohnheitsmäßig sich wiederholende Handlung auszudrücken. Sie steht ausschließlich mit Aktions- und Existenzverben. In der deutschen Übersetzung kann oft ein Häufigkeitsadverb wie 'oft', 'manchmal' oder 'immer wieder' ergänzt werden.

주말에는 남편이 가끔 요리하곤 해요.	*Ab und zu kocht mein Mann am Wochenende.*
수업이 끝난 후(에) 도서관에 자주 가곤 했어요.	*Nach dem Unterricht bin ich oft zur Bibliothek gegangen.*
스트레스를 받을 때마다 나쁜 꿈을 꾸곤 해.	*Jedes Mal, wenn ich Stress habe, habe ich (immer wieder) etwas Schlechtes geträumt.*
시간이 있을 때마다 부모님께 편지를 쓰곤 해요.	*Jedes Mal, wenn ich Zeit habe, schreibe ich meinen Eltern einen Brief.*

Achtung: Die Konstruktion VS-곤 하다 wird nicht für eine Handlung verwendet, die entweder regelmäßig stattfindet oder bereits abgeschlossen ist, also nicht wiederholt wird.

수업은 늘 아홉시에 시작해요.	*Der Unterricht beginnt immer um 9 Uhr.*
Nicht: *수업은 늘 아홉시에 시작하곤 해요.	
작년에 대학을 졸업했어요.	*Letztes Jahr habe ich die Uni absolviert.*
Nicht: *작년에 대학을 졸업하곤 했어요.	

2. VS-도록 하다

Mit der Konstruktion VS-도록 하다 möchte der Sprecher den Hörer dazu veranlassen, eine bestimmte Handlung auszuführen, d.h. er spricht eine Empfehlung in abgemilderter Imperativform aus: -도록 하세요/-도록 하십시오. Diese steht ausschließlich mit Aktionsverben und den Existenzverben 있다/없다.

저칼로리 식품을 먹도록 해.	*Versuch mal, kalorienarme Lebensmittel zu essen!*
수업 시간에 늦지 않도록 하십시오.	*Kommen Sie bitte nicht spät zum Unterricht!*
기침이 심하면 약을 먹고 쉬도록 하세요.	*Wenn Sie stark husten, nehmen Sie besser Tabletten und ruhen sich aus!*
한국말을 잘 하려면 한국 책을 많이 읽도록 하세요.	*Wenn Sie gut Koreanisch sprechen möchten, lesen Sie am besten viele koreanische Bücher.*

Wenn die Konstruktion VS-도록 하다 jedoch in Aussagesätzen verwendet wird, drückt sie auch eine feste Absicht des Sprechers aus.

물을 아껴 쓰도록 할께요.	*Ich werde bestimmt sparsam mit dem Wasser umgehen.*
이제부터 늦지 않도록 하겠습니다.	*Ich habe mir vorgenommen, ab jetzt nicht mehr zu spät zu kommen.*
앞으로 조심하도록 하겠습니다.	*Ich habe mir vorgenommen, in Zukunft vorsichtig zu sein.*

📖 -도록 kann auch als finale Konjunktionalform 'damit' verwendet werden (▶ 24.3.7 | Finalsatz).

3. VS-는/은/ㄴ 듯하다, VS-을/ㄹ 듯하다

Die Konstruktion VS-는/은/ㄴ 듯하다 oder VS-을/ㄹ 듯하다 mit dem Hilfsverb 듯하다 (Formalnomen 듯 'Anschein' + 하다 'machen') drückt eine Vermutung bzw. Anschein aus (▶ 17.5.4 | Formalnomen 듯). Im Deutschen wird die Konstruktion VS-는/은/ㄴ 듯하다 mit 'scheinen', 'aussehen wie' übersetzt. In gleicher Bedeutung kann das Hilfsverb 듯하다 durch das Hilfsverb 듯싶다 ersetzt werden: VS-는/은/ㄴ 듯싶다 oder VS-을/ㄹ 듯싶다.

민수에게 기쁜 일이 있는 듯해요. = 민수에게 기쁜 일이 있는 듯싶어요.	*Es sieht so aus, als ob Minsu eine gute Nachricht bekommen hätte.*
비가 올 듯해요. / 비가 올 듯싶어요.	*Es sieht nach Regen aus.*
기차가 연착할 듯합니다./듯싶습니다.	*Es sieht so aus, als ob sich der Zug verspätet.*
그는 교사인 듯합니다./듯싶습니다.	*Er sieht wie ein Lehrer aus.*
오해하신 듯해요./듯싶어요.	*Es scheint, dass Sie das missverstanden haben.*

4. VS-을/ㄹ 만하다

Die Konstruktion VS-을/ㄹ 만하다 mit dem Hilfsverb 만하다 (Formalnomen 만 'Wert' + 하다) wird zum Ausdruck einer vom Sprecher als lohnend bzw. empfehlenswert angesehenen Handlung verwendet oder drückt aus, dass der Sprecher eine Handlung zumindest eines Versuches wert betrachtet. Dies kann im Deutschen mit *'sich lohnen, etwas zu tun'* oder *'man kann mal probieren, etwas zu tun'* übersetzt werden.

경복궁은 한 번 구경할 만해요.	*Es lohnt sich, einmal den Kyŏngbok-Palast zu besichtigen.*

요즘 볼 만한 영화가 뭐 있어요? — *Gibt es zur Zeit einen Film, den es sich anzuschauen lohnt?*

이 시장에는 살 만한 물건이 별로 없어요. — *Auf dem Markt hier gibt es nichts Besonderes, was sich zu kaufen lohnt.*

김치가 약간 매운데도 먹어 볼 만해요. — *Das Kimchi ist ein wenig scharf, aber man kann es mal probieren.*

A: 그 책 재미있어요? — *A: Ist das Buch interessant?*
B: 별로 재미는 없지만 한 번 읽어 볼 만해요. — *B: Es ist zwar nicht besonders interessant, aber man kann es mal lesen.*

5. VS-을/ㄹ 뻔하다

Die Konstruktion VS-을/ㄹ 뻔하다 mit dem Hilfsverb 뻔하다 (Formalnomen 뻔 'nahezu'/'beinahe' + 하다) drückt aus, dass eine Handlung oder ein Ereignis beinahe geschehen wäre. Sie kann daher nur im Präteritum (-을/ㄹ 뻔했다) verwendet werden und steht mit Aktionsverben. Sie wird häufig mit dem Adverb 하마터면 'beinahe' erweitert und im Deutschen mit dem Konjunktiv II übersetzt. Sie entspricht somit etwa der Bedeutung *'beinahe wäre X passiert / hätte X stattgefunden'.*

직장을 잃을 뻔했어요. — *Ich hätte beinahe meine Stelle verloren.*

약속을 잊어버릴 뻔했어요. — *Ich hätte beinahe die Verabredung vergessen.*

하마터면 버스를 놓칠 뻔했습니다. — *Beinahe hätte ich den Bus verpasst.*

하마터면 계단에서 넘어질 뻔했어요. — *Ich wäre beinahe auf der Treppe hingefallen.*

Die Konstruktion VS-을/ㄹ 뻔했어요 steht oft mit bestimmten temporalen oder konditionalen Konjunktionalformen:

a) mit der Konjunktionalform VS-다가 'während', also VS-다가...VS-을/ㄹ 뻔했어요.

어제 요리하다가 손을 다칠 뻔했어. — *Gestern hätte ich mir beim Kochen beinahe die Hand verletzt.*

친구와 얘기하다가 기차를 놓칠 뻔했어요. — *Über die Unterhaltung mit meiner Freundin hätte ich beinahe den Zug verpasst.*

친구와 통화하다가 음식을 태울 뻔했어요. — *Während ich mit meiner Freundin telefoniert habe, wäre das Essen beinahe verbrannt.*

b) mit der konditionalen Konjunktionalform, die eine hypothetische Aussage über die Vergangenheit zum Ausdruck bringt: VS-았/었으면 bzw. VS-았었더라면 ... VS-을/ㄹ 뻔하다.

서두르지 않았으면 기차를 놓칠 뻔했어요. — *Wenn wir uns nicht beeilt hätten, hätten wir den Zug verpasst.*

그 자동차를 샀더라면 후회할 뻔했습니다. — *Wenn ich dieses Auto gekauft hätte, hätte ich es bereut.*

내비게이션이 없었더라면 집을 못 찾을 뻔했어요. — *Wenn ich kein Navi gehabt hätte, hätte ich das Haus nicht finden können.*

6. VS-는/은/ㄴ 척하다 / 체하다

Die Konstruktion -는/은/ㄴ 척하다 setzt sich aus dem vorangestellten Partizip Präsens -는 척하다 bei Aktionsverben bzw. -은/ㄴ척하다 bei Qualitativverben und dem Hilfsverb 척하다 (Formalnomen 척 'Vortäuschung' + 하다) zusammen. Sie drückt aus, dass der Sprecher eine Handlung oder einen Zustand als vorgetäuscht ansieht (▶ 17.4.2 | Formalnomen 척/체). Im Deutschen kann sie mit '*so tun, als ob*' wiedergegeben werden. In der gleichen Bedeutung kann die Konstruktion -는/은/ㄴ 체하다 verwendet werden.

AV-는 척하다 / 체하다

수미 씨가 우는 척해요.	*Sumi tut so, als ob sie weint.*
그가 술을 마시는 척했어요.	*Er tat so, als ob er Alkohol trinkt.*
왜 모르는 체/척하세요?	*Warum tun Sie so, als ob Sie mich nicht kennen?*

QV-은/ㄴ 척하다 / 체하다

수미 씨가 아픈 척해요.	*Sumi tut so, als ob sie krank wäre.*
바쁜 체하지마.	*Tu nicht so, als hättest du viel zu tun!*
그 부부는 행복한 척했어요.	*Das Ehepaar tat so, als wäre es glücklich.*
돈이 많은 척해요.	*Er tut so, als ob er viel Geld hätte.*

7. VS-을/ㄹ까 하다

Mit der Konstruktion VS-을/ㄹ까 하다 drückt der Sprecher aus, dass er eventuell beabsichtigt, eine Handlung oder einen Plan auszuführen. Diese Konstruktion bedeutet *'sich überlegen, X zu machen'* oder wird mit *'planen/vorhaben, X zu machen'* übersetzt. Diese Konstruktion kann aber auch eine Annahme über das Eintreten eines Zustandes oder eine Handlung einer anderen Person ausdrücken.

커피대신 차를 마실까 해요.	*Ich trinke vielleicht mal Tee statt Kaffee.*
기차를 타고 갈까 합니다.	*Ich denke, ich fahre vielleicht mit dem Zug.*
내년에 이사할까 해요.	*Wir überlegen uns, vielleicht nächstes Jahr umzuziehen.*
비가 올 것 같아서 우산을 가져갈까 해요.	*Ich habe vor, den Regenschirm mitzunehmen, weil es vielleicht regnet.*

8. VS-을/ㄹ까 말까 하다

Die Konstruktion VS-을/ㄹ까 말까 하다 drückt Unschlüssigkeit eines Sprechers gegenüber einer Entscheidung aus. Im Deutschen kann dies etwa mit '*ich bin mir unschlüssig/unsicher, ob ich X machen soll oder nicht*' übersetzt werden. An Stelle des Hilfsverbs 하다 können Verbformen in der Verlaufsform wie 고민하고 있다/고민 중이다 'grübeln' / 'unschlüssig sein', 생각하고 있다/생각 중이다 'beim Überlegen sein' stehen.

한국어를 배울까 말까 해요. = 한국어를 배울까 말까 생각하고 있어요.	*Ich bin am Grübeln, ob ich Koreanisch lernen soll oder nicht.*
직장을 그만둘까 말까 하고 있어요. = 직장을 그만둘까 말까 고민 중이에요.	*Ich überlege mir, ob ich meine Stelle aufgeben soll oder nicht.*
이 집을 살까 말까 합니다. = 이 집을 살까 말까 고민하고 있어요.	*Wir sind dabei, zu überlegen, ob wir dieses Haus kaufen sollen oder nicht.*

9.4 Modale Hilfsverbkonstruktionen

Die Modalität bezeichnet die Einstellung und Absicht des Sprechers zu der durch das Hauptverb ausgedrückten Handlung. Im Koreanischen kann Modalität formal durch Hilfsverbkonstruktionen mit unterschiedlichen grammatischen Strukturen ausgedrückt werden. Tempus und Negation werden in diesen Konstruktionen am Hilfsverb markiert.

VS + (Konjunktionalformen) + Hilfsverb	Bedeutung
VS-고 + 싶다 → VS-고 싶다	Wunsch (*möchten/wollen*)
VS-(으)면 + 좋겠다 → VS-(으)면 좋겠다	(irrealer) Wunsch (*ich wünschte ...*)
VS-려고 + 하다 → VS-려고 하다	Absicht (*vorhaben/wollen*)
VS-고자 + 하다 → VS-고자 하다	Absicht (*vorhaben/wollen*)
VS-아/어도 + 되다 → VS-아/어도 되다	Erlaubnis (*dürfen*)
VS-(으)면 + 안 + 되다 → VS-(으)면 안 되다	Verbot (*nicht dürfen*)
VS-아/어야 + 하다 → VS-아/어야 하다/되다	Gebot/Verpflichtung (*sollen/müssen*)
VS-지 않으면 안 되다 / 안 + VS-(으)면 안 되다	*müssen* (doppelte Verneinung)

VS + Partizipialform + Formalnomen (+ Partikel) + Hilfsverb	Bedeutung
VS-을/ㄹ + 수 + 있다 → VS-을/ㄹ 수(가) 있다	*können/vermuten/annehmen*
VS-을/ㄹ + 줄 + 알다 → VS-을/ㄹ 줄(을) 알다	*können/vermuten/annehmen*
VS-지 않을 수(가) 없다 / 안+ VS-을 수(가) 없다	*keine Wahl haben (müssen)*
VS-는/은 + 수 + 밖에 + 없다 → VS-는/은 수밖에 없다	*keine Wahl haben (müssen)*

1. Ausdruck eines Wunsches

Im Koreanischen gibt es zwei Konstruktionen, um einen Wunsch des Subjekts auszudrücken: VS-고 싶다 / VS-고 싶어 하다 und VS-(으)면 좋겠다.

1) Die Konstruktion VS-고 싶다 wird zum Ausdruck eines Wunsches in der 1. Person und zur Nachfrage eines Wunsches in der 2. Person gebraucht, wobei das Subjekt ausgelassen werden kann. Die Konstruktion VS-고 싶어 하다 dagegen wird verwendet, wenn das Subjekt in der 3. Person steht. In diesem Fall muss das Subjekt genannt werden. Beide Konstruktionen werden meist mit Aktionsverben oder mit dem Existenzverb 있다 bzw. 없다 gebraucht.

VS-고 싶다 (1. und 2. Person)	VS-고 싶어 하다 (3. Person)
오늘 혼자 있고 싶어요. *Ich möchte heute allein sein.*	아이들이 오늘 혼자 있고 싶어 해요. *Die Kinder möchten heute allein sein.*
어떤 집에서 살고 싶어요? *In welchem Haus möchten Sie leben?*	딸이 어떤 집에서 살고 싶어 해요? *In welchem Haus möchte Ihre Tochter leben?*
한국말을 잘하고 싶어요. *Ich möchte gut Koreanisch sprechen.*	막스 씨는 한국말을 잘하고 싶어 해요. *Max möchte gut Koreanisch sprechen.*
집에 일찍 가고 싶습니까? *Möchten Sie früher nach Hause gehen?*	학생들이 집에 일찍 가고 싶어 합니다. *Die Schüler möchten früher nach Hause gehen.*

Die Konstruktion VS-고 싶어 하다 wird mit einer Leerstelle zwischen 싶다 und 하다 geschrieben.

Um die Konstruktion VS-고 싶다 bei Qualitativverben zu verwenden, müssen diese durch Verbindung mit der Hilfsverbkonstruktion VS-아/어지다 'werden' zu Vorgangsverben erweitert werden (▶ 9.1.7 | Hilfsverb 지다).

Infinitiv	VS-아/어지다 + -고 싶다
날씬하다	날씬하다 + -아/어지다 → 날씬해지다 + -고 싶다 → 날씬해지고 싶어요

Subjekt	VS-아/어지다 + -고 싶다	
1. Person	날씬해지고 싶어요.	*Ich möchte schlanker werden.*
2. Person	날씬해지고 싶어요?	*Möchten Sie schlanker werden?*
3. Person	유미는 날씬해지고 싶어 해요.	*Yumi möchte schlanker werden.*

QV + -지고 싶다 (1. und 2. Person)	QV + -지고 싶어 하다 (3. Person)
유미 씨와 친해지고 싶어요. *Ich möchte mit Yumi befreundet sein.*	그는 유미 씨와 친해지고 싶어 해요. *Er möchte mit Yumi befreundet sein.*
날씬해지고 싶으세요? *Möchten Sie schlank werden?*	수진 씨는 날씬해지고 싶어 해요. *Sujin möchte schlank werden.*

2) Die Konstruktionen VS-(으)면 좋겠다 (Präsens) und VS-았/었으면 좋겠다 (Präteritum) bedeuten '*Es wäre gut/schön, wenn etwas geschieht / geschehen würde/wäre*'. Sie drücken Wünsche aus, die zum Zeitpunkt des Sprechens (noch) nicht erfüllt sind (▶ 24.3.3 | Konditionalsatz). Beide Konstruktionen können mit allen Verbarten kombiniert werden und sind in den meisten Kontexten austauschbar.

제가 남자면 좋겠어요. = 제가 남자였으면 좋겠어요.	*Es wäre schön, wenn ich ein Mann wäre.* *(Ich wäre so gern ein Mann.)*
키가 더 크면 좋겠습니다. = 키가 더 컸으면 좋겠습니다.	*Es wäre gut, wenn ich größer wäre.*
돈이 많으면 좋겠어요. = 돈이 많았으면 좋겠어요.	*Es wäre schön, wenn ich viel Geld hätte.*
한국에서 살면/살았으면 좋겠어.	*Es wäre schön, wenn wir in Korea leben würden.*
시험을 잘 보면/봤으면 좋겠다.	*Es wäre gut, wenn ich die Prüfung gut machen würde.*

2. Absicht / Vorhaben

Die Hilfsverbkonstruktionen VS-(으)려고 하다 und VS-고자 하다 drücken die Absicht oder den Plan des Subjekts aus, eine Handlung auszuführen. Sie entsprechen etwa 'vorhaben' / 'wollen' und sind meist austauschbar; VS-고자 하다 wird v.a. in der geschriebenen Sprache gebraucht.

VS-(으)려고 하다

친구를 만나려고 해요.	*Ich habe vor, einen Freund zu treffen.*
한국어를 배우려고 합니다.	*Ich habe vor, Koreanisch zu lernen.*
안나는 미래에 가수가 되려고 해요.	*Anna hat vor, später einmal Sängerin zu werden.*
방학 때 아르바이트를 하려고 해.	*Ich plane, in den Ferien zu arbeiten.*

VS-고자 하다

지금 출발하고자 합니다.	*Ich habe vor, jetzt loszufahren.*
누가 회의에 참석하고자 합니까?	*Wer hat vor, an der Sitzung teilzunehmen?*
예정대로 그분을 뵙고자 합니다.	*Wie geplant, habe ich vor, ihn zu treffen.*

3. (Un-)Fähigkeit und (Un-)Möglichkeit

Im Koreanischen gibt es zwei Konstruktionen, um eine Fähigkeit bzw. deren Fehlen auszudrücken (▶ 17.3.3 | Formalnomen 수, ▶ 17.4.1 | Formalnomen 줄).

Fähigkeit *(können)*	Unfähigkeit *(nicht können)*
VS-을/ㄹ 수(가) 있다	Negationsadverb 못 + Verb
VS-을/ㄹ 줄 알다	VS-을/ㄹ 줄 모르다

1) Die Konstruktion VS-을/ㄹ 수(가) 있다 setzt sich aus Partizip Futur, dem Formalnomen 수 'Möglichkeit' und dem Existenzverb 있다 zusammen und bedeutet wörtlich *'eine Möglichkeit ist vorhanden'*. Sie drückt sowohl eine erworbene Fähigkeit als auch eine objektiv gegebene Möglichkeit aus, sodass sich ihre konkrete Bedeutung aus dem jeweiligen Kontext ergibt. In dieser Bedeutung wird das Formalnomen 수 nur mit Aktionsverben gebraucht. Die Nominativpartikel 가 wird dabei meist ausgelassen.

Aktionsverben	VS-을/ㄹ 수(가) 있다	Fähigkeit / Möglichkeit
만들다 *machen*	김치를 만들 수 있어요.	*Ich kann Kimchi machen.*
쓰다 *schreiben*	한자를 쓸 수 있어요.	*Ich kann Hancha schreiben.*

Ein formaler Unterschied zeigt sich bei der Negation. Hier kann das Negationsadverb 못 'nicht' + Verb sowohl die Unfähigkeit als auch die Unmöglichkeit ausdrücken (▶ 7 | Negation). Dagegen kann durch VS-을/ㄹ 수(가) 없다 (wörtlich *'die Möglichkeit ist nicht vorhanden'*) nur die Unmöglichkeit ausgedrückt werden.

Bedeutung	Fähigkeit / Unfähigkeit	Möglichkeit / Unmöglichkeit
positiv	VS-을/ㄹ 수 있다	VS-을/ㄹ 수 있다
negativ	못 + Verb	VS-을/ㄹ 수 없다 bzw. 못 + Verb

못 + Verb (Unfähigkeit)	한자를 안 배워서 못 써요.	*Ich kann kein Hancha schreiben, weil ich es nicht gelernt habe.*
못 + Verb (Unmöglichkeit)	이가 아파서 못 먹어요.	*Ich kann nicht essen, weil ich Zahnschmerzen habe.*
VS-을/ㄹ 수(가) 없다 (Unmöglichkeit)	재료가 없어서 지금 김치를 만들 수(가) 없어요.	*Ich kann jetzt kein Kimchi machen, weil ich keine Zutaten habe.*

2) Die Konstruktion VS-을/ㄹ 줄 알다 wird bevorzugt zum Ausdruck der Fähigkeit verwendet. Sie wird mit dem Formalnomen 줄 'Methode'/'Handhabung' und dem Verb 알다 'wissen' gebildet und drückt aus, dass man *'weiß, wie man eine Tätigkeit ausführt'*. Die entsprechende Verneinung wird durch das Verb 모르다 'nicht wissen' ausgedrückt. In dieser Bedeutung kann 줄 nur mit Aktionsverben verwendet werden.

VS-을/ㄹ 줄 알다 (wissen/können)	한자를 읽을 줄 알아요.	*Ich weiß, wie man Hancha liest. Ich kann Hancha lesen.*
	기타를 칠 줄 알아요.	*Ich weiß, wie man Gitarre spielt. Ich kann Gitarre spielen.*
VS-을/ㄹ 줄 모르다 (nicht wissen/können)	한자를 읽을 줄 몰라요.	*Ich weiß nicht, wie man Hancha liest. Ich kann kein Hancha lesen.*
	기타를 칠 줄 몰라요.	*Ich weiß nicht, wie man Gitarre spielt. Ich kann keine Gitarre spielen.*

4. Vermutung und Annahme

Die Konstruktion VS-을/ㄹ 수(가) 있다 oder VS-을/ㄹ 수(가) 없다 kann auch die modale Bedeutung einer Vermutung oder Annahme ausdrücken. In diesem Sinne kann sie nicht mit Aktionsverben, sondern nur mit Qualitativverben, dem Existenzverb 있다 oder der Kopula 이다 verwendet werden.

그가 아플 수 있어요.	*Er könnte krank sein.*
회사에 있을 수 있어요.	*Es ist möglich, dass er in der Firma ist.*
미하엘 씨가 독일 사람일 수 있어요.	*Michael könnte Deutscher sein.*

Die Konstruktion VS-을/ㄹ 줄 알다/모르다 drückt auch eine Annahme aus, sofern sich das Verb 알다/모르다 nicht auf das grammatische Subjekt oder auf das Topik des Satzes bezieht. In diesem Sinne wird die Konstruktion VS-을/ㄹ 줄 알다/모르다 fast ausschließlich mit dem Präteritum verwendet.

(나는) 그가 아플 줄 알았습니다.	*Ich dachte mir schon, dass er krank wird.*
(나는) 그가 한국에 갈 줄 알았어요.	*Ich habe (schon) damit gerechnet, dass er nach Korea fliegen wird.*
(나는) 그가 집에 있을 줄 몰랐습니다.	*Ich hätte nicht gedacht, dass er zu Hause ist.*

Im gleichen Sinne kann das Formalnomen 줄 auch in Verbindung mit den Partizipialformen -은/ㄴ gebraucht werden: VS-은/ㄴ 줄 알다/모르다 (▶ 17.4.1 | Formalnomen 줄).

5. Ausdruck einer Erlaubnis

Die Konstruktion VS-아/어도 되다 drückt eine Erlaubnis aus. Sie bedeutet wörtlich *'auch wenn man X tut, ist es in Ordnung'*. Anstelle des Hilfsverbs 되다 'werden' können die Qualitativverben 좋다 'gut sein' oder 괜찮다 'problemlos, in Ordnung sein' verwendet werden. In Fragesätzen bezeichnet die Konstruktion VS-아/어도 되다/괜찮다/좋다 in Verbindung mit dem Futur- bzw. Modalsuffix -겠 eine höfliche Bitte um Erlaubnis.

Aussagesatz: VS-아/어도 되다	***dürfen / Es ist in Ordnung, dass ...***
오늘 전화를 해도 돼요.	*Sie dürfen heute anrufen.*
여기에 주차를 해도 괜찮아요.	*Sie dürfen hier parken.*
여기서 담배를 피워도 좋아요.	*Sie dürfen hier rauchen.*

Fragesatz: VS-아/어도 되겠다	***Darf/Dürfte ich ...?* (höfliches Erfragen)**
오늘 전화를 해도 되겠어요?	*Darf/Dürfte ich Sie heute anrufen?*
여기에 주차를 해도 괜찮겠어요?	*Darf/Dürfte ich mein Auto hier parken?*
여기서 담배를 피워도 괜찮겠어요?	*Darf/Dürfte ich hier rauchen?*

6. Ausdruck eines Verbots

Verbote von Handlungen können im Koreanischen durch drei Konstruktionen ausgedrückt werden: 1) VS-(으)면 안 되다, 2) VS-을/ㄹ 수 없다 und 3) VS-지 말다.

1) Die Konstruktion VS-(으)면 안 되다 ist die bevorzugte Konstruktion zum Ausdruck von Verboten. Sie wird in Kontexten verwendet, in denen eine bestimmte Handlung infolge sozialer Konvention nicht akzeptiert ist, wörtlich *'wenn man X macht, ist das nicht in Ordnung'*. Sie wird nur mit Aktionsverben verwendet und steht im Gegensatz zur Konstruktion VS-아/어도 되다/괜찮다/좋다, die eine Erlaubnis ausdrückt.

A: 여기에서 담배를 피워도 돼요? | A: *Darf ich hier rauchen?*
B: 여기에서 담배를 피우면 안 돼요. | B: *Hier darf man nicht rauchen.*

A: 여기에 주차를 해도 돼요? | A: *Darf ich hier parken?*
B: 여기에 주차를 하면 안 돼요. | B: *Hier darf man nicht parken.*

A: 엄마, 밖에 나가도 돼? | A: *Mama, darf ich nach draußen gehen?*
B: 안 돼, 밖에 바람이 많이 불어. | B: *Nein, es ist sehr windig draußen.*

2) Die oben erwähnte Konstruktion VS-을/ㄹ 수 없다, die die Unmöglichkeit einer Handlung ausdrückt, kann auch ein Verbot ausdrücken.

이곳에 주차할 수 없습니다. — *Hier kann/darf man nicht parken.*

여기에서 담배를 피울 수 없어요. — *Hier kann/darf man nicht rauchen.*

박물관에서 사진을 찍을 수 없어요. — *Im Museum darf man nicht fotografieren.*

도서관에서 휴대폰을 사용할 수 없어요. — *In der Bibliothek darf man das Handy nicht benutzen.*

3) Die Konstruktion VS-지 말다 wird in der Imperativform (VS-지 마십시오 bzw. VS-지 마세요) verwendet, um ein striktes Verbot oder ein nachdrückliches Abraten auszudrücken. Das Verb 말다 'aufhören' kommt i.d.R im Imperativ vor (▶ 7.2 | Negation von Imperativ- und Aufforderungssätzen). Die Konstruktion VS-지 마십시오 bzw. VS-지 마세요 ist die Verneinungsform von -(으)십시오 und -(으)세요 und bedeutet wörtlich *'Bitte hören Sie auf, X zu tun'*.

뛰지 마. — *Renne nicht!*

너무 늦지 마세요. — *Bitte kommen Sie nicht zu spät!*

여기서 사진을 찍지 마십시오. — *Bitte fotografieren Sie hier nicht!*

7. Verpflichtung (*müssen/sollen*)

Für den Ausdruck der Verpflichtung (*müssen/sollen*) gibt es im Koreanischen zwei Konstruktionen: 1) VS-아/어야 하다 bzw. VS-아/어야 되다 und 2) VS-지 않으면 안 되다.

1) Die geläufigere Konstruktion VS-아/어야 하다 besteht aus der konditionalen Konjunktionalform -아/어야 'nur wenn' und dem Hilfsverb 하다 'tun'. Sie bedeutet somit *'Man muss/soll X tun'* und kann mit allen Verbarten kombiniert werden. Das Hilfsverb 하다 kann dabei durch das Hilfsverb 되다 'werden' ersetzt werden. Die Konstruktion VS-아/어야 하다 wird v.a. in der Schriftsprache gebraucht, während die Konstruktion VS-아/어야 되다 in der gesprochenen Sprache bevorzugt wird.

사람들은 법을 지켜야 해요./돼요. — *Man soll das Gesetz einhalten.*

학생들은 열심히 공부해야 해요./돼요. — *Die Schüler sollen fleißig lernen.*

내일까지 보고서를 내야 합니다./됩니다. — *Bis morgen muss ich den Bericht abgeben.*

주방은 늘 청결해야 한다./된다. — *Die Küche muss immer sauber sein.*

자신의 행동에 대해 책임을 져야 해요./돼요. — *Man muss sich für sein eigenes Verhalten verantworten.*

Die Negation dieser Konstruktion wird entweder durch die Langform der Negation -지 않아도 되다 oder durch die Kurzform mit dem Negationsadverb 안 + -아/어도 되다 ausgedrückt: *'Man braucht X nicht zu machen'*.

이 약을 먹지 않아도 돼요. — *Sie brauchen diese Tablette nicht zu nehmen.*

도서관에 안 가도 돼. — *Du brauchst nicht in die Bibliothek zu gehen.*

수술을 하지 않아도 됩니다. — *Sie brauchen sich nicht operieren zu lassen.*

Wenn diese Konstruktion mit einem Vollverb im Präteritum gebraucht wird, kann sie im Deutschen mit *'Man hätte X tun sollen/müssen'* wiedergegeben werden.

일찍 일어났어야 했어요./됐어요.	*Ich hätte früh aufstehen sollen.*
병원에 갔어야 했어요./됐어요.	*Ich hätte zum Krankenhaus gehen müssen.*
그에게 미리 전화를 했어야 했어요./됐어요.	*Ich hätte ihn vorher anrufen sollen.*

2) 'Müssen' kann auch durch die doppelte Verneinung mittels der Kurzform der Negation 안 + VS-(으)면 안 되다 bzw. der Langform der Negation VS-지 않으면 안 되다 ausgedrückt werden. Diese Konstruktionen bedeuten wörtlich *'Wenn man X nicht tut, ist es nicht in Ordnung'*, woraus folgt, dass man X tun muss.

학교에 안 가면 안 돼요. = 학교에 가지 않으면 안 돼요.	*Man muss zur Schule gehen.*
야채를 안 먹으면 안 돼요. = 야채를 먹지 않으면 안 돼요.	*Man muss Gemüse essen.*

8. Ausdruck von Zwang und Notwendigkeit

Die Konstruktion VS-지 않을 수(가) 없다 ist eine Doppelverneinung aus der Kombination der Langform der Negation -지 않다 und der Konstruktion -수(가) 없다. Sie bedeutet wörtlich *'Keine Möglichkeit ist vorhanden, X nicht zu tun'*, woraus folgt, dass man keine andere Wahl hat, als X zu tun. Dies gilt auch für die Kurzform der Negation: 안 + VS-을/를 수(가) 없다.

술을 안 마실 수(가) 없었어요. = 술을 마시지 않을 수가 없었어요.	*Ich hatte keine andere Wahl, als Alkohol zu trinken.*
직장을 안 그만둘 수(가) 없었어요. = 직장을 그만두지 않을 수가 없었어요.	*Ich musste meinen Job kündigen.*
이사를 안 갈 수(가) 없었어요. = 이사를 가지 않을 수가 없었어요.	*Ich hatte keine andere Wahl, als umzuziehen.*

In der gleichen Bedeutung gibt es eine alternative Konstruktion mit der zusätzlichen Partikel 밖에 'nur'/'bloß', 'außer X': VS-는 수밖에 없다, VS-을/ㄹ 수밖에 없다 (▶ 22.5 | Semantische Partikeln). Diese Konstruktion steht häufig mit den kausalen Konjunktionalformen -(으)니, -(으)니까, -아/어서, -기 때문에, die Grund und Ursache ausdrücken, und wird im Deutschen etwa mit *'Man kann nichts tun, außer X.'* / *'Es gibt nur diese Möglichkeit'* / *'Es bleibt nichts anderes übrig als'* übersetzt.

기다릴 수밖에 없었어요.	*Man konnte nichts tun, außer warten.*
친구와 헤어질 수밖에 없어.	*Es bleibt mir nichts anderes übrig, als mich von meinem Freund zu trennen.*
요리할 시간이 없으니 외식할 수밖에 없어요.	*Da ich keine Zeit habe zu kochen, muss ich draußen essen.*
봉급이 적어서 직장을 옮기는 수밖에 없어요.	*Weil das Einkommen zu gering ist, gibt es keine andere Möglichkeit, als den Job zu wechseln.*
집이 학교에서 너무 멀기 때문에 이사를 가는 수밖에 없어요.	*Es gibt nur die Möglichkeit, umzuziehen, weil die Wohnung von der Schule zu weit entfernt ist.*

10 Unregelmäßige Verben

Im Koreanischen gibt es zwei Gruppen von unregelmäßigen Verben, d.h. Verben, deren Stamm sich in Abhängigkeit von der lautlichen Umgebung ändert. Bei der ersten Gruppe sind die stammauslautenden Konsonanten ㄷ, ㄹ, ㅂ, ㅅ, ㅎ instabil, d.h. veränderlich. Die Veränderungen hängen davon ab, ob die dem Verbstamm folgende Silbe mit einem Vokal oder mit einem Konsonanten beginnt. Je nach Auslaut des Stamms gibt es fünf Typen: 1) Verben auf ㄷ, 2) Verben auf ㄹ, 3) Verben auf ㅂ, 4) Verben auf ㅅ, und 5) Verben auf ㅎ.

Zur zweiten Gruppe gehören Verben, deren Stamm auf 르 bzw. 으 endet. Allerdings sind die obengenannten stammauslautenden Konsonanten bzw. 르 und 으 nicht bei allen Verben instabil, es muss also für jedes Verb einzeln gelernt werden, ob der Stammauslaut stabil oder instabil ist (▶ Vokabelverzeichnis).

10.1 Verbstämme auf 'ㄷ'

Vor vokalischen Endungen wird ein instabiles ㄷ im Auslaut des Stamms zu ㄹ.

듣다 + -어요→ 들어요	걷다 + -어요 → 걸어요

Verben	-습니다	-아/어요	-아/어서	-으면
듣다 *hören*	듣습니다	들어요	들어서	들으면
묻다 *fragen*	묻습니다	물어요	물어서	물으면
걷다 *gehen*	걷습니다	걸어요	걸어서	걸으면
싣다 *laden, beladen*	싣습니다	실어요	실어서	실으면

음악을 들으면 기분이 좋아요. *Wenn ich Musik höre, bin ich gut gelaunt.*
수미 씨에게 길을 물어 보세요. *Fragen Sie bitte Sumi nach dem Weg!*
오늘 학교에 걸어서 갔어요. *Ich bin heute zu Fuß zur Schule gegangen.*
가방을 차에 실어 주세요. *Laden Sie bitte das Gepäck ins Auto.*

Es gibt jedoch auch Verben mit stabilem Konsonanten ㄷ, z.B. 받다, 닫다 und 믿다.

Verben	-습니다	-아/어요	-아/어서	-으면
받다 *bekommen*	받습니다	받아요	받아서	받으면
닫다 *schließen*	닫습니다	닫아요	닫아서	닫으면
믿다 *glauben*	믿습니다	믿어요	믿어서	믿으면

용돈을 받았어요. *Ich habe Taschengeld bekommen.*
창문을 닫을까요? *Soll ich das Fenster schließen?*
저는 제 친구를 믿어요. *Ich glaube meinem Freund.*

10.2 Verbstämme auf 'ㄹ'

Bei Verbstämmen, die auf den Konsonanten ㄹ enden, fällt das ㄹ vor Endungen weg, wenn der erste Laut der unmittelbar folgenden Silbe ein ㄴ, ㅂ oder ㅅ ist.

살다 + -습/ㅂ니다 → 삽니다	알다 + -는 → 아는
팔다 + -세요 → 파 + 세요 → 파세요	만들다 + -세요 → 만드 + 세요 → 만드세요

Verben	-아/어요	-ㅂ니다	-는	-(으)세요
살다 *leben, wohnen*	살아요	삽니다	사는	사세요
알다 *wissen*	알아요	압니다	아는	아세요
놀다 *spielen*	놀아요	놉니다	노는	노세요
열다 *öffnen*	열어요	엽니다	여는	여세요
울다 *weinen*	울어요	웁니다	우는	우세요
달다 *süß sein*	달아요	답니다	단	다세요
멀다 *weit sein*	멀어요	멉니다	먼	머세요
팔다 *verkaufen*	팔아요	팝니다	파는	파세요
만들다 *herstellen*	만들어요	만듭니다	만드는	만드세요

서울에서 사세요? — *Wohnen Sie in Seoul?*

아이들이 밖에서 놉니다. — *Die Kinder spielen draußen.*

한국말을 할 줄 아세요? — *Können Sie Koreanisch sprechen?*

아이가 엉엉 운다. — *Das Kind weint laut.*

저는 단 음식을 좋아해요. — *Ich mag süßes Essen.*

학교가 좀 멉니다. — *Die Schule ist etwas weiter weg.*

지금 김밥(을) 만드세요? — *Machen Sie gerade Kimpap?*

아이스크림을 팝니다. — *Er verkauft Eis.*

창문을 활짝 여세요. — *Machen Sie bitte das Fenster weit auf!*

10.3 Verbstämme auf 'ㅂ'

Bei Verbstämmen auf ein instabiles ㅂ verändert sich ㅂ vor vokalisch anlautenden Endungen zu 우. Bei der Kombination des Vokals 우 mit der Satzschlussendung -어요 entsteht die Kontraktionsform 워요. Im Ausnahmefall 돕다 'helfen' wird der Konsonant ㅂ zu 오 und bei der Kombination dieses 오 mit der Satzschlussendung -아요 entsteht die Form 와요.

쉽다 +-어요 → 쉬우-어요 → 쉬워요	돕다 +-아요 → 도오-아요 → 도와요

Verben	-습니다	-아/어요	-아/어서	-은/ㄴ
고맙다 *dankbar sein*	고맙습니다	고마워요	고마워서	고마운
반갑다 *erfreut sein*	반갑습니다	반가워요	반가워서	반가운
쉽다 *einfach sein*	쉽습니다	쉬워요	쉬워서	쉬운
어렵다 *schwer sein*	어렵습니다	어려워요	어려워서	어려운
춥다 *kalt sein*	춥습니다	추워요	추워서	추운
덥다 *heiß sein*	덥습니다	더워요	더워서	더운
맵다 *scharf sein*	맵습니다	매워요	매워서	매운
싱겁다 *fade sein*	싱겁습니다	싱거워요	싱거워서	싱거운
무겁다 *schwer sein*	무겁습니다	무거워요	무거워서	무거운
가볍다 *leicht sein*	가볍습니다	가벼워요	가벼워서	가벼운
두껍다 *dick sein*	두껍습니다	두꺼워요	두꺼워서	두꺼운
돕다 *helfen*	돕습니다	도와요	도와서	도운

만나서 반가워요. *Ich freue mich, Sie kennenzulernen.*
날씨가 추워졌어요. *Das Wetter ist kalt geworden.*
매운 음식을 좋아해요. *Ich mag scharfes Essen.*
맛이 좀 싱거워요. *Der Geschmack ist fade.*
가방이 무거우세요? *Ist die Tasche schwer?*
가방이 가벼워요. *Die Tasche ist leicht.*
한국어 시험이 쉬웠어요. *Die Koreanischprüfung war leicht.*
숙제를 도와주세요. *Helfen Sie mir bitte bei den Hausaufgaben!*

Es gibt jedoch auch Verben mit stabilem Konsonanten ㅂ: 입다 '(sich) anziehen', 좁다 'eng sein', 잡다 'fangen', 씹다 'kauen', 업다 'auf dem Rücken tragen'.

Verben	-습니다	-고	-아/어요	-아/어서	-은/ㄴ
입다	입습니다	입고	입어요	입어서	입는
잡다	잡습니다	잡고	잡아요	잡아서	잡은
좁다	좁습니다	좁고	좁아요	좁아서	좁은
씹다	씹습니다	씹고	씹어요	씹어서	씹은
업다	업습니다	업고	업어요	업어서	업은

길이 좁아요. *Die Straße ist eng.*
수미 씨가 오늘 치마를 입었어요. *Sumi trägt heute einen Rock.*
경찰이 도둑을 잡았어요. *Die Polizei hat den Dieb gefangen.*
꼭꼭 씹어서 천천히 드세요. *Kauen Sie bitte gründlich und essen Sie langsam!*
아이가 아이를 업었습니다. *Das Kind hat ein Kind auf dem Rücken getragen.*

10.4 Verbstämme auf 'ㅅ'

Bei auf den Konsonanten ㅅ auslautenden Verbstämmen fällt dieser vor vokalisch anlautenden Endungen weg. Dabei wird der Vokal des Stammes nicht mit dem Anschlussvokal -아/어 kontrahiert.

낫다 + -아요 → 나아요	잇다 + -어요 → 이어요

Verben	-습니다	-아/어요	-았/었어요	-아/어서
긋다 *Linien ziehen*	긋습니다	그어요	그었어요	그어서
낫다 *genesen*	낫습니다	나아요	나았었요	나아서
잇다 *verbinden*	잇습니다	이어요	이었어요	이어서
젓다 *rühren*	젓습니다	저어요	저었어요	저어서
짓다 *bauen*	짓습니다	지어요	지었어요	지어서
붓다 *schwellen, eingießen*	붓습니다	부어요	부었어요	부어서

감기가 다 나았어요.	*Meine Erkältung ist vollständig weg.*
밑줄을 그어 주세요.	*Unterstreichen Sie das bitte!*
그녀의 눈이 많이 부었어요.	*Ihre Augen sind stark geschwollen.*
물을 여기까지 부으세요.	*Gießen Sie bitte das Wasser bis hier hinein!*
경복궁이 언제 지어졌어요?	*Wann wurde der Kyŏngbok-Palast gebaut?*
커피에 설탕을 넣고 잘 저어 드세요.	*Geben Sie Zucker in den Kaffee und rühren Sie gut um.*

Es gibt jedoch auch Verben mit stabilem Konsonanten ㅅ, wie z.B. 벗다, 웃다, 씻다.

Verben	-습니다	-아/어요	-았/었어요	-아/어서
벗다 *ausziehen*	벗습니다	벗어요	벗었어요	벗어서
씻다 *waschen*	씻습니다	씻어요	씻었어요	씻어서
웃다 *lachen*	웃습니다	웃어요	웃었어요	웃어서

손을 깨끗이 씻어야 해요.	*Sie müssen sich die Hände waschen.*
웃으면 복이 와요.	*Das Glück kommt zu den Lachenden. [Wenn Sie lachen, kommt das Glück.]*
신발을 벗고 들어가 주십시오.	*Bitte ziehen Sie erst die Schuhe aus und gehen Sie dann hinein.*

10.5 Verbstämme auf 'ㅎ'

Bei Qualitativverben, deren Stamm auf den Konsonanten ㅎ endet, fällt dieser vor Endungen, die mit ㄴ, ㄹ, ㅁ, ㅅ, ㅇ anlauten, weg. Der Konsonant ㅎ fällt auch vor der vokalischen Anschlussform -아/어 weg, wobei ㅎ durch den Vokal 이 ersetzt wird, sodass die Kontraktionsform 애 oder 얘 entsteht.

하얗다 + -ㄴ → 하얀	까맣다 + -아요 → 까마 + 이 + -아요 → 까매요

Verben	-습니다	-아/어요	-아/어서	-은/ㄴ
그렇다 *so sein*	그렇습니다	그래요	그래서	그런
어떻다 *wie sein*	어떻습니다	어때요	어때서	어떤
까맣다 *schwarz sein*	까맣습니다	까매요	까매서	까만
노랗다 *gelb sein*	노랗습니다	노래요	노래서	노란
동그랗다 *rund sein*	동그랗습니다	동그래요	동그래서	동그란
빨갛다 *rot sein*	빨갛습니다	빨개요	빨개서	빨간
파랗다 *blau sein*	파랗습니다	파래요	파래서	파란
하얗다 *weiß sein*	하얗습니다	하얘요	하얘서	하얀

하늘이 아주 파래요. — *Der Himmel ist strahlend blau.*

하얀 모자가 마음에 들어요. — *Weiße Mützen gefallen mir.*

어떤 영화를 좋아하세요? — *Welchen Film mögen Sie gerne?*

까만 옷이 잘 어울려요. — *Schwarz steht Ihnen gut.*

맛이 그저 그래요. — *Es schmeckt weder gut noch schlecht.*

오늘 기분이 어때요? — *Wie ist Ihre Laune? / Wie fühlen Sie sich heute?*

술을 마시면 얼굴이 빨개져요. — *Wenn ich Alkohol trinke, wird mein Gesicht rot.*

Es gibt jedoch auch Verben mit stabilem Konsonanten ㅎ, wie z.B. 넣다, 놓다, 좋다, 낳다.

Verben	-습니다	-아/어요	-았/었어요	-아/어서
넣다 *hineinstellen*	넣습니다	넣어요	넣었어요	넣어서
놓다 *legen*	놓습니다	놓아요	놓았어요	놓아서
좋다 *gut sein*	좋습니다	좋아요	좋았어요	좋아서
낳다 *gebären*	낳습니다	낳아요	낳았어요	낳아서

봉투에 넣어 드릴까요? — *Soll ich Ihnen das in einer Tüte geben?*

열쇠를 책상 위에 놓았어요. — *Ich habe den Schlüssel auf den Tisch gelegt.*

날씨가 좋아서 기분이 좋아요. — *Weil das Wetter schön ist, bin ich gut gelaunt.*

그저께 유미가 아들을 낳았어요. — *Vorgestern hat Yumi einen Sohn geboren.*

10.6 Verbstämme auf '르'

Verben, deren Stamm auf die Silbe 르 auslautet, sind unregelmäßig. Der Konsonant ㄹ in der Silbe 르 wird zu ㄹㄹ verdoppelt. Hierbei fällt der Vokal ㅡ weg, wenn die vokalisch anlautende Anschlussform -아/어 folgt, sodass sich die Formen ㄹ라 bzw. ㄹ러 ergeben.

빠르다 + ㄹㄹ + -아요 → 빨라요	부르다 + ㄹㄹ + -어요 → 불러요

Verben	-ㅂ니다	-아/어요	-았/었어요	-아/어서
고르다 *auswählen*	고릅니다	골라요	골랐어요	골라서
기르다 *großziehen*	기릅니다	길러요	길렀어요	길러서
다르다 *anders sein*	다릅니다	달라요	달랐어요	달라서
모르다 *nicht wissen*	모릅니다	몰라요	몰랐어요	몰라서
부르다 *rufen*	부릅니다	불러요	불렀어요	불러서
빠르다 *schnell sein*	빠릅니다	빨라요	빨랐어요	빨라서
자르다 *schneiden*	자릅니다	잘라요	잘랐어요	잘라서

머리를 짧게 잘랐어요. *Ich habe meine Haare kurz geschnitten.*

집에서 동물을 기르세요? *Haben Sie Haustiere?*

우리는 취미가 서로 달라요. *Wir haben unterschiedliche Hobbys.*

맛있는 수박을 골랐어요. *Ich habe eine leckere Wassermelone ausgesucht.*

배가 불러서 더이상 못 먹겠어요. *Weil ich satt bin, kann ich nicht mehr essen.*

잘 모르면 물어 보세요. *Wenn Sie sich nicht sicher sind, fragen Sie bitte nach!*

말이 빨라서 못 알아듣겠어요. *Ich kann nichts verstehen, weil Sie schnell sprechen.*

Es gibt jedoch auch Verben mit stabilem Konsonanten 르, wie z.B. 따르다, 치르다, 다다르다.

Verben	-ㅂ니다	-아/어요	-았/었어요	-아/어서
따르다 *folgen, einschenken*	따릅니다	따라요	따랐어요	따라서
치르다 *zahlen, bezahlen*	치릅니다	치러요	치렀어요	치러서
다다르다 *ankommen, gelangen*	다다릅니다	다다라요	다다랐어요	다다라

물 좀 따라 주세요. *Schenken Sie mir bitte Wasser ein!*

물건값을 다 치렀어요. *Ich habe den Preis der Ware komplett bezahlt.*

마침내 여행 목적지에 다다랐다. *Endlich sind wir ans Reiseziel gelangt.*

10.7 Verbstämme auf 'ㅡ'

Bei Verbstämmen, die auf den Vokal ㅡ enden, fällt dieser Vokal vor der Anschlussform -아/어 weg. Ob -아 oder -어 verwendet wird, hängt vom Vokal der vorausgehenden Silbe ab. Endet die Stammsilbe auf ㅏ oder ㅗ, ist der Anschlussvokal 아, in allen anderen Fällen steht 어.

바쁘다 + -아요 → 바ㅃ-아요 → 바빠요	예쁘다 + -어요 → 예ㅃ-어요 → 예뻐요
크다 + -어요 → ㅋ-어요 → 커요	쓰다 + -어요 → ㅆ-어요 → 써요

Verben	-ㅂ니다	-아/어요	-았/었어요	-아/어서
고프다 *hungrig sein*	고픕니다	고파요	고팠어요	고파서
슬프다 *traurig sein*	슬픕니다	슬퍼요	슬펐어요	슬퍼서
기쁘다 *sich freuen*	기쁩니다	기뻐요	기뻤어요	기뻐서
끄다 *ausschalten*	끕니다	꺼요	껐어요	꺼서
나쁘다 *schlecht sein*	나쁩니다	나빠요	나빴어요	나빠서
바쁘다 *beschäftigt sein*	바쁩니다	바빠요	바빴어요	바빠서
예쁘다 *schön sein*	예쁩니다	예뻐요	예뻤어요	예뻐서
아프다 *krank sein*	아픕니다	아파요	아팠어요	아파서
크다 *groß sein*	큽니다	커요	컸어요	커서
쓰다 *schreiben, aufsetzen*	씁니다	써요	썼어요	써서

지금 배가 많이 고파요. — *Ich habe jetzt großen Hunger.*

눈이 많이 나빠요. — *Ich habe schlechte Augen.*

어제 많이 바빴어요? — *Haben Sie gestern viel zu tun gehabt?*

휴대폰을 꺼 주십시오. — *Schalten Sie die Handys bitte alle aus!*

율리아는 얼굴이 참 예뻐요. — *Julia hat ein hübsches Gesicht.*

딸이 아파서 슬퍼요. — *Weil meine Tochter krank ist, bin ich traurig.*

빨간 모자를 썼어요. — *Sie hat eine rote Mütze an.*

율리아가 키가 많이 컸어요. — *Julia ist sehr groß geworden.*

여기에 이름을 써 주세요. — *Schreiben Sie Ihren Namen bitte hier hin!*

11 Pragmatische Satzschlussendungen

Im Koreanischen gibt es bestimmte verbale Satzschlussendungen, die überwiegend in der gesprochenen Sprache und dem informellen Schriftverkehr (z.B. E-Mail) unter sehr guten Bekannten und Freunden verwendet werden. Diese werden als pragmatische Satzschlussendungen bezeichnet. Sie drücken Gefühle und Einstellungen des Sprechers zu seiner Äußerung aus. Die pragmatischen Satzschlussendungen sind nicht mit der höflich-formellen Satzschlussendung der 5. Sprechstufe (–습/ㅂ니다), wohl aber mit der Höflichkeitsmarkierung –요 kompatibel. Der Satz kann entweder nur mit der pragmatischen Satzschlussendung enden und ist dann als informell markiert, oder er kann mit der pragmatischen Satzschlussendung und der Markierung –요 enden (4. SPS). In den informellen Sprechstufen (1.–3. SPS) fehlt somit die Satzschlussendung –요. So wird zum Beispiel –군요 zu –군, –네요 zu –네 usw. Die folgende Tabelle fasst die pragmatischen Satzschlussendungen mit ihrer Hauptbedeutung zusammen.

Pragmatische Satzschlussendungen + (요)	Hauptbedeutung
–고말고(요)	emphatische Zustimmung
–거든(요)	Begründung
–군(요), –는군(요), –(는)구나, –네(요)	Überraschung / unerwartete Entdeckung
–는/은/ㄴ데(요)	*eigentlich schon / eigentlich nicht, aber wieso?*
–는/은/ㄴ가(요)?, –나(요)?, –을/ㄹ 건가(요)?	zweifelnde Frage (*vielleicht / etwa*)
–을/ㄹ 걸(요)	Vermutung / Annahme
–을/ㄹ게(요)	Absicht / Versprechen
–을/ㄹ까(요)?	Vorschlag / Meinungsfrage / Vermutung
–을/ㄹ래(요) / –을/ㄹ래(요)?	Vorliebe / Wunschäußerung
–을/ㄹ 텐데(요)	Vermutung / Annahme
–잖아(요)	Bestätigung einer bekannten Information
–지(요)?	Informationsbestätigung (*nicht wahr?*)
–는/ㄴ다지(요)?, –다지(요)?, N+(이)라지(요)?	Bestätigungsfrage für etwas Gehörtes
–아/어야지(요) (positiv), –지 말아야지(요) (negativ)	Vorsatz / Entschluss
–지 그래(요)?	Vorschlag / Empfehlung
–지 그랬어(요)?	Vorwurf
–을/ㄹ걸 (그랬다) / –지 말걸 (그랬다)	Bedauern darüber, X (nicht) getan zu haben

11.1 –고말고(요) 'Emphatische Zustimmung'

Die Satzschlussendung –고말고(요) drückt eine emphatische Zustimmung seitens des Sprechers aus. Sie kann im Deutschen mit *'es ist doch selbstverständlich'*, *'natürlich'*, *'na klar'* wiedergegeben werden.

A: 다니엘 씨는 부지런해요?
B: 아주 부지런하고말고요.

A: Ist Daniel fleißig?
B: Selbstverständlich ist er sehr fleißig.

A: 여름 휴가를 일본으로 갈까요?
B: 좋고말고요.

A: Sollen wir den Sommerurlaub in Japan verbringen?
B: Na klar, das wäre prima!

A: 한국에 도착하면 연락주세요.
B: 그럼요, 연락하고말고요.

A: Bitte melden Sie sich, wenn Sie in Korea ankommen.
B: Natürlich melde ich mich bei Ihnen.

11.2 –거든(요) 'Begründung'

Die Satzschlussendung –거든(요) wird verwendet, um dem Gesprächspartner eine Begründung zu nennen oder eine noch nicht bekannte Information zu geben.

A: 왜 학교에 안 가세요?
B: 오늘 수업이 없거든요.

A: Warum gehen Sie nicht zur Schule?
B: Weil ich heute keinen Unterricht habe.

A: 유미 씨, 약간 긴장돼 보여요.
B: 내일 취업 면접을 보거든요.

A: Yumi, Sie sehen ein bisschen nervös aus.
B: Ja, ich habe morgen ein Vorstellungsgespräch.

A: 내일 왜 대사관에 가요?
B: 비자 연장을 해야 하거든요.

A: Warum gehen Sie morgen zur Botschaft?
B: Weil ich das Visum verlängern muss.

나는 이 음식점을 좋아해요.
싸고 맛있거든요.

Ich mag dieses Restaurant, weil es billig und lecker ist.

아버지는 건강하세요. 매일 운동을 하시거든요.

Mein Vater ist gesund, weil er jeden Tag Sport treibt.

11.3 –(는)군(요), –(는)구나, –네(요) 'Überraschung' / 'unerwartete Entdeckung'

Mit den Satzschlussendungen –(는)군(요) und –네(요) drückt ein Sprecher seine Überraschung bzw. sein Erstaunen über ein unerwartetes Ereignis, eine Entdeckung oder eine Information aus. Im Deutschen werden die beiden Formen meist durch eine besondere Satzintonation und Interjektionen wie *'Oh, wirklich'*, *'Aha'*, *'Ach ja'*, *'Ach nein'* ausgedrückt. Im Koreanischen werden sie in der Schrift oft durch ein Ausrufezeichen markiert.

a) VS–는군(요)

Die Satzschlussendung –는군(요) wird bei Aktionsverben im Präsens verwendet, während –군(요) bei Qualitativverben, Existenzverben und der Kopula 이다 verwendet wird. Die Zeitform wird am Verb vor der Satzschlussendung markiert.

Tempus	AV–는군(요)	QV–군(요)	EV–군(요)	KOP–군(요)
Präsens	가는군(요)	예쁘군(요)	있군(요)	N_{KONS} 이군(요) N_{VOK} 군(요)
Präteritum	갔군(요)	예뻤군(요)	있었군(요)	N_{KONS} 이었군(요) N_{VOK} 였군(요)
Futur	가겠군(요)	예쁘겠군(요)	있겠군(요)	N_{KONS} 이겠군(요) N_{VOK} 겠군(요)

Mit VS-(는)군(요) drückt der Sprecher seine Überraschung und sein Erstaunen aus, unabhängig davon, ob er den Vorgang persönlich erlebt oder von einer anderen Person erfahren hat (VS-네요).

A: 저는 독일 사람입니다.
B: 아, 독일에서 왔군요!

A: Ich bin Deutsche/r.
B: Oh, Sie kommen aus Deutschland.

A: 이 집이 제 집이에요.
B: 어머, 집이 정말 예쁘군요!

A: Dieses Haus ist mein Haus.
B: Oh, das Haus ist wirklich hübsch!

A: 시험에 떨어졌어요.
B: 아이구, 참 안타깝군요.

A: Ich habe die Prüfung nicht bestanden.
B: Ach, das tut mir wirklich leid.

A: 점심 안 먹어요?
B: 어머, 벌써 점심시간이군요!

A: Essen Sie kein Mittag?
B: Aha, es ist schon Mittagszeit!

A: 저는 오빠가 두 명있어요.
B: 어머나, 안나 씨가 막내군요!

A: Ich habe zwei ältere Brüder.
B: Oh, Anna, dann Sie sind also das jüngste Kind!

Die honorative Verbform mit -(으)시 steht vor der Satzschlussendung -(는)군요.

VS-(으)시 + (는)군요

A: 제 어머니 사진이에요.
B: 어머님께서 미인이시군요!

A: Das ist ein Foto von meiner Mutter.
B: Oh, Ihre Mutter ist eine wirklich schöne Frau!

A: 선생님, 이 분이 우리 아버지세요.
B: 민수 아버님이시군요!

A: Herr Lehrer, das ist mein Vater.
B: Sie sind also der Vater von Minsu!

VS-았/었군(요)

저런, 감기에 걸리셨군요! — *Oh, Sie sind erkältet!*

A: 저는 이미 밥 먹었습니다.
B: 어머, 그럼 혼자 식사를 하셨군요!

A: Ich habe schon gegessen.
B: Ah, dann haben Sie alleine gegessen!

예전에 독일어를 배우셨군요! — *Ah, Sie haben früher Deutsch gelernt!*

아, 대기업에서 일하셨군요! — *Ah, Sie haben in einer großen Firma gearbeitet!*

VS-겠군(요)

지금 떠나면 밤에 도착하겠군요. — *Wenn Sie jetzt losfahren, werden Sie ja in der Nacht ankommen.*

날씨가 흐려요. 오후에 비가 오겠군요. — *Ach, es ist ja bewölkt. Es wird nachmittags wahrscheinlich regnen.*

A: 기온이 영하로 내려간대요.
B: 그래요? 이제 더 추워지겠군요.

A: Die Temperatur soll unter Null sinken.
B: Ach ja? Es wird nun also noch kälter.

In den informellen Sprechstufen (1. und 2. SPS) wird die Satzschlussendung -(는)군요 zu -(는)군 oder -(는)구나. Die beiden pragmatischen Satzschlussendungen -(는)군 und -(는)구나 werden häufig im Selbstgespräch oder in Ausrufen verwendet.

VS-(는)군

벌써 크리스마스가 왔군! — *Es ist schon Weihnachten!*

자네는 고기를 정말 잘 먹는군! — *Du isst ja wirklich gerne Fleisch!*

경치가 참 아름답군! — *Die Landschaft ist ja wirklich wunderschön!*

VS-(는)구나/N+(이)구나

우리 손자 왔구나!	*Mein Enkel ist gekommen!*
너는 책을 빨리 읽는구나!	*Du liest aber schnell!*
네가 벌써 대학생이구나!	*Du studierst schon! [Du bist schon Student!]*

b) VS-네(요)

Die Satzschlussendung -네(요) hat eine ähnliche Bedeutung wie -(는)군요 und kann auch im Selbstgespräch oder in Ausrufen verwendet werden. Anders als -(는)군(요) ist die Satzschlussendung -네요 in ihrem Gebrauch eingeschränkt. Sie kann nur verwendet werden, wenn der Sprecher etwas persönlich erlebt hat.

-네(요) vs. -(는)군(요)	Übersetzung
A: 독일은 공기가 참 좋아요. B: 그래요? 공기가 좋군요! / nicht *좋네요!	*A: Die Luft in Deutschland ist gut.* *B: Ach so, wirklich? Die Luft ist also gut.*

VS-네요 kann hier nicht verwendet werden, weil Sprecher B dies nicht selbst erlebt hat. Dagegen kann Sprecher B seine Überraschung mit -군요 ausdrücken, obwohl er noch nie in Deutschland war.

VS-네요

A: 이 그림 제가 직접 그렸어요. B: 어머, 정말 그림을 잘 그리시네요!	*A: Ich habe dieses Bild selber gemalt.* *B: Wow, Sie malen wirklich gut!*
A: 어머, 창밖을 좀 보세요. B: 어머나, 눈이 오네요!	*A: Gucken Sie mal nach draußen!* *B: Oh, es schneit!*
한국말을 정말 잘 하시네요!	*Sie sprechen richtig gut Koreanisch!*
어, 이런 냉장고에 우유가 없네!	*Oh, wir haben keine Milch mehr im Kühlschrank!*
집이 참 깨끗하네!	*Das Haus ist aber wirklich sauber!*

VS-았/었네(요)

아들이 정말 많이 컸네요!	*Ihr Sohn ist ja wirklich groß geworden!*
와, 어제 밤에 눈이 정말 많이 왔네요!	*Wow, gestern Abend hat es wirklich stark geschneit!*
집을 벌써 다 지었네요!	*Sie haben das Haus schon fertig gebaut!*

VS-겠네(요)

A: 저는 매운 음식을 좋아해요. B: 그럼, 고추장도 잘 먹겠네요!	*A: Ich mag scharfes Essen gerne.* *B: Dann essen Sie bestimmt auch gerne Paprikapaste.*
A: 미국에서 7 년 살았어요. B: 그럼, 영어를 잘하겠네!	*A: Ich habe 7 Jahre lang in den USA gelebt.* *B: Dann sprichst du ja bestimmt gut Englisch!*
A: 딸은 미국에 살아요. B: 어머, 따님이 많이 보고 싶겠네요!	*A: Meine Tochter lebt in den USA.* *B: Oh, Sie vermissen Ihre Tochter bestimmt sehr!*

따님 'Tochter' bzw. 아드님 'Sohn' bezeichnen nicht die eigene Tochter bzw. den eigenen Sohn, sondern sind höfliche Anreden für die Tochter bzw. den Sohn einer zu respektierenden Person.

11.4 –는데(요), –은/ㄴ데(요) 'Frage nach weiteren Informationen'

Die Satzschlussendung –는데(요) bei Aktionsverben bzw. –은/ㄴ데(요) bei Qualitativverben hat zwei Bedeutungen: 1) Zustimmung oder Ablehnung in Bezug auf eine Äußerung, 2) Aufforderung zu weiteren Informationen im Sinne von *'ja, eigentlich schon, aber warum?'* oder *'nein, eigentlich nicht, aber warum?'*.

1) Zustimmung / Ablehnung

A: 오늘은 날씨가 안 춥지요?
B: 아니요, 저는 추운데요.

A: Heute ist es nicht kalt, oder?
B: Doch, für mich ist es kalt.

A: 요즘 많이 바쁘지요?
B: 아니요, 그렇게 바쁘지 않은데요.

A: Sie haben sicherlich zur Zeit viel zu tun?
B: Nein, ich habe nicht so viel zu tun.

A: 배가 고프지요?
B: 예, 배가 많이 고픈데요.

A: Sie haben bestimmt Hunger?
B: Ja, ich habe ziemlich großen Hunger.

A: 여기 커피가 맛있죠?
B: 정말 맛있는데요.

A: Der Kaffee hier schmeckt lecker, oder?
B: Er ist wirklich lecker.

2) Frage nach weiteren Informationen

A: 영어 할 줄 알아요?
B: 좀 하는데요.
A: 그럼, 이 편지 좀 번역해 줄래요?

A: Sprechen Sie gut Englisch?
B: Ja, eigentlich schon, (aber warum fragen Sie?)
A: Können Sie dann diesen Brief übersetzen?

A: 어제 집에 있었나요?
B: 네, 집에 있었는데요.

A: Waren Sie gestern (vielleicht) zu Hause?
B: Ja, ich war zu Hause, (wieso fragen Sie?)

A: 어제 제게 전화했어요?
B: 아니요, 전화 안 했는데요.

A: Haben Sie mich gestern angerufen?
B: Nein, ich habe nicht angerufen, (aber warum fragen Sie?)

A: 내일 만날 수 있어요?
B: 내일은 이미 약속이 있는데요.

A: Können wir uns morgen treffen?
B: Morgen habe ich schon eine Verabredung, (aber wieso fragen Sie?)

A: 사장님 사무실에 계세요?
B: 아직 출근 안 하셨는데요.

A: Ist der Chef im Büro?
B: Er ist noch nicht im Büro, (warum wollen Sie das wissen?)

11.5 –는/은/ㄴ가요?, –나요? –을/ㄹ 건가요? 'Zweifelnde Frage'

Die Satzschlussendung –는가(요)? (Aktions- und Existenzverben) bzw. –은/ㄴ가(요)? (Qualitativverben und Kopula) wird verwendet, wenn der Sprecher eine ungewisse Einstellung oder Zweifel an einem Sachverhalt in höflicher Frageform ausdrücken möchte. Die Bedeutung lässt sich in etwa mit *'Könnte es sein / Könnte es nicht sein, dass ...'* oder *'Ist es vielleicht/etwa?'* wiedergeben.

AV–는가요?	QV–은/ㄴ가요?	EV–는가요?	KOP–ㄴ가요?
가는가요?	좋은가요?	있는가요?	의사인가요?
먹는가요?	빠른가요?	없는가요?	의사가 아닌가요?

A: 김선생님, 지금 바쁘신가요?
B: 예, 지금 많이 바쁜데요.

A: Herr Kim, haben Sie etwa gerade viel zu tun?
B: Ja, ich bin sehr beschäftigt.

A: 지금 서울은 날씨가 많이 더운가요?
B: 아주 더워요.

A: Vielleicht ist es jetzt in Seoul sehr warm?
B: Es ist heiß.

A: 김치가 많이 매운가요?
B: 아니요, 그렇게 맵지 않아요.

A: Ist das Kimchi (vielleicht) zu scharf?
B: Nein, es ist nicht so scharf.

A: 제 말이 너무 빠른가요?
B: 아니요, 그렇게 빠르지 않아요.

A: Spreche ich (vielleicht) zu schnell für Sie?
B: Nein, es ist nicht so schnell.

A: 사라 씨가 독일 사람인가요?
B: 아니요, 영국 사람입니다.

A: Ist Sarah vielleicht Deutsche?
B: Nein, sie ist Engländerin.

A: 이 회사 직원이신가요?
B: 예, 맞습니다.

A: Sind Sie vielleicht Angestellter in dieser Firma?
B: Ja, das stimmt.

VS-나요?

Ähnlich wie bei VS-은/ㄴ가요? kann die Satzschlussendung -나요? verwendet werden, um eine skeptische bzw. zweifelnde Einstellung des Sprechers in höflicher Frageform auszudrücken. Während VS-은/ㄴ가요? nur im Präsens, aber nicht in der Vergangenheit gebraucht werden kann, kann VS-나요? sowohl im Präsens als auch im Präteritum stehen, nicht jedoch im Futur.

Präsens: VS-나요?

A: 수진 씨도 술을 좋아하나요?
B: 네, 저도 좋아해요.

A: Sujin, mögen Sie (vielleicht) auch Alkohol?
B: Ja, ich mag auch Alkohol.

A: 매일 운동을 하시나요?
B: 아니요, 가끔 운동해요.

A: Treiben Sie (vielleicht) jeden Tag Sport?
B: Nein, ich mache ab und zu Sport.

A: 내일 시간이 있나요?
B: 네, (시간이) 있어요.

A: Haben Sie vielleicht morgen Zeit?
B: Ja, ich habe Zeit.

A: 어머님이 언제 한국에 오시나요?
B: 다음 주 토요일에 오실 거예요.

A: Wann kommt Ihre Mutter denn etwa nach Korea?
B: Sie kommt nächste Woche Samstag.

Präteritum: VS + -었/았나요?

그것을 김 교수님께 배웠나요?

Haben Sie das etwas bei (Herrn) Professor Kim gelernt?

그 일이 일어났을 때 어디에 있었나요?

Wo waren Sie, als das passiert ist?

A: 소포가 벌써 도착했나요?
B: 아직 안 왔어요.

A: Ist das Paket schon angekommen?
B: Nein, es ist noch nicht angekommen.

A: 어제도 운동을 하셨나요?
B: 아니요, 어제는 쉬었어요.

A: Haben Sie gestern auch Sport getrieben?
B: Nein, ich habe mich gestern ausgeruht.

VS-을/ㄹ 건가요?

Die Satzschlussendung -을/ㄹ 건가요? in der Frageform kann nur an den Verbstamm von Aktions- und Existenzverben angehängt werden. Sie wird in derselben Bedeutung wie -은/ㄴ가요? verwendet und weist auf eine Handlung bzw. auf ein Ereignis in der unmittelbaren Zukunft hin. In der Antwort auf solche Fragen bedeutet die Futurform -을/ㄹ 거예요 eine feste Absicht des Sprechers, die Handlung auszuführen.

VS_{KONS}-을 건가요?	VS_{VOK}-ㄹ 건가요?	EV-을 건가요?
먹을 건가요?	탈 건가요?	있을 건가요?

A: 일본도 방문할 건가요?
B: 아직 잘 모르겠어요.

A: Wollen Sie vielleicht auch Japan besuchen?
B: Ich weiß es noch nicht.

A: 몇 시에 출발할 건가요?
B: 조금 이따가 출발할 거예요.

A: Um wie viel Uhr (etwa) wollen Sie losfahren?
B: Ich werde in ein paar Minuten losfahren.

A: 오늘 저녁에 집에 있을 건가요?
B: 아니요, 밖에 나갈 거예요.

A: Sind Sie heute Abend vielleicht zu Hause?
B: Nein, ich will/werde ausgehen.

A: 지금 점심을 먹을 건가요?
B: 아니요, 나중에 먹을 거예요.

A: Möchten Sie vielleicht jetzt zu Mittag essen?
B: Nein, ich will/werde später essen.

A: 안나 씨와 결혼할 건가요?
B: 예, 결혼할 거예요.

A: Möchten Sie Anna (vielleicht) heiraten?
B: Ja, ich will/werde sie heiraten.

11.6 -을/ㄹ걸(요) 'Vermutung und Annahme'

Die Satzschlussendung -을/ㄹ걸(요) wird verwendet, wenn die Aussage des Sprechers auf einer vagen und unbestätigten Vermutung oder Annahme beruht. Dabei kann der Sprecher eine andere Meinung gegenüber einer vorherigen Äußerung eines Gesprächspartners ausdrücken. Im Vergleich zur Konstruktion VS-을/ㄹ 거예요 wird hier eine weniger starke Überzeugung des Sprechers ausgedrückt (▶ 8.1.3 | Futur). In dieser Funktion wird -을/ㄹ걸요 mit leicht steigender Intonation ausgesprochen.

Tempus	AV	QV	EV	KOP
Präsens	먹을걸요	많을걸요	있을걸요	학생일걸요
Präteritum	먹었을걸요	많았을걸요	있었을걸요	학생이었을걸요

A: 혹시 민수 씨 봤어요?
B: 아마 점심 먹으러 갔을걸요.

A: Haben Sie vielleicht Minsu gesehen?
B: Vielleicht ist er zum Mittagessen gegangen.

A: 안나 씨가 이 꽃을 좋아할까요?
B: 좋아할걸요.

A: Glauben Sie, dass Anna diese Blumen mag?
B: Sie wird sie bestimmt mögen.

아니, 그녀가 너보다 나이가 많을걸. — *Nein, ich vermute, sie ist älter als du.*

그 사람은 벌써 떠났을걸. — *Er ist vielleicht schon weggegangen.*

오늘 일요일이니까 집에 있을걸요. — *Da heute Sonntag ist, wird er vielleicht zu Hause sein..*

Die Satzschlussendung -을/ㄹ걸 kann zusammen mit dem Präteritum des Verbs 그러다 'so sein' (그랬다) verwendet werden, um ein tiefes Bedauern seitens des Sprechers darüber auszudrücken, dass er eine Handlung nicht ausgeführt hat (▶ 11.17 | -을/ㄹ걸 그랬다/ -지 말걸 그랬다).

혼자 살걸 (그랬다) — *Ich hätte alleine leben sollen.*

집에 있을걸 그랬어요. — *Ich hätte zu Hause bleiben sollen.*

11.7 -을/ㄹ게(요) 'Versprechen'

Die Satzschlussendung -을/ㄹ게(요) kann mit den Subjekten 나/저 und 우리/저희 (1. Pers. Sg. und Pl.) kombiniert werden und drückt eine feste Intention, eine Entscheidung oder ein Versprechen aus. Das Subjekt *Ich* oder *Wir* kann dabei im Satz ausgelassen werden. -을/ㄹ게(요) kann nur mit Aktionsverben und Existenzverben kombiniert werden, mit Qualitativverben jedoch nicht.

A: 언제 보내 줄 거예요? B: 아침 일찍 보내 드릴게요.	*A: Wann würden Sie das schicken?* *B: Ich werde das morgen früh schicken.*
A: 언제 또 볼 수 있을까요? B: 내년에 다시 올게요.	*A: Wann können wir uns wiedersehen?* *B: Ich werde nächstes Jahr wiederkommen.*
A: 사진기는 누가 가지고 올래요? B: 우리가 가지고 갈게요.	*A: Wer möchte den Fotoapparat mitbringen?* *B: Wir werden den Fotoapparat mitnehmen.*
밥은 너가 샀으니까 커피는 내가 살게.	*Du hast mich zum Essen eingeladen. Ich werde dich daher zum Kaffee einladen.*

Achtung: Die Satzschlussendung -을/ㄹ게(요) kann nur in der Aussageform verwendet werden, nicht in der Frageform. Ihr Subjekt kann nur 나/저, 우리/저희 (1. Pers. Sg. und Pl.) sein, aber nicht die 3. Person.

Nicht *한국어를 가르쳐 줄게요? (Frage) → 한국어를 가르쳐 줄까요?	*Soll ich Ihnen Koreanisch beibringen?*
Nicht *수미 씨가 내일 전화할게요. (3. Pers. Sg.) → 수미 씨가 내일 전화할 거예요.	*Sumi wird morgen anrufen.*
Nicht *그들이 영화표를 예약할게요. (3. Pers. Pl.) → 그들이 영화표를 예약할 거예요.	*Sie werden die Kinokarte reservieren.*

11.8 -을/ㄹ까(요)? 'Vorschlag' / 'Vermutung'

Die Satzschlussendung -을/ㄹ까(요)? in der Frageform wird verwendet, wenn der Sprecher dem Hörer etwas vorschlägt oder nach dessen Meinung fragt. Das Subjekt des Satzes ist 내가 'ich (neutral)' oder 제가 'ich (bescheiden)' und kann ausgelassen werden, wenn der Kontext eindeutig ist. Dies kann im Deutschen je nach Kontext etwa mit *'Soll/Darf ich ...'* übersetzt werden.

A: 방이 좀 추워요. B: 그래요? 창문을 닫을까요?	*A: Das Zimmer ist ein wenig kalt.* *B: Ach so, soll ich dann das Fenster zumachen?*
A: 내일 몇 시에 전화할까요? B: 저녁 일곱시에 전화하세요.	*A: Wann soll ich morgen anrufen?* *B: Rufen Sie mich bitte um 7 Uhr abends an!*
우편으로 보낼까?	*Soll ich das per Post schicken?*
강의를 녹음해도 될까요?	*Darf ich Ihre Vorlesung aufnehmen?*

Die Satzschlussendung -을/ㄹ까(요)? wird ebenfalls verwendet, wenn der Sprecher dem Hörer vorschlägt, etwas gemeinsam zu unternehmen. Im Deutschen kann dies mit *'Sollen wir ...?'* übersetzt werden.

A: 내일 그릴 할까요?
B: 날씨가 좋으면 하지요.

A: Sollen wir morgen grillen?
B: Wenn das Wetter schön ist, machen wir das.

A: 오늘 같이 저녁을 먹을까요?
B: 좋아요. 뭐 먹을까요?

A: Sollen wir heute zusammen zu Abend essen?
B: Ja gut, was sollen wir essen?

A: 주말에 영화보러 갈까요?
B: 좋아요. 어떤 영화를 볼까요?

A: Sollen wir am Wochenende ins Kino gehen?
B: Gut, welchen Film sollen wir uns anschauen?

Die Satzschlussendung -을/ㄹ까(요)? kann in den meisten Fällen durch das Hilfsverb 주다 'geben (von oben nach unten)' bzw. das 'bescheidene' Hilfsverb 드리다 'geben (von unten nach oben)' an die Anschlussform -아/어 erweitert werden (▶ 9.1.4 | Hilfsverben). Diese Erweiterungen werden häufig in Dienstleistungssituationen verwendet, z.B. zwischen Bedienung und Gast oder zwischen Verkäufer und Kunde. -을/ㄹ까(요)? kann im Deutschen etwa mit *'Darf ich ...? / Soll ich ...?'* übersetzt werden.

A: 내일 이사해.
B: 내가 좀 도와 줄까?

A: Ich ziehe morgen um.
B: Soll ich dir helfen?

A: 김치찌개 주세요.
B: 맵게 해 드릴까요?

A: Bitte geben Sie mir Kimchi-Eintopf.
B: Soll ich ihn für Sie scharf machen?

A: 소주 몇 병 드릴까요?
B: 두 병 주세요.

A: Wie viele Flaschen Soju darf ich Ihnen bringen?
B: Geben Sie mir bitte zwei Flaschen Soju.

Die Satzschlussendung -을/ㄹ까(요)? in der Frageform drückt eine Vermutung oder Annahme über eine Handlung oder einen Zustand aus, der noch nicht passiert bzw. eingetreten ist. Dies entspricht im Deutschen etwa *'Könnten Sie (vielleicht)?'* oder *'Glauben Sie?'*. Auf die Frage -을/ㄹ까(요)? erfolgt häufig die Antwort mit der Satzschlussendung -을/ㄹ 거예(요) oder -을/ㄹ걸(요), die ebenfalls eine Vermutung ausdrückt.

부작용은 없을까요?

Glauben Sie, dass es keine Nebenwirkungen hat?

상처가 빨리 회복될까요?

Glauben Sie, dass die Wunde bald verheilt?

A: 그가 오늘 집에 있을까요?
B: 일요일이니까 있을 거예요.

A: Könnte er vielleicht heute zu Hause sein?
B: Heute ist Sonntag. Er wird daher bestimmt zu Hause sein.

A: 주말에 날씨가 더울까?
B: 더울걸.

A: Denkst du, das Wetter wird am Wochenende heiß?
B: Ich denke, es wird wohl heiß werden.

11.9 -을/ㄹ래(요) 'Vorliebe' / 'Wunsch'

Die Satzschlussendung -을/ㄹ래(요) wird zum Ausdruck einer Absicht, Vorliebe oder eines Wunsches in der 1. Person (Aussagesatz) und in der 2. Person (Fragesatz) gebraucht. Das Subjekt der Satzschlussendung -을/ㄹ래(요) kann somit nicht in der 3. Person stehen. Auf eine Frage mit der Form -을/ㄹ래요? antwortet man häufig mit -을/ㄹ래요. Die Satzschlussendung kann nur mit Aktionsverben und dem Existenzverb kombiniert werden, nicht mit einem Qualitativverb.

A: 무엇을 드실래요?
B: 피자 먹을래요.

A: Was möchten Sie essen?
B: Ich möchte Pizza essen.

A: 시원한 맥주를 마실래요?
B: 아니요, 콜라 마실래요.

A: Möchten Sie ein kühles Bier trinken?
B: Nein danke, ich trinke lieber Cola.

A: 무슨 영화를 볼래요?
B: 액션 영화를 볼래요.

A: Welchen Film möchten Sie anschauen?
B: Ich möchte einen Action-Film anschauen.

A: 내일 테니스 칠래요?
B: 피곤해서 그냥 집에서 쉴래요.

A: Haben Sie Lust, mit mir morgen Tennis zu spielen?
B: Ich möchte mich lieber zu Hause ausruhen, weil ich müde bin.

Die Satzschlussendung -을/ㄹ래요? kann im gleichen Sinne durch die Langform der Negation -지 않을래요? und die Kurzform der Negation 안 + -을/ㄹ래요? ersetzt werden.

A: 백화점에 안 갈래?
B: 뭐 살 건데?

A: Möchtest du nicht mit mir ins Kaufhaus gehen?
B: Was wirst du denn kaufen?

A: 식사하러 안 가실래요?
B: 어디서 식사하고 싶으세요?

A: Möchten Sie nicht mit mir zusammen essen gehen?
B: Wo möchten Sie denn essen?

A: 같이 산책하지 않을래?
B: 그냥 집에 있을래.

A: Hast du nicht Lust, zusammen spazieren zu gehen?
B: Ich möchte zu Hause bleiben.

11.10 -을/ㄹ 텐데(요) 'Vermutung' / 'Hoffnung'

Die Satzschlussendung -을/ㄹ 텐데(요) ist eine Kombination von -을/ㄹ 터이다, das eine in der Zukunft erwartete Situation bzw. eine bestimmte Absicht des Sprechers ausdrückt, und der Konjunktionalform -은/ㄴ 데, die eine allgemeine Hintergrundinformation oder Begründung für die Aussage angibt (▶ 24.3.2 | Adversativsatz). Durch die Satzschlussendung -을/ㄹ 텐데(요) wird eine naheliegende Vermutung oder eine Annahme des Sprechers über die im Gespräch behandelte Situation ausgedrückt.

VS-을/ㄹ 텐데(요) – Vermutung / Annahme

A: 내일 백화점 갈까요?
B: 세일 중이라 사람이 많을 텐데요.

A: Sollen wir morgen zum Kaufhaus gehen?
B: Da Schlussverkauf ist, ist es bestimmt voll.

A: 오후에 테니스 칠까요?
B: 오후에는 날씨가 꽤 더울 텐데요.

A: Sollen wir am Nachmittag Tennis spielen?
B: Am Nachmittag ist es bestimmt sehr warm.

A: 막스에게 소풍가자고 할까?
B: 오늘 바쁠 텐데.

A: Sollen wir Max fragen, ob er mit uns zusammen einen Ausflug machen will?
B: Er hat heute bestimmt viel zu tun.

Oft wird die Satzschlussendung in der Konstruktion -아/어야 할 텐데(요) verwendet, um entweder eine Pflicht im Sinne von *'es muss so sein/werden, dass ...'* oder einen Wunsch bzw. eine Hoffnung auszudrücken.

남편 사업이 잘 돼야 할 텐데.	*Ich hoffe, das Geschäft meines Mannes läuft gut.*
내일 날씨가 좋아야 할 텐데.	*Hoffentlich wird das Wetter morgen schön.*
수미가 시험을 잘 봐야 할 텐데요.	*Ich hoffe, dass Sumi eine gute Prüfung macht.*
민수가 여권을 빨리 찾아야 할 텐데요.	*Minsu muss seinen Pass schnell finden. / Ich hoffe, Minsu findet seinen Pass schnell.*

Der Ausdruck -을/ㄹ 텐데 kann auch als Anschlussform verwendet werden und bringt eine Vermutung oder Annahme des Sprechers über eine erwartete Handlung, einen Zustand oder auch eine dringende Hoffnung zum Ausdruck.

A: 김치찌개 먹을래요.
B: 매울 텐데 괜찮겠어요?

A: Ich möchte Kimchi-Eintopf essen.
B: Er wird bestimmt scharf sein, ist es trotzdem in Ordnung?

오후에 비가 올 텐데, 우산을 가지고 가세요.

Es wird bestimmt am Nachmittag regnen, also nehmen Sie bitte den Regenschirm mit!

수미 씨 병이 어서 나아야 할 텐데, 걱정입니다.

Sumi muss schnell gesund werden, ich bin deswegen sehr besorgt.

회의가 곧 시작할 텐데, 사장님이 아직 안 오셨어요.

Die Sitzung fängt bald an, aber der Chef ist noch nicht gekommen.

11.11 –잖아(요) *'Wie Sie wissen', 'Sie wissen ja/doch'*

Die Satzschlussendung –잖아(요) ist ursprünglich die Kontraktionsform von –지 않아(요) (▶ 7.1.3 | Negation von Aktionsverben und Qualitativverben mit 하다). Sie wird verwendet, wenn der Sprecher annimmt, dass der Hörer den Grund kennt und diesen bestätigen wird. In dieser Funktion wird VS–잖아요 mit fallender Intonation ausgesprochen und entspricht im Deutschen etwa *'Wie Sie wissen'* bzw. *'Sie wissen/kennen ja/doch ...'*.

우리 먼저 먹어요. 수미는 항상 늦게 오잖아요.

Lasst uns schon mal essen. (Sie wissen ja), Sumi kommt immer zu spät.

밖에 나가지 맙시다. 바람이 많이 불잖아요.

Lasst uns nicht nach draußen gehen. (Sie wissen doch), es ist sehr windig.

고기 조금만 시키세요. 저 고기 많이 안 먹잖아요.

Bitte bestellen Sie wenig Fleisch. (Sie wissen doch), dass ich nicht viel Fleisch esse.

VS–(고) 하잖아(요)

Die Satzschlussendung –잖아(요) bringt den Ärger des Sprechers darüber zum Ausdruck, dass der Angesprochene eigentlich den Grund kennen sollte, sich aber dennoch nicht entsprechend verhält. In diesem Fall wird sie häufig in Kombination mit der Quotativform der indirekten Rede –고 하다 verwendet: VS–고 하잖아(요).

수미가 결혼하기 싫다고 하잖아요. 내버려 두세요.

Sumi sagte doch, dass sie nicht heiraten will. Lassen Sie sie in Ruhe!

오늘 아파서 집에 있겠다고 했잖아요.

Sie haben doch gehört, dass ich heute krank bin und deshalb zu Hause sein möchte.

거기에 가지 말자고 했잖아.

(Ich habe dir schon gesagt,) dass wir nicht dort hingehen sollten.

11.12 –지(요)? 'Informationsbestätigung'

Mit der Satzschlussendung –지요? möchte sich der Sprecher eine Aussage vom Hörer bestätigen lassen bzw. seine Zustimmung erhalten. Da sie als Vergewisserungsfrage fungiert, wird sie mit steigender Intonation markiert. Im Deutschen entspricht dies etwa *'nicht wahr?'*, *'oder?'*, *'stimmt's?*, *'etwa nicht?'*. In der Umgangssprache wird –지요 zu –죠 abgekürzt: 가지요? → 가죠?, 갔지요? → 갔죠?, 갈 거지요? → 갈 거죠?.

Die Zeitstufe wird am Verb vor der Satzschlussendung markiert.

Tempus	AV-지요	QV-지요	EV-지요	KOP-(이)지요
Präsens	가지요?	많지요?	있지요?	N_{KONS} 이지요? N_{VOK} 지요?
Präteritum	갔지요?	많았지요?	있었지요?	N_{KONS} 이었지요? N_{VOK} 였지요?
Futur	갈 거지요?	많을 거지요?	있을 거지요?	–

Präsens: -지(요)?

A: 오늘이 금요일이지요?
B: 네, 금요일이에요.

A: Heute ist doch Freitag, oder?
B: Ja, heute ist Freitag.

A: 이 책 정말 재미있지?
B: 응, 정말 재미있어.

A: Dieses Buch ist wirklich interessant, stimmt's?
B: Ja, es ist wirklich interessant.

A: 오늘 날씨가 춥지요?
B: 네, 많이 춥네요.

A: Heute ist das Wetter kalt, oder?
B: Ja, es ist wirklich sehr kalt.

Präteritum: -았/었지요?

A: 영화가 재미있었지?
B: 응, 정말 재미있었어.

A: Der Film war interessant, nicht wahr?
B: Ja, er war wirklich sehr interessant.

A: 어제 회의가 있었지요?
B: 예, 회의가 있었어요.

A: Sie hatten doch gestern eine Sitzung, nicht wahr?
B: Ja, es stimmt, ich hatte eine Sitzung.

A: 시험이 조금 어려웠지요?
B: 예, 조금 어려웠어요.

A: Die Prüfung war ein wenig schwer, oder?
B: Ja, es stimmt, die Prüfung war ein wenig schwer.

Futur: -을/ㄹ 거지(요)?

A: 나중에 조깅 할 거지요?
B: 그럼요, 할 거예요.

A: Sie joggen später, (oder) etwa nicht?
B: Ja klar, ich werde joggen.

A: 오늘 수업에 올 거지?
B: 응, 갈 거야.

A: Du kommst heute zum Unterricht, (oder) etwa nicht?
B: Ja klar, ich werde zum Unterricht gehen.

Außer der Funktion, eine Bestätigung einzuholen, kann die Satzschlussendung -지요 auch weitere Bedeutungen haben.

1) In Verbindung mit den Fragewörtern 누구 'wer', 어디 'wo', 얼마 'wie viel' drückt die Satzschlussendung -지요 aus, dass der Sprecher voraussetzt, dass der Angesprochene die Frage beantworten kann.

저분이 누구시지요? — *Wer ist denn die Person da drüben?*

지금 몇 시지요? — *Wie spät ist es jetzt (eigentlich)?*

이거 얼마지요? — *Wie viel kostet es? (Frage an den Verkäufer)*

언제 오시지? — *Wann kommt er (eigentlich)?*

2) In Verbindung mit 나/저 und 우리 (1. Person Sg. und Pl.) wird -지요 zum Ausdruck eines höflichen Vorschlags oder Angebots gebraucht.

우리가 그를 돕지요.	*Lasst uns ihm helfen!*

우리가 먼저 가지요.	*Lasst uns zuerst gehen!*

오늘은 제가 내지요.	*Bitte, lassen Sie mich heute bezahlen!*

3) Mit der honorativen Markierung -(으)시 dient -지요 zum Ausdruck einer abgeschwächten, höflichen Bitte oder Aufforderung, im Deutschen etwa *'Wie wäre es ...?'* oder *'Lass/Lasst uns bitte ...'*. In dieser Funktion wird -지요 mit fallender Intonation ausgesprochen.

차 한 잔 하시지요.	*Wie wäre es mit einem Tee?*

여기 같이 앉으시지요.	*Setzen wir uns zusammen hierhin!*

점심 함께 하시지요.	*Wie wäre es mit einem gemeinsamen Mittagessen?*

4) -지요 wird auch in bestimmten idiomatischen Wendungen verwendet.

A: 오늘 모임에 오시지요?	*A: Sie kommen doch heute zum Treffen, stimmt's?*
B: 물론이지요.	*B: Aber natürlich!*

A: 고양이도 잘 때 코를 고나요?	*A: Schnarchen Katzen auch beim Schlafen?*
B: 당연하지요.	*B: Selbstverständlich.*

11.13 -는/ㄴ다지(요)? / N+(이)라지(요)? 'Bestätigungsfrage für etwas Gehörtes'

Die Satzschlussendung -는/ㄴ다지요? (Aktionsverben) bzw. -다지요? (Qualitativ-, Existenzverben) ist die abgeleitete Kurzform von 는/ㄴ 다고 bzw. 다고 하지요?. Sie setzt sich aus der Quotativform -는/ㄴ다고 하다 (Aktionsverben) / -다고 하다 (Qualitativ-, Existenzverben) der indirekten Rede und der Satzschlussendung -지요 zusammen (▶ 23.2 | Indirekte Rede) und fragt nach einer Bestätigung für etwas Gehörtes. Dies wird im Deutschen etwa mit *'Ich habe gehört, dass ...'*, *'nicht wahr?'*, *'ist das richtig?'* übersetzt.

A: 부산은 비가 많이 왔다지요?	*A: Es soll in Busan viel geregnet haben, richtig?*
B: 예, 그렇다고 해요.	*B: Ja, ich glaube schon / das stimmt.*

막스가 겨울 방학에 한국에 온다지?	*Stimmt es, dass Max in den Winterferien nach Korea kommt?*

올해 학생들이 유럽으로 여행을 간다지요?	*(Ich habe gehört,) dass die Studenten dieses Jahr eine Reise nach Europa machen, stimmt das?*

저곳에 다리를 놓는다지요.	*(Ich habe gehört,) dass man dort eine Brücke baut.*

유미가 아들을 낳았다지요?	*(Ich habe gehört,) dass Yumi einen Sohn geboren hat, stimmt das?*

Die Form N + (이)라지(요)? ist eine Kombination der Quotativform der Kopula N + (이)라고 하다 und der Satzschlussendung -지요?.

저분이 유명한 가수라지요?	*Stimmt es, dass er ein berühmter Sänger ist?*

아이들이 지금 방학이라지요?	*(Ich habe gehört,) dass die Kinder jetzt Ferien haben, richtig?*

11.14 –아/어야지(요) / –지 말아야지(요) 'Vorsatz' / 'Entschluss'

Die Satzschlussendung –아/어야지(요) wird verwendet, wenn der Sprecher (sich selbst) etwas verspricht oder sich entschließt, eine Handlung auszuführen. Die entsprechende negative Form lautet –지 말아야지(요).

A: 올해는 무엇을 할 생각이세요? B: 담배를 끊어야지요.	*A: Was haben Sie dieses Jahr vor?* *B: Ich habe vor, mit dem Rauchen aufzuhören.*
A: 다음 주에 뭐 할 거예요? B: 시험 준비를 해야지요.	*A: Was haben Sie nächste Woche vor?* *B: Ich muss mich auf die Prüfung vorbereiten.*
간이 안 좋으니까 이제 술을 마시지 말아야지요.	*Meine Leber ist nicht gesund, daher will ich keinen Alkohol mehr trinken.*
내일부터 회사에 지각하지 말아야지.	*Ab morgen werde ich nicht mehr zu spät in die Firma gehen.*

Diese Form kann auch verwendet werden, um auszudrücken, dass der Sprecher (mit kritischem Ton) den Hörer darauf hinweist, dass eine Handlung unbedingt ausgeführt werden muss.

A: 엄마, 기침이 멈추지를 않아요. B: 그럼 빨리 병원에 가야지.	*A: Mama, mein Husten hört nicht auf.* *B: Dann musst du schnell zum Arzt gehen.*
A: 늦었어요. B: 그럼 빨리 가 보셔야지요.	*A: Es ist spät.* *B: Dann müssen Sie schnell gehen.*
주차는 주차장에 해야지요.	*Was das Parken angeht, muss man dies auf dem Parkplatz tun.*
어려울 때 서로 도와야지요.	*In schwierigen Zeiten muss man sich gegenseitig helfen.*
장학금을 받고 싶으면 공부를 열심히 해야지.	*Wenn du ein Stipendium bekommen möchtest, musst du aber fleißig lernen.*

Die informelle Form –아/어야지 bzw. die Kurzform –아/어야죠 ohne 요 wird oft verwendet, wenn der Sprecher sich selbst gegenüber einen Vorsatz äußert.

올해 운전면허를 꼭 따야지.	*Ich werde dieses Jahr unbedingt den Führerschein machen.*
고향에 가면 엄마가 해 주신 음식을 많이 먹어야지.	*Wenn ich in meine Heimat fahre, werde ich vieles essen, was meine Mutter früher gekocht hat.*

11.15 –지 그래(요)? 'Vorschlag' / 'Empfehlung'

Die Satzschlussendung –지 그래요? in der Frageform wird verwendet, wenn der Sprecher dem Hörer einen Vorschlag, ein Angebot oder eine Empfehlung macht, etwas zu tun. Sie bedeutet wörtlich *'Warum machen Sie das denn nicht?'* und ist etwas schwächer als die Konstruktion VS–도록 하다 *'Versuchen Sie, bitte X zu machen'*, die eine Empfehlung ausdrückt (▶ 9.3 | Hilfsverbkonstruktion mit 하다). Die Satzschlussendung –지 그래요? kann gleichbedeutend mit der Konstruktion VS–는게 어때요? *'Wie wäre es denn, X zu machen?'* oder mit der Imperativform –(으)세요 *'Machen Sie (doch) ...'* verwendet werden.

비가 오는데 우산을 쓰지 그래요? = 비가 오는데 우산을 쓰세요. = 비가 오는데 우산을 쓰는 게 어때요?	*Es regnet, also warum nehmen Sie nicht den Regenschirm?*
길을 모르면 택시를 타지 그래요? = 길을 모르면 택시를 타세요. = 길을 모르면 택시를 타는 게 어때요?	*Wenn Sie den Weg nicht kennen, warum nehmen Sie nicht ein Taxi?*
시간이 없으면 인터넷으로 물건을 주문하지 그래요?	*Wenn Sie keine Zeit haben, warum bestellen Sie denn nicht die Ware im Internet?*
단어를 모르면 사전을 찾아보지 그래요?	*Wenn Sie das Wort nicht kennen, warum schlagen Sie es nicht im Wörterbuch nach?*
바지가 작으면 다른 바지로 바꾸지 그래요?	*Wenn die Hose zu klein ist, warum tauschen Sie sie denn nicht gegen eine andere Hose um?*

Achtung: Die Satzschlussendung -지 그래요? wird nicht mit der kausalen Konjunktionalform -아/어서 verwendet, sondern meistens mit -으니까 (▶ 24.3.5 | Kausalsatz).

비가 많이 오니까 집에 있지 그래요? Nicht: *비가 많이 와서 집에 있지 그래요?	*Es regnet viel, also warum bleiben Sie dann nicht zu Hause?*

11.16 -지 그랬어(요)? 'Vorwurf aufgrund einer versäumten Handlung'

Die Satzschlussendung -지 그랬어(요)? in der Vergangenheitsform bedeutet *'Warum haben Sie das nicht getan?', 'Sie hätten das tun müssen/sollen'*. Damit drückt der Sprecher einen Vorwurf gegenüber dem Versäumnis einer Handlung auf Seiten des Hörers aus.

A: 회사에 또 지각했어요. B: 그러니까 아침에 일찍 일어나지 그랬어요?	*A: Ich bin wieder zu spät in die Firma gekommen.* *B: Also, warum sind Sie dann nicht früher aufgestanden?*
A: 어제 술을 많이 마셔서 머리가 아파요. B: 아이고, 조그만 마시지 그랬어요?	*A: Ich habe gestern viel Alkohol getrunken, deshalb habe ich Kopfschmerzen.* *B: Mensch, warum haben Sie nicht weniger getrunken?*
A: 엄마, 시험에 또 떨어졌어요. B: 아이구, 그러니까 공부를 열심히 하지 그랬어?	*A: Mama, ich bin wieder bei der Prüfung durchgefallen.* *B: Mensch, wenn es doch so ist, warum hast du dann nicht fleißiger gelernt?*

11.17 -을/ㄹ걸 (그랬다) *'Ich/Wir hätte(n) das tun sollen'*

Die Konstruktion VS-을/ㄹ걸 그랬다 besteht aus dem Formalnomen 것 'Ding' (걸 ist die Kontraktionsform von 것을) und der Vergangenheitsform des Verbs 그러다 (aus 그리하다 'so tun'). Sie drückt ein Bedauern des Sprechers darüber aus, dass er eine Handlung nicht ausgeführt hat. VS-을/ㄹ걸 그랬다 kann in der ersten Person Sg. oder Pl. stehen und mit *'Ich/Wir hätte(n) das tun sollen'* wiedergegeben werden. Häufig wird diese Konstruktion mit der konditionalen Konjunktionalform -을/ㄹ 줄 알았으면 *'wenn ich/wir das gewusst hätte(n)'* vewendet. In der gesprochenen Sprache wird das Hilfsverb im Präteritum 그랬다 'so getan' oft ausgelassen. Diese Konstruktion wird auch häufig verwendet, wenn der Sprecher zu sich selber spricht.

비행기표를 미리 사 둘걸 (그랬어요).	*Ich hätte das Flugticket vorher kaufen sollen.*
음식이 많이 남았어요. 음식을 조금만 시킬걸 그랬네요.	*Vom Essen ist viel übrig geblieben. Wir hätten weniger bestellen sollen.*
이렇게 시험이 어려울 줄 알았으면 공부를 더 많이 할걸 (그랬어).	*Wenn ich gewusst hätte, dass die Prüfung so schwer ist, dann hätte ich mehr gelernt.*
손님이 올 줄 알았으면 청소를 해 놓을걸 그랬어요.	*Wenn ich gewusst hätte, dass ich Besuch bekomme, hätte ich aufgeräumt.*

Die Verneinung von -을/ㄹ걸 그랬다 ist VS-지 말걸 그랬다 *'Ich hätte das nicht tun sollen/dürfen'* und drückt ein Bedauern darüber aus, dass man etwas getan hat.

그녀와 결혼하지 말걸.	*Ich hätte sie nicht heiraten sollen.*
커피를 마시지 말걸 그랬어요. 잠이 안 와요.	*Ich hätte keinen Kaffee trinken sollen. Ich kann nicht gut schlafen.*
속이 안 좋아요. 점심에 불고기를 먹지 말걸 그랬어요.	*Ich fühle mich nicht wohl. Ich hätte zu Mittag kein Bulgogi essen sollen.*
영화가 너무 잔인해요. 이 영화를 보지 말걸 그랬어요.	*Der Film ist sehr brutal. Ich hätte ihn nicht ansehen sollen.*

12 Partizipialformen

Im Koreanischen werden vier Partizipialformen unterschieden: Partizip Präsens, Partizip Präteritum, Partizip Futur und Partizip Retrospektiv. Diese werden durch das Anhängen von Suffixen an den Verbstamm gebildet. Das Partizip Präteritum wird nur von Aktionsverben gebildet.

Partizipialform / Verbart	Partizip Präsens	Partizip Präteritum	Partizip Futur	Partizip Retrospektiv
Aktionsverben (AV)	-는	-은/ㄴ	-을/ㄹ	-던, -았/었던
Qualitativverben (QV)	-은/ㄴ	-	-을/ㄹ	-던, -았/었던
Existenzverb 있다 (EV)	-는	-	-을	-던, -었던
Kopula 이다 (KOP)	-ㄴ	-	-ㄹ	-던, -었던/였던

Die Partizipialformen haben eine attributive Funktion und dienen dazu, das ihnen folgende Nomen oder Formalnomen näher zu bestimmen. Funktional entsprechen sie häufig deutschen Relativsätzen wie in 커피를 마시는 남자 *'der Mann, der Kaffee trinkt'* (▶ 24.1 | Attributsätze). Sie können aber auch als attributives Partizip wiedergegeben werden, wie in 커피를 마시는 남자 *'der Kaffee trinkende Mann'*.

Bei Qualitativverben sowie bei der Kopula 이다 kann das Partizip Futur ausschließlich in Verbindung mit Formalnomen wie 수 'Möglichkeit' oder 것 'Ding' gebildet werden. In diesem Fall hat das Partizip Futur eine modale Bedeutung und drückt eine Vermutung, eine Annahme oder eine Intention aus (▶ 17 | Formalnomina).

12.1 Partizip Präsens

Das Partizip Präsens hat je nach Verbart unterschiedliche Formen.

a) Bei Aktionsverben und den Existenzverben 있다/없다 wird das Partizip Präsens mit dem Suffix -는 gebildet.

VS_{AV}-는 + Nomen	VS_{EV}-는 + Nomen
마시다 + -는 → 마시는 사람	있다 + -는 → 있는 사람

AV / EV	Partizip Präsens VS-는 + Nomen	
마시다 *trinken*	맥주를 마시는 남자	*der Mann, der Bier trinkt*
읽다 *lesen*	책을 읽는 아이	*das Kind, das Bücher liest*
있다 *sich befinden*	집에 있는 여자	*die Frau, die zu Hause ist*
없다 *nicht vorhanden sein*	유머가 없는 민수	*Minsu, der keinen Humor hat*

제가 자주 가는 식당이에요. *Das ist das Restaurant, in das ich oft gehe.*

이것은 제가 좋아하는 노래예요. *Das ist das Lied, das ich mag.*

저기 앉아 계시는 분이 김 선생님입니다. *Der Mann, der dort drüben sitzt, ist Herr Kim.*

지금 노래를 부르는 가수가 누구예요? *Wer ist der Sänger, der jetzt singt?*

한국말을 배우는 학생이 많습니까? *Gibt es viele Studenten, die Koreanisch lernen?*

Das Suffix -는 kann auch bei mit 있다 und 없다 gebildeten Qualitativverben (z.B. 맛있다 'lecker sein', 재미있다 'unterhaltsam sein') verwendet werden (▶ 6.4 | Qualitativverben mit 있다).

QV mit 있다 / 없다	Partizip Präsens QV-는 + Nomen	
맛있다	맛있는 빵	*das Brot, das lecker ist*
맛없다	맛없는 빵	*das Brot, das nicht lecker ist*
재미있다	재미있는 영화	*der Film, der unterhaltsam ist*
재미없다	재미없는 영화	*der Film, der nicht unterhaltsam ist*

재미있는 이야기를 해 주세요. *Bitte erzählen Sie eine lustige Geschichte!*

맛있는 치즈 케익이 먹고 싶어요. *Ich möchte einen leckeren Käsekuchen essen.*

b) Die (nicht mit 있다/없다 gebildeten) Qualitativverben bilden das Partizip Präsens mit dem Suffix -은/ㄴ.

VS_{KONS}-은 + Nomen	VS_{VOK}-ㄴ + Nomen
높다 + -은 → 높은 산	예쁘다 + -ㄴ → 예쁜 꽃

Qualitativverb	Partizip Präsens VS-은/ㄴ + Nomen	
높다 *hoch sein*	높은 산	*ein hoher Berg [ein hoch-seiender Berg]*
크다 *groß sein*	큰 집	*ein großes Haus [ein groß-seiendes Haus]*
예쁘다 *schön sein*	예쁜 꽃	*eine schöne Blume [eine schön-seiende Blume]*

저는 큰 집이 좋아요. 그런데 남편은 작고 아담한 집에서 살고 싶어 해요. *Ich mag ein großes Haus. Mein Mann möchte aber in einem kleinen und hübschen Haus leben.*

성격이 좋은 남자와 결혼하고 싶어요. *Ich möchte einen Mann heiraten, der einen guten Charakter hat.*

A: 조용한 여자를 좋아하세요?
B: 아니요, 활발한 여자를 좋아해요.

A: Mögen Sie ruhige Frauen?
B: Nein, ich mag lebhafte Frauen.

Wenn zwei oder mehr Qualitativverben mit koordinativen Konjunktionalformen wie -고 'und', -지만 'aber', -거나 'oder' verbunden werden, wird nur das letzte Qualitativverb mit dem Partizipialsuffix -은/ㄴ versehen.

맛있고 건강한 음식 *schmackhaftes und gesundes Essen*

예쁘고 싼 가방 *eine hübsche und günstige Tasche*

작지만 예쁜 집 *ein kleines, aber hübsches Haus*

쉽거나 어려운 문제 *eine einfache oder schwierige Aufgabe*

맵거나 짠 음식 *scharfes oder salziges Essen*

c) Das Partizip Präsens der Kopula 이다/아니다 wird durch Anfügen des Suffixes -ㄴ an den Verbstamm gebildet.

Kopula	Partizip Präsens → VS-ㄴ+ Nomen	
이다 *sein*	내 친구인 유미	*Yumi, die meine Freundin ist*
아니다 *nicht sein*	학생이 아닌 수미	*Sumi, die keine Studentin ist*

12.2 Partizip Präteritum –은/ㄴ

Das Partizip Präteritum kann nur von Aktionsverben gebildet werden. Es wird durch Anfügen des Suffixes –은/ㄴ an den Verbstamm gebildet und drückt eine abgeschlossene Handlung in der Vergangenheit aus.

VS_{KONS}–은 + Nomen	VS_{VOK}–ㄴ + Nomen
읽다 + –은 → 읽은 책	만나다 + –ㄴ → 만난 친구

Aktionsverb	Partizip Präteritum VS–은/ㄴ + Nomen	
읽다 *lesen*	어제 읽은 책	*das Buch, das ich gestern gelesen habe*
만나다 *treffen*	어제 만난 친구	*der Freund, den ich gestern getroffen habe*
보다 *sehen*	저녁에 본 영화	*der Film, den ich am Abend gesehen habe*

한국에서 찍은 사진이에요.	*Das sind Fotos, die ich in Korea gemacht habe.*
어제 먹은 피자가 맛있었어요.	*Die Pizza, die ich gestern gegessen habe, war lecker.*
그저께 주문한 책이 벌써 왔어요.	*Die Bücher, die ich vorgestern bestellt habe, sind schon angekommen.*

12.3 Partizip Futur –을/ㄹ

Das Partizip Futur –을/ㄹ kann von allen Verben gebildet werden, allerdings drückt es nur bei den Aktionsverben eine zukünftige Handlung oder einen zukünftigen Zustand aus. Im Deutschen wird das Partizip Futur in diesem Fall meist durch einen Relativsatz wiedergegeben. Bei den Qualitativverben, den Existenzverben und der Kopula dagegen drückt das Partizip Futur –을/ㄹ z.B. zusammen mit der Konstruktion –것이다 eine Vermutung oder einen Plan aus (▶ 8.4 | Futur).

VS_{KONS}–을 + Nomen	VS_{VOK}–ㄹ + Nomen
먹다 + –을 → 먹을 음식	보다 + –ㄹ → 볼 영화

Aktionsverb	Partizip Futur VS–을/ㄹ+ Nomen	
먹다 *essen*	점심에 먹을 음식	*das Essen, das wir zu Mittag essen werden*
보다 *sehen*	저녁에 볼 영화	*der Film, den ich mir abends ansehen werde*
만나다 *treffen*	내일 만날 친구	*der Freund, den ich morgen treffen werde*

주말에 만날 사람은 누구예요?	*Wer ist die Person, die Sie am Wochenende treffen?*
친구 결혼식에 입을 옷을 사요.	*Ich kaufe die Kleidung, die ich zur Hochzeit meiner Freundin tragen werde.*
오늘 저녁에 만들 음식은 스파게티예요.	*Das Essen, das ich heute Abend kochen werde, ist Spaghetti.*

Häufig wird das Partizip Futur –을/ㄹ zusammen mit bestimmten Nomina oder Formalnomina in idiomatischen Wendungen gebraucht (▶ 16.4 | Idiomatischer Gebrauch von Nomina).

이제 잘 시간이에요.	*Es ist nun Zeit, ins Bett zu gehen.*

집에 있을 시간이 없어요.	*Ich habe keine Zeit, zu Hause zu sein.*
볼 일이 있어서 나가요.	*Ich gehe raus, da ich etwas zu tun habe.*
냉장고 안에 먹을 것이 없네요.	*Wir haben nichts zu essen im Kühlschrank.*
그저 감사할 뿐입니다.	*Wir sind nur dankbar.*

12.4 Partizip Retrospektiv

Das Partizip Retrospektiv –던 wird benutzt, um einen Rückblick auf wiederholte Handlungen, Vorgänge und länger andauernde Zustände in der Vergangenheit auszudrücken, die der Sprecher selbst ausgeführt, erlebt oder gesehen hat. Im Unterschied zur Satzschlussendung –더군, –더라, die auch durch Hörensagen von anderen Personen Erfahrenes wiedergibt (▶ 8.3.1 | Retrospektiv), kann das Partizip Retrospektiv nur eine Erinnerung des Subjekts an eigene Handlungen und Erlebnisse sowie selbst beobachtete oder erfahrene Vorgänge und Zustände bezeichnen. Das Partizip Retrospektiv steht oft mit Häufigkeitsadverbien wie 항상/늘 'immer', 자주 'oft', 가끔 'manchmal'. In der deutschen Übersetzung werden meist Adverbien wie *'früher'* oder *'regelmäßig'* hinzugefügt. Das Partizip Retrospektiv kann mit allen Verbarten verwendet werden.

VS–던 + Nomen	Übersetzung
가던 레스토랑	*das Restaurant, in das ich früher regelmäßig gegangen bin*
예쁘던 손	*(ihre) Hände, die früher hübsch waren*
친구이던 민수	*Minsu, der früher mein Freund war*
집에 있던 아이	*das Kind, das sich zu Hause befand*

수학은 제가 가장 좋아하던 과목이에요.	*Mathe ist das Schulfach, das ich am liebsten mochte.*
우리가 늘 먹던 식당에 갈까요?	*Sollen wir in das Restaurant gehen, in dem wir (früher) immer gegessen haben?*
(이것은) 오빠가 쓰던 컴퓨터예요.	*Das ist der Computer, den mein älterer Bruder (früher) benutzt hat.*
집에 있던 재료를 사용했어요.	*Ich habe die Zutaten benutzt, die wir zu Hause hatten.*

Außerdem kann das Partizip Retrospektiv –던 eine in der Vergangenheit begonnene, noch nicht abgeschlossene Handlung bezeichnen. In dieser Bedeutung kann –던 im Deutschen durch Verben wie *'anbrechen'*, *'anfangen'* ausgedrückt werden. In diesem Fall wird –던 häufig mit Zeitadverbien wie 어제 'gestern', 아까 'vorhin', 지난주 'letzte Woche', 지난달 'letzten Monat' oder 작년에 'letztes Jahr' verwendet. Dadurch unterscheidet sich das Partizip Retrospektiv –던 von dem Partizip Präteritum –은/ㄴ, das immer eine abgeschlossene Handlung bezeichnet.

VS–던 + Nomen	Übersetzung
내가 어제 마시던 맥주	*die Flasche Bier, die ich gestern angebrochen habe (die ich aber nicht ganz ausgetrunken habe)*
제가 어제 읽던 책	*das Buch, das ich gestern angefangen habe zu lesen (das ich aber nicht zu Ende gelesen habe)*
어제 듣던 시디를 찾고 있어요.	*Ich suche gerade die CD, die ich gestern angefangen habe zu hören.*
아까 제가 마시던 커피를 버렸어요?	*Haben Sie meinen Kaffee, von dem ich vorhin getrunken habe, weggekippt?*

VS-은/ㄴ + Nomen	Übersetzung
내가 어제 마신 맥주	*die Flasche Bier, die ich gestern ganz ausgetrunken habe*
제가 어제 읽은 책	*das Buch, das ich gestern (zu Ende) gelesen habe*

Das Partizip Retrospektiv -던 kann nicht zur Bezeichnung für einmalig in der Vergangenheit stattgefundene Handlungen verwendet werden. Hierfür wird das Partizip Präteritum verwendet.

Nicht *이 교회는 제가 결혼하던 곳이에요. → 이 교회는 제가 결혼한 곳이에요.	*Das ist die Kirche, in der ich geheiratet habe.* *[Diese Kirche ist der Ort, wo ich geheiratet habe.]*
Nicht *이 병원은 제가 태어나던 곳이에요. → 이 병원은 제가 태어난 곳이에요.	*Das ist das Krankenhaus, in dem ich geboren wurde.* *[Dieses Krankenhaus ist der Ort, wo ich geboren wurde.]*

VS-았/었던

Wird das Partizip Retrospektiv an das Präteritumssuffix -았/었 angefügt (-았/었던), bezeichnet es eine in der Vergangenheit abgeschlossene Handlung, die in der Gegenwart nicht mehr stattfindet, oder einen Zustand, der nicht mehr bis in die Gegenwart anhält.

수미는 제가 예전에 사랑했던 여자예요.	*Sumi ist die Frau, die ich früher einmal liebte.*
저를 가르쳤던 수학 선생님을 만났어요.	*Ich habe den Mathelehrer, der mich unterrichtete (jetzt nicht mehr), getroffen.*
어제 저녁에 만들었던 음식이 벌써 상했어요.	*Das Essen, das ich gestern Abend gekocht habe, ist schon verdorben.*
초등학교 때 뚱뚱했던 민수가 아주 날씨해졌어요.	*Minsu, der in der Grundschule dick war, ist sehr schlank geworden.*

Außerdem drückt -았/었던 aus, dass eine in der Vergangenheit abgeschlossene Handlung nur einmal stattfand, während -던 eine in der Vergangenheit mehrfach wiederholte Handlung bezeichnet.

VS-았/었던 + Nomen	VS-던+ Nomen
어제 먹었던 생선이 먹고 싶어요. *Ich möchte den Fisch essen, den ich gestern (schon mal) gegessen habe.*	예전에 먹던 생선이 먹고 싶어요. *Ich möchte den Fisch essen, den ich früher (regelmäßig) gegessen habe.*

Die Partizipien Retrospektiv -던 und -았/었던 erfüllen, besonders in Verbindung mit Qualitativverben und den Kopulaverben 이다/아니다 oder mit Aktionsverben wie 살다 'leben/wohnen' oder 알다 'kennen/wissen', die Funktion, einen länger andauernden Zustand in der Vergangenheit zu bezeichnen. In diesem Fall können beide Formen ohne Bedeutungsveränderung ausgetauscht werden.

이 집은 제가 예전에 살았던 집이에요. 이 집은 제가 예전에 살던 집이에요.	*Dieses Haus ist das Haus, in dem ich früher gelebt habe.*
조용했던 수미가 활발해졌어요. 조용하던 수미가 활발해졌어요.	*Sumi, die früher ruhig war, ist lebhaft geworden.*
예전에 날씬했던 유미가 뚱뚱해졌어요. 예전에 날씬하던 유미가 뚱뚱해졌어요.	*Yumi, die früher schlank war, ist dick geworden.*
우체국이던 건물이 은행으로 변했어요. 우체국이였던 건물이 은행으로 변했어요.	*Das Gebäude, das früher [immer] eine Post war, ist [jetzt] in eine Bank umgewandelt worden.*

13 Passiv

Im Vergleich zum Aktivsatz tritt im Passivsatz das handelnde Subjekt – der Urheber – in den Hintergrund oder fehlt ganz. Stattdessen steht der Vorgang selbst im Mittelpunkt.

Sätze	Beispiele	
Aktivsatz	수미가 문을 닫아요.	*Sumi schließt die Tür.*
Passivsatz	문이 닫혀요.	*Die Tür wird geschlossen.*

Bei der Transformation eines Aktivsatzes in einen Passivsatz verändert sich die grammatische Beziehung zwischen Subjekt und Objekt. Im Passivsatz wird das Objekt des Aktivsatzes zum Subjekt des Passivsatzes und dementsprechend durch die Subjekt- bzw. Nominativpartikel 이 bzw. 가 markiert. Das Subjekt des Aktivsatzes hingegen wird zum Urheber im Passivsatz, falls es nicht wegfällt. Handelt es sich bei dem Urheber um Menschen oder Tiere, werden diese durch die Dativpartikel 에게/한테 bzw. 께 (honorativ) markiert, bei Nicht-Lebewesen wird der Urheber durch die Lokativpartikel 에 angezeigt (▶ 22.3.4 | Partikeln). Der Urheber kann in den Fällen, in denen bereits ein Dativobjekt im Satz vorhanden ist, auch durch die Verwendung der Konstruktion –에 의해서 'von' / 'durch' angegeben werden (▶ 13.1 | Durch Suffixe gebildete Passivverben).

Aktiv- und Passivsätze entsprechen sich strukturell wie folgt:

Aktivsatz			Passivsatz		
Subjekt	**Objekt**	**Verb$_{Aktiv}$**	**Subjekt**	**Urheber**	**Verb$_{Passiv}$**
개가	수미를	물었어요.	수미가	개에게/한테	물렸어요.
Der Hund hat Sumi gebissen.			*Sumi wurde von dem Hund gebissen.*		

Im Koreanischen gibt es vier Möglichkeiten, Passivsätze zu bilden:

1) durch Anfügen der Passivsuffixe –이, –기, –리, –히 an den Verbstamm transitiver Verben
2) durch die Kombination des Adverbialsuffixes –게 mit dem Hilfsverb 되다 'werden'
3) durch die Konstruktion –아/어지다
4) durch die Verwendung von Passivverben

13.1 Durch Suffixe gebildete Passivverben

Die Passivform wird durch das Anfügen der Passivsuffixe –이, –기, –리, –히 an den Verbstamm gebildet. Die Auswahl der Suffixe folgt zwar keinen festen Regeln, orientiert sich jedoch an den folgenden Kriterien:

1) –이 wird an Verben angeschlossen, deren Stamm auf einen Vokal oder auf ㅎ endet.
2) –기 wird an Verben angeschlossen, deren Stamm mit einem Nasal bzw. Nasal + ㅎ endet, oft auch auf ㅅ, ㅈ.
3) –리 wird an Verben angeschlossen, deren Stamm auf ㄹ auslautet.
4) –히 wird an Verben angeschlossen, deren Stamm mit anderen Vokalen oder Konsonanten endet, als in 1), 2) oder 3) angegeben.

Infinitiv	Passivsuffixe	Passivform
보다 *sehen*	-이	보이다 *gesehen/sichtbar werden*
쫓다 *jagen/verfolgen*	-기	쫓기다 *gejagt/verfolgt werden*
팔다 *verkaufen*	-리	팔리다 *verkauft werden*
닫다 *schließen*	-히	닫히다 *geschlossen werden*

Die Tabelle zeigt einige mittels der obigen Passivsuffixe gebildete Passivverben:

VS + Passivsuffix -이			VS + Passivsuffix -기		
쌓다 *anhäufen*	→	쌓이다 *angehäuft werden*	끊다 *abbrechen*	→	끊기다 *abgebrochen werden*
쓰다 *schreiben*	→	쓰이다 *geschrieben werden*	씻다 *waschen*	→	씻기다 *gewaschen werden*
파다 *graben*	→	파이다 *gegraben werden*	안다 *umarmen*	→	안기다 *umarmt werden*
보다 *sehen*	→	보이다 *gesehen werden*	쫓다 *jagen*	→	쫓기다 *gejagt werden*
놓다 *legen/stellen*	→	놓이다 *gelegt/gestellt werden*	잠그다 *schließen*	→	잠기다 *geschlossen werden*

VS + Passivsuffix -리			VS + Passivsuffix -히		
듣다 *hören*	→	들리다 *gehört werden*	먹다 *essen*	→	먹히다 *gegessen werden*
물다 *beißen*	→	물리다 *gebissen werden*	업다 *tragen*	→	업히다 *getragen werden*
열다 *öffnen*	→	열리다 *geöffnet werden*	잡다 *fangen*	→	잡히다 *gefangen werden*
밀다 *schieben*	→	밀리다 *geschoben werden*	읽다 *lesen*	→	읽히다 *gelesen werden*
걸다 *hängen*	→	걸리다 *gehängt werden*	막다 *sperren*	→	막히다 *gesperrt werden*

Die oben genannten Passivverben kommen in zwei Typen von Passivsätzen vor, 1) in solchen, in denen der Urheber nicht genannt wird, und 2) in solchen, in denen der Urheber angegeben wird:

1) Passivsätze ohne Angabe des Urhebers:

N+이/가 + VS-이/히/리/기

글씨가 작아서 잘 안 보여요. *Ich kann die Schrift nicht lesen, weil sie zu klein ist.*

공사 때문에 길이 막혀요. *Die Straße ist wegen Bauarbeiten gesperrt.*

딸기가 잘 팔려요. *Die Erdbeeren verkaufen sich gut.*

전화벨 소리가 들려요. *Das Telefonklingeln ist hörbar.*

전화가 갑자기 끊겼어요. *Das Telefonat wurde plötzlich unterbrochen.*

피곤해서 눈이 자꾸 감겨요. *Mir fallen ständig die Augen zu, da ich müde bin.*

버튼을 누르면 문이 닫혀요. *Wenn man auf den Knopf drückt, wird die Tür geschlossen.*

N+이/가 + VS-이/히/리/기 + -아/어 있다

Die mit Suffix gebildeten Passivverben können in Verbindung mit der Konstruktion -아/어 있다 einen resultativen Aspekt ausdrücken (▶ 8.2.2 | Resultativer Aspekt). Hierdurch wird das sog. resultative Passiv gebildet, das einen andauernden Zustand als Folge einer durch ein Passivverb ausgedrückten abgeschlossenen Handlung bezeichnet, z.B. 불이 켜져 있어요. 'Das Licht ist angeschaltet' (weil es vorher von jemandem angeschaltet wurde).

문이 잠겨 있어요.	*Die Tür ist geschlossen.*
시계가 벽에 걸려 있어요.	*Die Uhr hängt an der Wand.*
열쇠가 책상 위에 놓여 있어요.	*Der Schlüssel liegt auf dem Tisch.*
칠판에 무엇이 쓰여 있어요?	*Was steht auf der Tafel geschrieben?*

2) Mit Angabe des Urhebers (fakultativ)

N+이/가 + (N+에게/한테 für Lebewesen, N+에 für Nicht-Lebewesen) + VS-이/히/리/기

아이가 엄마한테 업혀요.	*Das Baby wird von der Mutter getragen.*
범인이 경찰에게 잡혔어요.	*Der Verbrecher wird von der Polizei gefangen.*
아이가 아빠에게 안겨요.	*Das Baby wird vom Vater umarmt.*
도둑이 경찰에게 쫓기고 있어요.	*Der Dieb wird von der Polizei gejagt.*
종이에 손이 베었어요.	*Ich habe mir die Finger am Papier geschnitten.*

Bei einer bestimmten Gruppe von Verben, deren Passiv eine Beeinträchtigung oder Beschädigung des Subjekts an einem Körperteil oder Besitz ausdrückt, können diese auch im Akkusativ (을/를) stehen. Zu diesen Verben gehören z.B. 빼앗기다 'geraubt werden', 잡히다 'gefangen werden', 밟히다 'getreten werden', 베이다 'geschnitten werden', 찔리다 'gestochen werden', 털리다 'ausgeraubt/geplündert werden'. Im Deutschen werden diese Passivverben häufig reflexivisch wiedergegeben.

소매치기에게 지갑을 (←지갑이) 털렸어요.	*Mein Geldbeutel wurde mir von einem Taschendieb geraubt.*
발을 (←발이) 밟혔어요.	*Ich/Mir wurde auf meinen Fuß getreten.*
그가 유리에 손을 (←손이) 베었어요.	*Er hat sich die Finger am Glas geschnitten.*
가시에 손을 (←손이) 찔렸어요.	*Ich habe mir die Finger an einem Dorn gestochen.*

N+이/가 + (N + 에 의해서 (Urheber = Menschen oder Tiere) + VS-이/히/리/기

In dieser Konstruktion wird der Urheber -에 의해(서) 'von'/'durch', 'entsprechend', 'im Einklang mit' (Lokativpartikel 에 + 의하다 'abhängen von' + Konjunktionalform 아서 'und') statt -에게/한테 verwendet. Diese Konstruktion wird oft gebraucht, wenn der Urheber zusammen mit einer adverbialen Bestimmung oder einem Dativobjekt (에게/한테) im Satz vorkommt. Da die Konstruktion etwas unnatürlich und formal klingt, wird sie nicht so häufig gebraucht.

집이 김씨에 의해(서) (nicht *김씨에게) 박씨에게 팔렸다.	*Das Haus wurde von Herrn Kim an Herrn Park verkauft.*
종이가 미아에 의해(서) (nicht *미아에게) 가위로 잘렸다.	*Das Papier wurde von Mia mit der Schere geschnitten.*
금붕어가 수미에 의해서 (nicht *수미한테) 어항에 담겼다.	*Der Goldfisch wurde von Sumi in ein Goldfischglas gesetzt.*

Einige Passivverben werden in idiomatischen Wendungen gebraucht.

아빠가 감기에 걸리셨어요.	*Mein Vater ist erkältet.*
그런 행동은 법에 걸려요.	*Ein solches Verhalten ist gegen das Gesetz.*
긴장이 풀렸어요.	*Ich bin entspannt. [Meine Spannung ist gelockert.]*
추위가 풀렸다.	*Die Kälte ist zurückgegangen.*
기가 막혀요.	*Ich bin sprachlos.*
일이 많이 밀렸어요.	*Ich bin mit meiner Arbeit hinterher.*
단 것이 잘 먹혀요.	*Ich habe Appetit auf etwas Süßes. [Süße Dinge sind gut zu essen.]*

Anmerkung: Bei bestimmten Verben kann das Passiv nicht mit den Suffixen (–이/–히/–리/–기) gebildet werden. Dazu gehören Verben wie 주다 / 드리다 'geben', 돕다 'helfen', 받다 / 얻다 'bekommen', 느끼다 'empfinden', 잃다 'verlieren', 찾다 'finden', kognitive Verben wie 알다 'wissen', 배우다 'lernen' und reziproke Verben wie 닮다 'sich ähneln', 싸우다 'sich streiten'. Soweit diese Verben ein Passiv bilden, werden passivische Hilfsverbkonstruktionen verwendet (▶ 13.2 | Passivische Hilfsverbkonstruktionen).

13.2 Passivische Hilfsverbkonstruktionen

1) VS–게 되다

Das Passiv kann auch durch die Konstruktion VS–게 되었다 bzw. deren Kurzform VS–게 됐다 (Verbstamm + Adverbialsuffix –게 + Hilfsverb 되다 'werden' im Präteritum) gebildet werden (▶ 9.2.2 | Hilfsverbkonstruktion).

a) Qualitativverben + –게 되다

Bei Qualitativverben bezeichnet die Konstruktion VS–게 되다 den Eintritt eines Zustandes. In dieser Bedeutung ist VS–게 되다 oft mit der Konstruktion VS–아/어지다 austauschbar (▶ 9.1.7 | Hilfsverbkonstruktion).

머리가 전부 하얗게 됐어요. = 머리가 전부 하얘졌어요.	*Die Haare sind alle weiß geworden.*
일이 복잡하게 됐어요. = 일이 복잡해졌어요.	*Die Arbeit ist kompliziert(er) geworden.*
이번 주부터 다시 바쁘게 되었어요. = 이번 주부터 다시 바빠졌어요.	*Ab dieser Woche bin ich wieder beschäftigter.*
눈이 갑자기 나빠지게 됐어요. = 눈이 갑자기 나빠졌어요.	*Meine Augen sind plötzlich schlecht(er) geworden.*

b) Aktionsverben + –게 되다

Bei Aktionsverben gibt diese Konstruktion an, dass die durch das Aktionsverb bezeichnete Handlung infolge einer Entwicklung in der Vergangenheit ausgeführt wird, auf die das Subjekt keinen Einfluss hatte. Dies wird im Deutschen durch die Wendungen *'Es entwickelte sich so, dass ...', 'Es ergab sich, dass ...'* oder *'Es ist dazu gekommen, dass ...'* wiedergegeben.

건강이 안 좋아서 직장을 그만두게 되었어요.	*Da ich nicht gesund bin, ist es dazu gekommen, dass ich den Job gekündigt habe.*
남편 직장 때문에 부산으로 이사가게 됐어요.	*Wegen der Arbeitsstelle meines Mannes sind wir dazu gekommen, nach Busan zu ziehen.*
한국 사람을 만나면서 한국에 대해 관심을 갖게 되었어요.	*Ich bekam Interesse an Korea, indem ich Koreaner kennengelernt habe.*
어떻게 일본에서 일하게 됐습니까?	*Wie sind Sie dazu gekommen, in Japan zu arbeiten?*

2) VS-아/어지다

Wenn das Hilfsverb 지다 'werden' im Präteritum mit Qualitativverben verwendet wird, bezeichnet es die abgeschlossene Veränderung eines Zustandes (▶ 9.1.7 | Hilfsverbkonstruktion).

Aktiv: Qualitativverb	날씨가 추워요.	*Das Wetter ist kalt.*
	안나 씨가 예뻐요.	*Anna ist hübsch.*
	방이 깨끗해요.	*Das Zimmer ist sauber.*
Zustandspassiv: QV-아/어지다	날씨가 추워졌어요.	*Das Wetter ist kalt/kälter geworden.*
	안나 씨가 예뻐졌어요.	*Anna ist hübsch(er) geworden.*
	방이 깨끗해졌어요.	*Das Zimmer ist sauber geworden.*

Das Hilfsverb 지다 bezeichnet bei transitiven Aktionsverben je nach Tempus a) das Vorgangspassiv (wenn es im Präsens steht) oder b) das Resultativpassiv (wenn es im Präteritum steht). Das Hilfsverb 지다 kann mit der Konstruktion -아/어 있다 auch das Resultativpassiv bilden: -져 있다 (▶ 8.2.2 | Resultativer Aspekt). Nur beim Resultativpassiv mit dem Präteritum von 지다 kann der Urheber mit der Konstruktion N-에 의해서 (statt N-한테/에게) hinzugefügt werden, obwohl dies eher ungewöhnlich ist.

transitive Aktionsverben + -아/어지다 →	**passivische Bedeutung**
쏟다 *umkippen* + -아지다 → 쏟아지다	*(von X) umgekippt werden*
찢다 *zerreißen* + -어지다 → 찢어지다	*(von X) zerrissen werden*
부수다 *abreißen* + -어지다 → 부서지다	*(von X) abgerissen werden*
세우다 *erbauen* + -어지다 → 세워지다	*(von X) erbaut/etabliert werden*
밝히다 *klären* + -어지다 → 밝혀지다	*(von X) aufgeklärt/bewiesen werden*

Aktiv (transitiv): N+을/를 + AV	그것을 안 믿어요.	*Ich glaube das nicht.*
	왜 초인종을 안 눌러요?	*Warum drücken Sie die Klingel nicht?*
	그릇을 자주 깨요.	*Er zerbricht oft Geschirr.*
	매듭을 풀어요.	*Ich mache den Knoten auf.*
Vorgangspassiv: AV+아/어지다 (im Präsens)	그것이 안 믿어져요.	*Das wird nicht geglaubt.*
	왜 초인종이 안 눌러져요?	*Warum wird die Klingel nicht gedrückt?*
	그릇이 자주 깨져요.	*Geschirr wird oft zerbrochen.*
	매듭이 풀어져요.	*Der Knoten löst sich.*

Aktiv (transitiv): N+을/를 + AV	그릇을 깼어요.	*Er zerbrach das Geschirr.*
	커피를 쏟았어요.	*Ich habe den Kaffee umgekippt.*
	바지를 찢었어요.	*Er/Sie hat die Hose zerrissen.*
	소망을 이뤘어요.	*Ich habe meinen Wunsch erfüllt.*
Resultativpassiv: AV+아/어지다 (im Präteritum)	그릇이 깨졌어요.	*Das Geschirr ist zerbrochen worden.*
	커피가 쏟아졌어요.	*Der Kaffee ist umgekippt worden.*
	바지가 찢어졌어요.	*Die Hose ist zerrissen worden.*
	소망이 이루어졌어요.	*Mein Wunsch ist in Erfüllung gegangen.*

Aktiv: N+을/를 + AV	에어컨을 켰어요.	*Ich habe die Klimaanlage angestellt.*
	냉장고를 고쳤어요.	*Er hat den Kühlschrank repariert.*
Resultativpassiv: AV + -져 있다	에어컨이 켜져 있어요.	*Die Klimaanlage ist angestellt worden.*
	냉장고가 고쳐져 있어요.	*Der Kühlschrank ist repariert worden.*

Die Verbindung des Präteritums des Existenzverbs 없다 mit der Hilfsverbkonstruktion -어지다 bildet ein Passiv mit der speziellen Bedeutung 'verschwunden sein', 'verloren gegangen sein' (▶ 6.1.2 | Existenzverb).

Aktiv: 없다	열쇠가 없어요.	*Der Schlüssel ist weg.*
	그에게 관심이 없어요.	*Ich habe kein Interesse an ihm.*
Passiv: 없어지다	열쇠가 없어졌어요.	*Der Schlüssel ist verschwunden.*
	그에게 관심이 없어졌어요.	*Das Interesse an ihm ist verschwunden.*

13.3 Passivverben mit Nomina

Verben mit passivischer Bedeutung, sog. Passivverben, können dadurch gebildet werden, dass die Verben 당하다 'erleiden', 되다 'werden', 받다 'erhalten/bekommen', 듣다 'hören', 맞다 'getroffen, geschlagen werden' wie Suffixe an bestimmte Nomina angehängt werden. Diese Passivverben werden dann als Einheit ohne Leerstelle geschrieben. Unter diesen Verben haben 당하다 und 맞다 immer die Bedeutung eines für das Subjekt unangenehmen, unerwünschten Vorgangs.

Nomen + 당하다 'erleiden'	deutsche Entsprechungen
사고 *Unfall* + 당하다 → 사고당하다	*einen Unfall erleiden*
사기 *Betrug* + 당하다 → 사기당하다	*betrogen werden*
해고 *Entlassung* + 당하다 → 해고당하다	*entlassen werden*
거절 *Ablehnung* + 당하다 → 거절당하다	*abgelehnt werden*
설득 *Überredung* + 당하다 → 설득당하다	*überredet werden*
무시 *Nichtbeachtung* + 당하다 → 무시당하다	*nicht beachtet werden*
고소 + *(An)klage* + 당하다 → 고소당하다	*angeklagt werden*

Nomen + 맞다 'getroffen werden'	deutsche Entsprechungen
야단 *Tadel* + 맞다 → 야단맞다	*getadelt werden*
따귀 *Ohrfeige* + 맞다 → 따귀맞다	*geohrfeigt werden*
도둑 *Dieb* + 맞다 → 도둑맞다	*gestohlen werden*

Nomen + 되다 'werden'	deutsche Entsprechungen
해결 *Lösung* + 되다 → 해결되다	*gelöst werden*
보호 *Schutz* + 되다 → 보호되다	*geschützt werden*
수여 *Verleihung* + 되다 → 수여되다	*verliehen werden*
기대 *Erwartung* + 되다 → 기대되다	*erwartet werden*

Nomen + 듣다 'hören'	deutsche Entsprechungen
꾸중 *Tadel* + 듣다 → 꾸중듣다	*getadelt werden*
칭찬 *Kompliment* + 듣다 → 칭찬듣다	*gelobt werden*
욕 *Beschimpfung* + 듣다 → 욕듣다	*beschimpft werden*

Nomen + 받다 'bekommen'	deutsche Entsprechungen
사랑 *Liebe* + 받다 → 사랑받다	*geliebt werden*
초대 *Einladung* + 받다 → 초대받다	*eingeladen werden*
칭찬 *Kompliment* + 받다 → 칭찬받다	*gelobt werden*
검사 *Untersuchung* + 받다 → 검사받다	*untersucht werden*
수술 *Operation* + 받다 → 수술받다	*operiert werden*
처벌 *Bestrafung* + 받다 → 처벌받다	*bestraft werden*

Die oben beschriebenen Konstruktionen N + 당하다/되다/받다 werden zum Ausdruck des Passivs bei transitiven Aktionsverben verwendet, die aus N + 하다 gebildet sind. Die Tabelle zeigt die Aktiv- und Passivformen für diese Verben.

transitive Aktionsverben (N + 하다)	Passivverben (N + 당하다/되다/받다)
해고하다 *entlassen*	해고당하다 *entlassen werden*
사용하다 *benutzen*	사용되다 *benutzt werden*
사랑하다 *lieben*	사랑받다 *geliebt werden*

Aktiv: N + 하다 (transitiv)	사장이 저를 해고했어요.	*Der Chef hat mich entlassen.*
	그는 수미를 사랑해요.	*Er liebt Sumi.*
	선생님이 그를 칭찬했어요.	*Der Lehrer hat ihn gelobt.*
	이 문제를 해결해야 합니다.	*Wir müssen dieses Problem lösen.*
Passiv: N + Passiv-verben	사장한테 해고당했어요.	*Ich bin vom Chef entlassen worden.*
	그가 선생님께 칭찬받았어요.	*Er wurde von dem Lehrer gelobt.*
	사랑받지 못한 아이들이 많다.	*Es gibt viele Kinder, die nicht geliebt werden.*
	문제가 잘 해결되었어요.	*Das Problem wurde gut gelöst.*

14 Kausativ

Das Kausativ drückt das Veranlassen einer Handlung oder eines Zustandes aus. Die Bildung des Kausativs unterscheidet sich, je nachdem, ob der zugrunde liegende Satz intransitiv oder transitiv ist. Bei der Transformation eines intransitiven Satzes in einen Kausativsatz wird dessen Subjekt zur veranlassten Person (direktes Objekt) und die veranlassende Person wird als neues Subjekt hinzugefügt.

Aktivsatz (intransitiv)		Kausativsatz		
Subjekt	**Verb$_{Aktiv}$**	**Subjekt**	**Objekt**	**Verb$_{kausativ}$**
수미가	웃어요.	민수가	수미를	웃겨요.
Sumi lacht.		*Minsu bringt Sumi zum Lachen.*		

Bei der Transformation eines transitiven Satzes in einen Kausativsatz kommt ebenfalls als neues Subjekt die veranlassende Person (im Nominativ) hinzu, während das Subjekt des ursprünglichen Satzes zur veranlassten Person wird, die durch den Dativ markiert wird (wie der Urheber beim Passiv). Das direkte Objekt des ursprünglichen Satzes bleibt unverändert im Akkusativ.

Aktivsatz (transitiv)			Kausativsatz			
Subjekt	**Objekt**	**Verb$_{Aktiv}$**	**Subjekt**	**veranl. Person**	**Objekt**	**Verb$_{kausativ}$**
아이가	빵을	먹어요.	엄마가	아이에게	빵을	먹여요.
Das Kind isst Brot.			*Die Mutter lässt das Kind Brot essen.*			

Im Koreanischen werden drei Formen der Kausativbildung unterschieden:

1) durch Anfügen der Kausativsuffixe -이, -기, -리, -히, -우, -추 an den Verbstamm
2) durch die Kombination des Adverbialsuffixes -게 mit dem Hilfsverb 하다 'tun'
3) durch das Kausativverb 시키다 'jmdn. veranlassen etwas zu tun'

14.1 Durch Suffixe gebildete Kausativverben

Die Kausativform von Verben wird durch das Anfügen der Kausativsuffixe -이, -기, -리, -히, -우, -추 an den Verbstamm gebildet. Die Auswahl des Kausativsuffixes folgt keinen festen Regeln, sodass für jedes einzelne Verb das entsprechende Kausativsuffix gelernt werden muss. Nach Verbstämmen, die auf den Konsonanten ㄹ auslauten, steht jedoch das Kausativsuffix -리. Die Tabelle zeigt einige der durch Suffixe gebildeten Kausativverben.

Infinitiv	Kausativsuffix	Kausativform
죽다 *sterben*	-이	죽이다 *jmdn. töten*
웃다 *lachen*	-기	웃기다 *jmdn. zum Lachen bringen*
울다 *weinen*	-리	울리다 *jmdn. zum Weinen bringen*
입다 *sich anziehen*	-히	입히다 *jmdn. anziehen*
깨다 *aufwachen*	-우	깨우다 *jmdn. wecken*
낮다 *niedrig sein*	-추	낮추다 *etwas niedrig stellen*

VS + Kausativsuffix –이			VS + Kausativsuffix –기		
먹다 *essen*	→	먹이다 *jmdn. füttern*	남다 *übrig bleiben*	→	남기다 *etwas übrig lassen*
속다 *sich täuschen*	→	속이다 *jmdn. täuschen*	숨다 *sich verstecken*	→	숨기다 *etwas/jmdn. verstecken*
보다 *sehen*	→	보이다 *etwas zeigen*	신다 *Schuhe tragen*	→	신기다 *jmdm. die Schuhe anziehen*
끓다 *kochen (sieden)*	→	끓이다 *etwas kochen*	씻다 *sich waschen*	→	씻기다 *jmdn. waschen*
녹다 *schmelzen*	→	녹이다 *zum Schmelzen bringen*	굶다 *hungern*	→	굶기다 *jmdn. verhungern lassen*
붙다 *anhaften*	→	붙이다 *anheften/befestigen*	감다 *sich die Haare waschen*	→	감기다 *jmdm. die Haare waschen*

VS + Kausativsuffix –리			VS + Kausativsuffix –히		
알다 *wissen*	→	알리다 *jmdm. etwas mitteilen*	앉다 *sitzen*	→	앉히다 *jmdn. hinsetzen*
날다 *fliegen*	→	날리다 *etwas fliegen lassen*	읽다 *lesen*	→	읽히다 *jmdn. vorlesen lassen*
얼다 *frieren*	→	얼리다 *etwas einfrieren*	넓다 *breit sein*	→	넓히다 *etwas verbreitern*
놀다 *spielen*	→	놀리다 *jmdn. hänseln*	눕다 *sich hinlegen*	→	눕히다 *jmdn. hinlegen*
살다 *leben*	→	살리다 *jmdn. leben lassen*	맞다 *richtig sein*	→	맞히다 *etwas richtig beantworten*
듣다 *hören*	→	들리다 *jmdn. etw. hören lassen*	익다 *reifen*	→	익히다 *etwas reif machen*

VS + Kausativsuffix –우			VS + Kausativsuffix –추		
자다 *schlafen*	→	재우다 *in den Schlaf wiegen*	늦다 *spät sein*	→	늦추다 *etw. aufschieben/verlängern*
서다 *halten*	→	세우다 *etwas/jmdn. anhalten*	낮다 *niedrig sein*	→	낮추다 *etw. erniedrigen*
타다 *brennen* *steigen*	→	태우다 *etw. verbrennen* *einsteigen lassen*	맞다 *korrekt sein* *passend sein*	→	맞추다 *richtigstellen* *passend machen*

Einige Verben wie 자다, 서다, 타다 bilden unregelmäßige Kausativformen, wenn sie mit dem Kausativsuffix –우 verwendet werden: 재우다, 세우다, 태우다.

Die oben genannten Kausativverben kommen in zwei Typen von Kausativsätzen vor, 1) in solchen, in denen die veranlasste Person nicht genannt wird, und 2) in solchen, in denen die veranlasste Person angegeben wird:

Kausativsatz ohne veranlasste Person: N 이/가 + Verb (intransitiv)
→ N 이/가 + N 을/를 + Kausativverb mit –이 / 히 / 리 / 기 / 우 / 추

Kausativsatz mit veranlasster Person: N 이/가 + N 을/를 + Verb (transitiv)
→ N 이/가 + N 에게 (Urheber) + N 을/를 + Kausativverb mit –이 / 히 / 리 / 기 / 우 / 추

1) Kausativsätze ohne veranlasste Person: N 이/가 + N 을/를 + Kausativverb

Aktiv: N + 이/가 + Verb	N + 을/를 + Kausativverb mit Suffixen
쥐가 죽었어요. *Die Maus ist tot [ist gestorben].*	고양이가 쥐를 죽였어요. *Die Katze hat die Maus getötet.*
딸이 일찍 깼어요. *Die Tochter war früh wach.*	어머니가 딸을 일찍 깨웠어요. *Meine Mutter hat die Tochter früh geweckt.*
친구가 속았어요. *Die Freundin ist betrogen worden.*	친구를 속였어요. *Sie hat die Freundin betrogen.*
택시가 갑자기 섰어요. *Das Taxi hat plötzlich angehalten.*	택시를 갑자기 세웠어요. *Er hat das Taxi plötzlich angehalten.*
국수가 끓고 있어요. *Die Nudeln kochen gerade.*	국수를 끓이고 있어요. *Ich koche gerade Nudeln.*
딸이 침대에 누워요. *Die Tochter liegt im Bett.*	엄마가 딸을 침대에 눕혀요. *Die Mutter legt die Tochter ins Bett.*
아이가 의자에 앉아요. *Das Kind sitzt auf dem Stuhl.*	아빠가 아이를 의자에 앉혀요. *Der Vater setzt das Kind auf den Stuhl.*
초콜릿이 녹았어요. *Die Schokolade ist geschmolzen.*	초콜릿을 녹여야 해요. *Ich muss die Schokolade schmelzen.*
수미가 웃어요. *Sumi lacht.*	민수가 수미를 웃겨요. *Minsu bringt Sumi zum Lachen.*
음식이 남았어요. *Das Essen ist übrig geblieben.*	음식을 남기지 마세요. *Lassen Sie bitte Ihr Essen nicht übrig!*
아기가 자요. *Das Baby schläft.*	아기를 재웁시다. *Lass uns das Baby in den Schlaf wiegen!*
아이가 차에 탔어요? *Ist das Kind ins Auto eingestiegen?*	아버지가 아이를 차에 태웠어요? *Hat der Vater das Kind ins Auto gesetzt?*
시계가 안 맞아요. *Die Uhr geht nicht richtig.*	시계를 맞춰 놓으세요. *Stellen Sie die Uhr richtig ein!*
많이 늦었어요. *Es ist sehr spät.*	기한을 좀 늦출까요? *Soll ich die Frist verlängern?*

2) Kausativsätze mit veranlasster Person: N 이/가 + N 에게 + N 을/를 + Kausativverb

Aktiv: N + 이/가 + N 을/를 + Verb	N 이/가 + N 에게 + N 을/를 + Kausativverb
아이가 빵을 먹어요. *Das Kind isst Brot.*	엄마가 아이에게 빵을 먹여요. *Die Mutter gibt dem Kind Brot zu essen.*
학생들이 책을 읽어요. *Die Schüler lesen Bücher.*	선생님이 학생들에게 책을 읽혀요. *Der Lehrer lässt die Schüler Bücher lesen.*
아이가 치마를 입어요. *Das Kind zieht sich den Rock an.*	엄마가 아이에게 치마를 입혀요. *Die Mutter zieht dem Kind den Rock an.*
딸이 양말을 신어요. *Die Tochter zieht sich ihre Socken an.*	아빠가 딸에게 양말을 신겨요. *Der Vater zieht seiner Tochter die Socken an.*
아들이 이 사실을 알았어요. *Mein Sohn hat die Wahrheit erkannt.*	아들에게 이 사실을 알렸어요. *Ich habe meinem Sohn die Wahrheit gesagt.*
옛날 이야기를 자주 들어요. *Ich höre oft alte Geschichten.*	할머니가 제게 옛날 이야기를 자주 들려줘요. *Meine Oma liest mir oft eine alte Geschichte vor.*

Einige mit -이/-기/-리/-히 gebildete kausative Verben wie 안기다, 읽히다, 들리다, 씻기다 sind mit der passiven Form der Verben identisch. In diesen Fällen wird die kausative bzw. passivische Bedeutung durch die unterschiedlichen Konstruktionen realisiert, in denen sie verwendet werden. Im Vergleich zum Kausativ allerdings wird das Passiv selten gebraucht.

Kausativ	Passiv
어머니가 아기를 수미에게 안겼어요. *Die Mutter ließ Sumi das Baby tragen.*	아기가 수미에게 안겼어요. *Das Baby wurde von Sumi getragen.*
아버지가 아들에게 책을 읽혔어요. *Der Vater ließ den Sohn das Buch lesen.*	일기장이 엄마에게 읽혔어요. *Das Tagebuch wurde von der Mutter gelesen.*
아이의 발을 씻기고 있어요. *Sie lässt gerade die Füße des Kindes waschen.*	아이의 발이 씻기고 있어요. *Die Füße des Kindes werden gerade gewaschen.*

Viel häufiger als diese einfachen Kausativbildungen werden die entsprechenden Konstruktionen mit den Hilfsverben -아/어주다 'geben' (von oben nach unten) und -아/어 드리다 'geben' (von unten nach oben) verwendet (▶ 9.1.4 | Hilfsverbkonstruktion).

친구에게 사진을 보입니다.
= 친구에게 사진을 보여 줍니다.
Ich zeige dem Freund die Fotos.

엄마가 아이를 씻깁니다.
= 엄마가 아이를 씻겨 줍니다.
Die Mutter wäscht das Baby.

14.2 Kausative Hilfsverbkonstruktionen

Die kausative Bedeutung 'jmdn. veranlassen, etwas zu tun' kann auch mit der Konstruktion VS-게 하다 (Adverbialsuffix -게 + Hilfsverb 하다 'tun') ausgedrückt werden. Sie kann zudem durch die Konstruktionen -게 만들다 oder -도록 하다 ersetzt werden, wobei die Konstruktion VS-도록 하다 nicht mit Qualitativverben verwendet wird (▶ 24.3.7 | Finalsatz -도록).

AV-게 하다

아버지가 딸에게 노래를 부르게 했어요.
= 아버지가 딸에게 노래를 부르도록 했어요.
Der Vater hat seine Tochter das Lied singen lassen.

수미 씨는 나를 항상 웃게 하는
(= 웃게 만드는 / 웃도록 하는) 사람이에요.
Sumi ist die Person, die mich immer zum Lachen bringt.

판매 직원이 새 휴대폰을 사게 했어요.
= 사게 만들었어요. / 사도록 했어요.
Der Verkäufer brachte mich dazu, ein neues Handy zu kaufen.

교수님이 학생들을 기다리게 했어요.
= 기다리게 만들었어요. / 기다리도록 했어요.
Der Professor hat die Studenten warten lassen.

QV-게 하다

In Verbindung mit Qualitativverben kann die Konstruktion -게 하다 etwa mit *'jmdn. in einen bestimmten Zustand versetzen'* übersetzt werden.

다니엘이 유미를 슬프게 했어요.
= 다니엘이 유미를 슬프게 만들었어요.
Daniel hat Yumi traurig gemacht.

딸이 저를 행복하게 해요.
= 딸이 저를 행복하게 만들어요.
Meine Tochter macht mich glücklich.

남편 사업이 저를 불안하게 해요.
= 남편 사업이 저를 불안하게 만들어요.

Das Geschäft meines Mannes beunruhigt mich.

요즘 저를 우울하게 하는 (= 우울하게 만드는) 일이 많이 있어요.

Zur Zeit gibt es viele Dinge, die mich bedrücken.

Die Konstruktion –게 하다 kann verwendet werden, um die Erlaubnis bzw. das Verbot einer Handlung auszudrücken. Zum Ausdruck des Verbots wird das Negationsadverb 못 hinzugefügt: 못 + VS–게 하다.

아이들을 밖에 나가서 놀게 하세요.

Lassen Sie die Kinder draußen spielen.

아이에게 음식을 골고루 먹게 하세요.

Lassen Sie das Kind ausgewogen essen.

그는 아이들에게 아이스크림을 못 먹게 합니다.

Er lässt die Kinder kein Eis essen.

아이들이 컴퓨터게임을 덜 하게 하세요.

Lassen Sie die Kinder weniger Computerspiele spielen.

날씨가 나빠요. 아이들을 못 나가게 하세요.

Das Wetter ist schlecht. Lassen Sie bitte die Kinder nicht nach draußen gehen.

In den meisten Fällen können die durch die Suffixe –이/기/리/히/우/추 gebildeten Kausativformen durch die Kausativkonstruktion VS–게 하다 ersetzt werden. Die beiden Formen weisen jedoch unterschiedliche Bedeutungsnuancen auf. Die durch die Suffixe gebildeten Kausativformen drücken eine direkte Veranlassung durch das Subjekt aus, in der Konstruktion VS–게 하다 hingegen veranlasst das Subjekt eine andere Person dazu, etwas zu unternehmen, ohne dabei selbst an der Handlung beteiligt zu sein.

Kausativverben mit Suffixen

엄마가 아이에게 옷을 입혀요.

Die Mutter zieht dem Kind die Kleidung an.

엄마가 딸을 씻겼어요.

Die Mutter hat die Tochter gewaschen.

의사가 환자를 의자에 앉혔습니다.

Der Arzt hat den Patienten auf den Stuhl gesetzt.

Kausativ: VS–게 하다

엄마가 아이에게 옷을 입게 해요.

Die Mutter lässt das Kind sich die Kleidung anziehen.

엄마는 딸을 씻게 했어요.

Die Mutter ließ die Tochter sich waschen.

의사가 환자를 의자에 앉게 했습니다.

Der Arzt ließ den Patienten sich auf den Stuhl setzen.

Einige durch Suffixe gebildete Kausativformen werden in idiomatischen Ausdrücken verwendet. In diesen Fällen können sie nicht durch die Konstruktion VS–게 하다 ersetzt werden.

고기 맛이 죽입니다.

Das Fleisch schmeckt super! [Der Geschmack des Fleisches bringt mich um.]

그는 자신의 과거를 숨겼다.

Er verheimlicht [versteckt] seine Vergangenheit.

14.3 Kausativverb 시키다 'veranlassen'

Die Kausativform der mit 하다 'tun' gebildeten Aktionsverben wird durch Ersetzung von 하다 durch 시키다 'veranlassen' gebildet. Genau wie 하다 wird auch 시키다 entweder als Suffix oder als Vollverb verwendet (▶ 6.3 | Aktions- und Qualitativverben mit 하다).

AV mit 하다	Aktionsnomen + 을/를 + 시키다	Aktionsnomen + 시키다 → AV
일하다 *arbeiten*	일을 시키다 *Arbeit machen lassen*	일시키다 *arbeiten lassen*
공부하다 *lernen*	공부를 시키다 *lernen lassen*	공부시키다 *lernen lassen*
요리하다 *kochen*	요리를 시키다 *Essen kochen lassen*	요리시키다 *kochen lassen*
노래하다 *singen*	노래를 시키다 *Lied singen lassen*	노래시키다 *singen lassen*
목욕하다 *baden*	목욕을 시키다 *Bad nehmen lassen*	목욕시키다 *baden lassen*

N + 이/가 + Verb	N + 이/가 + N+ 에게/한테 + 을/를 시키다
민수가 노래해요. *Minsu singt.*	친구들이 민수에게 노래를 시켜요. *Die Freunde lassen Minsu ein Lied singen.*
딸이 목욕해요. *Die Tochter badet.*	어머니가 딸에게 목욕을 시켜요. *Die Mutter lässt die Tochter baden.*
수미가 빨래해요. *Sumi wäscht die Wäsche.*	어머니가 수미한테 빨래를 시켜요. *Die Mutter lässt Sumi die Wäsche waschen.*

Anmerkung: 시키다 'verlassen' hat neben der kausativen Bedeutung auch die Bedeutung 'bestellen'.

지금 음식을 시킬까요?	*Soll ich jetzt Essen bestellen?*
제 음식도 시켜 주시겠어요?	*Können Sie bitte auch mein Essen bestellen?*

15 Adverbien

Adverbien stehen vor einem (Aktions- bzw. Qualitativ-)Verb oder vor einem anderen Adverb und bestimmen dieses näher. Bestimmte Adverbien können am Anfang des Satzes stehen und den ganzen Satz modifizieren (▶ 15.3 | Satzadverbien). Eine Besonderheit koreanischer Adverbien ist, dass sie durch die Pluralpartikel 들 pluralisiert werden können: 많이들 드세요 *Essen Sie viel (Pl.)!* (▶ 22.1 | Pluralpartikel). Die Stellung der Adverbien ist relativ frei und richtet sich danach, was der Sprecher hervorheben will. Wird ein Verb durch mehrere Adverbien näher bestimmt, stehen Gradadverbien vor Zeitadverbien. Ferner stehen sowohl Grad- als auch Zeitadverbien in der Regel vor Modal-, Häufigkeits- und Lokaladverbien.

Struktur	Beispiele
Gradadverb + Modaladverb + Verb	너무 빨리 말해요. *Er spricht zu schnell.*
Gradadverb + Häufigkeitsadverb + Verb	꽤 자주 와요. *Er kommt ziemlich oft.*
Gradadverb + Zeitadverb + Verb	친구들 중에서 가장 먼저 결혼했어요. *Ich habe als allererste unter meinen Freuden geheiratet.*
Gradadverb + Lokaladverb + Verb	가장 뒤에 섭시다. *Lasst uns ganz hinten stehen.*
Zeitadverb + Modaladverb + Verb	내일 빨리 오세요. *Kommen Sie bitte morgen schnell!*
Zeitadverb + Häufigkeitsadverb + Verb	민수는 작년에 자주 아팠다. *Minsu war letztes Jahr häufig krank.*

Im Koreanischen gibt es vier Arten von Adverbien:

a) lexikalische Adverbien, die nicht durch Suffixe abgeleitet sind. Sie können nach ihrer Bedeutung in fünf Gruppen unterteilt werden: *Zeit-*, *Häufigkeits-*, *Grad-* bzw. *Steigerungsadverbien*, *Modaladverbien* sowie *reziproke Adverbien*.
b) durch Suffixe aus Qualitativverben abgeleitete Adverbien (z.B. 크게 'laut', 조용히 'ruhig')
c) konjunktionale Adverbien (z.B. 그리고 'und', 그러나 / 그렇지만 'aber')
d) lautsymbolische Adverbien (z.B. 멍멍 'wau wau').

15.1 Lexikalische Adverbien

1. Zeitadverbien

Zeitadverbien geben an, wann eine Handlung geschieht bzw. wann ein Zustand eintritt. Im Folgenden werden die wichtigsten Zeitadverbien behandelt.

Zeitadverbien	그저께 *vorgestern,* 어제 *gestern,* 오늘 *heute,* 내일 *morgen,* 모레 *übermorgen,* 지금/이제 *jetzt,* 방금 *gerade,* 이미/벌써 *schon/bereits* , 일찍 *früh,* 요즈음/요즘/요새 *zur Zeit, heuzutage,* 아직 *noch*

Die Zeitadverbien 그저께 'vorgestern', 어제 'gestern', 오늘 'heute', 내일 'morgen', 모레 'übermorgen' und 지금 'jetzt' können auch als Zeitnomen verwendet werden. In diesen Fällen kann die Nominativpartikel 이/가 oder die Topik-/Kontrastpartikel 은/는 stehen. Durch die Verwendung eines Zeitnomens anstelle eines Zeitadverbs kann der Sprecher eine zusätzliche Betonung des zeitlichen Bezugs zum Ausdruck bringen.

Zeitnomen	Beispiele	
어제 + 가	어제가 수요일이었어요.	*Gestern war Mittwoch.*
오늘 + 이	오늘이 제 생일이에요.	*Heute ist mein Geburtstag.*
지금 + 은	지금은 10 시예요.	*Jetzt ist es 10 Uhr.*

A: 오늘이 무슨 요일이에요?
B: 오늘은 목요일이에요.

A: Welcher Tag ist heute?
B: Heute ist Donnerstag.

A: 어제가 수미 씨(의) 생일이었어요?
B: 아니요, 내일이 수미 씨 생일이에요.

A: War gestern der Geburtstag von Sumi?
B: Nein, der Geburtstag von Sumi ist morgen.

A: 지금 몇 시 예요?
B: 지금은 다섯 시 삼십 분이에요.

A: Wie spät ist es jetzt?
B: Es ist jetzt 17:30 Uhr.

지금 'jetzt gerade', 이제 'von jetzt an'

Die Zeitadverbien 지금 und 이제 haben beide die Bedeutung 'jetzt', sie unterscheiden sich jedoch im Gebrauch: 지금 gibt an, dass eine Handlung zum Zeitpunkt des Sprechens gerade stattfindet, während 이제 ausdrückt, dass eine Handlung zum Zeitpunkt des Sprechens beginnt. Deshalb kann bei 지금 'jetzt gerade' das Verb in der Verlaufsform VS-고 있다 stehen, bei 이제 jedoch nicht.

Zeitadverb	Beispiele	
이제 'jetzt'	이제 저녁을 먹어요.	*Ich esse jetzt zu Abend. (Ich fange jetzt an, zu Abend zu essen.)*
지금 'jetzt'	지금 저녁을 먹어요.	*Ich esse jetzt (gerade) zu Abend.*
지금 + VS-고 있다 *이제 + VS-고 있다	지금 저녁을 먹고 있어요. Nicht: *이제 저녁을 먹고 있어요.	*Ich bin jetzt gerade dabei, zu Abend zu essen.*

Mit einem negierten Verb hat 이제 die Bedeutung 'ab dem Zeitpunkt des Sprechens nicht mehr'. In Verbindung mit dem Adverb 다시 'wieder' drückt 이제 aus, dass eine Handlung 'ab dem Zeitpunkt des Sprechens nie wieder' stattfindet. 지금 dagegen kann nicht mit dem Adverb 다시 verwendet werden.

지금 술을 안 마셔요.	*Ich trinke jetzt (in diesem Moment) keinen Alkohol.*
이제 술을 다시 안 마셔요.	*Ich trinke ab jetzt (nie wieder) keinen Alkohol mehr.*

이제 kann mit der Topik-/Kontrastpartikel 는 oder mit der Interjektion 야 verwendet werden (▶ 22.4 | Topik-/Kontrastpartikel). 이제는 wird meist zu 이젠 kontrahiert und bedeutet mit negiertem Verb 'nie wieder', 이제야 dagegen hat die Bedeutung 'endlich'/'erst jetzt'.

이젠 (← 이제는) + negiertes Verb	이젠 거기에 다시 안 가요.	*Ich werde dort nie wieder hingehen.*
	이제는 싸우지 않을 거예요.	*Ich werde nie wieder streiten.*
이제 + 야	이제야 생각이 나요.	*Erst jetzt fällt es mir ein.*
	이제야 마음이 놓여요.	*Endlich fühle ich mich erleichtert.*

이제 kann im negativen Aufforderungssatz in der Bedeutung 'nie wieder' auftreten, während 지금 in dieser Funktion nicht verwendet wird.

이제 다시 싸우지 맙시다. — *Lasst uns nie wieder streiten!*
Nicht: *지금 다시 싸우지 맙시다.

이제 이 식당에서 먹지 말자. — *Lasst uns nie wieder in diesem Restaurant essen!*
Nicht: *지금 이 식당에서 먹지 말자.

Sowohl 이제 als auch 지금 können mit der Futurform -을/ㄹ 거다 gebraucht werden, um ein Geschehnis in der nahen Zukunft auszudrücken. Ebenso können sie durch die Partikel 부터 'von ... ab' ergänzt werden.

지금 저녁을 할 거예요. — *Ich werde jetzt das Abendessen machen.*

이제 저녁을 먹을 거예요. — *Nun ist es Zeit, zu Abend zu essen.*

지금부터 열심히 공부합시다. — *Lasst uns ab jetzt fleißig lernen!*

이제부터 열심히 공부하세요. — *Lernen Sie von nun an fleißig!*

아직 'noch', 아직도 'immer noch'

Das Adverb 아직 wird in zwei Bedeutungen verwendet: a) Es drückt aus, dass ein Zustand oder eine Handlung weiterhin anhält. b) In Verbindung mit einem negierten Verb drückt es aus, dass ein Zustand oder eine Handlung noch nicht eingetreten ist oder stattgefunden hat. Das Adverb 아직 kann jeweils durch das Einfügen der Partikel 도 'auch, sogar' verstärkt werden, im Sinne von 'immer noch' bzw. 'immer noch nicht'.

수미는 아직 학교에 있어요. — *Sumi ist noch in der Schule.*

저는 아직 대학생이에요. — *Ich bin noch Student/in.*

아직도 집에 있어. — *Du bist immer noch zu Hause.*

한국은 아직도 많이 덥습니다. — *In Korea ist es immer noch sehr heiß.*

Zusammen mit einem negierten Verb bedeutet das Adverb 아직(도) 'noch nicht' bzw. 'immer noch nicht' (▶ 7.1.1 | Kurz- und Langform der Negation).

아직 점심을 먹지 못 했어요. — *Ich habe noch kein Mittag gegessen.*

소포가 아직도 안 왔어요. — *Das Paket ist immer noch nicht angekommen.*

유미 씨가 아직도 출근하지 않았어요. — *Yumi ist immer noch nicht in die Firma gekommen.*

이미 'bereits', 벌써 'schon'

Die Zeitadverbien 이미 'bereits' und 벌써 'schon' sind in den meisten Kontexten austauschbar. Das Adverb 벌써 wird darüber hinaus in rhetorischen Fragen verwendet, um eine Überraschung darüber auszudrücken, dass eine Handlung früher als vom Sprecher erwartet stattgefunden hat bzw. ein Zustand früher als erwartet eingetreten ist.

A: 저녁 먹었어요? — *A: Haben Sie zu Abend gegessen?*
B: 예, 이미 먹었어요. — *B: Ja, ich habe bereits gegessen.*
A: 5 시인데 벌써 먹었어요? — *A: Es ist erst 5 Uhr und Sie haben schon gegessen?*
Nicht: *5 시인데 이미 먹었어요?

A: 미나 집에 있어요? — *A: Ist Mina zu Hause?*
B: 아니, 미나 이미 출근했어. — *B: Nein, sie ist bereits zur Arbeit gegangen.*
A: 어머, 벌써 갔어요? — *A: Ach, ist sie schon weg?*

2. Häufigkeitsadverbien

Häufigkeitsadverbien geben an, wie häufig Handlungen ausgeführt werden oder Zustände bestehen. In der folgenden Tabelle sind die Häufigkeitsadverbien nach dem absteigenden Grad der Häufigkeit angeordnet.

immer	*häufig / oft*	*manchmal*	*ab und zu / gelegentlich*
항상 / 늘 / 언제나	자주	가끔 / 종종	때때로

selten	*kaum / fast nie*	*nie*
별로 + Negation	거의 + Negation	전혀 + Negation

Zusammen mit negierten Verben bedeuten die Adverbien 별로 'selten', 거의 'kaum / fast nie' und 전혀 'nie' (▶ 15.1.3| Gradadverbien).

항상 /늘 / 언제나 커피를 마셔요.	*Ich trinke immer Kaffee.*
자주 커피를 마셔요.	*Ich trinke oft Kaffee.*
가끔 / 종종 커피를 마셔요.	*Ich trinke manchmal Kaffee.*
때때로 커피를 마셔요.	*Ich trinke ab und zu Kaffee.*
별로 커피를 안 마셔요. = 별로 커피를 마시지 않아요.	*Ich trinke selten Kaffee.*
거의 커피를 안 마셔요. = 거의 커피를 마시지 않아요.	*Ich trinke fast nie Kaffee.*
전혀 커피를 안 마셔요. = 전혀 커피를 마시지 않아요.	*Ich trinke nie Kaffee.*

3. Grad- und Steigerungsadverbien

Grad- und Steigerungsadverbien geben den Grad bzw. die Steigerung von Handlungen oder Zuständen an. In der folgenden Tabelle sind die geläufigsten Grad- und Steigerungsadverbien aufgelistet.

Grad- und Steigerungs-adverbien	꽤/퍽 *ziemlich*, 엄청/무척 *sehr/höchst*, 아주/매우 *sehr*, 몹시/되게 *sehr / sehr viel*, 너무 *zu*, 조금/좀 *ein bisschen*, 약간/다소 *etwas/wenig* 더 *mehr*, 덜 *weniger*, 훨씬 *erheblich*, 가장/제일 *höchst*
Gradadverbien mit negierten Verben	별로 *[nicht] besonders*, 거의 *fast/beinahe [nicht]*, 전혀/통/조금도 *überhaupt [nicht]*, 그리 *[nicht] so*, '도무지 / 도저히 *überhaupt [nicht]*, 여간 *außerordentlich/ziemlich [nicht]*, 결코 *absolut [nicht]*

Komparativ: 더/덜/훨씬

Die Steigerungsadverbien 더 'mehr' und 덜 'weniger' folgen beim Komparativ unmittelbar der Vergleichspartikel 보다. Der Gebrauch von 덜 ist bei einem mit 보다 eingeleiteten Komparativsatz obligatorisch, während der Gebrauch von 더 fakultativ ist (▶ 22.5.7 | Komparativpartikel). Vor den Adverbien 더 und 덜 kann zur Verstärkung des Vergleichs jeweils das Gradadverb 훨씬 'viel' / 'erheblich' stehen.

Nomen + Vergleichspartikel	Steigerungsadverbien	
Nomen + 보다	훨씬 더 *viel mehr*	훨씬 덜 *viel weniger*

(더) und 훨씬 (더) (fakultativ)

전철이 버스보다 (더) 빨라요.	*Die U-Bahn ist schneller als der Bus.*
전철이 버스보다 훨씬 (더) 빨라요.	*Die U-Bahn ist viel schneller als der Bus.*
어제보다 오늘이 훨씬 더 피곤해요.	*Ich fühle mich viel müder als gestern.*

덜 und 훨씬 덜 (obligatorisch)

오늘이 어제보다 덜 추워요.	*Heute ist es weniger kalt als gestern.*
오늘이 어제보다 훨씬 덜 추워요.	*Heute ist es viel weniger kalt als gestern.*
어제보다 오늘이 덜 피곤해요.	*Ich fühle mich weniger müde als gestern.*

Superlativ: 가장/제일

Der Superlativ von Aktions- und Qualitativverben wird mit den Steigerungsadverbien 가장 und 제일 'äußerst' / 'höchst' gebildet. Sie sind miteinander austauschbar und stehen vor Qualitativverben bzw. vor Adverbien, die eine Eigenschaft beschreiben.

한국에서는 어디가 가장 덥습니까?	*Wo ist es in Korea am heißesten?*
막스가 공을 가장 멀리 던져요.	*Max wirft den Ball am weitesten.*
다니엘이 한국말을 제일 잘 해요.	*Daniel spricht am besten Koreanisch.*

Der Bezug des Superlativs auf eine Gruppe von Personen oder eine Klasse von Dingen kann durch das Hinzufügen des Ausdrucks N + 중에(서) mit der Bedeutung 'von/unter allen X' konkretisiert werden.

N + 중에(서) 가장 / 제일

우리 중에(서) 수미가 가장 키가 커요.	*Sumi ist am größten von uns.*
과일 중에(서) 사과를 제일 좋아해요.	*Von allen Obstsorten mag ich Äpfel am liebsten.*
계절 중에(서) 가을을 가장 좋아해요.	*Von den Jahreszeiten mag ich den Herbst am liebsten.*

너무 'sehr'/'zu'

Das Adverb 너무 'sehr/zu' kann sowohl im positiven als auch im negativen Sinne ein Verb bzw. ein anderes Adverb betonen.

아기가 너무 귀여워요.	*Das Baby ist sehr süß.*
이 가수는 노래를 너무 잘 불러요.	*Dieser Sänger singt sehr gut.*
너무 (많이) 먹어요.	*Er isst zu viel.*
너무 늦게 일어나요.	*Er steht zu spät auf.*

Gradadverbien mit negierten Verben

Einige Adverbien 별로 '[nicht] besonders', 거의 'fast/beinahe [nicht]', 전혀/통/조금도 'gar /überhaupt [nicht]', 그리/그다지 '[nicht] so'/'so viel', 여간 'außergewöhnlich', 도저히 'gar/überhaupt [nicht]', 도무지 'überhaupt [nicht] und 결코 '[nicht] unbedingt/absolut' werden zusammen mit negierten Verben verwendet.

오늘 컨디션이 별로 안 좋아요.	*Ich fühle mich heute nicht besonders gut.*
통장에 돈이 거의 없어요.	*Ich habe fast gar kein Geld auf dem Konto.*

친구가 전혀 없어요.	*Er hat gar keine Freunde.*
수미(의) 소식을 통 듣지 못 했어요.	*Ich habe überhaupt nichts von Sumi gehört.*
그는 조금도 멍청하지 않아요.	*Er ist keineswegs dumm.*
우리 가족은 그리 부유하지 않아요.	*Unsere Familie ist nicht so wohlhabend.*
이 가방은 그다지 비싸지 않아요.	*Diese Tasche ist nicht sehr teuer.*
그를 보고 여간 놀라지 않았다.	*Ich sah ihn und war nicht wenig überrascht.*
너무 짜서 도저히 먹을 수가 없어요.	*Das kann ich überhaupt nicht essen, weil es zu salzig ist.*
너를 도무지 이해할 수 가 없어.	*Ich kann dich gar nicht verstehen.*
우리의 만남은 결코 우연이 아니었다.	*Unser Treffen war keineswegs zufällig.*

4. Modaladverbien

Modaladverbien geben an, wie oder auf welche Art und Weise etwas ist oder geschieht. Folgende geläufige Modaladverbien haben je nach Verwendungskontext verschiedene Bedeutungen. Im Gegensatz zu Steigerungs- und Gradadverbien, die häufig mit Qualitativverben kombiniert werden, werden Modaladverbien meist mit Aktionsverben verwendet.

Modaladverbien	잘 *gut*, 좀 *bitte/ein wenig*, 바로 *direkt*, 똑바로 *gerade*, 꼭 *unbedingt*, 몹시/무척/매우 *sehr*, 마구/막 *heftig/übermäßig*, 정말 *wirklich*

Das Modalverb 잘 hat je nach Kontext verschiedene Bedeutungen: 1) 'gerne', 2) 'gut', 3) 'genau'.

저는 한국음식을 잘 먹어요.	*Ich esse gerne Koreanisch.*
요리를 정말 잘 하세요.	*Sie kochen wirklich gut.*
잘 모르겠어요.	*Ich weiß es nicht genau.*

Das Modaladverb 좀 (← 조금) bedeutet wörtlich 'ein wenig' und kann dazu dienen, einen Befehl oder eine Aufforderung höflich abzumildern. Im Deutschen kann dies mit 'bitte' wiedergegeben werden.

A: 방이 좀 추워요. B: 에어컨 좀 꺼 주세요.	*A: Das Zimmer ist ein wenig kalt.* *B: Bitte schalten Sie die Klimaanlage aus.*
A: 좀 더 드릴까요? B: 아니요, 오늘 좀 많이 먹었어요.	*A: Soll ich Ihnen ein wenig mehr geben?* *B: Nein, ich habe heute etwas mehr gegessen.*

Je nach Kontext hat das Modalverb 바로 verschiedene Bedeutungen: 1) 'genau', 2) 'direkt', 3) 'sofort'.

바로 그것이 문제예요.	*Genau das ist das Problem!*
서점 바로 옆에 커피숍이 있어요.	*Das Café ist direkt neben dem Buchladen.*
바로 전화해 주세요.	*Rufen Sie mich bitte sofort an!*
일 마치고 바로 오세요.	*Kommen Sie bitte sofort nach der Arbeit.*

Das Modaladverb 똑바로 kann je nach Kontext entweder 'gerade'/'geradeaus', 'genau' oder 'ehrlich' bedeuten.

똑바로 앉으세요.	*Sitzen Sie bitte gerade!*
똑바로 가세요.	*Gehen Sie bitte geradeaus!*
똑바로 말하세요.	*Sagen Sie es bitte ehrlich!*

Das Modaladverb 꼭 hat je nach Kontext unterschiedliche Bedeutungen: 1) 'auf jeden Fall/sicher', 2) 'fest', 3) 'genau/exakt'.

그 일을 꼭 하겠습니다.	*Ich werde diese Arbeit auf jeden Fall machen.*
안전벨트를 꼭 매세요.	*Schnallen Sie bitte den Sicherheitsgurt fest.*
이 티셔츠가 나에게 꼭 맞아요.	*Dieses T-Shirt passt mir genau.*

5. Reziproke Adverbien

Die reziproken Adverbien 서로 'miteinander'/'einander' und 끼리 'als Gruppe', 'gruppenweise' drücken aus, dass eine Handlung von einer oder mehreren Personen sowie einer Gruppe wechselseitig ausgeführt wird. 끼리 kann in Verbindung mit Personenbezeichnungen oder Personalpronomen eine Gruppe bezeichnen. Die Bedeutung kann durch die Verdoppelung der Adverbien oder die Abgrenzungspartikel 만 'nur' verstärkt werden.

서로(서로)

우리는 서로 사랑해요.	*Wir lieben einander.*
그들은 서로서로 돕고 살아요.	*Sie helfen sich gegenseitig.*
서로 친하게 지내.	*Kommt gut miteinander aus!*

끼리(끼리)

이웃끼리 싸웁니다.	*Die Nachbarn streiten miteinander.*
노인은 노인끼리(만) 이야기 할 때 더 잘 이해해요.	*Die alten Menschen verstehen sich viel besser, wenn sie sich untereinander unterhalten.*
사람은 끼리끼리 모인다.	*Gleich und Gleich gesellt sich gern.* (Sprichwort)

15.2 Abgeleitete Adverbien

Die meisten koreanischen Adverbien sind aus Qualitativverben abgeleitet und werden durch das Anfügen der Adverbialsuffixe -게, -이, -히 oder -리 an den Stamm gebildet.

1) Das Adverbialsuffix -게 ist das am häufigsten gebrauchte Suffix zur Ableitung von Adverbien aus Qualitativverben und kann mit den meisten Qualitativverben gebraucht werden.

Adverbialsuffix -게	Beispiele	
싸다 → 싸게	사과를 싸게 샀어요.	*Ich habe die Äpfel günstig gekauft.*
짧다 → 짧게	머리를 짧게 자르세요.	*Schneiden Sie die Haare bitte kurz.*
맛있다 → 맛있게	김치가 맛있게 보여요.	*Das Kimchi sieht lecker aus.*
느리다 → 느리게	시계가 느리게 가요.	*Meine Uhr geht nach [langsam].*
작다 → 작게	음악 소리를 작게 해 주세요.	*Stellen Sie bitte die Musik leise!*
크다 → 크게	좀 크게 말해주세요.	*Bitte sprechen Sie etwas lauter.*
늦다 → 늦게	늦게 일어났어요?	*Sind Sie spät aufgestanden?*

Das Adverb 크게 hat je nach Kontext eine unterschiedliche Bedeutung: 1) 'laut', 2) 'äußerst'/'sehr, groß', 3) 'schwer'.

크게 웃었다.	*Ich habe laut gelacht.*
크게 성공하실 거예요.	*Sie werden bestimmt äußerst erfolgreich sein.*
사고 소식을 듣고 크게 놀랐다.	*Er war sehr erschrocken, als er von dem Unfall hörte.*
머리를 크게 다쳤어요.	*Er ist schwer am Kopf verletzt.*

Das Adverb 작게 bedeutet je nach Kontext entweder 'leise' oder 'klein'.

작게 말해 주세요.	*Sprechen Sie bitte leise.*
민수는 글씨를 너무 작게 써요.	*Minsu schreibt zu klein.*
감자를 작게 썰까요?	*Soll ich die Kartoffeln klein schneiden?*

Das Adverbialsuffix –게 kann an die mit 하다 bzw. 있다 gebildeten Qualitativverben angehängt werden.

Adverbialsuffix –게	Beispiele	
따뜻하다 → 따뜻하게	옷을 따뜻하게 입으세요.	*Ziehen Sie sich bitte warm an!*
행복하다 → 행복하게	행복하게 보여요.	*Sie sehen glücklich aus.*
정확하다 → 정확하게	정확하게 기억해요.	*Ich erinnere mich genau.*
우아하다 → 우아하게	그녀는 아주 우아하게 걸어요.	*Sie geht sehr elegant.*
멋있다 → 멋있게	저 남자 멋있게 생겼어.	*Der Mann dort sieht gut aus.*

2) Die mit 하다 gebildeten Qualitativverben können durch das Adverbialsuffix –히 zu Adverbien abgeleitet werden, wobei das Suffix –히 an die Stelle von 하다 tritt.

Adverbialsuffix –히	Beispiele	
편하다 → 편히	편히 앉으세요.	*Setzen Sie sich bequem hin!*
급하다 → 급히	급히 먹지 마세요.	*Essen Sie bitte nicht so hastig!*
조용하다 → 조용히	조용히 하세요.	*Seien Sie bitte ruhig!*
충분하다 → 충분히	물을 충분히 마시세요.	*Trinken Sie genug Wasser!*
굉장하다 → 굉장히	이 건물은 굉장히 높아요.	*Dieses Gebäude ist ziemlich hoch.*

3) Das Adverbialsuffix –이 wird zur Bildung von Adverbien bei vielen rein-koreanischen Qualitativverben und bei mit 하다 gebildeten Qualitativverben verwendet, deren Verbstamm vor 하다 auf ㅅ endet. In diesem Fall wird das Verb 하다 durch das Suffix –이 ersetzt. Falls der Verbstamm auf den Konsonant ㅂ endet, fällt ㅂ weg und das Adverbialsuffix –이 wird direkt an dem Verbstamm angehängt (▶ 10. 3 | Verbstämme auf ㅂ).

Adverbialsuffix –이	Beispiele	
많다 → 많이	많이 드세요.	*Guten Appetit! [Essen Sie viel!]*
같다 → 같이	같이 오세요.	*Kommen Sie zusammen!*
높다 → 높이	높이 뛰세요.	*Springen Sie hoch!*
반듯하다 → 반듯이	반듯이 앉으세요.	*Setzen Sie sich aufrecht hin!*
깨끗하다 → 깨끗이	깨끗이 씻으세요.	*Waschen Sie sich bitte (sauber)!*
가깝다 → 가까이	그가 내게 가까이 다가왔다.	*Er kam näher zu mir.*
자유롭다 → 자유로이	자유로이 살고 싶다.	*Ich möchte frei leben.*

4) Das Adverbialsuffix -리 wird meist verwendet, wenn der Verbstamm des Qualitativverbs auf den Konsonant ㄹ oder 르 endet. Bei 르-unregelmäßigen Verben wird der Konsonant ㄹ in der Silbe 르 zu ㄹㄹ verdoppelt und der Vokal 으 im Verbstamm fällt weg (▶ 10. 4 | Unregelmäßige Verben).

Adverbialsuffix -리	Beispiele	
멀다 → 멀리	학교에서 멀리 살아요.	*Ich wohne weit weg von der Schule.*
빠르다 → 빨리	빨리 일어나세요.	*Bitte stehen Sie schnell auf!*
다르다 → 달리	나와 달리 그녀는 게을러요.	*Anders als ich ist sie faul.*
배부르다 → 배불리	배불리 먹었어요.	*Ich habe mich satt gegessen.*

Die Bedeutung einiger Qualitativverben kann durch die Verwendung verschiedener Suffixe -게, -히, -이 differenziert werden.

똑똑하게 *klug*	똑똑히 *genau*
똑똑하게 보여요. *Er/Sie sieht klug aus.*	똑똑히 보세요. *Sehen Sie genau hin!*

같게 *gleich*	같이 *zusammen*, N + 같이 *so wie*
두 개가 같게 보여요. *Die Zwei sehen gleich aus.*	같이 갑시다. *Lass uns zusammen gehen!*
길이를 같게 자르세요. *Schneiden Sie bitte die Länge gleich!*	천사같이 착해요. *Sie ist so nett wie ein Engel.*

15.3 Satzadverbien

Neben den oben behandelten Adverbien, die ein Verb oder ein anderes Adverb näher bestimmen, gibt es auch Satzadverbien, die meist satzeinleitend gebraucht werden und die Aussage eines ganzen Satzes näher bestimmen. Einige der am häufigsten gebrauchten Satzadverbien sind:

과연 *wie erwartet*	역시 *wie erwartet, auch*
다행히(도) *glücklicherweise*	확실히 *ohne Zweifel*
사실은/실은 *in der Tat*	물론 *selbstverständlich*
반드시 *unbedingt, gewiss*	이왕 / 기왕 *sowieso, eh schon*
아무튼/ 어쨌든 *jedenfalls, sowieso*	어차피 *auf alle Fälle, so oder so*
모름지기 *auf jeden Fall*	아마 / 혹시 *vielleicht, eventuell*
아무쪼록(= 모쪼록) *bitte, hoffentlich*	부디 / 제발 *bitte, gefälligst*
만일/ 만약 *wenn, falls*	설령/설사/비록/아무리 *obwohl, selbst wenn*
마침 *eben, gerade*	보통 *normalerweise*

아마 'vielleicht', 혹시 'vielleicht'/'eventuell'

Die Satzadverbien korrelieren mit bestimmten Satzschlussendungen und Konjunktionalformen. Die Adverbien 아마 und 혹시 werden alle in der Bedeutung 'vielleicht'/'wahrscheinlich'/'eventuell' verwendet, sind aber nicht miteinander austauschbar. 아마 steht nicht in der Frage und im Präteritum, sondern im Futur bzw. in der Modusform mit -을 거다 bzw. -겠. 혹시 wird jedoch häufig in der Frageform verwendet, um Ungewissheit oder Zweifel an einem Sachverhalt auszudrücken.

아마 회사에 있을 거예요. — *Vielleicht ist er in der Firma.*

아마 민수가 도착했겠다. — *Minsu ist wahrscheinlich angekommen.*
Nicht: *아마 민수가 도착했다. / 도착했니?

혹시 내일 시간 있어요? — *Haben Sie eventuell morgen Zeit?*

혹시 김 선생님을 아세요? — *Vielleicht kennen Sie Herrn Kim?*

아무쪼록 'bitte'

Das Adverb 아무쪼록 steht in der Regel in der Imperativform oder mit der Konstruktion VS–기 바라다/빌다, die einen Wunsch seitens des Sprechers ausdrückt.

아무쪼록 건강하게 잘 지내라. — *Bitte bleib gesund!*

아무쪼록 건강 조심하세요. — *Bitte passen Sie gut auf sich auf!*

아무쪼록 행운이 있길 빌어요. — *Ich wünsche Ihnen viel Glück.*

만일, 만약 'falls'/'wenn'

Die Adverbien 만일/만약 'falls/wenn' werden zusammen mit der konditionalen Konjunktionalform –으면 verwendet und verstärken die konditionale Bedeutung (▶ 24.3.6 | Konditionalsatz).

만약 (= 만일) 그가 오면 전화해 주세요 — *Bitte rufen Sie mich an, wenn er kommt.*

설령, 설사, 비록, 아무리 'auch wenn'

Die Adverbien 설령, 설사, 비록, 아무리 haben eine konzessive Bedeutung, die im Deutschen 'auch wenn', 'obwohl'/'obgleich' entspricht (▶ 24.3.8 | Konzessivsatz). Sie können zur Betonung zusammen mit einer konzessiven Konjunktionalform verwendet werden: z.B. 설령 눈이 올지라도 운동회를 합니다. *Selbst wenn es schneit, findet das Sportfest statt.*

Beispiele für weitere Satzadverbien:

보통 7 시에 일어나요. — *Normalerweise stehe ich um 7 Uhr auf.*

물론 제가 예약하겠습니다. — *Selbstverständlich werde ich das reservieren.*

다행히(도) 지갑에 돈이 없었어요. — *Glücklicherweise war kein Geld im Geldbeutel.*

마침 잘 오셨어요. — *Sie sind ja im richtigen Moment gekommen.*

확실히 저를 믿으세요. — *Vertrauen Sie mir ganz fest!*

사실 그 아이는 제 딸이에요. — *In der Tat ist dieses Kind meine Tochter.*

그것이 과연 사실일까요? — *Ist es tatsächlich wahr?*

역시 그가 옳았어요. — *Wie erwartet, hat er Recht.*

반드시 이 책을 읽어야 합니다. — *Man muss dieses Buch unbedingt lesen.*

어차피 내가 해야 할 일이에요. — *Das ist eine Arbeit, die ich sowieso machen muss.*

아무튼 초대해줘서 고마워요. — *Danke jedenfalls für die Einladung.*

학생은 모름지기 공부해야 한다. — *Die Schüler müssen auf jeden Fall lernen.*

이왕 (= 기왕) 늦었으니 천천히 가요. — *Es ist sowieso zu spät. Lass uns langsam gehen!*

15.4 Konjunktionale Adverbien

Konjunktionale Adverbien dienen dazu, zwei getrennte, aber inhaltlich zusammengehörende Sätze zu verbinden. Sie stehen am Anfang des zweiten Satzes und stellen koordinative, kausale, konditionale, temporale oder konzessive Beziehungen zwischen Sätzen her. Sie werden auch als selbstständige Konjunktionen bezeichnet. Ihr Gebrauch kontrastiert mit den Konjunktionalformen, die Neben- und Hauptsätze verbinden (▶ 24.3 | Adverbialsätze).

konjunktionale Adverbien	deutsche Entsprechungen
그리고	koordinativ: 'und'
그러나, 그렇지만, 하지만	adversativ: 'aber'
그런데	adversativ: 'aber'
그래서, 그러므로, 그러니까, 고로, 따라서	kausal: 'daher', 'deshalb'
그러면 (그럼)	konditional: 'wenn ..., dann'
그럼에도 (불구하고), 그런데도, 그래도	konzessiv: 'trotzdem', 'dennoch'
그러면서	'indem es so ist', 'dabei'
그렇지 않아도	'sowieso gerade'
또는, 내지, 혹은	disjunktiv: 'oder'
그 밖에, 게다가, 또, 또한, 역시, 더구나, 및	'und', 'auch', 'außerdem', 'sowie', 'bzw.'
하물며	'geschweige denn'
즉	'das heißt', 'nämlich'
(더) 나아가서	'darüber hinaus, 'ferner'

Viele der hier aufgelisteten konjunktionalen Adverbien sind Ableitungen, die durch das Anfügen einer Konjunktionalform an den Stamm der Verben 그렇다, 그러하다 bzw. 그리하다 'so sein' gebildet werden. So wird z.B. das konjunktionale Adverb 그렇지만 'aber' durch das Anfügen der adversativen Konjunktionalform -지만 an den Verbstamm 그렇- gebildet.

그리고 'und'

Das konjunktionale Adverb 그리고 'und' wird verwendet, um mehrere Satzaussagen aneinanderzureihen oder zwei unabhängige Sätze in zeitlicher Abfolge im Sinne von 'und dann' zu verbinden. In einer Aufzählung von drei oder mehr Elementen in einem Satz werden die beiden letzten durch 그리고 verbunden.

a) Aneinanderreihung

율리아는 독일어를 잘 해요. 그리고 한국어도 잘 해요.	*Julia spricht gut Deutsch. Und sie spricht auch gut Koreanisch.*
저는 비빔밥을 잘 먹어요. 그리고 불고기도 잘 먹어요.	*Ich esse gern Bibimbap. Und ich esse auch gern Bulgogi.*
그 사람은 성격이 좋습니다. 그리고 얼굴도 잘생겼습니다.	*Er [die Person] hat einen guten Charakter. Und er sieht gut aus.*

b) zeitliche Abfolge 'und dann'

아침에 운동을 했어요. 그리고 샤워를 했어요.	*Am Morgen habe ich Sport getrieben. Und dann habe ich geduscht.*

어제 수미를 만났어요. 그리고 같이 극장에 갔어요.	*Gestern habe ich Sumi getroffen. Und dann sind wir zusammen ins Kino gegangen.*
책을 샀어요. 그리고 그날 밤 그 책을 다 읽었어요.	*Ich habe ein Buch gekauft. Und dann habe ich es in der gleichen Nacht zu Ende gelesen.*

c) Aufzählung

책과 공책 그리고 연필을 사야 해요.	*Ich muss Bücher, Hefte und Bleistifte kaufen.*
이 회사에 일본사람, 한국사람 그리고 독일사람이 일해요.	*In dieser Firma arbeiten Japaner, Koreaner und Deutsche.*
수미는 예쁘고, 착하고 그리고 똑똑해요.	*Sumi ist schön, nett und klug.*

그렇지만, 그러나, 하지만 'aber' / 'jedoch'

Die konjunktionalen Adverbien 그렇지만, 그러나, 하지만 verbinden zwei inhaltlich gegensätzliche Sätze und können auch eine Einschränkung im Sinne von 'aber', 'jedoch', 'dagegen' ausdrücken. 하지만 und 그렇지만 werden meist in der gesprochenen Sprache verwendet, während 그러나 vorzugsweise im geschriebenen Kontext gebraucht wird. Die Subjekte können gleich oder unterschiedlich sein.

회사 일이 힘들어요. 그러나 재미있어요.	*Die Arbeit in der Firma ist anstrengend. Aber sie macht mir Spaß.*
저는 고기를 좋아해요. 하지만 야채를 안 좋아해요.	*Ich mag Fleisch. Aber ich mag kein Gemüse.*
민호는 수학을 잘 해요. 그렇지만 영어는 못 해요.	*Minho ist gut in Mathe. Aber er ist nicht gut in Englisch.*

그런데 'aber' / 'und dann übrigens'

Das Konjunktionaladverb 그런데 kann je nach Kontext die folgenden Bedeutungen haben: a) eine Konjunktion mit konzessiv-adversativer Bedeutung, b) eine modifizierende Ergänzung zum vorangehenden Satz oder c) einen Themenwechsel oder die Einführung eines neuen Themas.

a) 그런데 wird verwendet, wenn zwei Sätze im Gegensatz stehen.

형은 키가 작아요. 그런데 동생은 키가 커요.	*Der ältere Bruder ist klein. Aber der jüngere Bruder ist groß.*
저는 산을 좋아해요. 그런데 바다는 안 좋아해요.	*Ich mag Berge. Aber das Meer mag ich nicht.*
밥을 많이 먹었어요. 그런데 배가 고파요.	*Ich habe viel gegessen. Trotzdem habe ich Hunger.*

b) 그런데 wird verwendet, wenn der erste Satz eine allgemeine Erklärung, Hintergrundinformation oder eine Begründung für den im zweiten Satz geschilderten Sachverhalt angibt.

내일 한국에 가요. 그런데 필요한 것 있어요?	*Ich fliege morgen nach Korea. Brauchen Sie etwas (aus Korea)?*
작년에 집을 샀어요. 그런데 문제가 많아요.	*Letztes Jahr haben wir ein Haus gekauft. Aber wir haben viele Probleme damit.*
비가 많이 오네요. 그런데 왜 우산을 안 쓰고 왔어요?	*Es regnet stark. Warum sind Sie ohne Regenschirm gekommen?*

c) 그런데 drückt auch eine Überraschung oder ein Bedauern des Sprechers aus.

아침에 학교에 갔어요. 그런데 아무도 없었어요.	*Ich bin am Morgen in die Schule gegangen. Aber keiner war da.* (Überraschung)
내일 시험이 있어요. 그런데 감기에 걸리고 말았어요.	*Ich habe morgen eine Prüfung. Aber ich bin leider erkältet.* (Bedauern)
치마를 사러 시내에 갔어요. 그런데 마음에 드는 치마가 없었어요.	*Ich bin in die Stadt gegangen, um einen Rock zu kaufen. Aber (leider) gab es keinen, der mir gefällt.*

d) 그런데 zeigt einen Themenwechsel oder die Einführung eines neuen Themas an. Im Deutschen wird dies mit 'übrigens'/'apropos' angezeigt.

저도 숙제가 너무 많아서 다 못 했어요. ... 그런데 지금 몇 시에요?	*Da ich zu viele Hausaufgaben habe, konnte ich sie nicht alle machen. Übrigens, wie spät ist es jetzt?*
그런데 나이가 어떻게 되시죠?	*Apropos, wie alt sind Sie eigentlich?*

그래서/그러니까 'deshalb', 'also', 'daher'

그래서 und 그러니까 haben eine kausale Bedeutung im Sinne von 'deshalb/deswegen', 'also, daher'. Mit dem konjunktionalen Adverb 그래서 wird eine Ursache oder eine Begründung für eine im folgenden Satz genannte Handlung angegeben. Das konjunktionale Adverb 그러니까 wird verwendet, wenn der erste Satz einen objektiven Zwang oder einen natürlichen Grund für eine im folgenden Satz beschriebene Handlung oder einen Zustand darstellt. Dem konjunktionalen Adverb 그러니까 folgen meist die Befehls- bzw. Aufforderungsformen –(으)세요 und –읍/ㅂ시다 *'Machen Sie bitte!'* oder die modale Konstruktion VS–아/어야 해요, die eine Verpflichtung oder einen Zwang ausdrückt (▶ 9.4.7 | Modale Hilfsverbkonstruktion).

어제 술을 많이 마셨어요. 그래서 머리가 아파요.	*Ich habe gestern (zu) viel Alkohol getrunken. Daher habe ich Kopfschmerzen.*
바지가 좀 작습니다. 그래서 바꾸려고 합니다.	*Die Hose ist etwas zu klein. Deshalb möchte ich sie umtauschen.*
김치가 아주 매워요. 그러니까 조금씩 드세요.	*Dieses Kimchi ist sehr scharf. Essen Sie daher nur ein wenig.*
많이 늦었어요. 그러니까 택시를 타고 갑시다.	*Es ist sehr spät geworden. Deshalb lasst uns doch ein Taxi nehmen!*
세상에 믿을 사람이 없어요. 그러니까 말조심하세요.	*Es gibt niemanden auf dieser Welt, dem man vertrauen kann. Achten Sie daher darauf, was Sie sagen.*

따라서 'also', 'somit', 그러므로 / 고로 'also', 'folglich'

Die Konjunktionaladverbien 따라서, 그러므로, 고로 haben konsekutive Bedeutungen, die dem Deutschen 'also', 'darum', 'daher', 'deshalb', 'folglich', 'somit' entsprechen. Sätze mit diesen Konjunktionaladverbien geben die Folge einer Handlung an.

돈을 훔쳤어요. 따라서 벌을 받아야 해요.	*Er hat Geld gestohlen. Also muss er bestraft werden (Strafe bekommen).*
나는 생각한다. 그러므로 (= 고로) 존재한다.	*Ich denke, also bin ich.*
돈이 없어요. 그러므로 한국에 갈 수 없어요.	*Ich habe kein Geld. Darum kann ich nicht nach Korea fliegen.*

그럼에도 불구하고, 그런데도, 그래도 'trotzdem', 'dennoch', 'nichtsdestotrotz'

Als konzessive Konjunktionen existieren die drei Formen 그럼에도 (불구하고), 그런데도 und 그래도, die mit 'trotzdem', 'dennoch', 'nichtsdestotrotz' wiedergegeben werden können. Sätze mit diesen Konjunktionen geben eine Einschränkung oder einen Gegensatz zu einer vorangehenden Aussage an.

그는 배가 불러요. 그런데도 계속 먹어요.	*Er ist satt. Trotzdem isst er weiter.*
방이 차가워요. 그런데도 아이들이 맨발로 다녀요.	*Das Zimmer ist kalt. Dennoch laufen die Kinder barfuß.*
그녀는 돈이 많아요. 그럼에도 (불구하고) 행복하지 않아요.	*Sie hat viel Geld. Nichtsdestotrotz ist sie nicht glücklich.*
우수한 성적으로 졸업했어요. 그럼에도 불구하고 취직을 못했어요.	*Sie hat mit guten Noten das Studium abgeschlossen. Dennoch hat sie keine Arbeitsstelle gefunden.*
열심히 공부했어요. 그래도 시험에 떨어졌어요.	*Ich habe fleißig gelernt. Trotzdem bin ich bei der Prüfung durchgefallen.*
공장 일이 힘듭니다. 그래도 여기서 일하시겠습니까?	*Die Fabrikarbeit ist schwer. Möchten Sie dennoch hier arbeiten?*

그러면 (그럼) 'wenn das so ist, dann ...', 'also'

Das konjunktionale Adverb 그러면 drückt eine Schlussfolgerung oder Konsequenz aus der Voraussetzung oder Annahme des ersten Satzes im Sinne von 'wenn ... dann', 'also' aus. In der gesprochenen Sprache wird die Kontraktionsform 그럼 verwendet.

아프세요? 그럼 집에서 쉬세요.	*Sind Sie krank? [Wenn das so ist,] Dann ruhen Sie sich zu Hause aus!*
A: 오늘 시간이 없어요. B: 그러면 언제 시간이 있어요.	*A: Ich habe heute keine Zeit.* *B: Also, wann hätten Sie denn Zeit?*
A: 살을 빼고 싶어요. B: 그러면 (= 그럼) 수영을 해 보세요.	*A: Ich möchte abnehmen.* *B: Dann versuchen Sie es mal mit Schwimmen!*

그러면서 'dabei'

Der Inhalt des zweiten Satzes wird als gleichzeitige Handlung mit der Handlung oder Situation des ersten Satzes verbunden. Da 그러면서 eigentlich eine Verbalform (wörtlich 'so sagend') ist, wird es mit dem Honorativsuffix –시 erweitert: 그러시면서. Im Deutschen kann es etwa mit 'dabei' oder 'und' wiedergegeben werden.

꽃을 저에게 주었습니다. 그러면서 생일을 축하한다고 했습니다.	*Er hat mir die Blumen gegeben und gratulierte mir [dabei] zum Geburtstag.*
선생님께서 이 책을 주셨어요. 그러시면서 내일까지 읽으라고 하셨어요.	*Mein Lehrer hat mir dieses Buch gegeben und sagte [dabei], dass ich es bis morgen lesen soll.*
사장님은 방금 외출하셨습니다. 그러시면서 한 시간 후에 돌아오시겠다고 말씀하셨어요.	*Der Chef ist gerade rausgegangen und sagte [dabei], dass er in einer Stunde zurückkommt.*

그렇지 않아도

Das Konjunktionaladverb 그렇지 않아도 wird verwendet, wenn der Sprecher im Begriff ist, eine vorher im ersten Satz erwähnte oder geplante bzw. gedachte Handlung auszuführen. Zur Betonung wird es häufig mit der Konstruktion VS–(으)려던 참이에요 'im Begriff sein, X zu machen' oder VS–려고 하다/VS–고 싶다 'vorhaben, X zu machen'/'möchten' verwendet (▶ 17.2.5 | Formalnomen 참).

A: 이 편지를 부쳐야 해요.
B: 그렇지 않아도 소포를 부치러 우체국에 가려고 했어요.

A: Ich muss den Brief abschicken.
B: Ich wollte gerade zur Post gehen, um ein Paket aufzugeben.

A: 이 단어 잘 모르겠어요.
B: 그렇지 않아도 설명하려던 참이었어요.

A: Ich verstehe dieses Wort nicht.
B: Ich wollte Ihnen das sowieso gerade erklären.

그렇지 않아도 전화하려던 참이에요. — *Ich wollte Sie sowieso gerade anrufen.*

또는, 내지, 혹은 'oder' / 'entweder ... oder'

또는, 내지, 혹은 verbinden entweder alternative Gruppen von Nomina oder von Sätzen. Sie bedeuten 'oder' / 'entweder ... oder'. Anders als im Deutschen muss bei diesen disjunktiven Konjunktionaladverbien das Verb im zweiten Satz wiederholt werden.

아들 혹은 (= 또는 / 내지) 딸을 원하는 부부에게 중요합니다. — *Das ist wichtig für Ehepaare, die Söhne oder Töchter haben möchten.*

오늘 오세요? 혹은 내일 오세요? — *Kommen Sie heute oder morgen? [Kommen Sie heute? Oder kommen Sie morgen?]*

현금으로 내시겠어요? 또는 카드로 내시겠어요? — *Bezahlen Sie bar oder mit Karte? [Bezahlen Sie bar? Oder bezahlen Sie mit Karte?]*

10 년 혹은 / 내지 15 년 동안 외국에서 살 생각이에요. — *Ich habe vor, für ein oder zwei Jahre im Ausland zu leben.*

및 'und', 'sowie', 'beziehungsweise'

Das Konjunktionaladverb 및 verbindet zwei gleiche Satzelemente und bedeutet 'und' / 'sowie'. Falls es mehr als zwei Phrasen gibt, steht 및 an der letzten Phrase. In diesem Fall kann 및 mit 그리고 'und', 또 'auch' ausgetauscht werden.

한국의 역사, 문화 및 (= 그리고/또) 사회에 관심이 있어요. — *Ich habe Interesse an der Geschichte und Kultur sowie der Gesellschaft Koreas.*

양국은 경제 및 무역 협력을 맺었다. — *Beide Staaten haben eine Wirtschafts- und Handelskooperation vereinbart.*

한국 영화 및 음악을 좋아해요. — *Er mag koreanische Filme und Musik.*

게다가 'außerdem', 또한/또/역시 'auch', 더구나 'überdies' / 'dazu, sogar'

Diese vier Konjunktionaladverbien haben eine ähnliche Bedeutung und sind austauschbar.

이 자동차는 아주 튼튼해요. 게다가 기름도 적게 들어요. — *Dieses Auto ist sehr stabil. Außerdem verbraucht es wenig Benzin.*

이 식당은 음식 값이 너무 비싸요. 게다가 맛도 없어요. — *Was dieses Restaurant angeht, sind die Preise zu hoch. Außerdem schmeckt das Essen nicht.*

너가 좋다면 나도 역시 좋아. — *Wenn du das magst, dann mag ich das auch.*

날씨가 흐렸다. 또한 바람도 심하게 불었다. — *Das Wetter war bewölkt. Außerdem war es sehr windig.*

그녀는 독일어와 불어가 유창하다. 또 한국어와 일본어도 잘 한다. — *Sie spricht fließend Deutsch und Französisch. Außerdem kann sie gut Koreanisch und Japanisch.*

한국말을 잘 못 알아들어요. 더구나 뉴스는 더 못 알아듣겠어요. — *Er versteht nicht gut Koreanisch. Erst recht versteht er die Nachrichten nicht.*

그 밖에 'sonst noch etwas'

그 밖에 또 무엇을 볼 수 있습니까?	*Können Sie sonst noch etwas sehen?*
그 밖에 필요한 것 있으신가요?	*Brauchen Sie sonst noch etwas?*

하물며 'geschweige denn'

목이 아파서 말도 못해요. 하물며 노래를 어떻게 부르겠어요.	*Er kann vor Halsschmerzen nicht sprechen, geschweige (denn) singen.*
차도 못 사요. 하물며 집을 어떻게 사요.	*Ich kann mir kein Auto leisten, geschweige denn ein Haus.[wie kann ich ein Haus kaufen?]*

즉 'nämlich' / 'das heißt'

즉 wird verwendet, um eine vorangehende Aussage zu konkretisieren.

여기에는 몇 개의 예외가 있다, 즉 그것은 다음과 같다.	*Es gibt einige Ausnahmen, nämlich folgende.*
생일 파티가 다음 주에, 즉 7 월 15 일에 열려요.	*Der Geburtstag findet nächste Woche, nämlich am 15. Juli statt.*

(더) 나아가서 'darüber hinaus' / 'ferner'

Das Konjunktionaladverb 더 나아가서 bedeutet 'darüber hinaus' / 'ferner' und wird in der Regel in der Schriftsprache verwendet. Dabei kann das komparative Element 더 auch weggelassen werden.

잘못은 교사들, 더 나아가 교육 제도에 있다.	*Der Fehler liegt bei den Lehrern, darüber hinaus in dem Bildungssystem.*
이 문제는 작게는 가정 문제이지만 (더) 나아가서는 사회 문제이기도 하다.	*Das ist im engeren Sinne ein Familienproblem, aber darüber hinaus ein gesellschaftliches Problem.*

15.5 Lautsymbolische Adverbien

Im Koreanischen gibt es eine Vielzahl lautsymbolischer Adverbien, die eine Nachahmung von Geräuschen, aber auch von anderen Sinneseindrücken aus der Natur oder anderen Bereichen wiedergeben. Sie werden in zwei Kategorien eingeteilt: 1) lautnachahmende Wörter (의성어), durch die Naturgeräusche nachgeahmt werden, und 2) handlungsbeschreibende Wörter (의태어), durch die Handlungen und Eigenschaften charakterisiert werden.

Von einem Muttersprachler werden solche Adverbien als direkte Wiedergabe von Naturlauten empfunden, tatsächlich sind diese Ausdrücke jedoch sprachspezifisch. So wird das Hundegebell im Deutschen durch *wau wau*, im Koreanischen jedoch ganz anders, nämlich durch 멍멍 wiedergegeben. Lautsymbolische Adverbien fungieren im Koreanischen meist als Adverbien, die nur mit bestimmten Verben gebraucht werden können, so kommt z.B. 멍멍 nur mit dem Verb 짖다 'bellen' zusammen vor. Auch werden sie oft in Verbindung mit den verbalisierenden Suffixen wie -거리다 und -이다 als Verb verwendet: 고개를 끄덕이다/끄덕거리다 'Kopf nicken', 반짝이다/ 반짝거리다 'blitzen'. Sie werden meistens durch Verdoppelung gleicher oder fast identischer Silben gebildet. So beschreibt das Adverb 아장아장 die Gangart eines Kleinkindes: z.B. 아기가 아장아장 걸어요. *'Das Kleinkind geht tapsig.'*

Darüber hinaus kann durch die Veränderung der Vokale die Bedeutung modifiziert werden, z.B. wird 아장아장 zu 어정어정 verändert, um eine Gangart eines Erwachsenen oder eines Tieres zu beschreiben, die etwa als *'schwerfällig gehen'* wiedergegeben werden kann. Diese Bedeutungsveränderung durch Vokalwechsel basiert auf der Grundregel, dass die Vokale 아 /a/, 야 /ya/, 오 /o/, 요 /yo/, 애 /ae/ tendenziell Helligkeit, Leichtigkeit, Schnelligkeit sowie positive Stimmung usw. ausdrücken, während die Vokale 에 /e/, 우 /u/, 유 /yu/, 어 /ŏ/, 여 /yŏ/ eher Dunkelheit, Schwere, Langsamkeit sowie negative Stimmung usw. signalisieren.

helle Vokale (ㅏ, ㅑ, ㅗ, ㅛ, ㅐ)		dunkle Vokale (ㅜ, ㅠ, ㅓ, ㅕ, ㅔ)	
알록달록	*farbenfreudig/bunt*	얼룩덜룩	*bunt gefleckt/verfärbt*
물이 보글보글 끓어요.	*Wasser siedet leicht.*	물이 부글부글 끓어요.	*Wasser siedet stark.*

Ähnliches gilt auch für die Konsonanten. Die nicht-gespannten Konsonanten signalisieren sanfte oder leise Töne, wenn sie mit aspirierten bzw. gespannten Konsonanten (für laute Geräusche) kontrastieren. So kann die Stärke des Windes durch den Wechsel des Konsonanten 싱싱 *'starker Wind'* zu 씽씽 *'sehr starker Wind'* differenziert werden.

nicht gespannte Konsonanten		gespannte/aspirierte Konsonante	
길이 고불고불해.	*Die Straße ist gewunden.*	길이 꼬불꼬불해.	*Die Straße ist kurvig.*
박박 문지르다.	*leichtes Schrubben*	빡빡 문지르다.	*starkes Schrubben*
머리가 빙빙 돈다.	*Mein Kopf dreht sich. (mir schwindelt)*	머리가 핑핑 돈다.	*Mein Kopf dreht sich stark. (mir schwindelt stark)*

Im Folgenden werden einige geläufige lautsymbolische Adverbien zusammengestellt.

1. Lautnachahmende Wörter (의성어)

Lautnachahmende Wörter für Tiergeräusche

멍멍 *mŏng mŏng*	개가 멍멍 짖어요.	*Hunde bellen wau wau.*
짹짹 *ccekccek*	새가 짹짹 짖어요.	*Vögel zwitschern.*
야옹 야옹 *yaong yaong*	고양이가 야옹야옹거린다.	*Katzen machen miau miau.*
찍찍 *ccik ccik*	쥐가 찍찍거린다.	*Die Maus piepst.*
꿀꿀 *kkulkkul*	돼지가 꿀꿀거린다.	*Das Schwein grunzt.*
음메 *um-me*	소가 음메 하고 울어요.	*Die Kuh macht muh.*
꼬끼오 *kkokkio*	닭이 꼬끼오 하고 울어요.	*Der Hahn kräht kikeriki.*
삐약 삐약 *ppiyak ppiyak*	병아리가 삐약삐약 울어요.	*Das Küken piepst.*
개굴개굴 *kegul kegul*	개구리가 개굴개굴 울어요.	*Der Frosch quakt.*
윙윙 *wing wing*	모기가 윙윙거려요.	*Die Moskitos summen.*

Lautnachahmende Wörter für Naturgeräusche

솔솔 *(leichter Wind)*	바람이 솔솔 불어요.	*Der Wind weht sanft.*
싱싱 *(starker Wind)*	바람이 싱싱 불어요.	*Der Wind weht kräftig.*
졸졸 *plätschernd (leise)*	시냇물이 졸졸 흘러요.	*Der Bach plätschert leise.*
줄줄 *plätschernd (laut)*	시냇물이 줄줄 흘러요.	*Der Bach plätschert laut.*
주룩주룩 *starker Regen*	비가 주룩주룩 와요.	*Es regnet stark.*

Lautnachahmende Wörter für Essen und Trinken

목이 말라 물을 벌컥벌컥 마셨어요.	*Ich habe vor Durst hastig Wasser getrunken.*
짭짭 소리 내지 말고 조용히 먹어.	*Schmatz nicht; iss leise!*
사탕을 꿀꺽 삼켜 버렸다.	*Ich habe (aus Versehen) ein Bonbon verschluckt.*
국수를 후루룩 먹어 치웠다	*Ich habe die Nudeln schlürfend aufgegessen.*

Lautnachahmende Wörter für Lachen und Weinen

민호가 히죽히죽 웃어요.	*Minho grinst.*
기뻐서 싱글벙글 웃어요.	*Er lächelt heiter vor Freude.*
아기가 엄마를 보며 생글생글 웃어요.	*Das Kind lacht seine Mutter fröhlich an.*
할아버지께서 하하하(허허허) 웃으셨다.	*Der Großvater lacht fröhlich.*
수미가 배가 아플 정도로 까르륵 웃었다.	*Sumi lachte so stark, dass ihr Bauch schmerzte.*
수미가 훌쩍 훌쩍 울어요.	*Sumi schluchzt unter Tränen.*
왜 그렇게 징징거려?	*Warum jammerst du denn?*
너무 아파서 엉엉 울었어요.	*Ich habe vor Schmerz laut geweint.*
아이가 으앙하고 울어요.	*Das kleine Kind weint laut.*
흑흑 소리를 내며 울었다.	*Sie hat bitterlich geweint.*
강아지가 킹킹거려요.	*Der kleine Hund wimmert.*

Lautnachahmende Wörter für Schlafen

쿨쿨 코를 골며 자고 있어요.	*Er schläft laut schnarchend.*
아이가 쌕쌕거리며 잔다.	*Das Kind schläft leise schnarchend.*
잘 때 코를 드렁드렁 / 드르렁 골아요.	*Er schnarcht laut beim Schlafen.*

Lautnachahmende Wörter für Nicht-Lebewesen

자동차가 빵빵거린다.	*Das Auto hupt.*
시계가 똑딱똑딱거려.	*Die Uhr tickt.*
배에서 꼬르륵 소리가 난다.	*Der Magen knurrt.*
침대가 삐걱거려요.	*Das Bett knarrt.*
닭이 모이를 콕콕 쪼아 먹는다.	*Das Huhn pickt das Futter auf.*

2. Handlungsbeschreibende Wörter (의태어)

Gangarten

Mit den Bewegungsverben 걷다 'gehen' und 뛰다 'laufen' können in Verbindung mit lautsymbolischen Adverbien verschiedene Gangarten differenziert werden.

총총 걸어요.	*Er trippelt.*
민수가 살금살금 걷습니다.	*Minsu schleicht.*
터벅터벅 걷지마.	*Geh nicht so schwerfällig!*
아이가 엉금엉금 긴다.	*Das Kind kriecht auf allen Vieren.*

오리가 뒤뚱뒤뚱 걸어요.	*Die Ente watschelt.*
그녀가 사뿐사뿐 걸어 가요.	*Sie geht mit sanften Schritten.*
술에 취해서 비틀비틀 걸어요.	*Er torkelt vor Trunkenheit.*
토끼가 깡총깡총 뛴다.	*Der Hase hoppelt.*

Art und Weise für 'sehen'

힐끔힐끔 쳐다보지 마.	*Schau mich nicht so schräg an!*
말똥말똥 쳐다 보고 있어요.	*Er starrt mich mit weit aufgerissenen Augen an.*
초롱초롱한 눈으로 나를 봅니다.	*Mit strahlenden Augen schaut er mich an.*

Visuelle Eindrücke des Sprechers von einer äußeren Erscheinung

그는 꾸벅꾸벅 존다.	*Er nickt ein.*
그는 추워서 덜덜 떤다.	*Er zittert heftig vor Kälte.*
강물이 꽁꽁 얼었어요.	*Der Fluss ist zugefroren.*
안나가 나긋나긋 미소를 지었다.	*Anna lächelt sanft/lieb.*
공이 데굴데굴 굴러가요.	*Der Ball rollt weg.*
할머니가 덩실덩실 춤을 춥니다.	*Die Oma tanzt freudig.*
몸을 꼼지락 꼼지락 움직여요.	*Er bewegt seinen Körper unruhig.*
사랑과 증오에서 갈팡질팡했다.	*Sie schwankte zwischen Liebe und Hass.*
아이가 무럭무럭 예쁘게 자랐어요.	*Das Kind ist gut und schön herangewachsen.*
백화점에 사람이 바글바글해요.	*Das Kaufhaus wimmelt von Menschen.*
긴장해서 입이 바싹 말랐어요.	*Weil ich angespannt war, ist mein Mund ausgetrocknet.*
얼굴이 부석부석해요.	*Das Gesicht ist geschwollen/aufgedunsen.*
그는 빈둥빈둥 놀기만 해요.	*Er vertrödelt seine Zeit ohne Beschäftigung.*
더워서 땀이 뻘뻘 나요.	*Es ist zu heiß. Daher schwitze ich stark/heftig.*
사과가 주렁주렁 열렸다.	*Der Apfelbaum hängt voller Früchte.*
내 심장이 쿵쾅거렸다.	*Mein Herz pochte.*
태극기가 바람에 펄럭거렸다.	*Die koreanische Flagge flatterte im Wind.*
눈이 펑펑 쏟아지고 있어요.	*Es schneit sehr stark.*
화들짝 놀라서 후다닥 도망갔다.	*Weil sie sich zu Tode erschrak, rannte sie rasch weg.*
모닥불이 활활 타고 있다.	*Das Lagerfeuer lodert (flackert).*
허겁지겁 먹지 마.	*Stopf das Essen nicht so hastig runter!*
살이 빠져서 바지가 헐렁헐렁해요.	*Weil ich abgenommen habe, schlabbert die Hose.*
그는 어려운 문제도 척척 풀었다.	*Er hat sogar eine schwierige Aufgabe leicht und schnell gelöst.*
막스는 책을 또박또박 읽었다.	*Max liest ein Buch deutlich (mit klarer Aussprache) vor.*

16 Nomina

Es gibt im Koreanischen zwei Arten von Nomina: 1) freistehende Nomina und 2) gebundene Nomina. Die meisten Nomina sind freistehende Nomina, die eine eigenständige Bedeutung haben und ohne weitere modifizierende Elemente in einem Satz vorkommen können. Bei freistehenden Nomina unterscheidet man je nach Bedeutung grob zwei Typen: a) Eigennamen, d.h. Personen- oder Ortsnamen (z.B. Max, Seoul), und b) Gattungsnamen, die Klassen von Lebewesen, Gegenständen oder Abstrakta bezeichnen. Die Gattungsnamen wiederum sind in zählbare (z.B. Baum) und nicht-zählbare (z.B. Wasser) unterschieden.

Die gebundenen Nomina können dagegen nicht alleine im Satz auftreten, sondern sind immer mit einem modifizierenden Element verbunden. Hierzu gehören in erster Linie Formalnomina wie 것 'Ding', 곳 'Ort', 수 'Möglichkeit' usw. Diese werden entweder durch Demonstrativa oder Partizipialformen des Verbs modifiziert: 이 것 'dieses Ding', 저 곳 'jener Ort', 갈 수 'Möglichkeit zu gehen' (▶ 17.1 | Formalnomina). Zu den gebundenen Nomina werden auch die Numeralklassifikatoren gezählt, die in Verbindung mit Numeralia zum Zählen von freistehenden Nomina verwendet werden: 개 한 마리 'ein Hund', 사과 두 개 'zwei Äpfel' (▶ 19.3 | Numeralia und Numeralklassifikatoren).

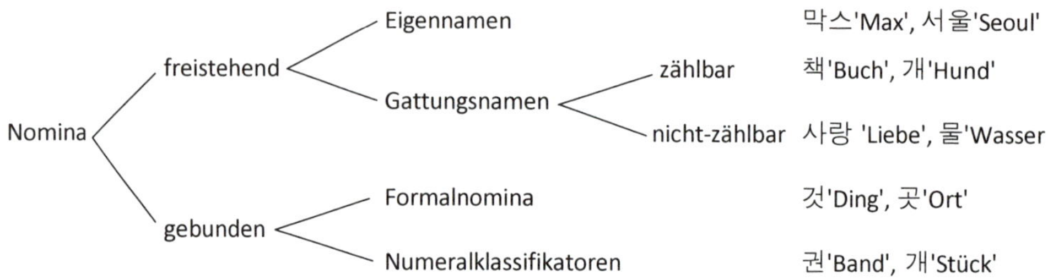

Merkmale koreanischer Nomina

a) Koreanische Nomina haben im Vergleich zu deutschen Nomina kein grammatisches Geschlecht (Genus) und keinen bestimmten und unbestimmten Artikel.

b) Die Numerusbezeichnung am Nomen ist fakultativ. Die Pluralmarkierung 들 wird überwiegend für Lebewesen gebraucht, für Gegenstände jedoch selten. In Verbindung mit Zahlwörtern, Adverbien, Qualitativverben und Adnomina mit pluralischer Bedeutung wie 많이 'viel', 많다/수많다 'viel/zahlreich sein' oder 여러 'viel/mehrere' wird 들 häufig weggelassen (▶ 22.1 | Pluralpartikel).

c) Nomina können im Koreanischen durch verschiedene Wortarten näher bestimmt werden. Diese Wörter werden dem Nomen vorangestellt. Hierzu gehören Demonstrativa (이/그/저 사람 'diese/die/jene Person'), Numeralia (한 개 'ein Stück'), Adnomina (새 옷 'neue Kleidung'), Fragewörter (어떤 'welche', 무슨 'was für ein') und Partizipialformen des Verbs (좋은 날씨 'schönes Wetter').

Die grammatischen Funktionen der Nomina (Subjekt, Objekt, Topik, Adverbialbestimmung) werden durch das Anhängen von Partikeln (Postpositionen) ausgedrückt (▶ 22 | Partikeln).

민수가	도서관에서	책을	읽습니다
Minsu + 가 (NOM)	'Bibliothek' + 에서 (LOK)	'Buch' + 을 (AKK)	'liest'
Subjekt	Adverbialbestimmung	Objekt	Prädikat
Minsu liest ein Buch in der Bibliothek.			

16.1 Nominalkomposita

Bei der Nominalkomposition werden zwei Wörter miteinander verbunden. In den meisten Fällen handelt es sich dabei um eine Zusammensetzung aus zwei freistehenden Nomina (z.B. 잠 'Schlaf' + 옷 'Kleidung' → 잠옷 'Nachthemd') oder um die Kombination eines Adnomens bzw. einer Partizipialform eines Verbs mit einem freistehenden Nomen (z.B. 새 'neu' + 해 'Jahr' → 새해 'Neujahr', 큰 'groß seiend' + 집 'Haus' → 큰집 'Haus des ältesten Sohnes der Familie'). Nach dem Verhältnis der Bedeutung von Bestimmungswort und Grundwort lassen sich drei Typen von Komposita unterscheiden.

1) Determinativkomposita: Sie bestehen aus einem Bestimmungswort (A) und einem Grundwort (B), wobei B durch A näher bestimmt wird.

Bestimmungswort (A)		Grundwort (B)		Determinativkompositum	
집 *Haus*	+	문 *Tür*	→	집문	*Haustür*
새 *Vogel*	+	모이 *Futter*	→	새모이	*Vogelfutter*
그림 *Bilder*	+	책 *Buch*	→	그림책	*Bilderbuch*
아침 *Morgen*	+	밥 *Reis*	→	아침밥	*Frühstück*
쓰레기 *Müll*	+	통 *Eimer*	→	쓰레기통	*Mülleimer*
여행 *Reise*	+	가방 *Tasche*	→	여행가방	*Reisetasche*
코 *Nase* + ㅅ	+	노래 *Lied*	→	콧노래	*Summen*
나무 *Baum* + ㅅ	+	잎 *Blatt*	→	나뭇잎	*Laub*
수도 *Wasserleitung* + ㅅ	+	물 *Wasser*	→	수돗물	*Leitungswasser*

Die letzten drei Komposita enthalten den Bindekonsonanten ㅅ, der ursprünglich zur Markierung des Genitivs diente, heute jedoch nur noch in bestimmten Komposita erhalten geblieben ist.

2) Kopulativkomposita sind Zusammensetzungen mit einer additiven Bedeutung, wobei A und B gleichermaßen zur Bedeutung des Kompositums beitragen. Die meisten Kopulativkomposita sind Zusammensetzungen aus sinokoreanischen Wörtern.

Glied A + Glied B		Kopulativkomposita (AB)	
부 (夫) *Vater* + 모(母) *Mutter*	→	부모	*Eltern*
자 (子) *Sohn* + 녀 (女) *Tochter*	→	자녀	*Kinder (in Bezug auf Eltern)*
남(男) *Mann* + 녀 (女) *Frau*	→	남녀	*Mann und Frau*
노 (老) *Alt* + 소 (小) *Jung*	→	노소	*Alt und Jung*
생 (生) *Leben* + 사 (死) *Tod*	→	생사	*Leben und Tod*

자식은 부모를 존경해야 한다.	*Die Kinder sollen ihre Eltern respektieren.*
김교수는 자녀가 없습니다.	*Herr Professor Kim hat keine Kinder.*
남녀노소 모두가 참가했어요.	*Männer und Frauen, Alt und Jung nahmen alle teil.*
생사가 달려있는 문제예요.	*Es geht um Leben und Tod.*

3) Exozentrische Komposita: Bei diesem Typ ergibt sich die Bedeutung nicht durch die Addition der Einzelbedeutungen von A und B. Das Kompositum hat eine Bedeutung C, die nicht aus der Bedeutung von A und B ableitbar ist: (A + B = C).

Glied A + Glied B		exozentrische Komposita	
춘(春) *Frühling* + 추(秋) *Herbst*	→	춘추	*Alter*
밤 *Nacht* + 낮 *Tag*	→	밤낮	*Tag und Nacht (immer)*
불 *Feuer* + 고기 *Fleisch*	→	불고기	*Gebratenes Rindfleisch (Bulgogi)*
새 *Vogel* + 대가리 *Hirn*	→	새대가리	*Dummkopf*
해 *Sonne* + 바라기 *Anschauen*	→	해바라기	*Sonnenblume*

📖 Zu den exozentrischen Komposita gehören auch die Verbalkomposita wie 돌아보다 (돌다 'umdrehen' + 보다 'sehen') 'sich zurückerinnern', 돌아가(시)다 'sterben' (▶ 5.5 | Honorativvokabular).

춘추가 어떻게 되세요?	*Wie alt sind Sie?*
나 새대가리인가 봐.	*Ich bin vielleicht ein Dummkopf!*
그녀는 해바라기를 좋아해요.	*Sie mag gerne Sonnenblumen.*

16.2 Durch Suffixe abgeleitete Nomina

Das Koreanische verfügt zur Bildung von abgeleiteten Nomina über zwei Arten von Suffixen: 1) die rein-koreanischen und 2) die auf dem Chinesischen basierenden sinokoreanischen. Diese Suffixe werden meistens an Nomina angehängt und dienen dazu, aus einem Nomen ein anderes Nomen zu bilden. Mit einigen rein-koreanischen Suffixen können auch aus Verbstämmen Nomina abgeleitet werden (울다 'weinen' → 울보 'Heulsuse'). Viele der durch Suffixe abgeleiteten Nomina finden sich als eigene Einträge im Wörterbuch und werden von vielen Sprechern nicht mehr als abgeleitete Nomina wahrgenommen. Im Folgenden sind einige häufig gebrauchte Nominalsuffixe aufgeführt.

1a) Rein-koreanische Suffixe zur Bezeichnung einer Person

Die Wortbildungssuffixe –쟁이, –꾸러기, –꾼, –뱅이, –둥이 und –보 haben die Bedeutung 'der Ausführende der Handlung' und geben die Person an, welche die durch das Verb bezeichnete Handlung ausführt oder eine bestimmte Eigenschaft hat. Die ersten drei Suffixe –쟁이, –꾸러기, –꾼 werden nur mit Nomina verbunden, während die letzteren drei Suffixe –보, –뱅이 und –둥이 überwiegend an Verbstämme angefügt werden. Die hier genannten Suffixe werden auch in einem abwertenden oder ironischen Sinne verwendet.

Nomen + –쟁이			Nomen + –꾸러기		
겁 *Angst*	→	겁쟁이 *Angsthase*	잠 *Schlaf*	→	잠꾸러기 *Schlafmütze*
욕 *Schimpfwort*	→	욕쟁이 *Übelredner*	말썽 *Störung/Ärger*	→	말썽꾸러기 *Störenfried*
고집 *Eigensinn*	→	고집쟁이 *Dickkopf*	심술 *schlechte Laune*	→	심술꾸러기 *Nörgler/Querkopf*
수다 *Geschwätz*	→	수다쟁이 *Schwätzer*	장난 *Streich*	→	장난꾸러기 *Lausbub/Bengel*
거짓말 *Lüge*	→	거짓말쟁이 *Lügner*	변덕 *Launenhaftigkeit*	→	변덕꾸러기 *launenhafte Person*
욕심 *Gier*	→	욕심쟁이 *Habgieriger*	욕심 *Gier*	→	욕심꾸러기 *Habgieriger*

📖 Die Nomina 욕심 'Gier' und 심술 'schlechte Laune' können mit den Suffixen –쟁이 und –꾸러기 verwendet werden.

Nomen + -꾼		VS/Nomen + -보	
일 → *Arbeit*	일꾼 *Arbeiter*	울다 → *weinen*	울보 *Heulsuse*
장사 → *Handel*	장사꾼 *Händler*	먹다 → *essen*	먹보 *Vielfraß*
사기 → *Betrug*	사기꾼 *Betrüger/Schwindler*	자다 → *schlafen*	잠보 *Schlafmütze*
구경 → *Zuschauen*	구경꾼 *Zuschauer/Besucher*	느리다 → *langsam sein*	느림보 *Schnarchnase /Trödler*
술 → *Alkohol*	술꾼 *Trinker*	털 → *Haare*	털보 *stark behaarter Mann*

VS/Nomen + -뱅이		VS/Nomen + -둥이	
앉다 → *sitzen*	앉은뱅이 *Fußlahmer*	검다 → *schwarz sein*	검둥이 *Schwarzer*
가난하다 → *arm sein*	가난뱅이 *Armer*	바람나다 → *locker leben*	바람둥이 *Aufreißer/Schürzenjäger*
게으르다 → *faulenzen*	게으름뱅이 *Faulenzer*	귀엽다 → *süß sein*	귀염둥이 *Liebling/Schatz*
주정 → *Trunkenheit*	주정뱅이 *Betrunkener*	막내 → *jüngstes Kind*	막내둥이 *Nesthäkchen*

1b) Rein-koreanische Suffixe für Abstrakta mit negativer oder emotionaler Konnotation

Die Wortbildungssuffixe -질 'Aktivität', -투성이 'völliges Bedecktsein/Verschmiertsein' kommen meist mit der Kopula 이다 und dem Verb 하다 vor. Durch -투성이 abgeleitete Nomina werden im Deutschen meist nicht als Nomen, sondern als Adjektive wiedergegeben.

Nomen	abgeleitetes Nomen	Nomen	abgeleitetes Nomen
톱 *Säge*	톱질 *Sägerei*	피 *Blut*	피투성이 *Blutüberströmtsein*
도둑 *Dieb*	도둑질 *Diebstahl*	땀 *Schweiß*	땀투성이 *Schweißgebadetsein*
부채 *Fächer*	부채질 *das Fächeln*	먼지 *Staub*	먼지투성이 *Staubbedecktsein*
가위 *Schere*	가위질 *das Schneiden mit einer Schere*	모순 *Widerspruch*	모순투성이 *Widersprüchlichkeit*

Suffix -질

도둑질하면 안 돼요. — *Man darf keinen Diebstahl begehen.*

불난 집에 부채질해? (Sprichwort) — *Gießt du Öl ins Feuer?* *[Fachst du das brennende Haus weiter an?]*

Suffix -투성이

그의 옷은 온통 먼지투성이였다. — *Seine Kleidung ist völlig staubbedeckt.* *[Seine Kleidung ist ein völliges Staubbedecktsein.]*

온몸이 땀투성이로 젖어 버렸다. — *Ich bin völlig schweißgebadet. [Der ganze Körper ist durch Schweißbedecktsein nass geworden.]*

그의 연설은 모순투성이였다. — *Seine Rede ist widersprüchlich.* *[Seine Rede ist eine Widersprüchlichkeit.]*

Die Wortbildungssuffixe –머리 ('Kopf, Einstellung/Verhaltensweise') und –대가리 ('Kopf', nur mit abwertender Bedeutung) kommen nur in idiomatischen Wendungen mit dem negierten Existenzverb 없다 oder einem Verb mit negativer Bedeutung vor. Sie drücken eine mehr oder weniger starke negative Wertung aus.

Nomen + –머리	abgeleitetes Nomen	Nomen + –대가리 + 없다	abgeleitetes Nomen + 없다
성질 *Charakter*	성질머리 *furchtbarer Charakter*	멋 *Schick, Feinheit, Eleganz*	멋대가리 (abwertend) *Grobheit, Uneleganz*
인정 *Menschlichkeit*	인정머리 *Mitgefühl*	겁 *Angst*	겁대가리 (abwertend) *Fehlen von Angst*
진저리 *Ekel, Überdruss*	진절머리 *Ekelempfindung / Überdrüssigkeit*	맛 *Geschmack*	맛대가리 (abwertend) *schlechter Geschmack*

너는 이렇게 겁대가리가 없어.	*Du bist ja so unvorsichtig! [Du hast kein Hirn für Furcht.]*
맛대가리가 없는 음식을 먹었어요.	*Ich habe ein widerliches Essen gegessen.*
비싼 옷을 입어도 멋대가리가 없어.	*Selbst wenn er teure Kleidung trägt, ist er nicht elegant.*
술에 진절머리가 나요.	*Ich habe den Alkohol satt.*
그녀는 성질머리가 더러워요.	*Sie hat einen fürchterlichen Charakter.*
그는 인정머리가 없는 사람입니다.	*Er ist eine kaltherzige [ohne Mitgefühl] Person.*

1c) Rein-koreanische Suffixe für Geldbetrag/Wert/Anzahl/Menge

Die Wortbildungssuffixe –어치 oder –짜리 werden meist an die Numeralklassifikatoren (für Geldbetrag/Haus/Preis) angehängt und haben die Bedeutung 'wertvoll', 'im Wert von', 'Anzahl von'.

이 보석은 값어치가 없어요.	*Das Juwel ist nicht wertvoll.*
참외 만원어치 주세요.	*Geben Sie mir bitte Melonen für 10.000 Won.*
이층짜리 집을 구해요.	*Ich suche ein Haus mit zwei Stockwerken.*
방 세 개짜리 집을 찾고 있어요.	*Wir suchen eine Wohnung mit drei Zimmern.*
200 원짜리 우표 두 장 주세요.	*Bitte geben Sie mir zwei Briefmarken zu 200 Won.*

Das Suffix –째 'als Ganzes', 'so wie es ist' kann alleine an ein Nomen angehängt werden oder zusammen mit der Instrumentalpartikel –로 als adverbiale Bestimmung verwendet werden.

사과를 껍질째(로) 먹었어요.	*Sie hat den Apfel mit der Schale gegessen.*
소시지를 통째(로) 먹어요.	*Er isst die Wurst im Ganzen, ohne (sie) zu schneiden.*
병째(로) 마셨어요.	*Er hat direkt aus der Flasche getrunken.*
음식을 그릇째(로) 버렸어요.	*Sie hat das Essen mit dem Geschirr weggeworfen.*

2a) Sinokoreanische Suffixe zur Bezeichnung einer Person

Sinokoreanische Suffixe werden vorwiegend an sinokoreanische Nomina angehängt. Im Koreanischen gibt es eine Reihe von sehr produktiven sinokoreanischen Wortbildungssuffixen zur Bezeichnung von Personen:

Suffixe (für Personen)	Beispiele	
–자 (놈, 사람 者) Mensch / Person	과학 *Naturwissenschaft* 과학자 *Naturwissenschaftler*	시청 *Fernsehen* 시청자 *Fernsehzuschauer*
	기술 *Technik* 기술자 *Ingenieur*	소비 *Verbrauch* 소비자 *Verbraucher*
–인 (사람 人) Mensch / Person	현대 *Gegenwart* 현대인 *die heutigen Menschen*	지식 *Kenntnis/Wissen* 지식인 *gebildete Person*
	직장 *Arbeitsplatz* 직장인 *Angestellter*	외국 *Ausland* 외국인 *Ausländer*
–사 (선비 士) Gelehrter	회계 *Rechnungswesen* 회계사 *Buchhalter*	비행 *Flug* 비행사 *Pilot*
–사 (스승 師) Meister / Lehrer	간호 *Krankenpflege* 간호사 *Krankenschwester*	요리 *das Kochen* 요리사 *Koch*
	이발 *das Haareschneiden* 이발사 *Friseur*	선교 *Mission* 선교사 *Missionar*
–가 (전문가 家) Fachmann	예술 *Kunst* 예술가 *Künstler*	작곡 *Komposition* 작곡가 *Komponist*
	건축 *Architektur* 건축가 *Architekt*	사업 *Geschäft* 사업가 *Geschäftsmann*
–객 (손님 客) Gast / Kunde	방문 *Besuch* 방문객 *Besucher*	여행 *Reise* 여행객 *Reisender*
	여행 *Reise* 여행객 *Tourist*	관람 *Besichtigung* 관람객 *Besucher*
–원 (관원 員) Mitarbeiter	판매 *Verkauf* 판매원 *Verkäufer*	경비 *Wache* 경비원 *Wächter*
–관 (벼슬 官) Beamter	경찰 *Polizei* 경찰관 *Polizist*	통역 *das Dolmetschen* 통역관 *Dolmetscher*
	시험 *Prüfung* 시험관 *Prüfer*	검열 *Zensur* 검열관 *Zensor*
–범 (범할 犯) Verbrecher	살인 *Mord* 살인범 *Mörder*	유괴 *Entführung* 유괴범 *Entführer*

2b) Sinokoreanische Suffixe zur Bezeichnung einer Sprache oder eines Schriftstücks

Nomen + Suffix	Beispiele	
–어 (말씀 語) Sprache	모국어 *Muttersprache*	유행어 *Modesprache*
	외국어 *Fremdsprache*	동의어 *Synonym*
–담 (말씀 談) Erzählung	경험담 *Erzählung einer persönlichen Erfahrung*	성공담 *Erfolgsgeschichte*
–서 (글 書) Schrift / Urkunde	이력서 *Lebenslauf*	계약서 *Vertragsurkunde*
	사직서 *Kündigungsbrief*	보증서 *Garantieschein*
–장 (문서 狀) Dokument / Brief	청첩장 *Hochzeitsbrief*	연하장 *Neujahrskarte*
	독촉장 *Mahnbrief*	위임장 *Vollmacht*

2c) Sinokoreanische Suffixe mit klassifizierender Bedeutung

Nomen + Suffix	Beispiele	
–화 (될 化)	민주화 *Demokratisierung*	도시화 *Urbanisierung*
Prozess / Veränderung	산업화 *Industrialisierung*	군사화 *Militarisierung*
–성 (성품 性)	특수성 *Spezialität*	지역성 *Regionalität*
Eigenschaft / Qualität	일관성 *Konsequenz*	신빙성 *Glaubwürdigkeit*
–학(배울 學)	한국학 *Koreanistik*	법학 *Jura*
Wissenschaft	사회학 *Soziologie*	통계학 *Statistik*
–과 (과목 科)	의학과 *Abt. für Medizin*	한국학과 *Abt. für Koreanistik*
Abteilung / Sektion	철학과 *Abt. für Philosophie*	인사과 *Personalabteilung*
–품 (물건 品)	재고품 *Warenvorräte*	수입품 *Einfuhrartikel*
Warengattung	중고품 *Gebrauchtwaren*	식료품 *Lebensmittel*
–식 (법 式)	결혼식 *Hochzeit*	군대식 *militärischer Stil*
Zeremonie / Stil	약혼식 *Verlobungsfeier*	서양식 *westlicher Stil*
–류 (무리 類)	식기류 *Geschirr*	육류 *Fleischwaren*
Art / Sorte	면류 *Nudelsorten*	채소류 *Gemüsesorte*
–기 (그릇 器)	소화기 *Feuerlöscher*	보청기 *Hörgerät*
Gefäß / Behälter	식기 *Essgeschirr*	보행기 *Rollwagen*
–기 (기계 機)	청소기 *Staubsauger*	세탁기 *Waschmaschine*
Maschine	계산기 *Taschenrechner*	인쇄기 *Druckmaschine*
–형 (형상 形)	사각형 *Quadrat*	계란형 *Eiform*
Form / Gestalt	타원형 *Oval*	V 자형 *V-Ausschnitt*
–별 (다를 別)	연도별 *nach Jahren*	국가별 *nach Land*
Einteilung	지역별 *nach Regionen*	연령별 *nach Alter*

2d) Sinokoreanische Suffixe zum Ausdruck von Preisen und Geldbeträgen

Nomen + Suffix	Beispiele	
–값 Preis	기름값 *Benzinpreis*	담배값 *Tabakpreis*
–금 (돈 金) Geld	기부금 *Geldbetrag*	사례금 *Honorar*
	보조금 *Subvention*	보증금 *Kaution*
–료 (값 料) Betrag	수업료 *Schulgeld*	통화료 *Telefongebühr*
	임대료 *Miete, Pacht*	수수료 *Gebühren*
–비 (쓸 費) Kosten	생활비 *Lebenshaltungskosten*	교통비 *Fahrtkosten*
	난방비 *Heizkosten*	교육비 *Erziehungsgeld*
–세 (세낼 貰) Miete	집세 *Wohnungsmiete*	방세 *Zimmermiete*
–세 (세금 稅) Steuer	소득세 *Einkommensteuer*	자동차세 *Kfz-Steuer*

16.3 Durch Präfixe abgeleitete Nomina

Im Koreanischen können Nomen auch durch Präfixe abgeleitet werden. Bei den so gebildeten Nomen handelt es sich eigentlich um lexikalisierte Zusammenschreibungen von Adnomen und Nomen. Es gibt zwei Arten von Präfixen: die rein-koreanischen und die sinokoreanischen. Im Folgenden sind die am häufigsten mit Nomen gebrauchten Präfixe aufgeführt.

1. Mit rein-koreanischen Präfixen abgeleitete Nomina

Präfix + Nomen	Beispiele	
군- *überflüssig*	군살 *überflüssiges Fleisch (Fett)*	군소리 *überflüssige Worte*
날- *roh*	날고기 *rohes Fleisch*	날생선 *roher Fisch*
덧- *zusätzlich*	덧신 *Überschuh*	덧옷 *Überwurf / Mantel*
맨- *leer*	맨발 *nackte Füße*	맨손 *leere Hände*
숫- *rein*	숫총각 *Jungfrau*	숫사람 *unverdorbene Person*
알- *nackt, echt*	알몸 *nackter Körper*	알부자 *sehr reiche Person*
애- *jung*	애호박 *junger Kürbis*	애벌레 *junges Insekt*
첫- *erst/frisch*	첫사랑 *erste Liebe*	첫인상 *erster Eindruck*
풋- *unreif*	풋고추 *unreife Paprika*	풋과일 *unreifes Obst*
헛- *umsonst*	헛수고 *vergebliche Mühe*	헛소리 *Geschwätz, Gequatsche*
홀- *allein*	홀어미 *Witwe*	홀아비 *Witwer*
암- *Weibchen* (Tiere)	암컷 *Weibchen*, 암캐 *Hündin*	암탉 *Henne*, 암퇘지 *Sau*
수- *Männchen* (Tiere)	수컷 *Männchen*, 수캐 *Rüde*	수탉 *Hahn*, 수퇘지 *Eber*

📖 Die Präfixe 수- und 암- lauteten ursprünglich auf ㅎ aus: 숳 bzw. 암ㅎ. Bei einigen Tiernamen wie 개 'Hund', 닭 'Huhn', 돼지 'Schwein' bewirkt dies im Anlaut eine Aspiration der Konsonanten ㅂ *p*, ㄷ *t*, ㄱ *k* zu ㅍ *p'*, ㅌ *t'*, ㅋ *k'*: 암ㅎ+닭 →암탉, 숳+닭 →수탉. Andere Tiernamen wie 수곰 'Bär', 암곰 'Bärin' oder 수고양이 'Kater', 암고양이 'Katze' bleiben unverändert.

군소리하지 말고 빨리 해.	*Mach das schnell und ohne Kommentar!*
알몸으로 자고 있어요.	*Er schläft nackt.*
맨발로 나갔어요.	*Er ist (ohne Schuhe) barfuß rausgegangen.*
모든 것이 헛수고였어요.	*Es war alles vergebliche Mühe.*

2. Mit sinokoreanischen Präfixen abgeleitete Nomina

Präfix + Nomen	Beispiele	
전(全)- *ganz*	전세계 *ganze Welt*	전인류 *Menschheit*
전(前)- *früher*	전남편 *früherer Ehemann*	전대통령 *Expräsident*
중(重)- *schwer*	중공업 *Schwerindustrie*	중환자 *Schwerkranker*
저(低)- *niedrig*	저소득 *niedriges Einkommen*	저혈압 *niedriger Blutdruck*
고(高)- *hoch*	고소득 *hohes Einkommen*	고혈압 *hoher Blutdruck*
구(舊)- *alt*	구시대 *Altertum*	구세대 *alte Generation*
다(多)- *viel*	다목적 *vielfältige Zwecke*	다방면 *Vielseitigkeit*

대(大)- *groß*	대가족 *Großfamilie*	대청소 *Großreinemachen / Hausputz*
소(小)- *klein*	소가족 *Kleinfamilie*	소인 *der/die Kleine*

3. Sinokoreanische Präfixe mit negativer Bedeutung

Einige sinokoreanische Präfixe haben eine negative Bedeutung und entsprechen im Deutschen dem Präfix 'un-' oder dem Suffix '-los'. Bei einigen dieser Präfixe lässt sich eine spezielle Bedeutung erkennen: 금(禁)– bezeichnet ein 'Verbot', 미(未)– bedeutet 'noch nicht' und 무(無)– 'nicht vorhanden sein'.

Präfixe	Beispiele	
금 (禁)-	금연 *Rauchverbot*	금주 *Trinkverbot*
몰 (沒)-	몰상식 *Unvernunft*	몰염치 *Unverschämtheit*
불 (不)-	불확실 *Unsicherheit* 불필요 *Überflüssigkeit*	불가능 *Unmöglichkeit* 불완전 *Unvollkommenheit*
무 (無)-	무책임 *Unverantwortlichkeit* 무의미 *Sinnlosigkeit*	무의식 *Unbewusstsein* 무가치 *Wertlosigkeit*
미 (未)-	미혼 *unverheiratet* 미완성 *Unvollkommenheit*	미성년자 *Minderjähriger* 미해결 *ungelöst/ungeklärt*
부 (不)-	부조화 *Uneinigkeit/Disharmonie* 부자연 *unnatürlich/künstlich*	부적합 *Unangemessenheit* 부정확 *Ungenauigkeit*
비 (非)-	비협조(적) *unkooperativ* 비공개(적) *nicht öffentlich*	비논리(적) *unlogisch* 비생산(적) *unproduktiv*

16.4 Idiomatischer Gebrauch von Nomina

Bestimmte Nomina können in Verbindung mit vorangestellten attributiven Partizipialformen idiomatische Wendungen bilden und wie ein Formalnomen gebraucht werden (▶ 17 | Formalnomina). In der folgenden Tabelle werden einige geläufige idiomatische Konstruktionen aufgelistet.

Nomen	Konstruktion	Bedeutung
길 *Weg / Straße*	-는 길이다, -는 길(에)	*auf dem Weg / unterwegs*
덕분 *Wohlwollen*	-은/ㄴ 덕분에/덕분으로	*dank / durch das Wohlwollen*
동안 *Zeitdauer*	-는 동안(에), N + 동안	*während (temporal)*
때 *Zeit*	-을/ㄹ 때, N + 때	*als (temporal)*
모양 *Form / Aussehen*	-는/은/ㄴ 모양이다 -을/ㄹ 모양이다	*Vermutung / Schlussfolgerung*
반면 *Gegenteil*	-는/은/ㄴ 반면(에)	*dagegen / im Gegensatz*
사이 *Abstand / Zwischenzeit*	-는/은/을 사이(에)	*während / als*
일 *Angelegenheit*	-은/ㄴ 일이 있다/없다 -을/ㄹ 일이 있다/없다	*X schon mal gemacht haben / nicht gemacht haben*
한 *Grenze*	-는/은/ㄴ 한	*solange / so viel wie*

1. VS-는 길(에), VS-는 길이다

Das Nomen 길 bedeutet 'Weg'/'Straße'. Die Konstruktion VS-는 길에 'auf dem Weg' wird mit der Lokativpartikel 에 und vorwiegend mit den Bewegungsverben 가다 'gehen', 오다 'kommen', 나가다 'hinausgehen' verwendet, um auszudrücken, dass eine Handlung im Verlauf eines Ortswechsels durchgeführt wird. Sie wird im Deutschen oft mit 'auf dem Weg' oder 'unterwegs' übersetzt. In dieser Bedeutung kann das Nomen 길 durch das sinokoreanische Nomen 도중 'auf dem Weg' ersetzt werden, um eine gerade ablaufende Handlung zu bezeichnen.

집에 오는 길에 저녁을 먹었어요. = 집에 오는 도중에 저녁을 먹었어요.	*Auf dem Weg nach Hause habe ich zu Abend gegessen.*
출근하는 길에 친구를 만났어요. = 출근하는 도중에 친구를 만났어요.	*Auf dem Weg zur Arbeit habe ich einen Freund getroffen.*
그는 병원으로 가는 길에 사망했다. = 그는 병원으로 가는 도중에 사망했다.	*Auf dem Weg ins Krankenhaus ist er gestorben.*

Die Konstruktion VS-는 길에 wird nur mit Bewegungsverben verwendet. Für andere Verben wird sie durch die Konstruktion VS-는 도중에 oder VS-는 중에 'inmitten' / 'während' ersetzt (▶ 17.2.4 | Formalnomen 중).

식사를 하는 도중에/중에 전화가 왔어요. Nicht: *식사를 하는 길에 전화가 왔어요.	*Während des Essens kam ein Anruf.*
TV 를 보는 도중에/중에 벨이 울렸어요. Nicht: *TV 를 보는 길에 벨이 울렸어요.	*Während des Fernsehens hat es geklingelt.*

Das Nomen 길 kann auch mit der Kopula 이다 ein Prädikat bilden: VS-는 길이다.

A: 어디에 가는 길이에요? B: 백화점에 가는 길이에요.	*A: Wo gehen Sie hin?* *B: Ich bin auf dem Weg zum Kaufhaus.*
A: 헬스 클럽에 다녀오는 길이세요? B: 예, 운동하고 오는 길이에요.	*A: Kommen Sie vom Fitnessstudio zurück?* *B: Ja, ich komme vom Sport zurück.*

2. N + 덕분 / 덕택

Die Konstruktion N + 덕분에/으로 bzw. N + 덕택에/으로 mit dem Nomen 덕분/덕택 'Wohlwollen'/ 'Gunst' und mit der Lokativpartikel 에 bzw. 으로 gibt einen positiv bewerteten Grund an. Sie wird häufig mit 'durch die wohlwollende Unterstützung' / 'durch die Hilfe von X', 'dank X' übersetzt.

고모덕분에 독일어를 배웠어요. = 고모덕택에 독일어를 배웠어요.	*Mit der Hilfe meiner Tante habe ich Deutsch gelernt.*
친구덕분에 빚을 갚았어요. = 친구덕택에 빚을 갚았어요.	*Durch die Hilfe meines Freundes habe ich meine Schulden bezahlt.*
부모님 덕분으로 유학할 수 있었습니다.	*Durch die Unterstützung meiner Eltern konnte ich im Ausland studieren.*

Das Nomen 덕분 kann auch mit kausaler Bedeutung in der Konstruktion VS-는/은/ㄴ 덕분에 verwendet werden: 잠을 충분히 잔 덕분에 지금 안 피곤해요. *'Dank der Tatsache, dass ich genug geschlafen habe, bin ich jetzt nicht müde.'* (▶ 24.3.4 | Temporalsatz)

3. N + 동안

Das Nomen 동안 'Zeitraum' bezeichnet mit einem vorangehenden Nomen eine Zeitdauer und entspricht dem deutschen 'während, in'.

방학 동안 일해야 해요.	*Ich muss in den / während der Ferien arbeiten.*
삼 년 동안 한국에서 살았어요.	*Ich habe drei Jahre in Korea gelebt.*
일주일 동안 병원에 있었어요.	*Er war eine Woche im Krankenhaus.*

Es kann ebenso mit dem Partizip Präsens –는 temporale Konjunktionalformen bilden: VS–는 동안에 z.B. 제가 일하는 동안 아이들을 좀 돌봐주세요. *'Passen Sie bitte auf die Kinder auf, während ich arbeite.'* (▶ 24.3.4 | Temporalsatz)

4. N + 때, VS–을/ㄹ+ 때

Das Nomen 때 hat die Bedeutung 'Zeit' und bezeichnet mit einem vorangehenden freistehenden Nomen einen Zeitpunkt bzw. einen Zeitraum. Es bildet häufig in Verbindung mit dem Partizip Futur –을/ㄹ eine temporale Konjunktionalform 'als'/'wenn' (▶ 24.3.4 | Temporalsatz).

N + 때

점심때 만나요.	*Treffen wir uns zur Mittagszeit!*
크리스마스 때 영국에 가요.	*Zu Weihnachten fahre ich nach England.*
여름 방학 때 아르바이트 해야 해요.	*Ich muss in den Sommerferien arbeiten.*

N + 일 때, VS–을/ㄹ 때

여기는 제가 학생일 때 자주 왔던 곳이에요.	*Hier ist der Ort, an den ich oft gekommen bin, als ich Studentin war.*
시험에 합격했을 때 기뻤어요.	*Als ich die Prüfung bestanden habe, war ich glücklich.*
집에 올 때 과일 좀 사오세요.	*Bitte bringen Sie Obst mit, wenn Sie nach Hause kommen!*

📖 사오다 ist ein Verbalkompositum und bedeutet wörtlich '(zuerst) kaufen und dann kommen' (▶ 6.5 | Verbkomposita).

5. VS–는/은/ㄴ 모양이다 und VS–을/ㄹ 모양이다

Das Nomen 모양 bedeutet wörtlich 'Form', 'Aussehen' oder 'Lage'. In Verbindung mit dem Partizip Präsens (Aktionsverben –는, Qualitativverben –은/ㄴ), Partizip Präteritum (Aktionsverben –은/ㄴ, Qualitativverben –았/었던), Partizip Futur –을/ㄹ und der Kopula 이다 drückt die Konstruktion VS–는/은/ㄴ 모양이다 eine Vermutung bzw. eine Schlussfolgerung des Sprechers auf Grundlage einer bestimmten Tatsache/Situation aus. Im Deutschen wird diese Konstruktion mit *'es scheint so, dass ...'* / *'es sieht so aus, als ob ...'* übersetzt. In dieser Bedeutung können auch die Konstruktionen VS– 는/은/ㄴ 것 같다 und VS–는/은/ㄴ 듯하다 verwendet werden (▶ 17.1 | Formalnomen).

Präsens: AV–는 + 모양이다

할아버지께서 주무시는 모양이에요. = 할아버지께서 주무시는 것 같아요. = 할아버지께서 주무시는 듯해요.	*Mein Großvater scheint zu schlafen.*
막스 씨가 책을 쓰는 모양이에요. = 쓰는 것 같아요. / = 쓰는 듯해요.	*Es scheint so, dass Max ein Buch schreibt.*

Präsens: QV-은/ㄴ + 모양이다

민수 씨가 요즘 바쁜 모양이에요. = 바쁜 것 같아요. / = 바쁜 듯해요.	*Minsu scheint zurzeit viel zu tun zu haben.*
사라가 시험을 잘 봐서 기분이 좋은 모양이에요. = 좋은 것 같아요. / = 좋은 듯해요.	*Sarah hat eine gute Klausur geschrieben und scheint deshalb glücklich zu sein.*

Präteritum: AV-은/ㄴ + 모양이다

집에 아무도 없어요. 모두 휴가를 간 모양이에요.	*Niemand ist zu Hause. Es scheint, dass alle in den Urlaub gefahren sind.*
민수가 학교에 안 왔어요. 감기에 걸린 모양이에요.	*Minsu ist nicht zur Schule gekommen. Es scheint, dass er sich erkältet hat.*
막스 씨가 사라 씨를 안 만나요. 둘이 싸운 모양이에요.	*Max trifft Sarah nicht. Es scheint, dass die beiden sich gestritten haben.*

VS-을/ㄹ + 모양이다

집에 혼자 있을 모양이에요.	*Es sieht so aus, dass sie alleine zu Hause bleiben will.*
회사를 그만둘 모양이에요. = 회사를 그만둘 듯해요.	*Es sieht so aus, als ob er bei der Firma kündigen will.*
오늘 집에 늦게 올 모양이에요. = 오늘 집에 늦게 올 것 같아요.	*Es sieht so aus, als ob er heute spät nach Hause kommen wird.*

Wenn die Vermutung bzw. Schlussfolgerung des Sprechers auf seiner eigenen persönlichen Erfahrung beruht, wird statt - 는/은/ㄴ 모양이다 die Konstruktion mit dem Formalnomen 것 verwendet:

VS- 는/은/ㄴ 것 같다

백화점에서 샀는데 좀 비싼 것 같아요. Nicht: *백화점에서 샀는데 좀 비싼 모양이에요.	*Ich habe (das) im Kaufhaus gekauft, aber der Preis scheint mir etwas teuer zu sein.*
김치를 먹어봤는데 좀 매운 것 같아요. Nicht: *김치를 먹어봤는데 좀 매운 모양이에요.	*Ich habe Kimchi probiert, aber es scheint ein wenig scharf zu sein.*

6. VS-는/은/ㄴ 반면(에), N +인 반면(에)

Das Nomen 반면 'Gegensatz' wird mit der Partizipialform in der Konstruktion VS-는/은/ㄴ 반면(에) verwendet, um einen inhaltlichen Gegensatz auszudrücken. Die Lokativpartikel 에 kann ausgelassen werden. Im Deutschen wird dies häufig mit 'aber/jedoch', 'dagegen', 'wohingegen' übersetzt:

이 회사는 일이 많은 반면(에) 월급은 적어요.	*Ich habe viel Arbeit in dieser Firma, und werde jedoch schlecht dafür bezahlt.*
저는 운동은 잘하는 반면(에) 공부는 못해요.	*Ich bin gut in Sport, dagegen bin ich nicht so gut in der Schule.*
가르치는 일은 힘든 반면(에) 보람도 많아요.	*Das Unterrichten ist zwar anstrengend, aber es ist der Mühe wert.*
아들이 채소를 안 먹는 반면(에) 고기는 잘 먹어요.	*Mein Sohn isst kein Gemüse, aber Fleisch isst er gerne.*

7. VS-는/은/ㄴ 사이(에), VS-을/ㄹ 사이(에)

Das Nomen 사이 bedeutet einen räumlichen und zeitlichen Abstand bzw. Zwischenzeit/Zwischenraum und die Konstruktion VS-는/은/ㄴ 사이(에) bzw. VS-을/ㄹ 사이(에) entspricht der deutschen temporalen Konjunktion 'während'. 사이 kann zu 새 abgekürzt werden.

제가 집에 없는 사이에 시어머님께서 오셨어요.	*Während ich nicht zu Hause war, hat meine Schwiegermutter mich besucht.*
군대에 간 사이에 여자친구가 결혼을 했어요.	*Während ich beim Militär war, hat meine Freundin geheiratet.*
너무 바빠서 전화할 새가 없었어요.	*Ich hatte so viel zu tun, dass ich keinen Moment hatte, Sie anzurufen.*
잠깐 조는 새에 지갑이 없어졌어요.	*Während ich kurz einschlief, ist mein Portemonnaie verschwunden.*

졸다 'einschlafen' ist ein unregelmäßiges Verb (▶ 10.2 | Verbstämme auf 'ㄹ').

사이 kann in Verbindung mit Nomina oder Personalpronomina entweder eine abgelaufene Zeit oder eine Beziehung zu etwas oder jemandem ausdrücken. 사이 kann mit 'zwischen' / 'in', 'unter', 'während' wiedergegeben werden.

밤 사이에 눈이 많이 내렸어요.	*In der Nacht hat es viel geschneit.*
이것은 당신과 나 사이의 일이에요.	*Das ist nur zwischen Ihnen und mir.*
우리 사이에 비밀이 있나요?	*Gibt es vielleicht ein Geheimnis unter uns?*
문 사이에 옷이 끼였어요.	*Meine Kleidung klemmt zwischen zwei Türen.*
두 부부 사이에 자식이 없어요.	*Das Ehepaar hat keine Kinder [zwischen den Ehepartnern gibt es keine Kinder.]*

8. VS-은/ㄴ 일이 있다/없다

Das Nomen 일 'Angelegenheit' / 'Tatsache' / 'Ereignis' bedeutet in Verbindung mit dem Existenzverb 있다/없다 und dem Partizip Präteritum -은/ㄴ des Aktionsverbs (nicht des Qualitativverbs) wörtlich *'es ist vorgekommen, dass ... / es ist nicht vorgekommen, dass ...'*. Die Konstruktion VS-은/ㄴ 일이 있다/없다 kann mit 'Ich habe schon mal getan' bzw. 'Ich hab noch nie getan' übersetzt werden. Das Nomen 일 kann durch das Formalnomen 적 'Erfahrung' / 'Erlebnis' ersetzt werden (▶ 17.3.4 | Formalnomen 적). Darüber hinaus wird diese Konstruktion häufig durch die Hilfsverbkonstruktion VS-아/어 보다 'probieren' bzw. 'versuchen' erweitert: VS-아/어 본 일이 있다/없다 (▶ 9.1.1 | Hilfsverbkonstruktionen). Die Vergangenheit wird durch die Partizipialform ausgedrückt, während das Hilfsverb 있다/없다 im Präsens steht.

VS-은/ㄴ 일이 있다/없다, VS-아/어 본 일이 있다/없다

이 술집에 간 일이 있어요? = 이 술집에 간 적이 있어요?	*Waren Sie schon mal in dieser Kneipe?* *[Sind Sie mal in diese Kneipe gegangen?]*
언젠가 수미 씨를 만난 일이 있어요. = 언젠가 수미 씨를 만난 적이 있어요.	*Ich habe Sumi früher schon einmal getroffen.*
이 칫솔을 사용해 본 일이 있어요. = 이 칫솔을 사용해 본 적이 있어요.	*Ich habe diese Zahnbürste schon mal benutzt.*
나는 회를 먹어 본 일이 없어요. = 나는 회를 먹어 본 적이 없어요.	*Ich habe noch nie rohen Fisch gegessen.*

In Verbindung mit dem Partizip Präsens -는 bezeichnet die Konstruktion VS-는 일이 있다/없다 Handlungen bzw. Ereignisse in der Gegenwart, die nicht häufig bzw. nicht regelmäßig stattfinden. Wörtlich bedeutet diese Konstruktion 'das Vorkommnis, dass ..., ist vorhanden / nicht vorhanden'. Im Deutschen kann dies mit 'X kommt manchmal / selten vor' übersetzt werden.

VS-는 일이 있다/없다

책을 읽는 일이 거의 없어요.	*Er liest fast nie ein Buch.*
그는 집에 일찍 오는 일이 없어요.	*Es kommt selten vor, dass er früh nach Hause kommt.*
그는 좀처럼 흥분하는 일이 없다.	*Es kommt fast nie vor, dass er sich aufregt.*
아침에 늦게 출근하는 일도 있어요.	*Es kommt auch schon mal vor, dass er morgens spät zur Arbeit geht.*

In Verbindung mit dem Partizip Futur -을/ㄹ wird die Konstruktion VS-을/ㄹ 일이 있다/없다 in der Bedeutung 'Es gibt eine Sache/etwas' bzw. 'Es gibt nichts, das gemacht werden muss' gebraucht. Sie kann im Deutschen mit 'Es gibt etwas/nichts zu + Infinitiv' wiedergegeben werden.

너와 상의할 일이 있어.	*Ich habe etwas mit dir zu bereden.*
오늘은 특별히 할 일이 없어요.	*Ich habe heute nichts Besonderes zu tun.*
어제 누구를 좀 만날 일이 있었다.	*Gestern hatte ich jemanden zu treffen.*
시내에 심부름 갈 일이 있어요.	*Ich habe eine Besorgung in der Stadt zu machen.*

9. VS-는/은/ㄴ 한

Die Konstruktion VS-는/은/ㄴ 한 besteht aus einer Partizipialform und dem sinokoreanischen Nomen 한 'Grenze' / 'das Äußerste' und entspricht im Deutschen den Konjunktionen 'solange', 'soweit/sofern' oder 'so wie'. Häufig wird diese Konstruktion in Verbindung mit dem Qualitativverb 가능하다 'möglich sein' und dem Adverb 빨리 'schnell' in der Bedeutung '*so schnell wie möglich*' verwendet.

가능한 한 빨리 고쳐 드리겠습니다.	*Ich werde das so schnell wie möglich reparieren.*
네가 있는 한 나는 외롭지 않아.	*Solange du bei mir bist, bin ich nicht einsam.*
제가 아는 한 독일에는 스승의 날이 없습니다.	*Soweit ich weiß, gibt es in Deutschland keinen Lehrertag.*
제가 할 수 있는 한 당신을 도울 것입니다.	*Sofern ich kann, werde ich Ihnen helfen.*
건강이 허락하는 한 여기에서 계속 일하고 싶습니다.	*Solange es meine Gesundheit zulässt, möchte ich hier weiter arbeiten.*

Das Nomen 한 kann auch mit einer konzessiven Bedeutung in der Konstruktion VS-는 한이 있더라도/있어도 verwendet werden. In diesem Fall wird eine extreme Situation ausgedrückt, in der eine Handlung trotz einer Gefahr / eines Risikos ausgeführt wird (▶ 24.3.8 | Konzessivsatz). In gleicher Bedeutung können die konzessiven Konjunktionalformen VS-을/ㄹ지언정 bzw. VS-을/ㄹ망정 'obwohl' / 'selbst wenn' verwendet werden.

빚을 지는 한이 있더라도/있어도 집을 삽시다. (= 빚을 질지언정 / 빚을 질망정)	*Selbst wenn ich Schulden mache, lass uns die Wohnung kaufen!*
죽는 한이 있더라도/있어도 끝까지 싸웁시다. (= 죽을지언정 / 죽을망정)	*Selbst wenn wir sterben, lasst uns bis zum Ende kämpfen!*

17 Formalnomina

Formalnomina sind gebundene Nomina, die nicht alleine im Satz stehen können. Im Koreanischen wird eine Vielzahl von Formalnomina verwendet. Den Formalnomina stehen in der Regel Partizipialformen eines Verbs voran, die das Formalnomen als attributiver Relativsatz modifizieren können (▶ 24.1 | Attributsätze).

Einige Formalnomina, wie 것 'Ding/Sache', 바 'Sache/Angelegenheit', 데 'Ort', können ohne Einschränkung in Bezug auf die Verwendung der Partikeln und der Kopula 이다 gebraucht werden (▶ 17.1 | Formalnomina). Diese werden als allgemeine Formalnomina bezeichnet. Dagegen ist bei anderen Formalnomina die Verwendung der Partikeln und der damit verbundenen syntaktischen Funktionen eingeschränkt. In Bezug auf diese Einschränkungen lassen sich vier Gruppen unterscheiden:

1. Formalnomina, die nur in Verbindung mit der Kopula 이다 als Prädikatsnomen auftreten: VS-는/은/ㄴ 편이다 'eher', 'neigen zu', VS-을/ㄹ 참이다 'im Begriff sein, X zu tun'.
2. Formalnomina, die nur mit der Nominativpartikel 이/가 als Subjekt des Satzes auftreten: VS-을/ㄹ 리가 없다 'es kann nicht sein', -은/ㄴ 적이 있다 'X hat Y mal probiert'. Dabei kommen diese Formalnomina in der Regel mit dem Existenzverb 있다 bzw. 없다 vor.
3. Formalnomina, die nur mit der Akkusativpartikel 을 als Objekt des Satzes auftreten: VS-은/ㄴ 줄을 알다/모르다 'ich weiß/weiß nicht, wie', VS-는/은/ㄴ 척을 하다 'tun, als ob'. Dabei kommt das Formalnomen 줄 meist mit den Verben 알다 'wissen/kennen' bzw. 모르다 'nicht wissen/kennen' vor.
4. Formalnomina, die als adverbiale Bestimmung mit oder ohne Lokativpartikel (에, 으로) fungieren: VS-은/ㄴ 채로 'Zustand, wie es ist' oder VS-는/은/ㄴ 투로 'in einem Ton sprechen'.

1. Allgemeine Formalnomina ohne Einschränkung bei der Verwendung der Partikeln

Formalnomen	Konstruktion	Bedeutung
것 Ding/Sache	VS-는/은/ㄴ 것이다, VS-을/ㄹ 것이다	*es ist eine Tatsache, dass*
	VS-는/은/ㄴ 것 같다, VS-을/ㄹ 것 같다	*Anschein/Vermutung*
데 Ort/Platz	VS-는/은/ㄴ 데	*Ort/Platz*
바 Sache	VS-는/은/ㄴ 바	*es ist eine Sache ...*
법 Methode/Selbstverständlichkeit	VS-는 법을 (알다, 배우다 usw.)	*Methode (kennen, lernen usw.)*
	VS-는 법이 있다/없다	*es gibt (keine) Fälle*
	VS-는/은/ㄴ 법이다	*selbstverständlich/zu Recht*

2. Partizipialform des Verbs + Formalnomen + Kopula 이다

Formalnomen	Konstruktion	Bedeutung
따름 nur	VS-을/ㄹ 따름이다	*es ist nur/bloß/nicht mehr als*
뿐 einzige Sache	VS-을/ㄹ 뿐이다	*X ist die alleinige Sache*
셈 Kalkulation	VS-는/은/ㄴ 셈이다	*quasi, sozusagen, praktisch*
	VS-을/ㄹ 셈이다	*vorhaben zu, beabsichtigen zu*
중 Mitte	VS-는 중이다	*mittendrin sein, X zu tun*
참 Absicht/Vorhaben	VS-을/ㄹ 참이다	*im Begriff sein, X zu tun*
터 Absicht/Vermutung	VS-을/ㄹ 터이다 (테다)	*Plan/Absicht/Vermutung*
편 Seite	VS-는/은/ㄴ 편이다	*Tendenz / dazu neigen / eher*

3. Partizipialform des Verbs + Formalnomen + (Nominativpartikel 이/가) + 있다/없다

Formalnomen	Konstruktion	Bedeutung
나위 Notwendigkeit	VS-을/ㄹ 나위(가) 없다	*es ist unnötig zu erwähnen*
리/턱 Grund/Möglichkeit	VS-을/ㄹ 리(가)/턱(이) 없다	*es kann nicht sein, dass*
수 Möglichkeit	VS-을/ㄹ 수(가) 있다/없다	*(Un)Fähigkeit/(Un)Möglichkeit*
적 Erfahrung	VS-은/ㄴ 적(이) 있다 / 없다	*Erfahrung*

4. Partizipialform des Verbs + Formalnomen + (Akkusativpartikel 을/를)

Formalnomen	Konstruktion	Bedeutung
줄 Methode/Art	VS-은/ㄴ 줄(을) 알다/모르다 VS-을/ㄹ 줄(을) 알다/모르다	*Wissen / Nicht-Wissen,* *Kenntnis / Unkenntnis*
체 / 척 Vortäuschung	VS-는/은/ㄴ 체(를) 하다 VS-는/은/ㄴ 척(을) 하다	*tun, als ob /* *unter dem Vorwand, dass ...*

5. Partizipialform des Verbs + Formalnomen + (Lokativpartikel 에/로)

Formalnomen	Konstruktion	Bedeutung
겸 X und Y in einem	VS-을/ㄹ 겸	*sowohl ... als auch*
김 Gelegenheit	VS-는/은/ㄴ 김에	*bei einer Gelegenheit, sowieso*
대로 im Einklang mit	VS-는/은/ㄴ 대로	*entsprechend / so wie*
듯이 Anschein	VS-는/은/을 듯(이)	*als ob / wie*
만큼 in dem Maße wie	VS-은/ㄴ 만큼	*so wie / in dem Maße wie*
무렵 zu der Zeit, als	VS-을/ㄹ 무렵에	*etwa um die Zeit, gegen*
바람 Grund	VS-는 바람에	*weil, da (unerwünschte Folge)*
중 Mitte	VS-는 중에	*mittendrin / während*
채 (Zustand) wie es ist	VS-은/ㄴ 채로	*Zustand / so wie es ist*
통 Grund	VS-는 통에	*weil, da (negative Folge)*
투 Ton/Umgangston	VS-는/은/ㄴ 투로	*in einem Ton (sprechen)*

Außerdem werden einige Formalnomina mit vorangestellten freistehenden Nomina bzw. den Verbalnomina auf -기 statt mit der Partizipialform verbunden: 날씨 때문에 'wegen des Wetters', 사과, 배, 포도 등(등) 'Äpfel, Birnen, Trauben usw'.

Nomen + Formalnomen	Nomen + Formalnomen	(Verbal)nomen + Formalnomen
N + 겸 'X und Y in einem'	N + 만 'Zeitdauer'	N + 때문에 'wegen'
N + 대로 'so wie'	N + (등)등/따위 'usw.'	-기 + 때문에 'weil'/'da'

17.1 Allgemeine Formalnomina

1. Formalnomen 것 (Kurzform 거)

Das Formalnomen 것 'Ding' / 'Sache' kann mit den Demonstrativa 이 'dies', 그 'das', 저 'das dort' ein Demonstrativpronomen 이것, 저것, 그것 bilden. In diesem Fall wird es ohne Leerstelle zusammen geschrieben (▶ 20.3 | Demonstrativpronomina).

Demonstrativpronomen	Beispiele	
이것 dieses (Ding)	이것은 독일 치즈예요.	*Das hier ist deutscher Käse.*
그것 jenes (Ding)	그것은 중국 차예요.	*Das da ist chinesischer Tee.*
저것 das da (Ding)	저것은 프랑스 와인이에요.	*Das dort ist französischer Wein.*

Das Formalnomen 것 kann mit dem Possessivpronomen der 1. und 2. Person Sg. (내, 제 'mein', 네 'dein') und mit den Fragewörtern 어느 / 어떤 'welche/was für ein', 누구 'wer' kombiniert werden. In der gesprochenen Sprache wird 것 häufig mit der Kopula 이다 zu 거다 verkürzt, zusammen mit der Subjektpartikel 이/가 kann 것 zu 게, mit der Akkusativpartikel 을/를 zu 걸 und mit der Topikpartikel 은 zu 건 kontrahiert werden.

것 Ding/Sache	Normalform	Kontraktionsform
것 + 이다 → 거다	것이다. / 것이에요. / 것이지요.	거다. / 거예요. / 거죠.
것 + 이 (Nominativ) → 게	가는 것이 좋아요.	가는 게 좋아요.
것 + 은 (Topik) → 건	그것은 책이에요.	그건 책이에요.
것 + 을 (Akkusativ) → 걸	이것을 먹어요.	이걸 먹어요.

Possessivpronomen + 것	Beispiele	
네 것 *dein Ding*	A: 이 책이 네 거니? (←것이니?)	*A: Ist das dein Buch?*
제 것 *mein Ding*	B: 예, 제 거예요. (←것이에요.)	*B: Ja, das ist mein Buch.*

Fragewörter + 것	Beispiele	
어느 것 *was für ein Ding*	어느 것으로 할까요?	*Welches sollen wir nehmen?*
어떤 것 *welches Ding*	어떤 것이 더 좋아요?	*Welches gefällt Ihnen besser?*
누구 것 *wessen Ding*	이 휴대폰이 누구 거예요?	*Wem gehört dieses Handy?*

Das Formalnomen 것 wird auch häufig mit dem vorangestellten Partizip Präsens (−는 bei Aktionsverben, −은/ㄴ bei Qualitativverben) und dem Partizip Präteritum (−은/ㄴ) zusammen mit der Kopula 이다 in den Konstruktionen VS−는 것이다 und VS−은/ㄴ 것이다 verwendet. Mit Aktionsverben bedeutet die Konstruktion *'Es ist eine Tatsache, dass ...'* und mit Qualitativverben *'X ist eine Sache/Ding mit der Eigenschaft Y'*.

Präsens		Präteritum
AV + −는 + 것이다	QV + −은/ㄴ + 것이다	AV + −은/ㄴ + 것이다
여행하는 것이다	좋은 것이다	읽은 것이다

Tempus	Beispiele	
Präsens	제 취미는 여행하는 거예요.	*Mein Hobby ist Reisen.*
	이 냉장고는 비싼 겁니다.	*Das ist ein teurer Kühlschrank.*
Präteritum	그 책은 저도 읽은 겁니다.	*Das Buch habe ich auch gelesen.*
	이 사진은 언제 찍은 거예요?	*Wann haben Sie dieses Foto gemacht?*
	이 영화는 저도 본 거예요.	*Diesen Film habe ich auch gesehen.*

Das Formalnomen 것 (거) kann auch mit Kasuspartikeln ohne die Kopula 이다 verwendet werden.

집에 일찍 가는 것이 좋겠어요. *Es ist besser, früh nach Hause zu fahren.*

나는 한국 사람이 친절한 것을 알고 있어요. *Ich weiß, dass die Koreaner freundlich sind.*

내 동생이 머리가 좋은 것은 사실입니다. *Es stimmt [ist eine Tatsache], dass mein jüngerer Bruder klug ist.*

Das Formalnomen 것 (거) wird häufig mit dem Partizip Futur -을/ㄹ verwendet, um eine zukünftige oder geplante Handlung auszudrücken. Es kann eine Vermutung bzw. eine Vorhersage in Bezug auf das Eintreten einer Handlung oder eines Zustandes bezeichnen (▶ 8.1.4 | Futur).

VS-을/ㄹ 거다 – Plan / Absicht

내일 집에 있을 거예요. *Morgen will/werde ich zu Hause bleiben.*

언제 장을 볼 거예요? *Wann wollen/werden Sie einkaufen?*

내일 친구를 만날 겁니다. *Morgen will/werde ich meinen Freund treffen.*

VS-을/ㄹ 거다 – Vermutung / Vorhersage

오늘 밤에 눈이 올 겁니다. *Heute Nacht wird es wohl schneien.*

올 여름은 아주 더울 겁니다. *Dieser Sommer wird wohl sehr heiß werden.*

사라가 민수 씨를 잘 알 거예요. *Sarah kennt Minsu bestimmt sehr gut.*

VS-는 것 같다, VS-은/ㄴ 것 같다, VS-을/ㄹ 것 같다

Steht das Formalnomen 것 'Ding' in Verbindung mit dem Hilfsverb 같다 'scheinen', drückt es eine Vermutung des Sprechers aufgrund seiner Intuition und subjektiven Sicht aus. Der Vermutung liegt somit nicht unbedingt eine persönliche oder indirekte Erfahrung zugrunde. Das Formalnomen 것 kann dabei durch unterschiedliche Partizipialformen modifiziert werden.

Aktionsverben		*Anschein / Vermutung*
VS-는 것 같다	비가 오는 것 같아요.	*Es scheint gerade zu regnen.*
VS-은/ㄴ 것 같다	비가 온 것 같아요.	*Es scheint geregnet zu haben.*
VS-을/ㄹ 것 같다	비가 올 것 같아요.	*Es scheint gleich zu regnen.*

A: 일주일이 빨리 가는 것 같아요.
B: 정말 그래요. 벌써 금요일이에요.

A: Eine Woche scheint schnell zu vergehen.
B: Das stimmt. Es ist schon Freitag.

A: 이 식당의 음식이 맛있을까요?
B: 맛있을 것 같아요.

A: Meinen Sie, dass das Restaurant gutes Essen hat?
B: Es scheint lecker zu sein. (B vermutet das)

수미가 아픈 것 같아. 말이 없어요. *Sumi scheint krank zu sein. Sie redet nicht.*

기분이 좋은 것 같아요. *Er hat anscheinend gute Laune.*

Außerdem wird diese Konstruktion häufig verwendet, um eine unangehmene Aussage durch die Verwendung eines vagen Ausdrucks abzuschwächen oder höflich auszudrücken, obwohl die Aussage für den Sprecher keineswegs zweifelhaft ist. Sie kann mit 'glauben', 'würde sagen' wiedergegeben werden.

A: 음식 맛이 어때요? — *A: Wie schmeckt das Essen?*
B: 좀 짠 것 같아요. — *B: Ich würde sagen, dass es etwas zu salzig ist.*

A: 제 생일 파티에 올 수 있어요? — *A: Können Sie zu meiner Geburtstagsparty kommen?*
B: 출장이 있어서 못 갈 것 같아요. — *B: Ich glaube nicht, da ich auf Dienstreise sein werde.*

2. Formalnomen 데

Das Formalnomen 데 mit der Grundbedeutung 'Ort/Platz' bezeichnet mit einer vorangestellten Partizipialform den Ort, an dem etwas geschieht. Im übertragenen Sinn gibt das Formalnomen 데 den Teil, Aspekt oder Fall an, für den eine Aussage gilt. In dieser Bedeutung kann 데 durch das Nomen 곳 'Ort' ersetzt werden.

VS-는/은/ㄴ 데 (= 곳)

앉고 싶은 데(에) 앉아요. — *Bitte setzen Sie sich da hin, wo Sie möchten.*

그가 사는 데는 여기서 멀어요. — *Seine Wohnung [da, wo er wohnt], ist weit von hier.*

단체로 여행가기에 적당한 곳을/데를 찾아봐요. — *Lass uns nach einem Ort suchen, der für eine Gruppenreise geeignet ist!*

머리가 아픈 데 먹는 약 있어요? — *Haben Sie Tabletten gegen Kopfschmerzen? [am Ort des Schmerzes, gegen Schmerzen am Kopf]*

어디 다친 데 (= 곳) 없어요? — *Sind Sie irgendwo verletzt?*

VS-을/ㄹ 데/곳

이곳은 아이들이 놀 데가 아니에요. — *Dies ist kein Ort, an dem Kinder spielen dürfen.*

의지할 데가 (= 곳이) 없어요. — *Sie hat niemanden, bei dem sie sich anlehnen kann.*

3. Formalnomen 바

Die Konstruktion VS-는/은/ㄴ 바 bzw. VS-을/ㄹ 바 mit dem Formalnomen 바 'Sache'/ 'Angelegenheit' bedeutet mit Aktionsverben wörtlich *'Es ist eine Sache/Angelegenheit, die ...'.* In dieser Bedeutung ist 바 je nach Kontext mit dem Formalnomen 것 (거) 'Sache' austauschbar. Diese Konstruktion wird vorzugsweise in der geschriebenen Sprache verwendet.

그것은 네가 알 바가 아니야. — *Das ist eine Sache, die dich nichts angeht.*

생각한 바를 (= 것을) 말하세요. — *Bitte sagen Sie, was Sie denken.*

들은 바(= 거)에 의하면 석유 값이 오른다고 합니다. — *Nach dem, was ich gehört habe, soll der Bezinpreis steigen.*

선생님도 아시는 바와 같이 제 아들이 독일어를 전혀 못 해요. — *Wie Sie wissen, kann mein Sohn kaum Deutsch sprechen.*

Die Konstruktion VS-을/ㄹ 바(에) mit der Lokativpartikel 에 kann auch in der Bedeutung 'eher' / 'lieber X als Y' verwendet werden. Der Sprecher lehnt die Handlung des mit VS-을/ㄹ 바에 verbundenen Satzteils ab und bevorzugt die Handlung im Hauptsatz.

그 남자와 결혼할 바에 혼자 살겠어요. — *Ich würde lieber alleine leben, als diesen Mann zu heiraten.*

유학을 갈 바에 차라리 여기서 일하겠어요.	*Ich würde lieber hier arbeiten, als im Ausland zu studieren.*
아이와 떨어져서 살 바에 직장을 그만두겠어요.	*Ich werde lieber auf die Arbeit verzichten, als getrennt von meinen Kindern zu leben.*

4. Formalnomen: 법 VS-는 + 법(을), VS-은/는 법이다, VS-는 법이 없다

Das Formalnomen 법 bedeutet 'Methode' bzw. 'Art und Weise' und wird mit dem Partizip Präsens 는 eines Aktionsverbs verwendet. Die Konstruktion VS-는 법 'Methode/Art' hat je nach Verb verschiedene Bedeutungen:

a) Mit kognitiven Verben wie 알다/모르다 '(nicht) wissen / (nicht) kennen', 가르치다 'unterrichten', 'informieren', 'zeigen', 깨닫다 'begreifen/merken', 이해하다 'verstehen', 배우다 'lernen' bedeutet die Konstruktion VS-는 법 'Methode/Art, wie man X tut'.

스키를 타는 법을 가르쳐 주세요.	*Können Sie mir zeigen, wie man Ski fährt?*
김치 만드는 법을 잘 몰라요.	*Ich weiß nicht, wie man Kimchi macht.*
한글을 읽고 쓰는 법을 배웠습니다.	*Ich habe [die Methode] gelernt, wie man Hangŭl liest und schreibt.*

b) In Verbindung mit der Kopula 이다 und dem Partizip Präsens der Verben (-는 bei Aktionsverben und den Existenzverben 있다/없다, -은/ㄴ bei Qualitativverben) bezeichnet das Nomen 법 die Selbstverständlichkeit und Gewohnheitsmäßigkeit einer Handlung bzw. eines Zustandes.

죄를 지으면 벌을 받는 법이에요.	*Wenn man eine Straftat begeht, wird man zu Recht bestraft.*
모든 것은 때가 있는 법이에요.	*Alles hat seine Zeit.*
착한 일을 많이 하면 좋은 일이 많이 생기는 법입니다.	*Wenn man viel Gutes tut, ist es selbstverständlich, dass gute Dinge passieren.*
아무리 맛있는 음식도 매일 먹으면 지겨운 법이에요.	*Selbst wenn man jeden Tag Delikatessen isst, hat man irgendwann genug davon.*
피는 물보다 진한 법이에요. (Sprichwort)	*Blut ist dicker als Wasser.*

c) Die Verbindung von 법 mit dem negierten Existenzverb 없다 und dem Partizip Präsens -는 eines Aktionsverbs (nicht eines Qualitativverbs) drückt aus, dass eine Handlung nicht regelmäßig, selten oder kaum vorkommt. In der gleichen Bedeutung kann das Nomen 법 durch das Nomen 일 'Angelegenheit' ersetzt werden.

아침에 일찍 일어나는 법이 없어요. = 일어나는 일이 없어요.	*Es kommt selten vor, dass er früh morgens aufsteht.*
아무리 늦어도 서두르는 법이 없어요. = 서두르는 일이 없어요.	*Es kommt kaum vor, dass er sich beeilt, selbst wenn es spät ist.*
약속시간에 늦는 법이 없어요. = 늦는 일이 없어요.	*Es kommt kaum vor, dass er zum verabredeten Zeitpunkt (Termin) zu spät kommt.*

Achtung: In der positiven Entsprechung mit der Bedeutung 'manchmal' wird nur das Nomen 일 + 도 verwendet, aber nicht 법도 있어요.

늦게 출근하는 일도 있어요. Nicht: *늦게 출근하는 법도 있어요.	*Es kommt auch mal vor, dass er (zu) spät zur Arbeit geht.*

17.2 Formalnomina mit der Kopula 이다

1. Formalnomen 따름: VS-을/ㄹ 따름이다

Die Konstruktion VS-을/ㄹ 따름이다 mit dem Formalnomen 따름 'nur' / 'bloß' / 'nichts weiter als' bedeutet *'Es ist nur ...'* / *'Es ist nichts als ...'*. In der gleichen Bedeutung kann das Formalnomen 뿐 'nur' verwendet werden.

VS-을/ㄹ 따름이다 (= VS-을/ㄹ 뿐이다)

제 의무를 다했을 따름/뿐이에요.	*Ich habe nichts weiter als meine Pflicht getan.*
우리로서는 그저 감사할 따름/뿐입니다.	*Was uns betrifft, sind wir nur dankbar.*
저로서는 그저 기쁠 따름/뿐이에요.	*Was mich betrifft, bin ich einfach nur froh.*
그는 부모님께 죄송할 따름/뿐이었다.	*Er hatte nur seinen Eltern gegenüber ein schlechtes Gewissen.*

N + 일 따름이다 (= N + 일 뿐이다)

그는 한낱 종업원일 따름/뿐이에요.	*Er ist bloß ein Angestellter.*
잠시 유행일 따름/뿐입니다.	*Das ist nur kurz in Mode.*

2. Formalnomen 뿐: VS-을/ㄹ 뿐이다

Das Formalnomen 뿐 'nur' / 'bloß' (wörtlich 'alleinige/einzige Sache') hat zwei Bedeutungen, je nachdem, ob es mit der positiven oder der negierten Kopula verwendet wird: a) VS-을/ㄹ 뿐이다, b) VS-을/ㄹ 뿐(만) 아니라. Mit dem vorangestellten Partizip Futur -을/ㄹ und der Kopula 이다 bedeutet die Konstruktion VS-을/ㄹ 뿐이다 wörtlich *'X ist die alleinige Y-Sache'*.

당신 말만 믿을 뿐입니다.	*Ich glaube nur Ihren Worten. [Nur Ihre Worte sind die alleinige Sache, die ich glaube.]*
저는 진실을 얘기할 뿐이에요.	*Ich sage nur die Wahrheit.*

Steht 뿐 ohne Kopula 이다 in einem Satzteil und geht der Satz weiter, bedeutet es *'Nur X ist geschehen, aber nicht Y'*.

그는 듣기만 할 뿐, 아무 말도 안 했다.	*Er hat nur zugehört, aber kein Wort gesagt.*
제 딸은 계획만 세울 뿐 실천을 안 해요.	*Meine Tochter macht nur Pläne, aber sie setzt sie nicht in die Tat um.*
그에 대해서 이야기를 들었을 뿐 직접 만나 본 적은 없어요.	*Ich habe nur von ihm gehört, aber ihn noch nie persönlich getroffen.*

뿐 kann mit einem vorangehenden Nomen stehen und drückt Ausschließlichkeit aus.

Konstruktion	Beispiele	
N + 일 뿐이다	민호는 제 친구일 뿐이에요.	*Minho ist nur ein Freund von mir.*
N + 뿐이다	반에서 한국어를 못 하는 사람은 저뿐입니다.	*Ich bin der Einzige in der Klasse, der kein Koreanisch sprechen kann.*

In Verbindung mit der verneinten Kopula 아니다 kann 뿐 in der Konstruktion VS-을/ㄹ 뿐(만) 아니라... N 도 + Verb auch die Bedeutung '*nicht nur, sondern auch*' haben. Dabei kann die Abgrenzungspartikel 만 'nur' ausgelassen werden (▶ 24.3.1 | Koordinativsatz).

서울은 사람이 많을 뿐만 아니라 차도 많아요. — *In Seoul gibt es nicht nur viele Menschen, sondern auch viele Autos.*

올 여름은 더울 뿐만 아니라 비도 많이 와요. — *In diesem Sommer ist es nicht nur warm, sondern auch sehr regnerisch.*

이 식당은 음식이 맛있을 뿐만 아니라 가격도 싸요. — *Dieses Restaurant ist nicht nur lecker, sondern auch preisgünstig.*

In dieser Bedeutung kann das Formalnomen 뿐 mit der Kopula 이다 oder hinter einem Nomen stehen.

Konstruktion	Beispiele	
N-일 뿐(만) 아니라	그는 멋진 아버지일 뿐만 아니라 훌륭한 배우예요.	*Er ist nicht nur ein toller Vater, sondern auch ein brillianter Schauspieler.*
N-뿐(만) 아니라	싸이는 한국뿐만 아니라 해외에서도 인기가 많아요.	*Psy ist nicht nur in Korea beliebt, sondern auch im Ausland.*
	아이스크림은 아이뿐만 아니라 어른도 좋아합니다.	*Eiscreme mögen nicht nur Kinder, sondern auch Erwachsene.*

3. Formalnomen 셈: VS-는/은/ㄴ +셈이다, VS-을/ㄹ 셈이다, N-인+ 셈이다

셈 kann sowohl als freies Nomen in der Bedeutung 'Kalkulation'/'Rechnung' als auch als Formalnomen verwendet werden. Die Formalnomenkonstruktion VS-는/ㄴ/은 셈이다 mit der Kopula 이다 drückt eine subjektive Einschätzung bzw. Bewertung des Sprechers in Bezug auf einen Sachverhalt oder eine Information aus. Sie wird vorwiegend in der gesprochenen Sprache verwendet und kann mit 'quasi', 'praktisch', 'sozusagen', 'würde sagen' wiedergegeben werden.

저는 고기를 매일 먹는 셈이에요. — *Ich würde sagen, dass ich täglich Fleisch esse.*

바지를 거의 공짜로 산 셈이네요. — *Sie haben die Hose quasi umsonst gekauft.*

다음 주부터 시험이니, 이번 학기도 다 끝난 셈이에요. — *Da die Klausur in der nächsten Woche ist, würde ich sagen, dass dieses Semester praktisch vorbei ist.*

N-인 + 셈이다

하루에 50 유로면, 숙박비가 거의 무료인 셈이에요. — *Wenn die Übernachtung pro Tag 50 Euro kostet, ist sie fast umsonst.*

독일에서 20 년 이상 살았어요. 독일이 제 고향인 셈이에요. — *Ich lebe schon über 20 Jahre in Deutschland. Deutschland ist quasi meine Heimat.*

In Verbindung mit dem Partizip Futur -을/ㄹ drückt die Konstruktion VS-을/ㄹ 셈이다 aus, dass der Sprecher vorhat, eine Handlung auszuführen.

방학하면 뭘 할 셈이냐? — *Was hast du in den Ferien vor? [Was hast du vor, wenn die Ferien sind?]*

혼자서 집에 있을 셈인가 봐요. — *Es sieht so aus, dass sie vorhat, alleine zu Hause zu bleiben.*

4. Formalnomen 중: VS-는 중이다

Die Konstruktion VS-는 중이다 setzt sich aus dem Formalnomen 중 'Mitte' und der Kopula 이다 zusammen und bedeutet wörtlich *'mittendrin sein, X zu tun'*. Sie wird nur in Kombination mit Aktionsverben verwendet. In der gleichen Bedeutung kann die Konstruktion VS-는 중이다 durch die Verlaufsform (Progressiv) VS-고 있다 ersetzt werden (▶ 8.2.1 | Progressiver Aspekt).

책을 읽는 중이에요. = 책을 읽고 있어요.	*Ich bin dabei, das Buch zu lesen.*
버스를 기다리는 중이세요? = 버스를 기다리고 계세요?	*Warten Sie gerade auf den Bus?*

> Achtung: Bei Ausdrücken für Witterungsphänomene kann die Konstruktion VS-는 중이다 nicht verwendet werden.
> 비가 오고 있어요. *Es regnet gerade.* Nicht: *비가 오는 중이에요.
> 바람이 불고 있어요. *Es ist gerade windig.* Nicht: *바람이 부는 중이에요.

Das Formalnomen 중 bezeichnet mit einem vorangehenden sinokoreanischen Nomen und der Kopula 이다 eine gerade ablaufende Handlung.

민수 씨는 지금 식사 중이에요.	*Minsu isst gerade.*
과장님은 현재 출장 중이십니다.	*Der Abteilungsleiter ist momentan auf Geschäftsreise.*
거기는 공사 중이라 복잡해요.	*Es ist dort wegen Bauarbeiten viel los.*

Das Formalnomen 중 wird häufig mit der Partikel 에 in der Bedeutung 'inmitten' bzw. 'während' gebraucht. Dabei kann N + 중에 gleichbedeutend mit der Konstruktion VS-는 중에 oder VS-는 도중에 verwendet werden (▶ 16.4.1 | Idiomatischer Gebrauch von Nomina).

회의 중에 전화가 왔어요. = 회의하는 중/도중에 전화가 왔어요.	*Der Anruf kam mitten in der Besprechung.*
수업 중에 떠들지 마세요. = 수업하는 중/도중에 떠들지 마세요.	*Bitte während des Unterrichts nicht reden!*
그 사람을 여행 중에 만났어요. = 그 사람을 여행하는 중/도중에 만났어요.	*Ich habe ihn während einer Reise getroffen.*
남이 말하는 중에/도중에 끼어들지 마.	*Sprich nicht dazwischen, während sich die anderen unterhalten!*

> Anmerkung: N + 중에 oder N + 중에서 kann auch den Superlativ bilden, um eine Auswahl aus einer Menge auszudrücken: 저는 꽃 중에(서) 장미가 가장 좋아요. *Von allen Blumen mag ich Rosen am liebsten* (▶ 22.5.7 | Komparativpartikel).

5. Formalnomen 참: VS-을/ㄹ 참이다, VS-(으)려던 참이다, VS-(으)려던 참에

Das Formalnomen 참 'Absicht' / 'Vorhaben' wird in der Partizipialkonstruktion -을/ㄹ 참이다 in der Bedeutung *'im Begriff sein, etwas zu tun'* verwendet. Es kann mit Aktions- und Existenzverben, nicht jedoch mit Qualitativverben kombiniert werden. Diese Konstruktion kann auch durch die modale Hilfsverbkonstruktion VS-으려던 참이다 *'etwas gerade tun wollen'* erweitert werden. Beide Konstruktionen werden häufig durch die Adverbien 막 / 마침 / 방금 'gerade' und das konjunktionale Adverb 그렇지 않아도/ 안 그래도 'sowieso', 'ohnedies' ergänzt.

VS-을/ㄹ 참이다

막 출발할 참이었어요.	*Ich war im Begriff loszufahren.*
두 남자가 싸울 참이다.	*Die beiden Männer sind kurz davor, sich zu streiten.*
안 그래도 물어볼 참이었어.	*Ich wollte sowieso gerade fragen.*

VS-(으)려던 참이다

방금 출발하려던 참이었어요.	*Wir wollten gerade losfahren.*
안 그래도 전화하려던 참이었어요.	*Ich wollte Sie sowieso gerade anrufen.*
막 창문을 열려던 참이에요.	*Ich bin gerade dabei, das Fenster aufzumachen.*
커피를 마시려던 참인데 같이 마실래?	*Ich wollte gerade Kaffee trinken, willst du mit mir zusammen Kaffee trinken?*
잘 몰라서 질문하려던 참이었어요.	*Ich wollte Sie gerade fragen, weil ich das nicht verstanden habe.*

Die Konstruktion VS-으려던 참이다 kann sich nur auf die unmittelbare Zukunft beziehen.

오늘 오후에 백화점에 가려던 참이었어요.	*Ich wollte heute Nachmittag ins Kaufhaus gehen.*
Nicht*내년에 독일로 여행하려던 참이에요. → 내년에 독일로 여행가려고 해요.	*Ich will nächstes Jahr nach Deutschland reisen.*

Im Nebensatz kann die Konstruktion VS-으려던 참에 mit der Lokativpartikel 에 verbunden werden. In dieser Konstruktion kann das Partizip Retrospektiv -던 durch das Partizip Präsens 는 ersetzt werden: -으려는 참에.

퇴근하려던 (= 퇴근하려는) 참에 손님이 왔어요.	*Gerade als ich Feierabend machen wollte, ist ein Gast gekommen.*
막 외출하려던 (= 외출하려는) 참에 친구들이 왔어요.	*Als ich im Begriff war auszugehen, kamen die Freunde zu Besuch.*
엄마가 집을 나서려는 (= 나서려던) 참에 아빠가 오셨어요.	*Gerade als meine Mutter aus dem Haus gehen wollte, ist mein Vater nach Hause gekommen.*
저녁을 먹으려는 (= 먹으려던) 참에 친구가 전화를 했어요.	*Als ich gerade Abend essen wollte, hat mich mein Freund angerufen.*

6. Formalnomen 터: VS-을/ㄹ 터이다 (→ 테다)

Das Formalnomen 터 wird mit dem Partizip Futur -을/ㄹ verwendet, um eine Intention, Vermutung oder einen Plan des Sprechers auszudrücken. Es wird mit der Kopula 이다 zu 테다 kontrahiert. Das Formalnomen 터 kann auch mit der kausalen Konjunktionalform -(으)니까 'weil/da/denn' verbunden werden, um eine Begründung für Vorschläge bzw. Ratschläge dem Hörer gegenüber auszudrücken (▶ 24.3.5 l Kausalsatz).

내일 여행갈 터이니 그리 알아라.	*Ihr müsst wissen, dass ich vorhabe, morgen zu verreisen.*
그를 꼭 만나볼 터이다 (= 테다).	*Ich will ihn unbedingt treffen.*
배고플 터이니 어서 먹어.	*Du hast bestimmt Hunger, darum iss schnell!*
날씨가 추울 테니까 옷을 따뜻하게 입으세요.	*Es ist bestimmt kalt, darum ziehen Sie sich bitte warm an!*
교통이 복잡할 테니까 조심해서 운전해요.	*Es herrscht bestimmt starker Verkehr, fahren Sie vorsichtig.*

7. Formalnomen 편: VS-는 편이다, VS-은/는 편이다

Das Formalnomen 편 'Seite' bezeichnet im Anschluss an das Partizip Präsens -는 bei Aktionsverben bzw. -은/ㄴ bei Qualitativverben die Tendenz bzw. Neigung, eine Handlung auszuführen. Im Deutschen kann diese Konstruktion mit 'neigen zu', 'eher' oder 'in der Regel' übersetzt werden. Mit Qualitativverben kann die Konstruktion VS-은/ㄴ 편이다 auch die Zugehörigkeit zu der durch die Eigenschaft charakterisierten Gruppe ausdrücken.

AV + -는 편이다

그는 늦게 자는 편이에요.	*Er geht eher spät ins Bett.*
저는 아침을 많이 먹는 편이에요.	*Ich frühstücke in der Regel viel.*
커피를 즐겨 마시는 편입니다.	*Ich trinke in der Regel gerne Kaffee.*
다른 학생들보다 한국말을 잘하는 편이에요.	*Sie sprechen tendenziell besser Koreanisch als andere Studenten.*

QV + -은/ㄴ 편이다

제 남자 친구는 키가 큰 편이에요.	*Mein Freund ist eher groß.*
민수 씨는 많이 뚱뚱한 편이에요.	*Minsu neigt zu Übergewicht.*
나이에 비해 젊은 편이세요.	*Sie sehen jung für Ihr Alter aus. [Sie gehören zu der Gruppe, die für ihr Alter jung aussieht]*

Die Konstruktion VS-는/은/ㄴ 편이다 wird entweder durch die Langform -는/은/ㄴ 편이 아니다 oder durch die Kurzform der Negation mit 안 + -는/은/ㄴ 편이다 verneint.

Negation	Beispiel	
안 + VS-는 편이다 VS-는 편이 아니다	저는 많이 안 먹는 편이에요. 저는 많이 먹는 편이 아니에요.	*Ich esse normalerweise nicht viel.*
안 + VS-은/ㄴ 편이다 VS-은/ㄴ 편이 아니다	제 동생은 키가 안 작은 편이에요. 제 동생은 키가 작은 편이 아니에요.	*Mein jüngerer Bruder ist eher nicht klein.*

Diese Konstruktion steht sowohl im Präsens als auch im Präteritum, aber nicht im Futur.

Präsens	술을 자주 마시는 편이에요.	*Ich trinke normalerweise viel Alkohol.*
Präteritum	술을 자주 마시는 편이었어요.	*Ich trank normalerweise viel Alkohol.*
Futur	Nicht: *술을 자주 마시는 편이겠어요.	

17.3 Formalnomina mit der Nominativpartikel 이/가

1. Formalnomen 나위: VS-을/ㄹ 나위(가) 없다

Das Formalnomen 나위 mit der Grundbedeutung 'Notwendigkeit' oder 'Grund' bezeichnet mit vorangestelltem Partizip Futur -을/ㄹ und dem verneinten Existenzverb 없다, dass etwas Selbstverständliches ausgesagt wird. Wörtlich bedeutet die Konstruktion VS-을/ㄹ 나위(가) 없다 'die Notwendigkeit, X zu erwähnen, ist nicht mehr vorhanden', d.h. 'es ist nicht weiter nötig, X zu erwähnen'. In der deutschen Übersetzung wird sie meist einfach durch 'selbstverständlich/natürlich', 'es versteht sich von selbst' wiedergegeben. Diese Konstruktion kommt fast nur mit den Verben 하다 und 말하다 vor, wobei ihre Bedeutung durch die fakultative Komparativpartikel 더 'mehr, weiter' verstärkt werden kann: (더) 할 나위(가) 없다 / (더) 말할 나위(가) 없다. Dabei kann die Nominativpartikel 가 ausgelassen werden. In der gleichen Bedeutung kann die Konstruktion 두말할 나위가 없다 *'Es nicht nötig, zwei Worte zu sagen'* gebraucht werden.

수미 씨의 요리 솜씨는 더 할 나위가/ 두말할 나위가 없습니다.	*Das Kochen von Sumi ist perfekt (das muss man nicht eigens erwähnen).*
수미는 아내로서 더 할 나위가 없어요.	*Sumi ist natürlich die beste Ehefrau.*
이 책은 더 할 나위 없이 좋은 선물이다.	*Dieses Buch ist natürlich das beste Geschenk.*
이 음식은 두말할 나위 없이 훌륭해요.	*Dieses Essen ist selbstverständlich ausgezeichnet.*
그가 정직하다는 것은 말할 나위가 없어요.	*Dass er ehrlich ist, versteht sich von selbst.*

2. Formalnomen 리 / 턱: VS–을/ㄹ 리(가) 없다

Die Formalnomen 리 'Grund'/'Möglichkeit' oder 턱 'Grund'/'Anlass' bedeuten mit dem Partizip Futur und dem negativen Existenzverb 없다 wörtlich 'Grund/Möglichkeit ist nicht vorhanden'. In dieser Funktion sind die Konstruktionen VS–을/ㄹ 리(가) 없다 und VS–을/ㄹ 턱이 없다 austauschbar und entsprechen im Deutschen *'Es kann nicht sein / Es ist unwahrscheinlich, dass X eine Handlung Y ausführt / ausgeführt hat / ausführen wird'*. Bei der Konstruktion VS–을/ㄹ 리(가) 없다 kann die Nominativpartikel 가 ausgelassen werden, während deren Auslassung in der Konstruktion VS–을/ㄹ 턱이 없다 nicht möglich ist.

수미가 약속을 잊을 리(가) 없어요. = 수미가 약속을 잊을 턱이 없어요.	*Es kann nicht sein, dass Sumi die Verabredung vergisst / vergessen wird.*
그가 음주 운전을 했을 리(가) 없어요. = 그가 음주 운전을 했을 턱이 없어요.	*Es kann nicht sein, dass er betrunken am Steuer gesessen hat.*
열심히 공부했기 때문에 시험에 떨어질 리가/턱이 없어요.	*Es ist unwahrscheinlich, dass er bei der Prüfung durchfallen wird, weil er fleißig gelernt hat.*
김 교수가 학교에 일찍 출근할 리가 없습니다.	*Es ist unwahrscheinlich, dass Herr Prof. Kim früher in die Schule kommt / kommen wird.*

Die Kopula 이다 wird in der Konstruktion 일/ㄹ 리가 (= 일/ㄹ 턱이) 없다 verwendet:

막스 씨가 영국 사람일 리(가) 없어요. = 막스 씨가 영국 사람일 턱이 없어요.	*Es kann nicht sein, dass Max Engländer ist.*
그 두 사람이 형제일 리(가) 없어. = 그 두 사람이 형제일 턱이 없어.	*Es ist nicht möglich, dass die beiden (Personen) Geschwister sind.*

Die Formalnomen 리 und 턱 werden mit dem Existenzverb 있다 in rhetorischen Fragen verwendet, die die Bedeutung einer betonten Aussage haben. Im Deutschen können die beiden Konstruktionen VS–을/ㄹ 리(가) 있다 oder VS–을/ㄹ 턱이 있다 somit mit Doppelverneinung übersetzt werden: *'Es kann nicht sein, dass X etwas nicht tut/nicht weiß'* also *'X weiß/tut bestimmt etwas'*.

여러 번 말했는데 모를 리가 있겠어요? = 여러 번 말했는데 모를 턱이 있겠어요?	*Ich habe es ihm mehrmals gesagt, also kann es nicht sein, dass er es nicht weiß. (= er weiß es bestimmt). [Könnte es möglich sein, dass er es nicht weiß?]*
공부를 열심히 했는데 시험에 떨어질 리 있어요? (= 떨어질 턱이 있어요?)	*Er hat fleißig gelernt, also kann es nicht sein, dass er die Prüfung nicht besteht (= er besteht bestimmt). [Könnte es sein, dass er bei der Prüfung durchfällt?]*

3. Formalnomen 수: VS–을/ㄹ 수가 있다/없다

Die Konstruktion VS–을/ㄹ 수(가) 있다/없다 setzt sich aus dem Partizip Futur, dem Formalnomen 수 'Möglichkeit'/'Fähigkeit' und dem Existenzverb 있다 bzw. 없다 zusammen und bedeutet wörtlich

'Möglichkeit bzw. Fähigkeit ist vorhanden bzw. nicht vorhanden'. Dabei kann die Subjektmarkierung 가 ausgelassen werden. Während die Konstruktion in der bejahten Form VS-을/ㄹ 수(가) 있다 sowohl Möglichkeit als auch Fähigkeit ausdrücken kann, bezeichnet ihre verneinte Form VS-을/ㄹ 수(가) 없다 nur die durch Umstände bedingte Unmöglichkeit, nicht jedoch die fehlende Fähigkeit. Die Negation mit 못 dagegen kann beides ausdrücken (▶ 9.4.3 | Modale Hilfsverbkonstruktion).

VS-을/ㄹ 수 있다		Übersetzung
Fähigkeit	기타를 칠 수 있어요.	*Ich kann Gitarre spielen.*
Möglichkeit	오늘 시간이 있어요. 그래서 안나 씨를 만날 수 있어요.	*Ich habe heute Zeit. Ich kann deshalb Anna treffen.*

VS-을/ㄹ 수 없다		Übersetzung
Unmöglichkeit	바빠서 오늘 수연 씨를 만날 수 없어요.	*Ich kann Sooyeon heute nicht treffen, weil ich viel zu tun habe.*

못 + Verb		Übersetzung
Unfähigkeit	저는 기타를 못 쳐요.	*Ich kann nicht Gitarre spielen.*
Unmöglichkeit	손이 아파서 지금 기타를 못 쳐요.	*Ich kann jetzt nicht Gitarre spielen, weil mir meine Hand weh tut.*

Anmerkung: Der Ausdruck 할 수 없지요 wird in der Bedeutung *'Da kann man nichts machen'* / *'Es lässt sich nicht ändern'* idiomatisch verwendet.

A: 갑자기 일이 생겨서 함께 갈 수가 없어요.	*A: Ich kann nicht mitgehen, weil plötzlich etwas dazwischengekommen ist.*
B: 할 수 없지요. 다음에 같이 가요.	*B: Da kann man nichts machen. Nächstes Mal gehen wir dann zusammen.*

4. Formalnomen 적: VS-은/ㄴ 적이 있다/없다

Das Formalnomen 적 hat die Grundbedeutung 'Erfahrung' / 'Erlebnis' / 'Ereignis'. Die Konstruktion VS-은/ㄴ 적이 있다 drückt eine Erfahrung bzw. ein Erlebnis in der Vergangenheit aus und kann mit *'schon einmal X gemacht haben'* übersetzt werden. Dementsprechend drückt die negative Form VS-은/ㄴ 적이 없다 das Fehlen einer bestimmten Erfahrung bzw. eines bestimmten Erlebnisses aus und bedeutet *'X noch nie gemacht haben'*. Diese Konstruktion wird häufig durch die Hilfsverbkonstruktion -아/어 보다 'probieren', 'versuchen' erweitert: VS-아/어 본 적이 있다/ 없다 (▶ 9.1.1 | Hilfsverbkonstruktionen).

그 책을 읽은 적이 있어요.	*Ich habe das Buch schon mal gelesen.*
일본에 간 적이 있으세요?	*Sind Sie schon mal in Japan gewesen?*
저도 말을 타 본 적이 있어요.	*Ich habe auch schon mal auf einem Pferd gesessen.*

17.4 Formalnomina mit der Akkusativpartikel 을/를

1. Formalnomen 줄

Die Konstruktion VS-을/ㄹ 줄(을) 알다/모르다 mit dem Formalnomen 줄 'Methode' / 'Umgang' bedeutet wörtlich *'wissen / nicht wissen, wie man etwas tut'*. Wenn sie sich auf das Subjekt bezieht, drückt sie dessen Fähigkeit bzw. Unfähigkeit aus, die Handlung auszuführen. Dabei kann die Akkusativpartikel 을 ausgelassen werden (▶ 9.4.3 | Modale Hilfsverbkonstruktion).

VS-을/ㄹ 줄 알다 / 모르다		Übersetzung
Fähigkeit	골프를 칠 줄 알아요?	*Können Sie Golf spielen?*
Unfähigkeit	골프를 칠 줄 몰라요.	*Ich kann nicht Golf spielen.*

Bezieht sich die Konstruktion nicht auf das Subjekt, das die Handlung ausführt, ändert sich die Bedeutung. Die bejahte Form VS-을/ㄹ 줄(을) 알다 und die entsprechende negative Form VS-을/ㄹ 줄(을) 모르다 drücken dann eine Annahme bzw. eine Erwartung des Sprechers aus. Hierzu gibt es zwei verschiedene Übersetzungsmöglichkeiten: 1) *'wissen / nicht wissen, dass es so ist/war'*; 2) *'Es ist nicht davon auszugehen / nicht damit zu rechnen, dass es so ist/war'*. In diesem Sinne wird diese Konstruktion fast ausschließlich mit dem Präteritum VS-을/ㄹ 줄(을) 알았다/몰랐다 verwendet.

VS-을/ㄹ 줄(을) 알았다 / 몰랐다		Übersetzung
Annahme / Erwartung	수미가 시험에 붙을 줄 알았어요.	*Ich habe damit gerechnet, dass Sumi die Prüfung besteht.*
	(나는) 민수가 한국에 갈 줄(을) 알았어요.	*Ich habe mir schon gedacht, dass Minsu nach Korea fliegen wird.*
	(저는) 이 식당이 이렇게 비쌀 줄 몰랐습니다.	*Ich habe nicht damit gerechnet, dass dieses Restaurant so teuer ist.*

Zum Ausdruck einer Erwartung, Annahme oder Vermutung kann das Formalnomen 줄 auch mit unterschiedlichen Partizipialformen verwendet werden: z.B. mit dem Partizip Präteritum -은/ㄴ bei Aktionsverben, mit dem Partizip Präsens -은/ㄴ bei Qualitativverben (▶ 12 | Partizipialformen).

VS-은/ㄴ 줄(을) 알았다 / 몰랐다		Übersetzung
Annahme / Erwartung	(나는) 민수가 한국에 간 줄 알았어요.	*Ich habe mir schon gedacht, dass Minsu nach Korea gefahren ist.*
	한국의 여름이 이렇게 더운 줄 몰랐어요.	*Ich habe/hätte nicht gedacht, dass der koreanische Sommer so warm ist.*

Mit der Kopula 이다 bedeutet die Konstruktion N + 인 줄 알다/모르다 1) *'etwas wissen'* / *'etwas nicht wissen'* oder 2) *'etwas annehmen'*.

그가 교수인 줄 알았어요.	*Ich wusste, dass er Professor ist. / Ich dachte, dass er Professor sei.*
오늘이 어버이날인 줄 몰랐어요.	*Ich wusste nicht / habe nicht gedacht, dass heute Elterntag ist.*
이 집이 사라 씨 집인 줄을 몰랐어요.	*Ich habe/hätte nicht damit gerechnet, dass die Wohnung Sarahs Wohnung ist.*

2. Formalnomen 척 / 체

Das Formalnomen 척 hat die Bedeutung 'Vortäuschung' und wird in Verbindung mit vorangestelltem Partizip Präsens und dem Hilfsverb 하다 -는 척(을) 하다 (bei Aktionsverben) bzw. -은/ㄴ척(을) 하다 (bei Qualitativverben) verwendet, um Handlungen bzw. Tatsachen vorzugeben. Häufig wird die Akkusativpartikel 을 ausgelassen. Dies wird im Deutschen oft mit *'so tun, als ob'* übersetzt. In dieser Funktion kann 척 durch das Formalnomen 체 ersetzt werden: VS-는/은/ㄴ 체(를) 하다. Das Formalnomen 척 bzw. 체 kann auch Bestandteil des Hilfsverbs 척하다 bzw. 체하다 *'so tun, als ob ...'* sein (▶ 9.3.6 | Hilfsverbkonstruktion 하다).

AV-는 척(을) 하다 / 체(를) 하다

술에 취한 척을 했어요. — *Er tat so, als ob er betrunken wäre.*

왜 모르는 척(을)/체(를) 하세요? — *Warum tun Sie so, als ob Sie mich nicht kennen?*

보고도 못 본 척을/체를 했다. — *Sie sah mich, tat aber so, als ob sie mich nicht gesehen hätte.*

QV-은/ㄴ 척을 하다 / 체를 하다

수미가 화난 척을/체를 하네요. — *Sumi tut so, als ob sie ärgerlich wäre.*

그 부부는 행복한 척을/체를 했어요. — *Das Ehepaar tat so, als wäre es glücklich.*

17.5 Formalnomina mit/ohne Lokativpartikel als adverbiale Bestimmung

1. Formalnomen 겸

Das Formalnomen 겸 hat die Bedeutung 'Zusatz'. Die Konstruktion VS-을/ㄹ 겸 drückt aus, dass das Subjekt beabsichtigt, zwei Handlungen gleichzeitig auszuführen. Die beabsichtigten Handlungen werden häufig durch die Konstruktion N 도... VS-을/ㄹ 겸 ausgedrückt. Dies wird im Deutschen durch *'sowohl ... als auch'* oder *'und auch'* wiedergegeben.

한국어도 배울 겸 돈도 벌 겸 한국에 갑니다. — *Ich fliege nach Korea, sowohl um Koreanisch zu lernen als auch um Geld zu verdienen.*

책도 읽을 겸 공부도 할 겸 도서관에 가요. — *Ich gehe in die Bibliothek, um ein Buch zu lesen, und auch um zu lernen.*

용돈도 벌 겸 경험도 쌓을 겸 아르바이트를 해요. — *Er arbeitet sowohl, um Taschengeld zu verdienen, als auch, um Erfahrung zu sammeln.*

너도 볼 겸 고향 소식도 들을 겸 여기에 왔어요. — *Ich kam hierher, um dich zu sehen, und auch, um Nachrichten aus der Heimat zu hören.*

Die erste Handlung kann statt durch die Konstruktion VS-을/ㄹ 겸 auch durch die koordinative Konjunktionalform 고 ausgedrückt werden.

책도 읽고 공부도 할 겸 도서관에 가요. — *Ich gehe zur Bibliothek, um sowohl ein Buch zu lesen als auch zu lernen.*

경치도 구경하고 기분 전환도 할 겸 여행을 떠나요. — *Ich mache eine Reise, um mir die Landschaft anzuschauen, und auch, um mich abzulenken.*

Das Formalnomen 겸 *'X und Y in einem'* bezeichnet mit vorangehendem freistehenden Nomen eine Kombination bzw. eine Gleichzeitigkeit der beiden Nomina, also *'zweierlei in einem'*. Im Deutschen kann es mit 'und gleichzeitig' oder 'sowohl ... als auch' übersetzt werden.

거실 겸 부엌이에요. — *Das ist ein Wohnzimmer und gleichzeitig eine Küche.*

거실 겸 침실로 사용해요. — *Ich benutze es als Wohnzimmer und gleichzeitig als Schlafzimmer.*

아침 겸 점심을 먹었어요. — *Ich habe Brunch gegessen. [Frühstück und gleichzeitig Mittagessen]*

의사 겸 교수로 일해요. — *Er arbeitet als Arzt und ist gleichzeitig als Professor tätig.*

2. Formalnomen 김: VS-는/은/ㄴ 김에

Die Konstruktion VS-는/은/ㄴ 김에 mit dem Formalnomen 김 'Gelegenheit'/'Anlass' wird in der Bedeutung 'bei Gelegenheit X zu machen' verwendet. Sie wird häufig mit dem Adverb 이왕 'sowieso' gebraucht und im Deutschen oft etwa mit *'wenn ... sowieso'* übersetzt.

도서관에 가는 김에 내 책도 빌려 올래?	*Wenn du sowieso in die Bibliothek gehst, kannst du mir auch ein Buch ausleihen?*
이왕 온 김에 나 좀 도와줘.	*Wenn du sowieso schon da bist, kannst du mir helfen.*
이왕 수미 씨 만나는 김에 민수 씨도 같이 만납시다.	*Wenn wir sowieso die Gelegenheit haben, Sumi zu treffen, lasst uns Minsu auch treffen!*
시내에 나온 김에 영화나 보고 가자.	*Wenn wir sowieso in der Stadt sind, lasst uns einen Film oder sowas anschauen!*
전화 번호를 쓰시는 김에 이메일 주소도 써 주세요.	*Wenn Sie sowieso die Telefonnummer aufschreiben, schreiben Sie bitte auch Ihre E-Mail-Adresse auf!*

3. Formalnomen 대로: VS-는/은/ㄴ 대로

Die Konstruktion VS-는/은/ㄴ 대로 mit dem Formalnomen 대로 'Entsprechung' / 'Einklang' wird in der Bedeutung 'sobald', 'so wie', 'entsprechend' verwendet.

한국에 도착하는 대로 연락드릴께요.	*Sobald ich in Korea ankomme, werde ich mich bei Ihnen melden.*
소식(을) 듣는 대로 내게 좀 알려줘.	*Lass mich wissen, sobald du etwas (Nachrichten) hörst.*
제가 하는 대로 발음해 보세요.	*Sprechen Sie das Wort bitte so aus, wie ich es tue!*
약속한 대로 내일까지 돈을 부치겠습니다.	*Wie versprochen, überweise ich Ihnen das Geld bis morgen!*
요리책에서 본 대로 잡채를 만들었어요.	*Ich habe die Glasnudeln gekocht, so wie ich es im Kochbuch gelesen habe.*

Das Formalnomen 대로 hat mit einem vorangehenden Nomen die Bedeutung 'entsprechend' / 'gemäß'.

예상대로 한국이 이겼어요.	*Wie erwartet, hat Korea gewonnen.*
사업이 생각대로 잘 안돼요.	*Das Geschäft läuft nicht so gut, wie ich dachte.*
계획대로 일이 잘 진행되고 있어요.	*Die Arbeit läuft wie geplant gut.*
계획이 뜻대로 되지 않았어요.	*Der Plan ist nicht so gelaufen, wie gewünscht.*
약속대로 돈을 송금했습니다.	*Ich habe das Geld gemäß meinem Versprechen überwiesen.*

4. Formalnomen 듯(이)

Das Formalnomen 듯이 und seine verkürzte Form 듯 hat die Bedeutung 'Anschein'. Zusammen mit der vorangestellten Partizipialform wird die Konstruktion VS-는/은/을 듯(이) in der Bedeutung 'als ob'/'wie' verwendet. Durch das Adverb 마치 'in gleicher Weise' wird das Formalnomen 듯(이) verstärkt.

VS-는/은/ㄴ 듯(이)

그는 아는 듯이 말했다.	*Er sagte es so, als ob er es wüsste.*
그가 죽은 듯(이) 자고 있습니다.	*Er schläft gerade wie ein Toter [als wäre er tot.]*

그는 마치 백만장자인 듯(이) 생활해요. — *Er lebt so, als ob er Millionär wäre.*

민호가 미친 듯(이) 소리를 지르고 있어요. — *Minho schreit gerade wie verrückt.*

그녀는 어제 일을 모두 잊은 듯이 말했다. — *Sie hat so geredet, als ob sie alles von gestern vergessen hätte.*

VS-을/ㄹ 듯(이)

수미가 남자 친구와 헤어질 듯(이) 말해요. — *Sumi redet so, als ob sie sich von ihrem Freund trennen würde.*

비가 쏟아질 듯이 하늘이 컴컴해졌다. — *Der Himmel sieht so schwarz aus, als ob es gleich einen Platzregen gäbe.*

시험에 합격했을 때 날아갈 듯이 기뻤어요. — *Als ich die Prüfung bestanden habe, war ich so glücklich, als ob ich fliegen würde.*

> Anmerkung: VS-듯(이) kann neben Formalnomen als Konjunktionalform verwendet werden, um einen Vergleich zwischen zwei Elementen auszudrücken (▶ 24.3.9 | Komparativsatz).

듯 kann auch Bestandteil der Hilfsverben 듯하다 bzw. 듯싶다 'Anschein machen' sein und in der Konstruktion VS-는/은/ㄴ 듯하다/듯싶다 gebraucht werden. Im Deutschen wird dies mit 'scheinen', 'aussehen wie' wiedergegeben (▶ 9.3.3 | Hilfsverbkonstruktion).

그는 교사인 듯합니다.
그는 교사인 듯싶습니다. — *Er sieht wie ein Lehrer aus.*

오해하신 듯해요. /듯싶어요. — *Es scheint, dass Sie das missverstanden haben.*

민수에게 기쁜 일이 있는 듯해요.
민수에게 기쁜 일이 있는 듯싶어요. — *Es sieht so aus, als ob Minsu eine gute Nachricht bekommen hätte.*

5. Formalnomen 만큼: VS-는/은/ㄴ 만큼

Das Formalnomen 만큼 hat die Bedeutung 'in dem Maße, wie' und drückt mit dem Partizip (Präsens, Präteritum und Futur) einen Vergleich von Qualitäten aus, während es mit dem Partizip Futur eher das Ausmaß im Sinne von 'so ..., dass' bezeichnet. In dieser Bedeutung kann es mit einem vorangehenden freistehenden Nomen stehen.

VS-는 만큼, VS-은/ㄴ 만큼

제가 일한 만큼 월급을 받고 싶어요. — *Ich möchte so viel Gehalt bekommen, wie ich gearbeitet habe.*

각자 먹은 만큼 내면 될 것 같아요. — *Jeder soll so viel bezahlen, wie er gegessen hat.*

주는 만큼 돌려 받는다. — *Man bekommt so viel zurück, wie man gegeben hat.*

사람은 아픈 만큼 성숙해집니다. — *Man wird in dem Maße reifer, in dem man Schmerzen / Trauer erlebt hat.*

Statt der Konstruktion VS-을/ㄹ 만큼 kann in der Bedeutung 'derart, dass' auch die Konstruktion VS-을/ㄹ 정도로 (정도 'Grad/Ausmaß' + Instrumentalpartikel 로) verwendet werden.

VS-을/ㄹ 만큼 (= VS-을/ㄹ 정도로)

참을 수 없을 만큼 배가 아파요.
= 참을 수 없을 정도로 배가 아파요. — *Ich habe so starke Bauchschmerzen, dass ich es nicht aushalten kann.*

눈물이 날 만큼/정도로 영화가 슬펐어요.	*Der Film war so traurig, dass mir die Tränen kamen.*
영화를 보러 갈 만큼 (= 갈 정도로) 한가하지 않아요.	*Ich habe nicht so viel Freizeit, um ins Kino zu gehen.*
의사 선생님은 내가 알아들을 수 없을 만큼 (= 정도로) 어렵게 말했어요.	*Der Arzt hat so schwer verständlich geredet, dass ich ihn nicht verstehen konnte.*

📖 Das Formalnomen 만큼 'sowie' kann auch als Partikel nach dem Nomen stehen, um einen Vergleich auszudrücken (▶ 22.5.8 | Komparativpartikel).

6. Formalnomen 무렵: VS-는/은/ㄴ 무렵, VS-을/ㄹ 무렵, N+무렵

Das Formalnomen 무렵 bedeutet 'unbestimmte Zeit' und bezeichnet mit einer vorangestellten Partizipialform (-는/은/을) einen ungefähren Zeitpunkt 'zu der Zeit, als ...' / 'ungefähr (etwa) um die Zeit'. In dieser Bedeutung kann es mit einem vorangehenden freistehenden Nomen stehen. Häufig folgt die Lokativpartikel 에.

수업이 끝날 무렵(에) 비가 내리기 시작했어요.	*Zum Ende des Unterrichts begann es zu regnen.*
학기가 시작할 무렵(에) 연락 하세요.	*Melden Sie sich gegen Anfang des Semesters.*
대학을 졸업할 무렵 남편을 만났어요.	*In der Zeit, als ich mein Studium abschloss, habe ich meinen Ehemann getroffen.*
아버지가 돌아가신 그 무렵, 나는 외국에 있었다.	*Als mein Vater starb, war ich im Ausland.*

Nomen + 무렵(에)

저녁 무렵에 친구가 찾아 왔어요.	*Mein Freund hat mich gegen Abend besucht.*
연말 무렵에 여행을 가려고 합니다.	*Gegen Ende des Jahres habe ich vor, eine Reise zu machen.*

7. Formalnomen 바람: VS-는 바람에 / Nomen + 바람으로

Das Formalnomen 바람 hat die Bedeutung 'Grund' und wird in der Konstruktion VS-는 바람에 mit dem Partizip Präsens -는 des Aktionsverbs und der Lokativpartikel 에 verwendet, um den Grund einer Handlung mit unerwünschten oder negativen Folgen anzugeben (▶ 24.3.5 | Kausalsatz).

급히 먹는 바람에 체했어요.	*Weil ich hastig gegessen habe, habe ich Magenbeschwerden.*
배탈이 나는 바람에 학교에 못 갔습니다.	*Da ich Magenbeschwerden hatte, konnte ich nicht in die Schule gehen.*
눈이 많이 오는 바람에 길이 미끄러웠다.	*Da es viel geschneit hatte, war die Straße glatt.*
버스가 갑자기 출발하는 바람에 넘어졌어요.	*Weil der Bus plötzlich losgefahren ist, bin ich hingefallen.*

Das Formalnomen 바람 kann auch mit einem vorangehenden Nomen, mit dem das Anziehen/Tragen von Kleidung bezeichnet wird, und mit der Instrumentalpartikel 으로 verwendet werden. Dies beschreibt, dass jemand ein Kleidungsstück trägt, das zu einem bestimmten Zweck bzw. in einer bestimmten Situation unangemessen ist.

청바지 바람으로 결혼식에 갔어요?	*Sind Sie in Jeans zur Hochzeitsfeier gegangen?*
왜 잠옷 바람으로 돌아다녀요?	*Warum läufst du im Schlafanzug herum?*
아이들이 속옷 바람으로 자고 있어요.	*Die Kinder schlafen im Unterhemd.*

8. Formalnomen 채: VS-은 /ㄴ 채(로), Nomen + 채(로)

Das Formalnomen 채 bedeutet 'Zustand', 'so wie die Dinge sind' und wird in der Konstruktion VS-은/ㄴ 채(로) mit dem Partizip Präteritum -은/ㄴ des Aktionsverbs verwendet, um auszudrücken, dass der aus der Handlung resultierende Zustand während der nächsten Handlung bestehen bleibt. Damit ist die Konnotation verbunden, dass dieser Zustand eigentlich nicht hätte eintreten sollen. Die Instrumentalpartikel 로 kann dabei ausgelassen werden. Im Deutschen kann die Konstruktion mit 'mit' oder 'ohne zu' + Infinitiv übersetzt werden.

신발을 신은 채 방에 들어 왔어요.	*Er hat mit Schuhen das Zimmer betreten.*
형이 안경을 쓴 채로 자요.	*Mein älterer Bruder schläft mit Brille.*
옷을 입은 채로 물에 들어가요.	*Er geht mit seiner Kleidung ins Wasser.*
눈을 감은 채 강연을 들어요.	*Er hört den Vortrag mit geschlossenen Augen.*
아침을 안 먹은 채 출근했습니다.	*Er ist ohne zu frühstücken zur Arbeit gegangen.*

📖 Die Konstruktion -은/ㄴ 채(로) kann jedoch nicht mit den Bewegungsverben 가다 'gehen', 오다 'kommen' stehen: Nicht: *회사에 간 채로/ 온 채로 일했어요.

Das Formalnomen 채 kann mit einem vorangehenden Nomen verwendet werden und bedeutet 'das Ganze, wie es ist'. In diesem Sinne ist 채(로) mit dem Suffix -째 'so wie es ist' gleichbedeutend und austauschbar (▶ 16.1 | Nominalkomposita).

사과를 껍질채 먹어도 돼요? = 사과를 껍질째 먹어도 돼요?	*Darf man die Schale von Äpfeln mitessen?* *(ohne die Schale zu schälen)*
무를 뿌리채로 뽑았어요. = 무를 뿌리째로 뽑았어요.	*Er hat den Rettich mit der Wurzel herausgezogen.*
통채로 다 먹었어요. = 통째로 다 먹었어요.	*Er hat (das Ganze) aufgegessen.*
그가 술을 병채로 / 병째로 마시고 있어요.	*Er trinkt Alkohol direkt aus der Flasche.*

9. Formalnomen 통: VS-는 통에

Die Konstruktion VS-는 통에 mit dem Formalnomen 통 'Grund' wird in einer ähnlichen Bedeutung wie VS-는 바람에 verwendet, um den Grund für eine negative oder unerwünschte Folge auszudrücken (▶ 17.5.7 | Formalnomen 바람). Das Formalnomen 통 kann auch mit einem vorangehenden freistehenden Nomen verbunden werden.

너무 급히 먹는 통에 체했어요.	*Weil er zu hektisch gegessen hat, hat er Magenschmerzen.*
남편이 코를 심하게 고는 통에 한숨도 못 잤어요.	*Da mein Mann sehr stark geschnarcht hat, habe ich kein Auge zugemacht.*
어제 눈이 많이 오는 통에 길이 아주 미끄러워요.	*Weil es gestern stark geschneit hat, ist die Straße glatt.*
전쟁 통에 많은 가족들이 헤어졌어요.	*Als Folge des Koreakrieges wurden viele Familien getrennt.*

10. Formalnomen 투: VS-는/은/ㄴ 투로

Das Formalnomen 투 hat die Bedeutung 'Umgangston/Ton' und wird mit der Partizipialform -는/ㄴ und mit der Lokativpartikel 로 verwendet, um auszudrücken, dass jemand in einer bestimmten Art und Weise spricht.

비꼬는 투로 말했다.	*Er hat in einem ironischen Ton gesprochen.*
늘 불친절한 투로 말해요.	*Sie spricht immer in einem unfreundlichen Ton.*
그녀는 약간 화난 투로 대꾸했다.	*Sie hat in einem etwas ärgerlichen Ton geantwortet.*
나에게 그런 투로 말하지마.	*Sprich nicht in diesem Ton mit mir!*
명령하는 투로 말하지 않(았)으면 좋겠어요.	*Es wäre nett, wenn Sie nicht in diesem Befehlston mit mir sprechen würden.*

17.6 Formalnomina mit vorangestellten Nomina

Einige Formalnomina wie 등, 등등 'und so weiter' / 'und so fort', 때문 'Grund' und 만 'Zeitdauer' können nicht mit Partizipialformen, sondern nur mit einem vorangehenden freistehenden Nomen bzw. mit Verbalnomen auf -기 verbunden werden.

1. Formalnomina 등 / 등등 / 따위

Die Formalnomina 등, 등등 und 따위 bedeuten jeweils 'und so weiter' / 'und so fort', während 따위 bei der Aufzählung der voranstehenden Nomina eine abwertende Bedeutungsnuance hat.

N + 등/등등

종이, 펜 등을 가져오세요.	*Bringen Sie mir bitte Papier, Feder usw. mit.*
명사, 동사, 형용사 등은 품사다.	*Nomen, Verb und Adjektiv sind Wortarten.*
사과, 배, 귤 등등의 온갖 과일이 있어요.	*Es gibt verschiedene Obstsorten wie Äpfel, Birnen, Mandarinen und so weiter.*
생일 잔치에 과자, 빵, 떡 등등 먹을 것이 많아요.	*Es gibt viel zu Essen auf der Geburtstagsfeier, z.B. Kekse, Brot, Reiskuchen und so weiter.*

N + 따위

그는 연필, 공책 따위를 샀다.	*Er hat Bleistifte und Hefte usw. gekauft.*
그는 내 이름, 주소, 나이 따위를 물었다.	*Er fragte mich unter anderem nach meinem Namen, Adresse und Alter.*
감기에 걸리면 두통, 콧물, 기침 따위의 증세가 나타납니다.	*Bei einer Erkältung hat man Symptome wie Kopfschmerzen, Schnupfen und Husten.*

Das Formalnomen 따위 hat neben der Bedeutung 'und so weiter' in Verbindung mit Personalpronomen oder anderen Personenbezeichnungen eine abwertende Bedeutung.

너 따위가 참견할 일이 아니야.	*Das geht so einen wie dich gar nichts an.*
그런 자식 따위는 필요없어.	*So ein Kind brauche ich nicht.*

따위 kann zusammen mit den Demonstrativa 이, 그, 저 auch die abwertenden Demonstrativpronomen 이따위 'dieser/solcher', 그따위 'der', 저따위 'der da' bilden.

그따위 음식은 안 먹어요.	*So etwas (Widerliches) esse ich nicht.*
이따위 일은 다시 하지 않겠어요.	*So etwas [ein solches Ding] werde ich nie wieder tun.*
그따위로 난폭하게 운전하지 마.	*Fahr nicht auf solch aggressive Art, wie du fährst!*

2. Formalnomen 만

Das Formalnomen 만 'Zeitdauer' wird mit anderen freistehenden Nomen, meist mit einem Numeralklassifikator für Zeitangaben verbunden. 만 kann mit der Lokativpartikel 에 als adverbiale Bestimmung oder als Prädikatsnomen mit der Kopula 이다 auftreten, um die Zeitdauer auszudrücken, innerhalb der etwas geschehen ist.

A: 이게 얼마 만이에요? B: 꼭 오년 만이에요.	*A: Wie lange ist es her? (seit wir uns gesehen haben)* *B: Es ist genau 5 Jahre her.*
십년 만에 처음 갖는 여행이에요.	*Das ist meine erste Reise seit 10 Jahren.*
일년 만에 다시 여기에 왔어요.	*Ich bin nach einem Jahr wieder zurückgekommen.*
석 달 만에 운전면허증을 땄어요.	*Ich habe den Führerschein in drei Monaten gemacht.*
수술한 지 일주일 만에 퇴원했어요.	*Er hat innerhalb einer Woche nach seiner Operation das Krankenhaus verlassen.*

3. Formalnomen 때문

Das Formalnomen 때문 'Grund' ist mit den freistehenden Nomen in der Bedeutung 'wegen' oder mit der Kopula 이다 in der Bedeutung 'der Grund ist ...' verbunden. Außerdem wird 때문 häufig mit dem Verbalnomen auf -기 und der Lokativpartikel 에 in der Konstruktion VS-기 때문에 mit der kausalen Bedeutung 'weil'/'da' verwendet (▶ 24.3.5 | Kausalsatz).

비 때문에 길이 미끄러워요.	*Wegen des Regens ist die Straße glatt.*
너 때문에 늦었잖아.	*Deinetwegen habe ich mich verspätet.*
내일 시험을 보기 때문에 공부해야 해요.	*Ich muss lernen, weil ich morgen Prüfung habe.*
내가 행복한 것은 네가 있기 때문이야.	*Dass ich glücklich bin, liegt daran, dass es dich gibt.*

🕮 Wenn die Personalpronomina der 1. und 2. Person Sg. durch die Nominativpartikel 가 als Subjekt markiert werden, verändert sich ihre Form: 나 + 가 → 내가 'ich', 너 + 가 → 네가 'du' (▶ 22.3.1 | Nominativ-/Subjektpartikel 이/가).

18 Verbalnomina

Im Koreanischen können wie im Deutschen Nomina aus Verben abgeleitet werden (essen → das Essen). Sie werden durch Anfügen der drei Nominalisierungssuffixe –기, –음(VS$_{KONS}$)/ㅁ(VS$_{VOK}$) oder –이 an den Verbstamm gebildet. Die Nominalisierungssuffixe –기 und –음/ㅁ können mit allen vier Verbarten (Aktionsverb, Qualitativverb, Existenzverb, Kopula) gebraucht werden, während das Suffix –이 nur mit einigen wenigen Qualitativverben verwendet wird. Das Suffix –기 kann ohne Weiteres mit jedem Verb verwendet werden. Der Gebrauch von –음/ㅁ ist dagegen vergleichsweise eingeschränkt.

QV + –이	Verbalnomen auf 이	QV + –이	Verbalnomen auf 이
길다 *lang sein*	길이 *Länge*	높다 *hoch sein*	높이 *Höhe*
깊다 *tief sein*	깊이 *Tiefe*	춥다 *kalt sein*	추위 *Kälte*

	Verbart	Verbalnomen auf 기	Verbalnomen auf 음/ㅁ
Aktionsverb	살다 *leben*	살기 *das Leben*	삶 *das Leben (an sich)*
Qualitativverb	기쁘다 *sich freuen*	기쁘기 *das Sich-Freuen*	기쁨 *die Freude*
Existenzverb	있다 *sich befinden*	있기 *das Sich-Befinden*	있음 *die Existenz*
Kopula	여자이다 *Frau sein*	여자이기 *das Frausein*	여자임 *die Weiblichkeit*

Bei den Verben 살다 'leben', 알다 'wissen/kennen', deren Verbstamm auf ㄹ endet, wird das Nominalisierungssuffix –ㅁ an den Verbstamm angehängt: 살- +-ㅁ → 삶 'das Leben', 알- +-ㅁ → 앎 'das Wissen / die Kenntnis'.

18.1 Verbalnomina auf –기 und –음/ㅁ

Die beiden Nominalisierungssuffixe –기 und –음/ㅁ haben unterschiedliche Bedeutungsnuancen. Die mit –기 gebildeten Verbalnomina beschreiben eher eine konkrete Handlung und werden im Deutschen nicht nur als Verbalnomina, sondern öfter – besonders wenn sie von einem Hauptverb abhängig sind (was bei –음/ㅁ nicht vorkommt) – als Infinitiv übersetzt (▶ 18.2 | Feststehende Ausdrücke mit Verbalnomina auf –기).

Das Nominalisierungssuffix –음/ㅁ hat zwei Funktionen: Zum einen bildet es Verbalnomina mit einer stärker allgemeinen oder abstrakten Bedeutung als –기, zum anderen hat es die Bedeutung einer abgeschlossenen Handlung und übernimmt eine ähnliche Funktion wie das Partizip Präteritum. Während das Verbalnomen auf –음/ㅁ als Abstraktum nicht von jedem Verb gebildet werden kann, ist das Verbalnomen auf –기 in der letzteren Funktion frei bildbar, jedoch nur in bestimmten stilistischen Kontexten (siehe unten). Bei Verbalnomina auf –기 bleibt somit die ursprüngliche Vorgangsbedeutung des Verbs erhalten, während –음/ㅁ oft mehr das Ergebnis der Handlung bezeichnet oder eine abstrakte Bedeutung hat. Die Verbalnomina auf –기 und –음/ㅁ haben folgende Gemeinsamkeiten und Unterschiede:

a) Der verbale Charakter beider Bildungstypen zeigt sich darin, dass sie mit verschiedenen Tempussuffixen und dem Honorativsuffix –(으)시 verbunden werden können.

Verben	Präsens	Präteritum	Futur	Honorativ
가다 *gehen*	가기 / 감	갔기 / 갔음	가겠기 / 가겠음	가시기 / 가심
먹다 *essen*	먹기 / 먹음	먹었기/ 먹었음	먹겠기 / 먹겠음	드시기 / 드심

b) Der nominale Charakter beider Bildungstypen zeigt sich darin, dass sie mit den Kasuspartikeln verbunden werden und als Topik, Subjekt, Objekt oder adverbiale Bestimmung fungieren können.

Struktur	Beispiele	
VS-기 + 는	일하기는 힘들어요.	*Das Arbeiten ist anstrengend.*
VS-음/ㅁ + 은	기쁨은 나누면 두 배가 된다.	*Geteilte Freude ist doppelte Freude.*
VS-기 + 가	공부하기가 재미있어요.	*Das Lernen macht mir Spaß.*
VS-음/ㅁ + 이	여자임이 틀림없어요.	*Das ist bestimmt eine Frau.*
VS-기 + 를	책읽기를 좋아해요.	*Ich mag das Lesen.*
VS-음/ㅁ + 을	행복함을 느꼈어요.	*Ich hatte ein Glücksgefühl.*
VS-기 + 로	곧 만나기로 해요.	*Lass uns abmachen, uns bald zu treffen.*
VS-음/ㅁ+ 으로	믿음으로 이겨냅시다.	*Lass uns das durch den Glauben überwinden.*

Die Verbindung des Verbalnomens –기 mit der Kopula 이다 wird in der gesprochenen Sprache häufig durch die gleichbedeutende Konstruktion VS–는 것이다 (bestehend aus dem Formalnomen 것/거 und dem voranstehenden Partizip Präsens –는) ersetzt (▶ 17.1 | Allgemeine Formalnomina).

A: 등산하기가 취미(이)세요? — *A: Ist Ihr Hobby Bergwandern?*
= 등산하는 것이 취미(이)세요?
B: 아니요, 제 취미는 사진찍기예요. — *B: Nein, mein Hobby ist Fotografieren.*
= 제 취미는 사진찍는 것이에요.

A: 책읽기가 취미이세요? — *A: Ist Ihr Hobby Lesen?*
= 책(을) 읽는 것이 취미(이)세요?
B: 아니요, 요리하기가 취미예요. — *B: Nein, Kochen ist mein Hobby.*
= 요리하는 것이 취미예요.

c) Im Vergleich zu den mit –기 gebildeten Verbalnomina haben die mit –음 gebildeten meist eine abstraktere Bedeutung.

Verbalnomen auf –기	Verbalnomen auf –음/ㅁ
독일에서 살기가 힘들어요. *Das Leben in Deutschland ist schwer.*	독일인의 삶이 행복한가? *Ist das Leben der Deutschen glücklich?*
죽기가 무서워요. *Ich habe Angst vor dem Sterben.*	죽음은 종말이다. *Der Tod ist das Ende.*
진실이기를 바래요. *Ich hoffe, dass es wahr ist.*	진실임이 판명됐다. *Die Wahrheit hat sich bestätigt.*
그의 말을 믿기가 어려워요. *Es fällt mir schwer, seine Worte zu glauben.*	믿음이란 무엇인가? *Was ist der Glaube?*

In der Berichtsform wird die Frageform der zweiten Sprechstufe (–은/ㄴ가?) häufig in rhetorischen Fragen verwendet (▶ 4.2 | Informelle Sprechstufen).

d) Verbalnomina auf –기 können in Sprichwörtern, Verboten, Anweisungen oder auf Schildern eine vollständige Aussage ersetzen. Diese Wendungen haben meist Aufforderungscharakter.

교통질서 지키기 — *Verkehrsordnung beachten!*
잔디에 들어가지 말기 — *Rasen betreten verboten!*
불조심하기 — *Feuergefahr beachten!*
계단에서 뛰지 말기 — *Auf der Treppe nicht rennen!*

e) Verbalnomina auf -음/ㅁ können in Ankündigungen, Bekanntmachungen, Anzeigen, Zeitungsüberschriften, Gesetzestexten und Lebensläufen eine vollständige Aussage (z.B. als Notiz) ersetzen. Diese Wendungen haben meist Mitteilungscharakter. Die mitgeteilte Handlung ist abgeschlossen, selbst wenn das Präteritumssuffix fehlt, sodass die Bedeutung von -음/ㅁ eher die eines Partizips Präteritum ist. Diese Verwendung ist auch typisch für den bürokratischen Schreibstil, z.B. in der schriftlichen Kommunikation von Behörden.

방 있음	*Zimmer frei!*	금메달을 수여함	*Goldmedaille verliehen*
연령제한 없음	*Keine Altersgrenze*	영화 축제가 열림	*Filmfestival eröffnet*
직원 구함	*Mitarbeiter gesucht!*	무죄임이 판명됨	*Unschuld bewiesen*
오늘 수업 없음	*Heute kein Unterricht!*	내일 수업 없겠음	*Morgen kein Unterricht!*
점심 먹(었)음	*Mittag gegessen*	시험에 합격했음	*Prüfung bestanden*

Aufgrund dieser Bedeutung kann das Verbalnomen auf -음/ㅁ durch die Konstruktion des Formalnomens -것/거 'Sache' mit der voranstehenden Partizipialform -은/ㄴ (Partizip Präteritum bei Aktionsverben, Partizip Präsens bei Qualitativverben) ersetzt werden (▶ 17.1 | Allgemeine Formalnomina).

우리가 결혼함을 알립시다. 우리가 결혼했음을 알립시다. = 우리가 결혼한 것을 (← 걸) 알립시다.	*Lass uns allen sagen, dass wir geheiratet haben.*
친구의 소중함을 알게 되었다. = 친구가 소중한 걸 (← 것을) 알게 되었다.	*Ich merkte, wie wichtig Freunde sind. [Ich merkte die Wichtigkeit von Freunden].*
이것은 사실임이 틀림없다. 이것은 사실인 것이 틀림없다.	*Es besteht kein Zweifel, dass es richtig ist.*
여자친구임이 틀림없어요. = 여자친구인 게 (← 것이) 틀림없어요.	*Es besteht kein Zweifel, dass sie seine Freundin ist.*
그 선거에 부정이 있었음이 밝혀졌다. = 그 선거에 부정이 있었다는 것이 밝혀졌다.	*Es wurde aufgedeckt, dass es bei der Wahl Unregelmäßigkeiten gab.*

f) Verbalnomina auf -음/ㅁ können auch im Abschiedsgruß in Briefen und E-Mails verwendet werden, und zwar in der obligatorischen Floskel 드림 (← 드리다 'geben' honorativ) oder 올림 (← 올리다 'hochheben', 'darbieten'/'anbieten'), wenn es sich bei dem Adressaten um eine sozial höher stehende oder ältere Person handelt. Beide Formen sind prinzipiell austauschbar, 올림 ist jedoch noch eine Stufe höflicher.

김 수미 드림	*Mit freundlichen Grüßen, Kim Su-Mi*
김 수미 올림	*Mit vorzüglicher Hochachtung, Kim Su-Mi*

18.2 Feststehende Ausdrücke mit Verbalnomina auf -기

Im Koreanischen gibt es eine große Anzahl von feststehenden Ausdrücken mit dem Verbalnomen auf -기. Im Folgenden werden die geläufigsten Konstruktionen mit dem Verbalnomen auf -기 aufgeführt.

1. VS-기 나름이다

Die Konstruktion VS-기 나름이다 besteht aus dem Verbalnomen -기, dem Formalnomen 나름 'Abhängigkeit' und der Kopula 이다 und bedeutet 'X hängt davon ab, wie ...' / 'Es kommt darauf an, wie ...'.

그것은 해석하기 나름입니다.	*Das hängt von der Interpretation ab.*
그것은 생각하기 나름이에요.	*Das kommt darauf an, wie Sie denken.*
그것은 노력하기 나름이에요.	*Es kommt darauf an, wie man sich bemüht.*
모든 것에는 순서가 있기 나름이에요.	*Bei allen Dingen kommt es auf die Reihenfolge an.*

Das Formalnomen 나름 wird häufig mit der Partikel 대로 'im Einklang mit' oder der Genitivpartikel 의 verwendet und bedeutet *'unabhängig von anderen, mit eigenem Kopf, alleine etwas tun'*.

제 나름대로 최선을 다했어요.	*Ich habe es so gut getan, wie ich (es alleine) konnte.*
나름대로 생각할 시간을 가졌어요.	*Ich habe mir Zeit genommen, für mich selbst darüber nachzudenken.*
사람은 누구나 제 나름(대로)의 생각이 있다.	*Jeder Mensch hat seine eigene Denkweise.*

2. VS-기/게 마련이다

Die Konstruktion VS-기 마련이다 besteht aus dem Verbalnomensuffix -기, dem Nomen 마련 'Vorbereitung' / 'Vorsorge' und der Kopula 이다. Sie drückt eine allgemein als feststehend geltende Tatsache oder Zustände bzw. Handlungen aus, die mit Gewissheit eintreten, und kann im Deutschen mit *'zwangsläufig, sicherlich, normal/natürlich'* wiedergegeben werden. Statt des Verbalnomens 기 kann das Adverbialsuffix -게 verwendet werden: VS-게 마련이다. In derselben Bedeutung wie diese beiden Konstruktionen wird auch VS-게 되어 있다 (wörtl. 'werden und dann so bleiben') verwendet.

불행은 겹치기 마련이다. = 불행은 겹치게 마련이다. = 불행은 겹치게 되어 있다.	*Ein Unglück kommt selten allein. [Unglücke häufen sich zwangsläufig.]*
사람은 모두 죽기/죽게 마련이에요. = 사람은 모두 죽게 되어 있어요.	*Alle Menschen müssen einmal sterben.*
의견 차이는 있기/있게 마련입니다. = 의견 차이는 있게 되어 있습니다.	*Meinungsunterschiede ergeben sich zwangsläufig.*
비밀은 언제가 밝혀지기 마련이에요. = 비밀은 밝혀지게 마련이에요. = 비밀은 밝혀지게 되어 있어요.	*Das Geheimnis wird sicherlich irgendwann gelüftet.*
누구나 한 번은 실수하기 마련이에요. = 누구나 한 번은 실수하게 마련이에요. = 누구나 한 번은 실수하게 되어 있어요.	*Jeder macht unvermeidlich einmal Fehler.*

3. VS-기(를) 바라다/원하다/빌다

Steht ein mit -기 gebildetes Verbalnomen vor bestimmten transitiven Verben, die ein Objekt verlangen, wird es mit der Akkusativpartikel 를 versehen. Zu diesen gehören z.B. 바라다 'hoffen', 빌다/기도하다 'beten', 원하다 'wollen', 좋아하다 'mögen', 싫어하다 'nicht mögen'. In der gesprochenen Sprache wird die Akkusativpartikel 를 häufig ausgelassen. -기 kann mit der Akkusativpartikel 를 zu 길 kontrahiert werden.

a) Die Konstruktion VS-기 바라다/빌다, die einen Wunsch des Sprechers ausdrückt, wird häufig in der geschriebenen Sprache, z.B. in Schlussformeln von E-Mails und Briefen oder in Grußkarten gebraucht.

행복하시기를 (→ 행복하시길) 빌어요.	*Ich wünsche Ihnen viel Glück!*
항상 건강하시길 바래요.	*Ich hoffe, dass Sie immer gesund bleiben.*
감기가 빨리 낫길 바랍니다.	*Ich hoffe, dass Ihre Erkältung bald vorbei ist.*
프로젝트가 잘 진행되기를 바랍니다.	*Ich hoffe, dass das Projekt gut läuft.*

b) Die Konstruktion VS-기(를) 바라다 wird auch zum Ausdruck einer höflichen Aufforderung in öffentlichen Durchsagen (z. B. am Bahnhof, im Flughafen) verwendet.

내리실 때 조심하시기 바랍니다.	*Seien Sie bitte vorsichtig beim Aussteigen.*
열차가 완전히 정차한 후에 승차하시기 바랍니다.	*Steigen Sie bitte erst ein, nachdem der Zug ganz angehalten hat.*
서울역 방면으로 가실 분은 1 호선으로 갈아타시기 바랍니다.	*Wenn Sie in Richtung Seoul Station fahren, steigen Sie bitte in die Linie 1 um.*

c) Die Konstruktion des Verbalnomens VS-기(를) mit bestimmten Aktionsverben wie 좋아하다/싫어하다, die einen Gefühlszustand beschreiben, wird in der gesprochenen Sprache häufig durch die Konstruktion VS-는 것을/ VS-는 걸 in gleicher Bedeutung ersetzt.

여행하기를 (→ 여행하길) 좋아하세요? 여행하는 것을 (→ 여행하는 걸) 좋아하세요?	*Mögen Sie Reisen?*
사라는 걷기를 (→ 걷길) 무척 싫어해요. 사라는 걷는 것을 (→ 걷는 걸) 무척 싫어해요.	*Sarah mag es gar nicht, zu Fuß zu gehen. /* *Sarah hasst es wirklich, zu Fuß zu gehen.*
안나는 치과에 가기를 (→ 가길) 싫어해요. 안나는 치과에 가는 것을 (→가는 걸) 싫어해요.	*Anna will nicht zum Zahnarzt gehen. /* *Anna hasst es, zum Zahnarzt zu gehen.*
남편은 제가 집에 있기를 (→ 있길) 원해요. 남편은 제가 집에 있는 것을 (→ 있는 걸) 원해요.	*Mein Mann möchte, dass ich zu Hause bleibe.*

4. VS-기 시작하다/시작했다

Die Konstruktion VS-기 시작하다 setzt sich aus dem Verbalnomen -기 und dem Verb 시작하다 'beginnen' zusammen und drückt den Beginn einer Handlung, eines Vorgangs oder eines Zustandes aus. In dieser Bedeutung wird sie nur mit Aktionsverben verwendet. Im Deutschen wird diese Konstruktion meistens mit *'beginnen zu + Infinitiv'* übersetzt. In dieser Konstruktion steht 하다 meist im Präteritum: VS-기 시작했다.

우리 아이가 말하기 시작했어요.	*Mein Kind hat angefangen zu sprechen.*
시민들이 화를 내기 시작했습니다.	*Die Bürger haben angefangen sich zu ärgern.*
언제부터 한국어를 배우기 시작했어요?	*Seit wann haben Sie angefangen, Koreanisch zu lernen?*
올해부터 여기서 일하기 시작했어요.	*In diesem Jahr habe ich angefangen hier zu arbeiten.*
왜 이 제품을 쓰기 시작했습니까?	*Warum haben Sie angefangen, dieses Produkt zu benutzen?*

Die Konstruktion VS–기 시작하다 kann jedoch auch mit Qualitativverben gebraucht werden. In diesem Fall müssen diese Verben zunächst durch das Hilfsverb 지다 'werden' in intransitive Prozessivverben transformiert werden.

Qualitativverb	QV + –아/어지다	QV + –아/어지기 시작하다
덥다 *warm sein*	더워지다 *warm werden*	더워지기 시작하다 *anfangen, wärmer zu werden*

슬슬 추워지기 시작합니다. — *Es wird langsam kälter. [Es fängt an, langsam kälter zu werden.]*

마음이 편해지기 시작했습니다. — *Ich fühle mich wohler.*

이 병은 일단 눈부터 나빠지기 시작합니다. — *Diese Krankheit beginnt zunächst damit, dass die Augen schlechter werden.*

Einige Qualitativverben werden in der idiomatischen Konstruktion verwendet, in der das Verbalnomen –기 direkt (ohne Hilfsverbkonstruktion –아/어지다) an den Stamm angefügt wird.

갑자기 배가 아프기 시작했어요. — *Plötzlich hat der Bauch angefangen wehzutun.*

언제부터 아프기 시작했어요? — *Seit wann haben Sie Schmerzen?*

5. VS–기 십상이다

Die Konstruktion VS–기 십상이다 besteht aus dem Verbalnomen 기, dem Nomen 십상 'das Richtige, das Geeignete' und der Kopula 이다. Sie bedeutet *'etwas kann leicht passieren'*. Daher kann sie oft durch das Qualitativverb 쉽다 'leicht sein' ersetzt werden.

생선은 더운 날씨에 상하기 십상입니다.
= 생선은 더운 날씨에 상하기 쉽습니다. — *Fische können bei heißem Wetter leicht verderben.*

이런 날씨는 감기에 걸리기 십상이에요.
= 이런 날씨는 감기에 걸리기 쉬워요. — *Bei so einem Wetter kann man sich leicht erkälten.*

조심하지 않으면 깨지기 십상이에요.
= 조심하지 않으면 깨지기 쉬워요. — *Das kann leicht zerbrechen, wenn Sie nicht gut aufpassen.*

심한 다이어트는 건강을 해치기 십상이에요.
= 심한 다이어트는 건강을 해치기 쉬워요. — *Eine extreme Diät kann leicht der Gesundheit schaden.*

> Anmerkung: 십상이다 wird ohne 기 in der Bedeutung 'wie geschaffen sein' verwendet:
>
> 그는 교사로서 십상이에요. '*Er ist wie geschaffen zum Lehrer.*'

6. VS–기(가) + 어렵다/쉽다/좋다/싫다/재미있다

Die Konstruktion VS–기가 wird häufig mit Qualitativverben wie z.B. 좋다 'gut sein', 싫다 'nicht gefallen', 편하다 'bequem sein', 불편하다 'unbequem sein', 쉽다 'leicht sein' oder 어렵다 'schwer sein', 힘들다 'mühevoll sein' verwendet. Im Deutschen wird die Konstruktion VS–기가 + QV oft mit der Infinitivkonstruktion '*zu + Infinitiv*' übersetzt. Sie kommt häufig mit dem Qualitativverb 어떻다 (← 어떠하다) 'wie sein' in Frageform vor. In der gesprochenen Sprache wird die Nominativpartikel 가 häufig ausgelassen. Diese Konstruktion kann ebenfalls ohne Bedeutungsveränderung durch die Konstruktion VS–는 것이 (verkürzt VS–는 게) ersetzt werden.

치과에 가기(가) 싫어요.
= 치과에 가는 것이 (→가는 게) 싫어요. — *Ich will nicht zum Zahnarzt gehen.*

이 책은 번역하기(가) 힘들어요. = 이 책은 번역하는 것이 힘들어요.	*Dieses Buch ist schwer zu übersetzen.*
아이들을 가르치기가 무척 어렵네요.	*Kinder zu unterrichten ist sehr schwer.*
이 치마는 너무 작아서 입기가 불편해요.	*Dieser Rock ist unbequem, weil er zu klein ist.*
한국에서 살기가 어때요?	*Wie ist das Leben in Korea?*

🕮 어떻다 'wie sein' ist ein unregelmäßiges Verb auf ㅎ (▶ 10.5 | Unregelmäßige Verben).

7. VS-기(가) 일쑤(이)다

Die Konstruktion mit dem Verbalnomen -기(가) 일쑤(이)다 (Zusammensetzung aus dem Nomen 일쑤 'ständige Gewohnheit' und der Kopula 이다) bedeutet, dass eine (meist negativ bewertete) Handlung gewohnheitsmäßig und erfahrungsgemäß immer wieder stattfindet. Im Deutschen kann sie mit 'anfällig sein', 'pflegen zu + Infinitiv', 'gewohnt sein, etwas zu tun' wiedergegeben werden.

그 사람은 거짓말하기가 일쑤이다.	*Er lügt andauernd.*
서두르면 자칫 실수하기 일쑤예요.	*Wenn man hektisch ist, macht man oft Fehler.*
그 학생은 수업에 지각하기 일쑤였어요.	*Dieser Student kam gewohnheitsmäßig zu spät zum Unterricht.*
메모를 하지 않으면 잊어버리기 일쑤예요.	*Wenn ich keine Notizen mache, vergesse ich ständig etwas.*
민수는 책을 좋아해서 밤을 새우기가 일쑤예요.	*Minsu pflegt die ganze Nacht wach zu bleiben, weil er gerne liest.*

8. VS-기 짝이 없다

Diese Konstruktion mit dem Verbalnomen -기, dem Nomen 짝 'Partner', 'Entsprechendes' und dem negierten Existenzverb 없다 bedeutet wörtlich *'es gibt keinen Partner, nichts Entsprechendes'*. Sie wird meistens mit Qualitativverben verwendet und hat eine emphatische Bedeutung. Sie kann im Deutschen mit verstärkenden Adverbien wie *äußerst, außerordentlich, ziemlich* übersetzt werden.

그 남자는 사치스럽기 짝이 없어요.	*Er lebt außerordentlich luxuriös.*
우리 교수는 무능하기 짝이 없어요.	*Unser Professor ist einmalig unfähig.*
어르신에게 무례하기 짝이 없군요.	*Sie sind aber ziemlich unhöflich gegenüber Älteren.*
고모는 부자이지만 인색하기 짝이 없어요.	*Meine Tante ist reich, aber äußerst geizig.*

9. VS-기로 하다 und VS-기로 했다

Die Konstruktion VS-기로 하다 mit dem Präsens von 하다 drückt eine Absprache zu einer gemeinsamen Aktivität mit einer oder mehreren Personen in der Bedeutung *'Lassen Sie uns so verbleiben, dass wir X machen'* oder *'Verbleiben wir so, dass wir X machen', 'Bleiben wir dabei, X zu machen'* aus.

나중에 다시 통화하기로 해요.	*Lasst uns später noch einmal telefonieren!*
내일 같이 저녁 먹기로 해요.	*Lasst uns morgen zusammen Abend essen!*
한국에서 만나기로 해요.	*Verbleiben wir so, dass wir uns in Korea treffen!*

VS-기로 했다

Die Konstruktion VS-기로 했다 mit dem Präteritum von 하다 drückt einen festen Entschluss aus und kann etwa mit *'sich entschieden/entschlossen haben, X zu machen'* übersetzt werden. Sie wird mit dem Negationsadverb 안 + VS-기로 했다 oder der Langform der Negation VS-지 않기로 했다 verneint (▶ 7 | Negation).

한국에서 살기로 했어요.	*Ich habe mich entschlossen, in Korea zu leben.*
우리는 이 집을 사기로 했어요.	*Wir haben uns entschieden, dieses Haus zu kaufen.*
앞으로 매일 운동하기로 했어요.	*Ich habe mich entschieden, in Zukunft jeden Tag Sport zu machen.*
올해부터 담배를 끊기로 했어요.	*Ich habe mich entschlossen, ab diesem Jahr mit dem Rauchen aufzuhören.*
앞으로 술을 안 마시기로 했어요. = 앞으로 술을 마시지 않기로 했어요.	*Ich habe mich entschieden, in Zukunft keinen Alkohol zu trinken.*

Häufig kann die Konstruktion VS-기로 했다 durch ähnliche Verbgruppen, die einen festen Entschluss bzw. die feste Absicht ausdrücken, ersetzt werden: -기로 결정하다 'sich entscheiden', -기로 결심하다 'sich entschließen', -기로 작정하다 'beabsichtigen', oder durch den idiomatischen Ausdruck -기로 마음(을) 먹다 'vorhaben' / 'die Absicht haben'. Auch diese Verben stehen im Präteritum.

올 여름에 이사가기로 했어요. = 올 여름에 이사가기로 결정했습니다. = 올 여름에 이사가기로 마음먹었어요.	*Wir haben uns entschieden, diesen Sommer umzuziehen.*
올해부터 담배를 끊기로 작정했어요. = 올해부터 담배를 끊기로 결심했어요. = 올해부터 담배를 끊기로 마음먹었어요.	*Ich habe mich entschlossen, ab diesem Jahr mit dem Rauchen aufzuhören.*
수의사가 되기로 결심했습니다. = 수의사가 되기로 작정했습니다. = 수의사가 되기로 마음먹었습니다.	*Ich habe mich entschlossen, Tierarzt zu werden.*

10. VS-기는 하다

Die Konstruktion VS-기는 하다 drückt eine Tatsache mit einer Einschränkung aus.

질이 좋기는 하지만 값이 너무 비싸요.	*Die Qualität ist gut, aber der Preis ist zu hoch.*
저도 여행을 좋아하기는 합니다. 그런데 시간이 없어요.	*Ich mag auch gerne verreisen, aber ich habe keine Zeit.*
열심히 일하기는 했지만 큰 성과가 없었어요.	*Ich habe fleißig gearbeitet, aber trotzdem keinen großen Erfolg gehabt.*

11. VS-기 때문에, VS-기 위해, VS-기 전에

Verbalnomina auf -기 werden auch zur Bildung von kausalen, temporalen und finalen Nebensatzprädikaten verwendet. Dazu gehören die kausale Konstruktion VS-기 때문에 (Zusammensetzung aus dem Formalnomen 때문 'Grund' und der Lokativpartikel 에), die finale Konstruktion VS-기 위해 und die temporale Konstruktion VS-기 전에 (Zusammensetzung aus dem Formalnomen 전 'Vorderseite' und der Lokativpartikel -에). Diese Konstruktionen entsprechen im Deutschen den kausalen, temporalen und finalen Konjunktionen 'weil/da', 'bevor', 'damit' (▶ 24.3 | Adverbialsätze).

날씨가 많이 덥기 때문에 집에 있어요.	*Ich bleibe zu Hause, weil das Wetter zu heiß ist.*
밥 먹기 전에 손을 씻어야해요.	*Man muss sich die Hände waschen, bevor man isst.*
살을 빼기 위하여 열심히 운동해요.	*Ich treibe fleißig Sport, damit ich abnehme.*

19 Numeralia und Numeralklassifikatoren

Wie das Deutsche unterscheidet auch das Koreanische zwischen Grundzahlen (Kardinalzahlen: 1, 2, 3 usw.), die zum Zählen und Rechnen gebraucht werden, und Ordnungszahlen (Ordinalzahlen: 1., 2., 3. usw.), die zur Angabe von Rang- und Reihenfolgen gebraucht werden. Das Koreanische verfügt über zwei Zahlensysteme: das rein-koreanische und das auf dem Chinesischen basierende sino-koreanische Zahlensystem. Die Zahlen beider Systeme werden unterschiedlich gebildet und in den meisten Fällen in unterschiedlichen Kontexten verwendet. Unterschiede bestehen auch hinsichtlich der Kombinierbarkeit beider Zahlensysteme mit verschiedenen Numeralklassifikatoren (NK = Zähleinheitswörter), die zur Zählung von Nomen verwendet werden (▶ 19.3 | Numeralklassifikatoren). Numeralia werden in der Regel in Verbindung mit Numeralklassifikatoren attributiv verwendet und dienen zur näheren Bestimmung eines folgenden Nomens.

19.1 Grundzahlen

Rein-koreanische Grundzahlen (RKG)

Die Zahlenreihe der rein-koreanischen Grundzahlen (RKG) ist geschlossen und umfasst nur die Zahlen von 1 bis 99. Die Einer- und Zehnerzahlwörter der RKG lauten wie folgt:

1	2	3	4	5	6	7	8	9	10
하나 한	둘 두	셋 세	넷 네	다섯	여섯	일곱	여덟	아홉	열
11	**12**	**13**	**14**	**15**	**16**	**17**	**18**	**19**	**20**
열하나 열한	열둘 열두	열셋 열세	열넷 열네	열다섯	열여섯	열일곱	열여덟	열아홉	스물 스무
21		**30**	**40**	**50**	**60**	**70**	**80**	**90**	**99**
스물하나 스물한		서른	마흔	쉰	예순	일흔	여든	아흔	아흔아홉

Zur Bildung der RKG ab 11 werden die Einerzahlwörter (1–9) an die entsprechenden Zehnerzahlwörter angehängt.

11 = 10 (+) 1	열하나	12 = 10 (+) 2	열둘	13 = 10 (+) 3	열셋
21 = 20 (+) 1	스물하나	45 = 40 (+) 5	마흔다섯	99 = 90 (+) 9	아흔아홉

Die Zahlen 1, 2, 3, 4 und 20 werden auch in zusammengesetzten Zahlen wie 11 oder 31 verwendet, und zwar in den Kurzformen 한, 두, 세, 네 und 스무, wenn sie vor einem Numeralklassifikator oder einem Nomen stehen.

Nomen + Zahlen + NK		Zahlen + Nomen / NK	
우유 한 컵	*ein Glas Milch*	두 아들	*zwei Söhne*
커피 세 잔	*drei Tassen Kaffee*	네 사람	*vier Menschen*
복숭아 열한 개	*elf Pfirsiche*	열두 명	*zwölf Personen*

Sinokoreanische Grundzahlen (SKG)

Zahlen ab 100 sowie die Zahl 0 müssen mit sinokoreanischen Grundzahlen (SKG) angegeben werden. Die Reihe der SKG ist offen, mit ihr können alle Zahlen gebildet werden. Die Zahlen von 11 bis 19 werden durch das Nachstellen des Einerzahlwortes hinter das Zehnerzahlwort 십 gebildet. Die Vielfachen von 10 werden durch das Voranstellen der Einerzahlen vor 십 gebildet.

11 = 10 + 1	십일	12 = 10 + 2	십이	13 = 10 + 3	십삼
20 = 2 x 10	이십	30 = 3 x 10	삼십	40 = 4 x 10	사십

Für die Bildung der zusammengesetzten Zahlen der SKG-Reihe ab 21 werden die Wörter für Zehntausender, Tausender, Hunderter und Zehner in absteigender Größe verwendet. Diesen geht jeweils die Einerzahl voran, mit der die jeweilige Einheit multipliziert wird. Addition und Multiplikation werden dabei nicht explizit ausgedrückt, sondern kommen durch die Reihenfolge zum Ausdruck.

41 = 4(x)10 (+) 1	사십 일
263 = 2(x)100 (+) 6(x)10 (+) 3	이백 육십 삼
3.794 = 3(x)1000 (+) 7(x)100 (+) 9(x)10 (+) 4	삼천 칠백 구십 사
83.754 = 8(x)10.000 (+) 3(x)1000 (+) 7(x)100 (+) 5(x)10 (+) 4	팔만 삼천 칠백 오십 사
6.523.713.874 = 65(x)1.000.000.000 (+) 23(x)1.000.000 (+) 70 (x)10.000 (+) 3(x)1000 (+) 8(x)100 (+) 7(x)10 (+) 4	육십 오억 이천 삼백만 칠십 일만 삼 천 팔백 칠십사

0	1	2	3	4	5	6	7	8	9	10
공/영	일	이	삼	사	오	육	칠	팔	구	십
	11	12	13	14	15	16	17	18	19	20
	십일	십이	십삼	십사	십오	십육	십칠	십팔	십구	이십
	30	40	50	60	70	80	90	99	100	1.000
	삼십	사십	오십	육십	칠십	팔십	구십	구십구	백	천

10.000	100.000	1 Million	10 Millionen
(일)만	십만	백만	천만

100 Millionen	1000 Millionen = 1 Milliarde	10 Milliarden	100 Milliarden
(일)억	십억	백억	천억

Anmerkung: Die sinokoreanische Zahl 사 4 wird genauso ausgesprochen wie das Wort 사 (死) 'Tod', weshalb die Zahl 4 z.B. zur Zählung von Hotelzimmern häufig vermieden wird.

Die Zahl 0 der SKG-Reihe hat zwei Varianten: 공 wird zum Zählen und bei der Angabe von Nummern gebraucht, 영 zum (mathematischen) Rechnen. Für 10.000 gibt es im Koreanischen ein eigenes Zahlwort 만, das für die Bildung der Vielfachen von 10.000 bis 10.000.000 benutzt wird. Die SKG werden i.d.R. verwendet, um größere Zahlen ab 100 wiederzugeben und um Mengen-, Maß- und Währungseinheiten oder Preise anzugeben (▶ 19.3 | Numeralklassifikatoren).

오백 미터 달리기 *500m-Rennen*

소고기 육백 그램 *600g Rindfleisch*

천 유로 *1.000 Euro*

(속도 제한) 백 킬로 미터 (Tempolimit) *100 km*

Sie können ebenso zur Angabe von Nummern wie Telefonnummern, Hausnummern und Nummern für Verkehrsmittel gebraucht werden.

Tel. 954-2870	Gebäude 110	Haus-Nr. 25
구오사-이팔칠공번	백십동	이십오번지
Zimmer-Nr. 361	**U-Bahn-Linie 4**	**Busnummer 63**
삼백육십일호실	지하철 사호선	육십삼번 버스

Der Bindestrich in Telefonnummern wird /에/ ausgesprochen und steht anstelle einer Sprechpause im Deutschen.

Die SKG werden auch zum Rechnen und für Bruchzahlen verwendet.

2 + 2 = 4	7 − 4 = 3	7 x 1 = 7	6 ÷ 3 = 2
이 (+) 이는 사	칠 (−) 사는 삼	칠 (x) 일은 칠	육 (÷) 삼은 이

Die Grundrechenarten lauten im Koreanischen 더하기 (Addition), 빼기 (Subtraktion), 곱하기 (Multiplikation) und 나누기 (Division). Wenn sie zwischen Grundzahlen stehen, bedeuten sie *'plus'*, *'minus'*, *'mal'* und *'geteilt durch'*:

이 더하기 오는 칠입니다.	*2 plus 5 ist 7.*
A: 이십팔 빼기 칠은 얼마입니까? B: 이십 일입니다.	*A: Wie viel ist 28 minus 7?* *B: Es ist 21.*
A: 구 곱하기 영은 얼마입니까? B: 영입니다.	*A: Wie viel ist 9 mal null?* *B: Es ist null.*

Eine Bruchzahl wird in der Reihenfolge Grundzahlwort (Nenner) + 분의 + Grundzahlwort (Zähler) angegeben. So wird z.B. 'einhalb' ausgedrückt als 'von zwei Teilen einer' usw.

$^1/_2$	$^3/_4$	$1\,^1/_2$	$2\,^3/_4$
이분의 일	사분의 삼	일과 이분의 일	이와 사분의 삼

Statt des Dezimalkommas steht wie im Englischen der Dezimalpunkt (점 'Punkt').

2.0	0.25	0.36	2.578
이점 영	영점 이오	영점 삼육	이점 오칠팔

Das Nomen 배 (倍) bedeutet 'das Doppelte'. Es fungiert auch als Suffix mit der Bedeutung '-fach' bei Zahlenangaben. Es wird sowohl mit SKG als auch mit RKG verwendet. Von 2fach bis 19fach werden in der Regel RKG verwendet, ab 20fach werden SKG verwendet.

zweifach	*dreifach*	*vierfach*	*zehnfach*	*neunzehnfach*
배/두배	세배	네배	열배	열아홉 배
20fach	***30fach***	***40fach***	***hundertfach***	***tausendfach***
이십배	삼십배	사십배	백배	천배

이 치마는 저것보다 배로 비싸요. = 이 치마는 저것보다 두 배(로) 비싸요.	*Dieser Rock ist doppelt so teuer wie jener.*
나는 산보다 바다가 백배(로) 좋아요.	*Ich mag das Meer hundertmal lieber als die Berge.*

19.2 Ordnungszahlen

Koreanische Ordnungszahlen markieren eine Rang- bzw. Reihenfolge (erster Platz, zweiter Platz, dritte Straße) oder Nummer (Nr. 1, Nr. 2 usw.). RK-Ordnungszahlen werden aus den RKG + Suffix −째 gebildet, SK-Ordnungszahlen mit dem Präfix 제(第)− + SKG. Ausnahmen sind die RK-Ordnungszahlwörter 첫째 'erstens' (nicht *하나째) und 첫 번째 'der/die/das erste' (nicht *하나 번째).

RKG + Suffix −째		Präfix 제− + SKG	
첫째	*erstens*	제일	*(der/die/das) erste*
둘째	*zweitens*	제이	*(der/die/das) zweite*
셋째	*drittens*	제삼	*(der/die/das) dritte*
RKG + Suffix (−번)째		**(제) + SKG + Suffix (−번)**	
첫 (번)째	*(der/die/das) erste*	(제) 일(번)	*Nr. 1*
두 (번)째	*(der/die/das) zweite*	(제) 이(번)	*Nr. 2*
세 (번)째	*(der/die/das) dritte*	(제) 삼(번)	*Nr. 3*

Der Numeralklassifikator 번 für Nummern kann mit RKG und SKG kombiniert werden, wobei er eine unterschiedliche Bedeutung hat. In Kombination mit einer RKG bedeutet 번 'mal': 한 번 'einmal', 두 번 'zweimal', 세 번 'dreimal', mit einer SKG dagegen bezeichnet 번 Nummern: 일번 'Nr. 1', 이번 'Nr. 2', 삼번 'Nr. 3'. Wird 번 zusammen mit dem Suffix −째 gebraucht, markiert er eine Reihenfolge oder eine Häufigkeit, während er zusammen mit 제 Nummern bezeichnet.

RKG + 번째		(제) + SKG + 번	
첫 번째 출구	*der erste Ausgang*	(제) 일번 출구	*Ausgang Nr. 1*
세 번째 버스	*der dritte Bus*	(제) 삼번 버스	*Bus Nummer 3*

Bei den SK-Ordnungszahlen wird 제 häufig ausgelassen und meist nur in formalen Kontexten und Publikationen gebraucht.

RKG + Suffix −째 / RKG + NK + Suffix −째

Zur Bildung der RK-Ordinalzahlen wird das Suffix −째 hinter die rein-koreanischen Zahlen bzw. die Mengenangabe (Numeralklassifikator) gestellt.

RKG + Suffix −째

저는 넷째 아들입니다.	*Ich bin der vierte Sohn.*
올해 제 계획은 첫째 한국어 배우기, 둘째 취직하기, 셋째 술과 담배를 끊기입니다.	*Mein Plan für dieses Jahr ist erstens Koreanisch lernen, zweitens Arbeit finden und drittens das Trinken und Rauchen aufhören.*
다섯째 단락을 이해하지 못했어요.	*Ich habe den fünften Abschnitt nicht verstanden.*

RKG + NK + −째

오늘 달걀을 세 개째 먹어요.	*Ich esse heute schon das dritte Ei.*
맥주를 일곱 병째 마시고 있어요.	*Er trinkt gerade die siebte Flasche Bier.*
그는 네 번째 손님입니다.	*Er ist der vierte Kunde.*
한국의 첫 번째 대통령은 누구입니까?	*Wer ist der erste Präsident von Korea?*

(제) + SKG + NK

Die SK-Ordnungszahlen werden i.d.R. in Verbindung mit Numeralklassifikatoren wie 회 (回) 'Xtes Element in der Serie', 차 (次) 'Xtes Element in der Reihenfolge', 과 (科) 'Xte Lektion', 등 (等) 'Xter Grad / Rang' usw. verwendet.

(제) + SKG + NK		
(제) + SKG + 과	(제) 6(육)과	*die sechste Lektion / Lektion 6*
(제) + SKG + 회	드라마 (제) 5(오)회	*die fünfte Folge (einer TV-Serie)*
(제) + SKG + 차	제 2(이) 차 시험	*die zweite Prüfung*
(제) + SKG + 등	1 등 / 일등	*der/die Beste (beim Examen, im Wettkampf)*

제오 과를 펴 주세요.	*Schlagen Sie bitte Lektion 5 auf!*
민호가 반에서 일등을 했어요.	*Minho war der erste in der Klasse.*
제이 차 세계대전을 겪었다.	*Er hat den Zweiten Weltkrieg miterlebt.*
8 회 드라마를 못 봤어요.	*Ich habe die achte Folge der Serie nicht gesehen.*
제삼자의 말을 들어봅시다.	*Lass uns eine dritte Meinung hören.*
독일은 저의 제이의 고향입니다.	*Deutschland ist meine zweite Heimat.*

19.3 Numeralklassifikatoren (Mengen- und Maßangabe)

Normalerweise stehen Zahlen im Koreanischen nicht alleine, sondern treten mit Numeralklassifikatoren (NK) auf. NK werden verwendet, wenn Mengen- oder Maßangaben gemacht werden. Je nach Art des Nomens werden unterschiedliche Numeralklassifikatoren verwendet, beispielsweise für Menschen, Gegenstände oder Tiere. Numeralklassifikatoren können nicht alleine stehen, sondern werden nur in Kombination mit einem dazugehörigen Nomen und einem Zahlwort verwendet. Dies gilt auch für freistehende Nomina, wenn sie als Numeralklassifikatoren gebraucht werden (커피 한 잔 'eine Tasse Kaffee' vs. 잔이 필요해요. 'Ich brauche eine Tasse'). In den folgenden Tabellen sind die gebräuchlichsten NK mit den RKG und SKG angegeben. Die Beispiele in beiden Tabellen sind nach dem häufigsten Bildungstyp Nomen + Zahlwort + NK gebildet.

Numeralklassifikatoren mit RKG für Nicht-Lebewesen

NK	Nomenkategorie	Beispiele (Nomen + Zahlwort + NK)	
개	generell für Dinge	사과 두 개	*zwei Äpfel*
권	Bücher, Buchbände	책 여섯 권	*sechs Bücher*
병	Flaschen	맥주 다섯 병	*fünf Flaschen Bier*
잔	Tassen, Gläser	커피 두 잔	*zwei Tassen Kaffee*
컵	Gläser, Becher	물 한 컵	*ein Glas Wasser*
장	Papierblätter, Tickets	우표 세 장	*drei Briefmarken*
대	Autos, Maschinen	자동차/냉장고 한 대	*ein Auto/Kühlschrank*
곡	Musikstück	노래 한 곡	*ein Musikstück*
자루	lange Stöcke, Stifte	연필 두 자루	*zwei Bleistifte*
그릇	Schüsseln, Gefäße	국 한 그릇	*eine Schüssel Suppe*

공기	Schale (für Reis)	밥 한 공기	*eine Schale Reis*
술	Löffel (für Reis)	밥 한 술	*ein Löffel Reis*
모	Stücke (Tofu)	두부 두 모	*zwei Stücke Tofu*
봉지	Taschen, Tüten	과자 한 봉지	*eine Tüte Snacks*
상자	Kisten	배 한 상자	*eine Kiste Birnen*
번	Mal	두 번, 세 번	*zweimal, dreimal*
갑/보루	Schachteln	담배 한 갑/보루	*eine Schachtel Zigaretten*
켤레	Socken, Strümpfe	양말 두 켤레	*zwei Paar Socken*
쪽	Stücke	과일 한 쪽	*ein Stück Obst*
송이/다발	gepflückte Blumen	장미 한 송이	*eine Rose*
송이	Trauben	포도 다섯 송이	*fünf Trauben*
그루	Bäume	소나무 한 그루	*eine Kiefer*
포기	Kopf (Gemüse)	배추 한 포기	*ein Kohlkopf*
벌	Kleidung	정장 한 벌	*ein Paar Anzüge*
채	Häuser, Gebäude	집 / 건물 한 채	*ein Haus / ein Gebäude*
척	Schiffe, Boote, U-Boote	배 / 잠수함 한 척	*ein Schiff / ein U-Boot*
통	Briefe im Umschlag	편지 세 통	*drei Briefe*
가지	Sorte	네 가지 과일	*vier Sorten Obst*
근	Gewichtseinheit für Fleisch, ca. 600g	소고기 한 근	*600 g Rindfleisch*

커피를 두 잔 마셨어요. — *Ich habe zwei Tassen Kaffee getrunken.*

정장 세 벌이 필요해요. — *Ich brauche drei Paar Anzüge.*

사과 한 상자를 삽시다. — *Lass uns eine Kiste Äpfel kaufen!*

바나나를 한 개 먹었어요. — *Ich habe eine Banane gegessen.*

소주 한 병 주세요. — *Bitte geben Sie mir eine Flasche Soju.*

소고기 한 근 샀어요. — *Ich habe 600g Rindfleisch gekauft.*

Numeralklassifikatoren mit RKG für Lebewesen

NK	Nomenkategorie	Beispiele	
사람	Personen/Menschen	고객 한 사람	*ein Kunde*
명	Personen/Menschen	독일 사람 한 명	*ein Deutscher*
분	Personen (honorativ)	손님 두 분	*zwei Gäste*
마리	Tiere, Fische, Insekten	고양이 세 마리	*drei Katzen*
쌍	Pärchen	연인 한 쌍	*ein Liebespaar*

A: 가족이 몇 명이에요?
B: 우리 가족은 다섯 명이에요.

A: Wie groß ist Ihre Familie?
B: Wir sind fünf Personen.

햄스터 두 마리를 키워요. — *Ich habe zwei Hamster.*

고객 한 사람 한 사람이 소중해요. — *Jeder einzelne Kunde ist wichtig.*

Numeralklassifikatoren mit SKG

NK	Nomenkategorie	Beispiele	
층	Etagen	3 (삼)층	*dritte Etage*
인분	Portionen	불고기 사 인분	*vier Portionen Bulgogi*
박(泊)	Übernachtung	3(삼)박, 4(사)일	*drei Nächte, vier Tage*
원	Won (kor. Währung)	10,000 (만)원	*10.000 Won*
유로	Euro	용돈 30 (삼십) 유로	*30 Euro Taschengeld*
달러/불	Dollar	20 (이십)달러 / 20불	*20 Dollar*
센트	Cent	50 (오십) 센트	*50 Cent*
쪽/페이지	Seiten	16 (십육) 쪽 / 16페이지	*Seite 16*
번	Nummern	일번, 이번	*Nr. 1, Nr. 2*
미터	Meter	100 (백) 미터	*100 Meter*
센티미터	Zentimeter (cm)	178 (백칠십팔)센티미터	*178 cm*
리터	Liter	우유 2 (이) 리터	*zwei Liter Milch*
킬로그램	Kilogramm (kg)	54 (오십사)킬로그램	*54 kg*

A: 키가 몇 센티미터(cm) 예요?
B: 백육십이 센티미터예요.

A: Wie groß sind Sie?
B: Ich bin 162 cm groß.

A: 책이 얼마예요?
B: 십구 유로 구십 센트예요.

A: Wie viel kostet das Buch?
B: Es kostet 19,90 Euro.

A: 사무실은 몇 층이에요?
B: 팔층이에요.

A: In welcher Etage befindet sich das Büro?
B: Es ist in der 8. Etage.

육백 오번 버스를 타세요.

Nehmen Sie den Bus Nummer 605!

사박 오일간 일본을 여행했어요.

Ich habe eine Reise nach Japan mit 4 Übernachtungen und 5 Tagen gemacht.

Um die obengenannten Gegenstände zu zählen, gibt es insgesamt vier unterschiedliche Bildungstypen mit Zahlwörtern.

1) Nomen + Numeralia	학생 셋이 와요.	*Drei Studenten kommen.*
2) Nomen + Numeralia + NK	학생이 세 명 와요.	
3) Numeralia + Nomen	세 학생이 와요.	
4) Numeralia + NK + 의 (Genitiv) + Nomen	세 명의 학생이 와요.	

Typ 1) ist in der Regel in Verbindung mit Personenbezeichnungen gebräuchlich, wobei diese nur mit rein-koreanischen Zahlen verwendet werden. Diese Konstruktion ist jedoch auch beim Bestellen von Getränken oder Essen üblich.

Gebrauch	Nomen + Numeralia	
belebtes Nomen	경찰 넷이 와요. = 경찰 네 명이 와요.	*Vier Polizisten kommen.*
Essen bestellen	비빔밥 하나 주세요. = 비빔밥 한 그릇 주세요.	*Eine Portion Bibimbap, bitte!*
Getränke bestellen	커피 셋 주세요. = 커피 세 잔 주세요.	*Drei Tassen Kaffee, bitte!*

Typ 2) wird im Alltag am häufigsten verwendet. Dabei werden die Kasuspartikeln 이/가 und 을/를 entweder an das Nomen oder an den NK angehängt.

Kasuspartikeln	Nomen + Numeralia + NK	
N + 이/가 (Nominativ)	좋은 친구가 두 명 있어요. 좋은 친구 두 명이 있어요.	*Ich habe zwei gute Freunde.*
N + 을/를 (Akkusativ)	하루에 사과를 두 개 먹어요. 하루에 사과 두 개를 먹어요.	*Ich esse zwei Äpfel pro Tag.*

Typ 3) ist heutzutage nicht mehr sehr gebräuchlich, kommt aber in der gesprochenen Sprache noch vor.

두 차로 갑시다.	*Lasst uns mit zwei Autos fahren!*
민수와 수미, 두 사람이 친해요.	*Minsu und Sumi, die beiden sind befreundet.*

Typ 4) wird in formellen Kontexten und in der Schriftsprache verwendet.

한 쌍의 연인이 식사를 하고 있다.	*Ein Liebespaar isst gerade.*
열 권의 잡지를 샀어요.	*Ich habe zehn Zeitschriften gekauft.*
아침마다 한 잔의 커피를 마셔요.	*Jeden Morgen trinke ich eine Tasse Kaffee.*

Die Angabe von ungefähren Mengen und Zeiteinheiten im Bereich von 1–6 ist unregelmäßig. Hier stehen folgende feste Ausdrücke zur Verfügung.

1–2	한두	한두 주일 쉬세요.	*Ruhen Sie sich 1–2 Wochen aus!*
2–3	두세	달걀이 두세 개 있어요	*Wir haben 2–3 Eier.*
3–4	서너	수미 씨를 서너 번 만났어요.	*Ich habe Sumi 3–4 Male getroffen.*
4–5	네다섯 (= 너댓)	A: 사진 많이 찍었어요? B: 한 네다섯 장 찍었어요.	*A: Haben Sie viel fotografiert?* *B: Ich habe etwa 4–5 Fotos gemacht.*
5–6	대여섯	A: 손님이 몇 명 올 거예요? B: 한 대여섯 명 올 거예요.	*A: Wie viele Gäste werden kommen?* *B: Etwa 5–6 Gäste werden kommen.*

In den beiden letzten Beispielen ist 한 ein Adnomen mit der Bedeutung 'ungefähr' (▶ 21.3 | Adnomen).

19.4 Zeit- und Datumsangaben

Für Zeit- und Datumsangaben werden sowohl rein-koreanische als auch sinokoreanische Zahlen verwendet. Ihre Verwendung ist sehr unregelmäßig, sodass unterschiedliche Zählweisen innerhalb von Zeitangaben (RKG für Uhrzeit, SKG für Minuten und Sekunden) zusammen vorkommen.

Uhrzeit

Für die Angabe der Uhrzeit können sowohl RKG als auch SKG verwendet werden. Die Angabe der Stunden 시 (Uhr) erfolgt mit RKG, die Angabe der Minuten 분 sowie Sekunden 초 dagegen mit SKG.

Stunden	1 Uhr	2 Uhr	3 Uhr	4 Uhr	5 Uhr	6 Uhr
RKG	한 시	두 시	세 시	네 시	다섯 시	여섯 시
Stunden	**7 Uhr**	**8 Uhr**	**9 Uhr**	**10 Uhr**	**11 Uhr**	**12 Uhr**
RKG	일곱 시	여덟 시	아홉 시	열 시	열 한 시	열두 시

Die Angabe '30 Min.' kann durch 반(半) 'halb' ausgedrückt werden, das zu der genannten Stunde addiert wird. Die Angabe 'vor' erfolgt mithilfe von 전 (前), das ähnlich wie das deutsche 'vor' verwendet wird, aber in umgekehrter Reihenfolge (statt 5 vor 2 sagt man also 2 Uhr, 5 Minuten vor).

Std. + Min.	1:30	1:55	3:50	5:45
RKG + SKG	한 시 삼십 분 = 한 시 반	한 시 오십 오분 = 두 시 오분 전	세 시 오십 분 = 네 시 십분 전	다섯 시 사십 오분 = 여섯 시 십오분 전

Min. + Sek.	11 Min., 46 Sek.	5 Min., 13 Sek.	6 Min., 27 Sek.
SKG + SKG	십일 분 사십육 초	오 분 십삼 초	육 분 이십칠 초

In der Regel werden die Stunden nur bis 12 gezählt und zur konkreten/differenzierten Angabe der Zeit die Tagesabschnitte vor die Uhrzeit gestellt. Diese lauten:

vormittags	nachmittags	Tagesanbruch	morgens	mittags	abends	nachts
오전 (a.m.)	오후 (p.m.)	새벽	아침	점심	저녁	밤

Um auszudrücken, wann etwas geschieht, verwendet man die Lokativpartikel 에 'um', die an das Temporalnomen angehängt wird (▶ 22.3.5 | Lokativpartikel 에). Für ungefähre Zeitangaben werden die Partikeln 쯤 'ungefähr', 정도 'etwa' verwendet, die zwischen der Uhrzeit und der Partikel 에 stehen.

A: 지금은 몇 시예요? — *A: Wie spät ist es jetzt?*
B: 오전 여덟 시 삼십 분입니다. — *B: Es ist 8 Uhr 30 am Vormittag.*

A: 영화가 몇 시에 시작해요? — *A: Wann beginnt der Film?*
B: 저녁 여덟 시 십오 분쯤에 시작해요. — *B: Er beginnt abends gegen 20:15 Uhr.*

A: 몇 시에 도착해요? — *A: Um wie viel Uhr kommen Sie an?*
B: 오후 세 시 십분 전에 도착해요. — *B: Ich komme nachmittags um 14:50 Uhr an.*

Die Angabe der Zeitdauer in Stunden 시간 wird mit RKG gezählt.

Stunden	1 Std.	2 Std.	3 Std.	4 Std.	5 Std.	6 Std.
RKG	한 시간	두 시간	세 시간	네 시간	다섯 시간	여섯 시간
Stunden	**7 Std.**	**8 Std.**	**9 Std.**	**10 Std.**	**11 Std.**	**12 Std.**
RKG	일곱 시간	여덟 시간	아홉 시간	열 시간	열한 시간	열두 시간

A: 하루에 몇 시간 공부해요? — *A: Wie lange lernen Sie am Tag?*
B: 세 시간 정도 공부해요. — *B: Ich lerne etwa drei Stunden.*

A: 서울에서 부산까지 몇 시간 걸려요? — *A: Wie lange dauert es von Seoul nach Busan?*
B: 두 시간 삼십 분 정도 걸려요. — *B: Es dauert etwa zwei Stunden und 30 Minuten.*

Wochentage

Zur Bezeichnung der Wochentage wird das Wort 요일 'Tag' mit den sinokoreanischen Wochennamen verbunden.

Montag	Dienstag	Mittwoch	Donnerstag	Freitag	Samstag	Sonntag
월 (月) 월요일	화 (火) 화요일	수 (水) 수요일	목 (木) 목요일	금 (金) 금요일	토 (土) 토요일	일 (日) 일요일

Zählung der Monatstage

Für die Zählung der Monatstage gibt es eine vollständige sinokoreanische Reihe mit dem Numeralklassifikator 일 日 'Tag'. Daneben gibt es eine rein-koreanische Reihe vom 1. bis zum 10. und für den 15. Tag. Bei diesen Zahlen gibt es kein einheitliches Wort für 'Tag' und die Formen sind unregelmäßig. Die rein-koreanischen Tageszählungen von sechs bis neun werden meist nur noch von älteren Personen verwendet. Die beiden Zählweisen sind bei der Zählung der Monatstage austauschbar, der Numeralklassifikator 일 mit den SKG wird aber darüber hinaus auch für die Zählung von Tagen überhaupt verwendet.

Tag	1 일	2 일	3 일	4 일	5 일	6 일	7 일
SKG	일 일	이 일	삼 일	사 일	오 일	육 일	칠 일
RKG	하루/초하루	이틀	사흘	나흘	닷새	엿새	이레
Tag	**8 일**	**9 일**	**10 일**	**14 일**	**15 일**	**16 일**	**17 일**
SKG	팔 일	구 일	십 일	십사 일	십오 일	십육 일	십칠 일
RKG	여드레	아흐레	열흘	열나흘	보름	열엿새	열이레
Tag	**20 일**	**21 일**	**23 일**	**24 일**	**28 일**	**29 일**	**30 일**
SKG	이십 일	이십일 일	이십삼 일	이십사 일	이십팔 일	이십구 일	삼십 일
RKG	스무날	스무하루	스무사흘	스무나흘	스무여드레	스무아흐레	그믐

📖 16 일 und 26 일 werden wie [*sim.nyu.gil* 심뉴길] und [*i.sim.nyu.gil* 이심뉴길] ausgesprochen.

📖 초하루 bezeichnet den ersten Tag des Monats und 그믐 den letzten Tag des Monats.

삼 일 동안 (= 사흘 동안) 계속 비가 내려요.	*Drei Tage lang regnet es weiter.*
닷새 후에 (= 오 일 후에) 오세요.	*Bitte kommen Sie in fünf Tagen.*
보름 정도 (= 십오일 정도) 걸려요.	*Es dauert ungefähr 15 Tage.*
사흘 동안 담배를 안 피웠어요.	*Ich habe drei Tage lang nicht geraucht.*
오늘이 그믐인데 봉급을 아직도 못 받았어요.	*Heute ist der letzte Tag des Monats, aber ich habe mein Gehalt noch immer nicht bekommen.*

Wochenzählung

Zur Bezeichnung der Woche gibt es zwei Ausdrücke: 주일 und 주간. Für die Wochenzählung werden bei der Datumsangabe entweder die SKG oder die RKG verwendet. Allerdings wird die verkürzte Form 주 von 주일 mit der SKG bevorzugt verwendet. Die Wochenangabe bezeichnet in Verbindung mit dem Nomen 동안 'Zeit' oder mit dem Formalnomen 간 'Zwischenzeit' die Dauer der Woche.

Woche	1 주일/주간	2 주일/주간	3 주일/주간	4 주일/주간	5 주일/주간
SKG	일 주	이 주	삼 주	사 주	오 주
RKS	한 주	두 주	서너 주(간)		다섯 주

이 주 후에 시험을 봐요.	*In zwei Wochen habe ich Prüfung.*
일 주(일)간 아팠어요.	*Ich war eine Woche lang krank.*
삼 주 동안 방학했어요.	*Ich habe drei Wochen lang Ferien.*
거의 오 주(간) 걸렸어요.	*Es hat fast fünf Wochen gedauert.*
한 주 동안 무엇을 했어요?	*Was haben Sie eine Woche lang gemacht?*

Monatsnamen (SKG)

Kalendermonate werden durch den sinokoreanischen Numeralklassifikator 월(月) bezeichnet und mit SKG gezählt. Die Namen für Juni und Oktober haben eine unregelmäßige Form: 유월 und 시월. 월 wird gewöhnlich durch die Kombination mit rein-koreanisch 달 'Monat' (wörtl. 'Mond') verstärkt.

Monat	Januar	Februar	März	April	Mai	Juni
SKG	일월	이월	삼월	사월	오월	유월
Monat	Juli	August	September	Oktober	November	Dezember
SKG	칠월	팔월	구월	시월	십일월	십이월

칠월에 갑시다. — *Lass uns im Juli fahren!*
= 칠월 달에 갑시다.

유월에 시험을 봅니다. — *Wir haben im Juni Prüfung.*
= 유월 달에 시험을 봅니다.

시월에 출장을 가요. — *Ich mache im Oktober eine Geschäftsreise.*
= 시월 달에 출장을 가요.

Monatszählung

Um die Zählung von Monaten auszudrücken, benutzt man entweder RKG oder SKG. Der Numeralklassifikator 달 'Monat' (wörtl. 'Mond') wird nur mit RKG gebraucht, während der Numeralklassifikator 개월 (wörtl. 'Stück Monat') nur mit den SKG verwendet wird. Zum Ausdruck der Zeitdauer kommt 달 häufig in Verbindung mit dem Nomen 동안 'Zeitdauer' oder 개월 mit dem sinokoreanischen Formalnomen 간(間) 'Zwischenzeit' vor.

Monate	1 Monat	2 Monate	3 Monate	4 Monate	12 Monate
RKG	한 달	두 달	세 달 (석 달)	네 달 (넉 달)	열두 달
SKG	일 개월	이 개월	삼 개월	사 개월	십이 개월

Bei einer Dauer von drei und vier Monaten kann 세 달, 네 달 jeweils durch 석 달 und 넉 달 ersetzt werden.

세 달 동안 이 제품을 사용했어요. — *Ich habe drei Monate lang dieses Produkt benutzt.*
= 석 달 동안 이 제품을 사용했어요.
= 삼 개월간 이 제품을 사용했어요.

한국말을 네 달 동안 공부했어요. — *Ich habe vier Monate lang Koreanisch gelernt.*
= 한국말을 넉 달 동안 공부했어요.
= 한국말을 사 개월간 공부했어요.

Jahr und Jahrhundert

년 (年) bezeichnet 'Jahr' und 세기 'Jahrhundert'. Für die Jahresangabe und Angabe des Jahrhunderts werden SKG verwendet.

Jahr	1 Jahr	2 Jahre	3 Jahre	4 Jahre	12 Jahre
SKG	일 년	이 년	삼 년	사 년	십이 년

Jahrhundert	6. Jh.	11. Jh.	19. Jh.	20. Jh.	21. Jh.
SKG	육 세기	십일 세기	십구 세기	이십 세기	이십 일세기

Datumsangabe (Jahr, Monat, Tag)

Bei der vollständigen Datumsangabe für das Jahr 년, den Monat 월 und den Tag 일 werden nur SKG verwendet, wobei sie in der Reihenfolge Jahr – Monat – Tag stehen.

1945 년 8 월 15 일 (15. August 1945)	2016 년 6 월 6 일 (6. Juni 2016)
천구백사십오년 팔월 십오일	이천십육년 유월 육일

Bei Fragen nach dem Datum wird im Koreanischen 몇 년 'welches Jahr', 몇 월 'welcher Monat', aber nicht *몇 일, sondern 며칠 'welcher Tag' verwendet.

A: 오늘이 며칠이에요?
B: 오늘은 삼월 이십 팔일이에요.

A: Den wievielten Tag haben wir heute?
B: Heute ist der 28. März.

A: 몇 년도에 결혼했어요?
B: 이천 일년에 결혼했어요.

A: In welchem Jahr haben Sie geheiratet?
B: Ich habe im Jahr 2001 geheiratet.

A: 몇 월에 이사가세요?
B: 시월에 이사해요.

A: In welchem Monat ziehen Sie um?
B: Wir ziehen im Oktober um.

19.5 Altersangabe

Für die Altersangabe werden sowohl rein-koreanische als auch sinokoreanische Zahlen verwendet. In der Regel wird das Alter mit RKG in Verbindung mit dem Numeralklassifikator 살 angegeben. Wird das Alter mit SKG angegeben, muss der Numeralklassifikator 세 gebraucht werden. Die Koreaner bevorzugen eher die rein-koreanische Zählweise. In offiziellen Dokumenten wird meist 세 verwendet, in der gesprochenen Sprache 살.

Altersangabe	10 Jahre alt	20 Jahre alt	30 Jahre alt	40 Jahre alt	50 Jahre alt
RKG	열 살	스무 살	서른 살	마흔 살	쉰 살
SKG	십 세	이십 세	삼십 세	사십 세	오십세
Altersangabe	**60 Jahre alt**	**70 Jahre alt**	**80 Jahre alt**	**90 Jahre alt**	**100 Jahre alt**
RKG	예순 살	일흔 살	여든 살	아흔 살	백 살
SKG	육십 세	칠십 세	팔십 세	구십 세	백 세

A: 동생이 몇 살이에요?
B: 스물네 살이에요.
= 이십사 세예요.

A: Wie alt ist dein jüngerer Bruder?
B: Er ist 24 Jahre alt.

A: 아버님 연세가 어떻게 되세요?
B: 예순여덟 살이십니다.
= 육십팔 세십니다.

A: Wie alt ist Ihr Vater?
B: Er ist 68 Jahre alt.

Anmerkung: Anders als in westlichen Ländern üblich, wird in Korea das Jahr der Geburt bereits als erstes Lebensjahr gezählt, sodass man mit einem Jahr auf die Welt kommt. In offiziellen Dokumenten wird jedoch das Adnomen 만 'voll' vor dem Alter verwendet, um anzuzeigen, dass die Altersangabe nach westlicher Rechnung erfolgt (만 20 세/살 'volle zwanzig Jahre alt'). Daher kann eine koreanische Altersangabe ohne 만 wie z.B. 이십 세 (20 Jahre) nach westlicher Rechnung entweder einem Alter von 18 oder 19 Jahren entsprechen.

20 Pronomina

Pronomina sind Stellvertreter eines Nomens. Koreanische Pronomina können genauso wie Nomina durch nachgestellte Partikeln markiert werden (▶ 22 | Partikeln). Anders als Nomina können sie jedoch nicht durch modifizierende Elemente wie z.B. Partizipialformen oder andere Attribute näher bestimmt werden. Die Pronomina im Koreanischen lassen sich in sechs funktionale Gruppen einteilen:

1) Personalpronomina (나 'ich', 우리 'wir', 너 'du', 너희 'ihr' usw.)
2) Possessivpronomina (나의 'mein', 너의 'dein' 그의, 'sein' usw.)
3) Demonstrativpronomina (이 'dies hier', 그 'das da' und 저 'jenes dort' + Nomen/Formalnomen)
4) Fragepronomina (누가 'wer', 무엇 'was', 언제 'wann', 어디 'wo' usw.)
5) Indefinitpronomina (아무나 'irgendjemand', 아무도 'niemand', 아무거나 'alles' usw.)
6) Reflexivpronomina (자기/자신 'selbst', 자체 'an sich')

20.1 Personalpronomina

Die koreanischen Personalpronomina weisen im Vergleich zum Deutschen einen hierarchischen und asymmetrischen Charakter auf. Sie sind nach Parametern wie Alter, Geschlecht, Status, Bekanntheitsgrad differenziert und werden seltener gebraucht als im Deutschen. Wenn die grammatische Person aus dem Kontext und der Prädikatsform (in Verbindung mit der jeweiligen Sprechstufe) eindeutig erschließbar ist, werden die Personalpronomina häufig weggelassen. Die Auswahl der Personalpronomina korreliert nicht nur mit den Sprechstufen, sondern auch mit der Wahl des Höflichkeitsvokabulars (▶ 4 | Sprechstufen und Satzarten).

Personalpronomina für die 1. Person Sg./Pl.

Im Koreanischen stehen zwei Varianten zur Selbstbezeichnung der 1. Person Sg./Pl. zur Verfügung. Die neutralen Personalpronomina für die 1. Person Singular 'ich' und Plural 'wir' sind 나 bzw. 우리 und deren bescheidene Varianten 저 bzw. 저희. Je nach grammatischer Funktion im Satz werden die Personalpronomina mit den entsprechenden Kasuspartikeln markiert (▶ 22 | Partikel). Die folgende Tabelle gibt die Personalpronomina der 1. Person Sg. mit ihren Kontraktionsformen im Nominativ, Genitiv und Dativ/Allativ an. Während im Genitiv und Dativ/Allativ sowohl die kontrahierten (내/제, 내게/제게) als auch die nicht kontrahierten Formen der Personalpronomina (나의, 나에게) verwendet werden, wird im Nomitativ nur die kontrahierte Form (내가/제가) gebraucht.

1. Person Sg. 나 (neutral) / 저 (bescheiden)			Formen / Kontraktionsformen	deutsche Entsprechung
Nominativ	나/저+ 가	→	내가 / 제가 (nicht: *나가, *저가)	*ich*
Genitiv	나/저+ 의	→	나의 → 내 / 저의 → 제	*mein*
Dativ/Allativ	나/저 + 에게	→	나에게 → 내게 / 저에게 → 제게	*mir / zu mir*
Akkusativ	나/저 + 를	→	나를 / 저를	*mich*
Topik	나/저 + 는	→	나는 / 저는	*ich [was mich betrifft]*

Die Pluralformen des Personalpromens der ersten Person 우리 (neutral) und 저희 (bescheiden) können auch durch den Gebrauch mit der Pluralpartikel 들 erweitert werden, wodurch das Personalpronomen betont wird: 우리들/저희들 (▶ 22. 1 | Pluralpartikel).

1. Person. Pl. 우리 (neutral) / 저희 (bescheiden)		Formen	deutsche Entsprechung
Nominativ	우리/저희 + 가 →	우리가 / 저희가	*wir*
Genitiv	우리/저희 + 의 →	우리의 / 저희의	*unser*
Dativ / Allativ	우리/저희 + 에게 →	우리에게 / 저희에게	*uns / zu uns*
Akkusativ	우리/저희 + 를 →	우리를 / 저희를	*uns*
Topik	우리/저희 + 는 →	우리는 / 저희는	*wir [was uns betrifft]*
Pluralpartikel	우리/저희 + 들 →	우리들 / 저희들	*wir (Pl.)*

Die Auswahl der Personalpronomina im Koreanischen hängt in erster Linie vom Bekanntheitsgrad und dem Altersunterschied der Gesprächspartner ab. Das neutrale Personalpronomen 나 'ich' wird verwendet, wenn der Sprecher entweder einem Gleichaltrigen und Gleichrangigen oder einem Jüngeren gegenüber auf sich selbst referiert. 나 wird unter Freunden, von Erwachsenen gegenüber Kindern und von Kindern untereinander verwendet. 나 kann je nach Kontext sowohl mit den informellen Sprechstufen als auch mit den höflichen Sprechstufen gebraucht werden (▶ 4 | Sprechstufen und Satzarten).

Kontext	Verwendungen von 나 (neutral)	
unter Freunden	이번에는 내가 낼께.	*Ich werde diesmal bezahlen.*
unter Kindern	내 공이야. 줘.	*Das ist mein Ball. Gib her!*
Erwachsene zu Kindern	내게도 가족사진을 보여 주렴.	*Zeig mir auch Familienfotos!*
unter Gleichrangigen	나를 사랑해?	*Liebst du mich?*

저 'ich' (bescheidene Form) hingegen wird entweder unter Gleichrangigen gebraucht oder von unten nach oben, d.h. von jüngeren gegenüber älteren Personen oder von statusniedrigeren Personen gegenüber statushöheren Personen. 저 wird z.B. von Kindern gegenüber Eltern, von Studierenden gegenüber Professoren oder von Angestellten gegenüber Vorgesetzten verwendet. Das bescheidene Personalpronomen 저 kann nur zusammen mit den höflichen Sprechstufen (4. SPS und 5. SPS) gebraucht werden.

Kontext	Verwendungen von 저 (bescheiden)	
Angestellter zum Chef	제가 거기에 가겠습니다.	*Ich werde dorthin gehen.*
Schüler zum Lehrer	제 이름은 김 수미입니다.	*Mein Name ist Kim Sumi.*
unter Kollegen	제게 사진을 보여주세요.	*Zeigen Sie mir bitte Fotos!*
unter Nachbarn	저희 집에 놀러 오세요.	*Kommen Sie zu uns zu Besuch!*

🕮 Die Genitivpartikel 의 wird in Verbindung mit 저희 häufig ausgelassen.

Personalpronomina für die 2. Person Sg./Pl.

Im Koreanischen gibt es drei Pronomina für die 2. Person Singular: 너, 자네 und 당신.

Bezeichnung	2. Person Sg.	2. Person Pl.
informell (1. SPS/2.SPS)	너	너희(들)
formell (3.SPS)	자네	자네(들)
formell, aber nicht höflich	당신	당신들
höfliches Ersatznomen	어르신, 귀하	어르신들, 귀하
höfliche Anrede an ein Publikum	–	여러분(들)

Das informelle Pronomen 너 kann mit den Kasuspartikeln 이/가 (Nominativ), 의 (Genitiv) und 에게 (Dativ) Kontraktionsformen bilden (▶ 22.3 | Kasuspartikeln). In der gesprochenen Sprache wird anstelle von 네가 häufig 니가 verwendet.

2. Person Sg. 너			Formen / Kontraktionsformen	dt. Entsprechung
Nominativ	너+가	→	너가 → 네가 / 니가	*du*
Genitiv	너 + 의	→	너의 → 네	*dein*
Dativ / Allativ	너 + 에게	→	너에게 → 네게	*dir / zu dir*
Akkusativ	너 + 를	→	너를	*dich*
Topik	너 + 는	→	너는	*du [was dich betrifft]*

Das Pronomen 너 wird von Kindern untereinander verwendet, mit zunehmendem Alter aber auf die engsten Freunde beschränkt. Diese Form wird von Erwachsenen gegenüber Kindern oder von Älteren gegenüber Jüngeren verwendet, aber nicht umgekehrt.

Kontext	2. Person Sg. 너	
unter engen Freunden	너가/네가 율리아니?	*Bist du Julia?*
	네/니 열쇠니?	*Ist das dein Schlüssel?*
Mutter zu Tochter	네게 할 말이 있어.	*Ich habe dir etwas zu sagen.*
Vater zum Sohn	할머니께서 너를 기다리신다.	*Deine Oma wartet auf dich.*

Das Pronomen 자네 wird in symmetrischen Beziehungen nur von Erwachsenen untereinander oder asymmetrisch von oben nach unten verwendet. So benutzen Ältere das Pronomen 자네 gegenüber Jüngeren, die nicht mehr im Kindes- bzw. Jugendalter sind (z.B. Schwiegervater gegenüber Schwiegersohn, Professor gegenüber Studenten), oder ältere befreundete Erwachsene untereinander. Die Auswahl der Personalpronomina korreliert mit der Sprechstufe. So wird 너 mit der ersten und zweiten Sprechstufe verwendet, 자네 jedoch nur mit der dritten Sprechstufe.

Kontext	2. Person Sg. 자네	
Schwiegervater zum Schwiegersohn	나는 자네를 믿네.	*Ich vertraue dir.*
Professor gegenüber Studenten	자네 지금 집에 가나?	*Gehst du jetzt nach Hause?*
ältere befreundete Erwachsene	자네 몸 조심하게.	*Pass gut auf dich auf!*

Das Pronomen 당신 wird im Vergleich zu 너 und 자네 zwar als etwas höflicher eingestuft, es wird jedoch nicht unter Unbekannten (außer in Streitsituationen) verwendet, d.h. es gilt nicht als Äquivalent für das deutsche 'Sie'. 당신 wird z.B. unter Eheleuten verwendet, es ist also eine vertraute Anrede. In Streitsituationen wird 당신 verwendet, um das Gegenüber zu provozieren. 당신 wird überdies in Fernsehsendungen den Zuschauern gegenüber verwendet, um sie formell anzureden.

Kontext	Verwendungen von 당신	
unter Ehepartnern	당신, 밥 먹었어요? 당신, 우유 좀 사 올래요?	*Liebling, hast du gegessen?* *Kannst du Milch kaufen gehen?*
Streitsituationen (unter Unbekannten)	당신, 누구야? 당신 운전 좀 똑바로 해!	*Wer bist du denn überhaupt?* *Hey du, fahr vorsichtig!*
in der Werbung	당신은 할 수 있습니다. 당신의 행복, 당신의 미래!	*Sie können es schaffen!* *Ihr Glück, Ihre Zukunft!*

Zur höflichen und respektvollen Anrede an die 2. Person, vor allem gegenüber Höherstehenden und unbekannten älteren Personen, werden dagegen meistens Berufs- bzw. Verwandtschaftsbezeichnungen (z.B. 사장님 'Chef/Chefin', 어머님 'Schwiegermutter') oder höfliche Ersatznomen wie 어르신 'älterer Herr/ältere Frau' und 귀하 'Sie' verwendet (▶ 5.7 | Honorative Anredeformen). Mit dem Nomen 어르신 wird eine unbekannte Person sehr viel höheren Alters angeredet. 귀하 wird auch Unbekannten gegenüber respektvoll verwendet, deren Sozialstatus nicht eindeutig ist.

어르신 / 귀하	
어르신, 어디 아프세요?	*[Älterer Herr,] geht es Ihnen nicht gut?*
귀하의 생일을 진심으로 축하합니다.	*Herzlichen Glückwunsch zu Ihrem Geburtstag!*

📖 귀하 'Herr/Frau' kann als Formalnomen häufig auf dem Umschlag des Briefes mit dem vollen Namen ohne Höflichkeitssuffix -님 verwendet werden: z.B. 김 민수 귀하 *Herrn Kim Minsu.*

Das pluralische Pronomen 여러분 wird zur höflichen Anrede von Zuhörern/Zuschauern verwendet. Es entspricht im Deutschen etwa 'meine Damen und Herren', 'liebes Publikum', 'verehrte Zuhörer'.

여러분, 안녕하세요.	*Meine Damen und Herren, guten Tag!*
여러분, 모두 자리에 앉아주세요.	*Liebes Publikum, nehmen Sie bitte alle Platz!*

Auslassung der Personalpronomina

Im Koreanischen werden Personalpronomina im Alltagsgespräch meist ausgelassen, wenn der Kontext eindeutig ist. Stattdessen wird die vorher erwähnte nominale Form noch einmal wiederholt.

나는 어제 민수 씨를 만났다. 민수 씨는 3년전에 대학교를 졸업하고 미국으로 갔다. 민수 씨는 거기서 의학을 공부했고 지금 의사가 되었다. 민수 씨는 ...	*Ich habe gestern Minsu getroffen. Minsu hat vor 3 Jahren das Studium abgeschlossen und ist in die USA gegangen. Minsu hat dort Medizin studiert und ist jetzt Arzt geworden. Minsu ...*

Personalpronomina für die 3. Person Sg./Pl.

Zur Bezeichnung der 3. Person gibt es im Koreanischen entweder die Personalpronomina 그 'er', 그녀 'sie' und 그들 'sie' (Pl.) oder die Verbindung eines Demonstrativadnomens mit 이 'dies hier', 그 'das da' und 저 'jenes dort' mit freistehenden oder gebundenen Nomen zur Personenbezeichnung (▶ 20.3 | Demonstrativpronomina, ▶ 21 | Adnomina). Erstere werden jedoch vorwiegend in der geschriebenen Sprache verwendet. Das deutsche Pluralpronomen der 3. Person 'sie' kann im Koreanischen durch Anhängen der Pluralpartikel 들 an die Demonstrativa 이, 그, 저 oder ein Nomen (사람, 분) gebildet werden. Das Formalnomen 이 'Person' bildet zusammen mit dem Demonstrativadnomen 이, 그, 저 Demonstrativpronomina zur höflichen Bezeichnung einer dritten Person oder eines eigenen Ehemanns/Geliebten.

3. Person Sg./Pl.	dt. Entsprechung	Demonstrativadnomen + Formalnomen	
그	*er*	이이 / 그이 / 저이	*Er [mein Mann]*
그녀	*sie*	이분 / 그분 / 저분	*diese/die/jene Person*
이들/그들/저들	*sie (pl.)*	이분들/그분들/저분들	*diese/die/jene Personen*

Personalpronomen	Beispiele	
그 *er*	그는 제 친구예요.	*Er ist mein Freund.*
그녀 *sie*	그녀가 웃고 있어요.	*Sie lacht gerade.*
이들/그들/저들	그들은 민수의 부모님이세요.	*Sie sind die Eltern von Minsu.*
이이/그이/저이	이이는 운동을 좋아해요.	*Er [Mein Mann] mag Sport.*

Je nachdem, mit welchen Nomina zur Personenbezeichnung die Demonstrativadnomina verbunden sind, können die Pronomina in der 3. Person in drei Gruppen eingeteilt werden: honorativ, neutral, abwertend.

Das Formalnomen 분 'Person (honorativ)' bildet zusammen mit dem Demonstrativadnomen 이, 그, 저 Demonstrativpronomina zur höflichen Bezeichnung einer dritten Person Sg., während 이/그/저 + 사람 'Person/Mensch' eine dritte Person neutral oder abwertend bezeichnen kann. 이/그/저 können mit abwertenden Nomina (놈 'Kerl', 년 'Weib', 녀석 'Typ' usw.) zur abwertenden Bezeichnung einer 3. Person beliebig verwendet werden.

이/그/저 + 분 (honorativ)	이분 / 그분 / 저분	*diese/die/jene Person*
이/그/저 + 사람 (neutral)	이 사람 / 그 사람 / 저 사람	*diese/die/jene Person*
이/그/저+ 놈 (abwertend)	이놈 / 그놈 / 저놈(들)	*dieser/der/jener Kerl*

이/그/저 + 사람 'Person/Mensch' (neutral) kann nicht nur zur neutralen oder abwertenden Bezeichnung einer dritten Person gebraucht werden. Je nach Kontext (z.B. in Streitsituationen) kann mit 이/그/저 + 사람 auch eine zweite Person abwertend angesprochen werden.

이/그저 + 사람	**Beispiele**	
neutral für 3. Person	저 사람은 독일 사람이에요. 그 사람들은 잘못이 없어요.	*Der Mann drüben ist ein Deutscher.* *Sie [Pl.] haben keine Schuld.*
abwertend für 2. Person	이 사람이 왜 이래? 이 사람 완전히 미쳤군!	*Was ist los mit dir, du blöder Mann?* *Du bist ja völlig verrückt!*

20.2 Possessivpronomina

Possessivpronomina zeigen Besitz bzw. Zugehörigkeit an. Anders als deutsche Possessivpronomina werden koreanische Possessivpronomina durch eine Genitivpartikel 의 in Verbindung mit dem Personalpronomen gebildet. Die Partikel kann auch fehlen, wenn die grammatische Beziehung aus dem Kontext hervorgeht (▶ 22.3.2 | Genitivpartikel).

Possessiv durch N + 의		**Possessiv durch N + 의**	
나 + 의 → 내	*mein*	우리 + 의 → 우리의	*unser*
저 + 의 → 제	*mein (bescheiden)*	저희 + 의 → 저희의	*unser (bescheiden)*
너 + 의 → 네	*dein*	너희 + 의 → 너희의	*euer*
그 + 의 → 그의	*sein*	그들 + 의 → 그들의	*ihr*
그녀 + 의 →그녀의	*ihr*	여러분들 + 의	*ihr*

Gebrauch von 내 /제 'mein' vs.우리(의)/저희 (의) 'unser'

Im Koreanischen ist es üblich, das Pronomen 우리 'unser' an Stelle des deutschen *mein* zu verwenden. Das heißt, das 'Ich' ist ein Teil der Gruppe und die Gruppe kann daher nicht als Besitz des *Ichs* bezeichnet werden, wie z.B. im Deutschen *meine Familie*. Dies gilt auch für einzelne Mitglieder eigener Familien bzw. der Gruppe, die nicht als Besitz des *Ichs* bezeichnet werden können, wie im Deutschen *mein Vater*. Die Verwendung von *mein* insbesondere in Bezug auf Menschen würde bei Koreanern Befremden hervorrufen, da dies eine zu stark besitzergreifende Konnotation hätte.

unser/mein		unser/mein	
우리 아버지	*mein [unser] Vater*	우리 학교	*meine [unsere] Schule*
우리 선생님	*mein [unser] Lehrer*	우리 가족	*meine [unsere] Familie*
우리 할아버지	*mein [unser] Opa*	우리 나라	*mein [unser] Land*

📖 In Bezug auf das eigene Land wird der *wir*-bezogene Ausdruck 우리 나라, aber nicht die bescheidene Form 저희 나라 verwendet.

A: 아버지께서 뭐 하시니?
B: 우리 아버지는 의사세요.

A: Was macht dein Vater?
B: Mein [unser] Vater ist Arzt.

A: 네 학교 어때?
B: 우리 학교 좋아.

A: Wie ist deine Schule?
B: Unsere Schule ist gut.

Das Possessivpronomen *mein* (내/제) wird dagegen nur für Gegenstände des persönlichen Besitzes oder für Körperteile verwendet, wie in 내 책 'mein Buch', 내 가방 'meine Tasche', d.h. für solche Dinge, die eindeutig einem Besitzer zugeordnet werden können oder ein Teil von ihm sind (z.B. 내 손 'meine Hand', 내 얼굴 'mein Gesicht').

20.3 Demonstrativpronomina

Demonstrativa (= Zeigewörter) sind verweisende Ausdrücke wie 'dies' und 'das', mit denen der Sprecher in seinem Umfeld auf Personen und Dinge räumlich verweisen kann. Im Koreanischen gibt es drei Demonstrativa:

이 'dieses hier': bezieht sich auf eine Person oder Sache, die sich nahe beim Sprecher befindet.
그 'das da': bezieht sich auf eine Person oder Sache, die sich näher beim Hörer befindet.
저 'jenes dort': bezieht sich auf eine Person oder Sache, die sowohl vom Sprecher als auch vom Hörer entfernt ist.

Demonstrativa stehen immer vor den Nomina, die sie bestimmen. Sie können sich sowohl auf konkrete Gegenstände, Orte oder Personen beziehen als auch auf Formalnomina wie 것 'Ding', 곳 'Ort' und 분 'Person (honorativ)'. Die Formalnomina 것/곳/분 bilden mit Demonstrativa Demonstrativpronomen und werden zusammengeschrieben: 이것/이곳/이분.

이 + Nomen *dieses hier*	그 + Nomen *das da*	저 + Nomen *jenes dort*
이 책 *dieses Buch hier*	그 책 *das Buch da*	저 책 *jenes Buch dort*
이 집 *dieses Haus hier*	그 집 *das Haus da*	저 집 *jenes Haus dort*
이 사람 *diese Person hier*	그 사람 *die Person da*	저 사람 *jene Person dort*

Formalnomen	이 + 것/곳/분	그 + 것/곳/분	저 + 것/곳/분
것 *Ding*	이것 *dieses Ding hier*	그것 *das Ding da*	저것 *jenes Ding dort*
곳 *Ort*	이곳 *dieser Ort hier*	그곳 *der Ort da*	저곳 *jener Ort dort*
분 *Person*	이분 *diese Person hier*	그분 *die Person da*	저분 *jene Person dort*

A: 그 가방 얼마예요?
B: 이 가방 칠 만원이에요.

A: Wie teuer ist die Tasche?
B: Diese Tasche kostet 70.000 Won.

A: 저 사람은 누구예요? — *A: Wer ist der Mann dort?*
B: 저분은 제 선생님이에요. — *B: Das [Jener dort] ist mein Lehrer.*

이곳이 남대문시장인가요? — *Ist der Ort hier der Namdaemun Markt?*

Wenn die Demonstrativpronomina 이것, 그것 und 저것 mit der Nominativ- (이), Akkusativ- (을) oder Topikpartikel (은) gebraucht werden, kommen in der gesprochenen Sprache Kontraktionsformen vor.

Kontraktionsform	+ 이 (Nominativ)	+ 을 (Akkusativ)	+ 은 (Topik)
이것 *dieses hier*	이것이 → 이게	이것을 → 이걸	이것은 → 이건
그것 *das da*	그것이 → 그게	그것을 → 그걸	그것은 → 그건
저것 *jenes dort*	저것이 → 저게	저것을 → 저걸	저것은 → 저건

A: 이것은 (→ 이건) 뭐예요? — *A: Was ist das hier?*
B: 그것은 (→ 그건) 인삼차예요. — *B: Das ist Ginsengtee.*

A: 이것이 (→ 이게) 맛있어요? — *A: Ist das hier lecker?*
B: 아니요, 저것이 (→저게) 더 맛있어요. — *B: Nein, das dort ist viel leckerer.*

A: 이것을 (→ 이걸) 살까요? — *A: Soll ich das hier kaufen?*
B: 아니요, 그냥 저것을 (→저걸) 사세요. — *B: Nein, kaufen Sie bitte lieber das dort.*

Parallel zu den drei Demonstrativpronomina (이것/그것/저것) gibt es drei hinweisende Pronomina: 여기 '(der Ort) hier', 거기 '(der Ort) da/dort' und 저기 '(der Ort) dort drüben'. Diese können ebenfalls mit den Kasuspartikeln 가 (Nominativ) und 를 (Akkusativ) sowie der Topikpartikel 는 kombiniert werden. Dabei treten in der gesprochenen Sprache auch hier Kontraktionsformen auf.

Partikel	여기 *hier*	거기 *dort/da*	저기 *dort drüben*
Topikpartikel 는	여기는 → 여긴	거기는 → 거긴	저기는 → 저긴
Akkusativpartikel 를	여기를 → 여길	거기를 → 거길	저기를 → 저길

거기(→ 거긴)는 민수 씨 자리고, 여기 (→ 여긴) 제 자리예요. — *Das dort ist der (Arbeits-)Platz von Minsu und das da ist mein Platz.*

자, 사진을 찍겠습니다. 모두 여기를 (→ 여길) 보세요. — *So, ich werde ein Foto machen. Schauen Sie alle bitte hier hin!*

저기를 (→ 저길) 가 보세요. 아버지께서 기다리고 계세요. — *Gehen Sie bitte dort drüben hin! Ihr Vater wartet auf Sie.*

Die Demonstrativpronomina werden auch verwendet, um auf ein bereits zuvor erwähntes Nomen zurückzuverweisen.

어제 뮐러 씨를 만났어요. 그분은 아주 친절하세요. — *Gestern habe ich Herrn Müller getroffen. Er [Diese Person da] ist sehr freundlich.*

어제 동대문 시장에 갔어요. 거기는 옷이 아주 쌌어요. — *Gestern war ich auf dem Dongdaemun Markt. Dort ist die Kleidung sehr billig.*

여기, 거기 und 저기 können auch mit den Lokativpartikeln (z.B. 에, 에서) adverbial verwendet werden (▶ 22.3.5–6 | Lokativ-und Ablativpartikel).

여기/거기/저기 + 에/에서 + Verb	Beispiele	
여기/거기/저기 + 에 + Existenzverb	거기에 호텔 있어요.	*Da befindet sich das Hotel.*
여기/거기/저기 + 에 + Bewegungsverb	여기에 들어가도 돼요?	*Darf man hier hineingehen?*
여기/거기/저기 + 에서 + Aktionsverb	우리 저기에서 먹어요.	*Lass uns dort essen!*

20.4 Fragepronomina

Im Koreanischen gibt es eine Reihe von Fragewörtern (= 의문사). Sie lassen sich funktional in drei Untergruppen einteilen: a) Fragepronomina wie 누구 'wer?', 무엇 'was?', 어디 'wo?', 언제 'wann?' und 얼마 'wie viel?', b) Frageadverbien 어떻게 'wie?', 왜 'warum?' und c) Frageadnomina wie 어떤/어느 'welcher/welche', 무슨 'was für ein' und 몇 'wie viel', die nur attributiv verwendet werden (▶ 21.4 | Frageadnomina). Die Fragepronomina können mit denselben Kasuspartikeln und der Topikpartikel verbunden werden wie Nomen, bei Frageadverbien ist dies nicht möglich.

Fragepronomina					Frageadverbien	
누구 'wer'	무엇 'was'	어디 'wo'	언제 'wann'	얼마 'wie viel'	어떻게 'wie'	왜 'warum?

Fragepronomen 누구 'wer'

Das Fragepronomen 누구 'wer' wird mit der Kopula 이다 sowie mit den Kasuspartikeln (Nominativ, Genitiv, Dativ, Akkusativ) verbunden. Für den Nominativ gilt die Form 누가 und für den Akkusativ tritt in der gesprochenen Sprache die Kontraktionsform 누굴 auf.

Kombinationen von 누구		Formen	Funktion im Satz
Nominativ	누구 + 가	→ 누가 (nicht *누구가)	Subjekt
Genitiv	누구 + 의	→ 누구의	Genitiv-Attribut
Dativ / Allativ	누구 + 에게	→ 누구에게	indirektes Objekt
Akkusativ	누구 + 를	→ 누구를 (→ 누굴)	direktes Objekt
Kopula	누구 + 이다	→ 누구이다	Prädikat

누구	Beispiele	
누가 *wer*	오늘 누가 와요?	*Wer kommt heute?*
누구의 *wessen*	이것은 누구의 열쇠예요?	*Wessen Schlüssel ist das?*
누구에게/한테 *wem, zu wem*	누구에게/한테 보여 줘요? 지금 누구에게/한테 가세요?	*Wem soll ich das zeigen?* *Zu wem gehen Sie jetzt?*
누구를 *wen*	오늘 누구를 (→ 누굴) 만나요?	*Wen treffen Sie heute?*
누구 + 이다 *wer ist*	지휘자는 누구입니까? / 누구예요?	*Wer ist der Dirigent?*

Das Fragepronomen 누구 'wer' kann auch mit der Komitativpartikel 와 'mit jemandem' und der Ablativpartikel 한테서/에게서 'von jemandem' verbunden werden.

누구	Beispiele
누구와 영화를 봤어요?	*Mit wem haben Sie den Film gesehen?*
누구에게서/누구한테서 문자를 받았어요?	*Von wem haben Sie die SMS bekommen?*

Fragepronomen 무엇 'was'

Das Fragepronomen 무엇 'was' wird ebenfalls mit der Kopula 이다 sowie mit den Nominativ- bzw. Akkusativpartikeln 이 bzw. 을 verbunden. 뭐 ist die informelle Variante von 무엇. Dabei treten in der gesprochenen Sprache folgende Kontraktionsformen auf.

무엇	Kontraktionsformen	Funktion im Satz
무엇 + 이 (Nominativ)	무엇이 → 뭐가	Subjekt
무엇 + 을 (Akkusativ)	무엇을 → 뭘	direktes Objekt
무엇 + 이다 (Kopula)	무엇이다 → 뭐다	Prädikat

무엇이 (→ 뭐가) 틀렸습니까?	*Was ist denn falsch?*
무엇을 (→ 뭘) 주문하시겠어요?	*Was möchten Sie bestellen?*
이것은 무엇이에요? (→ 뭐예요?)	*Was ist das hier?*

Fragepronomen 어디 'wo'

Das Fragepronomen 어디 'wo' bezeichnet in Kombination mit den Lokativpartikeln 에, 에서 oder (으)로 einen Ort oder eine Zielrichtung (▶ 22.3.5 | Lokativpartikeln). Die Verbindung von 어디 mit der Kopula 이다 wird als feststehender Ausdruck in der Bedeutung *'Wo bin ich?', 'Wo sind wir?'* verwendet. Das Fragepronomen 어디 wird häufig mit der approximativen Partikel 쯤 'ungefähr'/'etwa' zusammen gebraucht (▶ 22.5.6 | Semantische Partikeln).

Form	Beispiele	
어디 + 에 + Existenzverb *wo* (sich befinden)	지금 어디에 계세요?	*Wo befinden Sie sich jetzt?*
어디 + 에서 + Aktionsverb *wo* (Handlungsort)	어디에서 일해요?	*Wo arbeiten Sie?*
어디 + Kopula 이다 *wo ist*	여기가 어디예요?/ 어디쯤이에요?	*Wo sind wir? [Wo ist das hier?]* *Wo sind wir etwa?*

Bei 어디 + Bewegungsverb kontrastieren die Lokativpartikeln (으)로 'wohin' und 에서 'woher' zum Ausdruck der Richtung bzw. des Ausgangspunkts.

Form	Beispiele	
어디에서 + Bewegungsverb *woher* (Ausgangspunkt)	어디에서 왔어요? 어디에서 출발하세요?	*Woher kommen Sie?* *Von wo fahren Sie los?*
어디로 + Bewegungsverb *wohin* (Zielpunkt)	어디로 여행을 갈까요? 어디로 이사했어요?	*Wohin sollen wir eine Reise machen?* *Wohin sind Sie umgezogen?*

Fragepronomina 언제 'wann', 얼마 'wie viel'

Die Fragepronomina 언제 'wann' und 얼마 'wie viel' können auch mit den Kasuspartikeln und der Lokativpartikel (으)로 kombiniert werden. Die beiden Fragewörter werden unmittelbar mit der Kopula 이다 verbunden, sodass die Nominativmarkierung 이/가 nicht verwendet wird. 언제 und 얼마 werden häufig mit den approximativen Partikeln (쯤, 정도 'ungefär' / 'in etwa' usw.) zusammen gebraucht.

Form	Beispiele	
언제	언제 한국에 가세요?	*Wann fliegen Sie nach Korea?*
언제 + 가	언제가 가장 좋으세요?	*Wann passt es Ihnen am besten?*
언제 + 이다	생일이 언제입니까?	*Wann ist Ihr Geburtstag?*
언제 + 로	언제로 할까요?	*Wann soll ich den Termin machen?*
언제 +쯤	언제쯤 만날까요?	*Wann treffen wir uns ungefähr?*

Form	Beispiele	
얼마 + 가	얼마(가) 필요해?	*Wie viel brauchst du?*
얼마 + 를	얼마를 환전하시겠어요?	*Wie viel Geld möchten Sie wechseln?*
얼마 + 이다	이거 얼마예요?	*Wie teuer ist das?*
얼마 + 쯤	하루에 물을 얼마쯤 마셔요?	*Wie viel Wasser trinken Sie ungefähr am Tag?*

Frageadverbien 어떻게 'wie', 왜 'warum'

Das deutsche Fragepronomen 'wie?' hat im Koreanischen zwei Entsprechungen: Statt des Nominalsatzes wird die Frageform des Qualitativverbs 어떻다 (← 어떠하다) wörtlich 'wie sein', nämlich 어떻습니까? (in der 5. SPS) / 어때요? (in der 4. SPS) 'wie ist?' verwendet. Bei Aktionsverben dagegen wird die Adverbialform dieses Qualitativverbs mit dem Adverbialsuffix –게 verwendet, nämlich 어떻게?.

Fragewörter	Beispiele	
어떻다 'wie sein'	오늘 날씨가 어떻습니까?	*Wie ist das Wetter heute?*
	오늘 날씨가 어때요?	
어떻게 'wie?'	어떻게 지내십니까?	*Wie geht es Ihnen?*
	회사에 어떻게 가요?	*Wie kommen Sie zur Firma?*
	여름방학을 어떻게 보냈니?	*Wie hast du die Sommerferien verbracht?*

📖 어떻다 ist ein unregelmäßiges Verb auf ㅎ (▶ 10.5 | Verbstämme auf ㅎ).

Das Frageadverb 왜 bildet in der gesprochenen Sprache mit der Höflichkeitsmarkierung –요 eine Frage nach weiteren Informationen: 왜요?

A: 내일 부산에 가려고 해요. — *A: Ich will/werde morgen nach Busan fahren.*
B: 부산은 왜 가세요? / 부산은 왜요? — *B: Warum fahren Sie nach Busan? / Warum nach Busan?*

A: 부모님이 보고 싶어서요. — *A: Weil ich meine Eltern besuchen [sehen] möchte.*

20.5 Indefinitpronomina

Indefinitpronomina drücken aus, dass die genaue Identität von Personen oder Sachen unbekannt oder irrelevant ist. Im Koreanischen werden sie auf drei Arten gebildet.

1. Mit den Frageadnomina 어느/어떤

Die Frageadnomina 어느 und 어떤 'welche' können attributiv zu einem Nomen als Indefinitpronomina mit der Bedeutung 'irgendein(e)' verwendet werden. Dabei können sie durch das Adnomen 한 'irgend-' oder das Zahlwort 한 'ein' ergänzt werden.

어떤 한 마을에 예쁜 소녀가 살아요.	*In einem Dorf lebt ein hübsches Mädchen.*
어떤 여자가 제게 말을 걸었어요.	*Irgendeine Frau hat mich angesprochen.*
어떤 (한) 남자분이 선생님을 찾아요.	*Irgendein Mann hat nach Ihnen gefragt.*
이것은 어느 (한) 독일 화가의 그림입니다.	*Dieses Bild ist von irgendeinem deutschen Maler.*

2. Durch Ableitung des Indefinitpronomens von Fragewörtern

Aus den Fragepronomina 누구 'wer', 무엇 'was', 어디 'wo', 언제 'wann', 얼마 'wie viel' und 어떻게 'wie' können durch Kombination mit den Partikeln (이)나 'oder', (이)든 (← (이)든지) 'egal was', (이)라도 'welcher auch immer es ist' Indefinitpronomina abgeleitet werden.

누구 + 나 / 든(지) / 라도	*jeder / wer auch immer*	
누구 + 나 → 누구나	누구나 파티에 갈 수 있어요?	*Kann jeder zur Party gehen?*
누구 + 든지 → 누구든(지)	누구든(지) 올 수 있어요.	*Jeder kann kommen.*
누구 + 라도 → 누구라도	누구라도 할 수 있어요.	*Jeder kann das machen.*

무엇 + 이나/이든(지) /이라도	*alles / was auch immer*	
무엇 + 이나 → 무엇이나	무엇이나 할 수 있어요.	*Egal was, ich kann alles tun.*
무엇 + 이든지 → 무엇이든(지)	무엇이든(지) 잘 먹어요.	*Sie isst alles gerne.*
무엇 + 이라도 → 무엇이라도	무엇이라도 새로 시작해요.	*Fangen Sie neu an, egal was.*

📖 In der gesprochenen Sprache werden statt 무엇이든지 / 무엇이라도 häufig die Kontraktionsformen 뭐든지 / 뭐라도 verwendet.

언제 + 나 / 든(지) / 라도	*jederzeit / wann auch immer*	
언제 + 나 → 언제나	그는 언제나 친절해요.	*Er ist immer freundlich.*
언제 + 든지 → 언제든(지)	언제든(지) 전화하세요.	*Rufen Sie mich jederzeit an!*
언제 + 라도 → 언제라도	언제라도 연락하세요.	*Melden Sie sich jederzeit!*

어디 + 나 / 든(지) / 라도	*überall / wo auch immer*	
어디 + 나 → 어디나	어디나 사람이 많아요.	*Überall sind viele Menschen.*
어디 + 든지 → 어디든지	값이 어디든(지) 다 똑같아요.	*Die Preise sind überall gleich.*
어디 + 라도 → 어디라도	어디라도 앉읍시다.	*Lass uns irgendwo hinsetzen.*

얼마 + 든지 / 라도	*wie viel auch immer, egal wie viel*	
얼마 + 든지 → 얼마든지	얼마든(지) 드세요.	*Essen Sie nach Herzenslust!*
얼마 + 라도 → 얼마라도	얼마라도 드세요.	

📖 얼마 + 나 ist jedoch kein Indefinitpronomen, sondern 얼마나 bezeichnet eine ungefähre Menge (▶ 22.5.6 | Approximative Partikel).

어떻게 해서든지 bedeutet wörtlich 'wie auch immer man tut'. 어떻게 kann auch durch 해서 ergänzt werden: 어떻게 해서든지, 어떻게 해서라도.

어떻게 + (해서) 든(지) / 라도	irgendwie, wie auch immer, egal wie	
어떻게 + 든지 → 어떻게든(지)	어떻게든지 이겨내요.	Überwinden Sie es irgendwie!
어떻게 + 라도 → 어떻게라도	어떻게라도 해내겠습니다.	Ich werde es egal wie schaffen.
어떻게 해서든지 / 어떻게 해서라도	어떻게 해서든지/ 어떻게 해서라도 갑시다.	Lass uns wie auch immer gehen!

3. Durch Fragepronomina

Koreanische Fragepronomina können je nach Kontext und Fokus der Frage auch als Indefinitpronomina (in Frage und Antwort) verwendet werden und bedeuten in diesem Fall 'irgendjemand', 'irgendetwas' usw. Die beiden gleichen Formen werden meist durch eine Satzintonation unterschiedlich ausgedrückt.

Fragepronomen	Interrogativ	Indefinitiv: *irgend-*
누가 왔어요?	*Wer ist gekommen?*	*Ist irgendjemand gekommen?*
어디 가세요?	*Wo gehen Sie hin?*	*Gehen Sie irgendwohin?*
어디 아프세요?	*Wo sind Sie krank?*	*Sind Sie irgendwo krank?*
뭐 먹을까요?	*Was essen wir?*	*Essen wir (irgend)etwas?*

어디에 좀 앉아서 쉽시다.	*Lasst uns irgendwo ausruhen.*
우리 언제 한번 한국에 같이 갑시다.	*Lass uns irgendwann zusammen nach Korea fahren!*
조금 전에 뭐 (←뭘) 먹어서 배가 안 고파요.	*Ich habe keinen Hunger, weil ich vorhin (irgend-) etwas gegessen habe.*

4. Durch die Kombination des Indefinitpronomens 아무 'irgendein' + Formalnomen

Das Indefinitpronomen 아무 'irgendein' kann ebenfalls in Kombination mit semantischen Partikeln 나, 든지, 라도 verwendet werden. In der Kombination mit einem positiven Verb bedeuten 아무나, 아무든지, 아무라도 'jeder', 'wer auch immer'. 아무 bedeutet jedoch mit der Partikel 도 'auch' und mit negiertem Verb 'niemand'.

아무 + 도 + negiertes Verb	*niemand / niemandem / mit niemandem*	
아무 + 도	집에 아무도 없어요.	*Niemand ist zu Hause.*
아무 + 한테+ 도	아무한테도 말하지 마세요.	*Sagen Sie es bitte niemandem.*
아무 + 하고 + 도	아무하고도 얘기 안 해요.	*Sie spricht mit niemandem.*

아무 + 나/든지/라도	*wer auch immer / jeder*	
아무 + 나 → 아무나	아무나 올 수 있어요.	*Wer auch immer, jeder kann kommen.*
아무 + 든지 → 아무든지	아무든지 올 수 있어요.	
아무 + 라도 → 아무라도	아무라도 올 수 있어요.	

아무+ 한테 / 에게+ 나	*irgendjemandem (Dativ)*
아무에게나 말을 걸어요.	*Er spricht jeden beliebigen an.*
아무한테나 물어보세요.	*Fragen Sie bitte irgendjemanden!*

아무+ 하고 + 나	*mit irgendjemandem*
아무하고나 놀지마.	*Spiel nicht mit irgendjemandem!*
아무하고나 술 마시지 마세요.	*Trinken Sie nicht mit irgendjemandem.*

Das Indefinitpronomen 아무 kann als Adnomen attributiv verwendet werden, um das darauffolgende (Formal-)Nomen näher zu bestimmen. Das Adnomen 아무 wird zusammen mit dem Formalnomen 것 'Ding' gebraucht und bildet ein neues Nomen 아무것 'irgendetwas'. Entsprechend kann 아무 mit anderen Formalnomen 곳/데 für Ort und 때 für Zeit verwendet werden (아무 곳 bzw. 아무 데 'irgendwo', 아무 때 'irgendwann'). In diesem Fall werden sie aber nicht zusammengeschrieben. Die so gebildeten Indefinitpronomina werden dann mit den Partikeln 이나 'oder', 이든지 'egal was', 이라도 'was auch immer' (positiv) sowie 도 'auch' (negativ) kombiniert.

	것 'Ding'	때 'Zeit'	데/곳 'Ort'
아무 + N + (이) 나	아무것/아무거나	아무 때나	아무 데(서)나/아무곳(에서)나
아무 + N + 도	아무것도	아무 때도	아무 곳(에서)도/데(에서)도

📖 아무 데/ 아무 곳 kann auch mit der Lokativpartikel (에)서 kombiniert werden: 아무데서나, 아무곳에서나.

아무것 + 이나 / 이든(지)/ 이라도	*was auch immer / alles*	
아무것 + 이나 → 아무것이나	아무것이나 잘 먹어요.	*Ich esse alles gerne (was auch immer).*
아무것 + 이든지 →아무것이든(지)	아무것이든(지) 잘 먹어요.	
아무것 + 이라도 → 아무것이라도	아무것이라도 잘 먹어요.	

📖 In der gesprochenen Sprache werden häufig die Kontraktionsformen 아무거나, 아무거든지, 아무거라도 verwendet.

아무 곳 / 아무 데 + (이)나	*wo auch immer / irgendwo*	
아무 곳 + 이나 → 아무 곳이나	아무 곳이나 앉아요.	*Setzen wir uns irgendwo hin!*
아무 데 + 나 → 아무 데나	아무 데나 앉아요.	
아무 데 + 라도 → 아무 데라도	아무 데라도 가요.	*Lass uns irgendwohin gehen.*

아무 때 + 나 / 든지 / 라도	*wann auch immer / jederzeit*	
아무 때 + 나 → 아무 때나	아무 때나 오세요.	*Kommen Sie jederzeit!*
아무 때 + 든지 → 아무 때든지	아무 때든지 오세요.	

아무 kann auch attributiv verwendet werden, um das darauffolgende Nomen näher zu bestimmen. Häufig wird das Nomen durch die Partikel 도 'auch' verstärkt.

아무 + 것/데/Nomen + 도+ negiertes Verb		
아무것 + 도 → 아무것도	아무것도 안 사요.	*Ich kaufe nichts.*
	아무것도 필요없어요.	*Ich brauche nichts.*
아무 데 + 도 → 아무 데도	아무 데도 안 가요.	*Wir gehen nirgendwo hin.*
	열쇠가 아무 데도 없어요.	*Mein Schlüssel ist nirgendwo.*
아무 + Nomen + 도	아무 소리(도) 못 들었어요.	*Ich habe kein Geräusch gehört.*
	아직 아무 계획도 없어요.	*Ich habe noch keinen Plan.*

20.6 Reflexivpronomina

Im Deutschen zeigen Reflexivpronomina an, dass sich eine Handlung auf das Subjekt des Satzes zurückbezieht. Diese Funktion wird im Koreanischen durch bestimmte Nomina mit der Bedeutung 'das Selbst' ausgedrückt. Während im Deutschen das Reflexivpronomen nur im Genitiv, Dativ und Akkusativ vorkommt, treten die oben erwähnten koreanischen Entsprechungen, da sie Nomina sind, auch im Nominativ auf und haben z.T. auch andere Funktionen als die deutschen Reflexiva.

a) Sie haben als Nomina die Bedeutung 'das Selbst' oder 'jmd./etwas selbst' bzw. 'an sich' und werden zur Betonung der Identität verwendet.

b) Die eigentlich reflexive Beziehung (wie z.B. deutsch 'er wäscht sich') gibt es im Koreanischen zwar auch, sie wird aber wesentlich seltener verwendet als im Deutschen. So entsprechen z.B. den Verben, die im Deutschen ausschließlich reflexiv vorkommen (z.B. sich schämen, sich kümmern, sich zeigen, sich verbeugen, sich bedanken), im Koreanischen einfache intransitive Verben.

Die koreanischen Reflexivpronomina haben die spezielle Funktion, anzugeben, dass das Subjekt eines untergeordneten Satzes (Objektsatz oder indirekte Rede) mit dem des übergeordneten Hauptsatzes identisch ist. Allerdings kann die letztere Variante heute auch, wohl unter dem Einfluss des Englischen, gleichbedeutend mit der ersten verwendet werden (▶ 23.2.1 | Indirekte Rede).

자신 / 그가	Übersetzung
그는 자신이 똑똑하다고 생각한다.	*Er denkt, dass er (selbst) klug ist.*
그는 그가 똑똑하다고 생각한다.	*Er denkt, dass er (jmd. anders) klug ist.*

c) Die reziproke Bedeutung des deutschen 'sich', z.B. in 'sie lieben sich', wird im Koreanischen adverbial ausgedrückt: 그들은 서로 사랑한다. (▶ 15.1.5 | Reziproke Adverbien).

Im Koreanischen gibt es vier Reflexivpronomina: 자기 (Kurzform 저/지), 자신, 당신 und 자체.

Die ersten drei werden ausschließlich in Bezug auf Menschen gebraucht, das vierte 자체 wird vorwiegend in Bezug auf Gegenstände, aber auch für Lebewesen verwendet. Darüber hinaus wird auch das Personalpronomen 당신 reflexiv verwendet. Es ist jedoch veraltet und wird nur in Bezug auf Großeltern und ältere Personen gebraucht.

Reflexivpronomina	deutsche Entsprechung
자기 eigene Person (Kurzform 저/지)	Rückbezug für Person (3. Pers. Sg.)
자신 eigener Körper	Rückbezug für 1., 2., 3. Person
자체 eigenes Ding / eigener Gegenstand	Rückbezug für Gegenstände
당신 Sie	Rückbezug für 3. (ältere) Person

자기 (wörtl. 自己 'eigener Körper') bezieht sich i.d.R. auf ein vorher erwähntes Subjekt in der dritten Person. Das Reflexivpronomen 자기 wird häufig mit dem Reflexivpronomen 자신 (wörtl. 自身, 'eigene Person' / 'eigener Körper') kombiniert, um die Bedeutung zu verstärken: 자기 자신 (aber nicht *자신 자기). Statt 자기 wird in der Umgangssprache oft 저 oder 지 verwendet.

민수는 자기를 미남이라고 생각해.	*Minsu hält sich selbst für schön.*
사람은 자기 자신을 잘 알아야 한다.	*Man muss sich selbst [sein eigenes Ich] gut kennen.*
수미는 저/지만 생각해요.	*Sumi denkt nur an sich (selbst).*
제 동생은 지가 제일 예쁜 줄 알아요.	*Meine jüngere Schwester hält sich (selbst) für die Schönste.*

자신 kann für den Rückbezug auf alle Personen verwendet werden.

Personalpronomen + 자신		Personalpronomen / Nomen + 자신	
나/내 자신 / 제 자신	*mich selbst*	우리 자신	*uns selbst*
너/네/니 자신	*dich selbst*	너희 자신	*euch selbst*
그 자신 / 그녀 자신	*sich selbst (er, sie)*	민수 자신	*Minsu selbst*

너 자신을 믿어. *Vertrau dir selbst!*

저는 제 자신을 잘 알아요. *Ich kenne mich gut.*

자신만 생각하지 맙시다. *Lasst uns nicht nur an uns selbst denken!*

그녀는 자신을 예쁘다고 생각한다. *Sie findet sich selbst hübsch.*

자체 'an sich' verweist auf ein Subjekt, das einen Gegenstand bezeichnet.

고기 자체가 연해서 맛있어요. *Da das Fleisch an sich zart ist, schmeckt es gut.*

물건 자체가 좀 안 좋아요. *Die Sache an sich ist nicht gut.*

일 자체를 즐기세요. *Genießen Sie die Arbeit an sich!*

당신 verweist auf ältere Personen.

할아버지는 당신이 손수 끓여서 드셨다. *Der Großvater kochte selbst und aß.*

할머니는 당신이 직접 만든 옷을 입고 계신다. *Die Großmutter trägt die Kleidung, die sie selbst gemacht hat.*

21 Adnomina

Koreanische Adnomina (= 관형사, Attributive Adjektive) sind formal unveränderliche (nicht flektierbare) Wörter, die zur näheren Bestimmung eines folgenden Nomens dienen. Sie stehen daher immer vor dem modifizierten Nomen bzw. Formalnomen (것 'Ding', 곳/데 'Ort') und werden im Deutschen durch Adjektive bzw. Demonstrativpronomina wiedergegeben. Im Koreanischen gibt es – je nach Bedeutung – vier Untergruppen von Adnomina: a) Adjektivadnomina, b) Demonstrativadnomina, c) Numeraladnomina und d) Frageadnomina.

21.1 Adjektivadnomina

Bestimmte adjektivische Begriffe im Koreanischen treten nur attributiv auf, können jedoch – anders als die Qualitativverben – nicht prädikativ verwendet werden. Dies ist eine geschlossene Wortklasse (Adjektivadnomina). Dazu gehören z.B. 새 'neu', 헌 'alt/abgenutzt', 옛 'alt/altertümlich'. In prädikativer Funktion werden sie durch andere Wörter ersetzt, z.B. 새롭다 'neu sein', 낡다 'abgenutzt sein'. Im Folgenden werden die geläufigsten koreanischen Adjektivadnomina aufgelistet:

Adjektivadnomen + (Formal-)Nomen		
새 *neu*	아무런 + (neg. Verb) *kein, ohne*	별 *ungewöhnlich, besonders*
헌 *alt (abgetragene Sachen)*	순 *rein*	오랜 *lange (zeitlich)*
옛 *alt (Personen)*	만 *voll*	첫 *erst*
갖은 *jeder/allerei*	온갖 *alle / jeder*	뭇 *zahlreich*
여느 *gewöhnlich, üblich*	맨 *ganz, aller-*	Nomen + Suffix –적 (的) *Eigenschaft/Merkmal habend*

Zusammen mit sinikoreanischen Nomina kann das Suffix –적 Adjektivadnomen bilden. Zu den verschiedenen Verwendungen von –적(的) ▶ 6.6 | Durch Suffixe abgeleitete Qualitativverben.

헌 옷이에요.	*Das ist alte Kleidung.*
새 가방이 필요해요.	*Ich brauche eine neue Tasche.*
옛 친구를 만났어요.	*Ich habe einen alten Freund getroffen.*
갖은 양념을 다 넣었어요.	*Er hat alle möglichen Gewürze hineingetan.*
별 문제가 없습니다.	*Es ist kein besonderes Problem.*
아직 아무런 계획이 없어요.	*Ich habe noch keinen Plan.*
이것은 순 우리말이에요.	*Das ist rein-koreanische Sprache.*
만 서른입니다.	*Ich bin 30 Jahre alt.*
맨 구석에 앉아 있어요.	*Er sitzt ganz in der Ecke.*
맨 먼저 왔어요.	*Er ist als allererster gekommen.*
한국은 오랜 역사를 가진 나라이다.	*Korea hat eine lange Geschichte.*
이것은 저의 첫 경험입니다.	*Das ist meine erste Erfahrung.*
긍정적 견해를 가지고 있다.	*Er hat eine positive Ansicht.*
인간은 사회적 동물입니다.	*Der Mensch ist ein soziales Wesen.*

21.2 Demonstrativadnomina

Demonstrativa (이 'dies hier', 그 'das da', 저 'jenes dort') kommen meist mit einem bestimmten Formalnomen bzw. Nomen vor und modifizieren dieses (▶ 20.3 | Demonstrativpronomina). Die Demonstrativa werden sowohl als Demonstrativpronomina als auch als Demonstrativadnomina verwendet. Bei der Verwendung der Demonstrativpronomina können die Partikeln (z.B. Kasuspartikeln) vorkommen, aber bei den Demonstrativadnomina ist dies nicht möglich (▶ 22 | Partikeln).

Demonstrativa	Demonstrativpronomen			Demonstrativadnomen
	것 'Ding'	곳 'Ort'	분 'Person'	나무 'Baum'
이 'dies hier'	이것	이곳	이분	이 나무 dieser Baum
그 'das da'	그것	그곳	그분	그 나무 der Baum
저 'jenes dort'	저것	저곳	저분	저 나무 jener Baum

그 비밀을 누가 알고 있어요?	*Wer kennt das Geheimnis?*
저 학생이 이 빵을 팔고 있어요.	*Der Student dort verkauft dieses Brot.*
저 버스가 서울역에 갑니까?	*Fährt der Bus dort zur Seoul-Station?*
요 녀석이 축구를 아주 잘 해요.	*Dieser Junge spielt sehr gut Fußball.*

📖 요 ist die scherzhafte bzw. abwertende Bezeichnung von dem Demonstrativadnomen 이.

Zu den Demonstrativadnomina gehören auch Ausdrücke, die Eigenschaften eines Nomens beschreiben, wie 이런, 그런 und 저런 'solch'/'derartig'. Diese drei Adnomina sind aus den Qualitativverben 이렇다, 그렇다 und 저렇다 in der Bedeutung 'so sein/auf diese Weise sein' abgeleitet und die verkürzte Form von 이러한, 그러한 bzw. 저러한.

Demonstrativadnomen + Nomen			
이런 *dies solche*	그런 *das solche*	저런 *jenes solche*	다른, 딴 *ander/e, anderes*

이런 경우에 어떻게 해야 할까요?	*Was soll ich in solch einem Fall machen?*
그런 말을 하지 마세요.	*Bitte sagen Sie nicht solche Worte!*
나는 저런 사람이 좋아.	*Ich mag solche/eine derartige Person.*
다른 것을 삽시다.	*Lass uns das andere [Ding] kaufen!*
다른 곳에 앉아요.	*Setzen wir uns woanders hin!*
딴 방법이 없어요.	*Es gibt keine andere Methode.*

21.3 Numeraladnomina

Die Numeralia (한, 두, 세 usw.) stehen in der Regel vor den Numeralklassifikatoren (NK), außer wenn ohne Bezug ein Nomen oder eine Bedeutungsklasse gezählt wird. Es gibt rein-koreanische und sinokoreanische Numeralia (▶ 19 | Numeralia und Numeralklassifikatoren). Hierzu gehören auch Ausdrücke mit kollektiven oder pluralischen Bedeutungen, die in der Tabelle aufgelistet sind.

Numeraladnomen + Nomen/Numeralklassifikatoren		
한 *ein*, 두 *zwei*, 서너 *drei ...*	모든 *all, sämtlich*	여러 *viel, mehrere*
몇/ 몇몇 *einige*	일부 *einige / gewisse*	각 *jede(r)*
온 / 전 *ganz, all*	온갖 *alle / jeder*	약 / 한 *gegen, ungefähr, etwa*

📖 한 kann als Indefinitpronomen 'irgendein(e)' verwendet werden (▶ 20.5 | Indefinitpronomina).

모든 사람이 이 가수를 좋아해요.	*Alle mögen diese Sängerin.*
일부 학생들만 학교에 갑니다.	*Nur einige Studenten gehen in die Schule.*
여러 번 경고를 주었어요.	*Ich habe ihn mehrmals gewarnt.*
몇몇 친구들이 놀러 왔어요.	*Einige Freunde kamen mich besuchen.*
각 나라마다 음식 문화가 달라요.	*Jedes Land hat eine unterschiedliche Esskultur.*
그가 전 재산을 잃었다.	*Er hat sein ganzes Vermögen verloren.*
온 국민이 그 팀을 응원하고 있다.	*Das ganze Volk feuert die Mannschaft an.*
서랍 안에 온갖 잡동사니가 들어 있다.	*In der Schublade ist der ganze Kram/Schund drin.*
온갖 정성을 다해 음식을 준비했다.	*Sie hat mit aller Mühe das Essen zubereitet.*
책 한 권을 샀어요.	*Ich habe ein Buch gekauft.*
한 (= 약) 스무 명이 왔어요.	*Etwa 20 Leute sind gekommen.*

21.4 Frageadnomina

Die deutschen Fragepronomina 'welche?' bzw. 'was für ein?' werden im Koreanischen als Frageadnomina attributiv verwendet. Im Koreanischen gibt es vier solch attributiv gebrauchte Frageadnomina (▶ 21 | Adnomina).

Fragepronomen (attributiv)	Bedeutung
어떤 *welche(-r,-s), was für eine(-r,-s)*	Fragt nach einer Entscheidung unter (meistens mehreren) Alternativen (Dinge oder Personen).
어느 *welche(-r,-s)*	Fragt nach einer Entscheidung unter (meistens zwei) Alternativen (Dinge oder Personen).
무슨 *was für eine(-r,-s)*	Fragt nach einer Entscheidung unter mehreren Alternativen (Dinge).
몇 *wie viele / wie alt*	Fragt nach Anzahl, Maß, Gewicht, Uhrzeit, Alter (Dinge oder Personen).

A: 어느/어떤 계절을 가장 좋아해요? B: 봄을 가장 좋아해요.	*A: Welche Jahreszeit mögen Sie am liebsten?* *B: Ich mag den Frühling am liebsten.*
A: 어느/어떤 꽃을 살까요? B: 봄이니까 튜울립을 사요.	*A: Welche Blumen sollen wir kaufen?* *B: Kaufen wir Tulpen, weil es Frühling ist.*
무슨 노래를 듣고 있어요?	*Was für ein Lied hören Sie gerade?*
지금 몇 시예요?	*Wie viel Uhr ist es?*

In der gesprochenen Sprache wird meist kein Unterschied zwischen 무슨 und 어떤/어느 gemacht. 어느 wird im Vergleich zu 어떤 und 무슨 relativ selten verwendet. Ein wesentlicher Unterschied zwischen 어느/어떤 und 무슨 besteht darin, dass hinter 어느/어떤 Formalnomina stehen können, hinter 무슨 dagegen nicht (▶ 17.1 | Formalnomina).

Fragewort	Formalnomen	Kombination
어느	것 'Ding', 쪽 'Seite/Richtung',	어느 것, 어느 쪽, 어느 분, 어느 곳
어떤	분 'Person', 곳 'Ort', 때 'Zeit'	어떤 것, 어떤 쪽, 어떤 분, 어떤 곳

어떤 것이 / 어느 것이 좋아요?	*Was [Welches Ding] mögen Sie gerne?*
은행이 어떤 쪽에 있어요? 어느 쪽으로 갈까요?	*Auf welcher Seite befindet sich die Bank?* *In welche Richtung sollen wir gehen?*
어느 분이 김 민수 씨세요? 어떤 분을 좋아하세요?	*Wer von Ihnen [Welche Person] ist Herr Kim Minsu?* *Welche Person mögen Sie gerne?*
어느 곳에 살아요? 부산은 어떤 곳인가요?	*In welchem Ort wohnen Sie?* *Was für ein Ort ist die Stadt Busan?*

Die Frageadnomina 어느/어떤 können auch als Indefinitpronomina 'irgendjemand', 'irgendwer', 'irgendein' verwendet werden, 무슨 dagegen nicht (▶ 20.5 | Indefinitpronomina).

Frageadnomen	Indefinitpronomen	
어떤/ 어느	밖에 어떤 사람이 있어요.	*Irgendjemand steht draußen.*
	어떤 사람이 소리를 질러요.	*Irgendjemand schreit.*
	어느 (한) 아이가 울어요.	*Irgendein Kind weint.*

Idiomatische Ausdrücke mit 무슨, 어떤, 어느

In einigen idiomatischen Wendungen können 무슨, 어떤 und 어느 nicht ausgetauscht werden.

어머나, 무슨 일이야?	*Oh, Gott! Was ist denn los?*
무슨 걱정이 있어요?	*Welche Sorgen haben Sie?*
이게 무슨 냄새지?	*Was für ein Geruch ist das?*
무슨/어떤 일로 오셨어요?	*Aus welchem Grund sind sie gekommen?*
가격이 어느 정도예요?	*Wie hoch ist der Preis ungefähr?*
어느 나라에서 왔어요?	*Aus welchem Land kommen Sie?* *[Aus welchem Land sind Sie gekommen?]* (Herkunft)

Das Frageadnomen 웬 bzw. das Indefinitpronomen 아무 werden zusammen mit den nachfolgenden Nomina nur attributiv verwendet (▶ 20.5 | Indefinitpronomina).

	Beispiele	
웬 *was für eine Art von*	웬 사람이 이렇게 많아.	*Was für eine Menschmenge!*
	웬 일이야?	*Was ist denn los?*
아무 *irgend(wo, was, wer)*	아무 데나 앉아요.	*Lass uns irgendwo hinsetzen!*

Wenn mehrere Adnomina das selbe Nomen näher bestimmen, sind sie an eine bestimmte Reihenfolge gebunden, wobei auch Adjektivadnomina und Partizipialformen von Qualitativverben zusammen vorkommen können:

Demonstrativadnomen – **F**rageadnomen – **N**umeraladnomen –
Partizipialform des Qualitativverbs – **A**djektivadnomen + (Formal-)Nomen

저 새 책이 누구의 책이니?	*Wem gehört das neue Buch da drüben?*
저 두 개 망가진 헌 의자들을 고쳐 주세요.	*Bitte reparieren Sie die zwei kaputten alten Stühle!*
어느 한 남자가 여기에 주차를 했어요.	*Irgendein Mann hat sein Auto hier geparkt.*
저 모든 예쁜 새 인형(들)을 누가 줬어?	*Wer hat dir all diese hübschen neuen Puppen gegeben?*

22 Partikeln

Die grammatischen Funktionen von Kasusendungen und Präpositionen im Deutschen werden im Koreanischen von Partikeln übernommen. Durch sie werden die grammatischen Beziehungen aller nominalen Satzteile gekennzeichnet. Die Partikeln im Koreanischen sind grundsätzlich Nominalsuffixe, die als gebundene Elemente nicht alleine stehen können. Sie können an Nomina, Formal- oder Verbalnomina angefügt werden. Funktional können fünf Typen von Partikeln unterschieden werden: 1) Pluralpartikeln (Markierung der Mehrzahl), 2) Koordinativpartikeln (Nomina koordinierende Partikeln), 3) Kasuspartikeln (Markierung des Kasus), 4) Topikpartikel (Markierung des Themas/Kontrasts) und 5) Semantische Partikeln (Modifikation der Wortbedeutung).

Klassifikation	Partikel	Funktion/Bedeutung
Numeruspartikel	들	Plural
Koordinativpartikeln	와/과, 하고, (이)랑	koordinativ: 'und' (Aufzählung)
	(이)나	disjunktiv: 'oder'
	(이)며 ... (이)며	koordinativ: 'und dergleichen'
	(이)니 ... (이)니	koordinativ: 'N_1, N_2 und alles derartige'
Kasuspartikeln	이/가, 께서 (hon.)	Nominativ (Subjekt) / Fokus / Ergänzung
	을/를	Akkusativ (Objekt)
	의	Genitiv / Possessiv
	에게/한테, 께 (hon.)	Dativ: 'jemandem' (einem Lebewesen)
	에게/한테, 께 (hon.)	Allativ: 'zu jmdm.' gehen (zu Lebewesen)
	에게/한테	Lokativ: 'bei jmdm.' sein (bei Lebewesen)
	에	Lokativ: 'irgendwo' sein (bei Unbelebtem)
	에	Allativ: 'irgendwohin' gehen (zu Unbelebtem)
	에	Zeitpunkt: 'um', 'am', 'in'
	에게서/한테서	Ablativ: 'von jmdm. her' (von einem Lebewesen)
	에서	Ablativ: Herkunft, 'von/aus ... her' (von einem Ort, nur mit 오다 'kommen')
	에서	Lokativ: 'irgendwo' etwas tun
	부터 /에서부터	Ablativ: 'von ... her', 'aus ...' (Ausgangspunkt)
	(으)로	Instrumental: 'mit', 'durch'
	(으)로	Richtung: 'nach' (Ort) / Ursache: 'durch'
	와/과, 하고, (이)랑	Komitativ: 'in Begleitung von'
	야(N_{VOK}) / 아(N_{KONS})	Vokativ (▶ 5.7 | Honorative Anredeform)
Topikpartikel	은/는	Topik / Kontrast
Semantische Partikeln	만	Abgrenzung: 'nur'
	도	Einschließung: 'auch'
	밖에	'nur', 'nicht ... außer' (+ negiertes Verb)

Klassifikation	Partikel	Funktion/Bedeutung
Semantische Partikeln	조차, 마저	'noch dazu', 'sogar'
	부터 (에서부터)	Zeit-/Ortsangabe: 'ab', 'von'
	부터... 까지	Ausgangs- und Endpunkt (Zeit/Ort): 'von ... bis'
	까지	räumlicher oder zeitl. Zielpunkt: 'bis zu', 'bis um'
	마다, 씩	'jedes', 'jeweils', 'je'
	쯤, 정도, (이)나, 경, 여	Approximativ:, 'ungefähr', 'etwa', 'gegen'
	보다	Komparativ: (mehr/weniger) 'als'
	처럼, 같이, 만큼	Äquativ: 'so wie', 'wie'
	따라	'ausgerechnet heute', 'genau jetzt'
	치고	'in Anbetracht', 'für', 'dafür, dass'
	커녕 (-는/은커녕)	'umso viel weniger', 'geschweige denn'

Werden mehrere Partikeln an ein Nomen angehängt, stehen sie meist in folgender Reihenfolge:

NOMEN + ① Pluralpartikel + ② Koordinativpartikel +
③ Kasuspartikel / Topikpartikel + ④ Semantische Partikel + ⑤ Topikpartikel

청소년들에게는 술을 안 팝니다. — *Jugendlichen verkaufen wir keinen Alkohol.*

부모님들께도 선물을 드립니다. — *Auch den Eltern geben wir ein Geschenk.*

선생님들과 학생들이 함께 소풍을 가요. — *Lehrer und Schüler machen zusammen einen Ausflug.*

여자들만을 위한 수영 강좌가 있습니다. — *Es gibt einen Schwimmkurs nur für Frauen.*

Eine Ausnahme bildet die Abgrenzungspartikel 만 'nur', die vor der Kasuspartikel stehen kann (▶ 22.5.1 | Semantische Partikeln).

Wenn mehrere Nomina durch 와/과, (이)랑, 하고 'und' oder (이)나 'oder' verbunden sind, wird der Kasus nur am letzten Nomen der Gruppe markiert (▶ 22.2 | Koordinativpartikel).

수미와 민수가 공부를 해요. — *Sumi und Minsu lernen zusammen.*

개들과 고양이들한테 밥을 줘요. — *Er füttert Hunde und Katzen.*

비행기표와 여권을 보여 주세요. — *Zeigen Sie mir bitte das Flugticket und den Pass!*

택시나 버스로 갑시다. — *Nehmen wir ein Taxi oder den Bus!*

Dies gilt auch, wenn mehrere Nomina, die Zeiteinheiten bezeichnen, aufeinanderfolgen. Dabei werden die größeren vor den kleineren Einheiten genannt.

내년 봄 3월에 한국에 가요. — *Nächstes Jahr im Frühling, im März, fliege ich nach Korea.*

다음 주 일요일 오후 4시에 만나요. — *Wir treffen uns nächste Woche am Sonntag nachmittags um 16 Uhr!*

In einigen Fällen können bestimmte Partikeln mit Adverbien, Adverbialbestimmungen, anderen Partikeln sowie mit der Konjunktionalform –고 verbunden werden.

조용히들 하세요. *Seien Sie (Pl.) bitte ruhig!*

모두 식당에서들 밥(을) 먹고 있어요. *Alle essen gerade im Restaurant.*

여기 이사오고부터 친구가 많이 생겼어요. *Seit ich hier eingezogen bin, habe ich viele Freunde gefunden.*

22.1 Pluralpartikel 들

Die Partikel 들 markiert die Mehrzahl eines Nomens und kann weggelassen werden, wenn der Kontext eindeutig ist. In den folgenden Sätzen wird die Mehrzahl des Nomens bereits durch das Qualitativverb 많다 'viel sein' und das Adverb 많이 'viel' impliziert, sodass die Verwendung der Pluralmarkierung 들 hier fakultativ ist.

지하철에 사람(들)이 많아요. *Es gibt viele Menschen in der U-Bahn.*

손님(들)이 많이 왔어요. *Viele Gäste sind gekommen.*

많은 학생(들)이 K-Pop 을 즐겨 들어요. *Viele Studenten hören gerne K-Pop.*

Der Gebrauch der Partikel 들 ist jedoch obligatorisch, wenn die Pluralbedeutung im Satz hervorgehoben werden soll oder das Nomen mit den Demonstrativpronomina 이 'dies', 그 'das', 저 'jenes da' verbunden ist (▶ 20.3 | Demonstrativpronomina).

집에 아이들이 없어서 조용해요. *Es ist ruhig, weil die Kinder nicht zu Hause sind.*

이 학생들을 집으로 보낼까요? *Soll ich diese Studenten nach Hause schicken?*

저분들은 누구세요? *Wer sind die Personen da drüben?*

Die Pluralpartikel 들 kann nicht zusammen mit Numeralia und Numeralklassifikatoren zur Bezeichnung der Mehrzahl von Gegenständen verwendet werden (▶ 19.3 | Numeralklassifikatoren).

책 네 권을 샀어요. *Ich habe vier Bücher gekauft.*
Nicht: *책들 네 권들을 샀어요.

오늘 사과 두 개를 먹었어요. *Ich habe heute zwei Äpfel gegessen.*
Nicht: *오늘 사과들 두 개들을 먹었어요.

맥주 세 병 주세요. *Bitte geben Sie mir drei Flaschen Bier!*
Nicht: *맥주들 세 병들 주세요.

들 kann jedoch mit Numeralia und Numeralklassifikatoren zur Bezeichnung der Mehrzahl von Menschen und Lebewesen gebraucht werden.

학생들 네 명이 밖에서 기다립니다. *Vier Studenten warten draußen.*

개들 두 마리가 멍멍 짖어요. *Zwei Hunde bellen wau wau.*

손님들 세 분이 오셨어요. *Drei Gäste sind gekommen.*

Die Partikel 들 kann auch an Adverbien, Adverbialbestimmungen und die Konjunktionalform –고 angehängt werden, wenn das Subjekt des zugehörigen Verbs im Plural stehen würde, wenn es genannt wäre.

학생들이 도서관에서 공부해요. *Die Studenten lernen in der Bibliothek.*
→ 도서관에서들 공부해요. *Sie (Pl.) lernen in der Bibliothek.*

빨리들 결정하세요. *Bitte entscheiden Sie (Pl.) sich schnell!*

여기들 계셨어요?	*Waren Sie (Pl.) hier?*
교회에들 나오세요.	*Kommen Sie (Pl.) bitte in die Kirche.*
점심 먹으러들 갑시다.	*Lasst uns (mehrere) zu Mittag essen gehen!*
호텔에서 하루밤 자고들 갑시다.	*Lasst uns eine Nacht im Hotel schlafen!*

22.2 Koordinativpartikeln

Koordinativpartikeln dienen dazu, Nomina miteinander zu verbinden. Dafür gibt es 'und'-Koordinativpartikeln wie 과/와, 하고, (이)랑, 이며, 이니 und die 'oder'-Koordinativpartikel (이)나.

N + 과/와, 하고, (이)랑 'und'

Die Partikeln 과(N_{KONS})/와(N_{VOK}), 하고 und 이랑(N_{KONS})/랑(N_{VOK}) haben zwei grammatische Funktionen: 1) eine koordinative Funktion mit der Bedeutung 'und' und 2) eine komitative Funktion mit der Bedeutung 'zusammen mit' (▶ 22.3.8 | Komitativpartikel).

N + 과/와 ist mit N + 하고 und N + (이)랑 austauschbar, wobei N + 하고 und N + (이)랑 vorzugsweise in der Umgangssprache verwendet werden. Die durch diese Partikeln verbundenen Nomina fungieren als Subjekt, Objekt oder Adverb im Satz, wobei der Kasus nur am letzten Nomen der Gruppe markiert wird. Häufig können diese Partikeln durch die Kommasetzung ersetzt werden.

인천과 부산은 항구도시입니다. = 인천, 부산은 항구도시입니다.	*Incheon und Busan sind Hafenstädte.*
시장에서 생선과 채소를 삽니다.	*Auf dem Markt kaufe ich Fisch und Gemüse.*
아침에 빵이랑/빵하고 우유를 먹어요.	*Zum Frühstück esse ich Brot und Milch.*
그는 사과랑, 귤이랑, 딸기를 좋아한다. = 그는 사과, 귤, 딸기를 좋아한다.	*Er mag Äpfel, Mandarinen und Erdbeeren.*

N + 이며... N + 이며 'und gleichermaßen/gleichzeitig'

N + (이)며 hat eine koordinative Funktion. Hierduch werden zwei oder mehr Nomina aufgezählt und gleichgesetzt. Diese koordinative Partikel kann auch in Doppelsetzung vorkommen: N_1 + (이)며... N_2 + (이)며. Letztere wird vorwiegend in der gesprochenen Sprache in der Bedeutung 'sowohl ... als auch ...' verwendet. Statt N_1 + (이)며...N_2 + (이)며 kann auch N_1 + 하며...N_2 + 하며 gebraucht werden.

N_1 + (이)며 ... N_2 이다

그는 학자며 작가이다.	*Er ist (gleichermaßen) Wissenschaftler und Schriftsteller.*
요리는 제 직업이며 취미예요.	*Kochen ist mein Beruf und (gleichzeitig) mein Hobby.*

N_1 + (이)며 ... N_2 + (이)며

옷이며 신이며 모두 젖었어요.	*Kleidung und Schuhe, alles ist nass.*
그는 고기며 생선이며 다 잘 먹어요.	*Fleisch und Fisch, er isst alles gerne.*
사라는 사과며, 딸기며, 귤이며, 과일을 다 좋아해요.	*Sara mag Äpfel, Erdbeeren, Mandarinen und alle Obstsorten.*
외모하며 성격하며 완전히 아빠다.	*In Bezug auf Aussehen und Charakter kommt er ganz nach seinem Vater.*

N_1+(이)니...N_2+ (이)니

Die Koordinativpartikel N_1 + (이)니... N_2 + (이)니 in der Doppelsetzung bedeutet 'N_1, N_2 und weitere N'.

도둑이 돈이니 보석이니 다 훔쳐 갔어요.	*Der Dieb hat Geld und Schmuck und alle (wertvollen) Dinge gestohlen.*
미국이니 중국이니 세계에서 안 가 본 나라가 없어요.	*Er hat die ganze Welt bereist, Amerika, China und andere Länder.*
뷔페에서 케익이니 과일이니 잔뜩 먹었어요.	*Ich habe Kuchen, Obst und vieles anderes vom Buffet gegessen.*

N + (이)나 'oder'

N + (이)나 hat die disjunktive Bedeutung 'oder' oder 'entweder ... oder'.

집이나 회사로 전화 주세요.	*Rufen Sie mich bitte zu Hause oder in der Firma an!*
장미꽃이나 튤울립을 사요.	*Lasst uns entweder Rosen oder Tulpen kaufen.*
보통 점심에 햄버거나 김밥을 먹어요.	*Ich esse normalerweise zu Mittag entweder Hamburger oder Kimbap.*
방학에 파리나 런던에 가고 싶어요.	*In den Ferien möchte ich nach Paris oder London fahren.*

22.3 Kasuspartikeln

Die Kasuspartikeln markieren die grammatischen Funktionen des Nomens im Satz. Sie können nicht nur nach Nomina bzw. Formalnomina/Verbalnomina, sondern auch nach anderen Partikeln, Adverbien stehen (▶ 18.1 | Verbalnomina). In der gesprochenen Sprache können die Kasuspartikeln (Nominativ, Genitiv, Akkusativ) ausgelassen werden, wenn die grammatischen Beziehungen im Satz eindeutig sind und aus dem Kontext erschlossen werden können.

1. Nominativ-/Subjektpartikel 이/가

Die Nominativpartikel 이/가 markiert ein Nomen, Pronomen oder eine Nominalgruppe als Subjekt. Die Partikel 이 steht nach einem konsonantisch auslautenden Nomen (N_{KONS}), während die Partikel 가 nach einem vokalisch auslautenden Nomen (N_{VOK}) steht.

N_{KONS} + 이		N_{VOK} + 가	
눈이 옵니다.	*Es schneit.*	날씨가 춥습니다.	*Das Wetter ist kalt.*
집이 작아요.	*Das Haus ist klein.*	친구가 와요.	*Ein Freund kommt.*

Wenn die Personalpronomina der 1. und 2. Person Sg. durch die Nominativpartikel 가 als Subjekt markiert werden, verändert sich ihre Form. Das Gleiche gilt für das Fragepronomen 누구 'wer' (▶ 20.4 | Fragepronomina).

ich (neutral)	*ich* (bescheiden)	*du*	*wer?*
나 + 가 → 내가	저 + 가 → 제가	너 + 가 → 네가	누구 + 가 → 누가

A: 누가 (nicht *누구가) 거기에 갈래요? — *A: Wer möchte dahin gehen?*
B: 제가 (nicht *저가) 거기에 가겠습니다. — *B: Ich werde dahin gehen.*

Die Nominativpartikel 께서 ist die honorative Entsprechung von 이/가 und wird verwendet, um ein Subjekt in der dritten Person zu honorieren. 께서 korreliert mit dem Gebrauch von Honorativverben (z.B. 주무시다 von 자다 'schlafen', 드시다 von 먹다 'essen'), dem Honorativsuffix -(으)시 sowie den Verbalendungen der höflichen Sprechstufen (▶ 5 | Honorativsystem).

할머니께서 주무십니다.	*Großmutter schläft.*
할아버지께서 진지를 드시고 계세요.	*Großvater isst gerade.*

Die Nominativpartikel 이/가 kann nicht in allen Fällen durch die honorative Nominativpartikel 께서 ersetzt werden. Sie kann nicht mit folgenden Qualitativverben, die einen Gemütszustand bezeichnen, gebraucht werden (▶ 6.2 | Transitive und intransitive Verben).

Qualitativverben	QV + 이/가 (nicht mit 께서 markiert)	
좋다 *gut sein / mögen*	김 선생님이 좋아요. nicht: *김선생님께서 좋아요.	*Ich mag Herrn Kim.*
싫다 *nicht mögen*	할아버지가 싫어요. nicht: *할아버지께서 싫어요.	*Ich mag meinen Großvater nicht.*

Weitere Funktion von 이/가

Die Nominativpartikel 이/가 hat darüber hinaus die Funktion, das Subjekt zu betonen oder dieses als neue Information einzuführen. Sie steht im Gegensatz zur Topikpartikel 은/는, durch welche eine bekannte, bereits eingeführte Information markiert wird (▶ 22.4 | Topik- und Kontrastpartikel).

a) Die Nominativpartikel wird immer in Fragen verwendet, d.h. in Inhaltsfragen, die durch ein Fragepronomen (*wer*, *was*, *wo*, *wann*) eingeleitet werden, sowie in den Antworten auf solche Fragen. In diesem Fall kann die Nominativpartikel 이/가 nicht ausgelassen werden.

A: (둘 중에) 누가 형이에요? B: 제가 형이에요.	*A: Wer (von Ihnen beiden) ist der ältere Bruder?* *B: Ich bin der ältere Bruder.*
A: 어디가 아파요? B: 머리가 아파요.	*A: Wo tut es Ihnen weh?* *B: Der Kopf tut mir weh.*
A: 한국 여행은 언제가 좋을까요? B: 가을이 가장 좋은 것 같아요.	*A: Wann ist eine Koreareise am besten?* *B: Der Herbst scheint am besten.*
A: 어떤 동물이 겨울잠을 잡니까? B: 곰이 겨울잠을 잡니다.	*A: Welches Tier hält Winterschlaf?* *B: Der Bär hält Winterschlaf.*

b) Wenn eine Person in einem Text eingeführt und zum ersten Mal genannt wird, wird ebenfalls die Nominativpartikel verwendet. Im folgenden Beispiel wird die Nominalgruppe 한 왕비가 'eine Königin' zum ersten Mal im Text erwähnt und ist somit eine neue Information, während in den folgenden Sätzen die Nominalgruppe 그 왕비는 auf die erste Nennung zurückverweist, wobei die Identität der Person jetzt als eingeführt und daher bekannt vorausgesetzt wird, sodass die Topikpartikel 는 verwendet werden muss (▶ 22.4 | Topik- und Kontrastpartikel).

옛날에 한 왕비가 살았어요.	*Es lebte einmal eine Königin.*
그 왕비는 아기를 갖고 싶어했어요.	*Die Königin wollte ein Kind haben.*
그래서 그 왕비는 매일 절에 가서 기도를 했어요.	*Deshalb ging sie jeden Tag in den Tempel und betete.*

c) Bei Witterungsverben steht das Subjekt normalerweise im Nominativ. Die Topikpartikel kann hier nur kontrastierend verwendet werden.

비가 내려요.	*Es regnet.*
바람이 불어요.	*Der Wind weht. / Es ist windig.*
비는 많이 내리는데 눈은 안 와요.	*Es regnet stark, aber es schneit nicht. (Kontrast)*

d) 이/가 kann auch zur Markierung des zweiten Nomens als Subjekt des Verbs 되다 'werden' gebraucht werden (▶ 22.4 | Topik- und Kontrastpartikel). In diesem Fall kann 이/가 nicht ausgelassen werden.

물이 얼음이 된다.	*Wasser wird zu Eis.*
딸이 수의사가 되려고 해요.	*Meine Tochter will Tierärtzin werden.*

e) Die Nominativpartikel 이/가 kann durch die Lokativpartikel 에서 ersetzt werden, wenn das Subjekt eine Institution, Firma, einen Verein oder ähnliches bezeichnet.

정부에서 학생들을 초대했어요.	*Die Regierung hat Studenten eingeladen.*
우리 학교에서 운동회를 엽니다.	*Unsere Schule veranstaltet ein Sportfest.*
삼성에서 이 제품을 만들었어요.	*Die Firma Samsung hat dieses Produkt entwickelt.*

2. Genitiv- und Possessivpartikel 의

Die Partikel 의 steht zwischen zwei Nomina und verbindet diese miteinander. Sie drückt ein Besitz- bzw. Zugehörigkeitsverhältnis aus. Die Partikel 의 wird /에/ ausgesprochen (▶ 3.1 | Lautsystem).

제 (← 저의) 딸이에요.	*Sie ist meine Tochter.*
아버지의 자동차예요.	*Das ist das Auto des Vaters.*
이것이 성공의 비결이에요.	*Das ist das Geheimnis des Erfolgs.*

Wird 의 an die Pronomina der 1. und 2. Person Sg. angefügt, treten Kontraktionsformen auf.

1. und 2. Person Sg. + 의	Beispiele		
나 + 의 → 내 (neutral)	내 친구	내 책	*mein Freund, mein Buch*
저 + 의 → 제 (bescheiden)	제 친구	제 책	*mein Freund, mein Buch*
너+ 의 → 네	네 친구	네 책	*dein Freund, dein Buch*

제 이름은 김 민수예요.	*Mein Name ist Kim Minsu.*
A: 오늘이 네 (← 너의) 생일이니? B: 아니, 다음 주가 내 (← 나의) 생일이야.	*A: Ist heute dein Geburtstag?* *B: Nein, nächste Woche ist mein Geburtstag.*

Wird das Fragewort 누구 'wer' in Verbindung mit der Genitivpartikel 의 verwendet, entspricht es dem Deutschen 'wessen'. In der gesprochenen Sprache wird die Partikel 의 i.d.R. ausgelassen, wenn der Kontext eindeutig ist (▶ 20.4 | Fragepronomina).

A: 이것은 누구의 그림이에요? B: 피카소(의) 그림이에요.	*A: Von wem ist das Bild? [Wessen Bild ist das?]* *B: Das ist ein Bild von Picasso.*
A: 이것은 누구의 노래예요? B: 마이클 잭슨(의) 노래예요.	*A: Von wem ist das Lied? [Wessen Lied ist das?]* *B: Das ist ein Lied von Michael Jackson.*
A: 한국(의) 수도는 어디예요? B: (한국의 수도는) 서울입니다.	*A: Was [Wo] ist die Hauptstadt Koreas?* *B: Seoul ist die Hauptstadt Koreas.*

In zusammengesetzten Nomina wird die Genitivpartikel 의 ebenfalls häufig ausgelassen.

한국(의)문화	*die koreanische Kultur / die Kultur Koreas*
세계(의)여행	*Weltreise / Reise um die Welt*
어린이(의)날 (5월 5일)	*Kindertag* (5. Mai)
어버이(의)날 (5월 8일)	*Elterntag / Tag der Eltern* (8. Mai)

Der Gebrauch der Genitivpartikel 의 ist obligatorisch,

a) wenn sie als Genitiv-Attribut verwendet wird, d.h. wenn sie an die Komitativpartikeln 과/와, 하고, (이)랑, die Lokativpartikeln 에서/(으)로 oder die Abgrenzungspartikel 만 'nur' angefügt wird, um diese attributiv verwenden zu können (▶ 22.5 | Semantische Partikeln).

Genitiv-Attribut	Beispiele	
와 + 의	남자 친구와의 약속	*das Versprechen dem Freund gegenüber*
와 + 의	너와 나의 공통점	*die Gemeinsamkeiten zwischen dir und mir*
과 + 의	한국과 일본의 차이점	*der Unterschied zwischen Korea und Japan*
에서 + 의	독일에서의 한국학	*die Koreanistik in Deutschland*
(으)로 + 의	한국으로의 여행	*die Reise nach Korea*

남자 친구와 약속을 했어요. 남자 친구와의 약속을 지켜야해요.	*Ich habe meinem Freund ein Versprechen gegeben.* *Ich muss das Versprechen dem Freund gegenüber einhalten.*
올해 한국으로 여행을 가요. 한국으로의 여행이 처음이에요.	*Dieses Jahr mache ich eine Reise nach Korea.* *Dies ist meine erste Reise nach Korea.*

b) wenn sie in einer Nominalgruppe mit der Abgrenzungspartikel 만 'nur' stehen kann.

남자만의 모임	Nicht: *남자만 모임	*Treffen nur unter Männern*
나만의 비밀	Nicht: *나만 비밀	*Geheimnis nur von mir (mein alleiniges Geheimnis)*

c) wenn sie in folgenden Bezeichnungen vorkommt.

스승의 날	*Tag der Lehrer* (15. Mai)	통독의 날	*Tag der Deutschen Einheit*
언론의 자유	*Pressefreiheit*	표현의 자유	*Meinungsfreiheit*
성공의 비결	*Erfolgsgeheimnis*	행복의 열쇠	*der Schlüssel zum Glück*
연상의 여인	*Frau in partnerschaftlicher Beziehung zu einem jüngeren Mann*		
연하의 남자	*Mann in partnerschaftlicher Beziehung zu einer älteren Frau*		

3. Akkusativ-/Objektpartikel 을/를

Die Partikel 을/를 markiert ein Nomen als direktes Objekt von transitiven Verben (▶ 6.2 | Transitive und intransitive Verben). Die Partikel 을 steht nach konsonantisch auslautenden Nomina (N_{KONS}), 를 nach vokalisch auslautenden Nomina (N_{VOK}).

N_{KONS} + 을		N_{VOK} + 를	
책을 사요.	*Ich kaufe ein Buch.*	사과를 사요.	*Ich kaufe Äpfel.*
빵을 먹어요.	*Ich esse Brot.*	차를 마셔요.	*Ich trinke Tee.*
운동을 합니다.	*Ich mache Sport.*	영어를 배웁니다.	*Ich lerne Englisch.*

Die Partikel 을/를 kann die Richtung bei Verben angeben, die eine zielgerichtete Bewegung ausdrücken. In diesem Fall ist sie meist eine stilistische Variante der Lokativpartikel 에 (▶ 22.3.5 | Lokativ und Allativpartikel 에).

남편이 외국을 (← 외국에) 자주 나가세요?	*Fliegt Ihr Mann oft ins Ausland?*
A: 어디를 (← 어디에) 가세요? B: 은행을 (← 은행에) 가려고 해요.	*A: Wo gehen Sie hin?* *B: Ich habe vor, zur Bank zu gehen.*

In bestimmten idiomatischen Verbindungen muss das Bewegungsverb mit dem Akkusativ konstruiert werden.

내일 소풍을 가요.	*Morgen machen wir einen Ausflug.*
독일로 여행을 떠나요.	*Wir machen eine Reise nach Deutschland.*
주말에 등산을 갑시다.	*Lass uns am Wochenende einen Berg besteigen.*
새처럼 하늘을 날고 싶어요.	*Ich möchte wie ein Vogel in der Luft fliegen.*

Die Akkusativ- bzw. Objektpartikel 을/를 kann darüber hinaus bei intransitiven Verben und Bewegungsverben verwendet werden, um in Verbindung mit einem Numeralklassifikator eine Zeitdauer oder Häufigkeit auszudrücken.

한 시간을 달렸어요.	*Er ist eine Stunde gelaufen. (Zeitdauer)*
일주일을 아팠어요.	*Ich war eine Woche krank. (Zeitdauer)*
한국에 세 번을 왔어요.	*Ich bin zum dritten Mal in Korea. (Häufigkeit)*

Die Partikel 을/를 kann in der gesprochenen Sprache ausgelassen werden, wenn der Kontext eindeutig ist. Die Fragepronomina 무엇 'was', 어디 'wo', 누구 'wer' in Verbindung mit 을/를 werden in der gesprochenen Sprache zu 뭘, 어딜 und 누굴 kontrahiert (▶ 20.4 | Fragepronomina).

was?	*wo?*	*wen?*
무엇 + 을 → 무엇을	어디 + 를 → 어딜	누구 + 를 → 누굴

A: 무엇을 (← 뭘) 만들고 있어요? B: 김밥(을) 만들고 있어요.	*A: Was machen Sie gerade?* *B: Ich mache gerade Kimbap.*
A: 식구들과 어디를 (← 어딜) 가세요? B: 등산(을) 가려고 해요.	*A: Wo gehen Sie mit Ihrer Familie hin?* *B: Wir wollen wandern.*
A: 누구를 (← 누굴) 기다려요? B: 친구(를) 기다려요.	*A: Auf wen warten Sie?* *B: Ich warte auf meine Freundin.*

4. Dativ, Allativ, Lokativ: N + 에게/한테/께

Die Funktionen dieser Kasuspartikeln sind wie folgt: Der Dativ bezeichnet die Person, für die oder in Richtung auf die eine Handlung ausgeführt wird, der Allativ bezeichnet das Ziel oder die Richtung einer Bewegung und der Lokativ bezeichnet den Ort, an dem sich etwas befindet oder an dem eine Handlung stattfindet. Im Koreanischen gibt es keine Kasusform, die ausschließlich den Dativ bezeichnet. Dieser wird vielmehr durch die gleiche Form bezeichnet wie der Lokativ/Allativ (에게/한테). Die Partikeln 에게 / 한테 (bei Lebewesen) und 에 (bei Gegenständen und Pflanzen) haben unterschiedliche Funktionen, je nachdem, mit welchem Verb sie im Satz gebraucht werden:

1) bei Verben, die ein Subjekt, ein direktes und ein indirektes Objekt haben (z.B. *jmdm. etwas geben, jmdm. etwas sagen, jmdm. etwas schicken*), bezeichnen sie den Dativ;

2) bei Bewegungsverben wie z.B. 가다, 오다, 나가다 usw. bezeichnen sie den Allativ, d.h. die Richtung ('zu jmdm. hin, 'in Richtung auf etwas hin');

3) bei den Existenzverben 있다 und 없다 bezeichnen sie den Lokativ, d.h. den Ort, an dem etwas vorhanden ist. Auf diese Weise wird auch angegeben, dass etwas bei jmdm. / an einem Ort vorhanden ist (dies ist die Entsprechung zu deutsch 'haben'). Bei Aktionsverben dagegen wird der Lokativ durch die Lokativpartikel 에서 bezeichnet (▶ 22.3.6 | Lokativ-/Ablativpartikel 에서).

Anders als Subjekt- oder Objektpartikeln werden die Partikeln 에게/한테/께/에 i.d.R. nicht ausgelassen. Die Partikeln 에게 und 한테 sind in vielen Kontexten austauschbar. 한테 wird eher in informellen Kontexten und für Tiere gebraucht. Die Partikel 께 ist die honorative Entsprechung von 에게/한테.

Dativ	*Lebewesen (Menschen / Tiere)*	
N + 에게	친구에게 소포를 보내요.	*Ich schicke dem Freund ein Paket.*
	수진에게 책을 선물했어요.	*Er hat Sujin das Buch geschenkt.*
N + 한테	고양이한테 밥을 줘요.	*Er gibt der Katze Futter.*
	새한테 모이를 주고 있어요.	*Er gibt gerade dem Vogel Futter.*
N + 께 (honorativ)	선생님께 편지를 써요.	*Ich schreibe dem Lehrer einen Brief.*
	지금 사장님께 전화하세요.	*Rufen Sie bitte jetzt Ihren Chef an!*
	부모님께 안부 전해 주렴.	*Bestell deinen Eltern schöne Grüße!*

Allativ	*Zielrichtung einer Bewegung (zu jmdm.)*	
N + 에게	여자 친구에게 가요.	*Ich gehe zu meiner Freundin (hin).*
N + 한테	지금 누구한테 가세요?	*Zu wem gehen Sie jetzt?*
N + 께 (honorativ)	김 선생님께 가는 길이에요.	*Ich bin auf dem Weg zu Herrn Kim.*
	시어머님께 다녀왔어요.	*Ich habe meine Schwiegermutter besucht.*

Lokativ	*Ort (bei jmdm. ist X vorhanden)*	
N + 에게 / N + 한테	수미에게 동생이 한 명 있어요.	*Sumi hat einen jüngeren Bruder. [Bei Sumi ist ein jüngerer Bruder vorhanden.]*
	저한테 오늘 시간이 있어요.	*Ich habe heute Zeit. [Bei mir ist heute Zeit vorhanden.]*
	할머니에게(*께) 손녀가 있어요. 박 선생님에게(*께) 자식이 없어요.	*Die Großmutter hat eine Enkelin.* *Herr Park hat kein Kind.*

📖 Wenn 에게/한테 den Lokativ bezeichnen, kann die honorative Entsprechung 께 nicht verwendet werden.

5. Lokativ-und Allativpartikel 에 (bei Pflanzen und Gegenständen)

a) Die Partikel 에 wird anstelle der Partikel 에게/한테 verwendet, wenn es sich bei dem Empfänger oder Ziel nicht um Menschen oder Tiere, sondern um Pflanzen oder Gegenstände handelt.

꽃에 물을 주고 있어요. — *Er gibt den Blumen gerade Wasser.*

화초에 손을 대지 마세요. — *Fassen Sie die Pflanzen bitte nicht an!*

미국에 펙스를 보냈어요. — *Ich habe das Fax in die USA geschickt.*

b) Die Partikel 에 bezeichnet mit Existenzverben und dem Resultativperfekt von Nicht-Bewegungsverben den Lokativ, d.h. den Ort, an dem jemand oder etwas sich befindet. Der letztere Fall ist durch das Existenzverb 있다/없다 ersetzbar.

에 + Existenzverb ('sich an einem Ort befinden')

남동생은 미국에 있어요.	*Mein jüngerer Bruder ist in Amerika.*
사장님께서는 사무실에 안 계세요.	*Der Chef ist nicht im Büro.*
제 집은 학교 근처에 있어요.	*Meine Wohnung ist in der Nähe von der Schule.*

에 + 나다/묻다/끼다 (resultativ)

코에 여드름이 났어. (← 코에 여드름이 있어.)	*Ich habe einen Pickel auf der Nase.* *[Auf der Nase ist ein Pickel entstanden.]*
신발에 껌이 묻었어요. (← 신발에 껌이 있어요.)	*Sie haben Kaugummi an den Schuhen. [An den Schuhen hat sich ein Kaugummi angeheftet.]*

c) Die Partikel 에 bezeichnet bei Bewegungsverben die Zielrichtung der Bewegung.

지금 우체국에 가요.	*Ich gehe jetzt zur Post.*
산에 자주 올라가세요?	*Gehen Sie oft Bergsteigen?*
몇 시에 공항에 나가세요?	*Um wie viel Uhr fahren Sie zum Flughafen?*

Achtung: Bewegungsverben, die nicht primär eine zielgerichtete Bewegung ausdrücken, wie 걷다 'zu Fuß gehen' oder 달리다 bzw. 뛰다 'rennen' / 'laufen', können jedoch nicht mit der Partikel 에 kombiniert werden. Stattdessen wird die Partikel 까지 'bis zu' verwendet.

학교까지 달렸어요. / Nicht: *학교에 달렸어요.	*Ich bin bis zur Schule gelaufen.*
학교까지 뛰었어요. / Nicht: *학교에 뛰었어요.	*Ich bin bis zur Schule gerannt.*
학교까지 걸었어요. / Nicht: *학교에 걸었어요.	*Ich bin zu Fuß bis zur Schule gegangen.*

Darüber hinaus erfüllt die Partikel 에 noch weitere Funktionen:

1) In Verbindung mit den Temporalnomina bezeichnet die Lokativpartikel 에 den Zeitpunkt, an dem etwas geschieht. Sie kann jedoch nicht mit den Temporalnomina 그제 (= 그저께) 'vorgestern', 어제 (= 어저께) 'gestern', 오늘 'heute' und 내일 'morgen' verwendet werden.

Zeitnomen + 에	Zeitangabe
날 (Tag)	5 월 5 일에 *am 5. Mai*, 설날에 *am Neujahr*, 크리스마스에 *zu Weihnachten*
요일 (Wochentag)	월요일에 *am Montag*, 토요일에 *am Samstag*, 일요일에 *am Sonntag*, 주일에 *in der Woche*, 주말에 *am Wochenende*
시간 (Tageszeit)	오전에 *vormittags*, 오후에 *nachmittags*, 아침에 *morgens*, 점심에 *mittags*, 저녁에 *abends*, 밤에 / 밤중에 *nachts*
주 (Woche)	지난 주에/저 번주에 *letzte Woche*, 이 번주에 *diese Woche*, 다음 주에 *nächste Woche*
월/달 (Monat)	1 월에 *im Januar*, 지난 달에 *letzten Monat*, 이번 달에 *diesen Monat*, 다음 달에 *nächsten Monat*
년 (Jahr, sinokor.)	작년에 *letztes Jahr*, 금년에 *dieses Jahr*, 내년에 *nächstes Jahr*
해 (Jahr, reinkor.)	지난 해(에) *letztes Jahr*, 올해(에) *dieses Jahr*, 다음 해(에) *nächstes Jahr*
계절 (Jahreszeit)	봄에 *im Frühling*, 여름에 *im Sommer*, 가을에 *im Herbst*, 겨울에 *im Winter*

금요일에 만납시다.	*Treffen wir uns am Freitag!*
아침 8시에 일어나요.	*Morgens stehe ich um 8 Uhr auf.*
작년에 졸업했어요.	*Letztes Jahr habe ich das Studium abgeschlossen.*
여름에 한국에 가세요?	*Fliegen Sie im Sommer nach Korea?*

2) In Verbindung mit Qualitativverben wie 좋다 'gut sein', 나쁘다 'schlecht sein' hat die Partikel 에 die Bedeutung *'für etwas gut/schlecht sein'*.

생강차는 감기에 좋아요.	*Ingwer-Tee ist gut gegen Erkältung.*
담배는 건강에 나빠요.	*Zigaretten sind schlecht für die Gesundheit.*
인삼은 몸에 좋아요.	*Ginseng ist gut für die Gesundheit [den Körper].*
숙면이 피부에 최고예요.	*Tiefer Schlaf ist das Beste für die Haut.*

3) Die Partikel 에 kann die Ursache eines Zustandes oder einer Handlung ausdrücken.

더위에 지쳤어요.	*Wegen der Hitze ist er fix und fertig.*
바람에 모자가 날아갔어요.	*Wegen des Windes ist die Mütze weggeflogen.*
천둥소리에 깜작 놀랐어요.	*Ich habe mich über das Donnern erschrocken.*
비에 옷이 젖었어요.	*Die Kleidung ist wegen des Regens nass geworden.*

4) Nach Zahlen oder Numeralklassifikatoren hat die Partikel die Bedeutung 'je' / 'pro'.

일주일에 한 번 요가를 해요.	*Ich mache einmal pro Woche Yoga.*
한 달에 한 번 출장을 가요.	*Er macht einmal pro Monat eine Geschäftsreise.*
일주일에 닷새 일해요.	*Ich arbeite 5 Tage pro Woche.*
수박 한 개에 만원이에요.	*Die Wassermelonen kosten 10.000 Won pro Stück.*

5) Es gibt einige idiomatische Ausdrücke mit der Partikel 에, die meist in der geschriebenen Sprache verwendet werden:

a) N+에 달려있다 'von etwas abhängen' / 'auf etwas angewiesen sein' / 'es kommt darauf an'. N+에게/한테 달려있다 'von jmdm. abhängig sein' / 'auf jmdn. angewiesen sein'.

모든 것은 너의 선택에 달려있어.	*Alles hängt von deiner Wahl ab.*
우리의 미래는 청소년에게 달려있어요.	*Unsere Zukunft hängt von den Jugendlichen ab.*
자기의 인생은 자기에게 달려있습니다.	*Das eigene Leben hängt von einem selbst ab.*

b) Die Ausdrücke N+에 대해(서) / N+에 관해(서) werden in der Schriftsprache in Redewendungen verwendet, die ein Bescheidwissen über etwas oder ein Interesse an etwas ausdrücken.

한국 문화에 대해 관심이 많아요.	*Ich habe viel Interesse an der koreanischen Kultur.*
그 일에 관해 아는 바가 없어요.	*Ich habe keine Ahnung von dieser Angelegenheit.*
한국 경제에 대해(서) 잘 몰라요.	*Ich weiß nicht viel von der koreanischen Wirtschaft.*

c) Die Ausdrücke N+에 비해 bzw. N+에 비하면 entsprechen im Deutschen 'im Vergleich zu' bzw. 'im Verhältnis zu' und werden vor allem in der geschriebenen Sprache verwendet.

인구에 비해 출산률이 낮아요.	*Die Geburtenrate ist im Verhältnis zur Bevölkerung niedrig.*

그녀는 나이에 비해 아주 젊어 보여요.	*Sie sieht im Vergleich zu ihrem Alter sehr jung aus.*
작년에 비하면 물가가 많이 비싸졌어요.	*Im Vergleich zum letzten Jahr sind die Lebenshaltungskosten gestiegen.*

6. Lokativ- und Ablativpartikeln

Die Partikeln 에게서/한테서 werden bei Lebewesen verwendet, um den Ausgangspunkt (Ablativ, entspricht im Deutschen etwa 'von jmdm. aus', 'von jmdm. her') zu bezeichnen. In der gleichen Bedeutung kann die Partikel (으)로부터 verwendet werden, allerdings nicht bei einem Nomen, das ein Tier bezeichnet. Sie werden in Verbindung mit dem Fragepronomen 누구 'wer' in der Bedeutung 'von wem' verwendet.

N + 에게서/한테서 (bei Lebewesen)

A: 누구에게서/로부터 그것을 들었어요? B: 어머니한테서/어머니로부터 들었어요.	*A: Von wem haben Sie das gehört?* *B: Ich habe das von meiner Mutter gehört.*
오빠한테서/오빠로부터 전화가 왔어요.	*Vom älteren Bruder ist ein Anruf gekommen.*
친구한테서/친구로부터 카드를 받았어요.	*Ich habe eine Karte von einem Freund bekommen.*
개한테서 이상한 냄새가 나요.	*Der Hund riecht seltsam. [Von dem Hund geht ein seltsamer Geruch aus.]*

N + 에서 (bei Nicht-Lebewesen)

Die Partikel 에서 hat zwei unterschiedliche Bedeutungen: Ablativ (bei Nicht-Lebewesen) und Lokativ (nur bei Aktionsverben, die keine Bewegung ausdrücken).

a) Die Partikel 에서 bezeichnet – genau wie 에게서/한테서 – den Ausgangspunkt 'von ... aus', 'von ... her', hat also die Funktion des Ablativs. In Verbindung mit den Fragewörtern 어느 'welche', 어디 'wo' wird N+에서 in der Bedeutung 'von welchem', 'von wo' / 'von woher' verwendet.

A: 어느 나라에서 오셨어요? B: 중국에서 왔습니다.	*A: Aus welchem Land kommen Sie?* *B: Ich komme aus China.*
A: 내일 어디에서 출발하세요? B: 베를린에서 떠나려고 합니다.	*A: Von wo fahren Sie morgen los?* *B: Ich fahre von Berlin aus los.*
이 책은 도서관에서 가져 왔어요.	*Ich habe dieses Buch aus der Bibliothek mitgebracht.*

b) In Verbindung mit Aktionsverben hat die Partikel eine Lokativfunktion, d.h. sie bezeichnet den Ort, an dem etwas geschieht. Im Deutschen kann sie mit *in, auf, bei* wiedergegeben werden.

어디에서 일하세요?	*Wo arbeiten Sie jetzt?*
직장동료가 사무실에서 기다려요.	*Mein Kollege wartet im Büro auf mich.*
길에서 친구를 만났어요.	*Ich habe einen Freund auf der Straße getroffen.*
저는 서울에서 태어났습니다.	*Ich bin in Seoul geboren.*

> Anmerkung: N+에 살다 vs. N+에서 살다
>
> Die beiden Lokativpartikeln 에 und 에서 können mit dem Verb 살다 'leben / wohnen' kombiniert werden, weisen dabei aber eine leicht unterschiedliche Bedeutungsnuance auf. 에서 beschreibt in dem folgenden Beispiel das Leben in Seoul als dynamische Handlung, während 에 das Leben in Seoul als statischen Zustand/Existenz beschreibt: 서울에 살아요. *Ich lebe in Seoul.* (wohnen, sich befinden) vs. 서울에서 살아요. *Ich lebe in Seoul.* (wohnen und arbeiten usw.)

In den folgenden Tabellen wird ein Überblick über die Verwendung der Partikeln für Dativ, Lokativ, Allativ und Ablativ in Abhängigkeit vom Verbtyp gegeben, getrennt für Lebewesen und Nicht-Lebewesen.

Tabelle 1: Dativ, Lokativ, Allativ und Ablativ bei Lebewesen

Funktion / Verbtyp	Dativ (jmdm.)	Lokativ (bei jmdm. sein)	Allativ (zu jmdm. hin)	Ablativ (von jmdm. her)
Aktionsverb	에게/한테 /께	–	–	에게서/한테서
Bewegungsverb	–	–	에게/한테/께	–
Existenzverb	–	에게/한테	–	–

Tabelle 2: Lokativ, Allativ und Ablativ bei Nicht-Lebewesen (Pflanzen, Gegenstände)

Funktion / Verbtyp	Lokativ (bei etwas)	Allativ (in Richtung auf etwas hin)	Ablativ (von etwas her/aus)
Aktionsverb	에서	에	에서
Bewegungsverb	–	에	–
Existenzverb	에	–	–

7. Instrumentalpartikel N + (으)로/(으)로써/(으)로서

Die grundlegende Funktion der Partikel (으)로 liegt darin, das Instrument, Mittel/Material oder die Methode zu bezeichnen, mit dem/der eine Handlung ausgeführt wird. Die Partikel (으)로 steht nach konsonantisch auslautenden Nomina (N_{KONS}) und nach vokalisch auslautenden Nomina (N_{VOK}). Bei Nomina, die mit dem Konsonanten ㄹ auslauten ($N_{KONS-ㄹ}$), steht 로.

Bedeutung	Beispiele	
Transport/Kommunikationsmittel	지하철로 갈아타세요.	*Steigen Sie in die U-Bahn um.*
	한국말로 말하세요.	*Sprechen Sie bitte Koreanisch!*
Instrument	젓가락으로 먹어요.	*Er isst mit Stäbchen.*
	연필로 쓰세요.	*Schreiben Sie bitte mit Bleistift!*
Material	두부는 콩으로 만들어요.	*Tofu wird aus Bohnen hergestellt.*
	이것은 종이로 만들어요.	*Das wird aus Papier hergestellt.*
Methode	운동으로 스트레스를 풀어요.	*Stress wird durch Sport abgebaut.*
	말로써 감정을 표현하세요.	*Drücken Sie Ihre Gefühle in Worten aus!*

Achtung: Die Partikel (으)로 wird nicht benutzt, wenn Tiere als Reittiere verwendet werden. Nicht: *말로 왔어요. Stattdessen wird folgende Konstruktion verwendet: 말을 타고 왔어요. *Er/Sie ist mit dem Pferd gekommen.* [*Er/Sie hat sich auf ein Pferd gesetzt und ist gekommen.*]

In der instrumentalen Bedeutung zur Bezeichnung des Mittels/Materials kann die Partikel (으)로 durch das Anfügen von 써 verstärkt werden. Diese Verstärkung kann allerdings nicht erfolgen, wenn (으)로 das Transportmittel bezeichnet.

N + (으)로써

쌀로써 떡을 만든다. *Mit Reis wird Reiskuchen hergestellt.*

꿀로써 단맛을 낸다. *Ich mache den süßen Geschmack mit Honig.*

독서로써 교양을 쌓을 수 있다. — *Durch das Lesen kann man sich bilden.*
대화로써 갈등을 풀 수 있을까? — *Kann man den Konflikt durch ein Gespräch lösen?*

Außerdem kommt N + (으)로 auch häufig in folgenden Funktionen vor:

1) N + (으)로 drückt die Stellung bzw. Qualifikation der betreffenden Person aus. In dieser Bedeutung kann (으)로 durch die Partikel 서 (nicht 써) verstärkt werden: (으)로서.

그 분은 병원에서 의사로 일해요.	*Er arbeitet als Arzt im Krankenhaus.*
인턴으로 캐나다에 갑니다.	*Ich gehe als Praktikant nach Kanada.*
자식으로(서) 마땅히 해야합니다.	*Als Kind muss man das selbstverständlich tun.*
교수로(서) 3년간 한국에 있었어요.	*Ich war drei Jahre als Professor in Korea.*
교환학생으로 여기에 왔습니다.	*Er ist als Austauschstudent hierher gekommen.*

2) N + (으)로 kann in Verbindung mit Bewegungsverben die Richtung zu einem Zielort angeben. Nach dem Formalnomen 쪽 'Seite' / 'Richtung' kann nur die Partikel N + (으)로 verwendet werden, nicht jedoch die Partikel 에.

내일 유럽으로 떠나요.	*Ich fliege morgen nach Europa.*
이 버스는 서울역으로/에 갑니다.	*Dieser Bus fährt zur Seoul-Station.*
왼쪽으로 (nicht *왼쪽에) 가세요.	*Biegen Sie bitte nach links ab!*
이쪽으로 (nicht *이쪽에) 오세요.	*Kommen Sie bitte hier entlang!*

3) N + (으)로 kann den Grund oder die Ursache eines Ereignisses ausdrücken. Oft wird N + (으)로 mit dem Verb 인하다 'verursachen' in der idiomatischen Konstruktion -(으)로 인해 'infolge' / 'wegen' verwendet:

암으로 죽었어요.	*Er ist an Krebs gestorben.*
과로로 (= 과로로 인해) 쓰러졌어요.	*Er ist durch die Strapazen zusammengebrochen.*
감기로 머리가 아파요.	*Wegen einer Erkältung habe ich Kopfschmerzen.*
교통사고로/로 인해 다리를 다쳤어요.	*Sie ist wegen eines Autounfalls am Bein verletzt.*

4) N + (으)로 bezeichnet entweder die Art und Weise einer Handlung oder das Ergebnis einer Zustandsänderung.

서로 악수로 인사를 합니다.	*Sie begrüßen einander durch Händeschütteln.*
그는 웃는 얼굴로 나를 맞이했다.	*Er hat mich mit einem lächelnden Gesicht empfangen.*
물이 얼어서 얼음으로 변했어요.	*Das Wasser ist gefroren und zu Eis geworden.*
몸무게가 60 킬로로 늘었어요.	*Mein Gewicht ist auf 60 kg gestiegen.*
이것을 동전으로 바꿔주세요.	*Wechseln Sie dies bitte in Kleingeld!*

5) Mit N + (으)로 kann man auch eine Auswahl unter Alternativen ausdrücken.

A: 무엇으로 하시겠어요? B: 이것으로 하겠어요.	*A: Welches würden Sie nehmen?* *B: Ich würde gerne dieses nehmen.*
A: 어느 호텔로 예약할까요? B: 롯데 호텔로 예약해 주세요.	*A: Welches Hotel sollen wir reservieren?* *B: Reservieren Sie bitte das Lotte-Hotel.*

6) Idiomatische Redewendungen sind: N+(으)로 유명하다 / N+-기(로) 유명하다 'berühmt sein für', 'bekannt sein für' oder N+-기(로) 소문나다 'im Gerücht stehen'/ 'ins Gerede kommen' / 'in aller Munde sein' (letzteres nur im Präteritum).

A: 한국은 무엇으로 유명합니까? B: 한국은 태권도로 유명합니다.	*A: Wofür ist Korea berühmt?* *B: Korea ist bekannt für Taekwondo.*
제주도는 돌이 많기로 유명해요.	*Die Insel Jeju ist für ihre vielen Steine bekannt.*
이 식당은 김치가 맛있기로 소문났어요.	*Dieses Restaurant ist für sein leckeres Kimchi bekannt geworden.*

8. Komitativpartikeln: N + 과/와, N + 하고, N + (이)랑

Die Partikeln N+과/와, N+하고, N+(이)랑 werden neben der 'und'-Koordinativpartikel auch komitativ gebraucht (▶ 22.2 | Koordinativpartikel).

a) Mit Verben wie *heiraten, telefonieren, streiten, unterhalten/diskutieren* oder *befreundet sein* drücken sie eine wechselseitige (reziproke) Bedeutung aus. Oft werden sie durch Adverbien wie 함께 oder 같이 'zusammen' / 'miteinander' ergänzt. In der deutschen Übersetzung werden diese Partikeln durch 'mit jmdm.' wiedergegeben.

어제 호준과 싸웠어요.	*Ich habe mich gestern mit Hojun gestritten.*
저는 민수와 친해요.	*Ich bin gut mit Minsu befreundet.*
올해 수미 씨하고 결혼하고 싶어요.	*Ich möchte dieses Jahr Sumi heiraten.*
수미는 민수랑 통화하고 있어요.	*Sumi telefoniert mit Minsu.*

Diese Partikeln werden auch verwendet, wenn das Verb eine Trennung bezeichnet. In diesem Fall werden sie im Deutschen durch 'von jmdm.' wiedergegeben.

여자친구와 헤어졌어요.	*Er hat sich von seiner Freundin getrennt.*
김 선생님하고 작별했어요.	*Ich habe mich von Herrn Kim verabschiedet.*
남편이랑 이혼했어요.	*Ich habe mich von meinem Mann scheiden lassen.*

b) Bei Verben wie 섞다 'durcheinandermengen' und 비비다 'mischen' bedeuten die komitativen Partikeln 'mit etwas zusammen'.

약을 물과 함께 드세요.	*Nehmen Sie die Tabletten bitte mit Wasser!*
밥을 야채랑 같이 비빌까요?	*Sollen wir den Reis mit dem Gemüse mischen?*
노란 색과 파란 색을 섞으면 초록색이 됩니다.	*Wenn man die Farben Geld und Blau mischt, dann ergibt [wird] es Grün.*

c) Bei Verben, die einen Vergleich ausdrücken, wie 다르다 'anders sein', 같다 'gleich sein' oder 닮다/비슷하다/유사하다 'ähnlich sein', bedeuten die komitativen Partikeln 'X ist gleich/ähnlich wie Y' bzw. mit Negation 'X ist nicht anders als Y'.

어머니와 꼭 닮았어요.	*Sie sieht genau so aus wie ihre Mutter.*
한국은 독일과 많이 달라요.	*Korea ist ganz anders als Deutschland.*
이것은 진품과 다르지 않아요.	*Das ist nicht anders als das Original.*
남편은 저랑 성격이 비슷해요.	*Mein Mann hat einen ähnlichen Charakter wie ich.*

Die komitativ gebrauchten Partikeln können mit semantischen Partikeln (z.B. 만 'nur', 도 'auch') oder der Topikpartikel 은/는 bzw. der Nominativpartikel 이/가 kombiniert werden.

민수는 고기랑만 밥을 먹어요.	*Minsu isst nur Gerichte mit Fleisch.*
딸하고는 말을 많이 해요.	*Ich rede viel mit meiner Tochter.*
수미는 친구와도 사이가 좋아요.	*Sumi kommt mit den Freunden gut zurecht.*

d) Die Partikeln 과/와 werden häufig in idiomatischen Wendungen verwendet: N+과/와 더불어 'zusammen mit' /' mitsamt', N+과/와 동시에 'gleichzeitig mit', N+과/와 달리 'anders als', N+과/와 반대로 'im Gegensatz zu'. Sie kommen meist in der geschriebenen Sprache vor.

그는 나와 동시에 대답을 했다.	*Er antwortete zur selben Zeit wie ich.*
우리는 이웃과 더불어 살아갑니다.	*Wir leben mit unseren Nachbarn zusammen.*
민수는 수미와 달리 수학을 잘한다.	*Anders als Sumi ist Minsu in Mathe gut.*
제 계획과 반대로 일이 진행되었다.	*Die Arbeit ist anders gelaufen, als ich geplant hatte.*
요즘 아이들은 예전과 달리 자신의 의사를 잘 표현합니다.	*Anders als früher drücken die Kinder heutzutage ihre Meinung gut aus.*

22.4 Topik-/Konstrastpartikel: N + 은/는

Die Partikel 은(N_{KONS})/는(N_{VOK}) dient dazu, ein Nomen als Topik, d.h. als Gegenstand der Aussage zu markieren. Die Topik-Funktion ist nicht auf das Subjekt (Nominativ) beschränkt, sondern es können auch Objekte und adverbiale Bestimmungen als Topik auftreten. Die als Topik markierten Satzteile bezeichnen eine Information, bei der der Sprecher davon ausgeht, dass sie dem Hörer bereits bekannt ist. Im Gegensatz dazu wird bei der Verwendung des Nominativs und Akkusativs impliziert, dass die dadurch bezeichneten Satzteile eine neue Information beinhalten. Daher können die Nominativ- (이/가) und Akkusativpartikel (을/를) nicht zusammen mit der Topikpartikel 은/는 verwendet werden. Andere Kasusformen dagegen können zusätzlich als Topik markiert werden.

Da die Identität eines als Topik markierten Nomens als dem Hörer bekannt vorausgesetzt wird, steht ein solches Nomen immer am Satzanfang. Die Topikpartikel 은/는 folgt also meistens dem ersten (Pro-)Nomen des Satzes und kann im Deutschen etwa mit 'was X angeht/betrifft/anbelangt' wiedergegeben werden.

(1) Subjekt + 은/는	저는 한국 사람이에요.	*Ich bin Koreaner.* *[Was mich betrifft, so bin ich Koreaner.]*
(2) Objekt + 은/는	생선은 잘 먹어요.	*Ich esse gerne Fisch.* *[Was Fisch betrifft, den esse ich gerne.]*
(3) Zeitangabe + 에는	주말에는 운동을 해요.	*Am Wochenende treibe ich Sport. [Was das Wochenende betrifft, treibe ich Sport.]*

Im ersten Beispiel (1) wird das Subjekt 'Ich', dessen Identität bekannt ist, durch die Topikmarkierung hervorgehoben. Das Objekt im zweiten Beispiel (2) ist deswegen als Topik markiert, weil es zuvor im Gespräch als Thema eingeführt wurde. Entsprechend kann auch im dritten Beispiel (3) vorausgesetzt werden, dass der Gesprächspartner zuvor gefragt hat, was der Sprecher am Wochenende macht. Die Partikel 은/는 kann jedoch auch zum Ausdruck eines Kontrasts verwendet werden. In allen drei Beispielen ist diese Interpretation je nach Situation ebenfalls möglich, so z.B., wenn im ersten Beispiel gemeint ist: *Ich* (im Gegensatz zu einer anderen Person) *bin Koreaner*, oder im zweiten Beispiel, dass *ich Fisch gerne esse*, im Gegensatz zu Fleisch.

Die Topikpartikel kann nicht zusammen mit der Nominativ- bzw. Akkusativpartikel auftreten, vielmehr werden diese durch die Topikpartikel ersetzt. Allerdings gilt dies nicht für die honorative Nominativpartikel 께서, die mit der Topikpartikel kombiniert werden kann. Ebenso können andere Partikeln wie die Dativpartikel (에게/한테/께) und die Abgrenzungs- oder Komitativpartikel (만 'nur', 과/와 'mit jmdm.', 'mit etwas') mit der Topikpartikel kombiniert werden.

이/가 → 은/는	민수가 (→ 민수는 자요).	*Minsu schläft.*
께서 (hon.) → 께서는	할아버지께서(는) 주무세요.	*Der Großvater schläft.*
을/를 → 은/는	사과를 (→ 사과는) 먹어요.	*Er isst Äpfel.*
에게 → 에게는	나에게 (→ 나에게는) 말했어요.	*Er hat es mir gesagt.*
만 → 만은	엄마만 (→ 엄마만은) 저를 믿어요.	*Nur meine Mutter glaubt mir.*
과/와 → 와는	수미와 (→ 수미와는) 친해요.	*Ich bin mit Sumi befreundet.*

Einen Sonderfall stellen die Ortsnomina und Ortsnamen dar, bei denen vor der Topikpartikel die Lokativpartikel 에 ausgelassen werden kann (▶ 6.1.2 | Existenzverb).

Ortsnomen + (에)는	위에는 (위는) 더워요.	*Oben ist es warm.*
Ortsname + (에)는	서울에는 (서울은) 비가 와요.	*In Seoul regnet es.*

Die Topikpartikel 은/는 wird auch zum Ausdruck von Informationen verwendet, die bereits erwähnt wurden oder als bekannt vorausgesetzt werden. Sie steht somit im Kontrast zur Subjekt-Markierung 이/가, die die Funktion hat, eine neue Information einzuführen (▶ 22.3 | Kasuspartikeln).

저는 오늘 안나 씨를 만나요. 안나 씨는 독일에서 왔어요. 안나 씨는 한국말을 아주 잘 해요.	*Ich treffe Anna* (bisher noch nicht erwähnt) *heute.* *Anna* (zuvor erwähnt) *kommt aus Deutschland.* *Anna* (zuvor erwähnt) *spricht sehr gut Koreanisch.*
옛날에 한 소녀가 살았어요. 그 소녀는 말을 무척 좋아했어요.	*Es lebte einmal ein Mädchen* (bisher noch nicht erwähnt). *Das Mädchen* (zuvor erwähnt) *liebte Pferde.*

Aus diesem Grund kann die Topikpartikel 은/는 nicht mit den Fragepronomina (누가 'wer?', 무엇 'was?', 어디 'wo?', 언제 'wann?') kombiniert werden, denn durch diese wird eine neue Information erfragt. Auch in den Antworten auf Fragen mit Fragepronomina kann die Topikpartikel 은/는 nicht verwendet werden, denn in diesen Antworten enthält das Nomen eine neue Information.

누가 왔어요? Nicht: *누구는 왔어요? *Wer ist gekommen?*

무엇을 해요? Nicht: *무엇은 해요? *Was machen Sie?*

Bei Ja/Nein-Fragen kann jedoch die Topikpartikel 은/는 verwendet werden.

A: 수학은 잘해요? *A: Ist sie in Mathe gut?*
B: 예, 수학은 잘해요. *B: Ja, sie ist in Mathe gut.*

Die Topikpartikel 은/는 wird auch zum Ausdruck von allgemeingültigen Aussagen, Definitionen oder Hintergrundinformationen verwendet.

곰은 겨울잠을 잔다. *Bären halten Winterschlaf.*

고래는 포유동물이다. *Der Wal ist ein Säugetier.*

서울은 한국의 수도이다. *Seoul ist die Hauptstadt Südkoreas.*

Die Personalpronomina der 1. und 2. Person werden meist mit der Topikpartikel 은/는 verwendet, denn in einer Gesprächssituation ist es ohnehin klar, wer Sprecher und wer Hörer ist. Aus diesem Grunde werden sie auch oft ausgelassen.

(저는) 독일 사람입니다.	*Ich bin Deutscher.*
(우리는) 대학생입니다.	*Wir sind Studenten.*
A: 수미야, 잘 지냈니? B: 응, 잘 지냈어. 너는?	*A: Sumi, wie geht es dir?* *B: Ja, mir geht es gut. Und dir?*

Handelt es sich dagegen um die Fokussierung eines Subjekts oder eine Disambiguierung, wird die Nominativpartikel 이/가 anstelle der Topikpartikel 은/는 verwendet, selbst wenn sich die Aussage auf die 1. Person, also den Sprecher bezieht (▶ 22.3 | Kasuspartikeln).

A: 여러분 중에 누가 독일 사람입니까? B: 제가 독일 사람입니다.	*A: Wer von Ihnen ist Deutscher?* (Es wird vorausgesetzt, dass mindestens ein Deutscher anwesend ist.) *B: Ich bin Deutscher. / Der Deutsche bin ich.*
A: 죄송합니다. B: 아닙니다. 제가 죄송하죠.	*A: Ich entschuldige mich.* *B: Nein, ich bin diejenige, die sich entschuldigen muss.*

Wenn zwei betonte Subjekte kontrastiert werden, werden beide mit der Nominativpartikel 이/가 markiert.

너가 할래? 아니면 내가 할까?	*Willst du das machen? Oder soll ich das machen?*

Das Subjekt in Relativsätzen kann nicht mit der Topikpartikel 은/는 markiert werden, sondern muss immer mit Kasuspartikeln (이/가 Nominativ und 을/를 Akkusativ) stehen (▶ 24.1 | Attributsätze).

동생이 엄마가 만든 케이크를 다 먹었어요.	*Mein jüngerer Bruder hat den Kuchen ganz aufgegessen, den meine Mutter gemacht hat.*
우리가 자주 가던 식당이 없어졌어요.	*Das Restaurant, in das wir früher oft gegangen sind, gibt es nicht mehr.*

Die Partikel 은/는 dient auch zum Ausdruck eines Kontrastes im Satz. Die kontrastive Funktion kann mit 'X im Kontrast zu Y' wiedergegeben werden. Dabei können Subjekte, Objekte, Zeit- oder Ortsangaben kontrastieren.

Subjekt- bzw. Objekt-Kontrast

형은 키가 커요. 동생은 키가 작아요.	*Der ältere Bruder ist groß. Der jüngere Bruder ist klein.*
불고기는 맛있지만 김치는 좀 짜요.	*Das Bulgogi schmeckt, aber das Kimchi ist ein wenig salzig.*
사과는 좋아하는데 딸기는 안 좋아해.	*Äpfel mag ich, aber Erdbeeren mag ich nicht.*

Kontrast der Adverbialbestimmung

오늘은 비가 오지만 내일은 날씨가 좋을 거예요.	*Heute regnet es, aber morgen wird es schön.*
위에는 따뜻하고 아래는 찹니다.	*Oben ist es warm, aber unten ist es kalt.*

Ob die Partikel 은/는 als Topik oder Kontrast im Satz fungiert, hängt vom Kontext und der Intention des Sprechers ab, sodass sie im selben Satz sowohl Topik als auch Kontrast markieren kann.

영어는 수미가 잘해요.	*Was Englisch angeht, so kann Sumi es gut.*
영어는 수미가 잘해요.	*In Englisch ist Sumi gut.* (im Kontrast zu anderen Fächern)

수미는 얼굴이 예뻐요. — *Was Sumi angeht, ist ihr Gesicht schön.*

수미는 얼굴은 예뻐요. — *Was Sumi angeht, ist ihr Gesicht schön.* (im Kontrast zur Figur oder Charakter)

Die Partikel 은/는 kann innerhalb eines Satzes zweimal auftreten: Am ersten Nomen bezeichnet sie das Topik, am zweiten Nomen den Kontrast (dieses kann auch im Nominativ 이/가 stehen). Deshalb muss die Konstruktion durch einen weiteren Satz fortgesetzt werden, in dem die kontrastierende Information genannt wird. Im Deutschen wird in diesem Fall 'zwar ... aber' verwendet.

저는 가수는 (←가수가) 아닙니다. 그래도 저는 노래를 잘 합니다. — *Ich bin zwar keine Sängerin, aber ich kann gut singen.*

남편은 요리사는 (←요리사가) 아니지만 요리를 아주 잘 해요. — *Mein Mann ist zwar kein Koch, aber er kocht sehr gut.*

Der Kontrast von Topik und Nominativ würde vor der positiven Kopula 이다 wegfallen, da diese unmittelbar an das Prädikatsnomen angehängt wird.

22.5 Semantische Partikeln

Im Vergleich zu den Kasuspartikeln, die eine grammatische Funktion erfüllen, modifizieren semantische Partikeln die Bedeutung von Nomina. Anders als bei Kasuspartikeln kann ihre Bedeutung nicht aus dem Kontext erschlossen werden und sie können daher nicht ausgelassen werden.

1. N + 만, N + 도, N + 밖에

Die Partikel 만 hat die Bedeutung 'nur', 'lediglich', 'ausschließlich'. Die Partikel 도 hat die Bedeutung 'auch', 'ebenfalls'. Zusammen mit Adverbien hat 도 eine verstärkende Bedeutung. Beide Partikeln können nicht nur nach Nomina, sondern auch nach Adverbien und Adverbialbestimmungen stehen.

Partikel 만	*nur / lediglich / ausschließlich*	
Nomen + 만	하루 종일 잠만 자요.	*Den ganzen Tag schläft er nur.*
Adverb + 만	조심히만 운전하세요.	*Fahren Sie bitte nur vorsichtig!*
Zeitangabe + 만	저녁에만 TV 를 봐요.	*Ich gucke nur abends Fernsehen.*
Ortsangabe + 만	서울에만 있었어요.	*Wir waren nur in Seoul.*

Partikel 도	*auch / ebenfalls*	
Nomen + 도	저도 한국말을 해요.	*Auch ich kann Koreanisch sprechen.*
Adverb + 도	차들이 빨리도 달려요.	*Autos fahren auch wirklich schnell.*
Zeitangabe + 도	일요일에도 일해야 해요.	*Auch am Sonntag muss ich arbeiten.*
Ortsangabe + 도	한국에도 친구가 많아요.	*Auch in Korea habe ich viele Freunde.*

Die Abgrenzungspartikel kann vor den Kasuspartikeln 이 (Nominativ) und 을 (Akkusativ) stehen, während die Dativpartikel 에게/한테 und deren honorative Entsprechung 께 vor der Partikel stehen. Die Kasuspartikeln werden jedoch häufig ausgelassen.

N + 만 / N + 만이	너만 / 너만이 나를 사랑해.	*Nur du liebst mich.*
N + 만 / N + 만을	너만 / 너만을 사랑해.	*Ich liebe nur dich.*
N + 만 / N + 에게/한테/께 + 만	저만 / 저한테만 보여 주세요.	*Zeigen Sie das bitte nur mir!*

Im Gegensatz dazu kann die Partikel 도 nicht zusammen mit der Nominativpartikel 이/가 und der Akkusativpartikel 을/를 stehen, d.h. sie ersetzt diese und steht alleine. Als Ausnahme kann die honorative Nominativpartikel 께서 zusammen mit 도 verwendet werden. Der Partikel 도 können die honorativen Nominativpartikeln 께서 und die Dativpartikel 에게/한테, 께 (honorativ) vorangehen.

Partikel 도	Beispiele	
N + 이/가 (ersetzt durch 도)	돈이 많아요. 돈도 (nicht *돈이도) 많아요.	*Er hat viel Geld.* *Er hat auch viel Geld.*
N + 을/를 (ersetzt durch 도)	사과를 좋아해요? 사과도 (nicht *사과를도) 좋아해요?	*Mögen Sie Äpfel?* *Mögen Sie auch Äpfel?*
N + 에게/한테 N + (에게/한테)도	저에게/저한테 보여 주세요. 저(에게/한테)도 보여 주세요.	*Bitte zeigen Sie mir das!* *Bitte zeigen Sie das auch mir!*
N + (께서)도	할아버님(께서)도 건강하세요?	*Ist Ihr Großvater auch gesund?*

Die Kombination von 만 'nur' und 도 'auch' in koordinierten negativen Sätzen mit 고 'und' entspricht dem deutschen 'nicht nur ... sondern auch'.

고기만 먹지 말고 야채도 먹어. *Iss nicht nur Fleisch, sondern auch Gemüse!*

운동만 하지 말고 공부도 해라. *Treib nicht nur Sport, sondern lern auch!*

N + 밖에

Die Partikel 밖에 wird immer mit einem negierten Verb (없다, -지 않다, 안 / 못) gebraucht und bedeutet wörtlich 'nichts ... außer' oder 'nur', 'bloß'. Im Gegensatz zu N + 만 hat N + 밖에 tendenziell eine negative Konnotation.

돈이 천 원밖에 없어요. *Ich habe nur 1000 Won (nicht mehr).*

한 시간밖에 못 잤어요. *Ich habe bloß eine Stunde geschlafen.*

한국에 한 번밖에 못 갔습니다. *Ich war nur einmal in Korea.*

그는 일밖에 몰라요. *Ihn kümmert nichts außer seiner Arbeit.*

이번 학기에 두 과목밖에 안 들어요. *In diesem Semester belege ich nur zwei Kurse.*

2. N + 조차, N + 마저 'sogar, überhaupt'

Die beiden Partikeln 조차 und 마저 drücken aus, dass ein Ereignis unerwartet und darüber hinaus unvorteilhaft und ungünstig ist. Sie bedeuten wörtlich 'sogar noch dazu' und werden mit einem negierten Verb und selten im Imperativ oder Aufforderungssatz verwendet.

N + 조차 und N + 마저 können durch die Partikel 까지 'bis' (die obere Grenze eines Spielraumes) oder 도 'auch', 'noch dazu' ersetzt werden. Im Folgenden wird der Gebrauch dieser Partikeln in der Reihenfolge der steigenden Intensität des Ausdruckes der durch 'auch, dazu' als zusätzlich gekennzeichneten Information aufgeführt.

친구도 없어요. *Er hat auch keine Freunde.*

친구까지 없어요. *Er hat dazu noch keine Freunde.*

친구조차 없어요. *Er hat sogar keine Freunde.*

친구마저 없어요. *Er hat noch nicht mal Freunde.*

In der Bedeutung 'noch nicht einmal' wird meist die Partikel 조차 verwendet, seltener 도, 까지, 마저. Ein Satz mit 조차 wird oft fortgeführt durch einen Satz mit der Partikel -은/는커녕 'umso viel weniger', 'noch viel weniger', 'geschweige denn' (▶ 22.5.11 | Partikel 커녕).

저는 그 사람 이름조차 몰라요.	*Ich weiß noch nicht mal seinen Namen.*
그 사람 목소리조차 듣기 싫어요.	*Ich will nicht mal seine Stimme hören.*
율리아는 한자는커녕 한글조차 못 읽어요.	*Julia kann nicht einmal Hangŭl lesen, erst recht nicht (geschweige denn) Hancha.*
운동은커녕 밥 먹을 시간조차 없어요.	*Ich habe nicht mal Zeit zu essen, geschweige denn Sport zu machen.*
해외여행은커녕 제주도조차 못 가봤어요.	*Ich habe nicht mal die Insel Jeju besucht, geschweige denn eine Reise ins Ausland gemacht.*

Die Partikeln 마저/까지 können verwendet werden, um eine unerwartete Situation/ein Geschehen auszudrücken, und werden im Deutschen mit 'sogar' wiedergegeben.

엄마마저/엄마까지 저를 안 믿어요.	*Sogar meine Mutter glaubt mir nicht.*
너마저/너까지 나를 떠나면 어떻해.	*Was soll ich machen, wenn sogar du mich verlässt?*
부모 장례식에 자식마저/자식까지 오지 않았어요.	*Zur Beerdigung der Eltern sind nicht einmal die Kinder gekommen.*

3. N + 부터, N + 까지

Die Partikel 부터 'von', 'ab' bezeichnet einen zeitlichen und räumlichen Anfangspunkt, während die Partikel 까지 'bis' einen zeitlichen und räumlichen Endpunkt bezeichnet. Beide Partikeln können sowohl einzeln als auch zusammen (부터...까지) vorkommen und mit Adverbien, Adverbialbestimmungen oder Konjunktionalform verbunden werden.

N + 부터 (Anfangspunkt)

학교부터 갑시다.	*Lass uns zuerst zur Schule gehen!*
아침 일찍부터 서둘러야 해요.	*Wir müssen uns [ab] morgen früh beeilen.*
태어나면서부터 장님이에요.	*Er ist von Geburt an blind.*
무엇부터 시작할까요?	*Mit was sollen wir zuerst beginnen?*

N + 까지 (Endpunkt)

집까지 따라왔어요.	*Er ist mir bis nach Hause gefolgt.*
어젯밤 늦게까지 공부했어요.	*Ich habe gestern bis zum späten Abend gelernt.*

Die Partikel 부터 bzw. 까지 kann auch mit dem Fragepronomen 언제 'wann', 'von wann bis wann' oder 어디 'wo' kombiniert werden und bezeichnet einen zeitlichen Anfangs- bzw. Endpunkt ('ab wann' / 'bis wann') oder einen räumlichen Anfangs- bzw. Endpunkt ('von wo' / 'bis wo').

A: 언제까지 방학을 해요? B: 3 월 말까지 방학을 해요.	*A: Bis wann haben Sie Ferien?* *B: Bis Ende März haben wir Ferien.*
A: 언제부터 자고 있어요? B: 오후 4 시부터 자고 있어요.	*A: Ab wann schläft er?* *B: Er schläft ab 4 Uhr nachmittags.*
A: 어디부터 가 볼까요? B: 한라산부터 가요.	*A: Wo gehen wir zuerst hin?* *B: Gehen wir zuerst zum Berg Halla.*

A: 어디까지 배웠어요?
B: 육과까지 배웠어요.

A: *Bis wohin haben Sie gelernt?*
B: *Wir haben bis Lektion 6 gelernt.*

4. N + 부터...N+까지 / N + 에서(부터)...N+까지

Die kombinierten Partikeln 부터~까지 werden im Deutschen häufig mit 'von ... bis ...' übersetzt und bezeichnen einen zeitlichen Anfangs- und Endpunkt ('von wann bis wann'). Die Partikel 부터 kann mit einem Zeitnomen oder mit der Partikel 에서 sowie mit der Konjunktionalform –고, –아서/어서 verbunden werden.

아침부터 저녁까지 자요. — *Er schläft von morgens bis abends*

오늘 밤부터 내일 아침까지 비가 오겠습니다. — *Von heute Nacht bis morgen früh wird es regnen.*

7 월 말부터 9 월 말까지 방학이에요. — *Von Ende Juli bis Ende September habe ich Ferien.*
= 7 월 말에서부터 9 월 말까지 방학이에요.

백화점은 화요일 오전 10 시(에서)부터 토요일 저녁 9 시까지 엽니다. — *Das Kaufhaus hat von Dienstag 10 Uhr vormittags bis Samstag 21 Uhr abends auf.*

매일 운동을 하고부터 건강해졌어요. — *Ich bin gesund geworden, seitdem ich jeden Tag Sport mache.*

집에 도착해서부터 지금까지 쉬었어요. — *Seit ich zu Hause angekommen bin, habe ich mich bis jetzt ausgeruht.*

N+(에)서...N+까지 / N+(에서)부터...N +까지

Die kombinierten Partikeln 에서(부터)...까지 werden zum Ausdruck eines räumlichen Ausgangs- und Endpunkts ('von wo bis wo') verwendet. In diesem Fall wird die Partikel 에서 häufig durch die Kombination mit 부터 ergänzt. In der Umgangssprache kann 에 in der Partikel 에서 ausgelassen werden.

여기(에)서 은행까지 걸어 갑시다. — *Lass uns von hier bis zur Bank zu Fuß gehen!*
= 여기(에)서부터 은행까지 걸어 갑시다.

서울에서 부산까지 얼마나 걸려요? — *Wie lange dauert es von Seoul bis Pusan?*
= 서울(에)서부터 부산까지 얼마나 걸려요?

우체국(에)서부터 회사까지 멀어요? — *Ist es von der Post bis zur Firma weit?*

5. N+마다 'jedes'/'alles', N+씩 'je'

Die Partikel 마다 bedeutet 'jegliches ohne eine einzige Ausnahme' im Sinne von 'alles' und 'jedes'.

방마다 에어컨이 있어요. — *Jedes Zimmer hat eine Klimaanlage.*

컴퓨터가 교실마다 있어요. — *Jedes Klassenzimmer hat einen Computer.*

나라마다 문화가 달라요. — *Jedes Land hat eine andere Kultur.*

사람마다 성격이 다릅니다. — *Jede Person hat einen anderen Charakter.*

다르다 ist ein unregelmäßiges Verb auf 르 (▶ 10.6 | Unregelmäßige Verben).

Zusammen mit Zeit- und Maßangaben drückt N+마다 die Wiederholung der gleichen bzw. ähnlichen Situation im regelmäßigen Abstand aus.

A: 몇 분마다 지하철이 와요?
B: 십오 분마다 와요.

A: *Wie oft kommt die U-Bahn?*
B: *Die U-Bahn kommt alle 15 Minuten.*

A: 몇 년마다 선거가 있어요? | A: Wie oft findet die Wahl statt?
B: 오년마다 있어요. | B: Die Wahl findet alle fünf Jahre statt.

A: 몇 시간마다 약을 먹어요? | A: Wie oft soll ich die Medizin nehmen?
B: 여섯 시간마다 드세요. | B: Nehmen Sie sie bitte alle 6 Stunden!

Die Ausdrücke 날마다 'jeden Tag', 일주일마다 'jeden Sonntag', 달마나 'jeden Monat' und 해마다 'jedes Jahr' können auch durch die sinokoreanischen Bezeichnungen 매일 'jeden Tag', 매주 'jede Woche', 매월 / 매달 'jeden Monat' und 매년 'jedes Jahr' ersetzt werden.

날마다 (= 매일) 일기를 써요. *Ich schreibe jeden Tag Tagebuch.*

일요일마다 (= 매주) 교회에 가세요? *Gehen Sie jeden Sonntag zur Kirche?*

달마다 (= 매달) 회의가 있어요. *Jeden Monat gibt es eine Sitzung.*

해마다 (= 매년) 영화 축제가 열려요. *Jedes Jahr findet ein Filmfestival statt.*

Das Nominalsuffix –씩 tritt häufig zusammen mit einem Numeralklassifikator auf und bedeutet 'je', 'jeweils', 'jedes Mal'.

네 사람씩 짝을 지으세요. *Bilden Sie Gruppen zu je vier Personen!*

날마다 여섯 시간씩 자요. *Täglich schlafe ich je sechs Stunden.*

이 약은 한 번에 두 알씩 드세요. *Nehmen Sie bitte zwei Stücke auf einmal.*

한 분씩 차례로 소개해 주세요. *Stellen Sie sich bitte eine Person nach der anderen vor!*

Das Nominalsuffix –씩 kann auch an Adverben wie 조금 'ein wenig', 많이 'viel' angehängt werden und bedeutet 'in geringen/großen Mengen' bzw. 'allmählich' / 'Stück für Stück'.

매일 조금씩 걷도록 하세요. *Laufen Sie jeden Tag ein wenig.*

조금씩 드세요. *Essen Sie in kleinen Mengen.*

건강이 조금씩 좋아지고 있어요. *Meine Gesundheit verbessert sich allmählich.*

그렇게 많이씩 먹으면 배탈이 나요. *Wenn Sie in so großen Mengen essen, wird Ihnen schlecht.*

6. N+쯤, N+경, N +정도, N +(이)나, N+가량

Im koreanischen Sprachgebrauch werden häufig approximative Ausdrücke verwendet. Zu diesen zählen Adjektivadnomina wie 한 'etwa' und 약 'ungefähr' (▶ 21 | Adnomina) und die Suffixe 쯤 'ungefähr', 정도 'etwa', 경 'gegen', 가량 'etwa/ungefähr' oder 이나(N_{KONS})/나(N_{VOK}) 'so ungefähr'. Sie stehen meist hinter Zähleinheitswörtern und können auch miteinander kombiniert werden, um die approximative Bedeutung zu betonen (▶ 19.3 | Numeralia und Numeralklassifikatoren). Die approximativen Ausdrücke stehen häufig in Fragen und Antworten, die sich auf 'wann', 'wie viel Uhr, 'wo', 'wie lange' und 'wie viel' beziehen (▶ 20. 4 | Fragepronomina).

A: 언제쯤 만날까요? | *A: Wann treffen wir uns ungefähr?*
B: (한) 일곱 시쯤 만나요. | *B: Wir treffen uns gegen 7 Uhr.*

A: 배송이 얼마나 걸려요? | *A: Wie lange dauert die Lieferung etwa?*
B: 십 일가량/십일 쯤 걸려요. | *B: Sie dauert etwa 10 Tage.*

A: 하루에 몇 시간 정도 자요? | *A: Wie lange schlafen Sie am Tag etwa?*
B: (약) 여덟 시간 정도 자요. | *B: Ich schlafe etwa 8 Stunden.*

가격이 3% 가량/정도 올랐어요. *Die Preise sind ungefähr um 3 % gestiegen.*

📖 Die Konstruktion VS–을/ㄹ 정도로 dient zum Ausdruck des Vergleichs (▶ 17.5.5 | Formalnomen 만큼).

Zwei weitere approximative Partikeln, 경 'ungefähr' / 'gegen' und 여 'etwa' / 'gegen', werden vorwiegend in Verbindung mit Zeit- oder Datumsangaben gebraucht. Besonders steht 여 hinter Zehner-, Hunderter- und Tausenderzahlen und bedeutet 'etwas mehr als'. 여 wird in dieser Bedeutung auch mit Numeralklassifikatoren verwendet.

N + 경 + Zeitangabe

A: 몇 시경에 퇴근해요?
B: 여섯 시경에 퇴근해요.

A: Um wie viel Uhr etwa haben Sie Feierabend?
B: Ich mache etwa um 6 Uhr Feierabend.

A: 몇 시경에 출발해요?
B: 아홉 시경에 출발하려고 해요.

A: Um wie viel Uhr etwa fahren Sie los?
B: Wir wollen gegen 9 Uhr morgens losfahren.

N + 여 + Zeit- und Mengenangabe

한국은 오천여 년의 긴 역사를 갖고 있다.
Korea hat eine mehr als 5000 Jahre alte Geschichte.

올 겨울은 이십여 년만에 가장 추운 겨울이였다.
Das war der kälteste Winter seit über 20 Jahren.

현재 한국에는 4 년제 대학이 160 여 개가 있다.
Zur Zeit gibt es in Korea etwa 160 Universitäten mit einem vierjährigen Studiengang.

Neben der approximativen Funktion wird N+(이)나 als disjunktive koordinative Partikel mit der Bedeutung 'oder' und 'entweder ... oder' verwendet (▶ 22.2 | Koordinativpartikeln). Weiterhin kommt N+(이)나 oft in folgenden Funktionen vor:

1) N+(이)나 kann bei Zeit- und Mengenangaben, die über die Erwartung hinaus gehen, eine Überraschung oder Betonung ausdrücken. Im Deutschen wird dies i.d.R. durch die Intonation wiedergegeben.

어제 열 시간이나 잤어요.
Gestern habe ich 10 Stunden geschlafen!

오늘 커피를 여섯 잔이나 마셨어요.
Heute habe ich 6 Tassen Kaffee getrunken!

기차를 한 시간이나 기다렸어요.
Wir haben eine Stunde auf den Zug gewartet.

2) Wenn N+(이)나 mit Fragepronomina verbunden wird, drückt es eine Verallgemeinerung aus und bedeutet 'jeder', 'alles' oder 'immer' (▶ 20.5 | Indefinitpronomina).

누구나 실수할 수 있어요.
Jeder kann einen Fehler machen.

누구나 노력하면 성공할 수 있어요.
Jeder kann Erfolg haben, wenn man sich bemüht.

그는 무엇이나 잘해요.
Er kann einfach alles gut.

무엇이나 잘 먹어요.
Er isst einfach alles gern (gut).

언제나 일찍 집에 와요.
Sie kommt immer früh nach Hause.

언제나 밝게 웃습니다.
Sie lacht immer strahlend.

3) Die Partikel (이)나 wird meist in Imperativ- oder Aufforderungssätzen verwendet und drückt aus, dass etwas für Sprecher unwichtig oder trivial ist. Im Deutschen kann es etwa mit 'N + oder so / oder sowas' übersetzt werden.

주말에 운동이나 갈까요?
Wollen wir am Wochenende Sport machen oder so?

심심한데 영화나 봅시다.
Mir ist langweilig, lasst uns vielleicht zusammen einen Film gucken oder so.

음악만 듣지 말고 책이나 좀 읽어.	*Hör nicht nur Musik, lies auch mal ein Buch oder sowas!*
시간도 없는데 샌드위치나 먹읍시다.	*Wir haben so wenig Zeit, lasst uns ein Sandwich oder sowas essen!*

7. N+보다 Komparativpartikel

Das deutsche Vergleichswort 'als' beim Komparativ wird im Koreanischen mittels der Komparativpartikel 보다 wiedergegeben. Zur Betonung der komparativen Bedeutung kann die Partikel 보다 durch die Steigerungsadverbien 더 'mehr', 덜 'weniger' ergänzt werden, wobei 더 fakultativ und 덜 obligatorisch ist (▶ 15.1.3 | Steigerungsadverbien). Dem Komparativ liegt im Koreanischen folgende Struktur zugrunde.

Subjekt	Nomen + 보다	Steigerungsadverb	Verb
아들이	아버지보다	(더)	커요.
Der Sohn ist (viel) größer als der Vater.			
오늘은	어제보다	덜	추워요.
Heute ist es weniger kalt als gestern.			

저는 바다보다 산을 더 좋아해요.	*Ich mag die Berge lieber als das Meer.*
제주도는 서울보다(는) 덜 추워요.	*Auf der Insel Jeju ist es weniger kalt als in Seoul.*
한국말은 발음보다 문법이 더 어려워요.	*Was Koreanisch angeht, ist die Grammatik viel schwieriger als die Aussprache.*

8. N+만큼, N+처럼, N+같이

Weitere Vergleichsformen sind N+만큼 / N+처럼 '(genau)so ... wie' und N+같이 'wie' / 'ebenso ... wie'. Diese drei Partikeln sind sinngemäß in vielen Kontexten austauschbar. 만큼 bezeichnet den Umfang oder Grad.

한국말은 영어만큼 어려워요.	*Koreanisch ist genauso schwer wie Englisch.*
제주도는 하와이만큼 아름다워요.	*Die Insel Jeju ist genauso schön wie Hawaii.*
오늘도 어제만큼 비가 많이 와요.	*Heute regnet es genau so viel wie gestern.*

🕮 Zum Gebrauch des Formalnomens 만큼 mit der Partizipialform in der Konstruktion VS–은/ㄴ 만큼, VS–을/ㄹ 만큼 'derart, dass' (▶ 17.5.5 | Formalnomina).

N+처럼/ N+같이 bezeichnen eine identische Qualität oder Zustand eines Nomens und entsprechen im Deutschen 'so wie' / 'ebenso wie'.

N+처럼

영화 배우처럼 잘 생겼어요.	*Er sieht so gut aus wie ein Schauspieler.*
아이가 어른처럼 말합니다.	*Das Kind spricht wie ein Erwachsener.*
우리는 한 가족처럼 같이 살아요.	*Wir leben zusammen wie eine Familie.*
내 집처럼 좋은 데가 없어요.	*Es gibt keinen so schönen Ort wie zu Hause.*

N+같이

민수는 코미디언같이 재미있어요.	*Minsu ist so lustig wie ein Komiker/Comedian.*
수미는 천사같이 착해요.	*Sumi ist so lieb wie ein Engel.*
요리사같이 음식을 잘 만드세요.	*Sie kochen so gut wie Köche.*

Das Partizip Präsens von 같다 'gleich sein' kann auch attributiv in der Bedeutung 'ein N_1, das so ähnlich ist wie ein N_2' verwendet werden: N_1 + 같은 + N_2

민수 씨 같은 남자가 좋아요.	*Ich mag einen Mann wie Minsu.*
스위스 같은 나라에서 살고 싶어요.	*Ich möchte in einem Land wie der Schweiz leben.*
우리 같은 외국 사람들은 매운 음식을 잘 못 먹어요.	*Ausländer wie wir können nicht so gut Scharfes essen.*

9. N + 따라

N + 따라 kommt häufig zusammen mit bestimmten Zeitnomen wie 오늘 'heute', 그날 'dieser Tag', 금년 'dieses Jahr' vor und bedeutet 'ausgerechnet heute/jetzt', 'gerade an diesem (besonderen) Tag'.

오늘따라 그가 많이 보고 싶어요.	*Gerade heute vermisse ich ihn sehr.*
오늘따라 전화가 많이 왔어요.	*Ausgerechnet heute bekam ich mehr Anrufe als üblich.*
그날따라 사람이 많았어요.	*Ausgerechnet an diesem Tag kamen so viele Menschen.*
금년따라 유난히 비가 많이 왔어요.	*Ausgerechnet in diesem Jahr hat es besonders stark geregnet.*

따라 kann auch mit der vorangehenden Partikel 에 zum Ausdruck der Bedeutung 'je nach', 'laut', 'entsprechend' verwendet werden: N+에 따라. In diesem Fall ist 따라 keine Partikel, sondern eine vom Verb 따르다 'folgen' abgeleitete Konjunktionalform.

상황에 따라 위험할 수 있어요.	*Je nach Situation kann das gefährlich sein.*
경력에 따라 봉급에 차이가 있어요.	*Je nach Karriere gibt es Unterschiede beim Einkommen.*
지역에 따라 음식맛이 달라요.	*Je nach Region schmeckt das Essen unterschiedlich.*

10. N + 치고

Die Partikel 치고 wird verwendet, um einen in Verbindung mit einem durch 치고 markierten Nomen ungewöhnlichen Sachverhalt auszudrücken. Zur Betonung dieser Bedeutung kann die Partikel 치고 mit der Kontrastpartikel 는 verbunden werden. Dies wird im Deutschen mit 'für', 'in Anbetracht von', 'im Verhältnis zu' wiedergegeben.

1월 날씨치고 따뜻해요.	*Für Januar ist das Wetter warm.*
나이치고는 키가 커요.	*Für sein Alter ist er groß.*
정치인치고는 말을 잘 못해요.	*Dafür, dass er Politiker ist, spricht er nicht gut.*
10년 된 차치고는 완전 새 차 같아요.	*Dafür, dass das Auto 10 Jahre alt ist, sieht es sehr neu aus.*

Die Partikel 치고 wird verwendet, um auszudrücken, dass sich eine Aussage ohne Ausnahme auf alle Mitglieder einer Gruppe bezieht. 치고 wird häufig mit der Doppelnegation verwendet.

우리 회사 직원치고 게으른 직원이 없어요.	*In unserer Firma gibt es keinen Mitarbeiter, der faul ist.*

사람치고 돈(을) 싫어하는 사람이 없습니다.	*Es gibt keinen Menschen, der Geld nicht mag.*
개치고 주인에게 충실하지 않는 개는 없어요.	*Es gibt keine Hunde, die ihrem Besitzer nicht treu sind.*

11. N + (는/은)커녕

Die Partikel 커녕 bedeutet 'umso viel weniger', 'noch viel weniger', 'geschweige denn'. 커녕 wird i.d.R. in der Form –는/은커녕 oder –기는커녕 in der negativen Bedeutung verwendet und ist häufig mit dem Satz mit der Partikel 조차 verbunden. In derselben Bedeutung wird –는/은커녕 oder –기는커녕 durch –는/은 고사하고 ersetzt.

자동차는커녕 자전거도 없어요. 자동차는 고사하고 자전거도 없어요.	*Er hat kein Fahrrad, geschweige denn ein Auto.*
양주는커녕 맥주도 못 마셔요. 양주는 고사하고 맥주도 못 마셔요.	*Er trinkt kein Bier, geschweige denn Schnaps.*
유미를 달래기는커녕 더 화나게 했다. 유미를 달래기는 고사하고 더 화나게 했다.	*Statt Yumi zu beruhigen, regte er sie noch mehr auf.*
그녀를 만나기는커녕 전화 할 시간도 없었어요	*Ich hatte nicht mal Zeit, mit ihr zu telefonieren, geschweige denn sie zu treffen.*
그 두 사람은 말은커녕 / 말은 고사하고 서로 쳐다보지도 않아요.	*Die beiden Personen schauen sich nicht mal gegenseitig an, geschweige denn reden sie miteinander.*

23 Quotativ

Der Quotativ wird verwendet, um Äußerungen eines Sprechers wiederzugeben. Im Koreanischen gibt es zwei Arten von Quotativsätzen: 1) direkte Rede und 2) indirekte Rede. Die direkte Rede dient zur wörtlichen Wiedergabe von Äußerungen eines Sprechers, während durch die indirekte Rede die Äußerung eines Sprechers als indirektes Zitat eines Sprechers wiedergegeben wird.

23.1 Direkte Rede

Die direkte Rede wird dazu verwendet, die Äußerung eines Sprechers als wörtliches Zitat wiederzugeben. Äußerungen werden durch die Quotativmarkierungen -하고 oder -라고 als direkte Rede gekennzeichnet. In geschriebenen Texten wird der mit -하고 gebildete Quotativ bevorzugt, während in der gesprochenen Sprache eher der mit -라고 gebildete Quotativ verwendet wird. Die Tabelle zeigt die Satzstruktur für Äußerungen in der direkten Rede.

Äußerung	direkte Rede		
Sumi: "머리가 아파요."	**Subjekt**	**"Zitat" 하고/라고**	**Prädikat**
	수미가 "머리가 아파요."라고 말했어요.		
„Ich habe Kopfschmerzen."	*Sumi sagte: „Ich habe Kopfschmerzen."*		

Dabei wird die wiedergegebene Rede in Anführungszeichen ("...") gesetzt und mit der Quotativmarkierung 하고/라고 in den Hauptsatz eingebettet. Unmittelbar im Anschluss an die Quotativmarkierung folgt ein Mitteilungsverb. Je nach Satzart der ursprünglichen Äußerung werden verschiedene Mitteilungsverben verwendet. Zur Wiedergabe von Aussagesätzen werden Verben des Sagens und Denkens (wie 말하다 'sagen' und 생각하다 'denken'), bei Fragesätzen Verben des Fragens (묻다/물어보다 'fragen'), bei Imperativ- und Aufforderungssätzen Verben des Befehlens und des Aufforderns (명령하다 'befehlen' und 제안하다 'vorschlagen') verwendet. Anstelle dieser für die Satzarten typischen Mitteilungsverben können auch die Kurzformen 하다 'sagen' (← 말하다) oder 그러다 'so sagen' (← 그렇게 말하다) stehen.

Zitat + Quotativ	Mitteilungsverben	
"Zitat" + 하고/라고	이야기하다 *erzählen,* 말하다 *sagen,* 전하다 *mitteilen,* 대답하다 *antworten,* 생각하다 *denken,* 묻다/물어보다 *fragen,* 제안하다 *vorschlagen*	→ 하다 / 그러다

Das Subjekt kann dabei entweder am Satzanfang vor dem wörtlichen Zitat stehen, oder aber nach der Quotativmarkierung 하고/라고. Tempus, Modus, Sprechstufen und Honorativmarkierungen der ursprünglichen Äußerung bleiben in der direkten Rede unverändert erhalten.

Äußerung	direkte Rede
Minsu: "시험이 어려워요." *„Die Prüfung ist schwer."*	민수가 "시험이 어려워요."라고 대답했어요. *Minsu antwortete: „Die Prüfung ist schwer."*
Minsu: "한국에 가고 싶어요." *„Ich möchte nach Korea fliegen."*	"한국에 가고 싶어요."라고 민수가 말했어요. *„Ich möchte nach Korea fliegen", sagte Minsu.*

Mitteilungsverben können entweder in der Vergangenheit oder im Präsens stehen.

Äußerung	direkte Rede
Sumi: "언제 시간이 있어요?" *„Wann haben Sie Zeit?“*	수미가 "언제 시간이 있어요?"하고 물어보네요. *Sumi fragt: „Wann haben Sie Zeit?“*
Sumi: "어제 많이 바빴어요." *„Ich habe gestern viel zu tun gehabt.“*	"어제 많이 바빴어요."라고 수미 씨가 말했어요. *„Ich habe gestern viel zu tun gehabt“, sagte Sumi.*

Die verkürzten Mitteilungsverben 하다 und 그러다 sind nicht in allen Fällen austauschbar. Während die Quotativmarkierung 라고 immer verwendet werden kann, kann 하고 nicht verwendet werden, wenn das Verb des Sagens den Verbstamm 하- oder 그러- enthält.

Minsu: "술을 적게 드세요." *„Trinken Sie bitte nicht so viel!“*	민수 씨가 "술을 적게 드세요."라고 했어요. Nicht:*민수 씨가 "술을 적게 드세요"하고 했어요. *Minsu sagte: „Trinken Sie bitte nicht so viel!“*
Minsu: "영화가 재미있었어요." *„Der Film war interessant.“*	"영화가 재미있었어요."라고 그랬어요. Nicht:*"영화가 재미있었어요."하고 그랬어요. *Minsu sagte: „Der Film war interessant.“*

Bei der Wiedergabe onomatopoetischer Ausdrücke wird die Quotativmarkierung 하고 eher verwendet als die Quotativmarkierung 라고 (▶ 15.5 | Lautsymbolische Adverbien).

Lautsymbolische Ausdrücke in der direkten Rede

닭이 "꼬끼오"하고 소리쳤어요.	*Der Hahn schrie „Kikeriki“ [„kkokkio“].*
초인종이 "딩동"하고 울려요.	*Die Klingel läutet [„ding-dong sagend“].*
강아지가 "멍멍"하고 짖어요.	*Der kleine Hund bellt „wau wau“.*

Der mit 하고 gebildete Quotativ wird v.a. in Texten wie Märchen, Geschichten, aber auch Berichten und Nachrichten verwendet.

왕비는 "거울아, 거울아, 세상에서 누가 가장 예쁘니?" 하고 물어봤어요.	*Die Königin fragte: „Spieglein, Spieglein (an der Wand), wer ist die Schönste im ganzen Land [in der Welt]“*

Um zu erfragen, was gesagt oder geschrieben wird bzw. wurde, wird der Ausdruck 뭐라고 verwendet. Dieser wird aus dem abgekürzten Fragepronomen 뭐 (← 무엇 'was') und der Quotativmarkierung 라고 gebildet.

A: 민수가 카드에 뭐라고 썼어요? B: "고맙습니다."라고 썼어요.	*A: Was hat Minsu auf die Karte geschrieben?* *B: Er hat „Danke!“ [darauf] geschrieben.*
A: 저기에 뭐라고 써 있어요? B: "주차 금지!"라고 써 있어요.	*A: Was steht da [auf dem Schild geschrieben]?* *B: Darauf steht: „Parken verboten!“*
A: 수미 씨가 뭐라고 했어요? B: "사랑해요."라고 말했어요.	*A: Was hat Sumi gesagt?* *B: Sie hat gesagt: „Ich liebe dich.“*
A: 민호 씨가 뭐라고 대답했어요? B: "미안해."라고 대답했어요.	*A: Was hat Minho geantwortet?* *B: Er hat geantwortet: „Entschuldigung.“*

23.2 Indirekte Rede

Die indirekte Rede wird zur indirekten und distanzierten Wiedergabe von Äußerungen eines Sprechers benutzt. Die in der indirekten Rede verwendeten Verben stehen in der Berichtsform der 2. Sprechstufe und markieren zusammen mit der Konjunktionalform -고 den Quotativ (▶ 4.3 | Berichtsform). Danach folgt das Mitteilungsverb. Diese Konstruktion wird nicht nur bei den Verben des Sagens, sondern auch bei anderen Mitteilungsverben wie den Verben des Meinens, Denkens und Hörens verwendet.

Äußerung	indirekte Rede		
Sumi: "머리가 아파요."	**Subjekt**	**zitierte Äußerung + 고**	**Prädikat**
	수미는 머리가 아프다고 말했어요.		
„Ich habe Kopfschmerzen."	*Sumi sagte, sie habe Kopfschmerzen.*		

Anstelle der unten aufgeführten Mitteilungsverben können – wie in der direkten Rede – auch die Kurzformen 하다 'sagen' (← 말하다) oder 그러다 'so sagen' (← 그렇게 말하다) stehen.

indirekte Rede	Mitteilungsverben im Hauptsatz	
Zitierte Äußerung + -고 +	이야기하다 *erzählen*, 대답하다 *antworten*, 제안하다 *vorschlagen*, 물어보다 *fragen*, 말하다 *sagen*, 생각하다 *denken*	→ 하다 / 그러다
	듣다 *hören*, 읽다 *lesen*	

Die indirekte Rede steht in der Berichtsform der 2. Sprechstufe, deren Satzschlussendung sich entsprechend dem Satztyp und der Verbart verändert.

Satztyp	Berichtsform der 2. Sprechstufe				Quotativ -고
	AV	EV	QV	KOP	
Aussage	-는/ㄴ다	-다	-다	-(이)라	-고
Frage	-(느)냐	-(느)냐	-(으)냐	-(이)냐	-고
Imperativ	-(으)라	-으라			-고
Aufforderung	-자	-자			-고

🕮 Bei Fragen in der Berichtsform werden die Satzschlussendungen -(느)냐/-(으)냐 statt -니 verwendet und für den Imperativ wird die Satzschlussendung -(으)라 statt -(어)라 (▶ 4.3 | Berichtsform).

1. Aussageform der indirekten Rede

Die Aussageform der indirekten Rede wird durch Anhängen der Endung -는/ㄴ다 (bei Aktionsverben) und -다 (bei Qualitativ- und Existenzverben) an den Verbstamm gebildet.

Verben	Verbstamm	2. SPS	Quotativ -고	Mitteilungsverb
읽다 *lesen*	읽-	-는다	-고	(말)하다, 대답하다 usw.
하다 *tun*	하-	-ㄴ다	-고	
춥다 *kalt sein*	춥-	-다	-고	(말)하다, 대답하다 usw.
있다 *sich befinden*	있-	-다	-고	

Ebenso wie in der direkten Rede kann das Subjekt entweder am Satzanfang oder nach der Konjunktionalform -고, also der Quotativmarkierung stehen.

Sind die Subjekte im Haupt- und Nebensatz (indirekte Rede) unterschiedlich, wird das Nebensatzsubjekt mit der Nominativpartikel 이/가 bzw. der Topikpartikel 은/는 markiert. Das Subjekt im Hauptsatz kann dabei ausgelassen werden, wenn es sich auf den Sprecher bezieht. Sind die Subjekte gleich, kann das Subjekt in der indirekten Rede ausgelassen werden. Falls beide Subjekte gleich sind, aber das Subjekt der indirekten Rede betont werden soll, werden die Reflexivpronomina 자기 bzw. 자신 'selbst' eingesetzt (▶ 20.6 | Reflexivpronomina).

ursprüngliche Äußerung von Sumi	indirekte Rede mit gleichem Subjekt wie im Hauptsatz
"소설책을 읽어요." *„Ich lese einen Roman."*	수미 씨가 소설책을 읽는다고 대답했어요. *Sumi antwortete, sie lese einen Roman.*
"오늘 바빠요." *„Ich habe heute viel zu tun."*	수미 씨가 오늘 바쁘다고 했어요. *Sumi sagte, sie habe heute viel zu tun.*
"제가 옳아요." *„Ich habe Recht."*	수미 씨는 자기가 옳다고 했어요. *Sumi sagte, sie habe Recht.*

Indirekte Rede mit anderem Subjekt als im Hauptsatz

(저는) 그가 내일 한국에 온다고 들었어요.	*Ich habe gehört, dass er morgen nach Korea kommt.*
수미 씨는 이 영화가 재미있다고 생각해요.	*Sumi denkt, dieser Film sei interessant.*
유미의 엄마가 아프다고 딸이 말했어요.	*Meine Tochter sagte, die Mutter von Yumi sei krank.*
민수 씨가 이 식당 음식이 맛있다고 했어요.	*Minsu hat gesagt, dass das Essen in diesem Restaurant lecker sei.*

Für die Kopula 이다 wird nicht die Endung -다 der Berichtsform der zweiten Sprechstufe verwendet, sondern die Konstruktion N+-(이)라고 하다 (▶ 24.1 | Attributsätze).

N_{KONS} + -이라고 하다	N_{VOK} + -라고 하다
생일 + -이라고 → 생일이라고 해요	의사 + -라고 → 의사라고 해요

민수 씨는 그가 의사라고 말했어요.	*Minsu sagte, er sei Arzt.*
떡국은 설날에 먹는 음식이라고 들었어요.	*Ich habe gehört, dass man zu Neujahr Reiskuchensuppe isst.*

Die Quotativformen im Aussagesatz können mit jedem Tempus verbunden werden.

Präsens	Präteritum	Futur
AV-는/ㄴ다고 하다	VS-았/었다고 하다	VS-을/ㄹ 거라고 하다
AV-는/ㄴ다고 듣다	VS-았/었다고 듣다	VS-을/ㄹ 거라고 듣다

유미가 한국에 간다고 했어요.	*Yumi hat gesagt, dass sie nach Korea fliegt.*
유미가 청소를 했다고 했어요.	*Yumi hat gesagt, dass sie aufgeräumt hat.*
유미가 곧 이사갈 거라고 했어요.	*Yumi hat gesagt, dass sie bald umziehen wird.*
유미 씨가 돈을 잘 번다고 들었어요.	*Ich habe gehört, dass Yumi viel Geld verdient.*
유미 씨가 주말에 휴가를 떠났다고 들었습니다.	*Ich habe gehört, dass Yumi am Wochenende in den Urlaub gefahren sei.*
유미 씨가 직장을 그만둘 거라고 들었습니다.	*Ich habe gehört, dass Yumi den Job kündigen werde.*

Die Fragewörter wie 누구 'wer', 어디 'wo', 언제 'wann', 얼마 'wie viel' mit der Kopula 이다 bilden bei der indirekten Redewiedergabe die Konstruktion Fragewort + (이)라고 + 하다. Sie wird häufig verwendet, wenn ein Sprecher aufgrund einer überraschenden/unerwarteten Information nachfragt.

A: 집이 어디라고 했어요?
B: 부산이라고 했어요.

A: Was haben Sie gesagt, wo Sie wohnen?
B: Ich habe gesagt, dass ich in Busan wohne.

A: 전화한 사람이 누구라고 하셨어요?
B: 김 민수라고 했어요.

A: Wer haben Sie gesagt, hat angerufen?
B: Ich habe gesagt, dass er Kim Minsu heiße.

A: 생일이 언제라고 했어요?
B: 12 월 24 일이라고 했어요.

A: Wann haben Sie gesagt, haben Sie Geburtstag?
B: Am 24. 12. habe ich gesagt.

A: 이거 얼마라고 하셨어요?
B: 5 유로라고 했어요.

A: Wie viel haben Sie gesagt, kostet das?
B: Ich habe gesagt, dass es 5 Euro kostet.

2. Frageformen in der indirekten Rede

Die Frageform des Quotativs wird mit der Endung -(느)냐 (bei Aktionsverben) bzw. -(으)냐 (bei Qualitativverben) gebildet. Das Verb des Hauptsatzes ist ein Verb des Fragens oder Wissens, das wiederum durch 하다 ersetzt werden kann.

Infinitiv	Verbstamm	Endung	Quotativ -고	Verb des Fragens
읽다 *lesen*	읽-	-(느)냐	-고	물어보다/ 묻다 → 하다
가다 *gehen*	가-	-냐	-고	
좋다 *gut sein*	좋-	-(으)냐	-고	
고프다 *hungrig sein*	고프-	-냐	-고	
이다 *sein*	이-	-냐	-고	

Äußerung	Fragesatz in der indirekten Rede
Sumi: "언제 한국에 가요?" *„Wann fahren Sie nach Korea?"*	수미 씨가 언제 한국에 가(느)냐고 물었어요. *Sumi fragte, wann ich nach Korea fahre.*
Yumi: "어디에 살아요?" *„Wo wohnen Sie? "*	유미 씨가 (나에게) 어디에 사(느)냐고 물어봐요. *Yumi fragt, wo ich wohne.*
Ich: "막스 씨, 그 사람을 어떻게 알아요?" *„Max, woher kennen Sie ihn?"*	나는 막스 씨에게 그 사람을 어떻게 아느냐고 했어요. *Ich habe Max gefragt, woher er ihn kennt.*

Äußerung	Fragesatz in der indirekten Rede
Anna: "배가 고파요?" *„Haben Sie Hunger?"*	안나 씨가 (나에게) 배가 고프냐고 물어봤어요. *Anna fragte, ob ich Hunger habe.*
Anna: "밖에 날씨가 추워요?" *„Ist es kalt draußen?"*	안나 씨가 밖에 날씨가 추우냐고 물었어요. *Anna hat gefragt, ob es draußen kalt sei.*
Anna: "서울 생활이 어때요?" *„Wie ist das Leben in Korea?"*	안나 씨가 내게 서울 생활이 어떠냐고 물어요. *Anna fragt mich, wie das Leben in Seoul sei.*
Anna: "결혼식이 언제예요?" *„Wann ist die Hochzeit?"*	안나 씨가 내게 결혼식이 언제냐고 물었어요. *Anna hat mich gefragt, wann die Hochzeit sei.*
Anna: "오늘 생일이세요?" *„Haben Sie heute Geburtstag?"*	안나 씨가 (내게) 오늘 생일이냐고 물어보네요. *Anna fragt mich, ob ich heute Geburtstag habe.*

Auch der Fragesatz in der indirekten Rede kann in jedem Tempus stehen.

Präsens	Präteritum	Futur
AV-(으)냐고 하다	VS-았/었냐고 하다	VS-을/ㄹ 거냐고 하다

Äußerung	indirekte Rede in der Frageform
Lehrer: "김치를 좋아해요?" *„Mögen Sie Kimchi?"*	선생님께서 제게 김치를 좋아하냐고 물어보셨어요. *Der Lehrer hat mich gefragt, ob ich Kimchi mag.*
Yumi: "친구를 만났어요?" *„Haben Sie Ihren Freund getroffen?"*	유미 씨가 제게 친구를 만났냐고 물었어요. *Yumi fragte, ob ich meinen Freund getroffen habe.*
Yumi: "무엇을 먹을 거예요?" *„Was möchten Sie essen?"*	유미가 (내게) 점심에 무엇을 먹을 거냐고 했어요. *Yumi hat mich gefragt, was ich essen möchte.*

3. Imperativformen in der indirekten Rede

Die Imperativformen in der direkten Rede (der 2. Sprechstufe) werden mit der Endung -어라 (V_{KONS}) oder -라 (V_{VOK}) gebildet. Im Gegensatz dazu werden die zitierten Imperativformen in der indirekten Rede mit der Endung -(으)라 gebildet. Das Verb des Hauptsatzes ist hier ein Verb der Aufforderung oder des Sagens.

Infinitiv	Verbstamm	2. SPS	Quotativ -고	Mitteilungsverben
읽다 *lesen*	읽	-으라	-고	(말)하다 제안하다
하다 *tun*	하	-라	-고	
말다 *aufhören*	말	-라	-고	

In der Regel wird der zitierte Imperativ des Koreanischen im Deutschen durch das Modalverb 'sollen' wiedergegeben.

Sumi: "잠깐만 기다리세요." *„Warten Sie bitte einen Moment!"*	수미 씨가 잠깐만 기다리라고 했어요. *Sumi sagte, dass ich einen Moment warten solle.*
Ich: "열심히 운동하세요." *„Machen Sie bitte fleißig Sport!"*	제가 수미 씨에게 열심히 운동하라고 했어요. *Ich sagte Sumi, dass sie fleißig Sport machen solle.*
Arzt: "담배를 끊으세요." *„Hören Sie bitte auf zu rauchen!"*	의사 선생님께서 (제게) 담배를 끊으라고 했어요. *Der Arzt sagte, dass ich mit dem Rauchen aufhören solle.*

Um die negative Form des Imperativs in der indirekten Rede auszudrücken, wird die Form VS-지 말라고 하다 verwendet. Im Folgenden wird eine Äußerung von Sumi als indirekte Rede wiedergegeben.

Äußerung	Imperativ in der indirekten Rede
의사 선생님께서 "담배를 피우지 마세요."라고 하셨어요. *Der Arzt sagte: „Rauchen Sie bitte nicht!"*	의사 선생님께서 담배를 피우지 말라고 하셨어요. *Der Arzt sagte, dass ich nicht rauchen solle.*
아버지께서 "늦지마."라고 하셨어요. *Mein Vater sagte: „Komm nicht spät!"*	아버지께서 늦지 말라고 하셨어요. *Mein Vater sagte, dass ich nicht zu spät kommen solle.*

4. Aufforderungsform in der indirekten Rede

Die Aufforderungsform in der indirekten Rede wird mit der Endung -자 gebildet.

Infinitiv	Verbstamm	2. SPS	Quotativ -고	Aufforderungsverb
만나다 *treffen*	만나	-자	-고	제안하다, (말)하다
말다 *aufhören*	말	-자	-고	

Äußerung	Aufforderung in der indirekten Rede
Minsu: "오늘 만납시다." *„Treffen wir uns heute!"*	민수 씨가 오늘 저녁에 만나자고 말했어요. *Minsu schlug vor, dass wir uns heute treffen sollten.*
Minsu: "여행 갑시다." *„Lasst uns eine Reise machen!"*	민수 씨가 여행가자고 했어요. *Minsu schlug vor, eine Reise zu machen.*
Minsu: "집에서 먹읍시다." *„Lasst uns zu Hause essen!"*	민수 씨가 집에서 먹자고 했어요. *Minsu schlug vor, zu Hause zu essen.*

Um die negative Form der Aufforderung in der indirekten Rede auszudrücken, wird die Form VS-지 말자고 하다 verwendet.

Sumi: "늦지 맙시다." *„Lasst uns nicht zu spät kommen!"*	수미가 늦지 말자고 했어요. *Sumi ermahnte uns, nicht zu spät zu kommen.*
Anna: "떠들지 맙시다." *„Lasst uns nicht plaudern!"*	안나가 떠들지 말자고 했어요. *Anna hat gesagt, dass wir nicht plaudern sollten.*
Ich: "서두르지 말자." *„Lass uns nicht beeilen!"*	제가 민수에게 서두르지 말자고 했어요. *Ich habe Minsu vorgeschlagen, dass wir uns nicht beeilen sollten.*

5. Sonderformen des Imperativs mit 주세요 in der indirekten Rede

Der Imperativ des Verbs 주다 'geben' lautet in der 4. und 5. Sprechstufe 주세요 / 주십시오, wörtlich 'geben Sie mir bitte!' (▶ 5.6 | Bescheidenheitsausdrücke). Bei der Wiedergabe einer Äußerung in der indirekten Rede verändert sich das Verb 주세요/주십시오 oder die Hilfsverbkonstruktion -아/어 주세요/주십시오 jeweils zu 달라고 하다 oder -아/어 달라고 하다. Wird dieser Imperativ in die indirekte Rede übertragen, lautet er 달라고 하다.

Imperativform	Imperativ in der indirekten Rede
(을/를) 주세요/주십시오 →	(을/를) 달라고 하다
VS-아/어 주세요/-아/어 주십시오 →	VS-아/어 달라고 하다

Imperativ	indirekter Imperativ	Quotativ -고	Verb des Sagens
(을/를) 주세요	-달라	-고	(말)하다
VS-아/어 주세요	VS-아/어 달라	-고	(말)하다

Äußerung	Imperativ in der indirekten Rede
Max: "물(을) 좀 주세요." *„Geben Sie mir bitte Wasser!"*	막스 씨가 물(을) 좀 달라고 해요. *Max sagte, dass ich ihm Wasser geben solle.*
Max: "도와주세요." *„Helfen Sie mir bitte!"*	막스 씨가 도와 달라고 했어요. *Max sagte, dass ich ihm helfen solle.*

Max: "볼펜(을) 좀 빌려 주세요." *„Leihen Sie mir einen Kuli aus!"*	막스 씨가 볼펜(을) 좀 빌려 달라고 했어요. *Max bittet mich, ihm einen Kuli auszuleihen.*
Max: "커피 한 잔 사 주세요." *„Laden Sie mich bitte auf einen Kaffee ein!"*	막스 씨가 (내게) 커피 한 잔 사 달라고 해요. *Max bittet mich, ihn zum Kaffee einzuladen.*

VS-주라고 하다 / VS-아/어 주라고 해요

Möchte der Sprecher den Hörer dazu veranlassen, etwas für eine dritte Person zu tun, wird in der indirekten Rede -주라고 하다 bzw. -아/어주라고 하다 verwendet. Dies wird etwa mit 'für jmdn. etwas tun sollen' übersetzt.

Imperativform	주라 / 아/어 주라	Quotativ -고	Mitteilungsverb
에게 + (을/를) 주세요	에게 + (을/를)-주라	-고	(말)하다
VS -아/어 주세요	VS+ -아/어주라	-고	(말)하다

Äußerung	Imperativ in der indirekten Rede
Sumi zu mir: 수미 씨가 (저에게) "민수에게 이 책을 주세요." 라고 했어요. *Sumi sagte: „Geben Sie bitte Minsu das Buch!"*	수미 씨가 (저에게) 민수에게 이 책을 주라고 했어요. *Sumi hat (mich) gebeten, Minsu dieses Buch zu geben.*
Sumi zu mir: 수미 씨가 (제게) "민수에게 용돈을 좀 주세요."라고 했어요. *Sumi sagte (mir): „Geben Sie Minsu bitte Taschengeld."*	수미 씨가 (저에게) 민수에게 용돈을 좀 주라고 했어요. *Sumi hat gesagt, dass ich Minsu Taschengeld geben soll.*
Sumi zu Max: 막스 씨, "민수에게 제 주소를 좀 가르쳐 주세요." *Sumi sagte (zu Max): „Können Sie Minsu meine Adresse mitteilen?"*	수미가 (막스씨에게) 민수에게 주소를 좀 가르쳐 주라고 했어요. *Sumi hat mich gebeten, Minsu ihre Adresse mitzuteilen.*
Sumi zu Max: 막스 씨, "민수에게 안부 좀 전해주세요." *Sumi sagte (zu Max): „Können Sie Minsu bitte schön von mir grüßen?"*	수미가 (막스 씨에게) 민수에게 안부 좀 전해 주라고 했어요. *Sumi hat mich gebeten, Minsu schön von ihr zu grüßen.*

Pronomina und Höflichkeitsstufen in der indirekten Rede

Wenn eine Äußerung der direkten Rede als indirekte Rede wiedergegeben wird, verändern sich aufgrund des Perspektivwechsels die Personal- und Demonstrativpronomina: Die erste Person Singular 나/내 (neutral) oder 저/제 (bescheiden) verändert sich in der indirekten Rede zum Reflexivpronomen 자기 und das Demonstrativpronomen 여기 'hier' wird zu 저기 'dort'.

Änderung der Pronomina

수미가 "저한테 이야기하세요."라고 했어요. → 수미가 자기한테 이야기하라고 했어요.	*Sumi sagte: „Erzählen Sie es mir bitte!"* *Sumi hat gesagt, dass ich es ihr erzählen solle.*
안나가 "제 고향은 한국이에요." 라고 했어요. → 안나가 자기 고향은 한국이라고 했어요.	*Anna sagte: „Meine Heimat ist Korea"* *Anna hat gesagt, dass ihre Heimat Korea sei.*
그가 손님에게 "여기 앉으세요." 라고 했어요. → 그가 손님에게 저기 앉으라고 했어요.	*Er sagte dem Gast: „Setzen Sie sich bitte hier hin."* *Er sagte dem Gast, dass er sich dort hinsetzen könne.*

Ebenso verändern sich auch die Höflichkeitsformen und die Sprechstufe der Mitteilungsverben, je nachdem, wer zu wem spricht und über wen gesprochen wird.

Vater zur Tochter: "올해부터 담배를 피우지 않을 거야.	*„Ich werde ab diesem Jahr nicht rauchen."*
→ *Tochter zur Mutter*: 아버지께서 올해부터 담배를 피우지 않을 거라고 하셨어요.	*„Papa hat gesagt, dass er ab diesem Jahr nicht rauchen werde."*
Großvater zum Enkelkind (Sumi): "수미야, 할머니에게 내가 일찍 잔다고 해라."	*„Sumi, sag Oma, dass ich früher ins Bett gehe."*
→ *Sumi zur Großmutter*: 할머니, 할아버지께서 일찍 주무신다고 하셨어요.	*„Oma, Opa hat gesagt, dass er früher ins Bett geht."*

23.3 Kontraktionsformen der indirekten Rede

Die Kontraktionsformen sind nur in der gesprochenen Sprache in der informellen und informell-höflichen Sprechstufe verbreitet, ebenso wie die emphatischen bzw. pragmatischen Satzschlussendungen (▶ 11 | Pragmatische Satzschlussendungen). In der folgenden Liste sind die Kontraktionsformen der indirekten Rede aufgeführt:

Satztyp	Tempora	indirekte Rede	Kontraktionsform
Aussagesatz	Präsens	AV-는/ㄴ 다고 해요	→ AV-는/ㄴ 대요
		QV-다고 해요	→ QV-대요
		N + -(이)라고 해요	→ N-(이)래요
	Präteritum	VS-았/었/였다고 해요	→ VS-았/었/였대요
	Futur	VS-을/ㄹ거라고 해요	→ VS-을/ㄹ거래요
Fragesatz	Präsens	AV-(느)냐고 해요	→ AV-냬요
		QV- (으)냐고 해요	→ QV-(으)냬요
		N-(이)냐고 해요	→ N-(이)냬요
Imperativ	Präsens	VS-(으)라고 해요	→ VS-(으)래요
		VS-아/어 달라고 해요	→ VS-아/어 달래요
		VS-아/어 주라고 해요	→ VS-아/어 주래요
Aufforderung	Präsens	VS-자고 해요	→ VS-재요

Aussagesatz

indirekte Rede der AV → Kontraktionsform	유미가 오늘 한국에 간다고 해요. → 유미가 오늘 한국에 간대요.	*Ich habe gehört, dass Yumi heute nach Korea fliegt.*
	막스가 김밥을 잘 먹는다고 해요. → 막스가 김밥을 잘 먹는대요.	*Ich habe gehört, dass Max gerne Kimbap isst.*
indirekte Rede bei QV → Kontraktionsform	민수 씨가 많이 바쁘다고 해요. → 민수 씨가 많이 바쁘대요.	*Minsu soll viel zu tun haben.*
	주말에 날씨가 좋다고 해요. → 주말에 날씨가 좋대요.	*Am Wochenende soll das Wetter schön sein.*

indirekte Rede bei der Kopula → Kontraktionsform	민수 씨는 의사라고 해요. → 민수 씨는 의사래요.	*Ich habe gehört, dass Minsu Arzt ist.*
	수미 씨가 오늘 생일이라고 해요. → 수미 씨가 오늘 생일이래요.	*Ich habe gehört, dass Sumi heute Geburtstag hat.*

Je nach Tempus gibt es in der Aussageform unterschiedliche Kontraktionsformen:

Tempora	Kontraktionsformen	
Präsens AV-는/ㄴ대요	유미가 한국에 간대요.	*Ich habe gehört, dass Yumi nach Korea fliegt.*
Präteritum VS-았/었대요	유미가 한국에 갔대요.	*Ich habe gehört, dass Yumi nach Korea geflogen ist.*
Futur VS-을/ㄹ 거래요	유미가 한국에 갈 거래요.	*Ich habe gehört, dass Yumi nach Korea fliegen wird.*

A: 안나 씨가 다음 달에 결혼한대요. — *A: Ich habe gehört, dass Anna nächsten Monat heiratet.*
B: 예식장이 어디래요? — *B: Wo soll die Hochzeit stattfinden?*
A: 목동 예식장이래요. — *A: Sie soll in der Mokdong-Hochzeitshalle stattfinden.*

수미 씨가 교통사고가 났대요. — *Ich habe gehört, dass Sumi einen Verkehrsunfall hatte.*

그래서 수술해야 한대요. — *Deshalb müsse sie operiert werden (sagte sie).*

Fragesatz

Indirekte Rede bei Aktionsverb

유미 씨가 (나에게) 집에 가느냐고 물어요.
→ 유미 씨가 (나에게) 집에 가내요.
Yumi fragt, ob ich nach Hause gehe.

동생이 점심에 뭐 먹고 싶냐고 물어 보네요.
→ 동생이 점심에 뭐 먹고 싶내요.
Mein jüngerer Bruder fragt, was ich zum Mittag essen möchte.

유미 씨가 (내게) 졸업을 했느냐고 물어봤어요.
→ 유미 씨가 (내게) 졸업을 했내요.
Yumi hat mich gefragt, ob ich das Studium abgeschlossen habe.

유미 씨가 백화점에 함께 가겠느냐고 묻네요.
→ 유미 씨가 (나에게) 백화점에 함께 가겠내요.
Yumi fragt, ob ich zusammen mit ihr zum Kaufhaus gehen möchte.

Indirekte Rede bei Qualitativverb, Existenzverb, Kopula

민수가 (나에게) 요즘 바쁘냐고 물었어요.
→ 민수가 (나에게) 요즘 바쁘내요.
Minsu hat gefragt, ob ich zur Zeit viel zu tun habe.

민수가 (내게) 독일 친구가 많으냐고 물었어요.
→ 민수가 (내게) 독일 친구가 많(으)내요.
Minsu hat gefragt, ob ich viele deutsche Freunde habe.

민수가 (나에게) 오늘 집에 있냐고 했어요.
→ 민수가 (나에게) 오늘 집에 있내요.
Minsu hat gefragt, ob ich heute zu Hause bin.

민수가 (나에게) 생일이 언제냐고 물었어요.
→ 민수가 (나에게) 생일이 언제내요.
Minsu hat gefragt, wann ich Geburtstag habe.

Je nach Tempus gibt es auch in der Frageform unterschiedliche Kontraktionsformen:

Tempora	Kontraktionsformen	
Präsens AV-내요	유미가 (나에게) 언제 한국에 가내요.	*Yumi hat gefragt, wann ich nach Korea fliege.*
Präteritum VS-았/었내요	유미가 (나에게) 언제 한국에 갔내요.	*Yumi hat gefragt, wann ich nach Korea geflogen bin.*
Futur VS-을/ㄹ 거내요	유미가(나에게) 언제 한국에 갈 거내요.	*Yumi hat gefragt, wann ich nach Korea fliegen werde.*

Imperativsatz

민수가 (나한테) 저녁에 전화하라고 해요. → 민수가 (나한테) 저녁에 전화하래요.	*Minsu fordert mich auf, ihn heute Abend anzurufen.*
민수가 (나한테) 돈을 빌려 달라고 해요. → 민수가 (나한테) 돈을 빌려 달래요.	*Minsu bittet mich, ihm Geld zu leihen.*
민수가 수미에게 자기 주소를 가르쳐 주라고 했어요. (→ 가르쳐 주래요.)	*Minsu hat mich gebeten, Sumi seine Adresse mitzuteilen.*

Aufforderungssatz

수미가 (나에게) 내일 같이 영화를 보러 가자고 해요. (→ 가재요.)	*Sumi schlägt (mir) vor, dass wir morgen zusammen ins Kino gehen.*
남편이 집에서 쉬자고 해요 (→ 쉬재요.)	*Mein Mann sagt, dass wir uns zu Hause ausruhen sollen.*
안나 씨가 막스 씨에게 중국어를 배우자고 해요. (→ 배우재요.)	*Anna schlägt Max vor, dass sie zusammen Tennis spielen gehen.*
민수 씨가 (나에게) 내년에 결혼하자고 했어요. (→ 결혼하잤어요.)	*Minsu hat (mir) vorgeschlagen, dass wir nächstes Jahr heiraten.*
남편한테 오늘 피자 먹으러 가자고 했어요. (→ 가잤어요.)	*Ich habe meinem Mann vorgeschlagen, heute Pizza essen zu gehen.*

24 Komplexe Satzstrukturen

Nebensätze stehen im Koreanischen immer vor den Hauptsätzen. Sie lassen sich in vier Typen einteilen:

1) Attributsätze sind Nebensätze, die in Bezug auf den Gesamtsatz die Stelle eines Attributs zu einem nachfolgenden Nomen bzw. einer Nomengruppe einnehmen. Sie beziehen sich auf ein im Hauptsatz stehendes Nomen und bestimmen dieses näher. Koreanische Attributsätze entsprechen funktional den deutschen Relativsätzen und werden durch die Partizipialformen des Verbs bzw. durch die Berichtsform plus Attributivform –는 gebildet (▶ 24.1 | Attributsätze).

2) Nominalisierte Sätze (Subjekt- bzw. Objektsätze) sind Nebensätze, deren Prädikat aus einem Verbalnomen (▶ 18 | Verbalnomina) oder der Form –는지/은지 ('ob') besteht. Diese eingebetteten Sätze nehmen im Satzganzen dieselbe Funktion ein wie ein Nomen im einfachen Satz. Sie können daher mit der Topik-, Subjekt- oder Objektpartikel auftreten. Sie werden im Deutschen meist durch *dass*-Sätze (Subjekt-/Objektsätze) bzw. *ob*-Sätze wiedergegeben. Hierher gehören auch die indirekten Fragesätze (▶ 24.2.2 | Indirekter Fragesatz).

3) Adverbialsätze sind Nebensätze, die in Bezug auf den Gesamtsatz die Stelle eines Adverbials einnehmen. Sie bestimmen den im Hauptsatz ausgedrückten Sachverhalt näher und werden im Koreanischen durch Konjunktionalformen des Verbs gebildet. Konjunktionalformen können koordinativ oder subordinativ sein. Erstere verbinden zwei unabhängige Hauptsätze miteinander, etwa durch VS–고 'und', VS–지만 'aber'. Letztere werden an das Prädikat eines vorangehenden Nebensatzes angehängt und drücken logische, temporale und konditionale Relationen der Nebensatzprädikate zum Hauptsatz aus: z.B. VS + –아/어서 'weil'.

4) Quotativsätze sind Sätze zur indirekten Wiedergabe der Äußerung des Sprechers.

24.1 Attributsätze

Koreanische Attributsätze, die im Deutschen typischerweise durch Relativsätze wiedergegeben werden, unterscheiden sich nicht grundsätzlich von adnominalen Attributen und stehen immer vor dem Substantiv, auf das sie sich beziehen. Die Grundwortstellung *Subjekt-Objekt-Verb* im einfachen Satz bleibt auch in Attributsätzen unverändert. Sie werden a) durch attributive Partizipialformen des Verbs oder b) durch das Anhängen der Attributivform –는 an die Berichtsform der 2. SPS gebildet.

a) Attributsätze mit Partizipialformen

Die Partizipialformen werden je nach Tempus und Verbart durch das Anhängen von unterschiedlichen Suffixen an den Verbstamm gebildet (▶ 12 | Partizipialformen). Für die verschiedenen Verbarten ergeben sich die folgenden Möglichkeiten, Attributsätze zu bilden.

Partizipialform		Attributsätze	
Präsens	AV–는	부산에 사는 친구가 왔어요.	*Ein Freund, der in Busan lebt, hat mich besucht.*
	EV–는	유머가 있는 사람이 좋아요.	*Ich mag jemanden, der Humor hat.*
	QV–은/ㄴ	그는 예쁜 여자만을 좋아해요.	*Er mag nur Frauen, die hübsch sind. / Er mag nur hübsche Frauen.*
	KOP–ㄴ	우리가 친구인 이유가 있어요.	*Es gibt einen Grund, warum wir Freunde sind.*

Partizipialform		Attributsätze	
Präteritum	AV-은/ㄴ	어제 본 영화가 어땠어요?	*Wie war der Film, den Sie gestern gesehen haben?*
Futur	AV-을/ㄹ	내일 먹을 빵을 사요.	*Ich kaufe Brot, das ich morgen esse.*
	EV-을	집에 있을 시간이 없어요.	*Ich habe keine Zeit, zu Hause zu sein.*

Partizipialform		Attributsätze	
Retro-spektiv	AV-던	이것은 제가 자주 입던 바지예요.	*Das ist die Hose, die ich (früher) oft angezogen habe.*
	QV-던	곱던 손이 거칠어졌어요.	*(Ihre) Hände, die früher zart waren, sind rau geworden.*
	EV-던	집에 있던 재료로 만들었어요.	*Ich habe das Essen mit den Zutaten gekocht, die ich zu Hause hatte.*
	KOP-던	학교였던 건물이 없어졌어요.	*Das Gebäude, das früher eine Schule war, ist verschwunden.*

Koreanische Attributsätze können sich auch auf ein im Hauptsatz stehendes Formalnomen wie 것, 줄 (▶ 17 | Formalnomina) beziehen und im Hauptsatz die Funktion des Subjekts oder des Objekts übernehmen.

그가 집에 가는 것은 당연해.	*Es ist klar, dass er nach Hause fährt.*
일찍 자는 것이 좋을 거예요.	*Es ist besser, dass Sie früher ins Bett gehen.*
요즘 무척 바쁘신 줄(을) 압니다.	*Ich weiß, dass Sie zur Zeit sehr viel zu tun haben.*

Das Subjekt des Attributsatzes wird – wenn vorhanden – mit der Nominativmarkierung 이/가 gekennzeichnet. Innerhalb eines Attributsatzes kann die Topikpartikel 은/는 nicht verwendet werden.

동생이 엄마가 만든 김밥을 다 먹었어요.	*Mein jüngerer Bruder hat das Kimbap, das unsere Mutter gemacht hat, ganz aufgegessen.*
이 자동차는 아버지가 즐겨 타시던 거예요.	*Das ist das Auto, das mein Vater immer gerne gefahren hat.*
엄마가 딸이 졸업식에 입을 옷을 사왔어요.	*Die Mutter hat ein Kleid gekauft, das ihre Tochter beim Schulabschluss anziehen wird.*

Bei Attributsätzen sind manchmal mehrere Interpretationen möglich, sodass ihre Bedeutung nur vom Kontext abhängt.

Beispiel	어제 시내에서 산 책을 읽었다.	
a)	[어제 시내에서 산 책을] 읽었다.	*Ich habe das Buch gelesen, das ich gestern in der Stadt gekauft habe.*
b)	어제 [시내에서 산 책을] 읽었다.	*Ich habe gestern das Buch gelesen, das ich in der Stadt gekauft habe.*
c)	어제 시내에서 [산 책을] 읽었다.	*Ich habe gestern in der Stadt das Buch gelesen, das ich gekauft habe.*

b) Attributsätze mit der Attributivform –는

Bestimmte Nomina wie 사실 'Tatsache', 소문 'Gerücht', 소식 'Nachricht', 증거 'Beweise', 보도 'Bericht', 말 'Sprache/Wort', 얘기 'Gesagtes/Äußerung', 질문 'Frage' und das Formalnomen 것 (거) 'Sache' werden oft durch einen Attributsatz modifiziert. Der Attributsatz wird dann dadurch gebildet, dass an die Berichtsform der 2. SPS die Quotativmarkierung –고 + Partizip Präsens –는 des Verbs des Sagens (말)하다 angehängt wird (▶ 4.3 | Berichtsform). Die Kombination aus der Quotativmarkierung –고 + mit dem Partizip Präsens –는 des Verbs des Sagens (말)하다 wird zu –는 abgekürzt. Diese Konstruktion wird im Deutschen durch einen *dass*-Satz wiedergegeben. Die Struktur ist wie folgt:

Attributivform –는 bei Aussagen in der Berichtsform

Attributsatz			Hauptsatz	
Aussageform	Quotativmarkierung	Partizip Präsens	Nomen	Hauptverb
곧 독일로 유학을 떠난다	+ 고	+ 하는	말을	들었어요.
	(고 하는 → 는)			
Ich habe gehört, [dass jemand sagt], dass Sie bald nach Deutschland zum Studieren fliegen.				

사람은 지구가 둥글다는 사실을 안다.	*Man kennt die Tatsache, dass die Erde rund ist.*
수미가 아프다는 소식을 들었어요.	*Ich habe die Nachricht gehört, dass Sumi krank ist.*
그가 마약을 복용한다는 소문이 돌아요.	*Es geht das Gerücht um, dass er Drogen nimmt.*
그가 외국에서 공부했다는 것은 새로운 사실이다.	*Dass er im Ausland studiert hat, ist eine neue Tatsache.*

Attributivform –는 bei Fragen in der Berichtsform

Attributsatz			Hauptsatz	
Frageform	Quotativmarkierung	Partizip Präsens	Nomen	Hauptverb
요즘 언제 결혼하(느)냐	+ 고	+ 하는	질문을	자주 받아요.
	(고 하는 → 는)			
Zur Zeit werde ich oft gefragt, wann ich heirate.				

Die Frageform der Berichtsform –는/ㄴ/은가? wird nur zum Ausdruck von rhetorischen Fragen verwendet.

이 비밀을 누가 아(느)냐는 질문에 아무도 대답하지 않았다.	*Niemand hat auf die Frage geantwortet, wer dieses Geheimnis kennt.*
결혼했(느)냐는 물음에 고개를 끄덕였다.	*Auf die Frage, ob sie verheiratet ist, hat sie genickt.*

Attributivform –는 bei Imperativen in der Berichtsform

Attributsatz			Hauptsatz	
Imperativform	Quotativmarkierung	Partizip Präsens	Nomen	Hauptverb
책을 많이 읽으라	+ 고	+ 하는	말을	했어요.
	(고 하는 → 는)			
Er/Sie hat mir gesagt, dass ich viele Bücher lesen soll.				

파티에 오라는 얘기가 없었어요.	*Er hat nicht gesagt, dass ich zur Party kommen soll.*
운동을 열심히 하라는 신호예요.	*Das ist ein Zeichen, dass Sie viel Sport machen sollen.*

Attributivform –는 bei Aufforderungen in der Berichtsform

Attributsatz			Hauptsatz	
Aufforderungsform	Quotativmarkierung	Partizip Präsens	Nomen	Hauptverb
함께 여행을 가자	+ 고	+ 하는	제안을	했어요.
	(고 하는 → 는)			
Er/Sie hat mir vorgeschlagen, eine gemeinsame Reise zu machen.				

헤어지자는 말을 여러 번 했어요. — *Sie hat mehrmals gesagt, dass wir uns trennen sollen.*

그가 거짓말을 하지 말자는 약속을 어겼어요. — *Er hat das Versprechen gebrochen, dass wir uns nicht belügen sollten.*

Nomen + –(이)라는 (–(이)라고 하는) + Nomen

Die Quotativform der Kopula lautet N + (이)라고 하다 und deren attributive Formen sind: 이라는 (N_{KONS}) / 라는(N_{VOK}). Ebenso lautet die Quotativform der Futurkonstrunktion –을/ㄹ 거다: –을/ㄹ 거라고 하다, denn diese ist eine Konstraktionsform von –을/ㄹ 것이다 (▶ 23.2.1 | Indirekte Rede).

이다	–을/ㄹ 거다
이 + –라고 하다 → 이라고 하는 → 이라는	–을/ㄹ 거 (← –을/ㄹ 것이) + 라고 하다 → –을/ㄹ 거라(고 하)는

남대문 시장이라는 (← 이라고 하는) 곳에 갔었어요. — *Ich war auf dem [Ort, der] Namdaemun-Markt [heißt].*

선생님, 김 민수라는 (← 라고 하는) 분이 밖에서 기다립니다. — *Herr Lehrer, ein Herr, der sich Minsu Kim nennt, wartet draußen auf Sie.*

인생은 사십부터라는 (← 라고 하는) 말이 있어요. — *Es gibt einen Spruch, dass das Leben mit 40 beginnt.*

–을/ㄹ 거라는 (← 거라고 하는) + Nomen

롯데 백화점이 곧 문을 닫을 거라는 (← 거라고 하는) 소문이 있어요. — *Es gibt Gerüchte, die sagen, dass das Lotte-Kaufhaus bald schließt.*

이번 겨울은 굉장히 추울 거라는 (← 거라고 하는) 얘기를 들었어요. — *Ich habe gehört, dass dieser Winter sehr kalt wird.*

24.2 Nominalisierte Sätze

1. Subjekt- und Objektsatz mit Verbalnomina auf –기 oder –음/ㅁ

Nominalisierte Sätze werden – anders als Attributsätze, die das Nomen im Hauptsatz näher bestimmen –, durch die Nominalisierungssuffixe –기 oder –음/ㅁ gebildet. Der Bedeutungsunterschied zwischen den beiden Nominalisierungssuffixen wird im Kapitel 18 Verbalnomen ausführlich behandelt. Nominalisierte Nebensätze können die grammatischen Funktionen von Nomina, wie Subjekt oder Objekt, wahrnehmen und mit den entsprechenden Kasusmarkierungen (Nominativ 이/가 oder Akkusativ 을/를) gebraucht werden. Im Folgenden werden einige Beispiele mit nominalisierten Nebensätzen aufgeführt:

Verbalnomen auf -기

저는 아내가 집에 있기를 바래요.	*Ich möchte, dass meine Frau zu Hause bleibt.*
그의 말을 믿기가 어려워요.	*Es ist schwer, seine Worte zu glauben.*
성공은 노력하기에 달려있습니다.	*Der Erfolg hängt davon ab, wie man sich bemüht.*
추운 겨울이 빨리 지나가기만을 기다린다.	*Wir warten nur, dass der kalte Winter schnell vorbeigeht.*

Verbalnomen auf -음/ㅁ

민수가 옳았음을 깨달았다.	*Ich habe begriffen, dass Minsu Recht hatte.*
성공은 노력함에 달려있다.	*Der Erfolg hängt von der Bemühung ab.*
나는 그가 학생임을 알게 되었다.	*Ich habe erfahren, dass er Schüler ist.*

2. *ob*-Satz und indirekter Fragesatz

Wenn im Deutschen von einem Verb des Sagens oder Denkens nicht ein *dass*-Satz, sondern ein *ob*-Satz oder ein indirekter Fragesatz abhängig ist, wird im Koreanischen die Form -는지 (bei Aktionsverben und Existenzverben), -은/ㄴ지 (bei Qualitativverben) verwendet. Die mit -는/은/ㄴ지 gebildeten Sätze sind abhängig von kognitiven Verben wie 알다 'wissen/kennen', 모르다 'nicht wissen/kennen', 생각나다 'etwas einfallen', 기억하다 'sich erinnern' oder 궁금하다 'neugierig/gespannt sein' oder Verben des Sagens wie 말하다 'sagen', 가르치다 'lehren' / 'informieren' oder 질문하다/묻다 'fragen'.

Tempus	AV	QV	EV 있다	KOP 이다
Präsens -는/은/ㄴ지	가는지 먹는지	작은지 아픈지	있는지	N_{KONS} 인지 N_{VOK} ㄴ지
Präteritum -는지	갔는지 먹었는지	작았는지 아팠는지	있었는지	N_{KONS} 이었는지 N_{VOK} 였는지

Diese Konstruktion mit zusammengeschriebenem -는/은/ㄴ지 darf nicht verwechselt werden mit der Konstruktion -은/ㄴ 지 mit dem Formalnomen 지 'Zeitdauer' mit der temporalen Bedeutung 'seit' (▶ 24.3. 4 | Temporalsatz -은/ㄴ 지). Die Form -은/ㄴ지 besteht ursprünglich aus der Attributivform des Verbs und dem Nomen 지 (知) 'Wissen', wobei die Zusammenschreibung nur zur Differenzierung gegenüber -은/ㄴ 지 ('seit') dient.

Präsens: AV/EV-는지, QV-은/ㄴ지, N+인/ㄴ지

민수가 자는지 공부하는지 모르겠어요.	*Ich weiß nicht, ob Minsu schläft oder lernt.*
그가 여자 친구가 있는지 궁금해요.	*Ich bin neugierig, ob er eine Freundin hat.*
그 사람이 어느 나라 사람인지 알아요?	*Wissen Sie, aus welchem Land er kommt?*
이 집의 주인이 누군지 혹시 아세요?	*Wissen Sie vielleicht, wer der Besitzer dieses Hauses ist?*
서울역에 어떻게 가는지 가르쳐 주세요.	*Sagen Sie mir bitte, wie man zur Seoul-Station geht.*

Präteritum: VS-았/었는지

날씨가 얼마나 좋았는지 몰라.	*Ich kann nicht glauben, wie schön das Wetter war.*
방학에 무엇을 했는지 말해 보세요.	*Erzählen Sie bitte, was Sie in den Ferien gemacht haben!*

그가 제 편지를 받았는지 궁금해요.	*Ich bin neugierig, ob er meinen Brief bekommen hat.*
그가 의사였는지 선생님이었는지 잘 모르겠어요.	*Ich weiß nicht genau, ob er Arzt oder Lehrer war.*

Die Konstruktion –는/은/ㄴ지 kann mit der Futurkonstruktion –을/ㄹ 것이다 (거다) kombiniert werden und drückt eine zukünftige Handlung oder Vermutung des Sprechers aus (▶ 24.2.3 | –을/ㄹ지).

VS–을/ㄹ 것인지, VS–을/ㄹ 건지

비가 오면 집에 있을 건지 물어보세요.	*Fragen Sie ihn, ob er zu Hause bleiben wird, wenn es regnet.*
지금 점심을 먹으로 갈 건지 물어봅시다.	*Lasst uns fragen, ob er jetzt mit uns zusammen zum Mittagessen geht.*

–을/ㄹ지

Die Konstruktion VS–을/ㄹ지 kann sowohl eine zukünftige Handlung/Zustand als auch eine Vermutung/Schlussfolgerung des Sprechers ausdrücken. Auch diese Konstruktion wird im Deutschen durch *ob*-Sätze oder indirekte Fragesätze wiedergegeben. Die Konstruktion VS–을/ㄹ지 steht, anders als –는/은/ㄴ지, nicht mit der Futurkonstruktion –을/ㄹ 것이다 (거다).

Tempus	AV	QV	EV 있다	KOP 이다
Präsens –을/ㄹ지	올지 먹을지	좋을지 아플지	있을지 없을지	N_{KONS} 일지 N_{VOK} ㄹ지
Präteritum –았/었을지	왔을지 먹었을지	좋았을지 아팠을지	있었을지 없었을지	N_{KONS} 이었을지 N_{VOK} 였을지

졸업 후에 무엇을 할지 물어봐 주세요. = 무엇을 할 건지 물어봐 주세요.	*Bitte fragen Sie ihn, was er nach dem Uni-Abschluss machen wird/möchte.*
신혼여행을 어디로 갈지 궁금합니다. = 신혼여행을 어디로 갈 건지 궁금합니다.	*Wir sind neugierig, wohin sie in die Flitterwochen fahren.*
언제 올지 물어 봐. (= 올 건지)	*Frag ihn, wann er kommen wird/möchte.*
민수 씨가 누구와 결혼할지 궁금해요.	*Ich bin neugierig, wen Minsu heiratet.*
그가 뭐라고 말했을지 궁금해요.	*Ich bin neugierig, was er gesagt hat.*

Die Konstruktion VS–을/ㄹ지 wird häufig zusammen mit der Partikel 도 'auch' und dem Verb 모르다 'nicht wissen/kennen' verwendet, um eine Vermutung bzw. Meinung des Sprechers über eine zukünftige Handlung auszudrücken. In diesem Fall steht das Verb im Hauptsatz immer im Präsens.

사기꾼일지도 몰라요.	*Es kann auch sein, dass er ein Betrüger ist.*
운전하느라 전화를 못 받았을지도 몰라요.	*Es kann auch sein, dass sie nicht ans Telefon gegangen ist, weil sie beim Autofahren war.*
혹시 저를 기억하실지 모르겠어요.	*Ich weiß nicht, ob Sie sich an mich erinnern.*
약속을 잊어버렸을지도 몰라요. Nicht: *약속을 잊어버렸을지도 몰랐어요.	*Es könnte auch sein, dass sie die Verabredung vergessen hat.*

Um deutsche Objektsätze des Typs 'ob X oder nicht' auszudrücken, wird einfach die negierte Partizipialform des Verbs + 지 nach der positiven Form wiederholt.

AV-는지.. 안 + AV-는지	그가 오늘 오는지 안 오는지 전화해 보세요.	*Rufen Sie mal an, ob er heute kommt oder nicht.*
QV-은/ㄴ지 ... 안 + QV-은/ㄴ지	배가 고픈지 안 고픈지 물어보세요.	*Fragen Sie ihn mal, ob er hungrig ist oder nicht.*
있는지...없는지	시간이 있는지 없는지 모르겠어요.	*Ich weiß nicht, ob er Zeit hat oder nicht.*
N+인지 ...아닌지	그가 독일사람인지 아닌지 확실하지 않아요.	*Ich bin nicht sicher, ob er Deutscher ist oder nicht.*

24.3 Adverbialsätze

Adverbialsätze, die durch (koordinative und subordinative) Konjunktionalformen des Verbs gebildet werden, können je nach ihrer Bedeutung eingeteilt werden: koordinativ, temporal, konditional, kausal oder final u.a.

1. Koordinativsatz

Durch koordinative Konjunktionalformen werden zwei selbstständige Sätze verbunden. Die Tabelle gibt eine Übersicht über die geläufigsten koordinativen Konjunktionalformen.

koordinative Konjunktionalformen	deutsche Entsprechungen
-고, -(으)며	*und / gleichzeitig / anschließend*
N + 도 VS-고 N + 도	*sowohl ... als auch*
N + 도 VS-고 N + 도 + negiertes Verb	*weder ... noch*
-지도 (않고)...-지도 않다	*weder ... noch*
-을/ㄹ 뿐만 아니라 N + 도	*nicht nur ..., sondern auch*

VS-고 'und'

Die koordinative Konjunktionalform -고 'und' wird an den Verbstamm des Verbs im ersten Teilsatz angehängt und hat mehrere Bedeutungen.

a) Aneinanderreihung von zwei oder mehreren Zuständen/Eigenschaften

Die Konjunktionalform -고 wird verwendet, um eine Aneinanderreihung von zwei oder mehreren Zuständen/Eigenschaften auszudrücken. Wenn zwei Sätze mit VS-고 verknüpft werden, kann das Subjekt der beiden Teilsätze identisch oder verschieden sein. Ist das Subjekt in beiden Teilsätzen gleich, kann es im zweiten Teilsatz ausgelassen werden. Wenn die Subjekte verschieden sind, wird zum Ausdruck des Kontrastes in beiden Teilsätzen häufig die Topikpartikel 은/는 verwendet.

김밥은 싸고 맛있어요.	*Kimbap ist günstig und lecker.*
멍청하고 욕심이 많은 사람은 싫어요.	*Ich mag keine dummen und gierigen Menschen.*
인생은 짧고 예술은 길다.	*Das Leben ist kurz und die Kunst [ist] lang.*
한국어는 쉽고 독일어는 어려워요.	*Koreanisch ist leicht und Deutsch ist schwer.*
저는 대학생이고 형은 선생님입니다.	*Ich bin Student und mein älterer Bruder ist Lehrer.*

b) Gleichzeitigkeit von Handlungen (verschiedene Subjekte)

Die Konjunktionalform –고 wird verwendet, um zwei gleichzeitig verlaufende Handlungen zweier oder mehrerer Personen auszudrücken. Die Subjekte der beiden Teilsätze sind also verschieden.

민수는 축구를 하고 필립은 숙제해요.	*Minsu spielt Fußball und Philipp macht Hausaufgaben.*
아빠는 주무시고 엄마는 TV 를 보십니다.	*Mein Vater schläft und meine Mutter sieht fern.*
수미는 요리하고 민수는 방을 청소해요.	*Sumi kocht und Minsu putzt das Zimmer.*

c) Zeitliche Abfolge von Handlungen (gleiches Subjekt)

In dieser Bedeutung ist das Subjekt in beiden Teilsätzen identisch. Bevor die Handlung im zweiten Satz beginnt, muss die Handlung im ersten Satz abgeschlossen sein. Dies entspricht 'und dann' bzw. 'anschließend'. Da die Handlungen unmittelbar aufeinander folgen, wird das Tempus nur im zweiten Satz markiert. Gleichzeitig verlaufende Handlungen desselben Subjekts werden durch –(으)면서 ausgedrückt (▶ 24.3.3 | Temporalsatz).

아침을 먹고 학교에 가요.	*Ich frühstücke und dann gehe ich zur Schule.*
민수는 책을 읽고 잤어요.	*Minsu las ein Buch und ging danach ins Bett.*
수미가 문을 열고 방에 들어갔어요.	*Sumi machte die Tür auf und ging dann ins Zimmer.*
점심을 먹고 떠납시다.	*Lass uns nach dem Mittagessen losfahren!*

VS–(으)며

Die Konjunktionalform –(으)며 kann mit allen Verbarten verwendet werden und hat je nach Kontext zwei Bedeutungen:

a) Aneinanderreihung von zwei oder mehreren Zuständen

In dieser Funktion werden zwei oder mehrere Eigenschaften (Qualitativverben) aneinandergereiht. Dabei können die Subjekte gleich oder verschieden sein. In dieser Bedeutung sind –(으)며 und –고 austauschbar, wobei –(으)며 meist in der geschriebenen Sprache verwendet wird, –고 dagegen eher in der gesprochenen Sprache.

고기가 연하며 맛있어요. (← 고기가 연하고 맛있어요.)	*Das Fleisch ist zart und lecker.*
나도 그를 믿으며 (← 믿고) 그도 나를 믿는다.	*Ich vertraue ihm und er vertraut mir auch.*
이 커피숍은 조용하며 (← 조용하고) 커피 맛도 좋아요.	*Das Café ist ruhig und der Kaffee schmeckt auch gut.*

b) Gleichzeitigkeit von Handlungen (gleiches Subjekt)

Die Konjunktionalform –(으)며 drückt die Gleichzeitigkeit von zwei oder mehreren Handlungen im Sinne von 'während' aus, wenn die dadurch verbundenen Teilsätze dasselbe Subjekt haben. In der temporalen Bedeutung kann anstatt der koordinativen Konjunktionalform –(으)며 auch die temporale Konjunktionalform –(으)면서 verwendet werden.

비를 맞으며 서 있어요. = 비를 맞으면서 서 있어요.	*Er steht im Regen. [Es regnet und er steht da.]*
사라는 음악을 들으며 요리해요. = 사라는 음악을 들으면서 요리해요.	*Sara kocht, während sie Musik hört. (Sara hört beim Kochen Musik.)*
유미는 편지를 읽으며 (= 읽으면서) 눈물을 흘렸다.	*Yumi hat beim Lesen des Briefes geweint. [Tränen vergossen]*

수미는 신문을 보며 (= 보면서) 커피를 마셔요.	*Sumi trinkt Kaffee, während sie Zeitung liest. (Sumi trinkt beim Zeitunglesen Kaffee.)*

N+도 VS-고 (← (으)며) N+도

Die zweiteilige konnektive Konjunktionalform N+도 VS-고 N+도 'sowohl ... als auch' wird verwendet, um zwei oder mehrere Aussagen in Bezug auf das gleiche Subjekt auszudrücken. In dieser Bedeutung kann anstatt der Konjunktionalform -고 auch die Konjunktionalform -(으)며 verwendet werden.

유미는 노래도 잘 부르고 춤도 잘 춰요. = 유미는 노래도 잘 부르며 춤도 잘 춰요.	*Yumi kann sowohl gut singen als auch gut tanzen.*
민수는 밥도 잘 먹고 빵도 잘 먹어요. = 민수는 밥도 잘 먹으며 빵도 잘 먹어요.	*Minsu isst sowohl Reis als auch Brot gern.*
차도 좋아하고 커피도 좋아해요. = 차도 좋아하며 커피도 좋아해요.	*Ich mag sowohl Tee als auch Kaffee.*

N+도 + 안 / 못 + VS-고 N+도 + negiertes Verb

Um 'weder die eine noch die andere Sache/Person' wiederzugeben, wird die Struktur N+도 VS-고 N+도 mit negiertem Verb verwendet. In folgenden Beispielen werden die Verben mit dem Negationsadverb 안 bzw. 못 negiert.

나도 안 가고 민수도 안 갔어요.	*Weder ich noch Minsu sind gegangen.*
유미는 노래도 못 부르고 춤도 못 춰요.	*Yumi kann weder gut singen noch gut tanzen.*
안나는 수학도 못 하고 영어도 못 해요.	*Anna ist weder gut in Mathe noch gut in Englisch.*
수영도 안 좋아하고 스키도 안 좋아해요. = 수영도 싫어하고 스키도 싫어해요.	*Ich mag weder Schwimmen noch Skifahren.*

VS-지도 + (않고) + VS-지도 + 않다

Die Konstruktion VS-지도 + (않고) + VS-지도 + 않다 drückt ebenfalls 'weder ... noch' aus, wobei die gegenübergestellten Verben negiert werden. In dieser Konstruktion kann das erste negierte Verb (않고) ausgelassen werden. Im negierten Imperativ wird das Hilfsverb 말다 'aufhören' statt 않다 verwendet.

춥지도 (않고) 덥지도 않아요.	*Es ist weder kalt noch warm.*
빠르지도 (않고) 느리지도 않은 경제.	*Das Wirtschaftswachstum, das weder schnell noch langsam ist.*
우리 딸이 잘 먹지도 (않고) 잘 자지도 않아서 걱정이에요.	*Ich bin wegen meiner Tochter besorgt, die weder gut isst noch gut schläft.*
그것에 대해 묻지도 (말고) 말하지도 마세요.	*Bitte fragen Sie weder danach noch sagen Sie etwas.*

VS-을/ㄹ 뿐만 아니라 N+도, N+뿐만 아니라 N+도

Eine weitere zweiteilige Konjunktionalform ist VS-을/ㄹ 뿐만 아니라 N+도. Sie hat die Bedeutung 'nicht nur ..., sondern auch' und kann mit allen Verbarten gebraucht werden. 뿐만 아니라 kann in derselben Bedeutung auch mit einem Nomen stehen.

저는 고기를 좋아할 뿐만 아니라 생선도 좋아해요.	*Ich mag nicht nur Fleisch, sondern auch Fisch.*

유미는 한국어를 잘할 뿐만 아니라 일본어도 잘해요.	*Yumi spricht nicht nur gut Koreanisch, sondern auch gut Japanisch.*
수진은 그림을 잘 그릴 뿐만 아니라 피아노도 잘 쳐요.	*Sujin kann nicht nur gut malen, sondern auch gut Klavier spielen.*
한국의 여름은 더울 뿐만 아니라 비도 많이 와요.	*Der Sommer in Korea ist nicht nur warm, sondern es regnet auch viel.*

N+뿐만 아니라 N+도

아이스크림은 아이들뿐만 아니라 어른들도 좋아해요.	*Eis mögen nicht nur Kinder, sondern auch Erwachsene.*
집세뿐만 아니라 교통비도 올랐어요.	*Nicht nur die Miete, sondern auch die Fahrkosten sind gestiegen.*
나뿐만 아니라 다른 친구들도 함께 가요.	*Nicht nur ich, sondern auch andere Freunde gehen zusammen.*

2. Adversativsatz

adversative Konjunktionalformen	deutsche Entsprechungen
-지만, -다만, -습/ㅂ니다만	*zwar ..., aber / aber*
-(으)나	*zwar ..., aber / aber*
-는데, -은/ㄴ데	*aber / also / und / da*

VS-지만

Die Konjunktionalform -지만 hat eine adversativ-konzessive Bedeutung und bedeutet 'zwar ... aber' oder 'obwohl'. Sie wird direkt an den Verbstamm angehängt und kann mit allen Verbarten in allen Zeitformen gebraucht werden.

한국말은 어렵지만 재미있어요.	*Koreanisch ist zwar schwer, aber interessant.*
인생은 짧지만 예술은 길다.	*Das Leben ist kurz, aber die Kunst lang.*
집이 작지만 편해요.	*Obwohl die Wohnung klein ist, ist sie bequem.*
사라는 동생이 있지만 나는 동생이 없어요.	*Sara hat jüngere Geschwister, aber ich habe keine.*

VS-습/ㅂ니다만

만 wird neben seiner Funktion als Abgrenzungspartikel 'nur' auch als Konjunktionalform mit der adversativen Bedeutung 'aber', ' aber leider' verwendet. In diesem Fall kann 만 nur an die Satzschlussendung der 5. (höflich-formalen) Sprechstufe (-ㅂ/습니다) im Präsens und (-았/었습니다) im Präteritum angehängt werden (▶ 22.5.1 | Abgrenzungspartikel). Diese Form wird meist in der höflichen Frage verwendet. Der Hauptsatz steht dabei in der höflichen Sprechstufe (4. und 5. SPS). VS-ㅂ/습니다만 kann durch die adversative Konjunktionalform VS-지만 ersetzt werden.

실례합니다만 서울역은 어디에 있어요? = 실례하지만 서울역은 어디에 있어요?	*Entschuldigung, [aber] wo ist die Seoul-Station?*
죄송합니다만 잠시 기다려 주시겠어요? = 죄송하지만 잠시 기다려 주시겠어요?	*Entschuldigen Sie, [aber] würden Sie bitte einen Moment warten?*
이 식당은 음식 맛이 좋습니다만 (= 좋지만) 값이 좀 비싸요.	*Das Essen in diesem Restaurant schmeckt gut, ist aber leider ein wenig teuer.*

방이 큽니다만 (= 크지만) 부엌이 좁아서 불편합니다.	*Das Zimmer ist groß, aber weil die Küche eng ist, ist es leider unbequem.*
학교 기숙사는 싸고 좋습니다만 너무 시끄러워요.	*Das Studentenwohnheim ist zwar günstig und gut, aber leider ist es zu laut.*

VS-(으)나

Die Konjunktionalform -(으)나 hat eine adversative Bedeutung und bedeutet 'zwar ... aber'.

유미는 성격이 좋으나 현명하지 못해요.	*Yumi hat zwar einen guten Charakter, ist aber nicht weise.*
동생은 시험에 합격했으나 형은 그렇지 못했다.	*Der jüngere Bruder hat die Prüfung bestanden, aber sein älterer Bruder nicht.*

VS-는데, VS-은/ㄴ데

Die Konjunktionalform -는데 (bei Aktionsverben und Existenzverb) bzw. -은/ㄴ데 (bei Qualitativverben), -인데 (Kopula) hat drei Hauptbedeutungen.

a) Überleitung von Hintergrund- zu Hauptinformation

Die Konjunktionalform -는데 bzw. -은/ㄴ데 wird verwendet, wenn der erste Teilsatz eine allgemeine Erklärung, Hintergrundinformationen oder Begründung für die Aussage des zweiten Teilsatzes enthält und der erste Teilsatz den Rahmen für das Verständnis des zweiten Teilsatzes bildet. Die Bedeutung von -는데 bzw. -은/ㄴ데 entspricht je nach Kontext deutschen Konjunktionen wie 'und', 'also' oder 'da'.

AV/EV-는데, QV-은/ㄴ데

친구가 있는데 아주 부자예요.	*Ich habe einen Freund und dieser ist sehr reich.*
한국어를 공부하는데 재미있어요.	*Ich lerne Koreanisch und es (das Lernen) ist interessant.*
올 여름에 한국에 가는데 정말 좋아요.	*Im kommenden Sommer fliege ich nach Korea und darauf freue ich mich sehr.*
내일 시험을 보는데 공부를 안해서 걱정이에요.	*Morgen ist Prüfung und (in diesem Zusammenhang) mache ich mir Sorgen, weil ich nicht gelernt habe.*

N+인데

그는 제 친구인데 참 똑똑해요.	*Er ist mein Freund und er ist sehr klug.*
제 동생은 학생인데 공부를 잘해요.	*Mein jüngerer Bruder ist Schüler und er lernt fleißig.*

Präteritum: VS-았/었는데

어제 한국 식당에 갔는데 문이 닫혀 있었어요.	*Gestern bin ich zum koreanischen Restaurant gegangen, aber es war geschlossen.*
어제 추웠는데 시내에 사람이 많았어요.	*Gestern war es kalt, aber es waren viele Menschen in der Stadt.*
작년까지 대학생이었는데 이제 직장인이에요.	*Bis letztes Jahr war er Student, aber jetzt ist er Angestellter.*

b) Hintergrundinformation bei Fragen, Vorschlägen und Befehlen

Die Konjunktionalform –는데 bzw. –은/ㄴ데 wird häufig dazu verwendet, Fragen, Vorschläge oder Befehle zu formulieren, wobei der erste Teilsatz eine Hintergrundinformation zum Verständnis des zweiten Teilsatzes beinhaltet. Mit –는데 bzw. –은/ㄴ데 verbundene Sätze werden im Deutschen meist durch zwei Hauptsätze übersetzt.

추운데 창문을 닫을까요?	*Es ist kalt. Soll ich (deswegen) das Fenster zumachen?*
한국에 가는데 필요한 것 있어요?	*Ich fliege nach Korea. Brauchen Sie (also) etwas?*
비가 오는데 우산(을) 가지고 가세요.	*Es regnet. Nehmen Sie (also) bitte einen Regenschirm mit!*
오늘은 바쁜데 내일 만납시다.	*Heute bin ich beschäftigt. Treffen wir uns (also) morgen!*
날씨가 추운데 밖에 나가지 마세요.	*Es ist kalt, (also) gehen Sie bitte nicht nach draußen!*

c) Inhaltlicher Gegensatz

Die adversativ-konzessive Konjunktionalform –는데 bzw. –은/ㄴ데 'zwar ..., aber' kann einen inhaltlichen Gegensatz zwischen dem ersten und dem zweiten Teilsatz bezeichnen. In dieser Bedeutung ist sie mit der adversativen Konjunktionalform –지만 austauschbar.

이 옷을 사고 싶은데 (= 싶지만) 돈이 없어요.	*Ich möchte dieses Kleid zwar kaufen, habe aber kein Geld.*
수영은 재미있는데 야구는 지루해요.	*Das Schwimmen macht mir Spaß, aber Baseball ist langweilig.*
오늘은 일요일인데 사람이 많아요.	*Heute ist Sonntag, aber es sind trotzdem viele Menschen (hier).*
형은 기타를 잘 치는데 (= 치지만) 동생은 전혀 못 쳐요.	*Der ältere Bruder spielt gut Gitarre, aber der jüngere Bruder gar nicht.*

Präteritum: VS–았/었는데

열심히 공부했는데 (= 공부했지만) 시험에서 떨어졌어요.	*Ich habe zwar fleißig gelernt, aber ich bin in der Prüfung durchgefallen.*
어제는 날씨가 좋았는데 (= 좋았지만) 오늘은 비가 많이 내려요.	*Gestern war das Wetter schön, aber heute regnet es viel.*
그저께 이 가방을 샀는데 마음에 안 들어요.	*Vorgestern habe ich diese Tasche gekauft, aber sie gefällt mir nicht.*

Die Konjunktionalform –는/–은/ㄴ데 kann in der gesprochenen Sprache auch als Satzschlussendung verwendet werden, um Erstaunen über ein unerwartetes Ereignis oder eine Aufforderung zu weiteren Informationen auszudrücken: An die Form –는데 bzw. –은/ㄴ데 kann die höflich-informelle Satzschlussendung –요 angehängt werden (▶ 11.4 | Pragmatische Satzschlussendungen).

날씨가 아주 좋은데(요)!	*Das Wetter ist aber schön!*
그는 제가 아는 사람이 아닌데요.	*Eigentlich kenne ich ihn gar nicht (wieso fragst du?)*
A: 오늘 저녁에 시간 있어요? B: 오늘은 시간이 없는데요.	*A: Haben Sie heute Abend Zeit?* *B: Heute habe ich keine Zeit (aber wieso fragen Sie?).*
A: 이번 주에 만날 수 있어요? B: 이번 주는 바쁜데요.	*A: Können wir uns in dieser Woche treffen?* *B: Ich bin in dieser Woche beschäftigt. (aber wieso fragen Sie?)*

3. Disjunktivsatz

disjunktive Konjunktionalformen	deutsche Entsprechungen
-건, -거나	*oder / entweder ... oder*
-든(지), -든지 -든지	*oder / entweder ... oder*
-거나 -거나	*oder / entweder ... oder*

VS-거나

Die Konjunktionalform -거나 hat eine disjunktive Bedeutung 'oder' / 'entweder ... oder' und kann mit allen Verbarten verwendet werden. Sie wird an den Verbstamm im Präsens oder Präteritum angehängt.

아침에 홍차를 마시거나 커피를 마셔요.	*Zum Frühstück trinke ich schwarzen Tee oder Kaffee.*
막스는 맵거나 짠 음식을 안 좋아해요.	*Max mag kein scharfes oder salziges Essen.*
주말에 방을 청소하거나 빨래를 해요.	*Am Wochenende putze ich das Zimmer oder ich wasche meine Wäsche.*
저녁에 영화를 보거나 텔레비전을 봐요.	*Ich gucke am Abend entweder Filme oder sehe Fernsehen.*

An das Präteritum angehängt, drückt -거나 jedoch eine Vermutung aus, wobei der zweite Satzteil häufig in der Konstruktion -을/ㄹ 것이다 (→ -을/ㄹ 거다) mit einer modalen Bedeutung steht.

연주회가 수요일이었거나 목요일이었을 거예요.	*Das Konzert war wohl am Mittwoch oder am Donnerstag.*
민수는 어제 친구를 만났거나 쇼핑을 했을 거예요.	*Minsu hat gestern wohl einen Freund getroffen oder war einkaufen.*
아버지께서는 산책을 가셨거나 운동하러 가셨을 거예요.	*Der Vater hat wohl einen Spaziergang gemacht oder Sport getrieben.*

-거나 kann in Doppelsetzung vorkommen, um zwei oder mehrere Handlungen oder Zustände zu verbinden. In diesem Fall kommt -거나 fast nur mit dem Verb 하다 vor: VS-거나 ... VS-거나 하다.

도서관에서 전화하거나 떠들거나 하지 마세요.	*Bitte in der Bibliothek weder mit dem Handy telefonieren noch laut reden!*
날씨가 춥거나 비가 오거나 하면 수영하지 맙시다.	*Lass uns nicht schwimmen, wenn es kalt ist oder regnet.*

VS-든(지)

Ähnlich wie -거나 kann auch die Konjunktionalform -든지 'egal was' in der Bedeutung 'oder' / 'entweder ... oder' verwendet werden.

아침에 차를 마시든지 커피를 마셔요.	*Zum Frühstück trinke ich entweder Tee oder Kaffee.*
한국 음식은 보통 맵든지 짜요.	*Koreanisches Essen ist normalerweise entweder scharf oder salzig.*
이번 여름에 영국에 가든지 미국에 갈 거예요.	*Ich werde in diesem Sommer entweder nach England oder nach Amerika fliegen.*

Die Konjunktionalform -든지 kann auch zweimal gesetzt auftreten als VS-든지 ... VS-든지 bzw. in der verkürzten Form VS-든 ... VS-든 'egal ob X oder Y'. Diese Form bedeutet, dass der ausgedrückte

Kontrast für den Hörer irrelevant ist und er keine Alternative hat. In dieser Funktion kann –든(지) durch –건 oder –거나 ersetzt werden.

맛이 있든(지) 없든(지) 먹어야 해요.
= 맛이 있건 없건 먹어야 해요.
= 맛이 있거나 없거나 먹어야 해요.
Sie müssen das essen, egal ob es Ihnen schmeckt oder nicht.

싫든 좋든 그 사람을 한 번 만나 보세요.
= 싫건 좋건 / 싫거나 좋거나
Versuchen Sie ihn einmal zu treffen, egal ob Sie ihn mögen oder nicht mögen.

냉장고가 비싸든지 싸든지 당장 삽시다.
= 비싸건 싸건 / 비싸거나 싸거나
Lass uns den Kühlschrank sofort kaufen, egal ob er teuer oder billig ist.

Um die entsprechende negative Form mit der Bedeutung 'egal ob X oder nicht' auszudrücken, setzt man entweder das Negationsadverb 안 vor das zweite Verb oder das Verb 말– 'aufhören' vor die zweite Konjunktionalform –든지: VS–든지...안 VS + 든지 oder VS–든지...말든지. In dieser Funktion kann 말든지 durch 말건 oder 말거나 ersetzt werden.

비가 오든(지) 안 오든(지) 갈 거예요.
= 비가 오건 말건 갈 거예요.
Egal ob es regnet oder nicht, wir werden gehen.

집에 있든지 말든지 마음대로 해.
= 집에 있건 말건 마음대로 해.
= 집에 있거나 말거나 마음대로 해.
Egal ob du zu Hause bleibst oder nicht, mach, was du willst.

그가 결혼을 하든(지) 말든(지) 나와 상관없어요.
Mir ist egal, ob er heiratet oder nicht.

내가 그 사람을 만나든(지) 말든(지) 참견하지 마세요.
Mischen Sie sich bitte nicht ein, egal ob ich ihn treffe oder nicht.

Die Konjunktionalform –든지(요) ist die Kurzform von –든지 해(요) und bedeutet, dass der Sprecher dem Hörer eine Aufforderung oder einen Vorschlag macht bzw. zwei Alternativen anbietet, zwischen denen der Hörer auswählen kann. –든지 해(요) kann im Deutschen z.B. mit *'Mach mal X'* bzw. *'Machen Sie mal X'* oder auch *'wahlweise, genauso gut auch'* übersetzt werden.

추우면 따뜻한 차나 코코아를 마시든지 해.
Wenn dir kalt ist, kannst du entweder einen warmen Tee oder Kakao trinken.

더 이상 안 먹을 거면 버리든지요.
Wenn Sie das nicht mehr essen wollen, können Sie es auch wegwerfen!

아프면 약을 먹든지, 병원에 가든지 하세요.
Wenn Sie krank sind, nehmen Sie bitte eine Tablette oder gehen Sie mal bitte zum Arzt.

> Anmerkung: Häufig kann neben der Konjunktionalform –든지 als Partikel verwendet werden und bezeichnet mit den Fragepronomen 누구 'wer', 무엇 'was', 어디 'wo', 언제 'wann' eine indefinite Bedeutung (▶ 20.5 | Indefinitpronomen).
>
> 누구든지 올 수 있어요. *Wer auch immer / Jeder kann kommen.*
>
> 언제든지 연락주세요. *Bitte melden Sie sich jederzeit bei mir.*

4. Temporalsatz

Temporale Konjunktionalformen ordnen Handlungen und Zustände in ein bestimmtes Zeitverhältnis zu den im Hauptsatz genannten Handlungen bzw. Zuständen ein. Im Folgenden werden die geläufigsten temporalen Konjunktionalformen im Koreanischen und deren deutsche Entsprechungen zusammengefasst.

temporale Konjunktionalformen	deutsche Entsprechungen	temporale Konjunktionalformen	deutsche Entsprechungen
-기 전에	*bevor*	-(으)면서	*während*
-은/ㄴ 후/뒤에	*nachdem*	-는 동안에	*während*
-고 나서	*nachdem*	-자(마자)	*sobald / kaum*
-을/ㄹ 때	*wenn*	-다가	*während*
-았/었을 때	*als*	-은/ㄴ 지	*seit*

Bei den genannten temporalen Konjunktionalformen (außer -았/었을 때) werden Tempus und Negation nur am Verb des Hauptsatzes ausgedrückt, nicht aber am Verb des Nebensatzes.

VS-기 전에

Die Konjunktionalform -기 전에 setzt sich aus dem Verbalnomen -기, dem Formalnomen 전 'Vorderseite' und der Lokativpartikel -에 zusammen. Sie entspricht im Deutschen der temporalen Konjunktion 'bevor' und wird häufig mit 'bevor' oder 'vor' übersetzt. Der mit -기 전에 verbundene Vorgang im Nebensatz steht vor dem Hauptsatz.

저는 아침을 먹기 전에 보통 샤워를 해요.	*Bevor ich frühstücke, dusche ich normalerweise. = Vor dem Frühstück dusche ich normalerweise.*
식사를 하기 전에 항상 기도합니다.	*Er betet immer, bevor er isst. = Er betet immer vor dem Essen.*
말하기 전에 생각을 많이 했어요.	*Bevor ich das gesagt habe, habe ich viel nachgedacht.*
결혼하기 전에 무슨 일을 했어요?	*Welche Arbeit hatten Sie, bevor Sie heirateten?*
잠자기 전에 운동을 할 거예요.	*Bevor ich schlafen gehe, werde ich Sport machen.*

VS-은/ㄴ 후에 (= 뒤에)

Die Konjunktionalform -은/ㄴ 후에 setzt sich aus dem Partizip Präteritum -은/ㄴ, dem Formalnomen 후 'Rückseite' und der Lokativpartikel -에 zusammen. Bei -은/ㄴ 후에 muss die erste Handlung im Nebensatz vor dem Geschehen im Hauptsatz abgeschlossen sein, die Bedeutung entspricht der deutschen Konjunktion 'nachdem'. Dementsprechend wird diese Konjunktionalform nur in Verbindung mit Aktionsverben verwendet. Anstelle des Formalnomens 후 kann das Nomen 뒤 'Hinterseite' in gleicher Bedeutung stehen: -은/ㄴ 뒤에

저는 보통 저녁을 먹은 후에 (= 먹은 뒤에) 텔레비전을 봐요.	*Nach dem Abendessen gucke ich normalerweise fern. (Nachdem ich Abend gegessen habe ...)*
돈을 많이 모은 후에 (= 모은 뒤에) 한국에 갈 겁니다.	*Ich werde nach Korea fliegen, nachdem ich viel Geld gespart habe.*
퇴근한 후에 (= 퇴근한 뒤에) 장을 봤어요.	*Nachdem ich Feierabend hatte, habe ich eingekauft. (Nach dem Feierabend habe ich eingekauft.)*
한국에 온 후에 (= 온 뒤에) 쇼핑을 한 번도 못 했어요.	*Nachdem ich nach Korea gekommen bin, konnte ich nicht einmal shoppen gehen.*

VS-고 나서

Die Konjunktionalform -고 나서 entspricht ebenfalls der deutschen temporalen Konjunktion 'nachdem'. Der zeitliche Abstand zwischen den Handlungen im Haupt- und Nebensatz ist jedoch geringer als bei -은/ㄴ 후에. Sie wird auch häufig mit der Präposition 'nach' übersetzt.

청소하고 나서 공부해요.	*Lasst uns nach dem Putzen lernen.*

공부하고 나서 TV 를 봐요. — *Nach dem Lernen gucke ich gleich Fernsehen.*

아침을 먹고 나서 학교에 갔어요. — *Gleich nach dem Frühstück bin ich zur Schule gegangen.*

점심을 먹고 나서 커피를 마십시다. — *Lasst uns nach dem Mittagessen Kaffee trinken!*

장을 보고 나서 저녁을 준비했어요. — *Nach dem Einkaufen habe ich das Abendessen vorbereitet.*

VS–고 보니(까), VS–아/어 보니(까)

Die temporalen Konjunktionalformen VS–고 보니(까) und VS–아/어 보니(까) bezeichnen eine eigene Erfahrung bzw. Feststellung, die das Subjekt nach bzw. infolge der Ausführung einer Handlung macht. 까 kann dabei ausgelassen werden.

너의 말을 듣고 보니(까) 내가 잘못한 것 같아. — *Nachdem ich deine Worte gehört habe, sieht es so aus, dass ich einen Fehler gemacht habe.*

옷을 사고 보니(까) 장을 볼 돈이 없어요. — *Nachdem ich Kleidung gekauft habe, stelle ich fest, dass ich kein Geld für das Einkaufen habe.*

빵을 직접 만들어 보니(까) 어려웠어요. — *Nachdem ich selber Brot gebacken habe, merkte ich, dass es schwer war.*

나중에 알고 보니(까) 저분이 수미 씨의 남편이었어요. — *Ich habe später erfahren, dass die Person da drüben der Mann von Sumi ist. [Nachdem ich es erfahren habe, ist diese Person da drüben der Mann von Sumi.]*

VS–을/ㄹ 때, VS–았/었을 때, VS–을/ㄹ 때마다

Die temporale Konjunktionalform –을/ㄹ 때 besteht aus dem Partizip Futur –을/ㄹ und dem Nomen 때 'Zeit'. Die Bedeutung von VS–을/ㄹ 때 entspricht je nach Zeitform (Präsens oder Präteritum) den deutschen Konjunktionen 'wenn' oder 'als'.

출발할 때 전화해 줘. — *Ruf mich an, wenn du losfährst!*

기분이 좋을 때 음악을 들어요. — *Wenn ich gut gelaunt bin, höre ich Musik.*

시간이 있을 때 한 번 오세요. — *Wenn Sie Zeit haben, kommen Sie bitte mal!*

운전할 때 항상 조심하세요. — *Passen Sie beim Autofahren bitte immer gut auf.*

Die Konjunktionalform VS–았/었을 때 bezeichnet Handlungen und Zustände, die in der Vergangenheit abgeschlossen wurden und in der Gegenwart nicht mehr andauern.

저는 어렸을 때 책을 많이 읽었어요. — *Als ich klein war, habe ich viele Bücher gelesen.*

아버지께서 돌아가셨을 때 너무 슬펐어요. — *Als mein Vater verstarb, war ich sehr traurig.*

한국에 있었을 때 날씨가 아주 무더웠어요. — *Als ich in Korea war, war es sehr schwül.*

제가 아들을 낳았을 때 남편이 아주 기뻐했어요. — *Als ich einen Sohn geboren habe, war mein Mann sehr glücklich.*

Zum Ausdruck wiederholter Handlungen oder Gewohnheiten wird die Konjunktionalform –을/ㄹ 때마다 'jedes Mal wenn', 'immer wenn' gebraucht. Das Nominalsuffix –마다 bedeutet 'jedes (einzelne) Mal' (▶ 22.5.5 | Semantische Partikeln).

그를 볼 때마다 행복해요. — *Jedes Mal wenn ich ihn sehe, bin ich glücklich.*

방학일 때마다 일을 해요. — *Ich arbeite jedes Mal in den Ferien.*

날씨가 좋을 때마다 조깅을 해요.	*Immer wenn das Wetter schön ist, jogge ich.*

VS-는 동안(에)

Die temporale Konjunktionalform -는 동안(에) besteht aus dem Partizip Präsens -는 und dem Nomen 동안 'Zeitspanne'. Hier wird eine mit der Handlung des Hauptsatzes gleichzeitig ablaufende Handlung ausgedrückt. In der gleichen Bedeutung kann auch die Konjunktionalform -(으)면서 verwendet werden. Beide Konjunktionalformen können mit 'während'/'solange' übersetzt werden. -는 동안(에) wird ausschließlich mit Aktionsverben und Existenzverben im Präsens verwendet. Das Subjekt im Haupt- und Nebensatz kann identisch oder verschieden sein. Die Verwendung der Partikel 에 ist bei -는 동안(에) fakultativ. Das Tempus wird durch das Verb des Hauptsatzes ausgedrückt.

VS-는 동안(에) - gleiches Subjekt

학교에 가는 동안(에) 음악을 들어요.	*Während ich zur Schule gehe (auf dem Weg zur Schule), höre ich Musik.*
약을 먹는 동안 술을 마시지 마세요.	*Solange Sie die Medizin nehmen, trinken Sie bitte keinen Alkohol!*
친구를 기다리는 동안(에) 책을 읽고 있어요.	*Während er auf den Freund wartet, liest er gerade ein Buch.*

VS-는 동안(에) - verschiedene Subjekte

제가 요리하는 동안(에) 수미는 일해요.	*Während ich koche, arbeitet Sumi.*
다니엘이 전화하는 동안(에) 저는 이메일를 썼어요.	*Während Daniel telefonierte, habe ich eine E-Mail geschrieben.*
막스가 운동하는 동안(에) 저는 책을 읽을 거예요.	*Während Max Sport treibt, werde ich das Buch lesen.*

VS-(으)면서

Die temporale Konjunktionalform -(으)면서 wird verwendet, wenn zwei Handlungen oder Zustände gleichzeitig von dem gleichen Subjekt ausgeführt werden. Anders als VS-는 동안(에) wird die Konjunktionalform -(으)면서 mit allen Verbarten gebraucht. Das Subjekt ist jedoch bei -(으)면서 im Haupt- und Nebensatz immer gleich. Die Bedeutung von -(으)면서 wird häufig durch das Adverb 동시에 'gleichzeitig' verstärkt.

VS-는 동안(에) (verschiedene Subjekte)	VS-(으)면서 (gleiches Subjekt)
유미가 요리하는 동안에 저는 책을 읽어요. *Während Yumi Musik hört, lese ich das Buch.*	유미는 음악을 들으면서 책을 읽어요. *Yumi hört beim Lesen Musik.*

밥을 먹으면서 (= 먹는 동안) TV 를 봐요.	*Während ich esse, sehe ich fern.*
수진은 영화를 보면서 팝콘을 먹어요.	*Sujin isst Popcorn, während sie den Film sieht.*
운전하면서 전화하지 마세요.	*Telefonieren Sie nicht, während Sie Auto fahren!*
군인이면서 (동시에) 학생이에요.	*Er ist Soldat und gleichzeitig Student.*

Auch bei -(으)면서 wird das Tempus durch das Verb des Hauptsatzes ausgedrückt.

편지를 읽으면서 울었어요?	*Haben Sie beim Lesen des Briefes geweint?*
돈을 벌면서 대학에 다녔어요.	*Während ich Geld verdiente, besuchte ich die Universität.*
차를 마시면서 이야기를 할 거예요.	*Wir werden uns unterhalten, während wir Tee trinken.*

Häufig stehen die mit -(으)면서 verbundenen gleichzeitig ablaufenden Handlungen bzw. Zustände inhaltlich nicht im Einklang. In diesem Fall wird eine Kritik oder Missbilligung des Sprechers ausgedrückt. In dieser Funktion wird -(으)면서 im Deutschen mit 'obwohl' wiedergegeben.

직업도 없으면서 비싼 옷만 사요.	*Sie hat keinen Job, dabei kauft sie nur teure Kleidung. [Obwohl sie keinen Job hat, kauft sie nur teure Kleidung.]*
공부도 안 하면서 장학금을 받고 싶어 해요.	*Er möchte ein Stipendium bekommen, obwohl er doch nicht lernt.*
능력도 없으면서 교수가 되려고 해요.	*Er möchte Professor werden, obwohl er eigentlich doch nicht kompetent ist.*

VS-자마자

Die Konjunktionalform -자마자 drückt aus, dass zwei Handlungen zeitlich unmittelbar aufeinander folgen. Ihre Bedeutung entspricht dem Deutschen 'sobald', 'kaum dass' und 'direkt danach'. Mit VS-자마자 kann auch die Gleichzeitigkeit der Handlungen im Haupt- und Nebensatz ausgedrückt werden. Das Subjekt im Haupt- und Nebensatz kann identisch oder verschieden sein. VS-자마자 kann nicht mit Qualitativverben stehen.

집에 오자마자 손을 씻어요.	*Sobald ich nach Hause komme, wasche ich mir die Hände.*
지갑을 사자마자 잃어 버렸어요.	*Kaum dass ich das Portemonnaie gekauft hatte, habe ich es auch schon verloren.*
너무 피곤해서 눕자마자 잠이 들었어요.	*Weil ich so müde war, bin ich direkt, nachdem ich mich hingelegt hatte, eingeschlafen.*
일을 마치자마자 집에 갈 거예요.	*Sobald ich meine Arbeit beendet habe, werde ich nach Hause gehen.*
집에 가자마자 편한 옷으로 갈아 입어.	*Zieh dir etwas Bequemeres an, sobald du zu Hause bist!*

Bei unterschiedlichen Subjekten kann -마자 von VS-자마자 ausgelassen werden, wenn der Hauptsatz in der Aussageform steht.

영화가 시작하자(마자) 동생이 잤어요.	*Sobald der Film begann, ist meine jüngere Schwester eingeschlafen.*
엄마가 방에서 나가자(마자) 아기가 울기 시작했어요.	*Sofort nachdem die Mutter aus dem Zimmer gegangen war, fing das Baby an zu weinen.*
버스가 도착하자 사람들이 뛰어갔어요.	*Als/Sobald der Bus ankam, sind die Leute gerannt.*
이메일을 보내자(마자) 답장이 왔어요.	*Sofort nachdem ich die E-Mail geschickt hatte, kam die Antwort.*

VS-다(가), VS-았/었다가, VS-다가는

Die Konjunktionalform -다가 wird verwendet, wenn eine Handlung oder ein Zustand plötzlich durch eine neue Handlung oder einen neuen Zustand unter- bzw. abgebrochen wird. Sie bezeichnet somit einen Übergang von einer Handlung zu einer anderen. Meistens ist die mit 다가 verbundene erste Handlung noch nicht ganz abgeschlossen, sondern läuft weiter, während die darauffolgende Handlung stattfindet. 다가 kann zu 다 verkürzt werden. Das Subjekt im Haupt- und Nebensatz muss identisch sein und das Verb des Hauptsatzes steht meist im Präteritum. Die Form kann im Deutschen mit 'während' oder 'beim' übersetzt werden.

AV + 다(가)

공부를 하다(가) 잠이 들었어요.	*Beim Lernen bin ich eingeschlafen.*
스케이트를 타다(가) 넘어졌어요.	*Beim Schlittschuhlaufen bin ich hingefallen.*
자다(가) 추워서 깨어났어요.	*Während ich schlief, bin ich vor Kälte wach geworden.*
요리를 하다(가) 손을 베었어요.	*Während ich kochte, habe ich mir in den Finger geschnitten.*
계단을 내려가다(가) 미끄러졌어요.	*Während ich die Treppe runterging, bin ich ausgerutscht.*

QV + 다가

하늘이 흐리다가 맑아졌어요.	*Der Himmel war bewölkt und dann ist es klar geworden.*
오전까지 날씨가 좋다가 지금은 흐려요.	*Das Wetter war bis zum Vormittag gut, aber jetzt ist es bewölkt.*
전자제품이 크리스마스 전까지 비싸다가 오늘부터 싸졌어요.	*Vor Weihnachten waren elektronische Geräte teuer, aber ab heute sind sie billiger geworden.*

VS-았/었다가

Im Vergleich zu -다가, das die Unterbrechung einer nicht abgeschlossenen Handlung bezeichnet, muss bei der Konjunktionalform -았/었다가 die erste Handlung abgeschlossen sein. Unmittelbar danach findet eine zweite neue Handlung statt. Die Handlung im zweiten Teilsatz bezeichnet oft einen gegensätzlichen Inhalt oder eine unerwartete Konsequenz. Das Subjekt im Haupt- und Nebensatz muss identisch sein.

VS-았/었다가	VS-다가
서점에 갔다가 우체국에 들렀어요. *Ich bin (zuerst) zur Buchhandung und danach kurz zur Post gegangen.*	서점에 가다가 우체국에 들렀어요. *Auf dem Weg zur Buchhandlung bin ich bei der Post vorbeigegangen.*

부모님한테 거짓말을 했다가 혼났어요.	*Ich habe meine Eltern angelogen, dann bin ich getadelt worden.*
편지를 썼다가 찢어 버렸어요.	*Ich habe den Brief geschrieben, anschließend habe ich ihn zerrissen.*
코트를 입었다가 다시 벗었어요.	*Er hatte sich (zuerst) den Mantel angezogen, ihn dann aber (doch) wieder ausgezogen.*
약속을 했다가 회의가 있어서 취소했어요.	*Ich hatte eine Verabredung, dann habe ich sie abgesagt, weil ich eine Besprechung habe.*
창문을 열었다가 너무 시끄러워서 다시 닫았습니다.	*Ich öffnete das Fenster, dann schloss ich es gleich wieder, weil es zu laut war.*

VS-다가는

Die Topikpartikel 는 kann an die Konjunktionalform 다가 angehängt werden. In diesem Fall drückt -다가는 eine Warnung vor möglichen negativen Folgen der ersten Handlung aus, besonders wenn sie fortgesetzt wird.

매일 술을 마시다가는 건강을 해칠 수 있어요.	*Wenn Sie jeden Tag Alkohol trinken, kann das der Gesundheit schaden.*
공부를 안 하다가는 시험에 떨어질 수 있습니다.	*Wenn Sie nicht lernen, könnte es sein, dass Sie die Prüfung nicht bestehen.*
이렇게 늑장을 부리다가는 기차를 놓치겠어.	*Wenn wir herumtrödeln, könnten wir den Zug verpassen.*
이렇게 비가 계속 내리다가는 홍수가 나겠어요.	*Wenn es weiter so regnet, könnte es zu einer Überschwemmung kommen.*

VS-은/ㄴ 지(가)

Die Konjunktionalform -은/ㄴ 지(가) mit dem Formalnomen 지 'Zeitspanne' drückt Handlungen aus, die in der Vergangenheit begonnen haben und bis in die Gegenwart andauern. Sie entspricht der deutschen Konjunktion 'seit'. Dabei kann die Subjektmarkierung 가 ausgelassen werden. Auf die Konstruktion -은/ㄴ 지 folgen i.d.R. Zeitangaben. Als Prädikat werden v.a. die Verben 되다 'werden', 지나다 'vergehen' oder 넘다 'einen Zeitraum überschreiten' gebraucht.

한국어를 배운 지(가) 일 년이 넘어요.	*Seit über einem Jahr lerne ich Koreanisch.*
결혼한 지(가) 십 년이 넘었어요.	*Seit meiner Heirat sind schon über 10 Jahre vergangen.*
한국에 온 지 삼 년이 지났어요.	*Es sind schon 3 Jahre vergangen, seit ich nach Korea gekommen bin.*
담배를 끊은 지(가) 한 달 정도 되었어요.	*Ich habe seit ungefähr einem Monat mit dem Rauchen aufgehört.*

5. Kausalsatz

Kausale Konjunktionalformen stellen eine kausale Beziehung zwischen dem Haupt- und Nebensatz her. Begründungen und Ursachen werden dabei im Nebensatz angegeben. Die folgende Tabelle zeigt geläufige kausale Konjunktionalformen im Koreanischen.

kausale (verbale) Konjunktionalformen	deutsche Entsprechungen	
-아/어서	*weil, da, denn (kausal)*	*danach, anschließend (temporal)*
-(으)니까	*weil, da, denn (kausal)*	*als (temporal)*
-을/ㄹ 테니까	Grund für die Vermutung/Annahme	
-을/ㄹ 봐(서)	Grund für Sorge/Angst	
-느라고	Grund einer negativen Folge (*weil, da*)	

Die kausalen Konjunktionalformen -아/어서 und -(으)니까 können auch eine temporale Bedeutung haben.

kausale (nominale) Konjunktionalformen	Grund der Folge	dt. Entsprechungen
-기 때문에	Grund einer negativen/positiven Folge	*weil, wegen, da*
-는 바람에	Grund einer negativen Folge	*daher, deshalb*
-은/ㄴ/는 탓에/탓으로	Grund einer negativen Folge	*aufgrund von*
-은/ㄴ/는 덕분에	Grund einer positiven Folge	*dank*

VS-아/어(서)

Die Konjunktionalform -아/어(서) (Anschlussform) hat je nach Kontext eine kausale oder temporale Bedeutung. Nebensätze, die mit -아/어(서) angeschlossen werden, tragen keine Tempusmarkierung. Das Tempus wird durch das Verb des Hauptsatzes ausgedrückt. Das Element 서 kann ausgelassen werden.

a) kausale Bedeutung

Satz 1	+ *weil / da*	Satz 2
기분이 좋아요. *Ich bin gut gelaunt.*	VS + -아서 (좋다 → 좋아서)	노래를 불러요. *Ich singe.*
기분이 좋아(서) 노래를 불러요.	*Weil ich gut gelaunt bin, singe ich.*	

Satz 1	+ *weil / da*	Satz 2
밥을 많이 먹었어요. *Ich habe viel gegessen.*	VS + -어서 (먹다 → 먹어서)	배가 불러요. *Ich bin satt.*
밥을 많이 먹어(서) 배가 불러요.	*Weil ich viel gegessen habe, bin ich satt.*	

Die kausale Bedeutung von -아/어서 kann mit dem Adverb 하도 'sehr/stark' oder 너무 'zu/sehr' verstärkt werden.

귀가 (하도/너무) 아파(서) 병원에 가는 중이에요.	*Weil ich starke Ohrenschmerzen habe, bin ich auf dem Weg zum Arzt.*
어제 커피를 많이 (하도/너무) 마셔(서) 잠을 못 잤어요.	*Da ich zu viel Kaffee getrunken hatte, konnte ich gestern nicht schlafen.*
점심을 (너무/하도) 많이 먹어서 저녁을 굶으려고 해요.	*Weil ich mittags zu viel gegessen habe, habe ich vor, nicht zu Abend zu essen.*
날씨가 좋아서 공원에 갔다 왔어요.	*Ich war im Park, weil das Wetter sehr schön war.*

Die Verben 하다 'machen' und 되다 'werden' bilden bei der Verbindung mit -아/어서 jeweils eine Sonderform 해서 oder 돼서.

오늘 피곤해서 좀 일찍 자려고 합니다.	*Ich habe vor, etwas früher ins Bett zu gehen, da ich heute müde bin.*
약속이 취소돼서 집에 있었어요.	*Da die Verabredung abgesagt wurde, war ich zu Hause.*

Die Konstruktion VS-아/어(서) wird häufig mit dem Ausdruck 죽겠다 'vor X sterben / das Maß überschreiten/übertreiben' verwendet: VS-아/어(서) 죽겠다 *'Weil X (so und so) ist, werde ich sterben'* bzw. *'X geht mir zu weit'*. Dies ist ein häufig verwendeter metaphorischer Ausdruck für einen als extrem unangenehm empfundenen Zustand des Sprechers. Die Konstruktion steht mit der 1. Person Sg. und wird ausschließlich mit Qualitativverben verwendet.

심심해(서) 죽겠어. 뭐 재미있는 일(이) 없을까?	*Ich sterbe vor Langeweile. Gibt es nicht irgendwas Interessantes?*
배고파(서) 죽겠어. 빨리 점심 먹으로 가자.	*Ich sterbe vor Hunger. Lass uns schnell Mittag essen gehen!*
일이 너무 많아서 죽겠다. 며칠 쉬었으면 좋겠어.	*Ich sterbe vor Arbeit. Es wäre schön, wenn ich mich ein paar Tage ausruhen könnte.*

b) temporale Bedeutung

Die Konjunktionalform -아/어서 kann auch als temporale Konjunktionalform verwendet werden, um die zeitliche Bedeutung 'und dann' bzw. 'anschließend' auszudrücken. Im Nebensatz müssen dabei immer Aktionsverben stehen, während im darauffolgenden Hauptsatz alle Verbarten vorkommen können. Diese Form muss immer verwendet werden, wenn die beiden Handlungen in einem inhaltlichen Zusammenhang stehen und unmittelbar aufeinander folgen.

사라가 일어나(서) 책을 읽어요. — *Sara steht auf und liest (danach) ein Buch.*

요리를 해서 같이 먹어요. — *Lasst uns zusammen kochen und (dann) essen!*

도서관에 가서 공부를 해요. — *Ich gehe in die Bibliothek und (dann) lerne (ich) dort.*

친구를 만나(서) 커피를 마셨어요. — *Ich habe einen Freund getroffen und anschließend habe ich mit ihm Kaffee getrunken.*

c) VS-아서/어서 in Floskeln

Die Konjunktionalform -아서/어서 wird auch in Wendungen mit Verben wie 반갑다 'sich freuen', 고맙다 'dankbar sein' oder 죄송하다 'sich schuldig fühlen' verwendet.

만나서 반갑습니다. — *Es freut mich, Sie kennenzulernen! [Ich bin erfreut, weil ich Sie getroffen habe.]*

늦어서 죄송합니다. — *Entschuldigen Sie die Verspätung! [Ich fühle mich schuldig, weil ich mich verspätet habe.]*

도와주셔서 고맙습니다. — *Vielen Dank für Ihre Hilfe! [Ich bin dankbar, weil Sie mir geholfen haben.]*

VS-(으)니까

Die Konjunktionalform -(으)니까 hat – wie die Konjunktionalform -아/어서 – sowohl eine kausale als auch eine temporale Bedeutung. In der kausalen Bedeutung 'weil', 'da' begründet -아/어서 einen Sachverhalt objektiv, während -(으)니까 eine subjektive Einstellung des Sprechers ausdrückt. Nach den mit -(으)니까 eingeleiteten Kausalsätzen steht häufig die Imperativ- oder Aufforderungsform.

VS-(으)니까	VS-아/어서
오늘 추우니까 옷을 따뜻하게 입으세요. *Ziehen Sie sich bitte warm an, weil es heute kalt ist!*	오늘 추워서 옷을 따뜻하게 입었어요. *Da es heute kalt ist, habe ich mich warm angezogen.*

a) kausale Bedeutung

Aussageform

밥을 빨리 먹으니까 배가 아프지요. — *Weil Sie zu schnell essen, haben Sie (bestimmt) Bauchschmerzen.*

그 옷을 입으니까 멋있네요. — *Weil Sie diese Kleidung anhaben, sehen Sie wirklich schick aus.*

술을 많이 마시니까 건강이 안 좋은 거예요. — *Da Sie viel Alkohol trinken, ist Ihre Gesundheit nicht gut.*

Imperativ- und Aufforderungsform

비가 오니까 우산을 가지고 가세요.	*Bitte nehmen Sie einen Regenschirm mit, weil es regnet!*
공기가 탁하니까 창문을 열어 주세요.	*Können Sie bitte das Fenster aufmachen, weil es stickig ist.*
날씨가 추우니까 따뜻한 음식을 먹읍시다.	*Lasst uns etwas Warmes essen, weil es kalt ist!*

b) temporale Bedeutung

In temporaler Bedeutung 'als ...', ('damit habe ich nicht gerechnet') folgt auf den Nebensatz mit -(으)니까 häufig ein Hauptsatz, der ein unerwartetes Ereignis oder eine überraschende Entdeckung ausdrückt. Wie bei -아서/어서 wird auch bei -(으)니까 kein Tempus markiert. Das Tempus wird durch das Verb des Hauptsatzes ausgedrückt.

학교에 가니까 아무도 없어요.	*Als ich zur Schule ging, war [ist] niemand da.*
역에 도착하니까 기차가 벌써 떠났어요.	*Als ich am Bahnhof ankam, war der Zug schon abgefahren.*
집에 오니까 엄마가 문 앞에 서 계셨어요.	*Als ich nach Hause kam, stand meine Mutter vor der Tür.*

VS-을/ㄹ 테니까, VS-을/ㄹ 테니까요

Die Konjunktionalform -을/ㄹ 테니까 ist eine Kombination aus -을/ㄹ 터이다, das eine Annahme, Vermutung oder Intention des Sprechers ausdrückt, und der kausalen Konjunktionalform -(으)니까 'weil/da/denn'. Die mit -을/ㄹ 테니까 eingeleiteten Kausalsätze drücken eine Begründung des Sprechers für Vorschläge oder Ratschläge aus, wobei diese auf einer Vermutung beruht. Nach den durch -을/ㄹ 테니까 abgeschlossenen Kausalsätzen steht meistens die Imperativ- oder Aufforderungsform.

민수 씨가 알 테니까 물어보세요.	*Ich nehme an, dass Minsu das weiß, daher fragen Sie ihn bitte.*
고추장이 매울 테니까 조그만 넣으세요.	*Die Paprikapaste ist bestimmt scharf, also tun Sie nur wenig davon hinein!*
제 연락처를 드릴 테니까 여기로 연락주세요.	*Da ich Ihnen meine Kontaktdaten gebe, melden Sie sich bitte über diese!*
시험을 잘 봤을 테니까 걱정하지 마세요.	*Sie haben die Prüfung sicherlich gut gemacht, also machen Sie sich keine Sorgen!*
여기서 기다리고 있을 테니까 서두르지 마.	*Beeil dich nicht, weil ich hier auf dich warte.*

Die Konjunktionalform -을/ㄹ 테니까 kann auch durch Anfügung von 요 als Satzschlussendung im Hauptsatz verwendet werden. Die obigen Beispiele können also wie folgt umgeformt werden.

조그만 넣으세요. 고추장이 매울 테니까요.	*Tun Sie nur wenig davon hinein. Denn die Paprikapasta ist bestimmt scharf.*
케익 조금만 드세요. 조금 이따가 저녁을 먹을 테니까요.	*Essen Sie nicht so viel Kuchen. (Denn) Wir essen bald zu Abend.*
내일 음식을 충분히 준비하세요. 손님들이 많이 올 테니까요.	*Bitte bereiten Sie morgen genügend Essen vor. Es werden sicherlich viele Gäste kommen.*
일찍 들어오세요. 저녁에 맛있는 것 해 놓을 테니까요.	*Kommen Sie früher nach Hause. (Denn) Ich werde etwas Leckeres zu Abend kochen.*

Ausdrücke wie 고맙다 / 감사하다 'sich bedanken', 미안하다 'sich entschuldigen' und 걱정이다 'sich sorgen' können der kausalen Konjunktionalform -을/ㄹ 테니까 nicht folgen. Stattdessen werden sie mit der Konstruktion -을/ㄹ텐데 benutzt, die eine starke Vermutung des Sprechers ausdrückt.

바쁘실텐데 와주셔서 감사합니다. Nicht: *바쁘실테니까 와주셔서 감사합니다.	*Sie haben sicherlich viel zu tun. Ich danke Ihnen, dass Sie (trotzdem) gekommen sind.*
그가 돈이 없을텐데 걱정이에요. Nicht: *그가 돈이 없을 테니까 걱정이에요.	*Ich bin besorgt, weil er bestimmt kein Geld hat.*

VS-을/ㄹ까 봐(서)

Die kausale Konjunktionalform -을/ㄹ까 봐(서) besteht aus der Satzschlussendung -을/ㄹ까 zur Bezeichnung von Vermutungen bzw. Vorschlägen und der kausalen Form mit dem Hilfsverb 보다, das eine Vermutung ausdrückt (▶ 11.8 | Pragmatische Satzschlussendungen). Ein Nebensatz mit -을/ㄹ까 봐(서) drückt entweder eine Handlung oder einen Zustand aus, die/der durch die Handlung des Hauptsatzes vermieden werden soll, oder einen Zustand, über den der Sprecher besorgt ist. Da die Handlung oder die Situation, die im Hauptsatz beschrieben wird, bereits eingetreten ist oder gerade stattfindet, kann der Hauptsatz nicht im Futur stehen. Im Deutschen kann die Konstruktion etwa mit 'aus Angst/Sorge vor X tue/tat ich etwas' übersetzt werden. Dabei kann 서 ausgelassen werden.

수업 시간에 졸까 봐(서) 커피를 마셔요.	*Ich trinke Kaffee, weil ich Angst davor habe, im Unterricht einzuschlafen.*
아기가 잠에서 깰까 봐(서) 작게 말해요.	*Ich spreche etwas leise, weil ich Angst habe, dass das Baby aufwacht.*
약속을 잊어버릴까 봐(서) 전화했어요.	*Ich habe Sie aus Sorge, dass Sie die Verabredung vergessen, angerufen.*
동생이 아버지한테 혼날까 봐(서) 거짓말을 했어요.	*Mein jüngerer Bruder hat aus Angst, vom Vater getadelt zu werden, gelogen.*
시험이 어려울까 봐 열심히 공부했어요.	*Ich habe aus Angst, dass die Prüfung schwer sein wird, fleißig gelernt.*

VS-느라(고), VS-는 바람에, VS-은/ㄴ/는 탓에

Nebensätze mit den kausalen Konjunktionalformen -느라고, -는 바람에 und -은/ㄴ/는 탓에 geben den Grund für die Handlung im Hauptsatz an, die fast immer unerwünscht oder negativ bewertbar ist.

Die Konjunktionalform -느라고 trägt keine Tempusmarkierung. Das Tempus wird durch das Verb im Hauptsatz ausgedrückt. Sie steht meist im Präsens oder Präteritum. Bei der Konjunktionalform -느라고 muss das Subjekt im Neben- und Hauptsatz gleich sein. Die Verwendung von 고 ist bei -느라고 fakultativ.

아르바이트하느라(고) 바빠요.	*Ich bin beschäftigt, weil ich arbeite.*
책을 쓰느라(고) 외출을 거의 안해요.	*Ich gehe kaum raus, weil ich ein Buch schreibe.*
운전하느라 전화를 못 받았어요.	*Weil ich Auto gefahren bin, konnte ich nicht ans Telefon gehen.*
축구를 보느라(고) 숙제를 못 했어요.	*Ich habe keine Hausaufgaben gemacht, weil ich das Fußballspiel gesehen habe.*

청소하느라 전화벨 소리를 못 들었어요.	*Ich konnte das Telefon nicht hören, weil ich die Wohnung aufgeräumt habe.*
밤늦게까지 시험공부를 하느라 잠을 잘 못 잤어요.	*Ich konnte nicht gut schlafen, weil ich bis spät abends für die Prüfung gelernt habe.*

Anmerkung: VS-느라고 kann nur mit Verben kombiniert werden, die eine willentlich ausgeführte Handlung bezeichnen. Bei Qualitativverben, Witterungsverben und unpersönlichen Verben wie 고장나다 'kaputt gehen' muss die kausale Konjunktionalform -아서/어서 verwendet werden.

바빠서 친구를 못 만나요. Nicht: *바쁘느라 친구를 못 만나요.	*Ich kann meine Freunde nicht treffen, weil ich viel zu tun habe.*
비가 와서 소풍을 못 갔어요. Nicht: *비가 오느라 소풍을 못 갔어요.	*Es hat geregnet, deshalb konnten wir keinen Ausflug machen.*
차가 고장나서 늦었어요. Nicht: *차가 고장나느라고 늦었어요.	*Weil das Auto kaputt war, bin ich zu spät.*

Nach den durch -느라(고) abgeschlossenen Kausalsätzen kann weder die Imperativ- noch die Aufforderungsform stehen. Der Hauptsatz steht im Präteritum.

Aussage	책을 사느라고 돈을 썼어요.	*Ich habe Geld ausgegeben, weil ich ein Buch gekauft habe.*
Imperativ	Nicht: *책을 사느라고 돈을 쓰세요.	
Aufforderung	Nicht: *책을 사느라고 돈을 씁시다.	

Die Konjunktionalform -느라고 kann mit Verben wie 수고하다 'sich anstrengen' und 고생하다 'sich bemühen' idiomatisch verwendet werden. Die beiden Formen 수고했어요 oder 고생했어요 *'Sie haben sich sehr angestrengt!'* oder *'Sie haben sich sehr bemüht!'* dienen dem Ausdruck der Anerkennung für die Bemühungen des Gesprächspartners und implizieren Dank und Komplimente.

공부하느라 수고했어.	*Ihr habt euch beim Lernen angestrengt.*
집안 일 하느라 고생이 많으셨어요.	*Sie haben sich bei der Hausarbeit sehr angestrengt.*
음식을 많이 준비하느라 수고하셨어요.	*Sie haben sich beim Zubereiten des Essens sehr angestrengt.*
학생들을 가르치느라 고생이 많아요.	*Sie haben sich sehr bemüht, die Studenten zu unterrichten.*

VS-는 바람에

Die kausale nominale Konjunktionalform -는 바람에 besteht aus dem Partizip Präsens -는 und dem Lokativ des Formalnomens 바람 'Grund'. Auch diese Konstruktion drückt eine Begründung für die negative oder unerwünschte Handlung des Hauptsatzes aus. Der Hauptsatz steht meistens im Präteritum. Die Subjekte des Haupt- und Nebensatzes sind identisch (▶ 17.5.7 | Formalnomen 바람).

열쇠를 잃어버리는 바람에 집에 못 들어갔어요.	*Ich konnte nicht nach Hause, weil ich den Schlüssel verloren habe.*
차를 사는 바람에 더 이상 돈이 없어요.	*Weil ich ein Auto gekauft habe, habe ich kein Geld mehr.*
눈이 많이 오는 바람에 비행기가 취소됐어요.	*Wegen starken Schneefalls ist der Flug gestrichen worden.*

Nach einem mit -는 바람에 abgeschlossenen Nebensatz steht im Hauptsatz daher ausschließlich das Präteritum.

비가 오는 바람에 스키를 못 탔어요. Nicht: *비가 오는 바람에 스키를 못 타요.	*Ich konnte wegen des Regens kein Ski fahren.*
빨리 뛰는 바람에 넘어졌어요. Nicht: *빨리 뛰는 바람에 넘어질거에요.	*Ich bin hingefallen, weil ich schnell gelaufen bin.*

VS-바람에 wird nur verwendet, wenn der Hauptsatz eine unerwünschte Folge bezeichnet. Bei Begründungen für erwünschte Folgen muss die Kausalform -아서/어서 verwendet werden.

선물을 받아서 기분이 좋아졌어요. Nicht: *선물을 받는 바람에-기분이 좋아졌어요.	*Ich bin gut gelaunt, weil ich ein Geschenk bekommen habe.*

Die Form VS-는 바람에 kann nicht unmittelbar an Qualitativverben ohne -하다 angehängt werden. Diese müssen zunächst mit der Hilfsverbkonstruktion -아/어지다 zu Vorgangsverben umgewandelt werden.

QV + -아/어지다 + -지는 바람에	
춥다 *kalt sein*	춥다 + -아/어지다 → 추워지다
추워지다 *kalt werden*	추워지다 + -는 바람에 → 추워지는 바람에

날씨가 갑자기 추워지는 바람에 감기에 걸렸어요.	*Ich bin erkältet, weil es plötzlich kalt geworden ist.*
회의가 길어지는 바람에 지각하게 되었습니다.	*Ich habe mich verspätet, weil die Sitzung länger gedauert hat.*
남편이 몸이 약해지는 바람에 직장을 그만 두었어요.	*Weil mein Mann körperlich schwach geworden ist, hat er seinen Beruf aufgegeben.*

VS-는/은/ㄴ 탓에/탓으로

Die kausale Konjunktionalform -는/은/ㄴ 탓에/탓으로 besteht aus dem Partizip (Präsens, Präteritum) und dem Nomen 탓 '(negativ bewerteter) Grund' und einer Lokativpartikel (에 bzw. 으로). Sie gibt den Grund einer negativ bewerteten Folge (im Gegensatz zur positiven Folge bei 덕분에) an (▶ 24.3.5 | Kausalsatz).

Tempus	Aktionsverb	Qualitativverb	Kopula 이다
Präsens	-는 탓에	-은 탓에 / -ㄴ 탓에	-인 탓에
Präteritum	-은/ㄴ 탓에	-던 탓에	-였던 탓에, 이었던 탓에

AV-는 탓에 (Präsens), AV-은/ㄴ 탓에 (Präteritum)

비가 많이 오는 탓에 소풍을 못 갔어요.	*Wir konnten wegen des starken Regenfalls keinen Ausflug machen.*
늦잠을 자는 탓에 학교에 지각했어요.	*Weil ich lange geschlafen habe, bin ich zu spät in die Schule gekommen.*
과로한 탓으로 몸살이 났어요.	*Er ist vor Überarbeitung krank geworden.*
과식한 탓에 배탈이 났어요.	*Er hat Magenbeschwerden, da er übermäßig gegessen hat.*

QV-은/ㄴ 탓에

무더운 (날씨) 탓에 잠을 못 자겠어요. — *Ich kann wegen des schwülen Wetters nicht gut schlafen.*

경제가 나쁜 탓에 물가가 비싸졌어요. — *Die Lebensunterhaltskosten sind wegen der schlechten Wirtschaftslage gestiegen.*

N + 인 탓에

남자인 탓에 군대를 가야해요. — *Ich muss zum Militär, weil ich ein Mann bin.*

장마철인 탓에 비가 자주 와요. — *Wegen der Regenzeit regnet es oft.*

VS-은/ㄴ 탓이다

Das Nomen 탓 kann mit der Kopula 이다 das Prädikat des Hauptsatzes bilden: -은/ㄴ/는 탓이다. Diese Form drückt eine Begründung aus und bedeutet wörtlich 'der Grund ist, dass ...' / 'das liegt daran, dass ...', wobei die Folge negativ ist. Die Kopula kann in allen Tempusformen stehen.

A: 민수 씨가 아주 피곤해 보여요.
B: 며칠간 잠을 못 잔 탓일거예요.

A: Minsu sieht sehr müde aus.
B: Das liegt daran, dass er mehrere Tage nicht geschlafen hat.

요즘 아이들이 예의가 없는 것은 어른들이 교육을 잘 못시킨 탓이에요. — *Dass Kinder heutzutage keine Manieren haben, liegt daran, dass Erwachsene sie falsch erzogen haben.*

N + 탓이다/ 탓이 아니다

Das Nomen 탓 'negativ bewerteter Grund' drückt mit der Kopula 이다/아니다 ein Verschulden bzw. Nicht-Verschulden einer Handlung oder Situation aus.

이번 사고는 순전히 내 탓이다. — *Dieser Unfall ist durchaus mein Fehler / meine Schuld.*

건방증이 심한 것은 나이 탓이에요. — *Die schlimme Vergesslichkeit liegt am Alter.*

그것은 제 탓이 아니에요. — *Das ist nicht mein Fehler / meine Schuld.*

VS-은/ㄴ 덕분에/으로, VS-은/ㄴ 덕택에/으로

Die kausale Konjunktionalform -은/ㄴ 덕분에 bzw. -은/ㄴ 덕택에 besteht aus dem Partizip und dem Lokativ 에 oder dem Instrumental 으로 des Nomens 덕분/덕택 'Wohlwollen/Gunst'. Im Gegensatz zu anderen kausalen Konjunktionalformen wird durch 덕분에/덕택에 ein positiv bewerteter Grund ausgedrückt. Die Form bedeutet wörtlich 'dank der wohlwollenden Unterstützung von ... / mithilfe von ...'.

친구들이 도와준 덕분에 (= 덕택으로) 한국 생활을 잘 할 수 있었어요. — *Durch die Hilfe von Freunden konnte ich mich in Korea gut einleben.*

낮잠을 잔 덕분에 (= 덕택에) 지금 안 피곤해요. — *Durch den Mittagsschlaf bin ich jetzt nicht müde.*

열심히 공부한 덕분에 (= 덕택에) 장학금을 받았어요. — *Durch fleißiges Lernen habe ich ein Stipendium bekommen.*

점심을 많이 먹은 덕분에 지금 배가 안 고파요. — *Da ich zu Mittag viel gegessen habe, habe ich jetzt keinen Hunger.*

Der Ausdruck 덕분에/덕택에 kann auch alleine oder hinter einem Personen bezeichnenden Titel stehen und wird oft als eine positive Antwort oder höfliche Variante auf die Reaktion einer Erkundigung nach dem Wohlergehen des Gesprächspartners verwendet.

A: 어떻게 지내세요?
B: (사장님) 덕분에 잘 지내고 있어요.

A: *Wie geht es Ihnen?*
B: *Dank Ihnen geht es mir gut.*

VS-기 때문에

Die kausale Konjunktionalform -기 때문에 'weil' / 'da' setzt sich aus dem Verbalnomen 기, dem Formalnomen 때문 'Grund' und der Lokativpartikel 에 zusammen. Sie kann mit allen Verbarten gebraucht, an Verben im Präsens oder im Präteritum angeschlossen werden und einen gleichzeitigen, vorzeitigen oder nachzeitigen Bezug zum Verb des Hauptsatzes ausdrücken.

Nebensatz	Hauptsatz	*weil / da*
Präsens 피곤하기 때문에	Präsens 집에 일찍 가요.	*Weil ich müde bin, gehe ich früher nach Hause.*
Präsens 피곤하기 때문에	Präteritum 집에 일찍 갔어요.	*Weil ich müde bin, bin ich früher nach Hause gegangen.*
Präteritum 피곤했기 때문에	Präteritum 집에 일찍 갔어요.	*Weil ich müde war, bin ich früher nach Hause gegangen.*
Präsens 피곤하기 때문에	Futur 집에 일찍 갈 거예요.	*Weil ich müde bin, werde ich früher nach Hause gehen.*

VS-기 때문에 (Präsens)

방학이기 때문에 수업이 없어요. — *Weil Ferien sind, habe ich keinen Unterricht.*

내일 시험이 있기 때문에 공부해야 해요. — *Da ich morgen eine Prüfung habe, muss ich lernen.*

내일 손님이 많이 오기 때문에 장을 많이 볼 거예요. — *Weil uns morgen viele Gäste besuchen, werde ich einkaufen.*

VS-았/었기 때문에 (Präteritum)

부지런했기 때문에 성공할 수 있었다. — *Wir konnten Erfolg haben, weil wir fleißig waren.*

한국에서 오래 살았기 때문에 한국말을 잘해요. — *Weil ich lange in Korea gelebt habe, kann ich gut Koreanisch sprechen.*

노래를 잘 했기 때문에 마침내 가수가 되었어요. — *Weil Sie gut singen konnten, sind Sie endlich Sänger geworden.*

Die Konjunktionalform -기 때문 kann auch, wie die anderen kausalen Nomen (탓, 덕분), mit der Kopula 이다 ein Prädikat bilden: -기 때문이다. Sie drückt eine Begründung aus und bedeutet wörtlich 'Es ist, weil ...' / 'Der Grund ist ...'.

A: 왜 민수 씨를 좋아해요?
B: 민수 씨가 착하기 때문이에요.

A: *Warum mögen Sie Minsu?*
B: *[Der Grund ist,] weil er lieb ist.*

A: 왜 술을 많이 마셨어요?
B: 스트레스를 받았기 때문이에요.

A: *Warum haben Sie viel Alkohol getrunken?*
B: *[Es ist,] weil ich viel Stress bekommen habe.*

Das Formalnomen 때문 kann ohne Nominalisierungssuffix -기 direkt in Verbindung mit Nomen in der Bedeutung 'wegen' verwendet werden.

너 때문에 기차를 놓쳤어. — *Deinetwegen habe ich den Zug verpasst.*

무슨 일 때문에 전화했어요? — *Aus welchem Grund haben Sie angerufen?*

자식 때문에 걱정이 많아요. — *Ich mache mir große Sorgen wegen der Kinder.*

6. Konditionalsatz

Konditionale Konjunktionalformen dienen dazu, Bedingungen, Annahmen und reale oder irreale Wünsche auszudrücken. Die Tabelle zeigt geläufige konditionale Konjunktionalformen im Koreanischen.

konditionale Konjunktionalformen	deutsche Entsprechungen	
-(으)면, -이(라)면	Bedingung: *wenn*	Annahme: *falls*
-다면, -는/ㄴ 다면, -았/었다면	Bedingung: *wenn*	Annahme-Hypothese: *falls*
-았/었더라면	Annahme: *falls*	
-(으)려면, -고 싶으면	*wenn man X möchte/will*	
-거든	*wenn (subjektive Bedingung)*	
-아/어야	*wenn*	

VS-(으)면

Die konditionale Konjunktionalform -(으)면 'wenn ... (dann)' kann in zwei Funktionen verwendet werden: a) für konditionale Aussagen, und b) für Annahmen oder hypothetische Situationen. Sie kann mit allen Verbarten gebraucht werden und verbindet zwei Teilsätze, wobei das Subjekt im Haupt- und Nebensatz identisch oder unterschiedlich sein kann.

a) konditionale Aussage

피곤하면 좀 쉬세요.	*Wenn Sie müde sind, (dann) ruhen Sie sich aus.*
기분이 좋으면 노래를 불러요.	*Wenn ich gut gelaunt bin, (dann) singe ich.*
돈이 필요하면 빌려 드릴 수 있어요.	*Wenn Sie Geld brauchen, kann ich es Ihnen leihen.*
날씨가 나쁘면 어떻게 할까요?	*Was soll ich machen, wenn das Wetter schlecht wird?*

b) Annahme / (ir)realer Wunsch

Die konditionale Konjunktionalform -(으)면 kann auch zum Ausdruck einer Annahme oder eines realen bzw. irrealen Wunsches verwendet werden. In dieser Funktion kann -(으)면 durch die Konjunktionalform -는/ㄴ 다면 ersetzt werden (▶ 24.3.6 | Konditionalsatz). Sie wird häufig mit der Futurkonstruktion -을/ㄹ 거다 oder der Satzschlussendung -을/ㄹ 텐데 *'Es ist schade, dass X nicht ist / nicht ausgeführt werden kann'* gebraucht (▶ 11.10 | Pragmatische Satzschlussendung). Ebenso tritt -(으)면 in dieser Funktion häufig mit der Form -겠다 in der Konstruktion VS-(으)면 좋겠다 *'Es wäre gut / schön, wenn ...'* zum Ausdruck eines Wunsches auf. Die Konjunktionalform -(으)면 wird im Deutschen häufig mit dem Konjunktiv II übersetzt.

VS-(으)면 + -을/ㄹ 텐데	돈이 넉넉하면 그것을 살 텐데.	*Wenn ich genug Geld hätte, würde ich das kaufen.*
VS-(으)면 + -을/ㄹ 거다	정각에 끝내지 못하면 사장님께서 화내실 거예요.	*Wenn wir das nicht pünktlich erledigen, wird der Chef verärgert sein.*
VS-(으)면 + 좋겠다	차가 있으면/있다면 좋겠어요.	*Es wäre schön, wenn ich ein Auto hätte.*
	방학이 빨리 오면 좋겠어요.	*Es wäre gut, wenn die Ferien schnell kämen.*
VS-(으)면 + 좋을텐데	아들이 장가를 가면/간다면 좋을텐데.	*Es wäre schön, wenn mein Sohn heiraten würde.*

c) VS-(으)면 wird häufig mit dem Qualitativverb 충분하다 'genug sein' idiomatisch gebraucht: *'Es ist genug / Es reicht, wenn ...'* (nach Maß-/Zeitwörtern).

돼지고기를 1kg 만 사면 충분해요.	*Es ist genug, wenn wir 1 kg Schweinefleisch kaufen.*
하루에 5 시간만 자면 충분합니다.	*Es reicht mir, wenn ich am Tag nur 5 Stunden schlafe.*
하루 전에 예약하면 충분할 거예요.	*Es wird reichen, wenn wir einen Tag vorher reservieren.*

VS-(는/ㄴ)다면

Die Konjunktionalform -(는/ㄴ)다면 (bei Aktionsverben -는/ㄴ다면, bei Existenz- und Qualitativverben -다면) wird verwendet, um eine hypothetische Annahme oder einen möglicherweise erfüllbaren Wunsch zu bezeichnen, der sich auf die Gegenwart bzw. die Zukunft bezieht.

Tempus	AV	QV	EV 있다	Kopula 이다
Präsens	-는 /ㄴ다면	-다면	-다면	-라면/이라면

Während bei -(으)면 die Wahrscheinlichkeit einer Handlung oder eines Ereignisses relativ hoch ist, ist die Wahrscheinlichkeit einer Handlung oder eines Ereignisses bei -다면 gering. Die Formen werden somit häufig mit den Futurformen -을/ㄹ 거다, -겠다 oder der Satzschlussendung -을/ㄹ 텐데 gebraucht. Ebenso tritt -(는/ㄴ)다면 in dieser Funktion häufig mit der Futurform 좋겠다 in der Konstruktion VS-는/ㄴ 다면 좋겠다 *'Es wäre gut/schön, wenn ...'* auf.

QV-(으)면	돈이 많으면 좋겠어요.	*Wenn ich viel Geld hätte, wäre es schön.* (Eine gewisse Wahrscheinlichkeit ist gegeben, in Zukunft viel Geld zu haben)
QV-다면	돈이 많다면 좋겠어요.	*Wenn ich viel Geld hätte, wäre es schön.* (Die Wahrscheinlichkeit ist gering, in Zukunft viel Geld zu haben)

Der hypothetische Charakter der Konjunktionalform -는/ㄴ다면 bzw. -(으)면 kann durch satzeinleitende Adverbien wie 만약 oder 만일 'angenommen'/'falls' verstärkt werden.

VS-는/ㄴ다면 (Präsens)

결혼을 한다면 어떤 사람을 만나고 싶어요?	*Welchen Mann möchten Sie kennenlernen, falls Sie heiraten möchten?*
만약 복권에 당첨된다면 (= 당첨되면) 뭘 하겠어요?	*Was würden Sie tun, wenn Sie im Lotto gewinnen würden?*
만일 백만 장자가 된다면 (= 되면) 무엇을 제일 먼저 하고 싶어요?	*Was würden Sie zuallererst tun, wenn Sie Millionär wären?*

VS-았/었다면

Die Vergangenheitsform VS-았/었다면 *'wenn es gewesen wäre'* bezeichnet eine irreale Aussage bzw. einen unerfüllbaren Wunsch, die/der sich (bei einem Wunsch) auf die Gegenwart bzw. (bei einer Aussage) auf die Vergangenheit bezieht.

VS-았/었다면 (Präteritum)

키가 좀 컸다면 (= 컸으면) 좋을텐데.	*Es wäre schön, wenn ich ein wenig größer wäre.*
제가 목소리가 좋았다면 (= 좋았으면) 가수가 되었을 거예요.	*Wenn ich eine gute Stimme hätte, wäre ich Sänger geworden.*

날씨가 나빴다면 한라산에 올라 갈 수 없었을 텐데. — *Wenn das Wetter schlecht gewesen wäre, hätten wir den Berg Halla nicht besteigen können.*

N + 이(라)면

Die konditionale Konjunktionalform für die Kopula 이다 lautet -이(라)면(N_{KONS}) und -(라)면(N_{VOK}), wobei das Element 라 ausgelassen werden kann.

N_{KONS}-이(라)면	N_{VOK}-(라)면
선생 + -이라면 → 선생이(라)면	새+ -라면 → 새(라)면

대학생이면 할인을 받을 수 있어요. — *Wenn Sie Studenten sind, können Sie eine Ermäßigung bekommen.*

저는 수프라면 다 잘 먹어요. — *[Wenn es um Suppen geht,] Ich esse alle.*

유미 씨라면 칭찬할 것이 많지요. — *[Wenn es um Yumi geht,] Es gibt viel Gutes über sie zu sagen.*

In der Bedeutung einer irrealen Bedingung wird diese Form genau wie -(으)면 häufig mit den Futurformen -을/ㄹ 거다, -겠다 oder -을/ㄹ 텐데 verwendet.

내가 남자(라)면 좋겠어요. — *Es wäre schön, wenn ich ein Mann wäre.*

하루가 30 시간이(라)면 좋겠어요. — *Es wäre gut, wenn der Tag 30 Stunden hätte.*

내가 새(라)면 너에게 날아갈 텐데. — *Wenn ich ein Vogel wäre, würde ich zu dir fliegen.*

내가 너(라)면 약속을 지켰을 거야. — *Wenn ich du wäre, hätte ich mein Versprechen eingehalten.*

Wenn die Konditionalformen -(이)면 oder -있으면 nach einem Zeitnomen stehen und auch das Verb mit einer der obengenannten Futurformen steht, haben sie nur eine temporale Bedeutung.

민수가 내년이면 군대에 가요. — *Minsu geht nächstes Jahr zum Militär. [Wenn es nächstes Jahr wird, dann geht Minsu zum Militär.]*

이 초코케이크 하루면 다 먹어요. — *Ich esse den ganzen Schokokuchen an einem Tag.*

10 분 있으면 쉬는 시간이에요. — *In 10 Minuten haben wir Pause. [Wenn es noch 10 Minuten sind, dann ist Pause.]*

한 달 있으면 방학이에요. — *Wir haben in einem Monat Ferien. [Wenn es ein Monat ist, dann sind Ferien.]*

VS-았/었더라면 (irreale Vergangenheit)

Die Konjunktionalform -았/었더라면 wird verwendet, um auszudrücken, dass in der Vergangenheit das Gegenteil von dem eingetreten ist, was jemand erhofft hat. Hierdurch kann der Sprecher Bedauern, Beschwerde oder (bei negiertem Verb) Erleichterung darüber ausdrücken, dass eine Handlung oder ein Ereignis in der Vergangenheit nicht stattgefunden hat, im Sinne von *'ich hätte das tun/ wissen sollen'*. In dieser Funktion kann -았/었더라면 durch -았/었으면 ersetzt werden.

공부를 열심히 했더라면 (= 했으면) 시험에 떨어지지 않았을 텐데. — *Wenn ich fleißig gelernt hätte, wäre ich nicht bei der Prüfung durchgefallen.*

주식을 샀더라면 (= 샀으면) 돈을 많이 벌 수 있었을 거예요. — *Wenn ich Aktien gekauft hätte, hätte ich viel Geld verdienen können.*

제가 키가 컸더라면 (= 컸으면) 모델이 되었을 거예요.	*Wenn ich groß gewesen wäre, wäre ich ein Model geworden.*
표를 미리 예매했더라면 (= 예매했으면) 공연을 볼 수 있었을 텐데.	*Wenn ich das Ticket im Voraus reserviert hätte, hätte ich die Aufführung sehen können.*
네비게이션이 없었더라면 (= 없었으면) 길을 못 찾았을 거예요.	*Wenn ich keine Navigation gehabt hätte, hätte ich den Weg nicht gefunden.*

VS-(으)려면

Die Konjunktionalform -(으)려면 ist eine verkürzte Form von -(으)려 하면. Hier werden die Strukturen für Absicht -(으)려 하다 und Bedingung -(으)면 kombiniert. Dies kann etwa mit *'wenn man X machen möchte/will, dann ...'* übersetzt werden. Auf Nebensätze mit -(으)려면 folgt meist ein Hauptsatz mit der modalen Hilfsverbkonstruktion -아/어야 하다 bzw. -아/어야 되다 in der Bedeutung 'etwas tun müssen'. Alternativ steht oft auch die höfliche Aufforderungsform -(으)세요 oder -(으)십시오.

VS-(으)려면...VS-아/어야 하다/되다 – *Wenn Sie X möchten, müssen Sie Y machen*

장학금을 받으려면 공부를 열심히 해야 해요.	*Wenn Sie ein Stipendium bekommen möchten, müssen Sie fleißig lernen.*
담배를 끊으려면 많이 노력해야 돼요.	*Wenn Sie mit dem Rauchen aufhören möchten, müssen Sie sich enorm anstrengen.*
여기에서 일하려면 컴퓨터를 잘해야 돼요.	*Wenn Sie hier arbeiten möchten, müssen Sie gut mit Computern umgehen können.*

VS-(으)려면 + Imperativform – *Machen Sie X, wenn Sie Y möchten/wollen*

유럽 여행을 가려면 돈을 모으세요.	*Sparen Sie Geld, wenn Sie eine Europareise machen möchten!*
책을 빌리려면 학생증을 보여 주세요.	*Wenn Sie ein Buch ausleihen möchten, zeigen Sie mir bitte Ihren Studentenausweis!*
서울역에 가려면 1 호선 전철을 타세요.	*Wenn Sie zur Seoul-Station möchten, dann nehmen Sie die U-Bahn-Linie 1!*
한국에서 살려면 한국어를 열심히 공부하세요.	*Wenn Sie in Korea leben wollen, lernen Sie fleißig Koreanisch!*
이 레스토랑에서 식사하려면 미리 예약하십시오.	*Wenn Sie in diesem Restaurant essen möchten, dann reservieren Sie bitte vorher!*

Die Konstruktion VS-(으)려면 wird auch in der idiomatischen Wendung VS-(으)려면 (아직) 멀었다 *'Es ist noch weit weg / Es dauert noch, bis ...'* verwendet.

전 결혼하려면 아직 멀었어요. 먼저 취직해야 해요.	*Es dauert noch, bis ich heirate. Ich muss zuerst eine Arbeit finden.*
한국말을 한국 사람같이 하려면 아직 멀었어요.	*Es dauert noch, bis ich wie ein Koreaner Koreanisch sprechen kann.*
수미 씨, 그 일을 끝내려면 멀었나요?	*Sumi, dauert es noch lange, bis Sie die Arbeit erledigt haben?*

VS-고 싶으면

Die Konstruktion VS-고 싶으면, die aus der Hilfsverbkonstruktion VS-고 싶다 'wollen'/'möchten' und der Konjunktionalform -(으)면 gebildet wird, hat die gleiche Bedeutung wie -(으)려면.

VS-고 싶으면 – *Wenn Sie X machen möchten/wollen, dann ...*

자동차를 사고 싶으면 돈을 모아야 합니다.	*Wenn Sie ein Auto kaufen wollen, dann müssen Sie Geld sparen.*
좋은 일자리를 얻고 싶으면 영어를 잘해야 합니다.	*Wenn Sie eine gute Arbeit haben möchten, müssen Sie gut Englisch sprechen können.*
한국말을 잘하고 싶으면 한국 친구들을 많이 사귀세요.	*Wenn Sie gut Koreanisch sprechen möchten, lernen Sie viele koreanische Freunde kennen.*

Die Konjunktionalform -고 싶다 kann nicht unmittelbar an Qualitativverben angehängt werden, sondern muss dazu mit der Hilfsverbkonstruktion -아/어지다 verbunden werden.

QV + -아/어지다 + -고 싶다	
날씬하다 *schlank sein*	날씬하다 + -아/어지다 → 날씬해지다
날씬해지다 *schlank werden*	날씬해지다 + -지고 싶다 → 날씬해지고 싶다

젊어지고 싶으면 운동을 하세요.	*Machen Sie viel Sport, wenn Sie jung bleiben möchten.*
예뻐지고 싶으면 많이 웃으세요.	*Lachen Sie viel, wenn Sie hübscher werden möchten.*
똑똑해지고 싶으면 책을 많이 읽어야 해요.	*Wenn Sie klug werden möchten, müssen Sie viele Bücher lesen.*

Zum Ausdruck der Bedeutung 'nach', 'laut' und 'zufolge' werden die folgenden Konstruktionen aus der Kombination der Verben 따르다 'folgen', 의하다 'abhängen von' mit der Partikel 에 verwendet: N+에 따르면, N+에 의하면. Sie werden vorwiegend in der geschriebenen Sprache verwendet.

일기예보에 의하면 내일 하루종일 비가 온다고 한다.	*Laut Wetterbericht soll es morgen den ganzen Tag regnen.*
신문 보도에 따르면 국회의원이 세금을 내지 않았다고 한다.	*Einem Zeitungsbericht zufolge soll ein Abgeordneter keine Steuern gezahlt haben.*

VS-거든

Die Konjunktionalform -거든 hat eine ähnliche Bedeutung wie -(으)면, sodass sie häufig durch -(으)면 ersetzt werden kann. Die spezielle höfliche Nuance von -거든 liegt darin, dass dem Hörer die Entscheidung überlassen wird, ob die Bedingung als Grund für die Folge ausreicht. Im Hauptsatz steht meist eine Befehls- oder Aufforderungsform. VS-거든 wird überwiegend in der gesprochenen Sprache verwendet.

VS-거든 + Imperativform

성적이 오르거든/오르면 칭찬해 주어라.	*Wenn die Note besser wird, lob sie/ihn!*
서울에 도착하거든/도착하면 전화해.	*Wenn du in Seoul ankommst, ruf mich an!*
제 도움이 필요하거든/필요하면 바로 연락주세요.	*Wenn Sie meine Hilfe brauchen, melden Sie sich sofort bei mir!*
옷이 작거든/작으면 언제든지 바꾸러 오십시오.	*Wenn Ihnen die Kleidung zu klein ist, dann kommen Sie bitte jederzeit, um sie umzutauschen.*

VS-거든 + Aufforderungsform

비가 그치거든/그치면 출발합시다.	*Lasst uns losfahren, wenn der Regen aufhört!*
밥이 다 되거든/되면 같이 먹읍시다.	*Lasst uns zusammen essen, wenn der Reis fertig ist!*
방학을 하거든 함께 여행을 갑시다.	*Wenn wir Ferien haben, lass uns zusammen eine Reise machen!*
바쁘지 않거든 내일 잠깐 만납시다.	*Wenn Sie nicht viel zu tun haben, wollen wir uns morgen kurz treffen!*

Den mit -거든 verbundenen Nebensätzen können auch modale Hilfsverbkonstruktionen zum Ausdruck der Absicht des Sprechers wie -(으)려고 하다 oder die Futurformen -을/ㄹ 것이다 und -겠 folgen.

민수 씨가 오거든 바로 출발하려고 합니다.	*Wenn Minsu kommt, wollen wir gleich losfahren.*
어려운 일이 생기거든 도와줄게요.	*Wenn Sie ein Problem haben, dann werde ich Ihnen helfen.*
세일을 하거든 알려 드리겠습니다.	*Wenn es ein Sonderangebot gibt, werde ich Ihnen Bescheid geben.*

📖 VS-거든(요) kann auch als Satzschlussendung fungieren, die dazu dient, einen noch nicht bekannten Grund anzugeben (▶ 11.2 | Pragmatische Satzschlussendung).

VS-아/어야

VS-아/어야 bezeichnet eine notwendige Bedingung für die Handlung oder den Zustand im darauffolgenden Hauptsatz. Sie hat somit die einschränkende Bedeutung 'nur wenn'. In Hauptsätzen, die auf VS-아/어야 folgen, stehen weder Befehls- noch Aufforderungsformen. Außerdem kann die Konjunktionalform -아/어야 nicht zusammen mit dem Präteritum verwendet werden. Zur Betonung der Bedeutung kann statt -아/어야 auch -아/어야지 'erst wenn' oder -아/어야만 'nur wenn' verwendet werden, wobei -아/어야지 tendenziell in der gesprochenen Sprache, -아/어야만 in einer Rede / einem Bericht verwendet wird.

자주 만나야 / 만나야지 친해져요.	*Nur wenn man sich oft trifft, freundet man sich an.*
건강해야(만) 무슨 일이든지 할 수 있어요.	*Nur wenn man gesund ist, kann man alles machen.*
공부를 열심히 해야(지) 장학금을 받을 수 있어요.	*Nur wenn man fleißig lernt, kann man ein Stipendium bekommen.*
무엇보다 음식이 맛있어야(지) 손님이 많이 와요.	*Erst wenn das Essen besonders gut schmeckt, kommen viele Gäste.*
이번 달 월급을 타야(지) 집세를 낼 수 있어요.	*Nur wenn ich dieses Monatsgehalt bekomme, kann ich die Miete bezahlen.*

Die konditionale Konjunktionalform für die Kopula 이다 hat auch die Sonderform -이라야 (N_{KONS}) / -라야 (N_{VOK}) bzw. -이어야 (N_{KONS}) / -여야 (N_{VOK}). Die beiden Formen sind austauschbar.

N_{KONS}-이라야 / N_{KONS}-이어야	N_{VOK}-라야 / N_{VOK} 여야
사람 + -이라야 → 사람이라야	커피 + -라야 → 커피라야
학생 + -이어야 → 학생이어야	의사 + -여야 → 의사여야

이 회사는 한국인이어야 (= 한국인이라야) 지원할 수 있어요.	*Nur wenn man Koreaner ist, kann man sich bei dieser Firma bewerben.*

회원이라야 (= 회원이어야) 이 인터넷 사이트에 가입할 수 있습니다. — *Nur wenn man Mitglied ist, kann man der Internetseite beitreten.*

영어를 전공한 사람이어야 이 책을 번역할 수 있어요. — *Nur jemand, der Englisch studiert hat, kann dieses Buch übersetzen.*

Die Verneinung dieser Form in der Bedeutung 'nur wenn X nicht eintritt' erfolgt entweder mit VS-지 않아야 bei Qualitativverben oder mit VS-지 말아야 bei Aktionsverben.

비가 오지 말아야 그릴 파티를 할 수 있어요. — *Nur wenn es nicht regnet, kann man eine Grillparty machen.*

밤에 많이 먹지 말아야 살을 뺄 수 있어요. — *Nur wenn man abends nicht viel isst, kann man abnehmen.*

게으르지 않아야 회사에서 인정받습니다. — *Nur wenn Sie nicht faul sind, können Sie in der Firma anerkannt werden.*

Anmerkung: Die Konstruktion -아/어 봐야 drückt eine konzessive Bedeutung aus. Die Bedingung ist zwar erfüllbar, aber die erwünschte Folge kann nicht eintreten.

서둘러 봐야 이미 늦은 걸요. — *Auch wenn man sich beeilt, ist es schon zu spät.*

이 감기약은 먹어 봐야 별로 소용이 없어요. — *Selbst wenn Sie dieses Medikament gegen Erkältung einnehmen, wird es nichts (mehr) nutzen.*

7. Finalsatz

Finale Konjunktionalformen geben den Zweck, die Absicht oder das Ziel einer Handlung an. Die Tabelle zeigt einige der wichtigsten finalen Konjunktionalformen im Koreanischen.

finale Konjunktionalformen	deutsche Entsprechung	finale Konjunktionalformen	deutsche Entsprechung
-기 위하여 /-기 위해(서)		-도록 / -않도록	
-(으)러	*um ... zu / damit*	-게 / -않게	*damit / damit nicht*
-(으)려고, -고자		-게끔 / -않게끔	

VS-기 위해(서) / VS-기 위하여

Die Konstruktion VS-기 위해 besteht aus dem Verbalnomen auf 기 und 위해 (← 위하여) – der Anschlussform des Verbs 위하다 'für etwas/jmdn. etwas tun'. Sie wird verwendet, um eine Absicht, einen Wunsch oder Willen des Subjekts auszudrücken. Dabei kann 서 hinzugefügt werden: 위해서.

VS-기 위해(서)	VS -기 위하여	*um ... zu*
돈을 벌기 위해(서)	돈을 벌기 위하여	*um Geld zu verdienen*
군인이 되기 위해(서)	군인이 되기 위하여	*um Soldat zu werden*

Die Konstruktion VS-기 위해(서) / VS-기 위하여 wird meistens mit der modalen Konstruktion VS-아/어야 해요 oder VS-을/ㄹ까 해요 verwendet.

이 집을 사기 위해서 돈을 모았어요. — *Ich habe Geld gespart, um dieses Haus zu kaufen.*

한국 문화를 배우기 위해 한국에 갈까 해요. — *Um die koreanische Kultur kennenzulernen, habe ich vor, nach Korea zu gehen.*

한국 회사에 취직하기 위해서 한국말을 배워야 합니다. — *Ich muss Koreanisch lernen, um in einer koreanischen Firma arbeiten zu können.*

좋은 성적을 받기 위하여 열심히 공부해야 해요. — *Ich muss fleißig lernen, damit ich gute Noten bekomme!*

이번 축구시합에 이기기 위하여 최선을 다했어요. — *Um dieses Fußballspiel zu gewinnen, haben wir unser Bestes getan.*

Die Konjunktionalform -기 위해서 kann nicht unmittelbar an Qualitativverben angehängt werden, sondern muss dazu mit der Hilfsverbkonstruktion -아/어지다 verbunden werden.

QV + -아/어지다 + -기 위해서	
건강하다 *gesund sein*	건강하다 + -아/어지다 → 건강해지다
건강해지다 *gesund werden*	건강해지다 + -지기 위해서 → 건강해지기 위해서

건강해지기 위해서 운동을 합니다. — *Ich mache Sport, damit ich gesund bleibe.*

날씬해지기 위해 다이어트를 해요. — *Ich mache Diät, um schlank zu werden.*

Außer mit dem Verbalnomen kann VS-기 위해(서)/VS-위하여 auch mit einem Nomen verwendet werden: N + 을/를 위해서 bzw. N + 을/를 위하여 'für etwas/jemanden'.

회사를 위해(서) 열심히 일해 주세요. — *Bitte arbeiten Sie fleißig für meine Firma!*

아이들을 위해(서) 맛있는 음식을 준비해요. — *Ich koche für die Kinder etwas Leckeres.*

Die Konstruktion N + -을/를 위하여 wird häufig in Trinksprüchen verwendet.

자 건강을 위하여 건배! — *Prost auf die Gesundheit!*

행복을 위하여 건배합시다! — *Lasst uns auf das Glück das Glas erheben!*

VS-(으)러 und VS-(으)려고

Die finalen Konstruktionen VS-(으)러 und VS-(으)려고 drücken in Verbindung mit Aktionsverben den Zweck, das Ziel einer Handlung oder eine Absicht des Subjekts aus. Die gleichbedeutenden Konjunktionalformen -(으)러 und -(으)려고 werden hinsichtlich der Verbart, Zeitform und Satzart unterschiedlich gebraucht:

a) Beide Formen können nur mit Aktionsverben verwendet werden. -(으)러 wird ausschließlich mit Bewegungsverben wie z.B. 가다 'gehen', 오다 'kommen' gebraucht, während -(으)려고 nicht nur in Bewegungsverben, sondern auch in Verbindung mit anderen Verben stehen kann.

b) Nach Finalsätzen mit VS-(으)러 können im Hauptsatz alle Tempusformen stehen, bei VS-(으)려고 hingegen nur das Präsens und das Präteritum, jedoch nicht das Futur.

Tempus	VS-(으)러 + Bewegungsverben	*um ... zu*
Präsens	저희 집에 식사하러 오세요.	*Bitte kommen Sie zu uns nach Hause, um zu essen.*
	돈을 찾으러 은행에 가는 길이에요.	*Ich bin auf dem Weg zur Bank, um Geld abzuheben.*
Präteritum	책을 사러 서점에 갔어요.	*Ich bin zur Buchhandlung gegangen, um ein Buch zu kaufen.*
	우체국에 소포를 부치러 갔어요.	*Sie ist zur Post gegangen, um ein Paket zu schicken.*

Futur	친구를 만나러 시내에 갈 거예요.	*Ich werde in die Stadt gehen, um meine Freunde zu treffen.*
	선물을 사러 백화점에 갈 거예요.	*Ich werde zum Kaufhaus gehen, um ein Geschenk zu kaufen.*

	VS-(으)려고	*um ... zu / damit*
Präsens	여행을 하려고 돈을 모아요.	*Ich spare Geld, damit ich eine Reise machen kann.*
	미국으로 유학가려고 열심히 공부하고 있어요.	*Ich lerne fleißig, um in den USA zu studieren.*
Präteritum	한국말을 배우려고 한국에 왔어요.	*Ich bin nach Korea gekommen, um Koreanisch zu lernen.*
	부모님께 드리려고 선물을 샀어요.	*Ich habe ein Geschenk gekauft, um es meinen Eltern zu geben.*

Die Konstruktion VS-(으)려고 kann nicht im Futur stehen: nicht: *책을 찾으려고 도서관에 갈 거예요. *Ich gehe zur Bibliothek, um die Bücher auszuleihen.* (Richtig: 책을 찾으려고 도서관에 가요.)

c) Im Gegensatz zu finalen Nebensätzen mit -(으)려고, auf die keine Imperativ- oder Aufforderungssätze im Hauptsatz folgen können, ist dies nach -(으)러 möglich. Außerdem können die Konstruktionen -을/ㄹ까요? und -아/어야 하다 nicht mit -(으)려고 kombiniert werden.

(으)러 – Imperativ / Aufforderung

점심을 먹으러 식당에 가세요. — *Gehen Sie bitte ins Restaurant, um Mittag zu essen!*
Nicht: *점심을 먹으려고 식당에 가세요.

점심(을) 먹으러 식당에 갑시다. — *Lasst uns zum Mittagessen ins Restaurant gehen!*
Nicht: *점심(을) 먹으려고 식당에 갑시다.

(으)러 – VS-을/ㄹ까요? / VS-아/어야 하다

약을 사러 약국에 갈까요? — *Sollen wir in die Apotheke gehen, um Medikamente zu kaufen?*
Nicht: *약을 사려고 약국에 갈까요?

공부하러 도서관에 가야 해요. — *Ich muss in die Bibliothek gehen, um zu lernen.*
Nicht: *공부하려고 도서관에 가야 해요.

d) Die Bewegungsverben können jedoch nicht in den finalen Nebensätzen auf -(으)러 stehen.

Nicht: *한국에 가러 가요. / *산에 올라가러 갔어요. / *밖으로 나가러 갑니다.

VS-고자

In der gleichen Bedeutung wie -(으)려고 wird die Konjunkationalform -고자 verwendet, wobei -고자 in der Schriftsprache und -(으)려고 in der gesprochenen Sprache bevorzugt wird (▶ 9.4 | Modale Hilfsverbkonstruktion).

손님들을 대접하고자 음식을 준비했습니다. — *Ich habe das Essen vorbereitet, um die Gäste zu bedienen.*

장학금을 받고자 열심히 공부했어요. — *Ich habe fleißig gelernt, um ein Stipendium zu bekommen.*

VS-게 / VS-않게 und VS-도록 / VS-않도록

Die finalen Konjunktionalformen –게 / –않게 und –도록 / –않도록 bezeichnen ein Ziel, das man zu erreichen hofft, und werden in der Bedeutung 'damit' / 'damit nicht' verwendet. Die beiden können oft sinngemäß miteinander ausgetauscht werden.

먹기 편하게 (= 편하도록) 냉면을 잘라 주세요.	*Schneiden Sie bitte die kalten Nudeln, damit man einfach (angenehm) essen kann.*
학생들이 이해할 수 있게 (= 있도록) 쉽게 설명해 주세요.	*Bitte erklären Sie es leicht, damit die Studenten es verstehen können.*
깨지지 않게 (= 않도록) 잘 포장해주세요.	*Bitte packen Sie das gut ein, damit es nicht kaputt geht.*
음식이 모자라지 않도록 (= 않게) 많이 준비했어요.	*Ich habe viel Essen vorbereitet, damit das Essen nicht knapp wird.*
아이들이 자연을 체험할 수 있도록 (= 있게) 시골 농장으로 갑시다.	*Gehen wir zu einem Bauernhof, damit die Kinder die Natur erleben können.*
아이들의 손이 닿지 않도록 (= 않게) 이 약을 잘 보관해 두세요.	*Bewahren Sie die Medikamente bitte gut auf, damit die Kinder nicht daran kommen.*

Anmerkung: 1) –도록 wird oft idiomatisch in der Bedeutung 'bis', 'bis dahin' verwendet.

너를 죽도록 사랑해.	*Ich liebe dich, bis ich sterbe.*
배가 터지도록 먹었어요.	*Ich habe so viel gegessen, bis ich platze.*

2) VS-도록+ 하십시오/하세요 in der Imperativform bezeichnet eine Empfehlung (▶ 9.3 | Hilfsverbkonstruktion).

배가 아프면 약을 먹도록 하세요.	*Wenn Sie Bauchschmerzen haben, nehmen Sie besser eine Tablette.*

8. Konzessivsatz

Konzessive Konjunktionalformen entsprechen im Deutschen 'obwohl', 'obgleich', 'obschon', 'selbst wenn', 'auch wenn'. Folgende Tabelle zeigt die geläufigen Formen, wobei –아/어도 die häufigste ist.

konzessive Konjunktionalformen	deutsche Entsprechungen	konzessive Konjunktionalformen	deutsche Entsprechungen
–아/어도	*obwohl / obgleich selbst wenn*	–는/은/ㄴ 데도 (불구하고)	*obwohl / obgleich selbst wenn*
–아/어서라도		N + –에도 불구하고	
–을/ㄹ지라도		–을/ㄹ지언정	
–더라도		–을/ㄹ망정	
–고도		–아/어 봤자	

VS-아/어도

Die konzessive Konjunktionalform –아/어도 hat eine einräumende Bedeutung. –아도 folgt, wenn der letzte Vokal im Verbstamm ein ㅏ oder ㅗ ist, –어도 folgt, wenn der letzte Vokal des Verbstammes ein anderer Vokal als ㅏ oder ㅗ ist (▶ 8.1.1 | Präsens).

$VS_{ㅏ/ㅗ}$-아도	$VS_{OHNE\ ㅏ/ㅗ}$-어도
많다 + –아도 → 많아도	있다 + –어도 → 있어도

잠을 많이 자도 피곤해요.	*Obwohl ich viel schlafe, bin ich müde.*
가방이 비싸도 사고 싶어요.	*Selbst wenn die Tasche teuer ist, will ich sie kaufen.*
민수는 공부를 안 해도 성적이 좋아요.	*Obwohl Minsu nicht lernt, hat er gute Noten.*
약을 먹어도 감기가 낫지 않아요.	*Auch wenn ich Tabletten nehme, wird meine Erkältung nicht besser.*

Die konzessive Konjunktionalform –아/어도 kann durch das Adverb 아무리 'wie sehr' / 'viel' / 'oft auch' verstärkt werden. In diesem Fall wird der Hauptsatz häufig negiert.

아무리 말해도 듣지를 않아요.	*So viel ich auch rede, er hört einfach nicht (auf mich)!*
아무리 전화해도 받지를 않습니다.	*So oft ich auch anrufe, es geht einfach keiner ans Telefon!*
아무리 생각해도 이름이 생각나지 않아요.	*Wie sehr ich auch nachdenke, mir fällt sein Name nicht ein.*
아무리 공부해도 학교성적이 안 올라가요.	*So viel ich auch lerne, meine Schulnote wird nicht besser.*
아무리 찾아도 제 여권이 안 보여요.	*So lange/gründlich ich auch suche, ich finde meinen Pass nicht [mein Pass ist nicht sichtbar].*

Die Kopula 이다 wird in der Sonderform –(이)라도 verwendet. –(이)라도 wird häufig mit Fragewörtern wie 누구 'wer', 무엇 'was', 무슨/어느 'was für ein' oder dem Indefinitadnomen 아무 'irgendein' verwendet, um Unbestimmtheit auszudrücken (▶ 20.5 | Indefinitpronomen).

N + (이)라도

말이라도 정말 고마워요.	*Es sind zwar nur Worte, aber ich bin sehr dankbar.*
민수 씨는 무슨 일이라도 잘 할 수 있어요.	*Was es auch ist, Minsu kann alles meistern.*
지금이라도 늦지 않습니다.	*Selbst jetzt ist es noch nicht zu spät.*
중고차라도 한 대 사야겠어요.	*Ich muss, selbst wenn es nur ein Gebrauchtwagen ist, ein Auto kaufen.*

📖 지금 ist ein Zeitnomen mit der Bedeutung 'der jetzige Augenblick'.

Wenn die konzessive Konjunktionalform –아/어도 mit den Verben 좋다 'gut sein', 되다 'werden', 괜찮다 'in Ordnung sein' kombiniert wird, bildet sie eine Konstruktion mit modaler Bedeutung, die eine Erlaubnis ausdrückt (▶ 9.4.5 | Modale Hilfsverbkonstruktion: Erlaubnis). Die Konstruktion –아/어도 좋다/되다/괜찮다 im Fragesatz wird in verneinenden Antworten durch die konditionale Konjunktionalform –(으)면 + negiertes Verb ersetzt. Auf diese Weise wird ein Verbot ausgedrückt.

A: 비가 와도 운동회가 열립니까? B: 아니요, 비가 오면 열리지 않습니다.	*A: Findet das Sportfest statt, auch wenn es regnet?* *B: Nein, wenn es regnet, findet es nicht statt.*
A: 남자 친구와 여행을 가도 돼요? B: 남자 친구와 여행을 가면 안 돼.	*A: Darf ich mit meinem Freund eine Reise machen?* *B: Du darfst keine Reise mit deinem Freund machen.*
A: 강의를 녹음해도 괜찮겠습니까? B: 녹음하면 안 돼요.	*A: Darf ich Ihre Vorlesung aufnehmen?* *B: Sie dürfen sie nicht aufnehmen.*

VS-을/ㄹ지라도

Die konzessive Konjunktionalform -을/ㄹ지라도 kann entweder allein oder verstärkt durch die Adverbien 비록 'auch wenn', 아무리 'wie auch', 설사/설령 'selbst in dem Fall, dass' und deren Kombinationen vorkommen (▶ 15.3 | Satzadverbien).

VS$_{KONS}$-을지라도	VS$_{VOK}$-ㄹ지라도
있다 + -을지라도 → 있을지라도	비싸다 + -ㄹ 지라도 → 비쌀지라도

비록 가난할지라도 두 부부는 아주 행복하게 살아요.	*Obwohl das Ehepaar arm ist, lebt es sehr glücklich.*
제가 진실을 말할지라도 이제 그는 저를 믿지 않을 거예요.	*Er glaubt mir nicht mehr, selbst wenn ich die Wahrheit sage.*
설사 늦었을지라도 과속하면 안 돼요.	*Selbst wenn Sie zu spät sind, dürfen Sie nicht zu schnell fahren.*
비록 아무리 많이 배웠을지라도 다른 사람을 무시하면 안 돼요.	*Soviel Sie auch gelernt haben, dürfen Sie andere Leute nicht gering schätzen.*

(비록, 설사, 아무리) + N-일지라도

친한 친구일지라도 그런 농담을 하면 안 됩니다.	*Selbst ein guter Freund sollte so einen Witz nicht machen.*
비록 대통령일지라도 혼자 결정을 내릴 수 없습니다.	*Selbst Präsidenten können nicht alleine Entscheidungen treffen.*
아무리 좋은 약일지라도 무턱대고 먹지 마세요.	*Selbst wenn es gute Medizin ist, nehmen Sie sie nicht gedankenlos.*

VS-을/ㄹ지언정, VS-을/ㄹ망정

Die konzessiven Konjunktionalformen -을/ㄹ지언정 und -을/ㄹ망정 sind austauschbar und werden häufig verwendet, um die Aussage des Hauptsatzes nachdrücklich zu rechtfertigen, selbst wenn die mögliche Konsequenz einer Handlung unwahrscheinlich oder extrem sein könnte. Sie entsprechen im Deutschen *'sogar wenn (so und so) ist ... aber'*, *'selbst wenn (so und so) ist ... aber'*. In der gleichen Bedeutung kann die Konstruktion VS-는 한이 있더라도/있어도 verwendet werden (▶ 16.4.9 | Idiomatischer Gebrauch von Nomen VS-는 한).

해고를 당할망정/당할지언정 최소한 할 말은 해야겠어요.	*Auch wenn ich gefeuert werde, muss ich trotzdem sagen, was gesagt werden muss.*
죽을지언정/죽을망정 나쁜 일은 하고 싶지 않아요.	*Selbst wenn ich sterbe, möchte ich dennoch keine böse Tat begehen.*
굶을지언정/굶을망정 더 이상 구걸하지 않겠다.	*Sogar wenn ich verhungere, möchte ich nicht mehr betteln.*
늦을지언정/늦을망정 과속해서는 안 돼요.	*Selbst wenn Sie es eilig haben, dürfen Sie nicht zu schnell fahren.*

VS-더라도, VS-아/어서라도, VS-고도

Hier folgen weitere konzessive Konjunktionalformen. Dabei können die beiden Konjunktionalformen -더라도 und -고도 durch -아/어도 ersetzt werden.

VS-더라도

우리 멀리 떨어져 살더라도 (= 살아도) 계속 연락합시다.	*Selbst wenn wir weit weg voneinander leben, lass uns weiter in Verbindung bleiben.*
힘들더라도 (= 힘들어도) 좀 참고 열심히 일해.	*Selbst wenn es anstrengend ist, halte bitte durch und arbeite fleißig!*
설사 당신(의) 것이 아니더라도 (= 아니어도) 낭비하지 마세요.	*Auch wenn es Ihnen nicht gehört, verschwenden Sie das bitte nicht!*

VS-고도

민수 씨는 고된 일을 하고도 (= 해도) 아주 활기차요.	*Minsu ist sehr fit, obwohl er hart gearbeitet hat.*
술을 마시고도 안 마셨다고 해요.	*Obwohl er Alkohol getrunken hat, sagt er, dass er nichts getrunken hat.*
눈을 감고도(= 감아도) 그곳을 찾아갈 수 있습니다.	*Ich kann den Ort selbst mit geschlossenen Augen finden.*
약속을 하고도 (= 약속을 해도) 지키지 않는 사람이 많아요.	*Es gibt viele Menschen, die ihr Versprechen nicht halten, obwohl sie etwas versprochen haben.*

VS-아/어서라도

나를 봐서라도 내 아들을 용서해 줘.	*Verzeihe bitte meinem Sohn mir zuliebe.*
돈을 빌려서라도 차를 사고 싶어요.	*Ich möchte ein Auto kaufen, sogar wenn ich mir Geld leihen muss.*
휴가를 내서라고 친구(의) 결혼식에 가려고 해요.	*Ich habe vor, zur Hochzeit meines Freundes zu gehen, auch wenn ich dafür Urlaub nehmen muss.*

VS-는데도 (불구하고), VS-은/ㄴ데(도) (불구하고)

Die konzessive Konjunktionalform -는데도 (bei Aktions- und Existenzverben), -은/ㄴ데도 (bei Qualitativverben) besteht aus der koordinativen Konjunktionalform -는데 bzw. -은/ㄴ데 und der konzessiven Konjunktionalform -아/어도 'auch'. Dabei kann der zweite Teil -아/어도 ausgelassen werden, sodass nur die Konstruktion -는/은/ㄴ데 übrig bleibt. Sie kann mit Präsens und Präteritum kombiniert werden.

Tempus	Aktionsverb	Existenzverb	Qualitativverb	Kopula 이다
Präsens	-는데도	-는데도	-은/-ㄴ데도	N_{KONS} + 인데도 N_{VOK} + ㄴ데도
Präteritum	-았/었는데도	-었는데도	-았/었는데도	N_{VOK} + 였는데도 N_{KONS} + 이었는데도

밥을 많이 먹는데도 배가 고파요.	*Obwohl ich viel esse, bin ich hungrig.*
공부를 안 하는데도 성적이 좋아요.	*Obwohl ich nicht lerne, sind meine Noten gut.*
담배가 몸에 나쁜데도 계속 피워요.	*Obwohl Zigaretten ungesund sind, raucht er weiter.*
한국 음식은 매운데도 맛있어요.	*Obwohl koreanisches Essen scharf ist, ist es lecker.*

N + 인데(도)

방학인데(도) 학생들이 도서관에 많아요.	*Trotz der Ferien sind viele Studenten in der Bibliothek.*
사라 씨는 외국사람인데도 한국 노래를 잘 불러요.	*Obwohl Sarah Ausländerin ist, singt sie gut koreanische Lieder.*
따뜻한 봄인데도 겨울옷을 입고 다니는 사람들이 많아요.	*Trotz des warmen Frühlings gibt es viele Leute, die noch Wintersachen anziehen.*

VS-았/었는데(도)

잠을 많이 잤는데도 무척 피곤해요.	*Obwohl ich lang geschlafen habe, bin ich sehr müde.*
청소를 했는데(도) 방에 먼지가 많아요.	*Obwohl ich geputzt habe, ist viel Staub im Zimmer.*
스카프가 비쌌는데(도) 샀어요.	*Obwohl der Schal teuer war, habe ich ihn gekauft.*
민수 씨는 월급이 많았는데도 회사를 그만뒀어요.	*Obwohl Minsu gut verdient hat, hat er in der Firma gekündigt.*

Zur Betonung der konzessiven Bedeutung kann -는데도, -은/데도 durch die Phrase 불구하고 'trotz', 'obgleich', 'dennoch' ergänzt werden: -는/은/ㄴ데도 불구하고

AV-는데도 불구하고, QV-은/ㄴ데도 불구하고

수미 씨는 공부를 열심히 하는데도 불구하고 성적이 나빠요.	*Auch wenn Sumi fleißig lernt, sind ihre Noten schlecht.*
커피를 많이 마셨는데도 불구하고 졸려요.	*Obwohl ich viel Kaffee getrunken habe, bin ich schläfrig.*
사라 씨를 초대했는데도 불구하고 안 왔어요.	*Obwohl ich Sarah eingeladen habe, ist sie nicht gekommen.*
몸이 아픈데도 불구하고 학교에 왔어요.	*Obwohl sie krank ist, ist sie zur Schule gekommen.*
바쁘신데도 불구하고 와 주셔서 감사합니다.	*Vielen Dank, dass Sie gekommen sind, obwohl Sie viel zu tun haben.*

In der konzessiven Bedeutung wird die Form 불구하고 'trotz' oft in der Form N + 에도 불구하고 verwendet.

N + 에도 불구하고

비가 옴에도 불구하고 소풍을 갔어요.	*Trotz des Regens haben wir einen Ausflug gemacht.*
나쁜 날씨에도 불구하고 손님이 많이 왔어요.	*Trotz des schlechten Wetters sind viele Gäste gekommen.*
어려움에도 불구하고 우리는 최선을 다했습니다.	*Trotz Schwierigkeiten haben wir unser Bestes getan.*
부모님의 반대에도 불구하고 결혼하기로 결정했어요.	*Trotz der Einwände meiner Eltern habe ich mich entschlossen zu heiraten.*

9. Komparativsatz

Komparative Konjunktionalformen dienen dazu, das Ausmaß / den Grad oder einen Vergleich auszudrücken. Die folgende Tabelle zeigt geläufige komparative Konjunktionalformen im Koreanischen.

komparative Konjunktionalformen	deutsche Entsprechungen
-을/ㄹ수록	*in dem Maße wie, je mehr/weniger ... desto mehr/weniger*
-듯(이)	*als ob, wie*
-다시피	*als ob, wie*

VS-을/ㄹ수록

Mit der Konjunktionalform -을/ㄹ수록 wird das Ausmaß bzw. der Grad eines Vorgangs oder Zustandes bezeichnet. Sie kann durch die konditionale Konjunktionalform -(으)면 erweitert werden: VS-(으)면...을/ㄹ수록. Dies entspricht im Deutschen dem zweiteiligen komparativen Konnektor 'je ... desto'.

VS-을/ㄹ수록

친구는 많을수록 좋아요.	*Je mehr Freunde man hat, desto besser.*
이 음악은 들을수록 좋아요.	*Je öfter ich diese Musik höre, desto mehr gefällt sie mir.*
한국말은 공부할수록 재미있어요.	*Je mehr man Koreanisch lernt, desto interessanter wird es.*

VS-(으)면...VS-을/ㄹ수록

돈이 많으면 많을수록 걱정도 많아져요.	*Je mehr Geld man hat, desto mehr Sorgen hat man.*
그 사람은 만나면 만날수록 마음에 들어요.	*Je öfter ich ihn treffe, desto mehr gefällt er mir.*
문제가 어려우면 어려울수록 집중해야 합니다.	*Je schwerer die Fragen sind, desto mehr muss man sich darauf konzentrieren.*

Außerdem gibt es in dieser Bedeutung auch die Konstruktion Nomen (auch Formalnomen) + 일수록

더울 때일수록 많이 마셔야 해요.	*Je heißer es wird, desto mehr muss man trinken.*
부자일수록 인색한 것 같아요.	*Je reicher man ist, desto geiziger scheint man zu sein.*
급한 일일수록 천천히 하는 것이 좋아요.	*Je hektischer man ist, desto langsamer muss man arbeiten.*
삶이 어려울 때일수록 서로 도와야 합니다.	*Je schwerer das Leben ist, desto mehr muss man sich gegenseitig helfen.*

VS-듯이

듯이 wird in zwei Funktionen verwendet, 1) als Formalnomen 듯이 'Anschein' nach der Partizipialform (▶ 17.5.4 | Formalnomen 듯) und 2) als Konjunktionalform mit der komparativen Bedeutung 'als ob', '(so) wie', 'genauso'.

다니엘 씨는 한국 사람이 말하듯(이) 한국말을 아주 잘해요.	*Daniel spricht so gut Koreanisch wie ein Koreaner [so wie ein Koreaner spricht].*
너도 알듯이 내일 율리아가 독일에서 와.	*Wie du weißt, kommt Julia morgen aus Deutschland.*
사람마다 생김새가 다르듯이 생각도 다르다.	*Jeder Mensch sieht anders aus, genauso ist die Denkweise unterschiedlich.*

그는 너가 생각하듯이 착하지 않아. — *Er ist nicht so gutherzig, wie du denkst.*

날씨가 너무 더워서 땀이 비 오듯이 쏟아졌어요. — *Weil das Wetter zu heiß war, habe ich sehr viel geschwitzt [lief der Schweiß wie Regen runter].*

VS-다시피

Die Konjunktionalform -다시피 wird meist mit Verben der Wahrnehmung wie 알다 'wissen/kennen', 보다 'sehen', 듣다 'hören', 느끼다 'empfinden' und 짐작하다 'vermuten' verwendet. In diesem Sinne kann sie durch VS-듯이 oder durch die modalen Konstruktionen mit den Formalnomen 것 / 바 'Sache' VS-는/은/ㄴ 것처럼 oder VS-는 바와 같이 ersetzt werden.

네가 보다시피 나는 많이 바빠. — *Wie du siehst, habe ich viel zu tun.*
= 네가 보듯이 / = 네가 보는 것처럼
= 네가 보는 바와 같이

아시다시피 그는 친구가 전혀 없어요. — *Wie Sie wissen, hat er überhaupt keine Freunde.*
= 아시듯이 / = 아시는 것처럼
= 아시는 바와 같이

너도 알다시피 (= 알듯이) 내일 수미가 결혼해. — *Wie du weißt, heiratet Sumi morgen.*

연구실에서 살다시피 (= 살듯이) 해요. — *Er arbeitet so viel, als ob er im Büro leben würde.*

보시다시피 제 손에 아무것도 없습니다. — *Wie Sie sehen, habe ich nichts in meiner Hand.*

술을 물 마시다시피 마셔요. — *Er trinkt Alkohol, als ob es Wasser wäre.*
= 술을 물 마시듯이 마셔요.

25 Interjektionen

Interjektionen sind außerhalb des Satzzusammenhangs stehende Ausrufewörter, die Gefühle und Empfindungen ausdrücken. Sie werden meist in der gesprochenen Sprache verwendet. Im Koreanischen werden Gefühle oder Empfindungen oft auch durch pragmatische, besonders emphatische Satzschlussendungen (▶ 11 | Pragmatische Satzschlussendung) ausgedrückt, häufig in Kombination mit Interjektionen. Die Stellung der Interjektionen ist im Satz nicht festgelegt, meist stehen sie jedoch am Anfang.

Im Folgenden werden die geläufigsten koreanischen Interjektionen aufgelistet: Manche Interjektionen wie 아이고, 어머(나), 어, 에그 können je nach Kontext zum Ausdruck unterschiedlicher Gefühle bzw. Empfindungen verwendet werden.

Gefühl / Empfindung	koreanische Interjektionen	deutsche Entsprechung
Freude, Überraschung	아이고, 어머(나), 어쩜, 야, 하하	*Wow!, Mensch!, Yippie!*
	와, 우와, 아싸, 어, 만세	*Toll!, Hurra!*
Trauer	아이고, 어이구	*Aua!, Oh, schade!*
Ermutigung, Ermunterung	파이팅, 아자아자 파이팅, 힘내	*Kopf hoch!*
Schmerz	아이고 / 아이구, 어이구, 아야, 아휴	*Autsch!, Aua!, Au!*
Bedauern	참, 저런, 어머(나), 에그, 이크, 아참	*Oh!, Oje!*
Verwunderung	와, 어, 어머, 어쩜, 세상에	*Ach du liebe Zeit!, Oje!*
Enttäuschung, Unmut	에이, 아이, 에이씨	*Scheiße!*
Ekel	에이, 에그, 으 징그러, 퉤, 칫	*Pfui!, Igitt!*
Ärger, Wut	젠장, 제기랄, 빌어먹을, 얼어죽을	*Scheiße!, Verdammt!, Leck mich am Arsch!*
Verstimmung	어휴, 원, 참, 하하	*Och, Mensch!*
Beschimpfung	인마, 얌마, 망할놈/년, 미친놈/년	*Scheißkerl! / Dumme Kuh!*
Ruhe bitte!, Sei still!	쉿, 쉿쉿	*Husch!, pst!*
Aufforderung	자	*Bitte/Na/Komm!*

Oft werden Interjektionen verwendet, um die Aufmerksamkeit des Zuhörers zu wecken. Im Koreanischen gehören auch Antworten auf Ja-Nein-Fragen zur Wortart Interjektion.

	koreanische Interjektionen	deutsche Entsprechung
Aufmerksamkeit des Zuhörers	저, 여기요/저기요, 이봐요!, 에헴!, 얘, 야	*Hallo, Sie da!*
Unsicherheit	글쎄	*Naja, ich weiß nicht ...*
Bescheidenheit	뭘, 뭐	*Bitteschön, nicht doch, keine Ursache*

Freude

어머나, 반가워라! 정말 오랜 만이에요. — *Oh, schön Sie zu sehen, es ist wirklich lange her!*

아이구/어, 이게 누구야? — *Oh, wen haben wir denn hier?*

어머, 안녕하세요. 언제 오셨어요? — *Oh, hallo, wann sind Sie gekommen?*

와 (= 우와), 정말 노래 잘 부른다! — *Wow, du singst wirklich gut!*

우와, 음식이 너무 맛있게 보인다. — *Wow, das Essen sieht sehr lecker aus!*

야, 신난다. 우리 이제 방학이다. — *Toll, wir haben endlich Ferien, yippie!*

어쩜, 이렇게 딸이 귀여워요. — *Wow, ihre Tochter ist ja so süß!*

아싸, 또 땄다. — *Klasse, ich habe wieder gewonnen!*

Mitleid, Trauer

아이구,우리 불쌍한 딸! — *Ach, meine arme Tochter!*

에그머니 (아이구머니나), 이를 어쩌나! — *Ach du liebe Zeit, was soll ich machen?*

Ermunterung, Ermutigung

힘내! — *Kopf hoch!*

한국 파이팅! — *Korea Fighting!*

아자아자 파이팅! — *Fighting! / Du schaffst das!*

Verwunderung, Überraschung

어, 벌써 밤이네요! — *Oh, es ist ja schon Abend!*

오오, 설마 그럴리가! — *Oh nein, das kann doch nicht wahr sein!*

아이고, 어떻게 미안해요. — *Ups! Entschuldigung!*

이크, 넘어질 뻔했나. — *Hoppla, ich wäre beinahe hingefallen!*

세상에, 이럴 수가! — *Oje, ich kann es nicht fassen!*

Bedauern

어머나, 어린 것이 불쌍해라! — *Ach, das arme Kind!*

이런, 기차를 놓친 것 같은데. — *Ach nein, ich habe wohl den Zug verpasst.*

에그, 딱하기도 하지. — *Oh nein, wie traurig, der Ärmste!*

저런, 어쩌면 좋아. — *Oje, wie schade!*

Unmut

어휴, 숙제 또 안 가져왔어? — *Ach, hast du wieder deine Hausaufgaben nicht mitgebracht?*

아이고 맙소사! 주름이 왜 이렇게 많지. — *Oh mein Gott, ich habe so viele Falten!*

에이, 이런 대우를 받다니. — *Mist, so schlecht werde ich behandelt!*

아이(씨) / 에이(씨), 속상해. / 짜증나. — *So ein Pech! / So ein Mist!*

형님, 원 무슨 말씀을 그렇게 하세요. — *Älterer Bruder, wie kannst du mir so etwas unterstellen!*

하하, 그 사람 참, 말을 거칠게 하는 군. — *Ach Mensch, er hat eine böse Zunge!*

Schmerz

아이구/아휴, 다리 아파! — *Aua, mein Bein!*

아야! — *Autsch!*

Ärger, Wut

제기랄/제길!	*Verdammt!*
젠장, 되는 일이 없지!	*Scheiße, alles läuft schief!*
빌어먹을, 재수없어.	*Leck mich am Arsch, unglückbringender Kerl!*

Ekel

에그, 끔직해라!	*Ach, wie scheußlich!*
퉷 / 쳇 불쾌해!	*Pfui, das ist ja eklig!*
으, 징그러.	*Igitt, igitt!*
욱/웩 토할 것 같아.	*Igitt, ich muss mich übergeben.*

Aufmerksamkeit

저, 여기가 시청인가요?	*Entschuldigung, ist hier das Rathaus?*
저기요 / 여기요, 스카프가 떨어졌어요.	*Hallo Sie da, Ihr Schal ist runtergefallen!*
이봐!	*Hallihallo!*
야! 너 어디가?	*Heda! Wo gehst du hin?*

Durch die Interjektion 뭘 wird eine bescheidene, abwehrende Reaktion auf ein Kompliment oder einen Dank ausgedrückt.

A: 이렇게 와 줘서 고마워. B: 뭘, 당연히 와야지.	*A: Vielen Dank, dass du gekommen bist.* *B: Ach nein, das ist doch selbstverständlich.*
A: 요리를 참 잘하세요. B: 차린 것도 별도 없는데 뭘.	*A: Sie kochen wirklich gut.* *B: Ach nein, ich habe nichts Besonderes gekocht.*

Unsicherheit, Unentschiedenheit

글쎄, 잘 모르겠는데요.	*Naja, ich weiß es nicht genau.*
음, 흠, 함께 생각 해보자.	*Hm, lass uns mal zusammen überlegen!*

Sei ruhig!

쉿!, 조용히 해라.	*Pst, sei still!*
쉿!, 누가 듣겠다.	*Pst, jemand kann uns hören!*

Aufforderung, Aufmerksamkeit

자, 출발합시다.	*Komm, lass uns losfahren!*
자, 먼저 드십시오.	*Bitte, essen Sie zuerst!*
자, 여러분 여기 보세요.	*Hallo, bitte schauen Sie sich das an!*

Glossar: Terminologie und grammatische Begriffe

Ablativ: Kasus, der den Ausgangspunkt einer Bewegung bezeichnet, ausgedrückt durch 에게서/한테서 'von jmdm. (her)' oder 에서 Herkunft 'von/aus ...': z.B. 아빠한테서 소포가 왔어요 'Ein Paket kam von meinem Vater', 한국에서 왔어요 'Ich komme aus Korea'.

Adjektiv: ▶ Qualitativverb und ▶ Adjektivadnomen.

Adjektivadnomen: eine geschlossene Klasse, formal unveränderliche Wortart, die ausschließlich in adjektivischer attributiver Verwendung steht und ein Nomen näher bestimmt (z.B. 새 옷 'neues Kleid', 헌 신발 'alte Schuhe').

Adnomen: unselbstständiges Element, das ein folgendes Nomen näher bestimmt. Dazu gehören Numeralia, Adjektivadnomina, Demonstrativa, attributive Fragepronomina.

Adverb: Wort, das Verben (einschließlich Qualitativverben) und andere Adverbien näher bestimmt. Adverbien geben in der Regel eine Antwort auf eine der vier Fragen *wie?*, *wann?*, *wo?*, *inwieweit?*

Adverbialer Nebensatz (Adverbialsatz): Nebensatz, der sich zum Verb des Hauptsatzes wie eine adverbiale Ergänzung verhält. Im Koreanischen durch ▶ koordinative oder subordinative Konjunktionalformen gebildet.

Akkusativ: Kasus, der das ▶ direkte Objekt im Satz markiert. Er wird im Koreanischen mit der Objektpartikel -을/를 markiert, die an das Nomen angehängt wird. Den Akkusativ fordern ▶ transitive Verben.

Aktionsverb: Verb, das Handlungen, Bewegungen und Vorgänge beschreibt; oft auch Prozessivverb genannt.

Allativ: Kasus, der das Ziel oder die Richtung einer Bewegung bezeichnet (에게/한테 'zu jmdm.', 에 'in Richtung auf etwas').

Allophon: lautliche Variante eines ▶ Phonems, ohne dass dieser lautliche Unterschied einen Einfluss auf die Bedeutung von Wörtern hat: z.B. das Zungen- und Zäpfchen-/r/ im Deutschen. Im Koreanischen wird ein Phonem /k/ intervokalisch zu /g/ (z.B. 고기 [ko.gi]).

Anschlussform: (auch Konverb) Verbalform (auf -아/어) eines Nebensatzes, der die erste von zwei zusammengehörigen Handlungen ausdrückt. Das Bedeutungsverhältnis des Nebensatzes zum Hauptsatz kann temporal ('und dann') oder kausal ('weil') sein. Die Anschlussform wird auch zur Bildung von Verbalkomposita und als Anschlussbasis für die meisten Hilfsverbkonstruktionen verwendet. In der Sprechstufe ▶ Panmal wird die Verbalform auf -아/어 als Satzschlussendung verwendet.

Äquativ: Vergleichspartikel, die die Gleichheit zweier Subjekte hinsichtlich des durch das Prädikat ausgedrückten Sachverhalts angibt (z.B. 처럼, 같이, 만큼 'so ... wie').

Aspekt: verbale grammatische Kategorie, die mit der Zeitform verbunden ist. Der Aspekt drückt aus, ob ein Ereignis abgeschlossen (Resultativ) oder gerade im Verlauf (Progressiv) ist oder immer wieder bzw. andauernd auftritt (Frequentativ).

Aspiration: Aussprache eines Lautes mit folgendem -h-Laut. Im Koreanischen tritt die Aspiration nur in den Konsonanten p, t, c, k auf, die mit den aspirierten Konsonanten p^h, t^h, c^h, k^h kontrastieren.

Assimilation: teilweise oder völlige Angleichung der Aussprache zweier benachbarter Konsonanten. In Richtung auf das Wortende (progressiv) z.B. 칼날 *kal.nal* → [칼랄 k'al.lal], in Richtung auf den Wortanfang (regressiv) z.B. 집문 *chip.mun* → [짐문 ʧim.mun].

Attribut: nähere Bestimmung eines Nomens (▶ Adjektivadnomen | ▶ Partizipialform) oder eines Verbs (▶ Adverb).

Attributsatz: Nebensatz, der sich auf ein im Hauptsatz stehendes Nomen bezieht und dieses näher bestimmt. Koreanische Attributsätze entsprechen funktional den deutschen Relativsätzen und werden durch die Partizipialformen des Verbs bzw. durch die Berichtsform plus Attributivform -는 gebildet.

Aufforderungssatz: drückt eine Aufforderung aus, die der Sprecher an den Angesprochenen und sich selbst richtet ('Lass uns gehen!').

Dativ: Kasus des ▶ indirekten Objekts, d.h. der Person oder des Gegenstands, für die bzw. in Richtung auf den eine Handlung ausgeführt wird. Antwortet auf die Frage *wem?*.

Deklination: als Deklination werden im Deutschen Formveränderungen des Nomens, Adjektivs, Pronomens und Artikels bezeichnet, die deren Genus, Numerus und Kasus angeben. Eine solche Deklination gibt es im Koreanischen nicht (die Kategorie Genus fehlt überhaupt, und den deutschen Adjektiven entsprechen die Qualitativverben), stattdesssen werden Numerus und Kasus unabhängig voneinander durch nachgestellte ▶ Partikeln (auch Postpositionen) ausgedrückt.

Demonstrativa: räumlich hinweisende Wörter, im Koreanischen in drei Grade der Entfernung vom Sprecher bzw. Hörer eingeteilt: 이 'dies' (bei mir), 그 'das' (bei dir), 저 'jenes' (weder bei mir noch bei dir).

Diphthong: ▶ Phonem, das aus zwei Vokalen besteht. Der Diphthong 의 *ŭi* entsteht aus der Lautkombination 으 *ŭ* + 이 *i*.

Direkte Rede: wörtliche Wiedergabe der Äußerung eines Sprechers, im Koreanischen gekennzeichnet durch die Quotativmarkierung -하고 / 라고.

Direktes Objekt: Nomen bzw. Pronomen, das die Person bzw. den Gegenstand bezeichnet, auf die bzw. den sich die Handlung eines ▶ transitiven Verbs auswirkt. Es steht im Akkusativ und antwortet auf die Fragen *wen?* oder *was?* (z.B. 민수를 좋아해요 'Ich mag Minsu', 수미가 책을 읽어요 'Sumi liest ein Buch').

Ditransitives Verb: Verb, das sowohl ein direktes als auch ein indirektes Objekt erfordert, z.B. 주다 'jmdm. etwas geben', 보내다 'jmdm. etwas schicken'.

Ellipse: Auslassung nominaler Satzteile und deren grammatischer Kasusmarkierungen (z.B. (저는) 빵(을) 먹어요 'Ich esse ein Brot').

Existenzverb: Verb, das die Existenz von Personen, Lebewesen, Gegenständen oder abstrakten Konzepten bezeichnet oder deren Vorhandensein an einem Ort angibt. Das Existenzverb wird auch zum Ausdruck des Besitzverhältnisses verwendet.

Finites Verb: Verb, das einen Satz abschließt und an dem die grammatischen Kategorien Tempus, Modus und Sprechstufe ausgedrückt sind bzw. das mit einer Satzschlussendung markiert ist. Im Koreanischen kann ein Satz nur aus einem finiten Verb bestehen.

Flexion, Flexionssuffix: Endung, die an ein einfaches oder abgeleitetes Verb oder Nomen angehängt wird, um dessen grammatische Kategorien auszudrücken. Im Deutschen gehören hierzu Deklination und Konjugation (▶ Deklination | ▶ Konjugation).

Fokus: besondere Hervorhebung der Identität einer Person oder eines Gegenstands, im Deutschen oft durch einen Spaltsatz ausgedrückt (*Es ist X, der ... / X ist es, der ...*), im Koreanischen nur durch die Betonung und die obligatorische Setzung der Nominativ- bzw. Akkusativpartikel (z.B. 제가 죄송하죠 'Ich bin diejenige, die sich entschuldigen muss') gekennzeichnet.

Formalnomen: Wort, das formal als Nomen fungiert, aber nicht selbstständig im Satz vorkommen kann und alleine keine konkrete Bedeutung hat. Formalnomen benötigen daher ein weiteres modifizierendes Element, um eine Bedeutung auszudrücken. Die meisten Formalnomen werden in Verbindung mit einer Partizipialform oder mit anderen Nomina verwendet. Zwischen Formalnomen und Partizipialform oder Nomen kann keine Kasuspartikel stehen.

Freistehendes Nomen: Nomen, das ohne weitere modifizierende Elemente selbstständig im Satz stehen kann, im Gegensatz zum ▶ gebundenen Nomen.

Gebundenes Nomen: Nomen, das nicht selbstständig im Satz stehen kann und durch Partizipialformen oder andere Nomina modifiziert werden muss. Hierzu gehören ▶ Numeralklassifikatoren und ▶ Formalnomina.

Genitiv: Kasus, der ein Zugehörigkeits- oder Besitzverhältnis bezeichnet (z.B. 아버지의 차 'das Auto des Vaters').

Genus: gibt an, ob ein Nomen *maskulin*, *feminin* oder *neutral* ist. Anders als im Deutschen hat das koreanische Nomen kein grammatisches Genus.

Gespannte Konsonanten: ㅃ *pp*, ㄸ *tt*, ㄲ *kk*, ㅉ *tch*, ㅆ *ss*. Diese sind durch verstärkte Artikulation und fehlende Aspiration gekennzeichnet. Sie werden durch eine verstärke Muskelspannung von Lippen bzw. Zunge an der Artikulationsstelle mit verzörgerter Verschlussöffnung gebildet.

Hancha: chinesische Schriftzeichen, die im Koreanischen verwendet werden.

Hilfsverb: nichtselbstständiges Verb, das das Hauptverb hinsichtlich Tempus, Modus, Aspekt, Passiv/Kausativ modifiziert (−아/어 보다 'probieren/versuchen, etwas zu tun').

Homophone: Wörter, die gleich lauten, aber verschiedene Bedeutung haben wie z.B. das koreanische Wort 배, das je nach Kontext 'Birne', 'Bauch' oder 'Schiff' bedeuten kann.

Honorativsuffix: Element am Verb (−(으)시) bzw. am Nomen (님), durch das der Respekt gegenüber dem Satzsubjekt, wenn dieses eine Person bezeichnet, ausgedrückt wird. Das Honorativsuffix kann nicht zur Selbstbezeichnung, d.h. mit der 1. Person Sg./Pl. (ich/wir) gebraucht werden.

Indirekte Rede: dient zur indirekten distanzierten Wiedergabe von Äußerugen. Wie die direkte Rede wird auch die indirekte Rede durch die Konjunktionalform –고 als Quotativmarkierung abgeschlossen. Im Gegensatz zur direkten Rede steht die indirekte Rede im Koreanischen jedoch immer in der Berichtsform der 2. Sprechstufe.

Indirektes Objekt: Person, für die oder in Richtung auf die die Handlung ausgeführt wird, ausgedrückt durch die Kasuspartikel für den Dativ. Antwortet auf die Frage *wem?*.

Infinitiv: im Koreanischen gibt es keine eigentlichen Infinitivform des Verbs. Die Funktion des Infinitivs im Deutschen wird im Koreanischen teilweise durch ▸ Verbalnomina übernommen. Zur Bildung der Zitier- und Lexikonform werden diese allerdings nicht verwendet. Diese werden durch Anfügen der Verbalendung –다 an den Verbstamm (가–다 'gehen', 먹–다 'essen') gebildet.

Intransitives Verb: Verb, das kein direktes Objekt verlangt. So machen z.B. Verben wie 자다 'schlafen', 가다 'gehen' lediglich eine Aussage über den Zustand oder eine Handlung des Subjekts.

Kardinalzahlen: Zahlwörter, die zum Zählen und Rechnen gebraucht werden.

Kasuspartikel: einem Nomen nachgestelltes Element, das dessen syntaktische Funktion (z.B. Nominativ 이/가, Genitiv 의, Dativ 에게/한테, Akkusativ 을/를) im Satz angibt.

Kausativ: Verbalform, die ausdrückt, dass das Subjekt die Handlung nicht selbst ausführt, sondern von einer anderen Person ausführen lässt, bzw. bei Qualitativverben, dass das Subjekt einen Zustand herbeiführt.

Komitativpartikel: Die Partikeln 와/과, 하고, 이랑 geben an, dass die Handlung in Begleitung der durch sie markierten Person ausgeführt wird, und bedeuten 'zusammen mit jmdm.' (z.B. 엄마와 전화해요 'Ich telefoniere mit meiner Mutter').

Komplexer Satz: Satz, der mindestens einen Nebensatz enthält. Dazu gehören ▸ Attributsätze, Nominalisierte Sätze, ▸ Adverbiale Nebensätze und Quotativsätze.

Kompositum: Zusammensetzung aus zwei oder mehreren Nomina bzw. Verben (여행가방 'Reisetasche', 구워먹다 'braten und essen').

Konjugation: Als Konjugation werden im Deutschen die Endungen und Ablautformen des Verbs bezeichnet, die dessen Tempus und Modus sowie Numerus und Person angeben. Im Koreanischen dagegen werden Person und Numerus nicht am Verb markiert. Die Flexion des Verbs beschränkt sich auf die Kategorien Tempus, Modus und Honorativ, die jeweils durch ein eigenes Suffix ausgedrückt werden. Diese Suffixe sind für alle Verben gleich.

Konjunktionaladverb: Adverb, das zwei Hauptsätze inhaltlich verbindet (그리고 'und', 그러나 'aber', 그래서 'deshalb/deswegen').

Konjunktionalform: nicht-finite Verbalform, die ein kausales, finales, temporales, konditionales oder konzessives Verhältnis des Nebensatzes zu dem folgenden Hauptsatz ausdrückt.

Koordinative Konjunktionalform: Verbalsuffix, das zwei Hauptsätze verbindet. Es wird an den Verbstamm des Prädikats des ersten Hauptsatzes angehängt, z.B. –고 'und', –지만 'aber', –거나 'oder'.

Kopula: Verb zur Verbindung eines Subjekts mit einem ▸ Prädikatsnomen, um eine klassifizierende (*Ich bin (ein) Lehrer*) oder identifizierende (*Ich bin der Lehrer*) Aussage zu bilden.

Lautsymbolik: ▶ Onomatopoetische Ausdrücke

Lokativ: Kasus, der den Ort bezeichnet, an dem sich jemand oder etwas befindet bzw. eine Handlung ausführt (z.B. 집에 있어요 'Ich bin zu Hause', 회사에서 일해요 'Ich arbeite in der Schule').

Modales Hilfsverb: Hilfsverb, das eine Modalität wie Wunsch, Müssen, Können, Erlaubnis, Verbot usw. ausdrückt.

Modifizierer: Wörter oder grammatische Element, die ein Nomen oder eine Nominalgruppe näher beschreiben ▶ Attribut.

Modus: drückt die subjektive Stellungnahme des Sprechers zur Satzaussage aus. Dabei wird ein Geschehen als tatsächlich stattfindend, stattgefunden habend, möglich, vermutet, verneint oder befohlen dargestellt. Modale Bedeutungen werden im Koreanischen durch Verbalendungen, Satzschlussendungen oder Hilfsverbkonstruktionen ausgedrückt.

Nasale Assimilation: nicht nasale konsonantische Auslaute einer Silbe, z.B. die Verschlusslaute (p, t, k), werden im Koreanischen vor Nasalen zu den entsprechenden Nasalen (m, n, ng) umgewandelt: 국물 *kuk.mul* → [궁물 kuŋ.mul], 받는 *pat.nŭn* → [반는 pan.nɨn].

Nomen: (auch Substantiv) nicht modifizierende Wörter zur Bezeichnung von Dingen, Lebewesen und Abstrakta (z. B. 옷 'Kleidung', 사람 'Mensch', 사랑 'Liebe').

Nominalphrase: Gruppe von Nomina, die syntaktisch zusammengehören.

Nominativpartikel: (auch Subjektpartikel genannt) die Nominativpartikel 이/가 markiert das Nomen als das Subjekt des Satzes.

Numeralklassifikator: gebundenes Nomen, das die beim Zählen obligatorisch ausgedrückte Zugehörigkeit eines Nomens zu einer bestimmten Bedeutungsgruppe ausdrückt (z.B. 종이 한 장 'ein Blatt Papier').

Onomatopoetische Ausdrücke: Adverbien und Verbstämme, die Handlungen oder Vorgänge lautsymbolisch wiedergeben (z. B. 바람이 솔솔 불어요 'Der Wind weht sanft').

Ordinalzahlen: Zahlwörter zur Angabe von Rang- und Reihenfolgen wie 1., 2., 3. usw.

Palatalisierung: Aussprache von ㄷ t und ㅌ t' im Anlaut einer Sprechsilbe als ㅈ ch/j bzw. ㅊ ch', wenn ein i oder y folgt. 맏이 *mat.i* → [마지 ma.ʤi], 같이 *kat'.i* → [가치 ka.tsʰi].

Panmal: wörtlich 'halbe Sprache', bezeichnet die informelle Sprechstufe, die unter Gleichaltrigen und Gleichrangigen oder von Eltern zu Kindern verwendet wird.

Partikel: (auch Postposition) unselbstständiges Element, das einem Nomen nachgestellt wird, um dessen grammatische Beziehung oder bestimmte semantische Eigenschaften zu bezeichnen.

Partizipialform: Verbalendung, durch die ein Verb dem folgenden Nomen als Attribut untergeordnet wird (z.B. 예쁜 집 'ein schönes Haus').

Phonem: kleinste bedeutungsunterscheidende Einheit des Lautsystems einer Sprache, wie in *Dach* vs. *Bach*. Phoneme werden durch Schrägstriche notiert: /d/ = das Phonem 'd'.

Prädikat: Kernbestandteil eines Satzes; wird durch ein Verb (bzw. ein Qualitativverb oder eine Kopula) ausgedrückt. Das Prädikat ist im Koreanischen obligatorisch, während die anderen Satzelemente – wie Objekt, adverbiales und adnominales Attribut – und sogar das Subjekt unter bestimmten Umständen ausgelassen werden können.

Prädikatsnomen: Nomen, das zusammen mit der Kopula das Prädikat eines Nominalsatzes bildet (z.B. 저는 의사입니다 'Ich bin Arzt', 의사 = Prädikatsnomen).

Präfix: unselbstständiges Wortbildungselement, das einem Nomen vorangestellt wird: 맨손 'leere Hand' (Präfix 맨– 'leer' + 손 'Hand'), 날생선 roher Fisch (Präfix 날– 'roh' + 생선 'Fisch').

Präteritum: drückt abgeschlossene Vorgänge, Ereignisse und Zustände in der Vergangenheit aus. Funktional entspricht es im Deutschen sowohl dem Präteritum als auch dem Perfekt. Es wird durch das Einfügen des Präteritumssuffixes –았 bzw. –었 zwischen Verbstamm und der Endung –다 gebildet (z.B. 보았다 'er sah' / 'er hat gesehen', 먹었다 'er aß' / 'er hat gegessen').

Progressiv: (auch Verlaufsform) Aspekt, der eine sich im Verlauf befindliche Handlung ausdrückt. Der progressive Aspekt wird durch das Anhängen der Konstruktion –고 있다 an den Stamm eines Aktionsverbs gebildet.

Qualitativverb: Im Koreanischen werden adjektivische Begriffe in den meisten Fällen durch sog. Qualitativverben wiedergegeben, z.B. 아프다 'krank sein'. Daher wird bei adjektivischen Prädikaten, anders als im Deutschen, keine Kopula verwendet. Umgekehrt muss für die attributive Verwendung der Qualitativverben von diesen das Partizip (아픈 'krank seiend') gebildet werden. Bestimmte adjektivische Begriffe werden jedoch durch ▶ Adjektivadnomina ausgedrückt.

Retrospektiv: Verbalform, die ausdrückt, dass der Sprecher einen vergangenen Vorgang aus der Erinnerung oder nach dem Hörensagen wiedergibt.

Satzschlussendungen: einen Satz abschließende Verbalendungen zur Markierung der verschiedenen Sprechstufen und Satzarten.

Silbe: Im Koreanischen müssen Schreib- und Sprechsilben unterschieden werden, z.B. 독일 <tok.il> vs. [도길 to.gil] oder 넓다 <nɔlp.ta> vs. [널따 nɔl.tta]. Dieser Unterschied kommt daher, dass der Wortstamm immer als grafische Silbeneinheit geschrieben wird, ohne Rücksicht darauf, ob in der jeweiligen Wortform alle Konsonanten des Stammauslauts ausgesprochen werden, und darauf, ob die Silbengrenze durch den Stamm hindurch geht oder nicht.

Sprechstufe: obligatorischer Ausdruck des hierarchischen bzw. Vertrautheitsverhältnisses zwischen Sprecher und Hörer, das durch ▶ Satzschlussendungen ausgedrückt wird.

Subjekt: Im Deutschen ist das Subjekt das Satzglied, das im Nominativ steht und den Gegenstand der Aussage bezeichnet. Es ist mit *wer?* oder *was?* erfragbar. Im Koreanischen dagegen kann ein Nomen sowohl durch die Subjektmarkierung 이/가 als auch durch die Topikmarkierung 은/는 bezeichnet werden (▶ Topik).

Subordinative Konjunktionalformen: drücken temporale, logische und konditionale Relationen des Nebensatzprädikats zum Hauptsatz aus. Sie werden an den Stamm des Verbs im Nebensatz angehängt, der dem Hauptsatz voransteht. Hierzu gehören –을/ㄹ 때 'als', –아/어서 'weil', –(으)면 'wenn' usw.

Suffix: Element mit grammatischer oder semantischer Bedeutung, das am Wortende hinzugefügt wird.

Syntax: Regeln für die Kombination von Wörtern bzw. Wortgruppen zu größeren grammatischen Einheiten und Sätzen.

Tempus: Angabe der Zeitform eines Verbs zur Einordnung der Handlung als gegenwärtig, vergangen oder zukünftig.

Themavokal: Vokal (으), der verwendet wird, um die Entstehung unzulässiger Konsonantengruppen bei der Anfügung von Verbalsuffixen zu vermeiden. Statt dieses Begriffs wird in der vorliegenden Grammatik einfach der Vokal 으 in Klammern als Bestandteil des jeweiligen Suffixes angegeben, z.B. Honorativsuffix –(으)시, d.h. nach konsonantischem Stammauslaut erscheint –으시, nach vokalischem Stammauslaut erscheint –시. Das Suffix 는 dagegen ist ein Beispiel für die Gruppe von Suffixen, die direkt an einen konsonantischen Stammauslaut angefügt werden, wobei die Assimilationsregeln angewendet werden müssen: 먹는다 [mɔŋ-nɨn-da] (statt *먹으는다).

Topik: Nomen im Satz, das der Sprecher als dem Hörer bereits bekannt oder ohne Weiteres identifizierbar kennzeichnet. Es wird durch eine spezielle Partikel 은/는 'was X betrifft' markiert und steht meist am Anfang eines Satzes. Das Topik muss nicht mit dem ▶ Subjekt identisch sein, vielmehr kann der Satz, der die Aussage über das Topik enthält, seinerseits ein Subjekt enthalten. Das als Topik markierte Nomen kann in jeder Kasusfunktion (Subjekt, Objekt und Adverbialbestimmung) stehen.

Transitives Verb: Verb, das ein ▶ direktes Objekt (im Akkusativ) erfordert (z.B. 읽다 'lesen', 마시다 'trinken'). Anders als im Deutschen muss ein transitives Verb im Koreanischen grundsätzlich ein direktes Objekt haben, das allerdings wiederum ausgelassen werden kann, wenn es aus dem Kontext erschließbar ist.

Verbalnomen: Nomen, das von einem Verb abgeleitet ist und die Verbalhandlung als solche ohne Festlegung auf ein Tempus oder einen Modus bezeichnet. Es wird durch Anfügen eines der drei Nominalisierungssuffixe –기, –음/ㅁ oder –이 an den Verbstamm gebildet (z.B. 먹다 'essen' → 먹기 'das Essen', 살다 'leben' → 삶 'das Leben', 길다 'lang sein' → 길이 'Länge').

Stichwortregister (Deutsch)

Index grammatischer Strukturen

ㄷ

ㄹ

ㅁ

ㅂ

ㅅ

ㅇ

ㅋ

ㅌ

ㅍ

ㅎ

Koreanisch–deutsches Vokabelverzeichnis

Für die unregelmäßigen Verben gelten folgende Bezeichnungen:

ⓒ für ㄷ– unregelmäßig, ㉣ für ㄹ– unregelmäßig, ㉥ für ㅂ– unregelmäßig, ㉦ für ㅅ– unregelmäßig,
㉭ für ㅎ– unregelmäßig, 으 für 으– unregelmäßig, 르 für 르– unregelmäßig

ㄱ

가격 *Preis*
가급적 *möglichst*
가난하다 *arm sein*
가능하다 *möglich sein*
가다 *gehen*
가깝다 ㉥ *nah sein*
가르치다 *unterrichten*
가방 *Tasche*
가볍다 ㉥ *leicht sein*
가수 *Sänger*
가시 *Dorn*
가을 *Herbst*
가위 *Schere*
가위질 *Scherenarbeit*
가장 / 제일 *höchst*
가정 문제 *Familienproblem*
가져가다 *mitnehmen*
가져오다 *mitbringen*
가족 *Familie*
가족 사진 *Familienfoto*
가지고 있다 *bei sich haben*
가까이 *dicht dabei / näher (kommen)*
가깝다 ㉥ *nahe sein*
가끔 *gelegentlich / ab und zu*
각 *jede(r)* (Adnomen)
각자 *jeder*
간 *Leber*
간장 *Sojasoße*
간호 *Krankenpflege*
간호사 *Krankenschwester*
갈등 *Konflikt*
갈아입다 *umziehen*
갈아타다 *umsteigen*
갈팡질팡(하다) *schwanken*
갉아먹다 *nagen (nagen und essen)*
감기 *Erkältung*
감기다 *jmdm. die Haare waschen*
감기약 *Medikament gegen Erkältung*
감사하다 *danken*
감정 *Gefühl*
갑자기 *plötzlich*
값 *Preis*
값어치 *Wert*
강아지 *kleiner Hund*
강연 *Vortrag*
강의 *Vorlesung, Vortrag*
강좌 *Kurs* (수영 강좌 *Schwimmkurs*)
강하다 *stark sein*
갖고 있다 *bei sich haben*
같다 *gleich sein / identisch sein*
같게 *gleich*
같이 *so wie / zusammen*
갚다 (빚을) *Schulden zurückzahlen*
–개 *Stück* (NKK)
개 *Hund*
개월 *Monate (Zeitdauer)*
개인적 *individuell*
거기 *dort*
거실 *Wohnzimmer*
거울 *Spiegel*
거의 *kaum / fast nie*
거절하다 *ablehnen / absagen*
거절당하다 *abgelehnt werden*
거짓말 *Lüge*
거짓말쟁이 *Lügner*
거칠다 (손이/말이) *rau / derb sein*
걱정 *Sorge*
걱정이다 *besorgt sein*
걱정하다 *sich Sorgen machen*
건강 *Gesundheit*
건강하다 *gesund sein*

건물 *Gebäude*
건방증 *Vergesslichkeit*
건배 *Prost*
건축 *Architektur*
건축가 *Architekt*
걷다 ⓒ *zu Fuß gehen*
걸다 *hängen*
걸리다 *dauern*
검다 *schwarz sein*
검둥이 (abwertend) *Schwarzer/Neger*
검사받다 *untersucht werden*
검붉다 *dunkelrot sein*
검열 *Zensur*
검열관 *Zensor*
검푸르다 *dunkelblau sein*
겁 *Angst*
겁대가리 (abwertend) *Fehlen von Angst*
겁쟁이 *Angsthase*
게다가 *sogar / außerdem*
게으르다 *faul sein*
게으름을 피우다 *herumtrödeln*
겨울 *Winter*
겨울잠 *Winterschlaf*
견디다 *erdulden / ertragen / aushalten*
결석하다 *abwesend sein*
결심하다 *sich entschließen*
결정 *Entscheidung*
결정을 내리다 *Entscheidung treffen*
결정하다 *entscheiden, sich entschließen*
결코...아니다/없다 *nie*
결혼 *Heirat / Hochzeit*
결혼반지 *Ehering*
결혼식 *Hochzeitsfeier*
결혼하다 *heiraten*
겹치다 *überschneiden*
경기도 *Kyeonggi Provinz*
경력 *Karriere*
경복궁 *Kyeongbok-Palast*
경비 *Wache*
경비원 *Wächter*
경제 *Wirtschaft*
경제학 *Wirtschaftslehre*
경주 *Gyeongju (Stadt in Korea)*
경찰 *Polizei*
경찰관 *Polizist*
경치 *Landschaft*
경험 *Erfahrung*
경험담 *Erzählung einer persönlichen Erfahrung*
경험을 쌓다 *Erfahrung sammeln*
계단 *Treppe*
계란형 *Eiform / ovale Form*
계산기 *Taschenrechner*
계속 *weiterhin*
계시다 *sich befinden (hon.)*
계약서 *Vertragsurkunde*
계절 *Jahreszeit*
계획 *Plan*
계획대로 *wie geplant*
고기 *Fleisch*
고객 *Kunde*
고되다 *viel Mühe kosten / anstrengend sein*
고래 *Wal*
고로 *also, folglich*
고르다㉢ *auswählen*
고령화 *Veralterung*
고맙다 ⓑ *dankbar sein*
고모 *Tante (väterlicherseits)*
고모부 *Ehemann der Tante (väterlicherseits); Onkel*
고민하다 *grübeln / sich Gedanken machen*
고불고불(하다) *kurvig sein / gewunden sein*
고소 *(An)Klage*
고소하다 *anklagen*
고소당하다 *angeklagt werden*
고소득 *hohes Einkommen*
고속 버스 *Express-Bus*
고생하다 *sich bemühen*
고양이 *Katze*
고장나다 *kaputt gehen*
고장내다 *kaputt machen*
고집 *Sturheit*
고집쟁이 *Dickkopf / Sturkopf*
고춧가루 *Chilipulver*
고추장 *Paprikapaste*
고치다 *reparieren*
고통 *Schmerzen*
고프다㉢ *hungrig sein*
고향 *Heimat*
고혈압 *hoher Blutdruck*
골고루 *wohlausgewogen*
골프 *Golf*
곰 *Bär*
곱다 *zart sein*

곱하기 *Multiplikation*
곱하다 *multiplizieren*
공 *Ball*
공기 *Luft*
공기 *Reisschale*
공무원 *Beamter*
공부 *Studium / Lernen*
공부시키다 *lernen lassen*
공부하다 *lernen / studieren*
공사 *Bauarbeit*
공식적 *formal / öffentlich*
공연 *Aufführung*
공원 *Park*
공장 *Fabrik*
공장일 *Fabrikarbeit*
공짜 *umsonst / gratis*
공책 *Heft*
공통점 *Gemeinsamkeit*
공항 *Flughafen*
공휴일 *Nationalfeiertag*
과거 *Vergangenheit*
과거완료 *Plusquamperfekt*
과도한(하게) *übermäßig*
과로 *Überanstrengung / Strapaze*
과목 *Schulfach*
과속하다 *zu schnell fahren*
과식하다 *übermäßig essen*
과연 *wie erwartet*
과일 *Obst*
과자 *Snacks*
과장 *Abteilungsleiter*
과학 *Naturwissenschaft*
과학자 *Naturwissenschaftler*
관람 *Besichtigung*
관람객 *Besucher*
관심 *Interesse*
관심없다 *uninteressiert sein*
관심있다 *interessiert sein*
관형사 *Adnomina*
괜찮다 *in Ordnung sein*
괜히 *unnötigerweise*
굉장히 *sehr / höchst / erstaunlich*
교복 *Schuluniform*
교사 *Lehrer/in*
교수님 *Herr Professor*
교실 *Klassenzimmer*
교양 *Bildung / Kenntnis / Vornehmheit*
교육 *Erziehung*
교육비 *Erziehungsgeld*
교정 *Korrektur*
교통 *Verkehr*
교통비 *Fahrkosten*
교통 사고 *Autounfall*
교통질서 *Verkehrsordnung*
교환 학생 *Austauschstudent*
교황 *Papst*
교회 *Kirche*
구걸하다 *betteln / erbetteln*
구경하다 *besichtigen*
구경꾼 *Zuschauer*
구두 *Stöckelschuhe / Schuhe mit hohem Absatz*
구두 굽 *Schuhabsatz*
구멍 *Loch*
구세대 *alte Generation*
구시대 *Altertum*
구워먹다 *braten und (sofort) essen*
구하다 *suchen*
구하다 *retten*
국 *Suppe*
국민 *Volk / Bürger*
국수 *Nudeln*
국회의원 *Abgeordnete/r*
군대 *Militär*
군대식 *militärischer Stil*
군사화 *Militarisierung*
군살 *überflüssiges Fleisch / Fett*
군소리 *überflüssige Worte*
굳세다 *stark und fest sein*
굶기다 *verhungern lassen*
굶다 *hungern*
굶주리다 *verhungern*
굽다 ⓑ *braten*
궁금하다 *neugierig/gespannt sein*
궁상맞다 *arm sein / in Armut leben*
귤 *Mandarine*
–권 NKK für *Buch*
귀 *Ohr*
귀엽다 ⓑ *niedlich sein*
그 *das (Demonstrativ)*
그것 *das Ding / die Sache*
그곳 *der Ort da*
그냥 *nur so*

그다지…않다 *nicht so sehr*
그래도 *trotzdem / dennoch*
그래서 *deshalb / daher*
그러나 *aber*
그러니까 *deshalb / daher*
그러면 *dann*
그러면서 *dabei*
그러므로 (고로) *also folglich*
그런데 *aber*
그런데도 *trotzdem / dennoch*
그럼 *dann*
그럼에도 불구하고 *trotzdem*
그렇다 ⓗ *so sein*
그렇지만 *aber*
그렇지 않아도 *sowieso gerade*
그릇 *Schüssel*
그릇째(로) *mit dem Geschirr*
그리 (= 그렇게) *so*
그리...않다 *nicht so viel*
그리고 *und*
그리다 *malen*
그리워하다 *vermissen*
그릴 *Grill*
그림 *Bild*
그림책 *Bilderbuch*
그만두다 *aufhören / aufgeben*
그믐 *der letzte Tag des Monats*
그 밖에 *sonst noch etwas*
그분 *die Person da (hon.)*
그저께 *vorgestern*
극장 *Kino, Theater*
근무하다 *arbeiten / dienen*
근처(에) *in der Nähe*
글쎄요 *nun, naja*
글씨 *Handschrift*
금년에 *dieses Jahr*
금메달 *Goldmedaille*
금붕어 *Goldfisch*
금요일 *Freitag*
금연 *Rauchverbot*
금주 *Trinkverbot*
금혼식 *goldene Hochzeit*
급하다 *eilig sein / dringend sein*
급히 *hastig / schnell*
긋다 ⓢ *Linien ziehen*
기계 *Maschine*
기다 *kriechen*
기다리다 *warten*
기도하다 *beten*
기르다 ⓡ *pflegen / züchten*
기름 *Benzin / Öl*
기름값 *Benzinpreis*
기부금 *Geldbeitrag / Spende*
기분 *Laune*
기분 전환 *Ablenkung / Abwechselung*
기쁘다 ⓔ *sich freuen*
–기 위해(서) *um ... zu*
기쁨 *Freude*
기사 *Fahrer*
기숙사 *Studentenwohnheim*
기술 *Technik*
기술자 *Ingenieur*
기어가다 *kriechen*
기억나다 *sich erinnern*
기억하다 *erinnern*
기온 *Temperatur*
기왕 *sowieso / eh schon*
기차 *Bahn / Zug*
기차표 *Zugfahrkarte*
기침 *Husten*
기타 *Gitarre*
기한 *Termin / Frist*
기회 *Gelegenheit / Chance*
긴장 *Spannung*
긴장하다 *nervös sein*
길 *Straße / Weg*
길다 ⓡ *lang sein*
길이 *Länge*
김밥 *Kimbap (kor. Essen)*
김치 *Kimchi (kor. Salat)*
김치 찌개 *Kimchi-Eintopf (kor. Essen)*
깊이 *Tiefe*
까맣다 ⓗ *schwarz sein*
까만 색 *schwarze Farbe*
깍다 *schälen*
깍아내리다 *herabsetzen*
깔끔하다 *sauber sein*
깨끗이 *sauber*
깨끗하다 *sauber sein*
깨다 *aufwachen*
깨닫다 *begreifen / erkennen*
깨어나다 *aufwachen / wach werden*

깨우다 *wecken*
껌 *Kaugummi*
껍질 *Schale*
껍질째(로) *mit der Schale*
꼭 *unbedingt / fest / haargenau*
꼼지락거리다 *sich unruhig bewegen / schlängeln*
꽁꽁 (얼다) *festgefroren*
꽃 *Blumen*
꽃병 *Blumenvase*
꽤 *ziemlich*
꾸벅꾸벅 졸다 *einnicken*
꾸중 *Tadel*
꾸중듣다 ㉢ *getadelt werden*
끄다 *ausschalten*
끄덕이다 (고개를) *Kopf nicken*
끈적끈적하다 *klebrig sein*
끊기다 *abgebrochen / unterbrochen werden*
끊다 *abbrechen / unterbrechen*
끓이다 *kochen*
꼬마 *kleines Kind*
꿀 *Honig*
꿀꺽 삼키다 *schlucken / verschlucken*
꿈을 꾸다 *träumen*
끝 *Ende / Abschluss*
끝나다 *enden*
끼다 *(Ring) tragen*
끼리끼리 *gruppenweise*
끼어들다 *einschalten / dazwischen sprechen*

ㄴ

나 *ich (neutral)*
나가다 *rausgehen*
나누다 *teilen / dividieren*
나누기 *Division*
나다 *entstehen / geschehen*
나르다 *tragen*
나름이다 *abhängen von, ankommen auf etw.*
나쁘다 *schlecht sein*
나오다 *herauskommen*
나이 *Alter*
나중에 *später*
나흘 *vier Tage*
난방비 *Heizkosten*
난폭하게 *gewaltsam, brutal*
날고기 *roher Fisch*
날다 *fliegen*
날뛰다 *toben / springen*
날리다 *fliegen lassen*
날마다 *Tag für Tag*
날생선 *roher Fisch*
날씨 *Wetter*
날씬하다 *schlank sein*
날아오르다 *hochfliegen*
낡다 *veraltet / abgenutzt sein*
낡아 빠지다 *abgenutzt / veraltet werden*
남 *der Andere / Fremde*
남기다 *übrig lassen*
남다 *übrig bleiben*
남대문 *Südtor*
남성스럽다 ㉥ *männlich sein*
남자 *Mann*
남자 친구 *der Freund*
남편 *Ehemann*
낫다 ㉦ *geheilt werden / genesen*
낭비하다 *verschwenden*
낮 *Tag*
낮다 *niedrig sein*
낮잠 *Mittagsschlaf*
낮잠을 자다 *ein Nickerchen machen*
낮추다 *etwas niedrig stellen*
낳다 *jmdn. zur Welt bringen / gebären*
내비게이션 (= 길도우미) *Navi*
내려가다 *heruntergehen*
내려오다 *herunterkommen*
내년 *nächstes Jahr*
내버려 두다 *in Ruhe lassen*
내일 *morgen*
냄새 *Geruch / Duft*
냉장고 *Kühlschrank*
냉면 *Naengmyeon (kor. Essen)*
너무 *zu*
넉넉하다 *genug sein / genügen*
넓다 *breit sein*
넓히다 *verbreiten / erweitern*
넘다 *einen Zeitraum überschreiten*
넘어지다 *hinfallen*
넣다 *hineinstellen*
넥타이 *Krawatte*
넷 *vier*
년 *Kalenderjahr*

노란 색 *gelb (Farbe)*
노랗다 ㅎ *gelb sein*
노래 *Lied*
노래(를)부르다 *singen*
노래방 *Karaoke*
노래시키다 *singen lassen*
노래하다 *singen*
노력하다 *sich bemühen*
노소 *jung und alt [Alt und Jung]*
노인 *alte Menschen*
노트북 *Notebook / Laptop*
녹다 *schmelzen*
녹아들다 *verschmelzen*
녹음하다 *aufnehmen*
녹이다 *zum Schmelzen bringen*
녹차 *grüner Tee*
논문 *Aufsatz*
놀다 ㄹ *spielen*
놀리다 *jmdn. hänseln*
농구 *Basketball*
농담 *Witz, Scherz*
농장 *Bauernhof*
높다 *hoch sein*
높이 *Höhe*
놓다 *legen / stellen*
놓치다 *verpassen*
뇌물 *Bestechungsgeld*
누가 *wer*
누구 *wer*
누나 *ältere Schwester von einem jüngeren Bruder*
누다 (오줌/똥) *urinieren / Stuhlgang haben*
누르다 *drücken*
눈 *Schnee*
눈물 *Tränen*
눈물이 나다 *tränen*
눈물을 흘리다 *weinen / Tränen vergießen*
눈부시다 *blendend sein*
눕다 *sich hinlegen*
눕히다 *jmdn. hinlegen*
뉴스 *Nachrichten*
느리다 *langsam sein*
느림보 *Trödler / Schnecke / Schnarchnase*
느끼다 *empfinden*
늑장부리다 *trödeln / in aller Muße tun*
늘 *stets*
늙다 *gealtert sein*
능력 *Fähigkeit / Kompetenz*
능청맞다 *gerissen/hinterlistig sein*
늦게 *spät*
늦게까지 *bis spät*
늦다 *spät sein*
늦추다 *aufschieben / verlängern*
늦잠 *lange schlafen*

ㄷ

다 *alles / ganz*
다니다 *(Schule / Firma) regelmäßig besuchen*
다녀오다 *zurückkommen*
다다르다 *ankommen / gelangen*
다르다 ㄹ *anders sein*
다른 *verschieden / anders*
다리 *Beine*
다목적 *vielfältige Zwecke*
다방면 *Vielseitigkeit*
다섯 *fünf*
다소 *etwas / ein wenig*
다시 *wieder*
다운로드하다 *herunterladen*
다음 날 *der nächste Tag*
다이어트 *Diät*
다치다 *sich verletzen*
다행히 *glücklicherweise*
다혈질 *Voll-/Heißblütigkeit*
닦다 *(Zähne) putzen*
단맛 *süßer Geschmack*
단어 *Vokabel*
단숨에 *in einem Atemzug / ohne Pause*
단체여행 *Gruppenreise*
닫다 *schließen*
닫히다 *geschlossen werden*
달걀 *Ei*
달다 ㄹ *süß sein*
달래다 *beruhigen*
(에) 달려있다 *abhängig sein*
달러 / 불 *Dollar*
달리다 *rennen*
달마다 *jeden Monat*
닭 *Huhn*
닭고기 *Hähnchenfleisch*
닮다 *ähnlich sein*

닳다 *abgetragen werden*
담그다 *eintauchen / einweichen*
담배 *Zigarette*
담배값 *Tabakpreis*
답장 *Antwort*
닷새 *fünf Tage* (RKG)
당신 *Sie*
당연하다 *gewiss* / *freilich sein*
당장 *sofort*
당첨되다 *das große Los gewinnen*
대가 (大家) *Meister*
대가리 (abw. von 머리) *Kopf*
대가족 *Großfamilie*
대꾸하다 *erwidern, scharf antworten*
대답하다 *antworten*
대리 *Assistent*
대사관 *Botschaft*
대우 *Behandlung*
대전 *Daejeon (Stadt in Korea)*
대접하다 *bedienen / bewirten*
대청소 *Großreinemachen / Hausputz*
대통령 *Präsident/in*
대학교 *Universität*
대학생 *Student*
대화 *Konversation*
더 *mehr*
더구나 *sogar*
더 나아가 *darüber hinaus / ferner*
더럽다 *schmutzig/dreckig sein*
더러워지다 *schmutzig/dreckig werden*
더불어 *zusammen*
더 이상 *nicht mehr*
더위 *Hitze*
더하기 *Addition*
더하다 *addieren*
덕분 *Wohlwollen / Gunst*
덕택 *Wohlwollen / Gunst*
던지다 *werfen*
덜 *weniger*
덜덜 (떨다) *heftig zittern*
덥다 ㅂ *heiß sein*
덧신 *Überschuh*
덧옷 *Überwurf / Mantel*
데이트하다 *ausgehen mit jmdm.*
데리고 가 다 *mitnehmen*
데리고 오다 *mitbringen*
도 *auch / ebenfalls*
도둑 *Dieb*
도둑맞다 *gestohlen werden*
도둑질 *Diebstahl*
도무지 ...아니다/없다 *gar nicht*
도서관 *Bibliothek*
도시화 *Urbanisierung*
도움 *Hilfe*
도와주다 *helfen*
도망가다 *weglaufen*
도중에 *auf dem Weg*
도저히 ...아니다/없다 *überhaupt nicht*
도착하다 *ankommen*
독서 *Lesen eines Buches*
독일 *Deutschland*
독일 사람 *Deutsche/-r*
독일어 *Deutsch*
독일어 사전 *deutsches Wörterbuch*
독촉장 *Mahnbrief*
돈 *Geld*
돌 *Stein*
돌다 *sich drehen*
돌아가시다 *sterben (hon.)*
돕다 ㅂ *helfen*
동그랗다 ㅎ *rund sein*
동사 *Verb*
동생 *jüngeres Geschwister*
동시에 *gleichzeitig*
–동안 *während*
동의어 *Synonym*
동전 *Münze*
동쪽 *Ost- / Osten*
동창 *Kommilitone*
돼지고기 *Schweinefleisch*
되다 *werden*
된장 찌개 *koreanische Misosuppe*
두껍다 ㅂ *dick sein*
두다 *liegen lassen*
두 배 *doppelt, zweifach*
두부 *Tofu*
두통 *Kopfschmerzen*
두통약 *Mittel gegen Kopfschmerzen*
둘 *zwei*
둥글다 *rund sein*
뒤뚱뒤뚱 (걷다) *watscheln*
뒤에 *hinter / hinten*

느디어 *endlich / zuletzt*
드라마 *Soap / TV-Serie*
드리다 *geben (hon.)*
드시다 *essen / trinken / speisen (hon.)*
듣다 ⓒ *hören*
들고뛰다 *mit etw. weglaufen*
들르다 ⓔ *vorbeigehen / vorbeikommen*
들려주다 *hören lassen / vorlesen*
들리다 *gehört werden*
들어가다 *hineingehen*
들어오다 *hereinkommen*
등등 *usw.*
등록 *Registrierung*
등록금 *Studiengebühren*
등록되다 *registriert werden*
등록하다 *anmelden / registrieren*
등산 *Bergwandern*
등산하다 *Bergwandern gehen*
따귀 *Ohrfeige*
따귀맞다 *geohrfeigt werden*
따님 *Tochter* (als höfliche Anrede)
따다 (면허) *Führerschein machen*
따뜻하다 *warm sein*
따라서 *also / folglich / deshalb*
따라오다 *jmdm. folgen*
따르다 *(be)folgen*
따위 *usw. (negativ)*
딴 *andere/-r*
딱하다 *armselig sein / arm sein*
딸 *Tochter*
딸기 *Erdbeeren*
땀 *Schweiß*
땀나다 *schwitzen*
땀투성이 *Schweißgebadetsein*
때 *Zeit / Gelegenheit / Fall*
때때로 *ab und zu / manchmal*
떠나다 *verlassen / weggehen*
떠들다 *lärmen / plaudern*
떡 *Reiskuchen*
떡국 *Reiskuchensuppe*
떨다 *zittern*
떨어지다 *fallen / durchfallen*
떨어지다 *sich trennen*
똑똑하다 *klug sein*
똑똑하게 *klug*
똑바로 *gerade / genau / ehrlich*
뚜껑 *Deckel*
뚱뚱하다 *dick sein*
뛰다 *laufen / rennen*
뛰어가다 *rennen*
뛰어내리다 *hinunterspringen*
뛰어오르다 *hochspringen*
뜨다 (해가) *aufgehen*
뜻 *Wille*
뜻 *Bedeutung*
뜻대로 *wie gewünscht*

ㄹ

라디오 *Radio*
라면 *Ramen (kor. Instantnudeln)*
런던 *London*
레스토랑 *Restaurant*
롯데 백화점 *Lotte-Kaufhaus*

ㅁ

마구 *heftig / übermäßig*
마늘 *Knoblauch*
–마다 *jedes*
마땅히 *selbstverständlich*
마르다 ⓡ *trocknen*
마르다 ⓡ *dünn/mager sein*
마시다 *trinken*
마약 *Drogen*
마음대로 *wie man möchte / nach Wunsch*
마음에 들다 *jmdm. gefallen*
마음이 놓이다 *sich erleichtert fühlen*
마침 *gerade / eben*
마침내 *endlich / schließlich*
막 *jetzt gerade / eben*
막 *heftig / übermäßig*
막내 *das jüngste Kind*
막다 *sperren*
막히다 *gesperrt werden*
막히다(기가) *sprachlos /auffassungslos sein*
만 *nur*
만 *zehntausend*
만나다 *treffen*
만두 *kor. Maultasche*
만들다 ⓔ *basteln / herstellen*

만들다 ㉣ *(Gericht) kochen*
만약 *falls*
만족하다 *zufrieden sein*
만지다 *berühren / betasten*
만큼 *so wie*
많다 *viel sein*
많이 *viel / sehr*
말 *Worte / Sprache*
말 *Pferd*
말다 ㉣ *aufhören*
말똥말똥 (보다) *anstarren*
말썽 *Störung / Ärger*
말썽꾸러기 *Störenfried*
말씀 *Worte / Sprache (hon.)*
말씀하시다 *sprechen / reden (hon.)*
말을 걸다 *ansprechen*
말조심 *Achtung beim Reden*
말투 *Sprechweise*
말하다 *sprechen*
맑다 *klar/hell sein*
맑아지다 *aufklaren / aufhellen*
망치다 *kaputt machen*
망하다 *kaputt gehen*
맛 *Geschmack*
맛나다 *lecker sein*
맛대가리 *ein widerliches Essen*
맛없다 *nicht lecker sein*
맛을 보다 *probieren / kosten*
맞이하다 *empfangen*
맛있다 *lecker sein*
맞다 *richtig sein*
맞추다 *richtig stellen / passend machen*
맞히다 *etwas richtig beantworten / treffen*
매다 *(Krawatte) binden*
매듭 *Knoten*
매우 *sehr*
맥주 *Bier*
맨발(로) *barfuß*
맨손 *leere Hände*
맵다 ㉥ *scharf sein*
머리 *Kopf*
머리(카락) *Haare*
먹다 *essen*
먹보 *Vielfraß*
먹이다 *füttern*
먼저 *zuerst / zunächst*
먼지 *Staub*
먼지투성이 *Staubbedecktsein*
멀다 ㉣ *weit/entfernt sein*
멈추다 *aufhören / anhalten*
멋 *Geschick*
멋대가리 *Schamlosigkeit / Grobheit*
멋없다 *nicht schick sein*
멋있다 *schick sein*
멍청하다 *dumm sein / blöd sein*
메뉴 *Menü / Speisekarte*
메모(하다) *Notiz (machen)*
며칠 *welches Datum*
며칠(간) *einige Tage*
면도하다 *sich rasieren*
면류 *Nudelsorten*
명 *Mensch / Person*
명령하다 *befehlen*
명사 *Nomen*
명함 *Visitenkarte*
몇 *wie viele*
몇 개 *einige*
몇 살 *wie alt*
몇 시 *wie spät*
모국어 *Muttersprache*
모기 *Mücke*
모두 *alle*
모레 *übermorgen*
모르다㉣ *nicht wissen/kennen*
모름지기 *jedenfalls / auf jeden Fall*
모순투성이 *Widersprüchlichkeit*
모여들다 *sich versammeln*
모으다㉢ *sammeln*
모양 *Form / Gestalt*
모이 *Futter*
모임 *Treffen*
모자 *Hut / Mütze*
모자라다 *mangeln, knapp werden*
목 *Hals*
목걸이 *Halskette*
목마르다 *durstig sein*
목요일 *Donnerstag*
목욕시키다 *baden lassen*
목욕하다 *baden*
목사님 *Pastor*
목소리 *Stimme*
몰다 (차를 몰다) *Auto fahren*

몰상식 *Unvernunft*
몰염치 *Unverschämtheit*
몸 *Körper*
몸무게 *Gewicht*
몸살나다 *sich strapazieren*
몹시 *sehr / höchst*
못나다 *nicht gut aussehen / nicht schlau sein*
못생기다 *hässlich sein / nicht gut aussehen*
몰염치 *Unverschämtheit*
못하다 *nicht gut können*
무 *Rettich*
무가치 *Wertlosigkeit*
무겁다 ⓑ *schwer sein*
무능하다 *unfähig sein*
무덥다 ⓑ *schwül sein*
무럭무럭 (자라다) *schnell (auf)wachsen*
무례하다 *unhöflich sein*
무렵 *ungefähr um die Zeit*
무료 *umsonst / kostenlos*
무리하게 *gezwungenermaßen / viel zu eng*
무서워하다 *fürchten*
무섭다 ⓑ *schrecklich sein*
무소식 *keine Nachricht*
무슨 *was für eine*
무슨 요일 *welcher Tag*
무시하다 *ignorieren / gering schätzen*
무엇 *was*
무엇이나 *alles / was auch immer*
무엇이든지 *alles / was auch immer*
무엇이라도 *egal was*
무역 *Handel*
무역 협력 *Handelskooperation*
무의미 *Sinnlosigkeit*
무의식 *Unbewusstsein*
무죄 *Unschuld*
무책임 *Unverantwortlichkeit*
무척 *sehr / höchst*
무턱대고 *gedankenlos / ohne Überlegung*
문 *Tür*
문서 *Dokument / Brief*
문자 *Schrift*
문자 *SMS*
문제 *Aufgabe / Problem*
문화 *Kultur*
묻다 ⓒ *fragen*
묻다 *begraben*
묻다 *anhaften / kleben*
물 *Wasser*
물가 *Lebenspreis*
물건 *Gegenstand / Sache*
물다 *beißen*
물론이다 *selbstverständlich sein*
물리다 *gebissen werden*
물어보다 *erfragen*
물음 *Frage*
미국 *USA*
미끄럽다 *glatt sein*
미래 *Zukunft*
미리 *vorher / im Voraus*
미남 *hübscher Mann*
미술관 *Kunstgalerie*
미성년자 *Minderjähriger*
미안하다 *sich entschuldigen*
미인 *schöne Frau*
미완성 *Unvollkommenheit*
미치다 *verrückt sein*
미터 *Meter*
미팅 *Besprechung / Meeting*
미해결 *ungelöst / ungeklärt*
미혼 *unverheiratet / ledig*
민주화 *Demokratisierung*
믿다 *glauben / vertrauen*
믿음 *Glaube*
밀고나가다 *vordringen*
밀다 *schieben*
밀리다 *geschoben werden*
밉다 *verhasst sein*
및 *bzw. / sowie*
밑 *unten / unter*
밑줄 *Unterstreichung*

ㅂ

바글바글(하다) *wimmeln*
바꾸다 *umtauschen / wechseln*
바나나 *Banane*
바다 *Meer*
바람 *Wind*
바람나다 *liederlich leben*
바람둥이 *Schürzenjäger*
바로 *direkt / genau / sofort*

바로잡다 *richtigstellen / verbessern*
바보 *Idiot*
바비큐하다 *Barbecue machen / grillen*
바쁘다 (으) *beschäftigt sein*
바싹 마르다 (르) *austrocknen*
바싹 앉다 *dicht sitzen*
바지 *Hose*
바지 주머니 *Hosentasche*
박물관 *Museum*
밖 *draußen*
밖에 *nur / nichts außer*
반가워하다 *sich freuen*
반갑다 ㉥ *erfreulich sein*
반납일 *Rückgabetermin*
반대하다 *einwenden / sich widersetzen*
반드시 *unbedingt*
반듯이 (앉다) *sich aufrecht hinsetzen*
반듯하다 *gerade / aufrecht / ordentlich sein*
반면 *die andere Seite*
반지 *Ring*
반찬 *Beilage*
받다 *bekommen*
발음 *Aussprache*
밝게 *hell / strahlend*
밝히다 *klären*
밝혀지다 *erhellen / aufgedeckt werden*
밟히다 *mit Füßen getreten werden*
밤 *Nacht*
밤을 새우다 *die ganze Nacht wach bleiben*
밥 *Essen / Mahlzeit*
밥하다 *kochen*
방 *Zimmer*
방법 *Methode*
방세 *Zimmermiete*
방금 *gerade*
방면 *Richtung*
방문하다 *besuchen*
방학 *Schulferien*
배 *Bauch*
배 *Schiff*
배 *das Doppelte / -fach*
배 *Birne*
배부르다 *satt sein*
배어들다 *durchdringen*
배우 *Schauspieler/in*
배우다 *lernen*
배우자 *Partner/in (Mann u. Frau)*
배낭여행 *Rucksackreise*
배추 *Chinakohl*
배탈 *Magenbeschwerde*
백 *hundert*
백두산 *Berg Paektusan*
백만 *Million*
백만장자 *Millionär*
백화점 *Kaufhaus*
버리다 *wegwerfen*
버스 *Bus*
번 *Nummer* (NKK)
번역하다 *übersetzen*
번창하다 *gedeihen / florieren*
벌 *Strafe*
벌다 *(Geld) verdienen*
벌써 *schon / bereits*
범인 *Verbrecher*
법 *Gesetz / Methode*
법학 *Jura*
벗기다 *ausziehen*
벗다 *sich ausziehen*
베다 *schneiden*
베를린 *Berlin*
베이다 *geschnitten werden*
변덕 *Launenhaftigkeit*
변덕꾸러기 *launenhafte Person*
변하다 *sich verändern*
별 *besonders (Adnomen)*
별 *Stern*
별로 *selten / nicht besonders*
병 *Flasche*
병 *Krankheit / Erkrankung*
병아리 *Küken*
병원 *Krankenhaus*
병째(로) 마시다 *aus der Flasche trinken*
병환 *Krankheit (hon.)*
보고서 *Bericht*
보관하다 *bewahren*
보글보글 (끓다) *siedeln*
보내다 *verschicken / verbringen (Zeit)*
보다 *als (Komparativ)*
보다 *sehen*
보람 *Nutzen / der Mühe wert*
보름 *Vollmondnacht / 15 Tage*
보석 *Juwel / Schmuck*

보이다 *gesehen / sichtbar werden*
보이다 *etwas zeigen*
보조금 *Subvention*
보증금 *Kaution*
보증서 *Garantieschein*
보청기 *Hörapparat*
보통 *normalerweise*
보행기 *Rollwagen*
보호 *Schutz*
보호되다 *geschützt werden*
보호하다 *schützen*
복권 *Lotto*
복도 *Flur*
복숭아 *Pfirsich*
복습하다 *wiederholen*
복용하다 *(ein)nehmen*
복잡하다 *kompliziert sein*
복잡한 교통 *starker Verkehr*
볼일 *Angelegenheit / Geschäft*
볼펜 *Kugelschreiber*
봄 *Frühling*
봉급 *Einkommen*
봉지 *Tüte*
봉투 (편지) *Briefumschlag*
뵙다 *sehen (hon.)*
부군 *Ehemann (hon.)*
부러워하다 *beneiden*
부르다(르) *rufen*
부르다(르) *(Lied) singen*
부르다(르) *satt sein*
부모님 *Eltern*
부부 *Ehepaar*
부사 *Adverb*
부산 *Busan (Stadt in Korea)*
부석부석하다 *geschwollen sein*
부수다 *abreißen*
부엌 *Küche*
부유하다 *wohlhabend/reich sein*
부인 *Ehefrau (hon.)*
부자 *der Reiche*
부자연(스럽다) ㉥ *unnatürlich sein*
부작용 *Nebenwirkung*
부장 *Vorsitzender*
부적합 *Unangemessenheit*
부정적 *negativ*
부정확 *Ungenauigkeit*
부조화 *Uneinigkeit / Disharmonie*
부지런하다 *fleißig sein*
부채질 하다 *fächeln*
부치다 (돈을) *überweisen*
부탁 *Bitte*
부탁하다 *bitten*
부터…까지 *von ... bis*
북한 *Nordkorea*
분 *Mensch / Person (hon.)*
분 *Minute*
분노하다 *sich empören / wütend sein*
불 *Feuer / Flamme*
불가능 *Unmöglichkeit*
불고기 *Bulgogi (kor. Essen)*
불다 *wehen*
불쌍하다 *armselig sein / arm sein*
불안하다 *beunruhigt sein*
불어 *Französisch*
불우이웃 *bedürftige Mitmenschen*
불친절하다 *unfreundlich sein*
불쾌하다 *unangenehm sein*
불타다 *brennen / in Flammen stehen*
불편하다 *unbequem sein*
불행 *Unglück*
불확실 *Unsicherheit*
붓다 ㉦ *gießen*
붓다 ㉦ *schwellen*
붙다 *anhaften*
붙이다 *anheften / befestigen*
붙잡다 *greifen / festhalten*
뷔페 *Buffet*
비 *Regen*
비공개(적) *nicht öffentlich*
비교적 *verhältnismäßig / relativ*
비꼬다 *spotten / ironisch sagen*
비를 맞다 *im Regen stehen*
비결 *Geheimnis / Schlüssel*
비논리적 *unlogisch*
비로서 *erst*
비록 *obwohl / selbst wenn*
비밀 *Geheimnis*
비비다 *reiben / mischen*
비빔밥 *Bibimbap (kor. Essen)*
비생산적 *unproduktiv*
비슷하다 *ähnlich sein*
비싸다 *teuer sein*

비자 *Visum*
비자 연장 *Visumverlängerung*
비틀비틀 (걷다) *torkeln*
비행 *Flug*
비행기 *Flugzeug*
비행사 *Pilot*
비행기표 *Flugticket*
비협조적 *unkooperativ*
빈둥빈둥 (놀다) *vertrödeln*
빌다 (신에게) *(zu Gott) beten*
빌려주다 *jmdm. leihen*
빌리다 *ausleihen*
빗다 (머리를) *kämmen*
빚 *Schulden*
빛나다 *leuchten*
빛내다 *beleuchten*
빠르다 ㉣ *schnell sein*
빠지다 *hereinfallen / verfallen*
빨갛다 ㉧ *rot sein*
빨래 *Wäschewaschen*
빨래시키다 *Wäsche waschen lassen*
빨래하다 *(Wäsche) waschen*
빵 *Brot*
빵빵(거리다) *hupen*
빼다 *abziehen*
빼기 *Substraktion*
빼앗기다 *geraubt werden*
뻘뻘(땀을 뻘뻘 흘리다) *stark schwitzen*
삐걱거리다 *knarren*
삐약삐약 (울다) *piepsen*

ㅅ

사각형 *Quadrat*
사고 *Unfall*
사고나다 *Unfall passieren*
사고내다 *Unfall verursachen*
사고당하다 *Unfall erleiden*
사과 *Apfel*
사과하다 *sich entschuldigen*
사귀다 *befreundet sein*
사기 *Betrug*
사기당하다 *betrogen werden*
사기꾼 *Betrüger*
사다 *kaufen*
사람 *Mensch / Person*
사랑 *Liebe*
사랑받다 *geliebt werden*
사랑스럽다 ㉥ *liebenswert sein*
사랑하다 *lieben*
사례금 *Honorar*
사망하다 *sterben*
사무실 *Büro*
사뿐사뿐 (걷다) *mit sanften Schritten gehen*
사실 *Tatsache*
사실은 *in der Tat*
사십부터 *ab/mit vierzig*
사업 *Geschäft*
사오다 *mitbringen (kaufen und kommen)*
사용하다 *benutzen*
사원 *Angestellte/-r*
사우나 *Sauna*
사이 *Abstand / Zwischenzeit / Zwischenraum*
사이좋게 *befreundet / freundschaftlich*
사인 *Unterschrift*
사장 *Chef / Vorgesetzte/-r*
사장님 *Chef / Geschäftsführer/-in*
사전 *Wörterbuch*
사주다 *jmdm. etwas kaufen*
사직서 *Kündigungsbrief*
사진기 *Kamera*
사치스럽다 ㉥ *luxuriös sein*
사표를 내다 *Kündigung einreichen*
사호선 *Linie 4*
사회 문제 *gesellschaftliches Problem*
사회적 *sozial*
사회학 *Soziologie*
사흘 *drei Tage*
산 *Berg*
산업화 *Industrialisierung*
산책 *Spaziergang*
산책하다 *spazieren gehen*
살 *Fleisch*
살을 빼다 *abnehmen*
-살 *Alter* (NKK)
살다 ㉣ *leben / wohnen*
살리다 *jmdn. leben lassen*
살인 *Mord*
살인범 *Mörder*
삼촌 *Onkel*
삶 *Leben*

삶다 *kochen / sieden*
삶아먹다 *kochen und (sofort) essen*
상(을) 타다 *Preis gewinnen*
상관없다 *es macht nichts aus*
상관하다 *sich einmischen*
상상력 *Vorstellungskraft*
상의하다 *besprechen / beraten*
상자 *Kiste*
상처 *Wunde*
상하다 *verdorben*
상황 *Situation*
새 *Vogel*
새 *neu* (Adnomen)
새대가리 *Dummkopf*
새모이 *Vogelfutter*
새벽 *Tagesanbruch*
샐러드 *Salat*
생각 *Gedanken*
생각나다 *jmdm. einfallen*
생각하다 *denken*
생강차 *Ingwer-Tee*
생기다 *es passiert / geschehen*
생김새 (얼굴) *Gesichtszüge*
생사 *Leben und Tod*
생선 *Fisch*
생일 *Geburtstag*
생일 파티 *Geburtstagsfeier*
생활비 *Lebenshaltungskosten*
샤워하다 *sich duschen*
서다 *(Auto) halten*
서다 *sich stellen*
서두르다 *sich beeilen*
서랍 *Schublade*
서로서로 *miteinander*
서울 *Seoul (Hauptstadt Koreas)*
서울역 *Bahnhof Seoul*
서점 *Buchladen*
석유값 *Benzinpreis*
섞다 *mischen*
선교 *Mission*
선교사 *Missionar*
선거 *Wahl*
선물 *Geschenk*
선물하다 *schenken*
선생님 *Lehrer*
선택 *Wahl*
설거지 *Geschirrspüler*
설날 *Neujahr*
설득 *Überredung*
설득당하다 *überredet werden*
설득하다 *überreden*
설령 *wenn auch*
설명하다 *erklären*
설사 *auch wenn*
설사 *Durchfall*
설악산 *Berg Soeraksan*
설탕 *Zucker*
성공 *Erfolg*
성공담 *Erfolgsgeschichte*
성공하다 *erfolgreich werden*
성급하다 *eilig / hastig sein*
성급하게 *eilig / hastig*
성격 *Charakter*
성숙해지다 *reif werden*
성실하다 *gewissenhaft sein*
성적 *Note*
성질 *Charakter*
성질머리 *furchtbarer Charakter*
성함 *Name (hon.)*
-세 *Alter* (NKK)
세계 *Welt*
세계대전 *Weltkrieg*
세계여행 *Weltreise*
세금 *Steuer*
세미나 보고서 *Hausarbeit*
세상 *Welt*
세수하다 *das Gesicht waschen*
세우다 *stellen / erbauen*
세우다 *anhalten*
세월 *Zeit / Jahre*
세일 *Ausverkauf*
세종대왕 *König Sejong der Große*
세차하다 *das Auto abspritzen*
세탁기 *Waschmaschine*
센트 *Cent*
센티미터 *Zentimeter*
셋 *drei*
소 *Kuh*
소가족 *Kleinfamilie*
소개하다 *sich vorstellen*
소고기 *Rindfleisch*
소금 *Salz*

소나무 *Kieferbaum*
소녀 *Mädchen*
소득 *Einkommen*
소득세 *Einkommenssteuer*
소리 *Geräusch / Lautstärke*
소리치다 *schreien*
소망 *Wunsch*
소문 *Gerücht*
소문나다 *im Gerücht stehen / in aller Munde sein*
소문이 돌다 *Gerücht umgehen*
소설책 *Roman*
소시지 *Wurst*
소식 *Nachricht / Neuigkeit*
소인 *der/die Kleine*
소주 *Soju*
소중하다 *wichtig sein*
소파 *Sofa*
소포 *Paket*
소풍 *Ausflug*
소화기 *Feuerlöscher*
속 *das Innere*
속이 안 좋다 *Ich fühle mich nicht wohl*
속다 *sich täuschen*
속옷 *Unterhemd / Unterwäsche*
속이다 *jmdn. täuschen*
속상하다 *in gedrückter/übler Stimmung sein*
손녀 *Enkelin*
손님 *Gast / Kunde*
손수 *selbst / persönlich*
손수건 *Taschentuch*
손자 *Enkel / Enkelsohn*
솔직히 *ehrlich*
송금하다 *überweisen*
-송이 *NKK für Trauben*
쇠고기 *Rindfleisch*
쇼핑하다 *einkaufen / shoppen*
수고양이 *Kater*
수고하다 *sich anstrengen*
수다 *schwätzen*
수다쟁이 *Schwätzer*
수도 *Hauptstadt*
수돗물 *Leitungswasser*
수박 *Wassermelone*
수수료 *Gebühren*
수술받다 *operiert werden*
수술하다 *operieren*
수업 *Unterricht*
수업료 *Schulgeld*
수여 *Verleihung*
수여하다 *verleihen*
수여되다 *verliehen werden*
수영 *Schwimmen*
수영장 *Schwimmbad*
수영하다 *schwimmen*
수요일 *Mittwoch*
수의사 *Tierarzt / Tierärztin*
수입품 *Einfuhrartikel*
수저 *Besteck*
수출하다 *exportieren*
수컷 *Männchen*
수캐 *Rüde*
수탉 *Hahn*
수퇘지 *Eber*
수프 *Suppe*
수학 *Mathe*
수학여행 *Klassenfahrt*
숙모 *Ehefrau des Onkels*
숙면 *tiefer Schlaf*
숙박비 *Übernachtung*
숙제 *Hausaufgabe*
숙제하다 *Hausaufgaben machen*
순서 *Reihenfolge*
순전히 *ganz / völlig / durchaus*
숟가락 *Löffel*
술 *Alkohol*
술에 취하다 *betrunken sein*
술집 *Kneipe*
숨기다 *verstecken*
숨다 *sich verstecken*
숫사람 *unverdorbene Person*
숫총각 *Jungfrau*
쉬다 *sich ausruhen*
쉽다 ㊇ *einfach sein*
슈퍼마켓 *Supermarkt*
스며들다 *durchsickern*
스승 *Lehrer/in*
스위스 *Schweiz*
스카프 *Schal*
스캔하다 *scannen*
스케이트 *Schlittschuhlaufen*
스키 *Ski*
스트레스 *Stress*

스파게티 *Spaghetti*
슬기롭다 ㉥ *weise/klug sein*
슬슬 *langsam / ohne Eile*
슬퍼하다 *traurig sein* (3. Pers.)
슬프다 (으) *traurig sein*
승진하다 *befördert werden*
승차하다 *einsteigen*
시 *Uhrzeit*
시간 *Stunden (Zeitdauer)*
시간 *Zeit*
시계 *Uhr*
시골 농장 *Bauernhof*
시끄럽다 ㉥ *zu laut sein*
시내 *Stadtzentrum / Innenstadt*
시냇물 *Bach*
시다 (맛이) *sauer sein*
시민 *Bürger*
시아버님 *Schwiegervater*
시어머님 *Schwiegersohn*
시원하다 *kühl sein / frisch sein*
시월 *Oktober*
시작되다 *begonnen werden*
시작하다 *beginnen*
시장 *Hunger / Markt*
시장하다 *Hunger haben (hon.)*
시장에 가다 *auf den Markt gehen*
시청 *Rathaus*
시청 *Fernsehen*
시청자 *Fernsehzuschauer*
시키다 *veranlassen / beauftragen / bestellen*
시합 *Wettbewerb / Spiel*
시험 *Prüfung*
시험관 *Prüfer*
식기류 *Geschirr*
식다 *kalt/kühl werden*
식당 *Restaurant*
식사 *Essen*
식사하다 *Mahlzeit zu sich nehmen*
식탁 *Esstisch*
식품 *Lebensmittel*
신기다 *jmdm. Schuhe anziehen*
신(이) 나다 *aufgeregt/toll/begeistert sein*
신다 *(Schuhe / Socken) anziehen*
신랑 *Bräutigam*
신뢰 *Vertrauen*
신문 *Zeitung*
신문에 나다 *in der Presse stehen*
신문 보도 *Zeitungsbericht*
신부 *Braut*
신빙성 *Glaubwürdigkeit*
신호 *Signal / Zeichen*
신혼여행 *Hochzeitsreise / Flitterwochen*
싣다 ㉢ *laden*
실례하다 *Entschuldigung,ohne Manieren*
실업자 *Arbeitslose/r*
실수(하다) *Fehler (machen)*
실천하다 *in die Tat umsetzen*
싫다 *verhasst sein / nicht mögen*
싫어하다 *nicht mögen*
심부름 *eine Besorgung machen*
심사하다 *bewerten / beurteilen / prüfen*
심술 *schlechte Laune*
심술꾸러기 *Nörgler / Querkopf*
심심하다 *sich langweilen*
심하다 *stark sein / heftig sein*
십만 *Hunderttausend*
싱겁다 ㉥ *fade sein*
싸고돌다 *auf jmds. Seite stehen / verteidigen*
싸다 *billig/preiswert sein*
싸우다 *streiten*
싸지다 *billiger werden*
쌀 *Reis*
쌍둥이 *Zwillinge*
쌓다 *anhäufen*
쌓이다 *angehäuft werden*
썰다 *schneiden*
썩다 *faulen / verfaulen*
쏘다 *schießen*
쏟다 *umkippen*
쏟아지다 *überfließen / herunterfallen*
쓰다 (으) *(Hut/Brille) tragen*
쓰다 (으) *benutzen*
쓰다 (으) *schreiben*
쓰이다 *benutzt werden*
쓰레기 *Müll*
쓰레기통 *Mülleimer*
쓰러지다 *umfallen / zusammenbrechen*
씹다 *kauen*
씻기다 (transitiv) *waschen*
씻다 (intransitiv) *waschen / spülen*

ㅇ

아가씨 *Fräulein*
아기 *Baby*
아끼다 *sparen*
아내 *Ehefrau / Gattin*
아니다 *nicht sein*
아담하다 *nett/hübsch sein*
아드님 *Sohn* (als höfliche Anrede)
아들 *Sohn*
아래에 *unter / unten*
아르바이트 *Aushilfe / Teilzeitjob*
아마 *vielleicht*
아무나 *jeder*
아무도 *niemand*
아무든지 *wer auch immer*
아무 때나 *jederzeit*
아무라도 *wer auch immer*
아무에게 *irgendjemandem*
아무하고 *mit irgendjemandem*
아무쪼록 *bitte / gefälligst / hoffentlich*
아무리 (+ -을/ㄹ지라도) *wie auch / selbst wenn*
아무튼 *sowieso / trotzdem*
아버지 *Vater*
아빠 *Papa*
아빠 *Papa*
아이 *Kind*
아이들 *Kinder*
아이답다 ㅂ *kindlich sein*
아이디어 *Idee*
아이스크림 *Eiscreme*
아주 *sehr*
아줌마/아주머니 *Tante*
아직 *noch (nicht)*
아침 *Morgen*
아침밥 *Frühstück*
아프다 으 *krank sein*
아픔 *Schmerzen*
아홉 *neun*
아흐레 *neun Tage* (RKG)
악수하다 *jmdm. die Hand schütteln*
안(에) *in / innen*
안경 *Brille*
안기다 *umarmt werden*
안다 *umarmen*
안되다(장사/사업) *nicht gut / schief laufen*
안부 *das Wohlbefinden*
안전벨트 *Sicherheitsgürtel*
안타깝다 *es tut jmdm. leid / das ist schade*
안히다 *jmdn. hinsetzen*
앉다 *sich hinsetzen / Platz nehmen*
앉히다 *jmdn. hinsetzen*
않다 *nicht (bei Negation)*
알다 ㄹ *wissen / kennen*
알록달록 *farbenfreudig / bunt*
알리다 *informieren*
알몸 *nackter Körper*
알부자 *sehr reiche Person*
암 *Krebs*
암고양이 *Katze*
암캐 *Hündin*
암컷 *Weibchen*
암탉 *Henne*
암퇘지 *Sau*
앞에 *vor / vorne*
앞으로 *in Zukunft*
액션 영화 *Actionfilm*
야구 *Baseball*
야단 *Tadel*
야단맞다 *getadelt werden*
야채 *Gemüse*
약 *Medizin / Medikament*
약간 *etwas / wenig*
약속 *Verabredung / Versprechen*
약속하다 *versprechen*
약하다 *schwach sein*
약혼식 *Verlobungsfeier*
얇다 *dünn sein*
얇게 *dünn*
양국 *beide Staaten*
양념 *Gewürze*
양념장 *Marinade*
양말 *Socken*
양주 *Schnaps*
애벌레 *junges Insekt*
애호박 *junger Kürbis*
얘기 *Gesagtes / Äußerung*
어기다 (약속을) *nicht einhalten*
어느 *welche*
어디 *wo*
어떻게 *wie*

어떻게(해서)든지 *wie auch immer*
어떻다 ⓗ *wie sein*
어렵다 ⓑ *schwer sein*
어려움 *Schwierigkeit*
어른 *Erwachsene*
어른스럽다 ⓑ *erwachsen sein*
어리다 *klein/jung sein*
어리석다 *dumm/töricht sein*
어린아이 *kleines Kind*
어린이 날 *Tag für Kinder*
어머니 *Mutter*
어버이 날 *Tag der Eltern*
어울리다 *passen / zusammenpassen*
어제 *gestern*
어젯밤 *gestern Nacht*
어차피 *sowieso*
어학 연수 *Sprachreise*
어항 *Goldfischglas*
억 *hundert Millionen*
언니 *ältere Schwester (aus weibl. Perspektive)*
언론 *Presse*
언제 *wann*
얼다 *frieren*
얼리다 *einfrieren*
얼마 *wie viel*
얼마 전에 *vor Kurzem*
얼어 죽다 *erfrieren*
얼음 *Eis*
엄마 *Mama*
엄청 *sehr / höchst*
업다 *auf dem Rücken tragen*
업히다 *auf dem Rücken getragen werden*
없다 *nicht vorhanden sein*
없어지다 *verschwunden sein*
에어컨 *Klimaanlage*
여간 ...아니다/없다 *nicht wenig*
여권 *Pass*
여기 *hier*
여덟 *acht*
여드레 *acht Tage*
여드름 *Pickel*
여러 번 *mehrmals*
여름 *Sommer*
여름 방학 *Sommerferien*
여보 *Sie / du (Anredeform unter Eheleute)*
여섯 *sechs*
여성스럽다 ⓑ *weiblich sein*
여자 *Frau*
여자답다 ⓑ *weiblich sein*
여자 친구 *Freundin*
여쭙다 *fragen (bescheiden)*
여행 *Reise*
여행객 *Reisender*
여행사 *Reisebüro*
여행하다 *reisen / Reise machen*
역겹다 ⓑ *ekelig sein*
역사 *Geschichte*
연구실 *Forschungsinstitut / Büro /* Dienstzimmer
연극 *Theater*
연도 *Jahr*
연도별 *nach Jahren*
연락처 *Kontaktdaten*
연락하다 *sich melden*
연령 *Alter*
연령별 *nach Alter*
연령제한 *Altersgrenze*
연말 *Jahresende*
연상 *älter als der Partner*
연설 *Rede*
연세 *Alter (hon.)*
연습 *Übung*
연습하다 *üben*
연인 *Liebespaar*
연장하다 *verlängern*
연주회 *Konzert*
연착하다 *eine Verspätung haben*
연필 *Bleistift*
연하 *jünger als der Partner*
연하다 *zart/weich sein*
연하장 *Neujahrskarte*
열 *zehn / Hitze*
열나다 *wütend sein*
열내다 *Wut erzeugen*
열다 ⓔ *öffnen*
열리다 *geöffnet werden*
열쇠 *Schlüssel*
열하나 *elf*
엿새 *sechs Tage* (RKG)
영국 *England*
영국사람 *Engländer*
영어 *Englisch*
영토 *Territorium*

영하 *unter Null / minus*
영화 *Film*
영화 배우 *Schauspieler*
영화관 *Kino*
영화표 *Kinokarte*
옆에 *neben*
예매하다 *früh buchen / im Voraus kaufen*
예쁘다 *hübsch sein*
예상대로 *wie erwartet*
예술 *Kunst*
예술가 *Künstler*
예식장 *Hochzeitshalle*
예약하다 *reservieren*
예외 *Ausnahme*
예의 *Anstand / Manieren*
예정대로 *wie geplannt*
옛 *alt* (Adnomen)
옛날(에) *in alten Tagen/Zeiten*
옛날 이야기 *alte Geschichte*
오늘 *heute*
오다 *kommen*
오래 *lange*
오랫동안 *lange Zeit*
오렌지 *Orange*
오르다 *steigen / besteigen*
오른쪽 *rechte Seite*
오리 *Ente*
오전 *vormittags*
오해 *Missverständnis*
오해하다 *missverstehen*
오후 *nachmittags*
온갖 *alle / jeder*
온통 *völlig / gänzlich*
올리나 *hochheben / darbieten / anbieten*
올림 *Mit vorzüglicher Hochachtung*
올해 *dieses Jahr*
옮기다(직장을) *den Job wechseln / versetzen*
옳다 *richtig sein / Recht haben*
옷 *Kleidung*
옷장 *Kleiderschrank*
와인 *Wein*
완전히 *ganz / komplett*
왕 *König*
왕비 *Königin*
왜 *warum*
외국 *Ausland*
외국사람 *Ausländer/in*
외국어 *Fremdsprache*
외국인 *Ausländer/in*
외롭다 ㅂ *einsam sein*
외모 *Aussehen*
외식(하다) *draußen essen*
외양간 *Stall*
외우다 *auswendig lernen*
외출하다 *ausgehen*
왼쪽 *linke Seite*
요가 *Yoga*
요리 *Gericht / Speise / Kochen*
요리사 *Koch*
요리시키다 *kochen lassen*
요리책 *Kochbuch*
요리하다 *kochen*
요즘 *zur Zeit*
욕 *Beschimpfung, Schimpfwort*
욕듣다 *beschimpft werden*
욕심 *Gier*
욕쟁이 *Flucher*
욕심쟁이 *Habgieriger*
용감하다 *tapfer sein*
용돈 *Taschengeld*
용서하다 *sich verzeihen*
우리 *wir (neutral)*
우산 *Regenschirm*
우수하다 *ausgezeichnet/hervorragend sein*
우아하다 *elegant sein*
우울하다 *melancholisch sein*
우연 *Zufall*
우유 *Milch*
우체국 *Post*
위 *Magen*
위로 *Trost*
위에 *auf / über*
위임장 *Vollmachtsbrief*
위험 *Gefahr*
윗사람 *Ältere / Vorgesetzte*
운동 *Sport*
운동장 *Sportplatz*
운동하다 *Sport treiben*
운동화 *Sportschuhe*
운동회 *Sportfest*
운전하다 *Auto fahren*
운전면허(를 따다) *Führerschein (machen)*

울다 ㉣ *weinen*
울리다 *zum Weinen bringen*
울보 *Heulsuse*
웃기다 *zum Lachen bringen*
웃다 *lachen*
원 *Won (kor. Währung)*
원장 *Direktor*
원하다 *wollen*
월 *Kalendermonat*
월급 *Monatsgehalt*
월급을 타다 *Monatsgehalt bekommen*
월요일 *Montag*
웬 *was für ein*
위험하다 *gefährlich sein*
유괴 *Entführung*
유괴범 *Entführer*
유난히 *besonders / außergewöhnlich*
유럽 *Europa*
유럽 여행 *Europareise*
유로 *Euro*
유리 *Glas*
유명하다 *berühmt sein*
유사하다 *ähnlich sein*
유월 *Juni*
유창하다 *fließend sein*
유치원 *Kindergarten*
유학 *Auslandsstudium*
유행 *Mode*
유행어 *Modesprache*
육류 *Fleischwaren*
은행 *Bank*
음식 *Speise*
음악 *Musik*
음악 소리 *Musikgeräusch*
음식 문화 *Esskultur*
음식점 *Restaurant*
음주운전 *Trunkenheit am Steuer*
의견 *Meinung / Ansicht*
의견 차이 *Meinungsverschiedenheit*
의무 *Pflicht*
의미 *Bedeutung / Sinn*
의사 *Arzt / Ärztin*
의사 선생님 *Herr/Frau Dr.*
의식 *Zeremonie*
의자 *Stuhl*
의지하다 *sich anlehnen*
의학 *Medizin*
의학과 *Abt. für Medizin*
이 *dies (Demonstrativ)*
이 *Zahn*
이기적이다 *egoistisch sein*
이것 *dieses Ding*
이곳 *dieser Ort*
이기다 *gewinnen*
이다 *sein*
이따가 *ein wenig später*
이대로 *wie es ist / so*
이렇게 *so / auf diese Weise*
이레 *sieben Tage* (RKG)
이력서 *Lebenslauf*
이루다 (소망/목적) *erfüllen / erreichen*
이루어지다 *in Erfüllung gehen / erreicht werden*
이를 닦다 *Zähne putzen*
이름 *Name*
이모부 *Onkel (mütterlicherseits)*
이메일 *E-Mail*
이미 *schon / bereits*
이민자 *Migranten*
이발 *das Haareschneiden*
이발사 *Friseur*
이번 여름에 *in diesem Sommer*
이분 *diese Person (hon.)*
이사 *Umzug*
이사가다 *umziehen*
이사하다 *Umzug machen*
이야기 *Geschichte / Gespräch*
이야기하다 *sich unterhalten*
이왕 *sowieso / eh schon*
이왕이면 *wenn es eh schon so ist*
이웃 *Nachbar/in*
이사 *Umzug*
이제 (부터) *von nun an*
이태리 *Italien*
이틀 *zwei Tage*
이해하다 *verstehen*
이혼하다 *sich scheiden lassen*
익다 *reifen*
익살맞다 *witzig sein*
익히다 *reif machen*
인구 *Bevölkerung*
인분 *Portion*
인사하다 *begrüßen*

인사과 *Personalabteilung*
인삼차 *Ginsengtee*
인색하다 *geizig sein*
인생 *Leben*
인쇄기 *Druckmaschine*
인정 *Menschlichkeit*
인정머리가 없다 *kaltherzig sein*
인정받다 *anerkannt werden*
인터넷 *Internet*
인턴 *Praktikant*
인형 *Puppe*
일 *Arbeit*
일 *Kalendertag*
일곱 *sieben*
일관성 *Konsequenz*
일기 *Tagebuch*
일기예보 *Wetterbericht*
일꾼 *Arbeiter*
일단 *zuerst / zunächst*
일등 *der Beste / der erste Platz*
일본 *Japan*
일본 사람 *Japaner*
일본어 *Japanisch*
일부 *einige / gewisse*
일시키다 *arbeiten lassen*
일어나다 *aufstehen*
일요일 *Sonntag*
일자리 *Stelle / Job*
일정 *Zeitplan*
일주일 *eine Woche (Zeitdauer)*
일찍 *früh*
일하다 *arbeiten*
일호선 *Linie 1*
읽다 *lesen*
읽히다 *lesen lassen*
잃다 *verlieren*
임대료 *Miete / Pacht*
임신 *Schwangerschaft*
임신 중이다 *schwanger sein*
입 *Mund*
입다 *anziehen / tragen*
입술 *Lippe*
입원하다 *im Krankenhaus sein*
입학시험 *Aufnahmeprüfung*
입히다 *jmdn. anziehen*
잇다 ㅅ *verbinden*
있다 *sich befinden*
있다 *vorhanden sein*
있으시다 *vorhanden sein (hon.)*
잊다 *vergessen*
잊어버리다 *(leider/komplett) vergessen*

ㅈ

자기 *du (Anrede) / selbst*
자녀 *Kinder*
자다 *schlafen*
자동차 *Auto*
자동차세 *Kfz-Steuer*
자랑스럽다 ㅂ *stolz sein*
자루 *Stock*
자르다 르 *schneiden*
자리 *Platz*
자식 *Kinder*
자신 *selbst*
자연 *Natur*
자연스럽다 ㅂ *natürlich sein*
자유 *Freiheit*
자유로이 *frei*
자유롭다 ㅂ *frei sein*
자전거 *Fahrrad*
자주 *oft / häufig*
자체 *an sich*
자칫 *beinahe / fast*
작곡 *Komposition*
작곡가 *Komponist*
작년 *letztes Jahr / Vorjahr*
작다 *klein sein*
작별하다 *sich verabschieden*
잔 *Tasse*
잔디 *Rasen*
잔뜩 *voll / überfüllt*
잔인하다 *grausam sein*
잔치 *Feier*
잘 *gut*
잘나다 *gut aussehen / superschlau sein*
잘되다 *gut gehen / wohl gelingen*
잘못하다 *falsch machen*
잘생기다 *gut aussehen*
잘하다 *gut machen*
잠 *Schlaf*

잠기다 *geschlossen sein*
잠깐 *Augenblick*
잠꾸러기 *Schlafmütze*
잠보 *Schlafmütze*
잠옷 *Schlafanzug*
잠이 들다 *einschlafen / einnicken*
잠수함 *U-Boot*
잠시 후 *in Kürze / nach einer Weile*
잡다 *fangen / anfassen*
잡수시다 *essen / speisen (hon.)*
잡지 *Zeitschrift / Magazin*
잡채 *Japchae* (*kor. Glasnudel*)
잡히다 *gefangen werden*
-장 *Blatt Papier* (NKK)
장 *Markt*
장(을)보다 *einkaufen gehen*
장가를 가다 *jmdn. zur Frau nehmen / sich verheiraten*
장갑 *Handschuhe*
장난 *Streich*
장난꾸러기 *Lausbub / Bengel*
장님 *Blinder*
장마철 *Regenzeit*
장모님 *Schwiegermutter*
장미 *Rose*
장례식 *Beerdigung*
장을 보다 *einkaufen*
장인어른 *Schwiegersohn*
장사 *Handel / Geschäft*
장사꾼 *Handelsmann / Kaufmann*
장학금 *Stipendium*
재수없다 *unglückbringend sein*
재고품 *Warenvorräte*
재다 *marinieren*
재미 *Spaß*
재미없다 *uninteressant sein*
재미있다 *interessant sein*
재산 *Vermögen*
재우다 *in den Schlaf wiegen*
저 *ich (bescheiden)*
저 *jenes (Demonstrativ)*
저것 *jenes Ding*
저곳 *jener Ort*
저기 *da*
저녁 *Abend*
저 번주 *letzte Woche*
저분 *jene Person (hon.)*
저소득 *niedriges Einkommen*
저칼로리 *kalorienarm*
저혈압 *niedriger Blutdruck*
저희 *wir (bescheiden)*
적게 *wenig*
적다 *wenig sein*
적당하다 *passend sein / angemessen sein*
적응하다 *sich einleben / sich anpassen*
적합하다 *geeignet sein*
전공 *Hauptfach*
전남편 *früherer Ehemann*
전대통령 *Expräsident*
전등 *Lampe*
전문가 *Fachmann*
전에 *vorzeitig*
전부 *das Ganze / alles*
전세계 *ganze Welt*
전인류 *Menschheit*
전자 제품 *elektronische Geräte*
전주 *Jeonju (Stadt in Korea)*
전쟁 *Krieg*
전철 *U-Bahn*
전하다 *mitteilen*
전혀 *nie*
전화기 *Telefon*
전화벨 *Telefonklingel*
전화하다 *anrufen / telefonieren*
전화번호 *Telefonnummer*
절 *Tempel*
절대로 *keineswegs*
젊다 *jung sein*
점 *Punkte*
점수 *Note*
점심 *Mittag / Mittagessen*
점심 시간 *Mittagszeit / Mittagspause*
점원 *Verkäufer/in*
접시 *Teller*
젓가락 *Stäbchen*
젓다 ㅅ *rühren*
정각에 *pünktlich*
정답 *richtige Antwort*
정도 *ungefähr / etwa*
정리하다 *in Ordnung bringen*
정말 *wirklich*
정원 *Garten*

정부 *Regierung*
정장 *Anzug*
정직 *Ehrlichkeit*
정직하다 *ehrlich sein*
정치 *Politik*
정치인 *Politiker*
정차하다 *anhalten*
젖다 *nass werden*
제(가) *ich*
제발 *bitte*
제안하다 *vorschlagen*
제한하다 *beschränken / begrenzen*
제일 *der erste / Nummer 1*
제주도 *Insel Jeju*
제품 *Produkt*
조 *Billion*
조금 *ein bisschen*
조금도… 않다/없다 *keineswegs / keinesfalls*
조금씩 *allmählich / ein wenig*
조깅 *Joggen*
조깅하다 *joggen*
조심하다 *vorsichtig sein*
조용 *Ruhe*
조용하다 *ruhig sein*
조용히 *ruhig*
조카 *Nichte / Neffe*
존경하다 *respektieren*
존재하다 *existieren*
존함 *Name (hon.)*
졸다 *einnicken*
졸리다 *schläfrig sein*
졸업 *Abschluss*
졸업식 *Abschlussfeier*
졸업하다 *absolvieren*
좀 *ein bisschen*
좁다 *schmal/eng sein*
종말 *Ende / Endzeit*
종업원 *Kellner*
종이 *Papier*
종종 *manchmal*
좋다 *gut sein*
좋아하다 *mögen*
죄송하다 *jmdm. leid tun / sich entschuldigen*
주다 *geben*
주름 *Falten*
주말 *Wochenende*
주무시다 *schlafen (hon.)*
주문하다 *bestellen*
주방 *Küche*
주사 *Spritze*
주소 *Adresse*
주식 *Aktien*
주어지다 *gegeben werden*
주의하다 *vorsichtig sein*
주인 (가게 주인) *Ladeninhaber / Besitzer*
주저하다 *zögern*
주제 *Thema*
주차 *Parken*
주차 금지 *Parkverbot*
주차장 *Parkplatz*
주차하다 *parken*
죽다 *sterben*
죽음 *Tod*
죽이다 *töten*
준비되다 *vorbereitet werden*
준비하다 *vorbereiten*
줄다 (수가) *Anzahl sinken*
줍다 *aufheben*
중국 *China*
중국어 *Chinesisch*
중고차 *Gebrauchtwagen*
중고품 *Gebrauchswaren*
중공업 *Schwerindustrie*
중요하다 *wichtig sein*
중고차 *Gebrauchtwagen*
중환자 *Schwerkranker*
쥐 *Maus*
쥐다 *fassen / greifen*
쥬스 *Saft*
즉 *das heißt*
즐겨 *gerne / genießend*
즐기다 *genießen*
증거 *Beweise*
증명하다 *bestätigen / bescheinigen*
증세 *Symptome*
지각 *Verspätung (Schule)*
지각하다 *sich verspäten*
지갑 *Portemonnaie*
지구 *Erde*
지금 *jetzt*
지나다 *(Zeit) vergehen / verjähren*
지나가다 *vorbeigehen / vorbeifahren*

지난 주 *letzte Woche*
지내다 *verbringen*
지다 *verlieren (beim Spiel)*
지루하다 *langweilig sein*
지르다 (소리를) *schreien*
지역별 *nach Regionen*
지역성 *Regionalität*
지원하다 *sich bewerben*
지치다 *erschöpft werden*
지키다 *einhalten*
지하철 *U-Bahn / Metro*
지혜롭다 ㅂ *weise sein*
직원 *Mitarbeiter*
직장 *Arbeitsplatz*
직장동료 *Arbeitskollege*
직장인 *Angestellter*
직접 *persönlich / selbst / direkt*
진실 *Wahrheit*
진저리 *Ekel / Überdruss*
진절머리 *Ekelempfindung / Überdrüssigkeit*
진품 *das Original*
진하다 (커피, 차) *stark sein*
진하다 (액체, 피) *dick sein*
진행되다 *(ver)laufen*
질기다 (고기) *zäh sein*
질문하다 *Frage stellen*
짐작하다 *vermuten*
집 *Haus*
집문 *Haustür*
집세 *Wohnungsmiete*
집중하다 *sich konzentrieren*
징그럽다 *ekelig sein*
짓다 ㅅ *bauen*
짖다 *bellen*
짜내다 *herauspressen / wringen*
짜다 *salzig sein*
-짜리 *wert*
짜증나다 *sich ärgern*
짝 *Partner / Paar*
짝을 짓다 *Paar werden / Gruppe bilden*
짧다 *kurz sein*
쪼개다 *spalten / zerbrechen*
쪽 *Seite*
쫓기다 *gejagt werden*
쫓다 *jagen / verfolgen*
-쯤 *ungefähr / etwa*
찍다 *aufnehmen (Foto)*
찔리다(가시에) *gestochen werden*
찢다 *zerreißen*
찢어 버리다 *(leider) komplett zerreißen*

ㅊ

차 *Tee*
차갑다 *kalt sein*
차례 *Reihe*
차례로 *nach der Reihe*
차장 *Manager*
착하다 *gutherzig sein*
참견하다 *sich einmischen*
참기름 *Sesamöl*
참다 *aushalten*
참석하다 *teilnehmen*
참외 *Melone*
창문 *Fenster*
창밖 *aus dem Fenster*
창의력 *Kreativität*
찾다 *suchen / finden*
찾아가다 *gehen und besuchen*
찾아내다 *herausfinden*
찾아보다 (사전) *im Wörterbuch nachschlagen*
찾아오다 *kommen und besuchen*
채소 *Gemüse*
채소류 *Gemüsesorte*
채식주의자 *Vegetarier*
책 *Buch*
책상 *Schreibtisch*
책장 *Bücherregal*
처(妻) *Ehefrau (bescheiden)*
-처럼 *so wie*
처벌받다 *bestraft werden*
처음 *zuerst*
처하다 (위험에) *in Gefahr sein*
척척 *leicht und schnell*
천 *tausend*
천둥소리 *Donnern*
천사 *Engel*
천재 *Genie*
천천히 *langsam*
철학과 *Abt. für Philosophie*
청결하다 *sauber sein*

청바지 *Jeanshose*
청소 *Putzen*
청소기 *Staubsauger*
청소년 *Jugend / Jugendliche*
청소시키다 *putzen lassen*
청소하다 *aufräumen*
청첩장 *Hochzeitsbrief*
첫사랑 *erste Liebe*
쳐다보다 *anschauen / hinaufschauen*
초 *Sekunde*
초대 *Einladung*
초대받다 *eingeladen werden*
초대하다 *einladen*
초등학교 *Grundschule*
초록색 *Grün (Farbe)*
초롱초롱하다 (눈이) *leuchten / strahlen*
초인종 *Türklingel*
초콜릿 *Schokolade*
초하루 *der erste Tag des Monats*
체하다 *Magenbeschwerden haben*
체하다 *tun, als ob*
체험하다 *erleben*
총각 *junger lediger Mann*
최고 *der/die/das Beste*
최선 *das Beste*
최선을 다하다 *das Beste tun*
최소한 *mindestens / wenigstens*
추상적 *abstrakt*
추위 *Kälte*
축구 *Fußball*
축구시합 *Fußballspiel*
축하하다 *gratulieren*
춘추 *Alter (hon.)*
출근하다 *zur Arbeit gehen*
출발하다 *abfahren*
출산률 *Geburtenrate*
출장 *Geschäftsreise*
춤 *Tanz*
춤(을)추다 *tanzen*
춥다 ⓑ *kalt sein*
충분하다 *genug sein*
충분히 *genug*
충실하다 *treu sein*
취미 *Hobby*
취소하다 *absagen*
취소되다 *gestrichen/abgesagt werden*
취업 면접 *Vorstellungsgespräch*
취직하다 *Stelle finden*
취하다 (술에) *betrunken sein*
층 *Stockwerk*
치과 *Zahnarzt*
치다 *spielen (Tennis, Instrument)*
치료하다 *behandeln (Erkrankung)*
치르다 (셈을) *(be)zahlen*
치마 *Rock*
치아 *Zahn*
치약 *Zahnpaste*
치우다 *entfernen / beseitigen / aufräumen*
치즈 *Käse*
친구 *Freund*
친절하다 *freundlich sein*
친하다 *befreundet sein*
칠판 *Tafel*
침대 *Bett*
침묵 *Schweigen*
침실 *Bett*
칫솔 *Zahnbürste*
칭찬 *Lob / Kompliment*
칭찬듣다 *Lob erhalten / gelobt werden*
칭찬받다 *Kompliment bekommen*

ㅋ

카드 *Karte*
캐나다 *Kanada*
캐내다 *ausgraben*
캠핑하다 *campen*
커피 *Kaffee*
커피숍 *Café*
컨디션 *Zustand*
컴컴하다 *dunkel sein / finster sein*
컴퓨터 *Computer*
컴퓨터게임 *Computerspiel*
컵 *Glas*
케이크 /케익 *Kuchen*
켜다 *einschalten*
코 *Nase*
코를 골다 *schnarchen*
코감기 *Schnupfen*
코미디언 *Komödiant*
코트 *Mantel*

콘서트 *Konzert*
콜라 *Cola*
콧구멍 *Nasenloch*
콧노래 *Summen*
콧물 *Nasenschleim*
콩 *Bohnen*
쾰른 *Köln*
크다 ㅇ *groß/laut sein*
크게 *laut /groß / schwer*
크리스마스 *Weihnachten*
키 *Körpergröße*
키우다 *züchten / pflegen*
킬로그램 *Kilogramm*
킹킹거리다 *wimmern*

ㅌ

타고나다 *angeboren sein*
타다 *(Fahrzeug) fahren / (ins Auto) einsteigen*
타다 *brennen*
타오르다 *aufflammen / aufflackern*
타원형 *oval*
탁하다 *stickig/trübe sein*
탄생 *Geburt*
태권도 *Taekwondo*
태어나다 *geboren werden*
태우다 *(ins Auto) steigen lassen*
태우다 *brennen lassen*
택시 *Taxi*
터벅터벅 걷다 *schwerfällig gehen*
터지다 (배가) *platzen*
터키 *Türkei*
털리다 *geplündert werden / geraubt werden*
테니스 *Tennis*
텔레비전 *Fernseher*
토끼 *Hase / Kaninchen*
토마토 *Tomate*
토요일 *Samstag*
토하다 *sich übergeben*
톱 *Säge*
톱질 *Sägerei*
통 *Eimer*
통계학 *Statistik*
통독 *Deutsche Einheit*
통역 *Dolmetschen*
통역관 *Dolmetscher*
통장 *Konto*
통증 *Schmerz*
통째(로) *im Ganzen*
통화하다 *telefonieren*
통화 중 *besetzte Leitung*
통화료 *Telefongebühr*
퇴근하다 *Feierabend machen*
튜울립 *Tulpen*
특수성 *Spezialität*
튼튼하다 *stark sein / fest sein*
틀리다 *falsch sein*
틀림없다 *sicher sein / keine Zweifel bestehen*
틀림없이 *mit Sicherheit*
티셔츠 *T-Shirt*
팀 *Team*

ㅍ

파 *Lauch*
파고들다 *eindringen*
파다 *graben*
파란 색 *blau (Farbe)*
파랗다 ㅎ *blau sein*
파리 *Paris*
파리 *Fliege*
파이다 *gegraben werden*
파티 *Party*
판매 *Verkauf*
판매원 *Verkäufer*
판매 직원 *Verkäufer*
판사 *Richter*
팔 *Arm*
팔다 ㄹ *verkaufen*
팔리다 *verkauft werden*
팔찌 *Armband*
판명되다 *erhellen / bestätigt werden*
팝콘 *Popcorn*
퍽 *ziemlich*
펑펑 (눈이 펑펑 오다) *stark schneien*
페이지 *Seite*
펙스 *Fax*
펜 *Feder*
편지 *Brief*
편하다 *bequem / praktisch sein*

편히 *bequem*
평생 *das ganze Leben*
평화롭다 ⓑ *friedlich sein*
포기 *Kopf* (Gemüse, NKK)
포기하다 *aufgeben*
포도 *Traube*
포도주 *Wein*
포유동물 *Säugetier*
포장하다 *einpacken*
포크 *Gabel*
표 *Ticket*
표현하다 *sich ausdrücken*
푹 *tief / genug*
풀다 ⓡ *lösen*
품사 *Wortarten*
풋고추 *unreife Paprika*
프랑스 *Frankreich*
프로젝트 *Projekt*
피 *Blut*
피곤 *Müdigkeit*
피곤하다 *müde sein*
피아노 *Klavier*
피우다 *(Zigarette) rauchen*
피자 *Pizza*
피카소 *Pablo Picasso*
피투성이 *Blutüberströmtsein*
필기시험 *Klausur*
필요없다 *nicht nötig sein*
필요하다 *brauchen*

ㅎ

-하고 같이 *mit jmdm. zusammen*
하나 *eins*
하늘 *Himmel*
하다 *machen / tun*
하도 *sehr / stark*
하루 *ein Tag*
하루밤 *eine Nacht*
하루종일 *den ganzen Tag*
하마터면 *beinahe*
하물며 *geschweige denn*
하얀 색 *weiße Farbe*
하얗다 ⓗ *weiß sein*
하와이 *Hawaii*
하숙비 *Pensionspreis*
학교 *Schule*
학급 *Klasse*
학기 *Semester*
학기말 *Ende des Semesters*
학생 *Student/in*
학생식당 *Mensa*
학생증 *Studentenausweis*
학자답다 ⓑ *gelehrt sein*
학창시절 *Schulzeit*
한가하다 *freie Zeit haben*
한국 사람 *Koreaner*
한국말 *Koreanisch*
한국어 *Koreanisch*
한국어 사전 *koreanisches Wörterbuch*
한국학 *Koreanistik*
한낱 *nur / bloß*
한라산 *Hallasan-Berg*
한숨 (자다) schlafen
한숨도 (못 자다) *kein Auge zumachen*
한자 *Hancha (chinesisches Schriftzeichen)*
한잔하다 *ein Glas trinken*
한턱 내다 *eine Runde ausgeben*
할머니 *Großmutter*
할아버지 *Großvater*
할인 *Ermäßigung*
함께 *zusammen*
합격하다 *Prüfung bestehen*
향기롭다 ⓑ *duftend sein*
항구 *Hafen*
항구도시 *Hafenstadt*
항상 *immer*
해 *Sonne / Jahr*
해결하다 *lösen*
해고 *Entlassung*
해고하다 *entlassen*
해고당하다 *entlassen werden*
해롭다 ⓑ *schädlich sein*
해마다 *jedes Jahr*
해바라기 *Sonnenblume*
해석하다 *interpretieren*
해오다 (숙제) *(Hausaufgaben) mitbringen*
해외 *Ausland*
해외여행 *Auslandsreise*
해치다 *schaden / schädigen*
핸드볼 *Handball*

핸드폰 *Mobiltelefon*
햄버거 *Hamburger*
햄스터 *Hamster*
햇볕 *Sonnenstrahl*
행동 *Verhalten / Tat*
행복 *Glück*
행복하다 *glücklich sein*
허겁지겁 *hastig*
허락하다 *zulassen / erlauben*
헌 *alt / abgenutzt / abgetragen*
헐렁헐렁(하다) *schlabbern*
헛소리 *Geschwätz, Quatsch*
헛수고 *vergebliche Mühe*
헤어지다 *sich verabschieden*
헬스 크럽 *Fitnessstudio*
혀 *Zunge*
현금 *Bargeld*
현대 *das Heute*
현대인 *die heutigen Menschen*
현명하다 *weise/vernünftig sein*
현실적 *realistisch*
현재 *zur Zeit*
형 *älterer Bruder (aus männlicher Perspektive)*
형님 *ältere Schwester des Ehemanns*
형수 *Ehefrau des älteren Bruders*
형식적 *formal / formell*
형용사 *Adjektiv*
형제 *Geschwister*
호랑이 *Tiger*
호주 *Australien*
호텔 *Hotel*
혹시 *vielleicht / eventuell*
혹은 *oder*
혼나다 *getadelt werden*
혼자 *alleine*
홀가분하다 *befreit sein / erleichtert sein*
홀아비 *Witwer*
홀어미 *Witwe*
홍삼 *Roter Ginseng*
홍수 *Überschwemmung*
홍차 *Schwarztee*
화가 *Maler*
화나다 *ärgerlich sein*
화내다 *sich ärgern*
화들짝(놀라다) *sich zu Tode erschrecken*
화분 *Blumentopf*
화요일 *Dienstag*
화장실 *Toilette*
화초 *Pflanze / Blume*
확실 *Sicherheit*
확실하다 *sicher sein / feststehen*
확실히 *ohne Zweifel*
환경오염 *Umweltverschmutzung*
환불하다 *zurückzahlen*
환자 *Patient*
활기차다 *lebhaft/fit sein*
활발하다 *lebhaft / aktiv sein*
활짝 (열다) *weit (öffnen)*
활활(타다) *lodert (flackert)*
회 *roher Fisch*
회계 *Rechnungswesen*
회계사 *Buchhalter*
회복되다 *verheilen / genesen (Wunde)*
회사 *Firma*
회색 *grau*
회원 *Mitglied*
회의 *Sitzung / Besprechung*
효율적으로 *effizient*
후다닥 *rasch / flink*
후에 *nachzeitig*
후배 *Nachfolger*
후춧가루 *Pfeffer*
후회하다 *bereuen*
훔치다 *klauen / stehlen*
훨씬 *erheblich*
휴가 *Urlaub*
휴대폰 *Mobiltelefon*
흐르다㉣ *fließen*
흐리다 *bewölkt sein*
흑백 *schwarz und weiß*
흘러내리다 *herabfließen*
흙장난 *Spielen im Schlamm*
흥겹다 ⓑ *amüsant sein*
흥분하다 *sich aufregen*
희소식 *gute Nachricht*
히죽히죽 (웃다) *grinsen*
힐끔힐끔 보다 *schräg sehen*
힘겹다 ⓑ *mühsam/anstrengend sein*
힘나다 *kräftig/stark sein*
힘내다 *Kraft erzeugen*
힘들다 *anstrengend sein*